Klaus-Jürgen Popp
Unternehmenssteuerung zwischen Akteur,
System und Umwelt

Klaus-Jürgen Popp

# Unternehmenssteuerung zwischen Akteur, System und Umwelt

**Systemtheoretische Perspektiven für Management, Wirtschaft und Gesellschaft**

**Mit einem Geleitwort von Prof. Dr. Dr. h. c. Horst Steinmann**

 Springer Fachmedien Wiesbaden GmbH

Die Deutsche Bibliothek – CIP-Einheitsaufnahme

**Popp, Klaus-Jürgen:**
Unternehmenssteuerung zwischen Akteur, System und Umwelt :
systemtheoretische Perspektiven für Management, Wirtschaft und
Gesellschaft / Klaus-Jürgen Popp. Mit einem Geleitw. von
Horst Steinmann.
(DUV : Sozialwissenschaft)
Zugl.: Erlangen, Nürnberg, Univ., Diss., 1997
ISBN 978-3-8244-4224-9        ISBN 978-3-663-11698-1 (eBook)
DOI 10.1007/978-3-663-11698-1

n2

© Springer Fachmedien Wiesbaden 1997
Ursprünglich erschienen bei Deutscher Universitäts-Verlag GmbH, Wiesbaden 1997
Lektorat: Monika Mülhausen

Gedruckt auf chlorarm gebleichtem und säurefreiem Papier

ISBN 978-3-8244-4224-9

# GELEITWORT

Die vorliegende Arbeit von Herrn Dr. Popp wird getragen von der Überzeugung, daß die Grundlegung der Managementlehre durch einen großen Brückenschlag zwischen System- und Handlungstheorie geleistet werden kann. Dabei wird dem Leser kein bequemer und oberflächlicher Weg angeboten, wie man ihn in dieser Sache doch hier und dort einschlägt. Die vorgelegte Argumentation führt in ihrem Bemühen um Tiefgründigkeit vielmehr die sprachlichen und begrifflichen Schwierigkeiten bei der Vermittlung jener beiden vorherrschenden sozialwissenschaftlichen Paradigmen erst vor Augen. Man mag zu den vorgelegten Ergebnissen deshalb kritisch stehen - einen Beitrag zur Selbstfindung des Faches liefern sie gleichwohl. Denn gerade für Disziplinen, die einen so weitreichenden wissenschaftstheoretischen Orientierungsbedarf aufweisen wie die Managementlehre, ist ein Ringen um die zweckmäßige methodische Fundierung auch unabhängig von breitem Beifall angebracht und verdienstvoll.

Ich selbst habe es in diesem Sinne immer wieder bewundert, mit welcher Beharrlichkeit sich der Verfasser seinem Unternehmen gegen alle handlungstheoretischen Einwände verschrieben hat, die ihm aus meinem Wirkungskreis entgegengebracht worden sind. Unter dem Strich hat Herr Dr. Popp dabei eine Perspektive entwickelt, die in den entscheidenden Momenten letztlich doch von einer Vorliebe für die Denkweise der modernen Systemtheorie (Luhmann) bestimmt wird und insofern bei allen Vermittlungsbemühungen im Grunde genommen Partei ergreift - wohl ergreifen muß. In meinen Augen zeigt es sich dabei, daß der angestrebte Brückenschlag nur um den Preis eines Verlustes begrifflicher Authentizität - und zwar der Handlungstheorie - zu erreichen ist. Nichtsdestoweniger ist es eine in hohem Maße anerkennungswürdige Leistung der vorliegenden Arbeit, diese eher ernüchternde Einsicht zu Tage gefördert zu haben.

Prof. Dr. Dr. h.c. Horst Steinmann

# VORWORT

Die vorliegende Arbeit wurde im Oktober 1996 abgeschlossen und lag der Wirtschafts- und Sozialwissenschaftlichen Fakultät der Friedrich-Alexander-Universität Erlangen-Nürnberg im Februar 1997 als Dissertation vor. Für die Publikation wurden geringfügige Änderungen vorgenommen.

Als grundlegendes zwischenmenschliches Problemfeld hat mich die Differenz individueller Weltsichten und deren Kollision mit physischer und sozialer Wirklichkeit immer fasziniert. Ausgerichtet und konkretisiert wurde dieses Interesse in den betriebswirtschaftlichen Fragestellungen nach der Wahrnehmung und Gestaltung der Koordinationsbereiche "Betrieb" oder "Unternehmung" sowie deren Einbettung in organisationale, wirtschaftliche und gesellschaftliche Umwelten. Aus deren Konstitution ergibt sich unmittelbar die Frage nach der Koordination und Steuerung menschlicher Akteure unter sozialer Interdependenz. Ich halte die neuere soziologische Systemtheorie für ein geeignetes Medium zur öffnenden Rekonstruktion dieser Problembereiche, die zu einer grundlegenden Darstellung der Zusammenhänge menschlicher Subjekte mit ihrer sozialen Welt beitragen kann. Die vorliegende Arbeit gipfelt in der Einsicht, daß Erkenntnis, Verständigung und Steuerung nur im Bewußtsein ihrer jeweiligen Grenzen möglich und effektiv sein kann.

In diesem Zusammenhang danke ich Herrn Prof. Dr. Dr. h.c. Horst Steinmann; er betreute und unterstützte diese Arbeit trotz der grundsätzlichen Vorbehalte eines konsensorientierten Sprachpragmatikers der Erlanger Schule gegen die Systemtheorie und ihre Vernetzung mit Handlungs- und Kommunikationstheorie sowie mit Autopoiesis und Radikalem Konstruktivismus. Über die Möglichkeit einer solchen Verknüpfung jenseits bloßer sprachlicher Vermittlung fanden intensive Auseinandersetzungen statt. Ich danke auch Herrn Prof. Dr. Werner Pfeiffer und Herrn Dr. Dr. habil. Enno Weiß für ihre Mühen als Zweitreferenten.

Dank für die herzliche Aufnahme und Unterstützung gilt der Mannschaft des Lehrstuhls für Allgemeine Betriebswirtschaftslehre und Unternehmensführung, Dr. Albert Löhr, Dr. Andreas Georg Scherer, Dr. Ansgar Zerfaß, Dipl.-Kfm. Carola Hennemann, Dipl.-Kfm. Thomas Olbrich und Dipl.-Hdl. Brigitte Kustermann, sowie dem stets hilfsbereiten Sekretariats mit Frau Lisbeth Schoyerer und Frau Erika Gruß.

Ganz besonders zu erwähnen sind an dieser Stelle meine Frau Gabriele, meine Eltern Helga und Hans Georg Popp sowie meine Großmutter Kreszenz Wurm, ohne deren Geduld und moralische wie materielle Unterstützung diese Arbeit nicht möglich und durchzuhalten gewesen wäre. Ihr Beitrag läßt sich nicht in Worten messen.

Dr. Klaus-Jürgen Popp

# INHALTSVERZEICHNIS

# ABBILDUNGSVERZEICHNIS

# ABKÜRZUNGSVERZEICHNIS

| | | | |
|---|---|---|---|
| Abb. | Abbildung | ind. | indirekt |
| a.M. | (Frankfurt) am Main | insb. | insbesondere |
| Anm. | Anmerkung | Kap. | Kapitel |
| Aufl. | Auflage | krit. | kritisch |
| "(...)" | Auslassung in einem Zitat | o./o.ä. | oder/oder ähnliche |
| Bd. | Band | resp. | respektive |
| bspw. | beispielsweise | S. | Seite |
| bzgl. | bezüglich | s.o./s.u. | siehe oben/siehe unten |
| bzw. | beziehungsweise | sog. | sogenannte(r/s) |
| ca. | zirka | soz. | soziologisch |
| DBW | Die Betriebswirtschaft | Sp. | Spalte |
| dgl. | dergleichen | strat. | strategisch |
| d.h./d.i. | das heißt/das ist | TB | Taschenbuch |
| durchges. | durchgesehene | Ts. | (Königsstein/)Taunus |
| d. Verf. | der Verfasser | u. | und |
| "[ ]" | Einfügungen in ein Zitat, sinngemäß oder durch den Verfasser (d. Verf.) | u.a. | unter anderem/und andere |
| | | usw. | und so weiter |
| | | u.U. | unter Umständen |
| ebd. | ebenda | u.v.m. | und vieles mehr |
| ed. | editor | Verf. | Verfasser |
| e.g. | exempli gratia (z.B.) | vgl. | vergleiche |
| erw. | erweitert | vs. | versus |
| et al. | et alii/et alia (u.a.) | WiSt | Wirtschaftswissen-schaftliches Studium |
| etc. | etcetera | | |
| evtl. | eventuell | z.B. | zum Beispiel |
| f./ff. | folgende/fortfolgende | ZfB | Zeitschrift für Betriebs-wirtschaft |
| ggf. | gegebenenfalls | | |
| H.i.O. | Hervorhebungen im Original | zfbf | Zeitschrift für betriebswirt-schaftliche Forschung |
| Hrsg. | Herausgeber | zfo | Zeitschrift Führung + Organisation |
| H.v.V. | Hervorhebungen vom Ver-fasser | | |
| i.A. | im Allgemeinen | ZfS | Zeitschrift für Soziologie |
| i.e. | id est (d.h./d.i.) | | |
| i.E. | im Erscheinen | | |
| i.d.R. | in der Regel | | |
| Inc. | Incorporation | | |

# A. EINLEITUNG: SOZIALES HANDELN UND STEUERUNG IM SPANNUNGSFELD VON ERLEBEN, ORIENTIERUNG UND KOORDINATION

Grundlegendes Problemfeld dieser Arbeit ist die systemtheoretische Rekonstruktion und Analyse *indirekter Steuerungsmechanismen* insbesondere des wirtschaftlichen Kontextes. Wesentliche Voraussetzung einer (soziologisch-)systemtheoretischen Betrachtung ist die Fundierung indirekter Steuerung im *sozialen Handeln* der Akteure. Indirekte Steuerung wirtschaftlicher und sozialer Akteure konstituiert sich darin über die Bestimmgrößen des sozialen Handelns: das *"Erleben"* der handelnden Subjekte und deren *"Orientierung"* bzw. *"Koordination"* als Erfassung und Verarbeitung ihrer sozialen Umwelt über Systembildungen.

Darauf aufbauend entsteht die Konzeption einer *"integrierten Systemtheorie"* im grundlegenden Spannungsfeld von autonomem *Subjekt bzw. Akteur*, sozialen *Systemen* und komplexer bzw. kontingenter *Umwelt*, die im wesentlichen davon ausgeht, daß sich alle sozialen Phänomene der menschlichen Existenz, vom subjektiven Umweltbezug des Menschen bis hin zu komplexen Steuerungsvorgängen, über dieses *Spannungsfeld von Akteur, System und Umwelt* erfassen und beschreiben lassen. Doch im Gegensatz zu "sozialtechnologischen" oder "technokratischen" Steuerungsvorstellungen, die oftmals unweigerlich mit dem Begriff "Systemtheorie" verbunden werden, soll "integrierte Systemtheorie" im Rahmen dieser Arbeit gerade über dieses konstitutive Spannungsfeld in Verbindung mit der Erfassung des sozialen Handelns autonomer Akteure über Erleben, Orientierung und Koordination als eine "kritische" Erkenntnistheorie einen Beitrag zur Entideologisierung bestimmter (Wissenschafts- und ) Steuerungsparadigmen leisten.

## I.  Problemaufriß: Handlungsorientierung zwischen Erleben und Komplexitätsreduktion

Die Ausgangsthese dieser Arbeit lautet, daß die soziale (und wirtschaftliche) *Umwelt* des Menschen, verstanden als potentieller Erlebnishorizont, durch das *soziale Handeln* der Akteure (als Objekt des Erlebens) und das *Erleben* der Subjekte konstituiert werde. Für ein Verständnis von Koordination oder Steuerung (verstanden als "zielgerichtete" Koordination) ist deshalb die Identifikation der wesentlichen Mechanismen sowohl bezüglich der *"Orientierung"* des sozialen, d.h. außenwirksamen und beobachtbaren Handelns wie auch der internen Orientierungsgewinnung, des subjektiven *"Erlebens"* als Beobachtung und deren kognitiver Verarbeitung, unerläßlich; beide bestimmen die Ausgestaltung der sozialen Umwelt entscheidend. Eine analytische Trennung von "Handlung", als folgenbehaftete und beobachtbare Einwirkung auf die Umwelt, und deren "Orientierung", die sich aus der individuellen Perzeption und Verarbeitung der Umwelt mit den daraus abgeleiteten Zielen, Intentionen und Interessen ergibt und die extern nur indirekt über die Beobachtung der Handlungen zu erschließen ist, erscheint aus Analysegründen notwendig und zweckmäßig.

Durch die unüberschaubar große Anzahl unterschiedlicher Handlungen, Akteure und Subjekte erscheint die Umwelt grundsätzlich als *komplex* relativ zum begrenzten Beobachtungs- und Kognitionspotential des Menschen; sie muß zu Orientierungszwecken durch komplexitätsreduzierende Mechanismen erfaßbar und überschaubar gestaltet werden. Die Systemtheorie zeichnet hier *"Systembildung" als zentralen Mechanismus der Komplexitätsreduktion*, d.h. als Mittel der orientierungsermöglichenden Erfassung und Strukturierung der komplexen Umwelt, aus. Neben der kognitiven Komponente subjektiver Orientierung begründen Interaktion, Interdependenz und Kontingenz der menschlichen Existenz in einer begrenzten physischen Umwelt zudem die Notwendigkeit intersubjektiver Abstimmung, als *"Handlungskoordination"* friedlicher und konstruktiver Koexistenz bzw. als *"Steuerung"* gemeinsamer, gegebenenfalls sogar arbeitsteiliger Zielerreichung.

Angesichts der Vielzahl und Vielfalt spezifischer subjektiver oder intersubjektiv geteilter Orientierungen kann unter der Prämisse der Erlebnisabhängigkeit der menschlichen Umweltsicht keine ontologisch-objektive "Richtigkeit" oder "Wahrheit"[1] einer bestimmten Orientierung ausgezeichnet werden: "Die Moderne ist in ihrem Wesen zwiespältig. Die Beseitigung

---

[1]    Zu "Objektivität" und "Wahrheit" vgl. BRAUN (1978) S. 194ff. SCHMIDT (1994) S. 23 argumentiert dazu radikalkonstruktivistisch und unter Bezug auf System/Umwelt-Theorie: "Damit wird die These von der Konstruktion von Wirklichkeit nicht nur als Konsequenz der Beobachter*abhängigkeit* gedeutet, sondern in die allgemeine These umformuliert, daß es genau so viele [sic!] Wirklichkeiten gibt, wie es Systeme gibt, die in der Lage sind, zu beobachten." (H.i.O.).

von Dogma und Vorurteil gewährt sie nur um den Preis unüberwindlicher Ungewißheit allen Wissens und Hoffens."[2] Menschliche Orientierung gewinnt angesichts begrenzter Informationsverarbeitungskapazität und der Notwendigkeit von Komplexitätsreduktion immer nur die Qualität begrenzt-valider "Situationsdefinition"; diese subjektive und situative Begrenztheit der Orientierungen und ihrer Geltungsbereiche muß bei der Koordination divergierender oder konfligierender Interessen berücksichtigt werden.[3] Die Aktualität dieser Einsicht wird durch die Ausbreitung von "*Ideologie*" und "*Fundamentalismus*" als Ausdruck der totalitären Überhöhung und Verabsolutierung einer ausgezeichneten Orientierung angesichts von Komplexität, Relativität und Ungewißheit unterstrichen: "Fundamentalismus ist der selbstverschuldete Ausgang aus den Zumutungen des Selberdenkens, der Eigenverantwortung, der Begründungspflicht, der Unsicherheit und der Offenheit aller Geltungsansprüche, Herrschaftslegitimationen und Lebensformen, denen Denken und Leben durch Aufklärung und Moderne unumkehrbar ausgesetzt sind, in die Sicherheit und Geschlossenheit selbsterkorener absoluter Fundamente."[4] Für die Wirtschaft sei hier auf die teilweise "fundamentale" oder "ideologische" Überbetonung von Orientierungs- bzw. Koordinationsstrukturen wie z.B. "Kapitalismus", "Wirtschaftsliberalismus" oder "Taylorismus" verwiesen.[5] KNYPHAUSEN-AUFSESS identifiziert sogar für den Bereich betriebswirtschaftlicher Forschung zum strategischem Management "ideologische Verzerrungen", die er u.a. an der "Verallgemeinerung von Partialinteressen" insbesondere des Top-Managements und der Aktionäre, an der "Ausblendung von Konflikten und Widersprüchen", vor allem aber an einer "normativen Idealisierung von Zielen" festmacht; eine "Organisation" bzw. ein "Unternehmen" werde nur noch als Instrument spezifischer Zielerreichung angesehen und dementsprechend die technische Effizienz überbetont.[6] Als Antithese zum Fundamentalismusvorwurf betrachtet die Organisationstheorie andererseits organisationale Zusammenhänge auch als "*mikropolitische Arenen*" oder "Macht-Spiele" autonomer und begrenzt-rationaler Akteure unter gegenseitiger strategischer Instrumentalisierung.[7]

---

2    MEYER (1989) S.156.

3    Vgl. GERHARDS (1985) S. 10 zum Zusammenhang von "Selektion" und "Ideologie" ("Angesicht der geringen Informationsverarbeitungskapazität des Menschen wird das Abdunkeln von Handlungsmöglichkeiten zur conditio sine qua non. Dies leisten Ideologien").

4    MEYER (1989) S. 157. Zum Verhältnis von "Wahrheit" und "Ideologie" siehe auch GERHARDS (1985) S. 13ff.

5    Vgl. z.B. DYLLIK (1989) S. 103f. ("liberaler Fundamentalismus").

6    Vgl. KNYPHAUSEN-AUFSESS (1995) S. 41f. Dort stellt er auf einen Ideologiebegriff nach SHRIVASTAVA (1986) ab, der die Verschleierung von Beobachterinteressen thematisiert.

7    Siehe z.B. CROZIER/FRIEDBERG (1979), BOSETZKY/HEINRICH (1980), KÜPPER/ORTMANN (1986) oder (1988): "In Organisationen tobt das Leben (...) sind sie in Wirklichkeit Arenen heftiger Kämpfe, heimlicher Mauscheleien und gefährlicher Spiele mit wechselnden Spielern, Strategien, Regeln

Die Subjektivität und Erlebensabhängigkeit menschlichen Umweltbezuges wird umfassend in den erkenntnis- bzw. kognitionstheoretischen Konzepten des *"(Radikalen) Konstruktivismus"* thematisiert;[8] die Vielfalt und Unübersichtlichkeit der sozialen (Um-)Welt findet ihren Ausdruck im Komplexitätsbegriff der modernen *Soziologie* bzw. *"soziologischen Systemtheorie"*.[9] Beide Theorien[10] implizieren für die Generierung einer tragfähigen Handlungsorientierung statt fundamentaler Überbetonung der eigenen Position ständiges Bewußtsein der Subjektivität, Relativität und Normativität der eigenen Orientierung als ständige *"Kompensation"* des Selektionsrisikos durch kritisches Denken.[11] Analog ist für die bewußte Ordnung des sozialen Zusammenlebens durch intersubjektive "Koordinations-" und "Steuerungsmechanismen" ein auf diesem kritischen Denken aufbauendes Bewußtsein sowohl der Begrenztheit der Intersubjektivitätsbasis und des Geltungsbereiches wie auch der Existenz anderer, oft konfligierender Rationalitäten erforderlich, zwischen welchen *Verständigung* und *Ausgleich* herbeigeführt werden muß. Orientierung, Koordination und Steuerung müssen unter diesen Voraussetzungen auf verantwortlichem und verantwortetem Handeln der Akteure basieren, das nicht von System- oder Rationalitätsimperativen überdeckt werden darf. So bezeichnet z.B. SCHMIDT *"Verantwortung"* und *"Begründung"* als "ethische Konsequenzen" des Radikalen Konstruktivismus:

> "Wenn Wahrheit und Wirklichkeit als absolute und letztverbindliche Berufungsinstanzen ausscheiden, weil sie prinzipiell von keinem Menschen erkennbar oder besitzbar sind, dann müssen wir für unsere Handlungen und Kognitionen die Verantwortung übernehmen, müssen in eigener Person für unser Verhalten und unsere Wissenskonstruktionen einstehen. Wir können dann nur

---

und Fronten. Der Leim, der sie zusammenhält, besteht aus partiellen Interessenkonvergenzen, Bündnissen und Koalitionen [die wiederum 'organisiert' sein können, d. Verf.] (...)".

8      Vgl. SCHMIDT (1991) S. 13 ("Grundzüge einer konstruktivistischen Kognitionstheorie"): "Das soll heißen, sie [die Erkenntnistheorie des Konstruktivismus als Kognitionstheorie] ersetzt die traditionelle epistemologische Frage nach Inhalten oder Gegenständen von Wahrnehmung oder Bewußtsein durch die Frage nach dem *Wie* und konzentriert sich auf den Erkenntnisvorgang, seine Wirkungen und Resultate." (H.i.O.). SCHMIDT (1992) S. 9: "Diese Konstruktion beginnt und endet mit Wahrnehmen, Erfahren, Handeln, Erleben und Kommunizieren. Sie beginnt und endet kognitionstheoretisch gesehen mit dem Beobachter in der Gesellschaft, soziologisch gesehen mit dem Beobachten [Erleben, d. Verf.]."

9      Zum "Konzept der Komplexität" schreibt KNYPHAUSEN-AUFSESS (1995) S. 327 ganz "unkompliziert": " 'Komplexität' ist ein Begriff, der in der Alltagskommunikation verwendet wird, um die Kompliziertheit und Unübersichtlichkeit eines Sachverhaltes zu bezeichnen (...). Im Wissenschaftssystem hat man vor allem in systemtheoretischen Konzepten versucht, hier zu präziseren Kontexten zu gelangen."

10      Zur Beziehung von Radikalem Konstruktivismus und LUHMANNs Systemtheorie beachte man die Aussage von SCHMIDT (1992) S. 9f.: "So verwundert es z.B. nicht, daß Niklas Luhmann in seiner Systemtheorie, die seit einiger Zeit immer stärker mit George Spencer Browns Differenzlogik operiert, ganz ähnliche Denkmodelle entwickelt wie die Konstruktivisten, die eher mit biologischen, psychologischen und kybernetischen Annahmen argumentieren", unter Verweis z.B. auf LUHMANN (1990) S. 9. Auch bei SCHMIDT (1993) S. 105 werden explizit empirische "Kognitionstheorie" (MATURANA et. al.), "Radikaler Konstruktivismus" (GLASERSFELD), "Systemtheorie" (LUHMANN) und "Unterscheidungslogik" (SPENCER BROWN) als Denkwurzeln des Radikalen Konstruktivismus bezeichnet.

11      Vgl. z.B. LORENZEN (1978) S. 15 zu "Dogmatik" versus "kritischem Denken".

versuchen, andere mit unseren Argumenten zu überzeugen, wir müssen uns einem nutzenorientierten Ideenwettbewerb aussetzen."[12]

In die Funktion des "Ausgleichs" und der "Kompensation" treten neben der autopoietisch und integriert-systemtheoretisch zu begründenden subjektiven "Verantwortung" durch monologische Reflexion zusätzliche, im Rahmen einer "pragmatistischen Wende" sprachpragmatisch zu begründende Mechanismen der sprachlichen "Verständigung" und "Begründung" durch Diskurs bzw. dialogische Ethik. ULRICH spricht vom Nebeneinander "subjektiver Rationalität" und "praktischer Vernunft mittels argumentativer Verständigung".[13] Im Rahmen dieser Arbeit wird der Begriff "Kommunikation" zur Bezeichnung der koordinierenden, sinngestützten Verschränkung gegenseitig aufeinander bezogenen Handelns und Erlebens verwendet; Intersubjektivität und Transzendenz, verstanden als Herstellung gleicher Bedeutungsinhalte, wird dem davon zu unterscheidenden Begriff der "Verständigung" zugerechnet.

Der Gegenstand dieser Arbeit läßt sich somit zusammenfassend beschreiben als: *Analyse der Orientierung, Koordination und Steuerung sozialen (insbesondere wirtschaftlichen) Handelns unter Kognitions- und Kommunikationsgesichtspunkten mittels des wissenschaftlichen Paradigmas der neueren soziologischen Systemtheorie*, d.h. im Rahmen sozialer Systeme. Ein zusätzliches Ziel stellt die damit verbundene systemtheoretische Begründung der *Relativierung* selektiver Orientierung und der Notwendigkeit ständiger kritischer *Kompensation* des eigenen autonom-subjektiven Erlebens wie spezifischer intersubjektiver Koordinations- bzw. Steuerungsmechanismen gegenüber einer komplexen sozialen Umwelt dar. "*Kritisch*" bedeutet im Sinne dieser Arbeit konkret das Bewußtsein von Subjektivität, Relativität und Normativität der Umwelterfassung und -gestaltung im Spannungsfeld von Erleben (autonomes Subjekt), Abgrenzung bzw. Selektion (kontingente Systembildung) und Komplexitätsreduktion (komplexe Umwelt). Die grundsätzlich "*deskriptiv*" zur Konstruktion eines Umweltmodells angelegte neuere soziologische Systemtheorie fordert in dieser ständigen Thematisierung kritischen Umweltbezuges "*präskriptiv*" zum Handeln auf, nämlich zu *Reflexion* als grundsätzlicher Hinterfragung der eigenen Positionen und zu *diskursiver Öffnung* gegenüber alternativen Positionen oder Orientierungen. Diese Anspruch verzichtet auf konkrete Transzendierungsansprüche, bedeutet aber eine Voraussetzung kommunikativer "Verständigung".

Die *Systemtheorie* stellt im Rahmen dieser Arbeit ein Mittel zur Analyse und Beschreibung der kognitiven Orientierung und der kommunikativen Koordinationsmechanismen der Men-

---

12  SCHMIDT (1991) S. 38. Vgl. auch ebd. S. 72ff. ("Wichtig an diesen disziplinspezifischen Erfahrungen [des interdisziplinären Diskurses des Radikalen Konstruktivismus] scheint mir zu sein, daß (...) die ethischen Konsequenzen aus der Einsicht in die Konstruktivität und Subjektdependenz *allen* Wissens und *aller* Werte gezogen werden." (H.i.O.).

13  Vgl. ULRICH (1984) S. 326ff., insb. S. 329.

schen im Spannungsfeld von Subjekt bzw. Akteur und Umwelt dar. Dieser Sachverhalt läßt sich in acht Thesen zusammenfassen:

(1) Soziologische "Systemtheorie" bedeutet grundsätzlich *"Denken in Abgrenzungen und Strukturierungen"* als kognitive Konstruktion von Beobachtungs-, Interaktions- und Kommunikationszusammenhängen zur Erfassung und Verarbeitung der Umwelt: hier liegt ihre enge Verbindung mit (radikal-)konstruktivistischem Gedankengut.

(2) Soziale Systeme sind kognitiv konstruierte oder kommunikativ vermittelte *Sinnschemata*, die durch Abgrenzung und Zuordnung von Handlungen gebildet werden und Orientierung, Koordination und Verständigung der Subjekte ermöglichen.

(3) In Abgrenzung zur "Kybernetik", die sich in strikter Objektperspektive mit der Erfassung, Gestaltung und Steuerung des Verhaltens modellhaft rekonstruierter Bereiche befaßt,[14] thematisiert die neuere Systemtheorie ausdrücklich die Problematik der *Adäquanz, Vermittlung und Geltung von Abgrenzungen* als Strukturierungs- und Orientierungsmittel und der dadurch konstituierten Ordnung der Umwelt.

(4) In ihrem Bezug auf Kognition und Interaktion bzw. Kommunikation nimmt die soziologische Systemtheorie das Konzept der *"Autopoiese"* in seinem klassischen Anwendungsfall als *biologische Kognitionstheorie* auf und beschreibt durch sie den lebenden Menschen und seine Identität als Grenzfall bzw. Schnittstelle zwischen biologisch-physischer Existenz des Akteurs (materiell) und autonom-kognitivem Bewußtsein des Subjekts (immateriell).

(5) Die von LUHMANN et al. postulierte Übertragbarkeit der Autopoiese auf soziale Phänomene wird zurückgewiesen. Sozialen Systemen fehlt die *"autopoietischen Geschlossenheit"*, d.h. die physische Grenze, die Nichtdurchdringbarkeit, räumliche Begrenzung und Beobachtbarkeit gewährleistet. Soziale Phänomene werden lediglich im Erleben der Akteure kognitiv aus einem umfassenden Handlungs- bzw. Beobachtungsraum abgegrenzt.

(6) Sozialen Systemen kann deshalb *keine originäre*, von den teilnehmenden Akteuren, ihren Handlungen und Kognitionen abstrahierbare *materielle Existenz und eigenständige Handlungsfähigkeit* zugebilligt werden. Umweltstrukturen sind in ihrem Sinngehalt vom sozialen Handeln und selbstreferentiellen Erleben der Akteure abhängig.

(7) In "Interaktion" und "Kommunikation" als wechselseitig aufeinanderbezogener Verschränkung außenwirksamen Handelns und Erlebens entstehen Sinnanschlüsse, die zu Sinn-, Symbol- oder Sprachsystemen erweitert und vertieft werden. Solche *"Kommunikationssysteme"* ermöglichen eine Koordination der Akteure in den jeweiligen Systemzusammenhängen

---

[14]   Vgl. z.B. KORNWACHS (1993) Sp. 1060 (Man könne die *"Systemtheorie als deskriptives Instrumentarium* (...) dazu *benutzen*, Objekte, Prozesse, Institutionen, Organisationen und dergleichen zu beschreiben", H.i.O.)

durch Erwartungsstrukturierung, Mediendifferenzierung und Kontextsetzung, als "autonome Selbst- und indirekter Kontextsteuerung" im effektivitätssteigernden Spannungsfeld von "Autonomie" und "Kontext".

(8) *Kritisches Potential der Systemtheorie* liegt in der Betonung von "Subjektivität" (Erlebnisabhängigkeit), "Relativität" (Kontingenz) und "Normativität" (Selektion) bei der Erfassung der komplexen Umwelt durch Subjekte, die für Vernunft und Begründung fruchtbar gemacht werden kann. Neben bloß deskriptiver Kategorisierung als Rekonstruktionsmechanismus impliziert Systembildung durch explizite Verwendung von Abgrenzung, Selektion und Kontingenz *präskriptiv* die Aufforderung zu reflexiver und kommunikativer Kompensation des Komplexitätsreduktionsrisikos. Hier finden sich Bezugspunkte zur "sprachpragmatischen Kommunikationstheorie", die "Kommunikation" als sprachliche Verständigung in gemeinsamen Sprach- und Sinnsystemen zur Grundlage erfolgreicher Koordination und Kooperation erhebt.

Die Konstruktion einer systemtheoretischen Perspektive erfolgt auf der Basis einer interpretierenden Bestandsaufnahme bzw. Revision relevanter Theorien, Konzepte und Ansätze arrivierter Wissenschaft: Soziologie, Kybernetik, Wirtschaftswissenschaften, Kognitions- oder Neurobiologie u.a. werden im Hinblick auf problemspezifische Beiträge und Erkenntnisgewinne für die integriert-systemtheoretische Analyse indirekter Steuerung in Management, Wirtschaft und Gesellschaft ausgewertet. Rekonstruktion und -formulierung erfolgen notwendig auf der Basis einer zweckorientierten begrifflichen Kategorisierung. "*Autonomes Subjekt*" bzw. "*Akteur*" (Erleben und Orientierung), "*(Sozial-)Systembildung*" (Komplexitätsreduktion und Koordination) und "*Umwelt*" (Komplexität und Kompensation) repräsentieren darin die Spannweite des systemtheoretischen Bezugsrahmens. "*Steuerung*" bedeutet dann die Konzeption einer indirekten Steuerungsform zwischen "Integration" als freiwillige Einordnung in Koordinationssysteme, "autonomer Selbststeuerung" als Ausdruck dezentraler und individueller Orientierung, "indirekter Kontextsteuerung" als Umsetzung intersubjektiver Koordinationsanforderungen und kritischer "Kompensation" im Bezug zur (insbesondere sozialen) Umwelt.

Der Einstieg in die Problemstellung der Untersuchung erfolgt zunächst über einige zentrale Begriffsklärungen zur Erfassung menschlichen sozialen Handelns: "Erleben" als Perzeption und Kognition, "Orientierung" als Abgrenzung und Strukturierung und "Koordination" (bzw. "Steuerung") als Interaktion oder Kommunikation.

## II.  Drei Determinanten zur Erfassung sozialen Handelns: "Erleben", "Orientierung" und "Koordination" bzw. "Steuerung"

Als Ausgangspunkt unter Betonung des betriebswirtschaftlichen Charakters der Argumentation können die Thesen STEINMANNs zur Aufgabe von Management- und Betriebswirtschaftslehre herangezogen werden: "Die Betriebswirtschaftslehre soll sich als Kulturwissenschaft begreifen, die das *(ökonomische) Handeln von Menschen in Betrieben* untersucht."[15] Denn: "Der Handlungsbegriff bildet nämlich den Basisterminus einer in praktischer Absicht betriebenen Management-Lehre."[16] Ersetzt man allgemeiner "ökonomisches" durch "soziales" Handeln, "Betrieb" durch "soziale Systeme" und "Betriebswirtschaftslehre" durch "Soziologie" (bzw. "soziologische Systemtheorie"), so wird die zentrale Bedeutung des Handlungsbegriffs zur Analyse von Steuerung deutlich.

Der Begriff *"Handeln"* umfaßt nach allgemeiner Definition "1. alltäglich jedes menschliche Verhalten in Mimik, Gestik, Sprache; 2. soziologisch betrachtet, sind dies alle menschlichen Verhaltensweisen, soweit sie sinnhaft, intentional und motivational sind und sich teleologisch (= zielgerichtet) auf äußere Dinge richten, um diese zu beeinflussen."[17] Das Zusatzattribut *"soziales"* drückt aus, daß "eine Handlung die allgemeinen Kriterien des Handelns erfüllt und sie sich zusätzlich auf andere Personen und Gruppen richtet"[18]. Die Masse der Definitionen orientiert sich am Handlungsverständnis Max WEBERs, der "Handeln" als *Letztelement aller gesellschaftlichen, d.h. koordinierten Erscheinungsformen* untersucht:

> "'Handeln' soll dabei ein menschliches Verhalten (einerlei ob äußeres oder innerliches Tun, Unterlassen oder Dulden) heißen, wenn und insofern als der oder die Handelnden mit ihm einen subjektiven S i n n verbinden. 'Soziales' Handeln aber soll ein solches Handeln heißen, welches (...) auf das Verhalten a n d e r e r bezogen wird und daran in seinem Ablauf orientiert ist."[19]

Wesentlich für diesen Handlungsbegriff WEBERs sind drei Charakteristika:

- Orientierung: *"Subjektiv intendierter Sinn"*, den jedoch WEBER selbst einschränkend als "begrifflich konstruierten Typus" und nicht als objektiv richtigen oder wahren Sinn mit

---

[15]  STEINMANN (1978) S. 73 (H.v.V.). Zum hier zugrundeliegenden Verständnis von "Konstruktivismus" und Handlungsbegriff siehe auch STEINMANN/SCHERER (1992) S.943ff.

[16]  STEINMANN (1981) S. 11.

[17]  REINHOLD (1991) S. 224f.; KISS (1989) S. 62 schreibt über "Handlung" bzw. "Handeln" und seine klassische Erfassung: "Handlung als fortgesetztes Handeln wurde seit Aristoteles in der Zweckgerichtetheit von Tätigkeiten und als spezifische Differenz zwischen tierischem Verhalten und menschlichem Tun gesehen."

[18]  REINHOLD (1991) S. 225.

[19]  WEBER (1956) S. 1 (H.i.O.). Vgl. zum Handlungsbegriff bei WEBER auch KIESER/KUBICEK (1978) S. 78ff.; KISS (1989) S. 63ff.

flüssiger Grenze zwischen "Handeln" und "Verhalten" bezeichnet;[20]
- Erleben: "Orientierung" durch *"Beobachtung"* und Verarbeitung "des Verhaltens anderer", jedoch nicht immer eindeutig feststellbar oder bewußt;[21]
- Koordination: "Sinnhafte Bezogenheit auf und Orientierung am Verhalten anderer" unter *"Zweckrationalität"*, als Orientierung an Erwartungen oder Bedingungen unter Abwägung von Zweck, Mittel oder Nebenfolgen.[22]

Diese grundlegenden Bestandteile der Definition WEBERs lassen sich interpretieren als "Erleben" der sozialen Umwelt, als intrasubjektive, extern nur vom Beobachter über kognitive Zweck- oder Rationalitätsschemata zuschreibbare "(Handlungs-)Orientierung" und als interessengeleitete und zielgerichtete "Koordination" von Interaktionen. Essentiell ist dabei eine Unterscheidung zwischen "aktiver" Handlungsorientierung, als auf Erleben basierender subjektiver Intentionalität des Handelnden, und "passiver" Orientierungszuschreibung, als externer Rekonstruktion von Intentionalität im Erleben eines Beobachters. Diese Unterscheidung kann etwa in Anlehnung an GOTSCH, LUEKEN oder SCHERER als analytische Differenzierung von *"Teilnehmer-"* (oder "Akteur-") und *"Beobachter-Perspektive"* bezeichnet werden. Aktives Handeln und passives Erleben von Handeln bilden zwei durch personale Grenzen in Objekt und Subjekt getrennte Aspekte des "Handlungs"-Begriffs in konkreten Interaktionszusammenhängen. Bloß analytisch ist die Unterscheidung allerdings schon deshalb, da auch erlebbares Beobachten aktives Handeln und deshalb eine Art von "Teilnahme" darstellt; die Abgrenzung bleibt deshalb fließend.[23]

Einen alternativen Zugang zum Handlungsbegriff wählt STEINMANN mit der Unterscheidung von "Handeln" als *Kultur*phänomen und "Verhalten" als bloßem *Natur*phänomen über die Kriterien "argumentationsvorbereitet" und "-zugänglich":

> "Der Mensch ist in Gegensatz zu bloßer belebter Materie in der Lage, sein Tun (auch) *redend* vorzubereiten, ihm ist die Möglichkeit des Bewußtseins gegeben. Aus den (mit sich selbst oder anderen) geführten Reden resultieren Sinngehalte (z.B. deskriptive und präskriptive Sätze), gemäß denen gehandelt wird. *'Handeln'* soll also als argumentationsvorbereitetes und deshalb absichtsgeleitetes (intentionales) Tun verstanden werden im Gegensatz zu einem bloß stimulierten Tun, dem jede Intentionalität fehlt (z.B. physiologische oder emotionale Reaktionen) und das *'Verhalten'* heißen soll."[24]

---

20    Vgl. WEBER (1956) S. 1.

21    Vgl. WEBER (1956) S. 11f.

22    Vgl. WEBER (1956) S. 12f.

23    Vgl. GOTSCH (1987) S. 34f. (dort allerdings unter einer äußerst schwammigen inhaltlichen Differenzierung, da er die "Teilnehmer"-Perspektive ebenfalls als "Rekonstruktion der Orientierung der beteiligten Akteure" bezeichnet, wohingegen die "Beobachter"-Perspektive des Analytikers die "latenten Strukturbedingungen und Wirkungszusammenhänge" thematisiere); LUEKEN (1992) S. 193ff.; SCHERER (1995) S. 188ff.

24    STEINMANN (1978) S. 74 (H.i.O.). LÖHR (1991) S. 40ff. bezeichnet "Verhalten" als "mechanische Reaktion auf bestimmte Erwartungen", "Handeln" dagegen als "absichtsgeleitete und redend herbeigeführte

Erkennbar ist ein Bezug sozialen Handelns auf das Bewußtsein und dessen Orientierung über erlebte Sinngehalte sowie eine Differenzierung der Bestimmgründe der Handlungsorientierung in Kognition ("absichtsgeleitet": orientiert) und Kommunikation ("argumentationsvorbereitet": koordiniert). Undeutlich bleibt allerdings auch hier eine Analyse der Abfolge von "aktiver" Handlungsorientierung des Akteurs, außenwirksamer Handlung und "passiv" erlebender Sinnzuschreibung bzw. -rekonstruktion durch einen Beobachter. In konstruktivistisch-systemtheoretischer Argumentation läßt sich diese Unterscheidung über eine grundlegende Fassung des Handlungsbegriffs als reine *Objektkategorie für einen Beobachter* in Abkehr von intrasubjektiv-intentionaler Begriffsfassung einführen: "Handeln" bezeichnet danach ein vom Beobachter bezüglich möglicher Ziele oder Absichten des Handelnden *kognitiv verarbeitetes* Tun, "Verhalten" dagegen ist *unbestimmt*, sei es aus Indifferenz, Unvermögen oder Unmöglichkeit (und wird darin vom bloßen unkontrollierbaren "stimulus-response"-Reflex abgegrenzt).[25]

"Soziales Handeln" kann nach der Interpretation dieser Definitionen anhand von *drei Determinanten oder Bestimmgrößen* erfaßt werden, unter Rückgriff auf gängige soziologische Definitionen:

(1) Autonomes *"Erleben"* der Umwelt als bewußtseinsgesteuerte Beobachtung und Verarbeitung durch die physische Wahrnehmungs- und die kognitiven Verarbeitungsmechanismen der Akteure: Der soziologische Begriff der *"Perzeption bzw. Wahrnehmung"* beinhaltet sowohl die Reizaufnahme durch die Sinnesorgane als auch das Verarbeiten mittels vorhandener Vororientierungen als aktiver Prozeß des Individuums.[26] Davon zu unterscheiden und mehr

---

Alternativenauswahl" vor dem Hintergrund einer Managemententscheidung; auch hier der Bezug auf Kognition ("Absicht") und Kommunikation ("redend"). "Diese Freiheit [in der Entscheidungsfindung] meint dann die Möglichkeit zur Verfolgung eigener *Interessen*, mit denen rahmenartig bestimmte Situationen herbeigeführt oder bewahrt werden sollen. Dabei gelangen diese Interessen weder determiniert noch unwillkürlich-beliebig zum Ausbruch, sondern vor dem Hintergrund *absichtsgeleiteter* (intentionaler) Festlegungen der rahmenartigen Orientierungen des eigenen Handelns. Tritt nun der Fall ein, daß man ein solch dauerndes Interesse in einer konkreten Situation auch tatsächlich verfolgen kann, so soll die hierbei in Anspruch genommene Orientierung kurz als *Zweck* bezeichnet werden." (LÖHR (1991) S. 43f., H.i.O.). Nach LUEKEN (1992) S. 190 und SCHERER (1995) S. 188 besteht eine enge Verknüpfung der Unterscheidung zwischen "Teilnehmen/Beobachten" und "Handeln/Verhalten".

25    Diese Unterscheidung erfolgt nicht in Widerspruch zu LUEKEN (1992) S. 191ff.: "Durch den Begriff der Absicht haben wir das entscheidende Merkmal, durch das sich Handeln von Verhalten und bloßem Geschehen unterscheidet. (...) Verhalten, bei dem wir annehmen können, daß die Person mit Absicht einer Regel oder einem Zweck folgt und sich im Prinzip auch anders verhalten könnte, wollen wir Handeln nennen. (...) Die Absichten anderer Personen sind nicht aus der Beobachterperspektive zugänglich [lediglich zurechenbar, d. Verf.]", denn: " In letzter Instanz aber können wir nur selber entscheiden, welches unsere Ansichten sind und welche Handlungen wir uns zuschreiben können."

26    Vgl. REINHOLD (1991) S. 647: *Perzeption* als "Vorgang, durch den ein Lebewesen Informationen seines eigenen Zustandes und seiner Umwelt über seine Sinnesorgane erhält. Dabei werden Wahrnehmungen nicht nur als Reize empfangen und verarbeitet, sondern diese Informationen werden in bereits bestehende Vorstellungsstrukturen eingefügt und unter Berücksichtigung bereits vorhandener Einstellungen, Motive und von Vorurteilen selektiert (...). Wahrnehmung ist somit kein passiver, sondern ein aktiver Prozeß, den das

auf den Aspekt der internen Verarbeitung bezogen ist "*Kognition oder Erkennen*", das einerseits den Prozeß der Beobachtungsverarbeitung durch den Akteur (als internes Handeln), zum anderen die Umwelterfassung bzw. -verarbeitung als "Orientierung", d.h. als "Vorstellung" oder "Wissen" des Subjektes, bezeichnet.[27] Eine Konkretisierung von "Erleben" als Perzeption und Kognition und dessen Unterscheidung von "Orientierung" ist im Punkt dieser Wahrnehmungsverarbeitung äußerst diffizil; für die angestrebte Kategorisierung erscheint es praktikabel, "Perzeption" als Beobachtung, d.h. als Reizaufnahme und kurzfristige Zuordnung, zusammen mit "Kognition" als Tätigkeit der Zuordnung der aufgenommenen Beobachtung mittels kognitiver Schemata unter "Erleben" zu rechnen. Das Ergebnis der Kognition, die Umweltmodellbildung und ihre Auswertung bzw. Umsetzung, fällt dann unter "Orientierung".[28]

(2) Subjektive "*(Handlungs-)Orientierung*": Der Begriff der "Kognition" umfaßt bereits teilweise den Prozeß ihrer Gewinnung als Erlebnisverarbeitung aufgrund kognitiven Wissens bzw. gespeicherter Schemata. Als Systembildung und Strukturierung (Vorgang) bzw. als kognitives Umweltmodell (Ergebnis) ist sie Voraussetzung bewußten und intentionalen Handelns. Soziologisch dient der Begriff "(Handlungs-)Orientierung" als

"allgemeine und umfassende Bezeichnung für diejenigen Verhaltensweisen bzw. für diejenigen Aspekte des Motivationsgeschehens, durch die sich ein Organismus in einer Situation zurechtfindet und auf bestimmte Ziele oder Zielobjekte und auf Wege zur Erreichung dieser Ziele ausrichtet. Dabei muß es sich keineswegs um einen 'bewußten' Erkenntnisvorgang handeln; vielmehr ist jedes motivierte Verhalten (...) an der [Erkenntnis der; d. Verf.] äußeren Realität und auf bestimmte Zielobjekte in dieser Realität hin 'orientiert'. (...) Andererseits wird aber auch die bewußt erarbeitete,

---

Individuum steuert." Bei KLIMA (1994b) S. 731 kurz: "allgemeine und zusammenfassende Bezeichnung für den gesamten Vorgang, durch den Lebewesen Informationen über ihre Umwelt und über ihren eigenen Zustand aufnehmen und verarbeiten."

[27]  KLIMA (1994) S. 342: "*Kognition*, [1] auch: Erkennen, Bezeichnung für den Prozeß, durch den der Organismus Informationen oder 'Kenntnisse' über Objekte der Umwelt und die Beschaffenheit der Realität gewinnt. Dazu gehören die Aktivitäten des Wahrnehmens, Denkens, Vorstellens, Lernens, Urteilens usw. (...) [2] Bezeichnung für das Ergebnis eines Erkenntnisprozesses: eine einzelne Vorstellung oder ein bestimmtes Wissen, in dessen Besitz ein Individuum ist." (H.i.O.). Bei REINHOLD (1991) S. 306 dazu in etwa analog: "*Kognition* 1. meint den Prozeß, den Weg, durch den Kenntnisse über die Realität durch den einzelnen erworben, d.h. aufgenommen, verarbeitet, gespeichert, reproduziert werden. (...) 2. bezeichnet das Produkt des Prozesses aus 1., also z.B. das Wissen um einen Sachverhalt, das Wahrgenommene eines Phänomens." (H.i.O.).

[28]  Vgl. dazu die Interpretation der "holistischen Kognitionstheorie des Textverstehens" (nach SCHNOTZ) bei SCHMIDT (1994) S. 122f.: " 'Holistische' Ansätze gehen davon aus, daß Textverstehen als ein 'ganzheitlicher, flexibler mentaler Konstruktionsprozeß' zu sehen ist (...). In diesem Prozeß wird dem Text ein mentales Modell zugeordnet und bewertet. 'Der Text dient als Datenbasis für die mentale Modellkonstruktion. Durch das Lesen wird diese Datenbasis sukzessive erweitert.' (...) Das Vorwissen ist in Form kognitiver Schemata organisiert (...) 'Insgesamt wird hier also die Ansicht vertreten, daß beim Textverstehen auf der Grundlage einer immer umfassenderen Datenbasis ein ganzheitliches mentales Modell konstruiert, erweitert, differenziert, evaluiert und gegebenenfalls revidiert wird. (...)'."

intellektuell kontrollierte Anpassung zwischen dem zielgerichteten Handeln und der sozialen und kulturellen Umwelt als O. bezeichnet."[29]

Während "Handlungsorientierung" den motivationalen Aspekt der Umwelterfassung verkörpert, steht "Kognition" für den der Orientierung vorausgehenden Aspekt der Erlebnisverarbeitung. "Orientierung" steht immer im Spannungsfeld zwischen dem Erleben als eigenes aktives Beobachten und Verarbeiten eines *Subjektes* und dem passiven Beobachten und Verarbeiten fremder Handlungen als *Objekte in der Umwelt* (verstanden als Menge potentieller Objekte); beide Seiten können über Systembildung zusammengeführt werden. "Orientierung" ist zum einen autonome Kognition, zum anderen immer auch Sozialisation bzw. Aktualisierung externer Sinnproduktion[30] und verkörpert darin sowohl Wissen*serwerb* bzw. Struktur*bildung* durch Lernen oder Kreation wie auch Wissens- bzw. Struktur*verwendung* im Rahmen von Vororientierungen oder Schemata.

(3) Intersubjektive "*Koordination*" basiert auf der Interdependenz der sozialen Dimension des außenwirksamen Handelns und seinem Abstimmungsbedarf in einer begrenzten physischen Umwelt. In einer auf Arbeitsteiligkeit abzielenden Definition wird "*Koordination oder Koordinierung*" als "das wechselseitige Abstimmen der Aktivitäten in arbeitsteiligen Gruppen und Organisationen" bezeichnet, "indem alle Mitglieder einen allgemeinen Operationsplan annehmen, der die Arbeit inhaltlich spezifiziert und die verfahrensmäßigen Beziehungen der Mitglieder untereinander festlegt."[31] Diese Beschreibung umfaßt alle wesentlichen Bestandteile systemischer Koordination in sozialen Gemeinschaften: Handlungsfundierung ("Aktivitäten"), Sozialsysteme ("Gruppen und Organisationen"), kollektive Orientierung ("Operationsplan"), Struktur ("verfahrensmäßige Beziehungen") und Mitgliedschaft. Die interaktive oder kommunikative Verhaltensabstimmung stabilisiert sich je nach dem Grad der Aufeinanderbezogenheit des Handelns, der Intensität gemeinsam aktualisierter Sinngehalte und der Verbreitung bzw. Akzeptanz des kollektiven Orientierungskontextes. Die Bandbreite von Koordinierungskontexten reicht von bloßer Interaktion über Kommunikation, Organisationssysteme der Handlungsrestriktion durch Erwartung und Entscheidung bis hin zu indirekten Steuerungssystemen und ihren jeweiligen Rationalitäten, Medien und Codes. "Koordination" geht jedoch

---

[29]  KLIMA (1994) S. 482. Vgl. ENDRUWEIT (1994) S. 266 ("*Handlungsorientierungen*, (...) Gesichtspunkte für das Verhalten eines Handelnden gegenüber einem sozialen, physikalischen oder kulturellen Objekt", H.i.O.).

[30]  Vgl. SCHMIDT (1993) S. 107: "Wirklichkeitskonstruktion ist zurechenbar an Individuen als empirische Orte dieser Konstruktion; aber sie erfolgt keinesfalls in subjektiver Willkür, sondern kann allgemein bestimmt werden als gesellschaftliche Sinnproduktion im Individuum (...) Kognition ist sozial bestimmt durch den langen und rigiden Prozeß der Sozialisation, in dem (...) diejenigen symbolischen Ordnungen inkorporiert werden, die trotz kognitiver Autonomie jedes Aktanten soziale Interaktion und Kommunikation überhaupt erst ermöglichen."

[31]  FUCHS-HEINRITZ/LAUTMANN/RAMMSTEDT/WIENOLD (1994) S. 371 (nach SIMON). Vgl. CORSTEN (1992) S. 546: "Die Notwendigkeit zur Steuerung und Koordination ergibt sich aus der interpersonalen Arbeitsteilung in Unternehmungen."

immer vom autonomen Handeln und der Entscheidungsfreiheit der Akteure aus, wohingegen *"Steuerung"* gemeinhin den Aspekt der externen Setzung von Zielgrößen und deren Umsetzung in bzw. Erreichung durch (koordiniertes) Handeln bedeutet; "Koordination" entspricht damit einer explizit "indirekten" Steuerung.

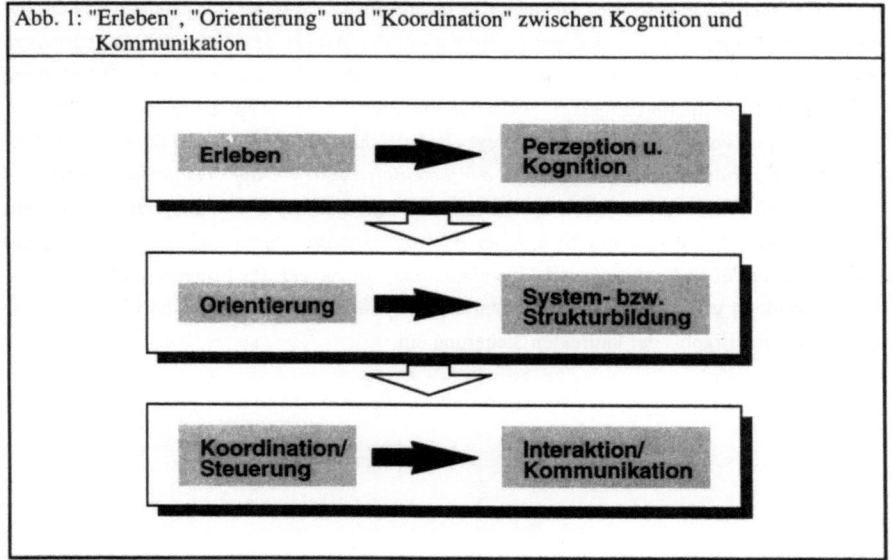

Abb. 1: "Erleben", "Orientierung" und "Koordination" zwischen Kognition und Kommunikation

In dieser Handlungsfundierung der *"indirekten Steuerung"* liegen die wesentlichen Anschluß-stellen zu einer Soziologie, die nach WEBER "soziales Handeln deutend verstehen und dadurch in seinem Ablauf und seinen Wirkungen ursächlich erklären will."[32] Eine in dieser Richtung, d.h. in der Verkettung "sozialen Handelns" liegende Definition liefert GOTSCH als *"soziale Steuerung"*, durch welche "Akteure in einer Weise miteinander integriert werden, daß Handlungs- und Wirkungsketten entstehen, die eine aktive Gestaltung von Adressatensyste-men ermöglichen."[33] In ähnlicher Bedeutung bezeichnet die klassische funktionale Manage-mentlehre nach KOONTZ/WEIHRICH *"Management"* als "Prozeß der Gestaltung und Auf-rechterhaltung einer Umgebung", in welcher "in Gruppen zusammenarbeitende Individuen" ausgewählte Ziele effizient erreichen bzw. erfüllen können.[34] Wesentliches Charakteristikum beider Beschreibungsversuche ist die Integration und Koordination der Handlungsorientie-

---

[32]    WEBER (1956) S. 1.

[33]    GOTSCH (1987) S. 27.

[34]    Vgl. KOONTZ/WEIHRICH (1988) S. 4.

rungen der individuellen Akteure über die Gestaltung von Handlungszusammenhängen, Systemen oder Kontexten ("Wirkungsketten", "Adressatensysteme", "Umgebung"): "Im Mittelpunkt von Managementtätigkeiten steht also menschliches Handeln bzw. Verhalten im Rahmen eines sozialen Kontextes."[35] (PROBST).

Die *Arbeitsdefinition* indirekter Steuerung beinhaltet deshalb Akteure, ihr Erleben, ihre Orientierung, ihre Handlungen und deren Koordination; der Aspekt der Zielorientierung ist *dual* sowohl in der subjektiven Handlungsorientierung des Akteurs wie auch im Begriff der intersubjektiven Koordination angelegt. *"Indirekte Steuerung"* umreißt in einem basalen Sinn das Spannungsfeld von Autonomie und Kontext als *Ausrichtung der subjektiven Orientierung und der daraus resultierenden Handlungen der beteiligten Akteure auf soziale Koordinationskontexte, d.h. auf zwar autonom erlebte und identifizierte, aber intersubjektiv anerkannte Orientierungssysteme einschließlich deren Bildung, Gestaltung und Aufrechterhaltung bzw. Aktualisierung über Kognition und Kommunikation.* Im Aspekt des Erlebens und der Orientierungsbildung wirkt auch die soziale Umwelt als potentieller Perzeptionshorizont auf Ausgestaltung und Ergebis der indirekten Steuerung ein.

---

[35]   PROBST (1986) S. 60.

## III.  Zur Vorgehensweise der Untersuchung

Die systemtheoretische Darstellung und Analyse indirekter Steuerung wird in *fünf Schritten* entwickelt:

(1) *Abschnitt A* differenzierte die Mechanismen "Erleben", "Orientierung" und "Koordination" als grundlegende Bestandteile einer auf sozialem Handeln beruhenden indirekten Steuerung im Spannungsfeld von Akteur (Selektion), System (Abgrenzung) und Umwelt (Komplexitätsreduktion und Kontingenzbeschränkung) und formulierte den Begriff der "indirekten Steuerung" in einer Arbeitsdefinition als Orientierung (Systembildung) zwischen Erleben (Kognition) und Koordination (Kommunikation bzw. Kontext).

(2) *Abschnitt B* wertet dem systemtheoretischen Gedankengut zurechenbare Konzepte der betriebswirtschaftlichen Managementlehre, d.h. insbesondere Kybernetik, Radikalen Konstruktivismus und System/Umwelt-Theorie, aus im Hinblick auf Orientierung, Koordination und indirekte Steuerung wirtschaftlichen Handelns; differenziert wird nach Perspektive (Objekt/ Systembildung, Subjekt/Erleben, Umwelt/Komplexität) und Erkenntnisbereich (Regelkreis und Managementprozeß, Strategie und Modellbildung, strategischer Managementprozeß und kritische Kompensation).

(3) *Abschnitt C* rekonstruiert in Auseinandersetzung mit systemtheoretisch relevanten Positionen der sozialwissenschaftlichen Theoriebildung einen geeigneten "integriert-systemtheoretischen" Bezugsrahmen der systemvermittelten Erfassung und Verarbeitung der Umwelt. Die Auswertung verschiedener Theorieansätze zu den soziologischen Problemfeldern "Handlung", "Kommunikation" und "Akteur" in ihrem jeweiligen Verhältnis zum "System"-Begriff führt zur Entwicklung eines systemtheoretisch formulierbaren Zusammenhangs von Akteur, sozialen Systemen (differenziert in orientierende "Handlungs-" und koordinierende "Kommunikationssysteme") und sozialer Umwelt.

(4) *Abschnitt D* konkretisiert die Wirkungsweise systemtheoretischer Koordination bzw. indirekter Steuerung im Spannungsfeld von autonomen Akteuren und Kommunikationssystemen als Kontexten: Aufbauend auf aktuellen systemtheoretischen Interpretationen von Wirtschaft (LUHMANN) und Markt (BAECKER), die als mediengestützte Sozialsysteme grundsätzlich die Vorstellung einer indirekten Steuerung zwischen "Autonomie" und "Kontext" verkörpern, lassen sich die Grundprinzipien der liberalen Wirtschafts- und Gesellschaftsordnung als Archetypus einer effizienten indirekten Steuerung systemtheoretisch interpretieren. Angelehnt an WILLKEs Konzeption einer "indirekten Selbst- und Kontextsteuerung" kann daraus ein indirektes Steuerungsmodell mit seinen zentralen Koordinationsmechanismen in Form von symbolisch generalisierten Kommunikations- bzw. Steuerungs-"Medien", binär schematisierten "Codes" und "Kontextbedingungen" als Teilnahmekriterien abgeleitet werden. Gren-

zen findet indirekte Steuerung durch die sozialen Phänomene "Macht" als Fiktion direkter und "Mikropolitik" als Degeneration indirekter Steuerung.

(5) *Abschnitt E* behandelt das Verhältnis des Akteurs zu seiner komplexen sozialen Umwelt. Grundlage ist zunächst das kritische Potential der integriert-systemtheoretischen Perspektive, manifestiert in der "Subjektivität" des Umweltbezuges über Erleben unter Autopoiese und Selbstreferenz sowie in der "Relativität" der Kontingenz der Komplexitätsreduktion über Sinnabgrenzung und Selektion. Werner ULRICHs "Kritische Heuristik" liefert die Verbindung des kritischen Gehaltes des "Systemdenkens" mit der Notwendigkeit einer Kompensation durch Vernunft bzw. praktische Vernunft über die "Normativität" des Verstehens (bzw. der Erkenntnis) und der Begründung angesichts von Abgrenzung und Selektion. Zur Umsetzung kritischer Kompensation werden verschiedene, im betriebswirtschaftlichen Kontext diskutierte Mechanismen ausgewertet. Der Lösungsvorschlag dieser Arbeit beschreibt eine Synthese aus "Reflexion" als monologischer Vernuft und Verantwortung zu Identitätsbestimmung und Selbstbeschränkung, "Strategischer Kontrolle" als kritischer Überwachung von Orientierung und Kontext und "diskursiver Ethik" als praktischer Vernunft argumentativer Begründung und kommunikative Öffnung des Umweltbezuges der Akteure.

(6) *Abschnitt F* zieht schließlich ein zusammenfassendes Resümee der systemtheoretischen Betrachtungen zur indirekten Steuerung zwischen autonomem Akteur, sozialen Systemen und komplexer Umwelt.

# B. BEFUNDE: MANAGEMENT ZWISCHEN KYBERNETIK, RADIKALEM KONSTRUKTIVISMUS UND SOZIOLOGISCHER SYSTEMTHEORIE

Dieser Abschnitt bezieht das grundlegende Spannungsfeld der systemtheoretischen Perspektive sozialen Handelns und einer daraus abgeleitete indirekten Steuerung aus "Subjekt", "System" und "Umwelt" konkret auf die Belange der Betriebswirtschaftslehre, der Unternehmensführung bzw. des Management. Dem systemtheoretischen Gedankengut zuzurechnende paradigmatische Fundierungen (Kybernetik, Radikaler Konstruktivismus, soziologische Systemtheorie) und Modellvorstellungen (Regelkreis, Managementprozeß, Strategie, Modellbildung, Strategisches Management, Kompensation) sind zu rekonstruieren und auszuwerten.

Der Orientierungsaspekt[1] als Grundlage der Steuerung wird in drei Teilaspekte zerlegt:
- "*konstruktivistisches Erleben*" als kreative Umweltstrukutrierung und Strategieformulierung durch das *Subjekt*;
- "*kybernetische Systembildung*" als Orientierungsgewinnung durch Konstruktion von *Objekten* zwischen Subjekt und Umwelt, d.h. Systemen bzw. Modellen zur Orientierung und Planung; und
- "*systemtheoretische Komplexitätsreduktion*" als Prämisse des Erlebens über den Mechanismus der System- bzw. Modellbildung und als Ausdruck für den Bezugspunkt der Orientierung, ihrer Validität und des Selektionsrisikos in der komplexen *Umwelt*.

Der Steuerungsansatz kann natürlich auch generell nach seiner systemtheoretischen Kerncharakteristik, dem jeweiligen *Umgang mit Komplexität*, nach *Komplexitätsbeherrschung* (Objektorientierung: Kybernetik), *Komplexitätsverarbeitung* (Subjektorientierung: Radikaler Konstruktivismus) und *Komplexitätsreduktion* (Umweltorientierung: System/Umwelt-Theorie) differenziert werden (vgl. Abb. 3). Das Spannungsfeld zwischen der subjektiven Orientierungsgewinnung (Erleben: Kognition) und intersubjektiver Vermittlung (Koordination: Kommunikation) wird hier zunächst nur im Unterschied von "Systembildung" als Erfassung und "Modellbildung" als Darstellung (vgl. Kap. B.III.2) eines Strukturierungsobjektes berücksichtigt.

---

[1] Vgl. RAFFÉE (1989) S.3f., der grundsätzlich "*Hilfe zur menschlichen Daseinsbewältigung*" als Ziel der Wissenschaft bzw. Der Betriebswirtschaftslehre formuliert. Diese werde "sowohl durch die *Orientierungsleistung* von - wie auch immer definierter - *Wahrheitserkenntnis* (...) geboten als auch durch die Entwicklung von Vorschlägen und Instrumenten zur *Daseinsgestaltung*. Insofern lassen sich nach Albert *Aufklärung* (im umfassenden Sinn) und *Steuerung* als Ziele anwendungsorientierter Wissenschaft im allgemeinen und der Betriebswirtschaftslehre im besonderen begreifen." (H.i.O.). Auch SCHANZ (1990) S. 56 unterscheidet zwei globale Zielsetzungen der Wissenschaft: *Erkenntnisinteresse* als kognitives Wissenschaftsziel und *Gestaltungsinteresse* als praktisches Wissenschaftsziel zur Lebensbewältigung.

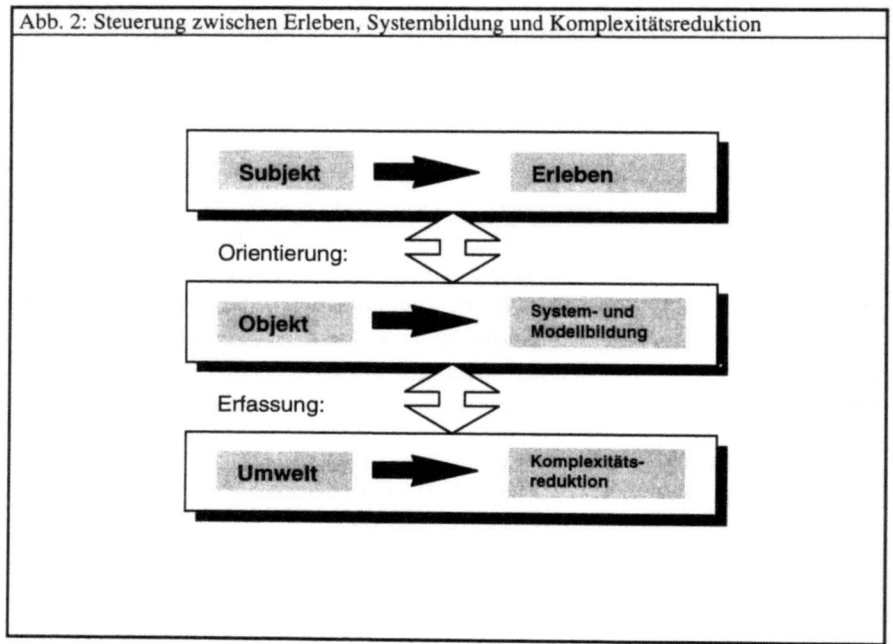

Abb. 2: Steuerung zwischen Erleben, Systembildung und Komplexitätsreduktion

Diese für die in der Managementlehre rezipierten systemtheoretischen Steuerungstheorien adäquate Systematik nach Objekt-, Subjekt und Umweltorientierung (B.I) wird inhaltlich umgesetzt unter den Oberbegriffen *"Kybernetik und funktionales Management"* mit ihren Ausflüssen kybernetische Regelkreislogik, klassischer Managementprozeß und plandeterminierte Unternehmensführung (Objektorientierung: B.II), *"Strategieformulierung und Modellbildung"* als Planung zwischen Radikalem Konstruktivismus und Systemtheorie (Subjektorientierung: B.III) und *"Strategisches Management"* im Spannungsfeld von Komplexität, Selektion und Kompensation (Umweltorientierung: B.IV).

# I. Unternehmenssteuerung bzw. Management zwischen Objekt-, Subjekt- und Umweltorientierung

Die hier angesprochene Problematik korrespondiert mit der Feststellung von RAFFÉE (nach ACKOFF), "daß sich die meisten Probleme nur durch die Integration einzeldisziplinärer (z.B. wirtschaftlicher, psychologischer und technischer) Perspektiven lösen lassen."[2] Die klassische (direkte) Steuerungstheorie fokussiert in einer unreflektierten Beschränkung auf (technisch) "gestaltbare Steuerungs- und Regelungsobjekte" der Kybernetik; Aspekte eines (psychologisch bzw. neurobiologisch zu erfassenden) "konstruierenden Gestalters" bzw. der Bestimmung von (wirtschaftlichen oder gesellschaftlichen) Steuerungs- bzw. Regelungszwecken und -zielen unter Bezugnahme auf "relevante Umwelten" unterblieb weitgehend und wurde erst im Zuge der Entwicklung von Radikalem Konstruktivismus und soziologischer Systemtheorie explizit eingeführt. Unter diesen Paradigmen wird dann auch die Notwendigkeit einer Kompensation über kritisches Bewußtsein und Verständigung thematisiert.

## 1. Unternehmensführung, Management und Steuerung

Der Begriff *"Steuerung"* verkörpert als "Unternehmensführung" oder "Management"[3] den zentralen Aspekt der *Zielorientierung* für die deskriptive Erfassung sozialen bzw. wirtschaftlichen Handelns. Ein einheitliches und eindeutiges Verständnis von Steuerung ist kaum zu finden, da die jeweiligen Begriffsdefinitionen stark vom wissenschaftlichen Standort wie vom Verwendungszusammenhang der jeweiligen Autoren geprägt sind.[4] Eine einfache kybernetisch-systemtheoretische Definition liefern ULRICH/PROBST: "Steuerung ist eine informationelle Anweisung an ein System und die Einwirkung auf ein System, damit es sich in einer bestimmten Art verhält und ein Ziel erreicht."[5] Eine explizit handlungstheoretische Sichtweise

---

[2]    RAFFÉE (1989) S. 5.

[3]    Vgl. CORSTEN (1992) S. 546 ("Management"); dort wird der Zusammenhang zwischen Steuerung, Management und Unternehmensführung beschrieben: "In diesem Sinne [als funktionales Subsystem] umfaßt dann das Management alle Steuerungsvorgänge, die notwendig sind, die verschiedenen Einzelaktivitäten einer Unternehmung auf ein übergeordnetes Ziel hin zu koordinieren. (...) Da Steuerung und Koordination aber auch Aufgaben der Unternehmensführung darstellen, zeigt sich eine weitgehende Übereinstimmung der Begriffe Management und Unternehmensführung."

[4]    Vgl. WEISS (1995) S. 6: "Ob man durch die heute existierende Vielzahl angebotener Management-Konzepte und -Rezepte, in der man wohl so etwas wie eine 'Babylonische Sprachverwirrung' sehen kann, die (...) Steuerungsproblematik auch nur annähernd in den Griff zu bekommen vermag - gleichviel ob als Managementpraktiker oder -wissenschaftler - muß bezweifelt werden."

[5]    ULRICH/PROBST (1988) S. 79.

des Begriffes "Management" oder "Unternehmenssteuerung" im Spannungsfeld zwischen Subjekt und Objekt beschreiben STEINMANN/SCHREYÖGG:

> "Management oder Unternehmenssteuerung werden gewöhnlicherweise als ein Bündel von Aktivitäten verstanden, die bestimmte Zielzustände zu erreichen suchen, indem sie auf Dinge, Menschen oder Systeme einwirken. Diese Perspektive legt es nahe, den primären Bezugspunkt für eine Steuerungstheorie bei dem Handelnden (dem Planer, dem Organisator, dem Unternehmensführer usw.) zu wählen und die Steuerungstheorie als eine *Theorie der Steuerungshandlungen* zu begreifen mit den drei Elementen Steuerungssubjekt, Steuerungsobjekt und Steuerungsziel. (...) Eine solche an der Einzelhandlung ausgerichtete Theorie der Unternehmensführung begreift die Unternehmung als eine Art *Superaktor* (...)."[6]

Hier wird analog zur Masse der Definitionen die Unternehmung einschließlich der in der Unternehmung mitwirkenden Personen als "System" bzw. "*Steuerungsobjekt*" bezeichnet, auf welches durch "*Steuerungssubjekt*", das Management, mittels "*Steuerungshandlungen*" handelnd bzw. informationell eingewirkt werden soll, um "*Steuerungsziele*" zu erreichen. Die Betonung dieser Begriffsklärungen liegt aber meist auf der Seite des Steuerungsobjektes als zu gestaltende bzw. zu lenkende Gesamtheit zur "Beherrschung des natürlichen und sozialen Geschehens"[7] als praktische Lebensbewältigung; eine eindeutige inhaltliche Konkretisierung des Zusammenhanges von Ursache und Wirkung, d.h. wie Steuerung einwirkt (Steuerungshandlung), wodurch Steuerung bewirkt wird (Steuerungssubjekt) und warum bzw. wohin gesteuert werden soll (Steuerungsziel), fehlt oft oder wird nur partiell, unzusammenhängend oder inkommensurabel[8] beantwortet. So ist im Rahmen einer paradigmatischen indirekten Steuerungskonzeption zu präzisieren:[9]

---

[6]   STEINMANN/SCHREYÖGG (1990) S. 107 (H.i.O.). Vgl. STEINMANN/WURCHE (1993) Sp. 1122-1123: "Unter Unternehmensführung bzw. Management versteht man in einer groben ersten Annäherung alle Aktivitäten, die zur Steuerung eines Unternehmens dienen. Unternehmensführung wird damit zum eigentlichen Ort aller wichtigen Entscheidungen, die das zukünftige Agieren des Unternehmens in seiner Umwelt prägen."

[7]   SCHANZ (1990) S. 60. Vgl. ZIEMKE/STÖBER (1992) S. 44: Das Verhalten des Steuerungsobjektes wird durch die Differenz von aktuellem Systemzustand und gegebenem und als Zweck interpretiertem Endzustand gesteuert ("Das sich um die Mitte unseres Jahrhunderts etablierende kybernetische Denken verfolgt, an vielen Stellen explizit, das Ziel, die teleologische und mechanistische, die auf der Zweckursache und der Wirkursache beruhende Erklärungsweise zu vermitteln."). Eine Ausnahme bilden die "*Komponenten sozialer Steuerung*" von GOTSCH (1987) S. 27ff. mit "Formation" als der Konstituierung eines Steuerungsakteurs (auch ein soziales System) als Träger sozialer Steuerung, "Control" als Steuerungsinstrumente oder -verfahren zur Erzeugung von Anschlußselektivität und "Impact" als Steuerungsobjekt bzw. System, sowie der Ansatz von HARTFELDER (1984), der Management als Sinnvermittlung bzw. Beeinflussung von Sinnprozessen untersucht.

[8]   Der Begriff der "Inkommensurabilität" wird z.B. bei SCHERER (1995) S.1ff. in Anlehnung an KUHN und LUECKEN als radikale Verschiedenheit bzw. Konkurrenzverhältnis wissenschaftstheoretischer Orientierungssysteme unter der Unmöglichkeit transparadigmatischer Beurteilungen referiert (vgl. ebd. S. 172, H.i.O.: "*Inkommensurabilität* kennzeichnet (...) das Problem, daß sich kein Rahmensystem begründen läßt, das zur Grundlage eines interparadigmatischen Vergleichs konkurrierender Theorieentwürfe und Orientierungssysteme dienen könnte.").

[9]   Man vergleiche den hier formulierten Fragenkanon mit dem von WEISS (1995) S. 46f. entwickelten Themenspektrum bezüglich Management bzw. Unternehmensführung.

- Ist das Steuerungsobjekt "Unternehmung" ein physisches *soziotechnisches System*, auf welches als Objekt oder Ganzheit, als "Superaktor", eingewirkt werden kann? Ist es ein reales *soziales System*, welches aus handelnden Individuen und ihren Vernetzungen besteht, welche zu beeinflussen bzw. auf welche einzuwirken ist? Oder umfaßt es als fiktives *kognitives Handlungssystem* nur strukturierte bzw. zugeordnete Handlungen, dient es also nur als abgegrenztes Orientierungssystem bzw. als Strukturierungs- oder Koordinationsmittel?

- Wie (Steuerungshandlung) und wodurch (Steuerungssubjekt) erfolgt konkret die steuernde Einwirkung, und wie konstituiert sich demnach der *Zusammenhang zwischen Steuerungseinwirkung und Steuerungswirkung bzw. -reaktion*?

- Sind die Steuerungssubjekte als Träger der Steuerungshandlungen *externe Organe*, die auf fremde Objekte bzw. Ganzheiten einwirken? Oder sind sie als Personen in sozialen Systemen bzw. als Akteure über ihre Handlungen in Handlungssystemen selbst *Bestandteile* der zu steuernden Systeme?

- Wie und wo erfolgt die *Zielbestimmung*: durch übergeordnete externe Setzung, durch Erkenntnis der Steuerungssubjekte, durch Zielvereinbarung der Systemmitglieder oder durch Integration der Systembeteiligten?

- Kann Steuerung sowohl im Subjekt- wie im Objektbereich überhaupt *die Ebene des autonom erlebenden und handelnden Individuums/Subjekts/Akteurs* und seiner subjektiven Orientierung überwinden?

Diese Fragen offenbaren wesentlichen Klärungsbedarf bezüglich einer Präzisierung und Konkretisierung der Grundlagen indirekter Steuerung aus der Perspektive eines umfassenden wissenschaftlichen Bezugsrahmens, der im Sinne dieser Arbeit aus der neueren Systemtheorie hervorgehen soll.[10]


Schon die systematische Ordnung einiger als relevant selektierter und unter dem Attribut "systemtheoretisch" subsumierbarer Steuerungskonzepte, d.h. konkret der Kybernetik, des Radikalen Konstruktivismus und der soziologischen System/Umwelt-Theorie, mit besonderem Bezug auf Betriebswirtschaftslehre, Unternehmensführung, Management und Strategielehre stößt auf Schwierigkeiten[11].

---

[10]   Vgl. ULRICH, zitiert nach SCHANZ (1990) S. 105: "Die Systemtheorie ist viele Stufen abstrakter und inhaltloser als jede andere übliche Wissenschaft (...) Sie ersetzt keine bestehende Wissenschaft, sondern bringt in diese nur eine neue Perspektive ein und führt damit zu neuen Fragestellungen und neuen Erkenntnissen."

[11]   Vgl. SCHANZ (1990) S. 55: "Für die gegenwärtige Betriebswirtschaftslehre ist charakteristisch, daß *mehrere* Ansätze, Konzeptionen bzw. (...) *Wissenschaftsprogramme* nebeneinander existieren. Ihre Ziele weisen in verschiedene Richtungen; es werden unterschiedliche Schwerpunkte gesetzt; methodologische und weltanschauliche Differenzen sind nicht zu übersehen. *Die* Betriebswirtschaftslehre ist gegenwärtig

## 2.  Zur Klassifikation von Steuerungsparadigmen unter dem Komplexitäts- begriff

Für die Sichtung und Auswertung theoretischer Befunde zum Thema "Steuerung", "Unternehmensführung" oder "Management" besteht grundsätzlich das Problem der Konstruktion eines adäquaten Klassifikationsrahmens für die verschiedenen Steuerungsparadigmen.[12] Aus systemtheoretischer Perspektive bietet sich zunächst als Abgrenzungskriterium den jeweiligen *Umgang mit "Komplexität"*, da dieser den wesentlichen Erkenntnisfortschritt der Systemtheorie ausmacht.

Der Begriff der *"Komplexität"*, nach WILLKE zentraler Begriff der neueren Systemtheorie als *Ausdruck der Vielschichtigkeit und Unüberschaubarkeit vor allem sozialer Verhältnisse*[13], ist der wesentliche innovative Aspekt neuerer (und systemtheoretisch inspirierter) Ansätze zu Steuerung bzw. Management (sei es aus Kybernetik, systemorientiertem Management der St.-Galler Schule, System/Umwelt-Theorie oder Strategischem Management). Nach LUHMANN wird er allerdings als "derjenige Gesichtspunkt, der vielleicht am stärksten die Problemerfahrungen der neueren Systemforschung zum Ausdruck bringt (...) zumeist undefiniert verwendet."[14] Angebotene Definitionen des Begriffes variieren sehr stark, sind oft trivial und meist perspektivengebunden. Eine wesentliche Differenzierung der Verwendung des Komplexitätsbegriffes in den jeweiligen Steuerungsansätzen ergibt sich je nach dem Bezug der Komplexität und ihrer Bewältigung auf ein Objekt, ein Subjekt oder die Umwelt in *"Komplexitätsbeherrschung"* (Objekt: Kybernetik), *"Komplexitätsverarbeitung"* (Subjekt: Radikaler Konstruktivismus) und *"Komplexitätsreduktion"* (Umwelt: soziologische Systemtheorie).

---

offensichtlich noch nicht konsensfähig. Das Fach befindet sich in einer *pluralistischen Phase*." (H.i.O.). Siehe auch z.B. KLAUS (1987): "Durch den Strategie-Theorien-Dschungel...".

[12]   Zu Klassifikationsproblemen vgl. z.B. STÜDEMANN (1992) S. 117 (für die "Betriebswirtschaftslehre": "daß es 'die' Betriebswirtschaftslehre weder gibt noch geben kann. Es bestehen vielmehr so viele Betriebswirtschaftslehren oder so viele Auffassungen von Betriebswirtschaftslehre, wie es wirtschaftlich bedeutsame Erkenntnisobjekte und darüber nachdenkende Köpfe gibt."), SEIDEL (1992) S. 258 ("Führung"), MINTZBERG (1990) S. 107ff. ("Strategieformulierung"), KNYPHAUSEN-AUFSESS (1995) S. 1 ("strategische Unternehmensführung") und SCHIEMENZ (1992) S. 834 (für die "Systemtheorie": "Die breite Verwendbarkeit der Systemsicht führte dazu, daß sehr viele verschiedene Ansätze den Systembegriff verwenden. (...) Das erschwert eine Differenzierung").
      Grundsätzlich behandelt wird die Problematik des "Theorien-" bzw. "Perspektivenpluralismus" von Betriebswirtschaftslehre, Organisationstheorie, Strategielehre und Strategischem Management unter dem Stichwort "Inkommensurabilität" bei SCHERER (1995) S. 3ff., der als Ausweg einen Wechsel von einer "Beobachter-" in die "Teilnehmerperspektive" und hin zu "rationaler Argumentation" vorschlägt (vgl. ebd. S. 196ff. u. S. 208ff.).

[13]   Vgl. WILLKE (1987) S. 12. Ähnlich, ebenfalls nicht weiter spezifiziert bei KNYPHAUSEN-AUFSESS (1995) S. 326ff.

[14]   LUHMANN (1988a) S. 45.

Die klassische Komplexitätsvorstellung vor allem der Kybernetik geht von einem *objekt-bezogenen Komplexitätsbegriff* aus, d.h. von der Komplexität eines Systems oder eines Umweltmodells, die durch Systemgestaltung oder Modellbildung sowie durch steuernde oder regelnde Eingriffe *"beherrscht"* werden könne.[15] So bezieht sich z.B. MALIKs Definition vor allem auf die Komplexität und Dynamik des betrachteten Systems: "Komplexität als empirisches Merkmal von soziotechnischen Systemen bezeichnet die Mannigfaltigkeit von Zuständen und Zustandskonfigurationen von Systemen. Diese Mannigfaltigkeit resultiert im Prinzip aus der Interaktion von Systemen und Systemelementen."[16] Unter Organisationsgesichtspunkten beziehen sich STEINMANN/SCHREYÖGG auf die *"Element/Relation"-Definition* LUHMANNs: "Komplexität besagt, daß ein Sachverhalt aus sovielen Elementen und Anschlußmöglichkeiten besteht, daß nicht mehr jedes mit jedem verknüpft werden kann. Das heißt, es gibt zwischen den Elementen sehr viel mehr Verknüpfungsmöglichkeiten als tatsächlich verknüpft sein können."[17] Hier scheint bereits trotz objektbezogener (kybernetischer) Grundrichtung über System und Element der für die Komplexitätsproblematik grundlegende *"System/Umwelt"-Zusammenhang*, als potentielle Anschlußmöglichkeiten im Verhältnis zur realisierten systemischen Verknüpfung, auf: Die Überkomplexität der Umwelt müsse durch Sinnsetzung und Systembildung (Komplexitätsverarbeitung) als Strategie selektiver Erlebnisverarbeitung auf ein erfaß- und verarbeitbares Maß reduziert werden (Komplexitätsreduktion).[18]

Folgerungen für den Umgang mit Komplexität (als *Komplexitätsverarbeitung*, d.h. für Orientierung bzw. Strategie als Perzeption des Steuerungsbedarfes gegenüber der Umwelt) zieht MALIK: "Je nachdem man von komplexen oder von einfachen Verhältnissen ausgeht, stellen

---

[15]    Man vergleiche damit die von WEISS (1995) S. 45 beschriebene "weitgehend übliche Position von Management bzw. Unternehmensführung", d.h. "die - kybernetisch inspirierten - systemtheoretischen Managementkonzeptionen. Aus deren Perspektive wird ein Unternehmen als (sozio-technisches) Handlungssystem bezeichnet, das aus einer geordneten Gesamtheit einzelner Elemente bzw. Subsysteme besteht, die in Wechselwirkung zueinander stehen. Einzelne Elemente sind Individuen, die in diesem Handlungssystem unter einer Führung ein gemeinsames Handlungsziel anstreben."

[16]    MALIK (1984) S. 37. Vgl. ULRICH/PROBST (1988) S. 242: "Unternehmungen sind potentiell äußerst komplexe Systeme, d.h. sie haben die Fähigkeit, innert [sic!] kurzer Zeit eine überaus grosse Zahl von Zuständen anzunehmen, sich also im Zeitablauf immer wieder anders zu verhalten. Die Komplexität der Ganzheit Unternehmung beruht darauf, dass sie aus Menschen besteht, die ihr Verhalten ausserordentlich stark variieren können, also selbst komplexe Systeme und überdies durch ein Netzwerk miteinander verbunden sind. Die Unternehmung selbst ist (...) auf höherer Ebene betrachtet ein Element in Systemen, die wiederum äusserst komplex sind. Wie wir wissen entsteht Komplexität immer dann 'von selbst', wenn Lebewesen miteinander in Beziehung treten und Interaktionen oder Wechselwirkungen entstehen. Insofern ist die Komplexität einer Unternehmung etwas Natürliches analog zu dem, was wir im Ökosystem beobachten können. (...) Als zweckgerichtetes soziales System muss sie also in der Lage sein, die potentielle, mögliche Komplexität so zu beschränken, dass gewollte, zweckdienliche Verhaltensweisen entstehen."

[17]    STEINMANN/SCHREYÖGG (1990) S. 106, vgl. LUHMANN (1988) S. 46.

[18]    Vgl. z.B. LUHMANN (1971a) S. 33f., WILLKE (1987) S. 4, STEINMANN/SCHREYÖGG (1990) S. 109, KNYPHAUSEN-AUFSESS (1995) S. 7.

sich strategische Probleme gänzlich anders dar und sind selbstverständlich auch die Merkmale ihrer Lösung fundamental verschieden. (...) Je nach der Art und Weise, wie das Problem der Komplexität behandelt wird, ergeben sich zwei völlig verschiedene Arten von Management-Theorien"[19]: ein *"konstruktivistisch-technomorpher"* und der *"systemisch-evolutionärer"* Ansatz, die sich zweckmäßigerweise als *Komplexitätsbeherrschung* und *Komplexitätsreduktion* bezeichnen lassen. Abstrahiert man vom Erleben des Subjektes und versteht man Steuerung bzw. Management als Koordination menschlichen Handelns, so existieren nach MALIK/ PROBST zwei alternative zielorientierende Koordinationsformen menschlichen Handelns: (zumindest lokal) komplexitätsbeherrschende *Koordination durch Befehl und Weisung im Rahmen einer hierarchischen Befehlsstruktur* und komplexitätsreduzierende *Selbstkoordination im Rahmen eines polyzentrischen Systems* durch wechselseitige und antizipierende Verhaltensanpassung und -modifikation (Integration) der beteiligten Systemelemente (Personen). "Die Kontrastierung dieser beiden Organisationsformen und den mit ihnen verbundenen Koordinationsmechanismen ist natürlich nicht neu (...). Bemerkenswert ist aber doch, dass der weitaus grösste Teil der betriebswirtschaftlichen und der Management-Literatur sich fast ausschliesslich mit der ersten Form, also den verschiedenen Spielarten von Befehlshierarchien und den für sie zweckmässigen Methoden beschäftigt."[20]

Entsprechend dieser Klassifikation ihres Umgangs mit Komplexität können *kybernetische Steuerungsansätze* einschließlich der daraus abgeleiteten handlungstheoretischen Ansätze des *funktionalen Managements* unter dem Aspekt der Komplexitätsbeherrschung als *objekt-, radikal-konstruktivistisches Gedankengut* der Komplexitätsverarbeitung (in seiner betriebswirtschaftlichen Relevanz unter den Aspekten "Planung" bzw. "Strategie" als Handlungsorientierung und "Modellbildung" als Umwelterfassung) als *subjekt-* und betriebswirtschaftliche Adaptionen neuerer *soziologischer System/Umwelt-Theorie* der Komplexitätsreduktion mittels Selektion und Abgrenzung als *umwelt*orientiert bezeichnet werden.

Diese Klassifikation läßt sich in etwa auf die "Strukturierung der Aufgaben der Unternehmensleitung" von MÜLLER-MERBACH als Dreiteilung der Betriebswirtschaftslehre be-

---

[19]  MALIK (1984) S. 34. Die Konzeption "evolutionären Managements", die von MALIK et al. als "konsequente Weiterentwicklung des an der Hochschule St. Gallen unter geistiger Leitung von H. ULRICH entstandenen systemorientierten Ansatzes in der Betriebswirtschaftslehre" bezeichnet wird (vgl. MALIK/ PROBST (19881) S. 126, MALIK (1982) ), soll an dieser Stelle nicht explizit vertieft werden, da sie für die verfolgte Argumentation nicht relevant erscheint; etwaige Analogien oder Unterschiede werden zu gegebener Zeit berücksichtigt. Nach HARTFELDER (1984) S. 375 muß dieser Ansatz der Übertragung von Eigenschaften und Phänomenen lebendiger Systeme bzw. Organismen (Anpassung, Überlebensfähigkeit, Evolution) auf soziale Systeme bzw. Organisationen "vor allem in bezug auf seine praktische Relevanz, als gescheitert angesehen werden."

[20]  MALIK/PROBST (1981) S. 127.

ziehen.[21] Dort wird zwar grundsätzlich kybernetisch-objektorientiert unter den Steuerungs-dimensionen der Kybernetik (Gestaltung und Lenkung), aber dennoch sinngemäß auf unsere Klassifikationsproblematik übertragbar, nach "*sach*bezogenen" (objektorientiert: Information, Planung/Kontrolle), "*menschen*bezogenen" (subjektorientiert: Organisation, Führung) und "*ziel*bezogenen" (umweltorientiert: Ziel, Sinnvermittlung) Aufgaben differenziert. Diese Auf-gabenbeschreibungen müssen allerdings aus der kybernetischen Steuerungsobjektperspektive umgedeutet werden zu den Dimensionen "Konstruktion eines Orientierungsgegenstandes" (Objekt)[22], "Gewinnung einer Orientierung" (Subjekt)[23] und "Validität der Orientierung" (Umwelt)[24]. Etwa analog bezeichnet KATZ als notwendige Fähigkeiten eines Administrators oder Managers ("who (a) directs the activities of other persons and (b) undertakes the res-ponsibility for achieving certain objectives through these efforts"[25]) "*technische*" (Methoden, Prozesse oder Techniken), "*menschliche*" (Arbeit mit Menschen bzw. als Gruppenmitglied) und "*konzeptionelle*" Fähigkeiten (Fähigkeit zur ganzheitlichen Betrachtung).[26] Anschließbar erscheint auch eine Unterteilung für Aufgabenstellungen der Wissenschaftstheorie nach STEINMANN/SCHERER in "technisches Wissen" als objektorientiertem *Effizienzziel*, "Handlungsbegriff" als subjektorientierter Fundierung im Erleben der *Lebenspraxis* und "poli-tisches Wissen" als umweltorientiertem *Effektivitätsziel*.[27]

HARTFELDER analysiert in diesem Sinne drei Ebenen der Systembetrachtung ULRICHs: die "*materielle*" (Transformationsprozesse), "*biologische*" (Funktionsbedingungen im Verhältnis zur Umwelt) und "*kulturelle*" Ebene (Bedingungen und Beschränkungen als Teil der mensch-

---

21  Vgl. MÜLLER-MERBACH (1994) S. 187ff. Unter der allgemeinen Prämisse "kybernetischen (gegen-standsbezogenen) Denkens" orientiert er sich darin an einem Vorschlag KANTs zur Unterscheidung zwischen "technischem", "pragmatischem" und "moralischem (bzw. ethischem) Handeln". Man vergleiche auch die Gliederung nach WEISS (1995) S. 14 bzw. S. 47f. in "Objekt-" (Unternehmung im Verhältnis zur Umwelt), "Subjekt-" (Träger der operativen Prozesse bzw. Funktion organisatorischer Strukturen) und "Zieldimension" (Orientierungen, Rationalität) des Management.

22  Vgl. ZIEMKE/STÖBER (1992) S. 44f. über das "teleologische Verhalten" eines kybernetischen Systems bzw. Modells.

23  Vgl. ZIEMKE/STÖBER (1992) S. 46 (zum HEGELschen "Subjektbegriff").

24  Vgl. den Aspekt der "Validität der Orientierung" mit dem "(Über-)Lebens"-Begriff nach MAUL (1993) S. 716ff. ("(...) denn wer sich aufgrund falscher Erkenntnisse eine falsche Theorie über die Welt macht, geht (...) zugrunde").

25  KATZ (1974) S. 91.

26  Vgl. KATZ (1974) S.91ff. ("Skills of an effektive administrator" - "Three-skill approach": "Technical skill", "Human skill", "Conceptual skill").

27  Vgl. STEINMANN/SCHERER (1992) S. 940f. Bezüge erscheinen auch zur Einteilung der Betriebswirt-schaftslehre nach STÜDEMANN (1992) S. 118f. in "systemorientierte" (Objekt), "entscheidungs-" und "verhaltensorientierte" (Subjekt) oder "handlungsorientierte" (Umwelt). Dort wird "handlungsorientierte Betriebswirtschaftslehre" als ganzheitsbezogene Auffassung unter dem Aspekt des wirtschaftlichen Han-delns, seiner Orientierung und seiner Verortung bezeichnet, wohingegen "verhaltensorientierte" durch Einbeziehung psychologischer und soziologischer Aspekte unter Rationalitätsproblematik definiert wird.

lichen Kultur).[28] KLAUS setzt unter Verweis auf BOULDING und ULRICH diese drei Kategorien als Systembegriffe in Beziehung zum Strategischen Management:[29] *"mechanistische Systeme"* führen zu traditionellen "linearen" Strategie-Modellen (Zweck/Mittel), *"organische (biologische) Systeme"* führen zu adaptiven Strategie-Modellen (offenen Systeme in komplexen Umwelten) und *"kulturelle (humane) Systeme"* erfordern interpretative Strategie-Modelle (Analyse und Entwicklung von Perzeptions- und Interpretationsmechanismen sowie kognitiven Kontexten); alle drei Konzepte seien zur Lösung praktischer unternehmerischer Probleme notwendig. In dieser Einteilung entspricht die mechanistische Ebene der objektorientierten kybernetischer Steuerung und die kulturelle Ebene der Subjektfundierung des Erlebens und Handelns; die organisch-biologische Ebene bezeichnet die systemorientierte Auseinandersetzung mit der Umwelt.

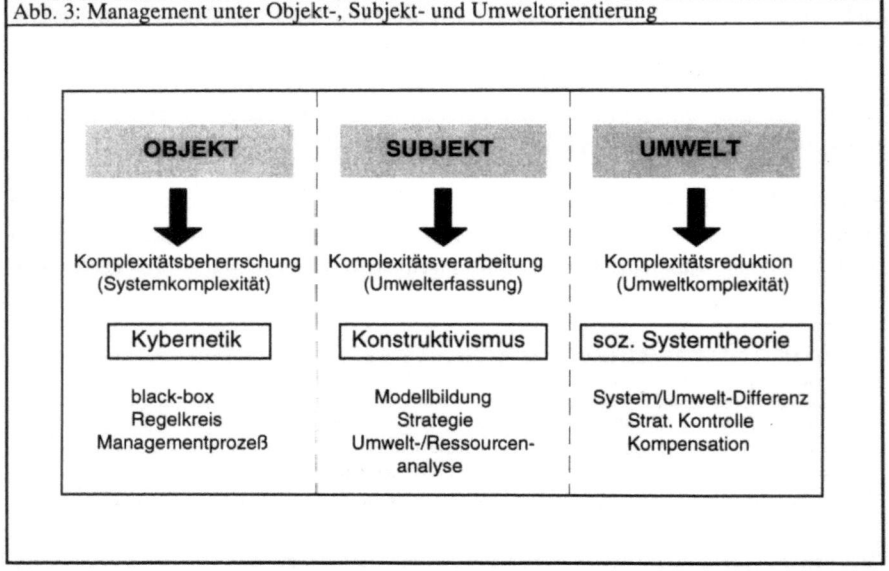

Abb. 3: Management unter Objekt-, Subjekt- und Umweltorientierung

Diese angestrebte Unterteilung kann allerdings nur als grobes Raster dienen; insbesondere für Komplexität, Umweltbezug und Modellbildung sind eindeutige Zuordnungen nach Objekt, Subjekt und Umwelt kaum möglich. Vor allem Modellbildung ist systemtheoretisch, als Systembildung, immer Objektkonstruktion durch ein Subjekt über Abgrenzung von einer Umwelt und steht so zwischen allen Dimensionen.

---

28    Vgl. HARTFELDER (1984) S. 374.

29    Vgl. KAUS (1987) S. 59.

Eine zusätzliche und logische Differenzierung der drei Dimensionen ergibt sich nach der *Qualität ihres Erkenntnisanspruches*: Kybernetische Modelle dienen auf einer ersten Stufe der *Darstellung* und *Untersuchung* bestimmter abgegrenzter und konstruierter Gesamtheiten und ihres Verhaltens als Objekte, meist unter externer und direkter Einwirkung bzw. Steuerung. Auf einer zweiten Stufe betrifft System- bzw. Modellbildung unter den Implikationen des Radikalen Konstruktivismus betrifft immer den *Konstrukteur* als Subjekt und dessen Orientierung bzw. die *Zweckbestimmung* des von ihm konstruierten Objektes als Umweltbezug. Umweltkomplexität und ihre Reduktion dient auf der höchsten Stufe als Maßstab der *Adäquanz* bzw. *Validität* der Umwelterfassung und -verarbeitung durch Subjekte über Objekte. Damit wird ein bestimmter Zusammenhang bzw. eine Abfolge der Darstellung vorstrukturiert.

Im folgenden Kapitel werden nun Grundzüge des kybernetischen Steuerungsverständnisses, d.h. der Gestaltung, Lenkung und Steuerung kybernetischer Systeme (bzw. deren Darstellung und Untersuchung über Modelle), unter der Vorstellung von Komplexitätsbeherrschung und reiner Kontrollproblematik über externe Zwecksetzung und Implemetation dargestellt. Diese unkritische Denkweise manifestiert sich in Modellen des klassischen Regelkreises (B.II.1), betriebswirtschaftlich adaptiert und handlungstheoretisch erschlossen über die Konzeption eines Managementprozesses (B.II.2) unter der Vorstellung einer "plandeterminierten" Unternehmensführung, der allerdings sowohl unter radikal-konstruktivistischer (Erleben des Subjektes) wie systemtheoretischer (Komplexität der Umwelt) Perspektive mangelndes Fassungsvermögen vorgehalten werden muß (B.II.3.).

## II.  Objektorientierung: Das klassische Steuerungsverständnis der Kybernetik und des funktionalen Managements

MALIK/PROBST bezeichnen den klassischen kybernetisch-systemtheoretischen Managementtyp als "Konstrukteurs- oder Ingenieurs-Denken" bzw. als *"technomorphes Denken"*[30], dem in der einen oder anderen Form die Vorstellung zugrunde liege, eine Unternehmung könne so weitgehend bewußt geplant und gesteuert werden, daß sie ähnlich wie eine Maschine funktioniere. "Diese Denkweise prägt vor allem die Betriebswirtschafts- und die Managementlehre als wissenschaftliche Disziplin sowie grösste Teile der darauf beruhenden Management-Ausbildung und findet auf diesem Wege Eingang in die Führungspraxis"[31] Steuerung wird hier in mechanistisch-objektorientiertem Sinne als externe *Zwecksetzung* (unter Vernachlässigung der Subjekt- und Umweltperspektive in ihrer Genese nicht weiter hinterfragt), *Mittelwahl* bzw. *-konstruktion*" (Objekt bzw. Maschine zur vollständigen Zweckerfüllung) und *Mittelnutzung* (unter vollständiger Beherrschung über Steuerung und Regelung) bezeichnet. Sie kann auch präziser in die Phasen *"Orientierungsgewinnung"* (strategische Planung, hier als externe Zwecksetzung ausgeklammert), *"Entscheidungsfindung"* (Planung als Mittelwahl) und *"Umsetzung"* (Vollzug und Kontrolle als Mittelnutzung) zerlegt werden.[32]

Das zentrale Problem kybernetisch-objektorientierter Steuerung beschreibt MALIK als *"Kontrollproblem"* (oder Problem der *Komplexitätsbeherrschung*); es wird wesentlich von der *"Systemkomplexität"* des zu kontrollierenden Systems bestimmt.[33] Die klassische Disziplin

---

30     Vgl. MALIK/PROBST (1981) S. 133f., MALIK (1984) S. 37f. ("Das Basisparadigma der ersten Art [von Managementtheorien], hier als *konstruktivistisch-technomorpher* Theorietyp bezeichnet, ist die Maschine im Sinne der klassischen Mechanik." H.i.O.) und HARTFELDER (1984) S 374f. ("Anfangs beschäftigte sich die systemorientierte Managementlehre mit den sogenannten maschinenkybernetischen Denkvorstellungen (Rückkoppelung, Steuerung, Regelung) und deren Anwendung auf Managementprobleme.").

31     MALIK/PROBST (1981) S. 133. Ebd. auch: "Die technomorphe Denkweise hat ihre Wurzeln in den unbestreitbaren Erfolgen einiger Naturwissenschaften und der darauf aufbauenden Technologie einerseits sowie in einigen tiefverwurzelten Vorstellungen über das Funktionieren der Gesellschaft andererseits (...), in der (...) die Verhältnisse so überschaubar sind, dass dies mit zweckrationalen Mitteln möglicherweise durchführbar ist."

32     Vgl. dazu SCHREYÖGG/STEINMANN (1985) S. 392; STEINMANN/SCHREYÖGG (1986) S. 747 ("Das traditionelle Konzept der Unternehmensführung mit seiner stringenten Funktionenfolge 'Planung - Umsetzung - Kontrolle' (...)"); STEINMANN/HASSELBERG (1989) S. 201 ("Der Entscheidungsprozeß wird in diesem Sinne in die Phasen 'Willensbildung (Planung)' und 'Willensdurchsetzung (Vollzug und Kontrolle)' gegliedert.").

33     Vgl. MALIK (1984) S. 29f., 184 ("Welche Aspekte des Managements, wie Ziele setzen, organisieren, entscheiden, Menschen führen, planen, kontrollieren usw. auch immer vordergründig untersucht werden mögen, bei näherer Betrachtung zeigt sich, dass die eigentliche Funktion des Management in der Bewältigung von Komplexität besteht.").

dieser Steuerung und Regelung (Lenkung) von Systemen ist die *Kybernetik*.[34] Nach MALIK betrifft dies besonders die managementorientierte Betriebswirtschaftslehre, "die explizit auf die Systemtheorie und Kybernetik als Grundlagenwissenschaften abstellt und die Unternehmung als vieldimensionale Ganzheit versteht. Die Betriebswirtschaftslehre wurde bereits hier als Lehre von der 'Gestaltung und Führung von Systemen' verstanden"[35]. "Management" bedeutet demgemäß kurz das *Entwickeln, Gestalten und Lenken von produktiven sozialen Systemen*[36] als Steuerungsobjekte. Den Aspekt der "Einwirkung", oft auch als Impuls oder Stimulus beschrieben, ersetzen ULRICH/PROBST durch den steuerungssubjektneutralen Begriff der "*Lenkung*": "Ganzheiten haben (...) die Fähigkeit, bestimmte *Vorzugszustände* anzustreben und bestimmte Verhaltensweisen einzuschlagen und andere zu vermeiden. Wir können auch sagen: Diese Ganzheiten sind in der Lage, sich selbst unter Kontrolle zu halten. *Die Fähigkeit, sich selbst unter Kontrolle zu halten, bezeichnen wir als Lenkung.*"[37] Dieser subjektneutrale Lenkungsbegriff läßt die Frage einer systeminternen Selbststeuerung, d.h. der Zurechnung der Steuerungssubjekte und ihrer Steuerungshandlungen als Bestandteile zum gesteuerten System selbst, zunächst offen.

Kybernetische Lenkungs- bzw. Steuerungsvorstellungen kulminieren im Modell der "direkten Steuerungskette" bzw. des "klassischen Regelkreises", beide Grundmodelle klassischer direkter Steuerung.

---

34    Vgl. ULRICH (1968) S. 119, JIRASEK/MAI (1972) S. 31ff. Zu den Schwierigkeiten einer Definition von "Kybernetik" siehe auch ebd. S. 12ff. ("Trotz zahlreicher Definitionen und Wesensbestimmungen der Kybernetik *fehlt* es bis heute noch *an einer einheitlichen Definition*." H.i.O.). Wesentliche Definitionen auch in unserem Sinne bilden "Kybernetik als Wissenschaft vom Wirkungsgefüge" (nach WIENER) und als "Wissenschaft von Kommunikation und Regelung" (nach BEER). Eine gängige Definition findet sich bei CORSTEN (1992) S. 511. Siehe auch SCHIEMENZ (1994) S. 23.

35    MALIK (1984) S. 23 (H.i.O.). Vgl. ULRICH (1968) S. 118f. ("Unternehmungen [sind] dynamische Systeme; die Probleme, welche die Betriebswirtschaftslehre behandelt, sind Probleme der Gestaltung eines solchen Systems und der Lenkung der sich in ihnen abspielenden Prozesse." Ebd. auf S. 134 noch prägnanter: "Unternehmungen sind produktive soziale Systeme, und die Betriebswirtschaftslehre befaßt sich mit den Problemen der Gestaltung und Lenkung solcher Systeme."). Zur "Unternehmung" als System und zu "Management" aus kybernetischer Sicht auch JIRASEK/MAI (1972) S. 25f.
      "Kybernetik" bzw. "kybernetische Systemtheorie" bedeutet "Gestaltung und Lenkung ganzer Institutionen in ihrer Umwelt" (MALIK (1984) S. 49) und grenzt sich durch diese Objektperspektive deutlich von der "neueren soziologischen Systemtheorie" der funktionalen System/Umwelt-Differenzierung ab. Zu einer groben Skizzierung dieser Entwicklung der Systemtheorie siehe LUHMANN (1971) S. 10f., KISS (1989) S. 91.

36    Vgl. HARTFELDER (1984) S. 373, MÜLLER-MERBACH (1994) S. 181. JIRASEK/MAI (1972) S. 26 rechnen zu den "Aufgaben des Management aus kybernetischer Sicht": Bestimmung von Kapazität und Strukturierung der Unternehmung, Zielfestsetzung, Festlegung von Verhaltensnormen, Einleitung von Innovationsprozessen und Überwachung bzw. Evaluierung erzielter Ergebnisse.

37    ULRICH/PROBST (1988) S. 78 (H.i.O.). Vgl. ebd. S. 247 ("bestimmte Zustände anzustreben und zu erreichen").

## 1. Kybernetische Steuerung und klassische Regelkreislogik

Zur Präzisierung unterscheidet die Kybernetik nach ULRICH/PROBST *zwei Arten der Lenkung unter externer Zielsetzung*, nämlich "Steuerung" und "Regelung":[38] *"Steuerung"* werde vom systemorientierten Management als externe Verhaltensbeeinflussung des Hinwirkens auf einen Prozeß, der erst ablaufen soll, d.h. als direkte Fremdsteuerung über eine *offene Steuerungskette*, verstanden. *"Regelung"* dagegen werde als reaktive Abweichungskorrektur über informationelle Rückkoppelung, d.h. als *Selbstregulierung*, bezeichnet.[39]

Über Rückkoppelungen enstehe dafür ein aus der Natur oder der Technik abgeleiteter[40] *"Regelkreis"*; ULRICH beschreibt diesen als "Selbstregelung eines Systems mit dem ständigen Vergleichen von Ist- und Sollwerten und dem entsprechenden Verändern der eigenen Aktivitäten (...) mit der Absicht, möglichst konstant 'im Ziel zu bleiben'; die Folge von Handlungen im System stellt einen geschlossenen Kreis dar."[41] Bestandteile des Regelkreises seien "zielsetzendes System", "Istwert-Erfasser", "Regler" zur Zielabweichungsermittlung und "Korrekturinstanz". Die Externalität der verschiedenen Elemente bezeichnet den jeweiligen Lenkungstyp: Im Falle der "Steuerung" erfolgt der gesamte Steuerungsimpuls extern. Steht nur das zielsuchende System außerhalb, so spricht ULRICH von "Regelung". *"Anpassung"* als komplette Selbststeuerung bedeutet, daß auch die Sollwerte (die "Orientierung") über ein *systemeigenes zielsuchendes System* ständig angepaßt würden.[42]

---

[38]   Vgl. ULRICH/PROBST (1988) S. 79, ULRICH (1968) S. 120f. (Im älteren Werk unterscheidet ULRICH noch "Steuerung" als Bestimmung von Ziel, Richtung und Art des Verhaltens von außen, "Regelung" als Selbstkorrektur des Verhaltens zur Zielerreichung und "Anpassung" als Selbstregulierung auf einen Gleichgewichtszustand hin.). Als zentralen Begriff der Kybernetik bezeichnet ULRICH "Rückkoppelung" oder "feed-back" (vgl. ebd. S. 121).

[39]   Siehe auch JIRASEK/MAI (1972) S. 20ff., SINGER (1976) S. 191f.

[40]   Vgl. ULRICH/PROBST (1988) S. 83, ULRICH (1968) S. 121.

[41]   ULRICH (1968) S. 124.

[42]   Vgl. ULRICH (1968) S. 122ff., JIRASEK/MAI (1972) S. 20ff., SINGER (1976) S. 192.

Abb. 4: Der Aufbau eines Regelsystems nach ULRICH

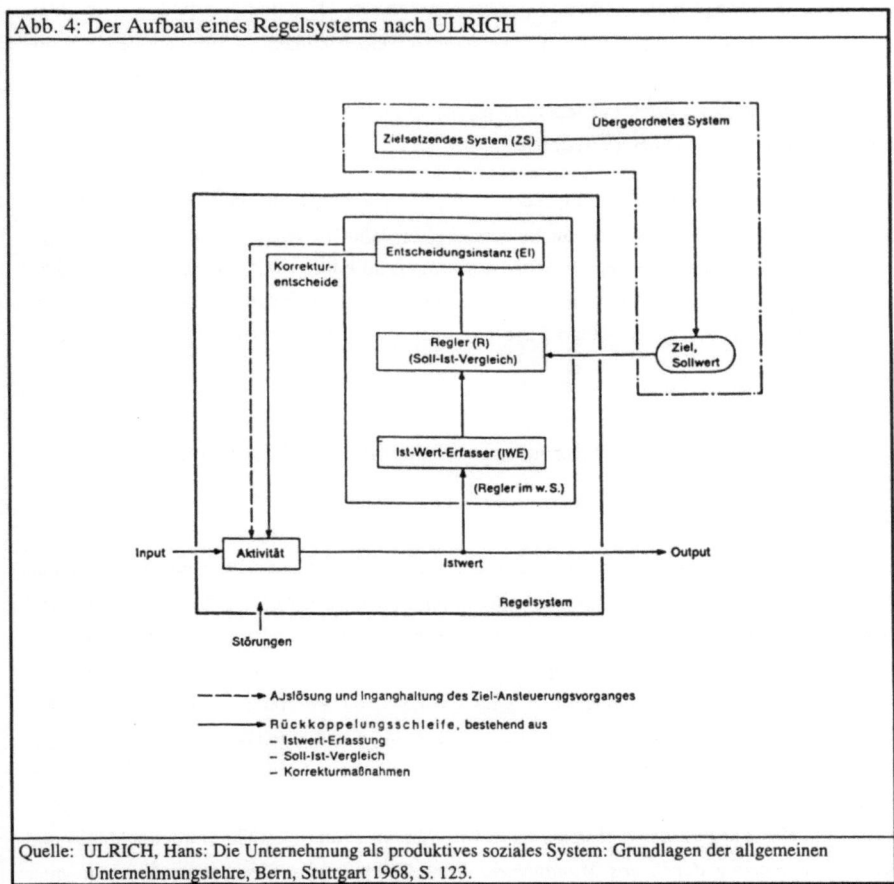

Quelle: ULRICH, Hans: Die Unternehmung als produktives soziales System: Grundlagen der allgemeinen Unternehmungslehre, Bern, Stuttgart 1968, S. 123.

Der Aspekt der *Steuerungshandlung* wurde oben schon mit "informelle Anweisung an" und "Einwirken auf" ein System beschrieben.[43] Dies kann dahin präzisiert werden, "dass sowohl Steuerung wie Regelung - also Lenkung überhaupt - immer ein Vorgang der Erfassung, Verarbeitung und Weitergabe von *Informationen* bedeutet"[44] (ULRICH/ PROBST). ULRICH bezeichnet "Steuerung", "Regelung" und "Anpassung" explizit als (allerdings nicht weiter spezifizierte) "*Kommunikationsvorgänge*", durch die über Information Verhalten ausgelöst und

---

43    Vgl. ULRICH/PROBST (1988) S. 79.

44    ULRICH/PROBST (1988) S. 82 (H.i.O.); vgl. auch ULRICH (1968) S. 128f. ("Was also die Aktivität eines Elementes oder Systems bewirkt, sind Informationen (...). Solche Übermittlungsvorgänge von Nachrichten bezeichnen wir als '*Kommunikationen*'." H.i.O.), JIRASEK/MAI (1972) S. 17ff. ("Informations-Aspekt").

gelenkt werde: "Man kann auch sagen, daß diese von der Kybernetik primär untersuchten Regelungs- und Steuerungsvorgänge nur verstanden werden können, wenn man sie als Kommunikationsvorgänge erfaßt."[45] Damit verknüpft bereits das systemorientierte Management explizit Kybernetik als direktes Steuerungsparadigma mit Kommunikationstheorie, allerdings noch immer in strikter Objektperspektive.

Bezieht man die direkten Steuerungsmechanismen "Steuerungskette" und "klassischer Regelkreis" über die Vorstellung von Sach- bzw. Führungs*funktionen* und Funktionserfüllungs*handeln* auf "das" *Management als Steuerungsträger*, so kommt mit der Handlung das Subjekt ins Spiel. Auch explizit handlungstheoretische Steuerungskonzeptionen beruhen im "Funktions"- oder "Aufgaben"-Begriff auf (kybernetisch-)systemtheoretischem Gedankengut.

## 2. Handlungstheoretisches Steuerungsverständnis und klassischer Managementprozeß

Den Bezug der kybernetischen Steuerungsdefinition auf Management, also den expliziten Wechsel von der Steuerungsobjektperspektive zur Betrachtung des Steuerungssubjektes und der Steuerungshandlungen, stellt zunächst MALIK für Gestaltung und Lenkung her: "Die Lenkbarkeit von Systemen zu ermöglichen oder zu verbessern ist (...) eine der wichtigsten Gestaltungsaufgaben von Managern."[46] ULRICH/PROBST interpretieren die klassische kybernetische Unternehmensführung als externe Steuerung durch eine Hierarchie von Führungskräften und über eine Steuerungskette.[47] Der institutionale Managementbegriff wird hier inhaltlich wenig konkretisiert; seine Zugehörigkeit zum zu steuernden System bleibt unter dem Doppelaspekt *interner Selbststeuerung von Systemen* (quasi als Gesamtbetrachtung) und *externer Steuerung durch das Management bzw. Manager* (als Steuerungssubsystem unter

---

[45]   ULRICH (1968) S. 131 ("Steuerung, Regelung und Anpassung stellen Kommunikationsvorgänge dar, durch die ein 'Sender' ein bestimmtes Verhalten des 'Empfängers' bewirkt"; "Steuerung ist nur möglich durch Kommunikation zwischen zielsuchenden und zu steuernden Systemen, und Anpassung ist nur durch gegenseitige Kommunikation zwischen System und Umwelt erreichbar").

[46]   MALIK (1984) S. 25 ("Gestaltung und Lenkung von komplexen, dynamischen Systemen ist somit die Perspektive der systemorientierten Managementlehre.). Vgl. ULRICH/PROBST (1988) S. 232 (schlicht: Management als "Führung zweckgerichteter sozialer Systeme").

[47]   Vgl. ULRICH/PROBST (1988) S. 247 (H.i.O.): "Die klassische Vorstellung über Unternehmensführung geht davon aus, dass Lenkung eine Tätigkeit ist, die von bestimmten Personen - den Führungskräften - auszuüben ist. Grundlage bildet also die Vorstellung von der *Steuerung* eines Systems - z.B. einer Gruppe von unterstellten Mitarbeitern - von aussen durch ein davon abgetrenntes, übergeordnetes Organ. (...) Die Lenkung der Unternehmung insgesamt erfolgt dann durch eine Hierarchie von Führungskräften mit einem obersten Chef an der Spitze und lediglich ausführenden Personen am Ende der Steuerungskette."

implizierter Trennung von Steuerungsobjekt und Steuerungsubjekten bzw. -handlungen) offen.

Abb. 5: "Input-Output"-Modell der Unternehmung nach KOONTZ/WEIHRICH

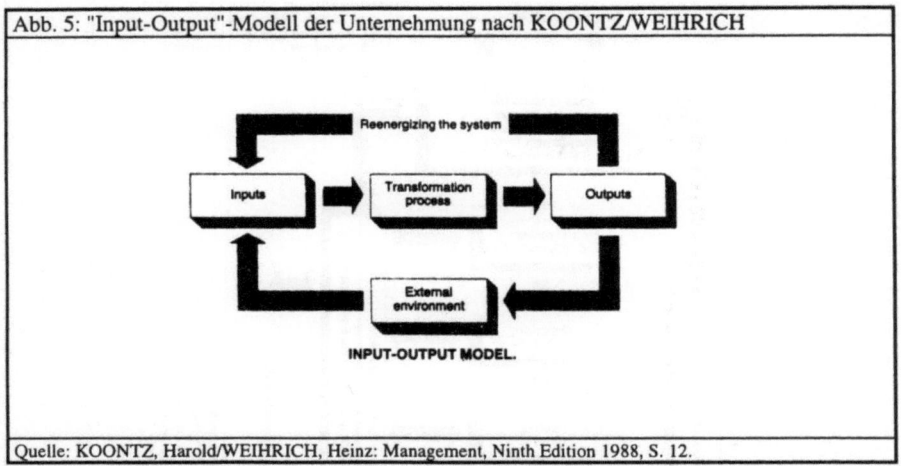

Quelle: KOONTZ, Harold/WEIHRICH, Heinz: Management, Ninth Edition 1988, S. 12.

Eine Verbindung von externer kybernetischer Steuerung und institutionalisiertem Management leistet der *"Aufgaben"- oder "Funktions"-Begriff*: STEINMANN/SCHREYÖGG bezeichnen in diesem Sinne "Management" als "Komplex von Steuerungsaufgaben, die bei der Leistungserstellung und -sicherung in arbeitsteiligen Systemen erbracht werden müssen. (...) Sie werden in der Regel von speziell dazu bestellten Personen erfüllt, den Führungskräften, also dem Management im institutionalen Sinne."[48] Impliziert wird hier eine Sichtweise von *Management als Bestandteil der Unternehmung*, der Koordinationsaufgaben wahrnehmen soll; "handlungstheoretisches" Steuerungsverständnis bedeutet also in diesem Zusammenhang, daß Steuerungssubjekte mit ihren Aufgaben und Funktionshandlungen selbst Bestandteile des Steuerungsobjektes sind, wie dies institutionellen Managementvorstellung beinhaltet.[49] Die Unterscheidung von externer Steuerung und interner Selbststeuerung wird damit für soziotechnische (und soziale) Systeme zu einer Frage der fokalen Systemebene.

---

48    STEINMANN/SCHREYÖGG (1990) S. 7. Vgl. SCHERER (1995) S. 9.

49    Zum Begriff des "institutionellen Managements" vgl. STEINMANN/SCHREYÖGG (1990) S. 5f.

Abb. 6: Der Systemansatz für das Management nach KOONTZ/WEIHRICH

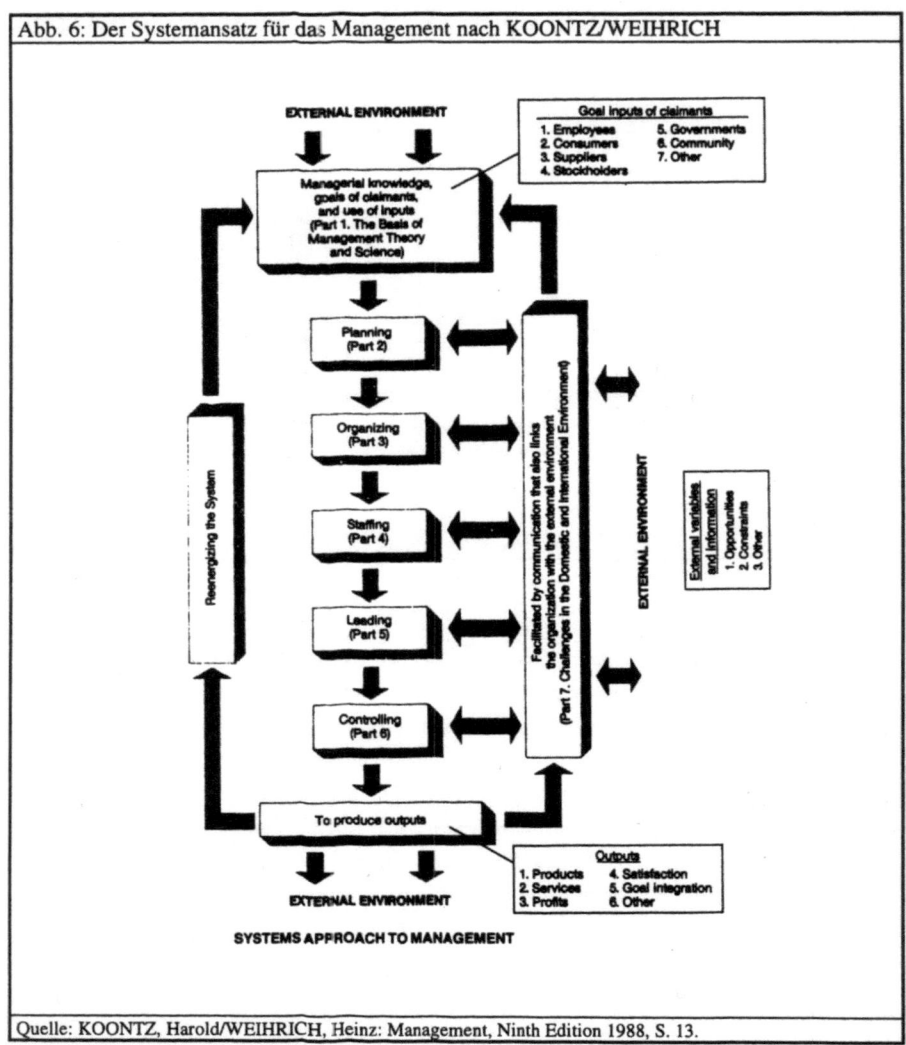

SYSTEMS APPROACH TO MANAGEMENT

Quelle: KOONTZ, Harold/WEIHRICH, Heinz: Management, Ninth Edition 1988, S. 13.

Die Anwendung der kybernetischen Steuerungskonzeption auf die Unternehmung erfolgt zunächst über die Erfassung und Untersuchung des Betriebsgeschehens als *"Transformationsprozeß"* in einem *"Input/Output"-* oder *"black-box"-Modell der Unternehmung*[50]. Dafür definiert ULRICH *fünf "Funktionsbereiche" der Unternehmung* als Teilaufgaben bzw. -aktivitäten

---

[50]   Zur "Vorstellung des 'Schwarzen Kastens' " oder der "black-box-Theorie" vgl. z.B. ULRICH (1968) S.132ff.

eines "Aufgaben-Gesamts" (dem System "Unternehmung"): Beschaffung, Verwaltung, Produktentwicklung, Produktion und Absatz.[51] Diese Klassifikation dieser fünf betrieblichen Funktionsbereiche und ihre Ableitung aus dem klassischen Systemansatz und seiner "blackbox"-Betrachtung gilt als betriebswirtschaftlicher Gemeinplatz. Dennoch erweist sie sich für die Präzisierung von Steuerung als ungenügend:

> "Zu diesen operationellen Funktionsbereichen tritt (...) ein allgemeiner Funktionsbereich hinzu, der die Probleme der Gestaltung und Steuerung der Unternehmung als Ganzheit umfaßt; wir bezeichnen ihn als Bereich der 'Gesamtführung der Unternehmung'.[52]

KOONTZ/WEIHRICH spezifizieren den (objektorientierten) Zusammenhang zwischen kybernetischer System- und Handlungstheorie durch die Ausdifferenzierung der Führungs- oder Managementaufgabe in "Managementfunktionen" (im Unterschied zu den "operationellen Funktionsbereichen" der Unternehmung): "However, this simple model [das "Input/Output"-Modell des Systemansatzes] needs to be expanded and developed into a model of operational management that indicates how the various inputs are transformed through the managerial functions of planning, organizing, staffing, leading and controlling."[53] Dieser sogenannte "funktionale Management-Ansatz der Unternehmensführung" (in Abgrenzung zum institutionalen Management, d.h. den obersten Führungsebenen der Unternehmenshierarchie) knüpft explizit an Steuerungshandlungen als Funktionen in einer "Prozeß"-Vorstellung, d.h. einer idealtypischen Klassifikation und Abfolge, an.[54]

In der "Prozeß-Schule" der traditionellen Managementlehre erfahren die Grundlagen der betrieblichen Steuerung ihren Niederschlag in einer klassischen Regelkreisvorstellung. Durch Identifikation von mehreren, insbesondere fünf Managementaktivitäten oder -funktionen und deren systematischer Ordnung oder Abfolge entsteht der "klassische Managementprozeß", dessen Genese sich nach STEINMANN als schrittweise Ausdifferenzierung der Führungsfunktionen in Abhängigkeit vom zunehmenden Komplexitätsgrad des Realgüterprozesses, der

---

51   Vgl. ULRICH (1968) S. 46f. ("Die einfachste Form der Anwendung des Systemansatzes auf die Unternehmung besteht darin, daß das Unternehmungsgeschehen als Transformationsprozeß aufgefaßt wird, durch welchen 'Input' in 'Output' umgewandelt wird."). KOONTZ/WEHRICH (1988) S.13 begründen den "Systemansatz" für das Management in einem analogen "Input-Output-Modell", das die "Umwelt", d.h. die Außenbezüge des Systems "Unternehmung", zwischen den größeren Suprasystemen "Branche" ("industry"), "Wirtschaft" und "Gesellschaft" thematisiert. Bei STEINMANN/WURCHE (1993) Sp. 1123 wird dieser Transformationsprozeß als "Realgüterprozeß" bezeichnet.

52   ULRICH (1968) S. 48 (H.i.O.). Bei STEINMANN/SCHREYÖGG (1990) S. 6f. wird Unternehmensführung bzw. Management als "Querschnittsfunktion" bezeichnet.

53   KOONTZ/WEIHRICH (1988) S. 12. Aus diesem Zusammenhang zwischen "System" und "Handlungen" unter Sinn- oder Koordinationsgesichtspunkten gründet sich die später noch zu untersuchende Vorstellung von "Handlungssystemen".

54   Vgl. STEINMANN (1981) S. 1, SCHERER (1995) S. 9.

Betriebsabläufe und der Umwelt darstellt.[55] Der klassische Managementprozeß umfaßt im einzelnen: *Planung*, die "als geistiger Entwurf der zukünftig zu realisierenden Ziele und zielerreichenden Maßnahmen"[56] diese Abfolge dominiert ("Primat der Planung") und deshalb notwendigerweise am Anfang dieses Prozesses steht. Alle anderen Managementfunktionen sind auf die Erreichung der über die Planung festgelegten Ziele hin ausgelegt und verfügen deshalb über keine eigenen (Um-)Steuerungspotentiale. Auf die Planung

"folgt die *Organisation* als Strukturentwurf für den arbeitsteiligen Aufgabenvollzug. An sie schließt sich die Ausstattung (staffing) der Organisation mit geeignetem *Personal* und die *Führung* als Veranlassung und Überwachung des Aufgabenvollzuges an. Der Prozeß mündet in die *Kontrolle* ein, die feststellt, ob Vollzug und Planung übereinstimmen. Die Kontrolle koppelt schließlich Informationen über den Zielerreichungsgrad an die Planung zurück, um bei einem allfälligen neuen Planungsprozeß Berücksichtigung finden zu können."[57]

---

**Abb. 7: Der klassische Managementprozeß als Regelkreis nach STEINMANN**

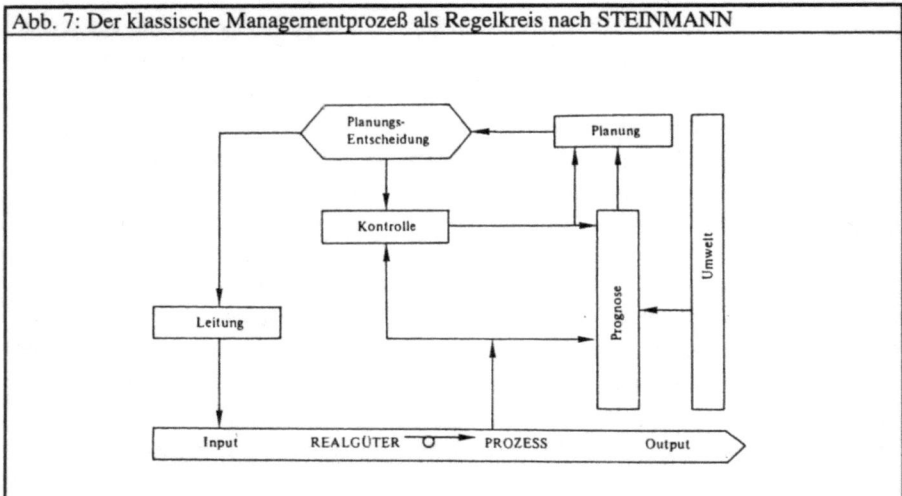

Quelle: STEINMANN, Horst: Einführung, Der Management-Prozeß und seine Problemschwerpunkte, in: STEINMANN, H. (Hrsg.): Planung und Kontrolle: Probleme der strategischen Unternehmensführung, München 1981, S.1-19, S. 8.

---

55    Vgl. STEINMANN (1981) S. 1, S. 4ff. (zur Genese oder Entfaltung des "klassischen Managementprozesses" über "Leitungs-", "Kontrollzyklus" plus "Planung" als Zukunftsorientierung zum voll entfalteten Managementprozeß mit den fünf Führungsfunktionen), STEINMANN/SCHREYÖGG (1990) S. 8ff., 103; KOONTZ/WEIHRICH (1988) S.15ff.; STEINMANN/HASSELBERG (1988) S. 1308; STEINMANN/ HASSELBERG (1989) S. 202.

56    STEINMANN/HASSELBERG (1988) S. 1308.

57    STEINMANN/SCHREYÖGG (1990) S. 103.

Abb. 8: Der Management-Prozeß

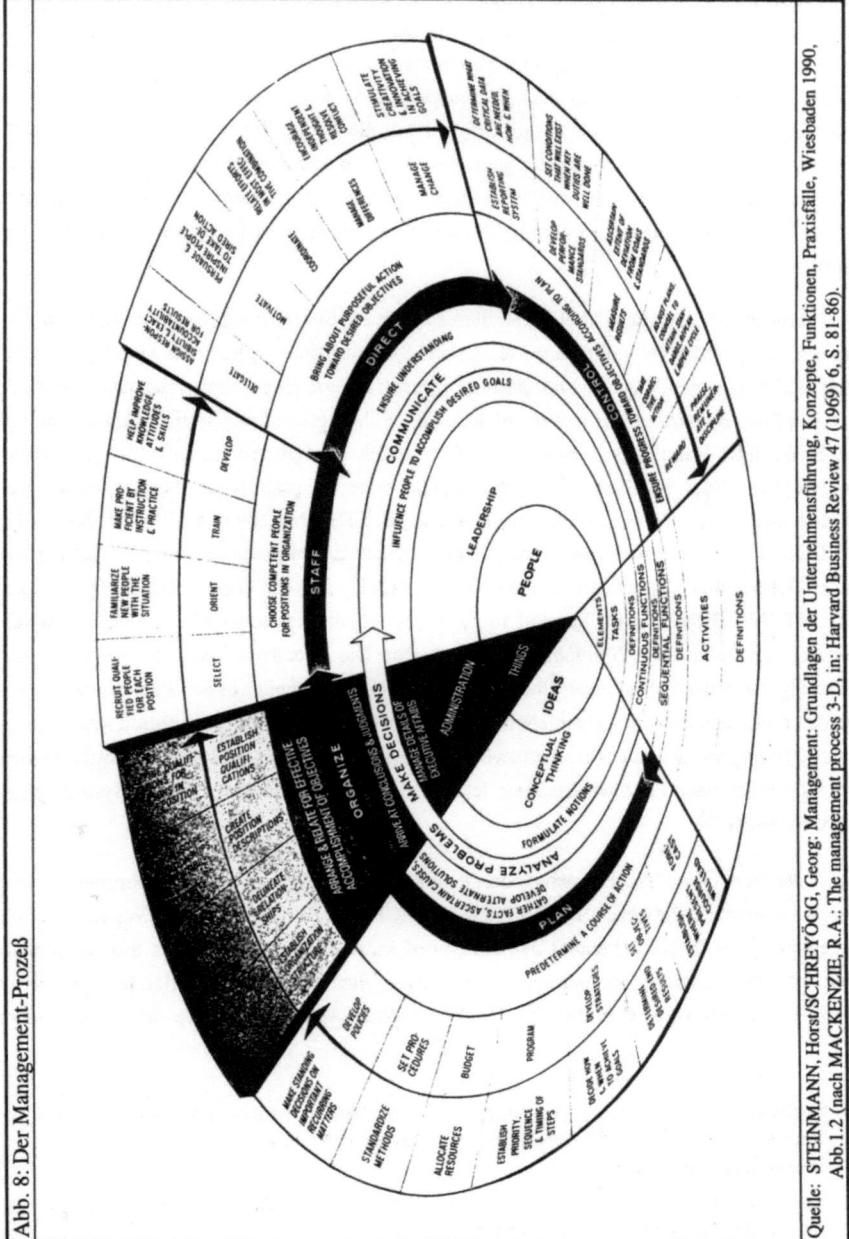

Quelle: STEINMANN, Horst/SCHREYÖGG, Georg: Management: Grundlagen der Unternehmensführung, Konzepte, Funktionen, Praxisfälle, Wiesbaden 1990, Abb.1.2 (nach MACKENZIE, R.A.: The management process 3-D, in: Harvard Business Review 47 (1969) 6, S. 81-86).

Der Steuerungsprozeß, den dieser klassische Managementprozeß beschreibt, kann in seiner Plandeterminiertheit im Sinne dieser Arbeit als das *klassische Modell direkter Steuerung* über Steuerungskette und Rückkoppelung angesehen werden: *Planung (Handlungsvorbereitung) - Umsetzung (Handlung) - Kontrolle (Rückkoppelung im Regelkreis)* als Steuerung im Sinne von Mittelwahl, Mittelanwendung und Erfolgskontrolle. Denn Planung als "zukunftsgerichteter, auf bestimmte Ziele bezogener geistiger Akt, der dem eigentlichen Tun vorangeht", bedeutet hier noch nicht den mit "strategisch" bezeichneten Prozeß der Gewinnung einer grundlegenden Handlungsorientierung, die die gesetzten Ziele in bezug auf die Umwelt kritisch hinterfragt.

Der Verweis auf "Handlung" betont an dieser Stelle die *Subjektfundierung des Managementbegriffs*. STEINMANN stellt dem klassischen Systemansatz explizit die These gegenüber, "daß die Managementlehre eine *normative, praxisorientierte Handlungswissenschaft* sein soll. (...) Der Prozeß-Ansatz stellt (...) deutlich auf die Führungshandlungen in der Unternehmung ab. Es ist diese Handlungsorientierung, auf die es für die Beurteilung ankommt. Der Handlungsbegriff bildet nämlich den Basisterminus einer in praktischer Absicht betriebenen Management-Lehre."[58] Durch den Anschluß des bei STEINMANN et al. Wie bei KOONTZ/ WEIHRICH handlungstheoretisch hergeleiteten Managementprozesses an die systemorientierte Betrachtung der Unternehmung von ULRICH, MALIK und PROBST sowie von KOONTZ/WEIHRICH wird hier auf formaler und objektorientierter Ebene eine *Zusammenführung von System- und Handlungstheorie* erreicht: Die Zweckerfüllung des Systems "Unternehmung " und das Funktionserfüllungs-"Handeln" der Mitarbeiter in den Funktionsbereichen werden durch das Steuerungshandeln des "Managements" zielorientiert koordiniert; Ziel- bzw. Zwecksetzung werden zunächst nicht weiter hinterfragt; dennoch muß berücksichtigt werden, daß "die Frage nach der Zwecksetzung letztlich innerhalb eines abgegrenzten Systems keine Antwort findet."[59]

*"Koordination"* wird als Ergebnis oder Resultat[60] von Steuerung bzw. Führung gesehen. Interessanterweise verstehen KOONTZ/WEIHRICH Koordination als das Wesen des Managements, "for the achievement of harmony of individual efforts towards the accomplishment of group goals is the purpose of managing. Each of the managerial functions is an exercise contribuing to coordination."[61] Unter strikter Akteurperspektive muß Koordination

---

58    STEINMANN (1981) S. 11 (H.i.O.), vgl. STEINMANN (1978) S. 73ff. KOONTZ/WEIHRICH (1988) S. 4 formulieren einfach: "One of the most important human activities is managing."

59    ZIEMKE/STÖBER (1992) S. 45.

60    Vgl. STEINMANN (1981) S. 1, der hier anscheinend auf eine Unterscheidung von "Koordination" als Ergebnis und "Koordinierung" als Aktivität zurückgreift.

61    KOONTZ/WEIHRICH (1988) S. 13 ("Coordination, the Essence of Managership").

sogar als Voraussetzung (im Sinne einer Integration und indirekten Selbststeuerung) für zielgerichtete Steuerung gesehen werden. KOONTZ/WEIHRICH bezeichnen darüber hinaus auch
*"Kommunikation"* als wesentliches Element aller Phasen des Managements und Managementprozesses: "It integrates the managerial functions and it links the enterprise with ist environment. (...) Thus, it is communication which makes managing possible."[62] Bei ULRICH findet
sich der Kommunikationsaspekt in der "kommunikativen Dimension des Unternehmensge-
schehens", in der "das Unternehmensgeschehen als Komplex von Vorgängen der Informa-
tionsgewinnung, -verarbeitung und -verwendung [neben 'materieller' (physikalische Größen)
und 'sozialer' Dimension (Sozialgefüge) erfaßt wird, d. Verf.]; die Unternehmung selbst wird
in dieser Dimension als *Kommunikationssystem*[!] betrachtet. Alle Systemelemente werden
hier als Träger (Sender, Übermittler, Empfänger) von Informationen erfaßt und in ihrem Einbezug in das Kommunikationsnetz betrachtet."[63]

Ausfluß der kybernetischen Steuerungskonzeption über Steuerungskette und Regelkreis und
deren handlungstheoretischer Umsetzung im funktionalen Managementprozeß ist das klassische Verständnis *direkter "plandeterminierter" Steuerung*, auch als *"synoptische" Steuerungs-
bzw. Planungsrationalität* bezeichnet. Doch gerade diese direkte Steuerungsvorstellung muß
unter kritischer Prüfung der Validität spezifischer Handlungsorientierungen bzw. spezifischer
Ziele sowohl angesichts der begrenzten Rationalität der planenden und steuernden Subjekte
wie auch angesichts der Komplexität der Umwelt als grundsätzlich revisionsbedürftig angesehen werden.

## 3.  Plandeterminierte Unternehmensführung und ihre Defizite

*"Planung"* gilt nach den Vorstellungen direkter Steuerung als zentraler Mechanismus der
Gewinnung einer Handlungsorientierung in Form von Zielvorgaben für die Steuerungsobjekte. Aus dem objektorientiert-technomorphen Denken des Regelkreises und des klassischen Managementprozesses leitet sich die Vorstellung her, alle Steuerungsprobleme seien im
wesentlichen als Planungsprobleme faßbar und im Rahmen einer *"synoptischen Planung"*, die
ihre Rationalität aus dem Paradigma der individuellen, nach dem Zweck/Mittel-Schema orientierten Einzelhandlung gewinnt, im Sinne einer stimmigen (Gesamt-)Lösung abzuarbeiten.

---

62    KOONTZ/WEIHRICH (1988) S. 14 ("The Communication System"). Man beachte die Analogie zur Steue-
      rungskonzeption von ULRICH (1968) S.128ff.

63    ULRICH (1968) S. 50 (H.v.V.).

STEINMANN und SCHREYÖGG bezeichnen dies als *"Paradigma bzw. Idee der plandeter-minierten Unternehmensführung"*, da die Hauptlast der Unternehmenssteuerung, die Gewin-nung und Festlegung einer Handlungsorientierung, allein von der Planung erbracht werde. Allen anderen Managementaktivitäten komme lediglich ein nachgeordneter Planrealisierungs-charakter zu, ihre Bestimmung aber erführen diese aus der Planung.[64] Analog sprechen auch KOONTZ/WEIHRICH vom *"Primat der Planung"* ("The Primacy of Planning").[65]

SCHREYÖGG charakterisiert die einer solchen mechanistischen direkten Steuerung zugrun-deliegende Steuerungsphilosophie und deren Rationalitätsimplikation als *"synoptische Steue-rungskonzeption"* ("synoptisch-strategisches Planungsmodell") mit folgenden Merkmalen:[66]

-   *"Sozialtechnologie"*: schöpferische Projektierung und geplante Verwirklichung zukünf-tiger Gesamtzustände des Systems unter reibungslosem Vollzug der Pläne;

-   *"Holistische Perspektive"*: Analyse, Beherrschung und zielgerichteter Aufbau "sozialer Ganzheiten" (die Unternehmung als zweckrationales Kollektivsubjekt bzw. als Befehls-hierarchie zweckrational handelnder Mitglieder) unter vollständiger Erfassung aller Ele-mente und ihrer Interdependenzen, zentraler Koordination über ein System von Plänen mit Anweisungscharakter und zukunftsgerichteter Überwachung der Umwelt;

-   *"Direkte Steuerungskette"*: Planung bzw. Strategiewahl (Ziel- bzw. Zwecksetzung) als originäre Aufgabe der obersten Führungsebene, Umsetzung durch eine bürokratische Be-fehlshierarchie in geschlossenen Zweck/Mittel-Ketten;

-   *"Zweck/Mittel-Analyse"*: Strategie als Mittel zur Erreichung eines langfristigen Unterneh-menszieles (Rationalmodell der Mittelwahl).

Ähnlich erläutert MALIK das Rationalmodell des von ihm als "konstruktivistisch-techno-morph" bezeichneten Ansatzes kybernetischer Steuerung:

> "Für den konstruktivistischen Ansatz entsteht alles Zweckmässige aufgrund absichtsvollem, auf das Ziel gerichteten Handelns. Es müssen aufgrund dieser Theorie somit nicht nur die Ziele im voraus bekannt sein, sondern selbstverständlich auch die das Verhalten steuernden Regeln, meist in Form von Anweisungen, Anordnungen und Befehlen. Diese Anordnungen müssen nun (...) so gestaltet

---

[64]    Vgl. SCHREYÖGG/STEINMANN (1985) S. 392f.; STEINMANN/HASSELBERG (1988) S. 1308 ("Die Managementfunktion Planung soll die Handlungsorientierungen für die Unternehmensführung entwerfen, während alle anderen Managementfunktionen lediglich der Planrealisierung dienen."; "Die 'Last' der Unter-nehmenssteuerung liegt alleine bei der Planung. Sie muß im Großen und Ganzen als ausreichend verläßlich gedacht werden, um diese ihre dominante Rolle zur Sicherung des Unternehmenserfolgs erfüllen zu kön-nen."); STEINMANN/SCHREYÖGG (1990) S. 103ff. ("Die Idee der plandeterminierten Unternehmens-führung").

[65]    Vgl. KOONTZ/WEIHRICH (1988) S. 58 ("planning logically preceeds the execution of all other mana-gerial functions").

[66]    Vgl. SCHREYÖGG (1984) S. 134f. und 245ff.; SCHREYÖGG/STEINMANN (1985) S. 399. Zum "synop-tischen Planungs- und Entscheidungsmodell" siehe auch KNYPHAUSEN-AUFSESS (1995) S. 337f., SCHERER (1995) S. 19f ("Annahmen des klassischen Ansatzes der präskriptiven Strategielehre") u. S. 23ff. ("das Paradigma synoptischer Planungsrationalität"), STEINMANN/KUSTERMANN (1996) S. 4ff. ("tayloristisches Managementmodell").

sein, dass sie das Detail regeln können; die reibungslose Funktion einer Maschine setzt ja voraus, (...) dass alle Bestandteile bis ins Detail durchkonstruiert sind."[67]

Zusammenfassend bestehen die wesentlichen Charakteristika dieses direkten Steuerungsmodells aus: *Entscheidungsfindung* (Planung) und *Zielfestsetzung* (Strategiewahl) nur durch die obersten Führungsspitzen für die zumeist nachgeordneten Steuerungsobjekte; *instrumentale Zielorientierung* des gesamten Systems und *Umsetzung* der Ziele in geschlossen-hierarchischen Befehlsketten unter möglichst reibungslosem Vollzug; *Rückkoppelungs-Kontrolle* der erreichten Ergebnisse im Regelkreis. Eine solche direkte Steuerungsform kann als *"implementationsorientiert"* bezeichnet werden.

Dennoch sind *Zweifel an der Fassungskraft dieses Paradigmas*, insbesondere an der idealistischen Forderung, Planung müsse für effektive Steuerung alle bestandskritischen Daten und Probleme aus der Umwelt wie der Unternehmung auffangen und einbeziehen, angebracht.[68] STEINMANN und SCHREYÖGG setzen ihre Kritik des Paradigmas plandeterminierter Unternehmensführung am *traditionellen Kontrollverständnis des klassischen Managementprozesses* an: Kontrolle wird darin als *"Feedback-Kontrolle"* verstanden, d.h. sie stellt vor dem Hintergrund der kybernetischen Regelkreisvorstellung als Soll/Ist-Vergleich den Realisierungsgrad der Unternehmensplanung fest, analysiert gegebenenfalls Abweichungen und veranlaßt Korrekturmaßnahmen. In dieser Form ist die *Kontrolle von der Planung als Quelle der Sollgrößen für Kontrollstandards und als Steuerungsmechanismus zur Bestimmung der Kontrollobjekte und -zeitpunkte abhängig* und somit notwendigerweise nachgeordnet;[69] die Last der Unternehmenssteuerung liegt damit allein bei der Planung.[70]

Für das Problem der Revision (strategischer) Pläne bedeute dieses Kontrollverständnis immer eine *Koppelung der Planrevisionen an das verarbeitete Ergebnis bereits realisierter Teilpläne*. Dies offenbare wesentliche Defizite der Feedback-Kontrolle: zeitlich kämen Kontrollinformationen *zu spät*, da abhängig von bereits ergriffenen Maßnahmen ("Ex-post-Charakter"), und sachlich reflektierten Soll/Ist-Vergleiche nur den *Planrealisierungsgrad*, nicht aber die Qualität der den Plänen zugrundeliegenden strategischen Entscheidungen (in synop-

---

67  MALIK (1984) S. 44f. Als Gegenpol setzt er dort den "systemisch-evolutionären Ansatz", der nur über allgemeine Regeln und ohne Detaildetermination bestimmte Arten des Verhaltens bestimmen soll.

68  Zur "plandeterminierten Unternehmensführung" und ihrer Kritik siehe SCHREYÖGG/STEINMANN (1985) S. 394; STEINMANN/HASSELBERG (1988) S. 1308; STEINMANN/HASSELBERG (1989) S. 202; STEINMANN/SCHREYÖGG (1990) S. 103ff. ("Die Idee der plandeterminierten Unternehmensführung"). Eine gut zusammengefaßte Darstellung findet sich auch bei STEINMANN/KLAUS (1986) S. 154ff. ("Die Unternehmung in ihrer Umwelt: Drei Denkmodelle der Unternehmenssteuerung").

69  KOONTZ/WEIHRICH (1988) S. 59: "Any attempt to control without plans is meaningless, since there is no way for people to tell whether they are going where they want to go (the result of the task of control) unless they first know where they want to go (part of the task of planning)."

70  Vgl. SCHREYÖGG/STEINMANN (1985) S. 392f., STEINMANN/HASSELBERG (1988) S. 1308f.

tischer Terminologie: die den Mitteln zugrundeliegenden Zwecke bzw. Ziele). Für die zugrun-
deliegende plandeterminierte Steuerungsphilosophie müsse damit die Planung zur Sicherung
des Unternehmenserfolges notwendigerweise "im Großen und Ganzen als ausreichend verläßlich gedacht"[71] werden, da oft bereits einzelne zu spät erkannte Fehlentscheidungen den
Unternehmenserfolg und damit den Bestand des Unternehmens in Frage stellen können.[72]

In diesen extremen Ansprüchen liegen nach STEINMANN und SCHREYÖGG Hauptproblem
und wesentlicher Ansatzpunkt einer *"Prämissenkritik der plandeterminierten Unternehmenssteuerung"*: Die Anforderung effektiver Steuerung, alle bestandskritischen Probleme aus
Unternehmensumwelt und Unternehmen in der Planung aufzufangen und abzuarbeiten, bedeute, daß Umwelt und System in ihren Bestandteilen und Wechselwirkungen vollständig
beobacht-, strukturier-, versteh- und beschreibbar und daher auch in ihrer zeitlichen Entwicklung prognostizier- und beherrschbar sein müssten, analog zur kybernetischen Vorstellung der
*Komplexitätsbeherrschung.* Schon die alltägliche Lebenspraxis zeige, daß diese Voraussetzungen nicht zu erfüllen seien:[73]

> "Jede praktische Unternehmenssteuerungskonzeption muß davon ausgehen, daß die Umwelt kom-
> plex ist. Ebensowenig trifft sich die Idee einer linearen Durchplanbarkeit von Handlungssystemen
> mit unseren Erfahrungen. Handlungssysteme stehen nicht nur vor dem Problem der Umweltkom-
> plexität, sondern sind selbst komplex. Komplexität besagt, daß ein Sachverhalt aus sovielen Ele-
> menten und Anschlußmöglichkeiten besteht, daß nicht mehr jedes mit jedem verknüpft werden
> kann. Das heißt, es gibt zwischen den Elementen sehr viel mehr Verknüpfungsmöglichkeiten als
> tatsächlich verknüpft sind. Dies hat Selektivität und damit Unbestimmtheit zur Folge (...)."[74]

Umwelt und System sind in ihren Wirkungszusammenhängen *"komplex"* und in ihrer zukünftigen Entwicklung *"kontingent"*[75], ungewiß. (Unternehmens-)Planung ist daher unvermeidlich mit Komplexität und Ungewißheit/Kontingenz verbunden, sie wird also ständig mit
einer Situation der *"Ambiguität"* konfrontiert: "Je weiter die Planung zeitlich und sachlich
ausgreift (je 'strategischer' sie also wird), umso schwerwiegender wird das Ambiguitätspro-

---

[71]    STEINMANN/HASSELBERG (1988) S. 1308.

[72]    Zu "Defiziten der Feedback-Kontrclle" vgl. SCREYÖGG/STEINMANN (1985) S. 392f. ("Die Defizite der
        Feedback-Kontrolle"); SCHREYÖGG/STEINMANN (1987) S. 92f. ("Shortcomings of Feedback-Con-
        trol"); STEINMANN/HASSELBERG (1988) S. 1309f.; STEINMANN/HASSELBERG (1989) S. 203f.

[73]    STEINMANN und SCHREYÖGG schreiben explizit: "knüpft an eine hinlänglich bekannte Erfahrung an"
        (STEINMANN/SCHREYÖGG (1986) S. 748), "offenkundig schwer verteidigbar" (SCHREYÖGG/
        STEINMANN (1985) S. 394) oder "offenkundig reine Idealisierungen, im praktischen Vollzug völlig
        unrealistisch, im Widerspruch zu jeder Lebenserfahrung" (STEINMANN/SCHREYÖGG (1990) S.
        106).Sie setzen damit ohne weitere theoretische Begründung Komplexität und Kontingenz als Datum für
        den Bereich der Unternehmenssteuerung wie für alles menschliche Handeln.

[74]    STEINMANN/SCHREYÖGG (1990) S. 106, unter Verweis auf LUHMANN (1988) S. 45ff.

[75]    "Kontingenz" bedeutet nach LUHMANN "auch anders möglich sein", also Ungewißheit; vgl. LUHMANN
        (1988) S. 47.

blem, umso größer wird die Gefahr von Überraschungen."[76] Die Ambiguität (Komplexität und Kontingenz) muß durch die Planung künstlich reduziert werden durch einen "Akt konstruktiver Vereinfachung" über "*Selektion*", d.h. sinnhaftes Auswählen, Festlegen und Ausblenden unter Relevanzvermutungen.[77] Damit wird die Notwendigkeit einer neuen, den *System/Umwelt-Zusammenhang* unter dem Gesichtspunkt der *Komplexitätsreduktion* systematisch aufnehmenden Steuerungskonzeption umrissen: Steuerung (von Objekten) und insbesondere Planung als die der Steuerung zugrundeliegende Handlungsorientierung stehen immer im *Spannungsfeld von Komplexität und Selektion*, und das heißt mithin zwischen komplexer Umwelt und selektierendem Subjekt.[78]

STEINMANN und SCHREYÖGG postulieren an dieser Stelle explizit die Geeignetheit der *LUHMANNschen Systemtheorie* als Bezugsrahmen bzw. als Steuerungsparadigma des komplexen Handlungssystems "Unternehmung" in einer komplexen Umwelt (in Abgrenzung zur kybernetischen Systemtheorie): "Ein *theoretischer* Zugang zur Behandlung dieses Problems eröffnet sich über die funktionalstrukturelle Systemtheorie (Luhmann). Sie begreift die Bestandsproblematik als *Reduktionsproblem*. Ein System muß, um Handeln zu können, die Umweltambiguität durch laufende (sinngeleitete) *Selektion* auf ein bearbeitbares Maß reduzieren."[79]

---

[76]  SCHREYÖGG/STEINMANN (1985) S. 396. Vgl. zum Aspekt "Prämissenkritik der plandeterminierten Unternehmensführung" SCHREYÖGG/STEINMANN (1985) S. 394ff., SCHREYÖGG/STEINMANN (1987) S. 93 ("Ambiguitiy and Strategic Management"), STEINMANN/SCHREYÖGG (1990) S. 106f., STEINMANN/HASSELBERG (1989) S. 203f. Einen ähnliche Feststellung trifft MALIK (1984) S. 45 für die Differenz zwischen "technomorpher" und "evolutionärer Steuerung", wobei er auf "direkte Anweisung" statt "Planung" abstellt ("Mit Anweisungen, die das konkrete Detail betreffen und dieses determinieren, kann so lange als Steuerungsinstrument gearbeitet werden, als die zu regelnden Sachverhalte einfach genug sind, um in ihrem Detail ex ante erfasst werden zu können."). Auch W. ULRICH (1984) S. 336 relativiert explizit die Geltung von Planung als "Ideal ganzheitlichen Denkens", das nie allen faktisch oder potentiell Betroffenen dienen und alle Wirkungen optimieren könne. Nötig seien deshalb "Abgrenzungsurteile" als Ausdruck der "Selektivität der Planung".

[77]  Vgl. SCHREYÖGG/STEINMANN (1985) S. 396f.; STEINMANN/SCHREYÖGG (1986) S. 747f.; SCHREYÖGG/STEINMANN (1987) S. 93f.; STEINMANN/HASSELBERG (1989) S. 205.

[78]  Vgl. MINTZBERG (1990) S. 142f. und KLAUS 81987) S. 55 ("Um Erleben, Handeln und Überleben zu können, konstruieren die Menschen sich Lebenswelten von relativ einfachen Bildern und Bedeutungen.) unter Verweis auf H. SIMON.

[79]  SCHREYÖGG/STEINMANN (1985) S. 398 (H.i.O.). Vgl. SCHREYÖGG (1984) S. 244 ("die für unseren Kontext der Planung organisierter Sozialsysteme relevanteste Argumentationslinie (...) die funktional-strukturelle Systemtheorie von Niklas Luhmann"), 248f. ("Luhmann folgend"); SCHREYÖGG/ STEINMANN (1987) S. 94 ("modern systems theory"); STEINMANN/HASSELBERG (1988) S. 1316 ("[Der strategische Managementprozeß] macht die Beziehung zwischen Unternehmung (System) und Umwelt zum theoretischen Ausgangspunkt - dies ist die Anschlußstelle zur funktionalstrukturellen Systemtheorie"); STEINMANN/SCHREYÖGG (1990) S. 109 ("neuere Systemtheorie", "System/Umwelt-Theorie", "Unternehmung als Handlungssystem").

Zusammenfassen läßt sich deshalb feststellen: Wesentlicher Zweck der kybernetischen *Objektperspektive* ist, wie oben dargestellt, die Erfassung, Darstellung und Untersuchung bestimmter abgegrenzter Betrachtungsobjekte über Gestaltung, (direkte) Steuerung und (plandeterminierte) Regelung. Der Nutzen dieser kybernetischen (oder synoptischen) Steuerungskonzeption für die Gewinnung einer grundlegenden Orientierung (Zweck, Ziel) muß allerdings *in doppelter Hinsicht relativiert* werden: durch den *Subjektaspekt* der Konstruktion und Gestaltung (nach integriert-systemtheoretischer Terminologie: der selektiv rekonstruierenden Umwelterfassung und Handlungsorientierung) insbesondere über Erkenntnismodelle und Strategieformulierung (Kap. B.III.) und durch den *Umweltaspekt* der komplexitätsreduzierenden Selektion und Sinnabgrenzung (als Umwelterfassung und -verarbeitung unter (Über-) Komplexität) und deren Kompensation durch Strategische Kontrolle (Kap B.IV.). Verbunden werden alle drei Aspekte durch *"Systembildung"* (bzw. "Modellbildung" zu deren kommunikationswirksamer Darstellung) als Mechanismus der *Strukturierung* (Objekt: Abgrenzung), der *(Re-)Konstruktion* (Subjekt: Orientierung) und der *Verarbeitung* (Umwelt: Komplexitätsreduktion). Verarbeitende Strukturierung und Rekonstruktion sind unter Komplexitätsreduktionsgesichtspunkten notwendig; die Unmöglichkeit einer ganzheitlich-schließenden Komplexitätsbeherrschung erzwingt jedoch einen *kritisch-kompensierenden Umgang mit den jeweiligen selektiven Abgrenzungskriterien und Konstruktionsvariablen*. Systeme bzw. Modelle ermöglichen zielorientierte Erkenntnis bzw. Orientierung letztlich nur unter der *Fiktion einer Komplexitätsbeherrschung im Spannungsfeld von Erleben und Komplexität.*

## III.   Subjektorientierung: Strategie als Handlungsorientierung zwischen Radikalem Konstruktivismus und Systemtheorie

Eine Hinterfragung der grundlegenden Orientierung der Steuerungssubjekte und ihres Steuerungsziels bleibt sowohl im kybernetischen wie im handlungstheoretischen bzw. funktionalen Managementverständnis weitgehend ausgeklammert. Bereits ULRICH bezweifelt die grundsätzliche Geeignetheit des kybernetischen Systemansatzes für konkrete inhaltliche Aussagen zur Zielorientierung: Es sei klar, "daß wir uns in der Betriebswirtschaftslehre nicht mit der Frage begnügen können, wie Systeme oder Prozesse gestaltet werden sollen, sondern auch die Frage beantworten müssen, welche Ziele denn gesetzt werden oder gesetzt werden sollten. Daß die kybernetische Betrachtungsweise sehr fruchtbar, aber nicht ausreichend ist für die Betriebswirtschaftslehre, geht im übrigen bereits aus den vorliegenden Versuchen dieser Art vor."[80] Die Fähigkeit zu autonomer Orientierungsgewinnung[81], d.h. zu Zwecksetzung oder Zielbestimmung, kann deshalb als wesentliches Trennungskriterium zwischen menschlichem Akteur und kybernetischem System bezeichnet werden. Orientierung bzw. Zielsetzung benötigt immer das (integriert-systemtheoretische) *Spannungsfeld von Subjekt, Objekt und Umwelt.*

Die *subjektiv-konstruktive Bedingtheit der unternehmerischen Handlungsorientierung* läßt sich zunächst an drei Punkten festmachen: an der Bedeutung von *Strategie* als kollektiver Handlungsorientierung der Unternehmung und ihrer Ausrichtung über Planung (als Kommunikationsvorgang der Orientierungsgewinnung) und Modellbildung (als rekonstruierende Abgrenzung und Darstellung bestimmter Umweltsegmente zur kommunikativen Vermittlung) (Kap. B.III.1.); an der Abhängigkeit der System- bzw. Modellbildung vom subjektiv-begrenzten Kognitionspotential und der Konstruktionsleistung eines *Konstrukteurs*, manifestiert im wissenschaftlichen Paradigma des Radikalen Konstruktivismus (Kap. B. III.2.); und an der Illustration der strategischen Umwelterfassung über Modellbildung anhand von ausgewählten *betriebswirtschaftlich arrivierten Modellierungsvorschlägen mit ihren kritischen Dimensionen* (Kap. B.III.3.).

---

[80]   ULRICH (1968) S. 44. Vgl. ZIEMKE/STÖBER (1992) S. 44ff. ("Der äußerliche Zweck - das kybernetische System"): "An Hand solcher Modelle [des kybernetischen Denkens] wird jedoch sofort deutlich, daß die Frage nach der Zwecksetzung letztlich innerhalb eines abgegrenzten Systems keine Antwort findet."; "Setzt man nun den Hegelschen Subjektbegriff voraus, so wird deutlich, daß das kybernetische System als Modell zumindest den Zweck des Erkenntnissubjektes außer sich hat, für das dieses Modell Mittel (wie ausgeführter Zweck) im Erkenntnisprozeß ist".

[81]   ULRICH versucht diese Qualität über den Begriff der "Anpassung" zu konstruieren, vgl. ULRICH (1968) S. 124ff.

# 1. Strategie als Handlungsorientierung und ihre Ausrichtung über Planung und Modellbildung

Die grundsätzliche Zweckorientierung ("Zweck" als Funktion für die Umwelt) der Unternehmung wird durch ihre *wirtschaftliche Ausrichtung*, die Erstellung von Leistungen für Dritte, bestimmt.[82] Die Umsetzung dieser Zweckorientierung teilt sich als "*Koordinationsproblem einer dezentralen Markt- und Wettbewerbswirtschaft*" nach STEINMANN/LÖHR in die beiden Zielkategorien "Gewinn", als allgemeines Formalziel der Wirtschaft für effiziente Ressourcenallokation, und "Strategie", als konkrete sachzielorientierte Ausgestaltung der unternehmerischen Handlungsorientierung. "*Strategie*" bedeutet hier die durch die *indirekte marktwirtschaftliche Steuerung* bedingte Freistellung der Mittel auf einzelwirtschaftlicher Ebene zur Verfolgung des Formalzieles "Gewinn", d.h. also letztlich die Autonomisierung des wirtschaftlichen Handelns der Wirtschaftssubjekte.[83] "*Strategische Handlungsspielräume*" bedeuten aber gleichzeitig auch, daß Handlungsorientierung im Rahmen einer Strategieentscheidung (als Identifikation von Zielen und Selektion von Zielerreichungsmöglichkeiten) von den Steuerungssubjekten selbst getroffen werden muß. Angesichts des begrenzten menschlichen Verarbeitungspotentials und der Komplexität der Umwelt stellt deren orientierungsstiftende Rekonstruktion bzw. Strukturierung ein großes kognitives wie normatives Problem dar, welches die Verwendbarkeit der kybernetischen Steuerung stark einschränkt und diese quasi bezugslos zwischen Subjekt und Umwelt verharren läßt.

Die Subjektivität des menschlichen Erlebens bzw. die Relativität der komplexitätsreduzierenden Umwelterfassung haben grundsätzliche Bedeutung für die Strategieformulierung als Konstitution einer Handlungsorientierung für ein Unternehmen. MINTZBERG bezeichnet eine seiner "Denkschulen der Strategieformulierung" als "*cognitive school*" (oder "kognitive Perspektive")[84]: Strategieformulierung stelle als Orientierungsgewinnung einen begrenzten kognitiven Prozeß, Strategie selbst eine bestimmte Perspektive, ein bestimmtes Konzept im Bewußtsein der Akteure dar. Demzufolge *müsse Strategie oder Handlungsorientierung im Spannungsfeld zwischen der Komplexität der Umwelt und dem vergleichsweise begrenzten Kognitionspotential des Akteurs verortet werden* und hänge deswegen stark von Prozeß ihrer Konstitution eben durch die jeweilige Akteure ab.[85] KLAUS bezeichnet diesen Denkansatz als "Interpretativen Ansatz zum Strategischen Management: Sozial konstruierte Wirklichkeiten

---

[82]  Vgl. ULRICH (1968) S. 134 ("Die Unternehmung ist also in diesem Sinne ein outputorientiertes System, dem kein Selbstzweck zukommt.").

[83]  Vgl. STEINMANN/LÖHR (1987) S. 16ff., STEINMANN/LÖHR (1989) S. 8f., STEINMANN/WURCHE (1993) Sp. 1127f., STEINMANN/LÖHR (1994) S. 94ff., insbes. S. 107 und S. 110.

[84]  Vgl. MINTZBERG (1990) S. 142ff., KNYPHAUSEN-AUFSESS (1995) S. 6f.

[85]  Vgl. MINTZBERG (1990) S. 145, unter Verweis auf SIMON (auf S. 142).

und kognitiver Kontext"[86]: Strategisches Management als "Teil eines tastenden, kreisenden Wechselspiels zwischen Kognitionen der beteiligten Menschen und positiv erfaßbaren Aktionen und Handlungsfolgen" bedeute weniger Entscheidungsfindung als vielmehr die Entwicklung und Aufrechterhaltung verbreiteter bzw. gemeinsam geteilter Interpretationsmuster und Entscheidungskontexte.

An dieser Stelle ist auch auf die *Bedeutung der Umwelterkenntnis und ihres Realitätscharakters* unter der Prämisse, Strategie sei eine kognitive (Re-)Konstruktionsleistung im Spannungsfeld von Subjekt und Umwelt, einzugehen: SMIRCICH/STUBBART und HASSELBERG formen drei mögliche Realitätskategorien: *"objektive Umwelt"* (objective environment), *"perzipierte Umwelt"* (perceived environment) und *"interpretativer Ansatz"* (enacted environment).[87] HASSELBERG plädiert zunächst unter dem Aspekt eines gemeinsamen Umweltverständnisses für einen "objektiven Umweltbegriff" als "über Begründungsleistung konstruierte Konstruktion".[88] Hier verwischt er aber in der Verwendung des Objektivitätsbegriffes den Unterschied zwischen "ontologisch" als objektiv existierend und "wahrgenommen" (perceived) bzw. "interpretiert" (enacted), indem er intersubjektive Anerkennung als Objektivitätskriterium auszeichnet. Unerwartete Nebenwirkungen und Überraschungen können sozial vermittelt, müssen aber immer individuell perzipiert werden; deshalb kann eine Umweltkonstruktion (wie später genauer zu zeigen) nur subjektiv perzipiert (perceived) bzw. kommunikativ vermittelt bzw. aktualisiert (enacted) sein:

> "Folglich ist die im Unternehmen wahrgenommene Umwelt nichts anderes als ein Ergebnis subjektiver Wahrnehmung und sozialer Interaktionen. Wahrgenommene unternehmerische Probleme, das Angebot von Entscheidungsalternativen, die Entscheidungsregeln und erlebten Erfolge im Unternehmen sind zunächst nur Widerspiegelungen flüchtiger 'kognitiver Kontexte' der Menschen in Unternehmen - die Summe dessen, was Manager und Mitarbeiter in Unternehmen glauben, sehen, behalten und tun können."[89]

Dies bedeutet in ontologischem Sinne eben "quasi-objektiv", als *"kognitive (und soziale) Konstruktion"*[90].

---

[86]   Vgl. KLAUS (1987) S. 55, unter Verweis auf SIMON und SMIRCICH/STUBBART.

[87]   Vgl. SMIRCICH/STUBBART (1985) S. 724ff., HASSELBERG (1989) S. 32ff.

[88]   HASSELBERG (1989) S. 33 und 35f. ("Unternehmens-Umwelt"-Beziehung als interdependente Beziehung gegenseitiger Konstitution).

[89]   KLAUS (1987) S. 55

[90]   MINDER prägt in ähnlicher Verwendung den Begriff des *"Sozialen Konstruktivismus"*, da der Entwurf von Gestaltungsempfehlungen für Unternehmungen mehr die soziale Konstruktion von Wirklichkeit als die Gestaltung individueller Wirklichkeiten betreffe: "Der 'Soziale Konstruktivismus' versteht sich einerseits als direkte Erweiterung des 'Radikalen Konstruktivismus' und stützt sich andererseits auf den sozialpsychologischen Ansatz des 'social constructionism' von GERGEN. Diese Forschungsrichtung beschäftigt sich weniger mit der Rechtfertigung der Annahme einer konstruierten Wirklichkeit als mit der 'gesellschaftlichen Konstruktion von Wirklichkeit'." (MINDER (1994) S. 20).

Klassisches Mittel der Gewinnung einer Handlungsorientierung ist *"Planung"* als ein dem eigentlichen Handeln vorangehender kognitiver bzw. kommunikativer Akt:

> "Will man nicht dem Prinzip wahlloser Handlungen im Vertrauen auf den glücklichen Zufall folgen, so muß dem Handeln ein Prozeß der Orientierungsgewinnung vorangehen. Diese Phase der Gewinnung einer Handlungsorientierung wird gewöhnlich als Planung bezeichnet. Die Gewinnung einer Orientierung ist ein geistiger Akt, der einem eigentlichen Tun vorangeht."[91]

STEINMANN und SCHREYÖGG betonen, daß Planung per definitionem der bloßen Handlungs*vorbereitung* und nicht bereits dem -vollzug diene: "Planung nimmt also nicht die Form direkter Gestaltungseingriffe zur Veränderung der Realität an, sondern verwirklicht sich als denkendes Vorbereiten des Handelns in einem Konstruktionsprozeß, an dessen Ende - gleichsam stellvertretend für den zu planenden Weltausschnitt - die Entscheidung - oder der Plan steht"[92]. Der formale Begriff der "Planung" bzw. des "Planungsprozesses" bezieht sich allerdings mehr auf den kommunikativen Prozeß der intersubjektiven Konstruktion und Vermittlung von Perspektiven und Handlungsprogrammen als auf den kognitiven Bereich bloßer subjektiver Umwelterfassung und Orientierung. Dieser wird mehr durch den Begriff der "Strategie" als "nur aus der Binnenperspektive eines fokalen Systems zugängliche" Handlungsorientierung[93] charakterisiert.

Die *strategische Planung* der Unternehmung als Steuerungseinheit oder Koordinationskontext ist ein kommunikativer *Konstruktionsvorgang* der Erfassung und Verarbeitung der Umwelt über *Umweltsegmente bzw. -modelle* (Szenarien, Branchen- oder Konkurrentenanalysen)[94] zu einer strategischen Handlungsanleitung. Als Elemente der Umwelterfassung der Unternehmung kommen STEINMANN/SCHREYÖGG folgend vor allem "globale Umwelt" (Gesellschaft), "Markt" und "Branche" bzw. "Geschäftsfeld" als eigentliche *Umweltanalyse* zur Identifikation von Chancen und Risiken für das eigene Handeln in Betracht. Aber auch das eigene Unternehmen sowie seine (potentiellen) Konkurrenten müssen im Rahmen einer *Unternehmensanalyse* zur Identifikation der relativen Stärken und Schwächen als Objekte oder Systeme in der Umwelt rekonstruiert werden.[95] Der strategische Planungsprozeß aus

---

[91]   STEINMANN/SCHREYÖGG (1990) S. 125.

[92]   STEINMANN/SCHREYÖGG (1990) S. 237. Vgl. SCHREYÖGG/STEINMANN (1985) S. 394f., SCHERER (1995) S. 11.

[93]   Vgl. KNYPHAUSEN-AUFSESS (1995) S. 362, 390; "Planungs-" und "Kontrollsysteme" (als "Managementsysteme") fungieren als Vehikel, mit denen Akteure in der Unternehmung strategische Manöver der eigenen Unternehmung und seiner Wettbewerber beobachten und auswerten (ebd. S. 364). Nach SCHREYÖGG (1992) S. 202 ist der Kern des Strategiebegriffs die Bestimmung bzw. Revidierung der *"Grundposition"* eines Unternehmens; d.i. die *"Perspektive"* eines Unternehmens, da es sich um Handlungsorientierung und nicht schon um Implementation handelt. Siehe zu "Planung" und "Strategie" auch SCHERER (1995) S. 11ff.

[94]   Vgl. STEINMANN/HASSELBERG (1989) S. 205, STEINMANN/SCHREYÖGG (1990) S. 125.

[95]   Ein Vorschlag zu einer Analyse des strategischen Planungsprozesses mit den uns hier besonders interessierenden Elementen der strategischen Umwelt- und Unternehmensanalyse bei STEINMANN/

Umwelt- und Unternehmensanalyse rekonstruiert allerdings nur die Zweck-Umwelt der Unternehmung (bzw. des fokalen Systems) aus der Perspektive der Planer. Zur klassischen strategischen Analyse werden deshalb oftmals auch explizit die *"Wertvorstellungen der Führung"* als weiteres konstitutives Element unternehmerischer Entscheidungen gerechnet.[96]

Wesentliche Bedingung der Entwicklung einer (Handlungs-)Orientierung oder Kontextperspektive ist die *subjektive Erfassung* und die *intersubjektive Vermittlung* eines Umweltentwurfs, der natürlich auch die abgegrenzte Identität und gestaltete Darstellung des fokalen Systems, der eigenen Unternehmung, umfassen muß. Praktizierter Mechanismus dieser Erfassung und Vermittlung ist die Rekonstruktion von als relevant erachteten Objekten bzw. Teilbereichen der Umwelt über *"Systembildung"* und deren Darstellung durch *"Modelle"*.

## 2. Radikaler Konstruktivismus: System- und Modellbildung als Konstruktionsakt im Spannungsfeld von Subjekt und Umwelt

Bereits in offensichtlicher Abgrenzungs- bzw. Konstruktionsabhängigkeit impliziert der "System"- wie der "Modell"-Begriff deutliche Bezüge sowohl zur *radikal-konstruktivistischen Erkenntnistheorie* wie zur *Systemtheorie*. So betont z.B. JENSEN als *"konstruktivistische Basis der Systemtheorie"* deren modellhafte Rekonstruktion von Zusammenhängen der Lebenswelt über virtuelle Systeme angesichts einer begrenzten Wahrnehmungs- und Verarbeitungskapazität des Menschen.[97] An diese Interpretation der Systemtheorie (PARSONS') läßt sich im Hinblick auf deren Perzeptionsabhängigkeit das *"Thomas-Theorem"* anschließen, das WILLKE als Ausdruck der "Modellhaftigkeit menschlicher Weltbegegnung" beschreibt.[98] Die "System-" bzw. "Modellbildungsproblematik" verweist auf die grundlegende Problematik der *Erlebens- und Kommunikationsabhängigkeit der Erfassung der Umwelt für die Gewinnung einer Handlungsorientierung* und muß als sinnhaft abgegrenzte und vemittelbar dargestellte

---

SCHREYÖGG (1990) S. 129ff, insbes. S. 132ff. Vgl. auch KNYPHAUSEN-AUFSESS (1995) S. 42 und S. 304 (mit deutlichem Verweis auf PORTER).

[96]   Vgl. die Interpretationen des klassischen "LCAG-Schemas" bei SCHREYÖGG (1992) S. 200f. und KNYPHAUSEN-AUFSESS (1995) S. 304.

[97]   Vgl. JENSEN (1976) S. 16 ("Erstens werden die Strukturen und Prozesse der Lebenswelt nicht als 'die Wirklichkeit', sondern nur als *quasi-objektive* Realität gedeutet; zweitens werden diese Zusammenhänge nicht mit dem Anspruch ihrer 'objektiven Erkenntnis' erfaßt, sondern als *virtuelles* System rekonstruiert", H.i.O.).

[98]   Vgl. WILLKE (1987) S. 34. Dort bezeichnet er das "Thomas-Theorem" als Ausdruck der faktischen Wirkungen interner Präferenzen: "Definieren Menschen Situationen als real, so werden sie real in ihren Konsequenzen".

Verarbeitungs- und Strukturierungsleistung im Spannungsfeld zwischen abgegrenztem Objekt (System bzw. Modell), konstruierendem Subjekt (Akteur) und zu strukturierender Umwelt (Komplexität) verankert werden.

Die *Kybernetik*, verstanden als System- oder Modellbildung, muß in einem natürlichen Zusammenhang mit Erfassung/Konstruktion (Subjekt) und Gestaltung/Darstellung (Objekt) gesehen werden, denn "wir interessieren uns für kybernetische Erkenntnisse nicht nur (...), weil wir damit eine bestehende Wirklichkeit erfassen können, sondern weil sie uns ermöglichen, zweckmäßige *Modelle* zur Gestaltung der Wirklichkeit zu liefern."[99] Auf analytischer Systemabgrenzung beruhende Modellbildung stellt ein wesentliches Merkmal von Koordination und Steuerung dar, nämlich die *idealtypisch-antizipative Erfassung, Darstellung und Untersuchung einer rekonstruierten Wirklichkeit zur Gewinnung einer intersubjektiv vermittelbaren Handlungsorientierung.* Deshalb sind Modelle vor allem Instrumente der Planung, da sie eine gewisse Untersuchung, Vorhersage und Vermittlung bestimmter Wirkungen oder Verhaltensweisen in spezifisch abgegrenzten Teilbereichen der Umwelt ermöglichen, an denen sich die eigene Handlung oder Entscheidung orientieren kann; sie erzeugen damit die Fiktion kybernetischer Komplexitätsbeherrschung für diesen abgegrenzten Bereich.

MEYER differenziert den Begriff "*Modell*"[100] über seinen kommunikativen Charakter, d.i. die Betonung von Abbildung bzw. Rekonstruktion durch ein anderes Medium, vom Begriff "System". Dem System wie dem Modell liege der Aspekt der konstruierten Abgrenzung eines bestimmten Zusammenhangs aus einer Umwelt bzw. aus der "Totalinterdependenz der Wirklichkeit" zugrunde. Nach MEYER wird diese Abgrenzung danach unterschieden, ob dieser Teil der Wirklichkeit als bloße "*gedankliche Abstraktion*" ausgegliedert und erfaßt oder über eine "*symbolisch repräsentierte bzw. mediale Darstellung*" erleb- bzw. kommunizierbar wird; Modellbildung stelle somit (nach KOSIOL) einen *zweistufigen Prozeß der Abgrenzung und Rekonstruktion* dar. Hier findet die postulierte Zweiteilung der Handlungsorientierung in "Kognition" (subjektiv) und "Kommunikation" (intersubjektiv) ihren Ausdruck.

---

[99]   ULRICH (1968) S. 119 (H.i.O.). Vgl. auch PROBST (1986) S. 60.

[100]   MEYER (1986) S. 16f. ("Zum Modellbegriff"): "Während der Begriff 'System' für eine bestimmter, zweckorientierter Weise abgegrenzte Wirklichkeit steht, meint der Begriff 'Modell' eine Abbildung dieser Wirklichkeit mit Hilfe eines anderen Mediums. Zweck der Entwicklung von Modellen ist die Erklärung und Gestaltung von Wirklichkeit in möglichst effizienter Weise (...). Kosiol hat den Vorgang der Modellbildung als einen zweistufigen Prozeß beschrieben. Danach wird in der ersten Stufe gedanklich aus der 'Totalinterdependenz der Wirklichkeit' ein abgegrenzter und übersehbarer Teilzusammenhang charakteristischer Tatbestände abstrahierend ausgegliedert. Dieses Gedankengebilde gelangt dann in der zweiten Stufe zu einer der Betrachtung zugänglichen und intersubjektiv überprüfbaren Form dadurch, daß es mit Hilfe eines geeigneten Mediums dargestellt und mitgeteilt wird." Vgl. SCHIEMENZ (1992) S.831f. ("Systemsicht" und "Analyse relativ isolierter Systeme")

Die Erfassung der Wirklichkeit bzw. der Umwelt durch konstruierte Strukturierung führt zur *Erkenntnistheorie des Radikalen Konstruktivismus*, dessen verschiedene Ausprägungen in den wesentlichen Kernaussagen der Ablehnung einer strukturdeterminierten und objektiv beschreibbaren Welt ("Ontologie") übereinstimmen.[101] STEINMANN/SCHREYÖGG argumentieren trotz der unterschiedlichen Ausgangsbasis eines auf Argumentationsprozesse abstellenden "Methodischen Konstruktivismus" in Grundzügen analog für die Planungsproblematik in der Managementlehre, indem sie darauf hinweisen, daß die *Konstruktion von Planungsmodellen* nicht etwa als strukturgleiche oder -ähnliche Abbildung der Realität erfolgen könne, sondern daß Strukturen erst im Zuge des Planungsprozesses durch den Planenden als zielorientierte menschliche Strukturierungsleistung geschaffen würden:

> "Die Modellbildung ist also - wie alle Planungen - selektiv, sie arbeitet auf der Basis einer nicht vollständig begründbaren Hypothese, daß alle zur Beantwortung der spezifischen Fragestellung eines Planungsproblems relevanten Elemente und Relationen erfaßt sind. (...)
> Man geht nämlich unhinterfragt davon aus, daß im Realsystem eine Struktur objektiv vorliegt, die es im Modell nur 'wirklichkeitsgetreu' zu wiederholen gelte. Dies trifft nicht den Kern der Sache. Es ist keineswegs so, daß dem Planer das 'Planungsproblem' als feststehende Tatsache der objektiven Welt gegenübertreten würde, dessen Strukturen es im Modell nur richtig abzubilden gelte. (...) Probleme sind keine absoluten real existierenden Phänomene, sie werden von denen, die sie zu entdecken glauben, 'konstruiert', ein Problem kann erst im Rekurs auf einen Bezugsrahmen zu einem solchen werden."[102]

Das Planungsproblem als rekonstruiertes Modell basiere auf selektiver Grenzziehung (Strukturierung) als kreativer Eigenleistung des Planers und sei somit "konstruierte Wirklichkeit".[103] Modellbildung und Planung sind in dieser Differenz von Ontologie und Konstruktion grundsätzlich hinsichtlich Zielrichtung, Anwendbarkeit und Validität von der kognitiven Vororientierung und der kommunikativen Vermittlungsleistung eines planenden bzw. konstruierenden Akteurs abhängig.

PROBST geht dazu einen Schritt weiter und bezieht Management explizit auf den "*Konstruktivismus als erkenntnistheoretische Basis*":

> "Probleme sind nicht etwas Gegebenes, sondern etwas Konstruiertes (sie sind vermutlich auch nur deshalb jeweils überhaupt disziplinär zuordenbar. Hier sind wir bereits bei der Frage des Konstruktivismus angelangt, nämlich dem Grundproblem der Wirklichkeitsauffassung, des Erkennens der Welt. (...) Wenn wir den Konstruktivismus als erkenntnistheoretische Basis im Management akzeptieren, so müssen wir uns auch damit abfinden, daß wir es immer nur mit Konstruktionen *einer* Wirklichkeit zu tun haben, die eine Möglichkeit unter vielen anderen darstellt."[104]

---

[101]  Vgl. SCHERER (1995) S. 305ff.

[102]  STEINMANN/SCHREYÖGG (1990) S. 238; vgl. SCHERER (1995) S. 306.

[103]  Vgl. STEINMANN/SCHREYÖGG (1990) S. 237ff. ("Die Konstruktion von Planungsmodellen").

[104]  PROBST (1986) S. 60 (H.i.O.). Vgl. ebd. S. 61: "Probleme bestehen nicht an sich, sondern werden vom Beobachter, vom Wahrnehmenden konstruiert. Das bedeutet einfach gesagt: Phänomene werden aufgrund bestimmter Betrachtungsperspektiven definiert und abgegrenzt." Analog zum "Umweltbegriff" bei SMIRCICH/STUBBART (1985) und HASSELBERG (1989) trennt LANDRY (1995) S. 318ff. drei Kategorien von Problemperspektiven: "*objektivistisch*", "*subjektivistisch*" und "*konstruktivistisch*", als

Je nach Perspektive (oder Vororientierung) des Konstrukteurs stelle sich ein Problem ganz anders dar. PROBST zieht aus dieser Verbindung von Management, Radikalem Konstruktivismus und Systemtheorie[105] *zwei Konsequenzen*: Die (kybernetisch-objektorientierte) Gestaltung von Systemen führe *als Konstruktion zukünftiger bzw. als Entwurf neuer Wirklichkeit*[106] zur *Forderung* nach *vermehrter Verantwortung und Toleranz jedes Konstrukteurs*.[107] Für Management oder Führung bedeutet dies, an der Nahtstelle zwischen materiellem und kognitivem Handlungsfeld vor allem die Möglichkeiten bzw. Kontexte für eine *sinnvolle Konstruktion von Wirklichkeiten durch die Unternehmung und ihre Mitarbeiter* zu schaffen.[108] Ähnliche Erkenntnisse einer expliziten Verbindung von Radikalem Konstruktivismus und soziologischer Systemtheorie[109] für das Management identifizieren KNYPHAUSEN-AUF-SESS[110] und MAUL[111] vor allem im Begriff des *"Beobachters"*, der durch seine subjektiven kognitiven Fähigkeiten Problembeschreibungen als "Unterscheidungen" vor dem Hintergrund einer bestimmten vororientierenden Umweltstrukturierung wahrnimmt, auswählt, (re-)konstruiert, und beschreibt. Soziales Geschehen wie Marktgeschehen sei dann immer Ergebnis wechselseitiger Beobachtungen.[112]

---

Mischform zwischen "subjektiv" und "objektiv". Anschließbarkeit ergibt sich für eine Interpretation von "objektiv" als "intersubjektiv bzw. sozial vermittelt".

[105]  Vgl. zur Beziehung von Radikalem Konstruktivismus und Systemtheorie PROBST (1986) S. 63: "Wir müssen uns bewußt sein, daß Systeme verschieden wahrgenommen und abgegrenzt werden können, und je nach Erwartungen, Meinungen, Werthaltungen oder Einstellungen eine andere Wirklichkeit konstruiert wird."

[106]  Vgl. PROBST (1986) S. 61: "Das System wird also verändert - eine Wirklichkeit konstruiert - um es verstehen zu lernen und etwas über seine Ordnung zu erfahren und eine Ordnung gestalten zu können."

[107]  Vgl. PROBST (1986) S. 62 ("Damit wird eine vielschichtige, sich ständig ändernde Verantwortung jedes Individuums abgeleitet, das die Konstruktion verschiedener vielfältiger Wirklichkeiten einschließt und nicht ein Konzept statischer Rechte."; "Wer erfaßt hat, daß seine Welt seine eigene Erfindung ist, billigt dies auch den Welten anderer Mitmenschen zu und ist vor allem *tolerant*." H.i.O.).

[108]  Vgl. PROBST (1986) S. 63. Siehe auch KLAUS (1987) S. 55. HARTFELDER (1984) S. 389 versucht, den gleichen Sachverhalt über den "Sinn"-Begriff zu fassen: Management als Beeinflussung von Sinnzusammenhängen und Wirklichkeitsdefinitionen.

[109]  Vgl. JANICH (1992) S. 27f. (S. 29: "die Position des Radikalen Konstruktivismus (...) greift mit dem Begriff der Autopoiesis und der Kognition Kernbegriffe der radikalkonstruktivistischen Biologie von H.R. Maturana und F.J. Varela auf und führt dann über die Diskussion von Wahrnehmung, Bewußtsein und Wissen bis zur Darstellung von Erkenntnis in sozialen Gemeinschaften. (...) Der Zugang zu diesen Betrachtungsweisen ist ein systemtheoretischer."), LUHMANN (1988d) S. 7ff. (zum Radikalen Konstruktivismus).

[110]  Vgl. KNYPHAUSEN-AUFSESS (1995) S. 6 ("Die kognitive, auf Beobachtung abstellende Perspektive (...)"), 11ff. ("neuere Systemtheorie" und "Beobachterproblematik").

[111]  Siehe MAUL (1993) S. 716ff.

[112]  Vgl. MAUL (1993) S. 718ff. u. 722ff. (über die Bedeutung konstruktivistischer und systemtheoretischer Epistemologien für das strategische Führungsverhalten, insbesondere mit Blick auf den Begriff des "Beobachters") mit Verweis auf LUHMANN und BAECKER.

Der allgemeine Nutzen einer Realitätserfassung über System- oder Modellbildung wird z.B. bei MALIK unter der Einschränkung oftmaligen *Auseinanderklaffens von Konstruktion und Realität* gerade bei kleinen, beherrschbaren Systemen relativiert: Der selbstgewählte Kontext führe zu einer Art von Betriebsblindheit gegenüber realistischen Verhältnissen.[113] Offensichtlich ist *unkritische Modellverwendung* in der Vernachlässigung oft wesentlicher Faktoren untauglich oder sogar dysfunktional zur Generierung valider strategischer Handlungsorientierungen. SANDNER äußert ähnliche Bedenken bezüglich Adäquanz und Verwendbarkeit gegen das gesamte Prinzip "kybernetischer (auch biologisch-organismischer) Modell- oder Analogiebildungen" und seinen Vereinfachungscharakter.[114] Die Gefahr inadäquater Modellbildung stellt ein weiteres Indiz der mangelnden Fassungskraft bloßer kybernetisch-objektorientierter Steuerung dar, bedingt durch die Abstaktion vom konstruierenden Subjekt.

Die Problematik der Erfassung der Umwelt führt in ihrer erkenntnistheoretischen Bedeutung über die "Normativität" des *Systemdenkens als Abgrenzungsentscheidungen* (siehe ULRICHs Konzept der "kritischen Heuristik"[115]) direkt zum kritischen Beitrag der "System/Umwelt"-Theorie: *Nicht die Wirklichkeit determiniert die Grenze zwischen System und Umwelt, sondern die Systemkonstruierenden, ihre persönlichen Vorstellungen, Vorurteile und Prämissen und natürlich letztlich der Zweck ihrer Abgrenzungs- bzw. Strukturierungsentscheidung.* Einer Beliebigkeit der Systemkonstruktion werden trotz subjektiver Perzeptions- und Kognitionsabhängigkeit Grenzen gesetzt durch die Notwendigkeit gemeinsamer Situationsdefinitionen ("Verständigung") sowie der Notwendigkeit einer Prüfung der Geeignetheit der Umwelterfassung für die Bestandssicherung des Systems ("Kompensation"). Ein Bewußtsein der zielorientierten Subjektivität und der über Komplexität begründeten Relativität der Erfassung der Wirklichkeit über System- bzw. Modellbildung führt die kritische Implikation der System/Umwelt-Theorie beispielhaft vor Augen: "In Planungsmodellen werden also Entscheidungsprobleme nicht abgeleitet, sondern konstruiert. Das fertige Planungsmodell ist eine Rekon-

---

113  Vgl. MALIK (1984) S. 46f. ("Charakteristisch ist, dass sich die konstruktivistische Managementtheorie vorwiegend mit kleinen, im Sinne von einfachen Systemen beschäftigt, bzw. den relevanten Kontext so wählt, dass er einem kleinen, einfachen System entspricht. (...) Durch diesen selbstgewählten Kontext wird aber der Blick dafür verstellt, dass in der Realität die Verhältnisse oft gänzlich anders sind und die Situationsmerkmale von Gross-Systemen bzw. komplexen Systemen vorherrschen."), S. 19f. ("Prämissen" und ihre mangelnde Hinterfragung).

114  Vgl. SANDNER (1982a) S. 117: "Der Grad der Vereinfachung richtet sich nach dem Zweck, dem das Modell dienen soll. Die als 'wesentlich' bezeichneten Phänomene der Realität sollen im Modell möglichst adäquat berücksichtigt werden." Zum ausführlichen Schriftwechsel siehe MALIK/PROBST (1981), SANDNER (1982), MALIK (1982) und SANDNER (1982a).

115  Zur Bedeutung der *Systemabgrenzung* für *Problemerkenntnis* ("dass irgendein uns interessierender oder betreffender Teil der realen Welt verbesserungsbedürftig ist oder es in absehbarer Zeit sein wird"), *Problemdefinition* ("jenen Realitätsausschnitt gedanklich abzugrenzen, der Planungsobjekt sein soll" als System) und *Problemlösung* ("das definitorisch abgegrenzte System so neu zu gestalten, dass es einen erwünschten Zielzustand erreichen kann bzw. bestimmte Leistungen (...) erbringen wird") siehe ULRICH (1984) S. 336f.; solche Systemgestaltung setze neben "Wissen" auch immer "Wertungen" voraus.

struktion einer aufgrund von diversen Vorentscheidungen als problemhaft definierter Situation."[116] Gerade diese Vorentscheidungen (bzw. Selektionen) stellen ein strukturelles Risiko für die Validität und Qualität der gewonnenen Handlungsorientierung dar, da sie das Umweltbild der Betroffenen einengen und kanalisieren und so die Erkenntnis wichtiger Umweltaspekte blockieren können.[117]

Die Wirkungsweise der Modellbildung für die strategische Umwelterfassung sowie der Erfassung und Beschreibung des eigenen Systems kann an einigen Beispielen der *strategischen Unternehmensplanung* (z.b. dem PORTERschen Analyseinstrumentarium) mit ihren kritischen Dimensionen bezüglich Abgrenzung und Variablenauswahl sowie an aktuellen Ansätzen der *Reorganisation tradierter und revisionsbedürftiger Organisationsstrukturen*, als Versuch der Öffnung einer bestimmten vorherrschenden Orientierung, illustriert werden. Beide Arten von Strukturierungsleistungen streben eine Optimierung des Verhältnisses von Unternehmung und Unternehmensumfeld an.

## 3.  Modelle strategischer Unternehmensplanung und unternehmerischer Organisation mit ihren kritischen Gestaltungsdimensionen

Beispielhaft für Strukturierungs- und Orientierungswirkung der Modellbildung stehen aktuelle *Modellvorschläge der strategischen Unternehmensplanung* zur strategischen Ausrichtung der Unternehmensaktivitäten, d.h. der Gewinnung einer langfristigen unternehmerischen Handlungsorientierung über Umweltstrukturierung, Systembeschreibung und -gestaltung (als Organisationsentwurf). Diese Modellvorschläge können im Sinne von MALIK als "konstruktivistisch-technomorph"[118] bezeichnet werden, da sie mittels eines überschaubar gesetzten

---

[116]  STEINMANN/SCHREYÖGG (1990) S. 240. In SCHREYÖGG/STEINMANN (1985) S. 396: "Jede Planung schafft einerseits eine überschaubare Ordnung, mit ihr konstituiert sich aber gerade im Zuge dieses selektiven Herstellungsaktes ein strukturelles Risiko."

[117]  Vgl. dazu auch das "Minimalmodell einer Wahrnehmungstheorie" bei RICHARDS/GLASERSFELD (1991) S. 195f., deren "grundlegende Frage nicht ontologisch darauf abzielt: *Was ist die Struktur der realen Welt?*, sondern kognitiv ermittelt: *Was ist die Struktur unserer Erfahrungswirklichkeit?*" (H.i.O.).

[118]  Vgl. MALIK (1984) S. 46f. Die Kritik MALIKs, die Managementlehre befasse sich vorwiegend mit der technomorphen Konstruktion einfacher, nicht-komplexer Systeme/Modelle unter willkürlicher Wahl des relevanten Kontextes, um so vollständige Information und Beherrschung zu simulieren, möge hier als Anregung für eine kritische Betrachtung dieser praktizierten Modellvorschläge dienen. ULRICH (1983) S. 224 bezeichnet diese Vorstellung als *Inkrementalismus*" ("incrementalism"): "Breaking up complex problems into small segments will make it possible (...) to define clear criteria for small ('incremental') but 'satisfactory' improvements of the systems in question, for such a strategy allows us to be relatively comprehensive in our efforts to map and design small subsystems."

Kontextes eine Erfassung, Darstellung und fiktive ex-ante-Beherrschung der vorkonstruierten Entscheidungsfelder gewährleisten. Abgrenzungen und Strukturierungen können allerdings Gültigkeit nur unter den ihnen zugrundegelegten *Prämissen* und ihren daraus abgeleiteten *Strukturvariablen* beanspruchen; gerade aber das Bewußtsein der Setzung dieser Prämissen bzw. der Auswahl und Festlegung der Strukturvariablen und damit der begrenzten Gültigkeit der Modelle gilt es bei deren Anwendung ständig präsent zu halten.[119] Diese Aufforderung repräsentiert den Kern des postulierten kritischen Bewußtseins bei der Generierung und Validierung einer (Handlungs-)Orientierung dar. Analoges gilt natürlich auch für die Revision bestehende Orientierungen und Strukturierungen; So bezeichnet z.B. KLAUS ein spezifisches Element des "strategischen Denkens" im interpretativen Strategischen Management als "Ausbrechen aus etablierten Denkwelten"[120].

Umweltstrukturierung und Modellbildung müssen sich grundsätzlich an den Vorsteuerungsgrößen unternehmerischen Erfolges in der Wirtschaft, an Liquidität, Rentabilität und langfristiger Sicherung eines Erfolgspotentials als basalen Erfordernissen einer Wettbewerbsstrategie für die Unternehmung,[121] orientieren. *"Unternehmensstrategie"* bezeichnet konkret eine langfristige Orientierung durch Festlegung der Domänen, in denen eine Unternehmung tätig sein will (Markt, Branche), und der dort einzusetzenden Handlungsweisen, Organisationsformen und Ressourcen als Festlegung eines *"Produkt/ Markt-Konzeptes"* und dessen zentraler Aktionsparameter.[122] Dazu müssen sowohl die relevanten Umwelten der Unternehmung als Ort der Interaktion mit anderen Wirtschaftssubjekten wie auch die Unternehmung selbst als Ort der zielgerichteten Koordinierung von Wertschöpfungsaktivitäten im Vergleich mit relevanten Konkurrenten modellhaft rekonstruiert werden.

Herausragende Beachtung im Rahmen strategischer Umwelterfassung und -strukturierung erfahren die Modelle PORTERs zur "Branchenstrukturanalyse", "brancheninternen Strukturanalyse", "Branchensegmentierung" und "Wertkettenanalyse".[123] Das wesentliche Anliegen seines

---

[119]  MINTZBERG (1994) S. 114 warnt in diesem Zusammenhang vor einer "Formalisierungs-Kante" ("The Formalization Edge"): "No doubt we must formalize to do many of the things we wish to do in modern society. That is why we have organizations. But (...) there are limits. These limits must be understood, especially for complex and creative activities like strategy making."

[120]  Vgl. KLAUS (1987) S. 56 (Sie [eine Gruppe von Vertretern des interpretativen Strategischen Managements] geht davon aus, daß unternehmerischer Fortschritt, Wachstum und Überlebensfähigkeit der Unternehmen davon abhängen, daß (durch Kultur beschränkte oder vereinfachte) kognitive Kontexte kontinuierlich in Frage gestellt, durchbrochen und verändert werden müssen".) MINTZBERG (1994) S. 114 bezeichnet es als Hauptaufgabe von Planern, Manager zu kreativem Denken zu ermutigen bzw. nötigenfalls zu provozieren.

[121]  Vgl. GÄLWEILER (1981) S. 85.

[122]  Vgl. SCHREYÖGG (1984) S. 5f., STEINMANN/SCHREYÖGG (1990) S. 129f., SCHERER (1995) S. 11f.

[123]  Vgl. PORTER (1988) S. 25ff., 173ff., PORTER (1989) S. 301ff. und 59ff.

Analyserahmens beschreibt PORTER selbst: "Die Formulierung einer Wettbewerbsstrategie besteht wesentlich darin, ein Unternehmen in Bezug zu seinem Umfeld zu setzen. Obwohl das relevante Umfeld sehr weit ist (es umfaßt sowohl soziale als auch ökonomische Kräfte), liegt sein Kern aus Sicht des Unternehmens in der Branche (oder den Branchen), in der (bzw. in denen) es konkurriert."[124] Die grundlegende Funktion des PORTERschen Analyserahmens für eine Handlungsorientierung liegt somit im "Bezug des Unternehmens zu seinem Umfeld"; dieser Bezug besteht aber immer aus einer subjektiv rekonstruierenden und strukturierenden Sicht heraus zu einer als relevant erachteten Umwelt. Für das gesamte PORTERsche Analyse-instrumentarium gelten deshalb Einschränkungen bezüglich der Prämissensetzung und Variablenauswahl.[125]

(1) Ausgangspunkt der *Umwelterfassung* bei PORTER ist die Definition und Abgrenzung von Branchen. Als *"Branche"* definiert PORTER "eine Gruppe von Unternehmen, die sich gegenseitig nahezu ersetzen könnende Produkte herstellen"; allerdings "herrscht ein weitverbreiteter Streit über die geeignete Definition, der sich um die Frage dreht, wie eng die Ersetzbarkeit in bezug auf das Produkt, den Arbeitsvorgang und die räumliche Marktabgrenzung sein muß."[126] Bereits hier finden sich explizit kritische Bemerkungen zur Abgrenzung des Untersuchungs-gegenstandes: "Die Grenzen einer Branche sind häufig fließend. Produktprogramme sind selten statisch."[127] In seiner *"Branchenstrukturanalyse"* legt PORTER Schwerpunkte auf die Identifikation und Bestimmung von Ursache und Stärke der Branchenstrukturen (elementare, in Ökonomie und Technologie wurzelnde Charakteristika), die den Wettbewerb und das Ge-winnpotential der Branche determinieren. Als bestimmend zeichnet PORTER fünf *"Wettbe-werbskräfte"* aus: bestehende Konkurrenten in der Branche, Abnehmer, Lieferanten, Ersatz-produkte und potentielle neue Konkurrenten.[128]

---

[124]  PORTER (1988) S. 25. Vgl. HAX/MAJLUF (1984) S. 280: "Nur gründliche Kenntnis der strukturellen Merkmale der Branche, in der wir operieren, und ein waches Bewußtsein für das Tun der Konkurrenz kann zu dem hochwertigen strategischem Denken führen, das für eine langfristig gesunde Entwicklung des Unter-nehmens erforderlich ist."

[125]  Vgl. STEINMANN/SCHREYÖGG (1990) S. 144: " kommt es auch hier wesentlich darauf an, aus der prinzipiell unübersichtlichen Fülle von Faktoren und Einflußkräften die für die Strategieformulierung be-deutsamsten herauszufiltern. (...) ist dies nicht mit Gewißheit und in der Regel noch nicht einmal auf der Basis guter Wahrscheinlichkeiten möglich. Auch hier ist der Planer auf das Setzen bestimmter Annahmen angewiesen; Annahmen, die (...) aber letztlich eben nur plausible Vermutungen sind."

[126]  PORTER (1988) S. 27. Vgl. PORTER (1989) S.303 ("Eine Branche ist ein Markt, auf dem ähnliche oder eng verwandte Produkte an Abnehmer verkauft werden"), HAX/MAJLUF (1984) S. 280 ("Eine Branche läßt sich als Gruppe von Unternehmen definieren, die Produkte oder Dienstleistungen anbieten, welche bei-nahe Ersatzprodukte füreinander sind. So werden die Grenzen der Branche aus der Sicht des Endver-brauchers definiert."

[127]  PORTER (1989) S. 304.

[128]  Zur Branchenstrukturanalyse vgl. PORTER (1988) S. 25ff., STEINMANN/SCHREYÖGG (1990) S. 144ff., HAX/MAJLUF (1984) S. 280 ("Die Branchen- und Wettbewerbsanalyse ist ein geordneter Prozeß, um das

Der Wettbewerb in der Branche geht weit über die aktuell in der Branche etablierten Akteure hinaus; gerade im Aspekt der Bedrohung durch Ersatzprodukte und/oder potentielle neue Konkurrenten und deren Brancheneintritt entscheidet kritische Abgrenzung über die Wirksamkeit des Analyseinstrumentes. Erfolgt diese zu großzügig, werden wichtige Einflußfaktoren ausgegrenzt, wohingegen zu kleinliches Einbeziehen die Aussagekraft und Verwendbarkeit der Analyse mindert. Zu dieser Problematik schreibt PORTER selbst:

> "Der Definition der relevanten Branche, einem entscheidenden Schritt bei der Formulierung der Wettbewerbsstrategie, ist viel Aufmerksamkeit gewidmet worden. (...) Das hat dazu geführt, daß über die korrekte Definition der Branche(n) eines Unternehmens endlose Debatten geführt wurden. Ein wichtiges Motiv dieser Debatte ist die Angst, latente Quellen des Wettbewerbs zu übersehen, die der Branche eines Tages gefährlich werden könnten.
> (...) Jede Definition einer Branche ist im Grunde eine Entscheidung darüber, wo die Grenze zwischen herkömmlichen Konkurrenten und Herstellern von Ersatzprodukten, zwischen etablierten Unternehmen und potentiellen neuen Konkurrenten, und zwischen den Wettbewerbern der Branche und ihren Lieferanten und Abnehmern gezogen werden sollte."[129]

Die Stärken und Schwächen des Unternehmens im Verhältnis zur Branche ergeben sich aus der Position des Unternehmens zu diesen fünf Wettbewerbskräften. Eine effektive Wettbewerbsstrategie zielt dann auf die weitere Positionierung des Unternehmens in der Branche ab: Abwehr gegen erkannte Wettbewerbskräfte (Anpassung), Beeinflussung des Kräftegleichgewichtes (Einflußnahme) oder Vorhersage künftiger Entwicklungen dieser Kräfteverhältnisse (Ausnutzen des Wandels).

---

relevante Branchenumfeld zu definieren sowie das Verhalten der bedeutsamsten Wettbewerber in einem bestimmten Markt zu bestimmen und zu charakterisieren.") u. S. 283 ("Porters Grundannahme ist, daß die Rentabilität einer Branche durch ihre strukturellen Merkmale bestimmt wird, so daß im Mittelpunkt der Wettbewerbsanalyse die Beschreibung aller Komponenten der Branche und ihrer Wechselwirkungen stehen sollte.").

129  PORTER (1988) S. 60. Man beachte die Ähnlichkeit dieser Aussage mit der Systemdefinition über "sinnhaft identifizierte Handlungszusammenhänge".

Abb. 9: Branchenstruktur- und Wertkettenanalyse nach PORTER

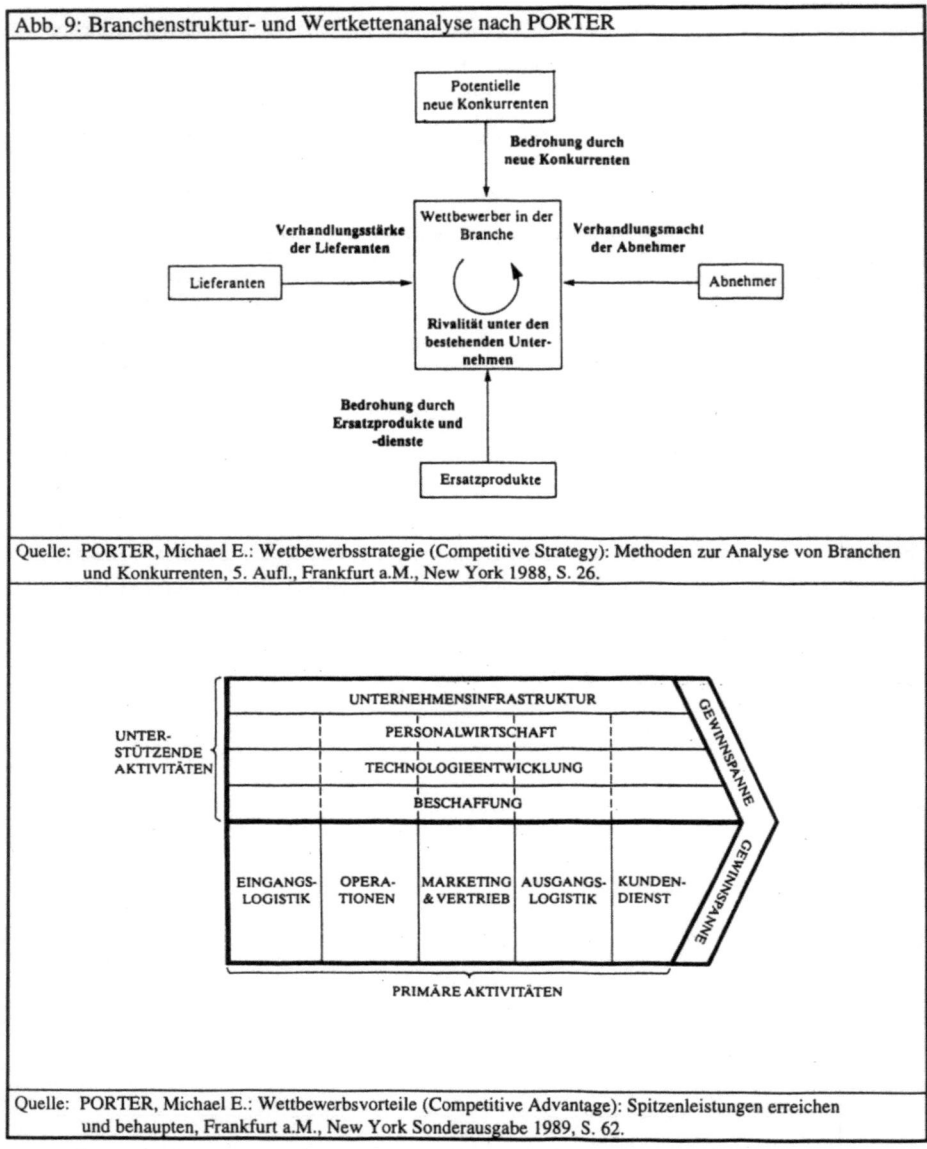

Quelle: PORTER, Michael E.: Wettbewerbsstrategie (Competitive Strategy): Methoden zur Analyse von Branchen und Konkurrenten, 5. Aufl., Frankfurt a.M., New York 1988, S. 26.

Quelle: PORTER, Michael E.: Wettbewerbsvorteile (Competitive Advantage): Spitzenleistungen erreichen und behaupten, Frankfurt a.M., New York Sonderausgabe 1989, S. 62.

Analoges gilt für PORTERs *"brancheninterne Strukturanalyse"*, die den konkreten Zusammenhang der Fähigkeiten mit der strategischen Position einer Unternehmung über "Dimensionen der Wettbewerbsstrategie" (z.B. Spezialisierung, Markenidentifikation, Vertriebsweg, Produktqualität, etc.) in *"strategischen Gruppen"* gleicher oder ähnlicher Strategieverfolgung erfaßt.[130] Für die Einteilung in diese strategischen Gruppen muß der Anwender je nach Dimension die entscheidenden strategischen Variablen auswählen, die die Achsen eines Diagramms des "strategischen Raumes" bilden sollen und die den zentralen strategischen Unterschied bestimmen. Auch die Verwendbarkeit der brancheninternen Strukturanalyse ist prinzipiell abhängig von der Sensibilität der in ihr getroffenen Variablenauswahl und Abgrenzung bezüglich Branche und strategischer Dimension. Die Variablenauswahl steht zusätzlich immer im Spannungsfeld zwischen konkretem Wettbewerbshandeln einer Unternehmung und dessen konstruierter Generalisierung in Form von Strategietypen.

Schwierigkeiten der abstrahierenden Branchenabgrenzung ("eine Frage des Maßstabes") sollen durch eine zusätzliche *"Branchensegmentierung"*[131] quasi als "Branche in der Branche" aufgefangen werden.[132] Zur Branchensegmentierung ist explizit *Kreativität und kritisches Denken* nötig, um perspektivisch relevante Abgrenzungen (Auswahl der richtigen Segmentierungsvariable) im Spannungsfeld zwischen "Abstraktion" (Branche, Segment) und "Konkretion" (konkretes Wettbewerbshandeln bezüglich Produkt und Abnehmer) zu treffen: "Die Segmentierung muß jedoch über herkömmliche Denkgewohnheiten und allgemein übliche Klassifikationsschemata hinausgehen"[133], um weniger offensichtliche Wettbewerbsvorteile zu verdeutlichen oder neue, bisher nicht erkannte Chancen aufzuzeigen.

(2) Neben den bisher dargestellten Instrumenten der Umfeldstrukturierung (Branche, Segment) für die Unternehmung muß auch das *"Unternehmen"* selbst dargestellt und analysiert werden. Auf die grundlegende Frage nach dem essentiellen Charakteristikum einer Unternehmung soll an dieser Stelle nicht weiter eingegangen werden; für strategische Zwecke erscheinen "Ressourcen" bzw. "Wertschöpfungs-" und "Kostenpotentiale" als entscheidend. Ein Analyseansatz, der sich primär mit diesbezüglichen Aktivitäten, den "Wertaktivitäten"[134], einer

---

[130]  Vgl. PORTER (1988) S. 177: "Eine strategische Gruppe ist die Gruppe der Unternehmen in einer Branche, die dieselbe oder eine ähnliche Strategie (entsprechend den strategischen Dimensionen) verfolgen." (Zur Präzisierung ebd.: "Eine Branche könnte eine einzige strategische Gruppe sein, wenn alle Unternehmen im wesentlichen dieselbe Strategie verfolgten. Im anderen Extremfall könnte jedes Unternehmen eine eigene strategische 'Gruppe' bilden.") Zur brancheninternen Strukturanalyse vgl. PORTER (1988) S. 173ff.

[131]  Zur Branchensegmentierung vgl. PORTER (1989) S. 301ff.

[132]  Vgl. PORTER (1989) S. 351 (Branchensegmentierung und Branchendefinition: "Die Abgrenzung von Branchen ist immer eine Frage des Maßstabs. (...) Die Branchensegmentierung ist daher ein Instrument zur Erprobung engerer Branchendefinitionen, indem sie strukturelle Heterogenitäten innerhalb einer Branche erkennen läßt. Verflechtungen zwischen Segmenten und Unternehmenseinheiten (...) ermöglichen weiter gefaßte Branchendefinitionen.").

[133]  PORTER (1989) S. 320.

[134]  Vgl. dazu PORTER (1989) S. 63: "Jedes Unternehmen ist eine Ansammlung von Tätigkeiten, durch die sein Produkt entworfen, hergestellt, vertrieben, ausgeliefert und unterstützt wird. All diese Tätigkeiten lassen sich in einer Wertkette darstellen".

Unternehmung befaßt, ist die *"Wertketten-Analyse"* (value chain analysis) von PORTER[135]: "Die Wertkette gliedert ein Unternehmen in strategisch relevante Tätigkeiten, um dadurch Kostenverhalten sowie vorhandene und potentielle Differenzierungsquellen zu verstehen."[136] Die Wertkette kann auch zur *"Konkurrentenanalyse"* (Konkurrenten als Unternehmen in der Umwelt) herangezogen werden, um durch einen Vergleich der (re-)konstruierten Wertketten die eigenen Stärken und Schwächen relativ zur betrachteten Konkurrenz zu identifizieren. Die Wertkettenanalyse stellt eine klassische "Objektkonstruktion" im Sinne einer systemtheoretischen Strukturierung, Darstellung und Untersuchung der unternehmerischen Wertschöpfungsstrukturen dar.

Für die Wertkette eines Unternehmens analysiert PORTER *neun "Grundtypen" von Aktivitäten und ihren Verknüpfungen*, die er in *"primäre"* (physische Herstellung des Produktes, Verkauf, Übermittlung an den Abnehmer und Kundendienst) und *"unterstützende"* Aktivitäten (Aufrechterhaltung der primären Aktivitäten: Inputbeschaffung, Technologie, Humanressourcen und Infrastruktur) einteilt. Diese Einteilung erledigt aber noch nicht das Problem der Identifikation relevanter einzelner Wertaktivitäten: "Zur Definition relevanter Wertaktivitäten müssen Aktivitäten mit unterschiedlichen Technologien und ökonomischen Regeln getrennt behandelt werden. (...) Wie weit diese Aufgliederung vorangetrieben werden sollte, hängt vom wirtschaftlichen Zusammenhang der Aktivitäten und vom Zweck ab, für den die Wertkette analysiert wird. (...) Die Einordnung einer Aktivität in die richtige Kategorie erfordert Urteilsvermögen [!] und ergibt sich oft aus dem konkreten Zusammenhang."[137] Die Identifikation und Einteilung der Wertaktivitäten bleibt somit explizit Ermessenssache des Planers und des durch ihn konstruierten Zusammenhangs:

> "Porter ordnet - nicht ganz ohne Willkür - kritische Wertaktivitäten (...) zu und formt daraus ein allgemeines Wertketten-Modell. (...) Die mit der allgemeinen Wertkette vorgeschlagene Ordnung der betrieblichen Aktivitäten ist offenkundig theoretisch alles andere als zwingend; ihre Logik läßt viele Fragen offen."[138]

Die Anwendbarkeit und Validität der PORTERschen Unternehmens- (Wertkette) wie Umweltanalyseinstrumentarien (Branche, Segment, Strategische Gruppe) soll an dieser Stelle nicht weiter diskutiert werden; wesentlich bleibt die Feststellung, daß eine Identifizierung, Strukturierung und Darstellung einer Unternehmung wie ihrer Umwelt mit den Instrumen-

---

[135]  Zur Ressourcenanalyse allgemein und insbesondere zur Wertketten-Analyse vgl. PORTER (1989) S. 59ff., STEINMANN/SCHREYÖGG (1990) S. 155ff.

[136]  PORTER (1989) S. 59. Daher: "In der Wertkette eines Unternehmens und seiner Art, einzelne Tätigkeiten zu erledigen, spiegeln sich seine Geschichte, seine Strategie, seine Methoden zur Implementierung dieser Strategie und die wirtschaftlichen Grundregeln der Tätigkeiten selbst." (PORTER (1989) S. 63.).

[137]  PORTER (1989) S. 73.

[138]  STEINMANN/SCHREYÖGG (1990) S. 156ff.

tarien der System- bzw. Modellbildung trotz eines ausgefeilten Analyserahmens immer vom Planer und seiner Abstraktionsleistung abhängig bleibt. Systeme, Strukturierungen oder Modelle (bzw. Analyserahmen) bleiben immer Mittel der kognitiven Konstitution, Validierung oder Aktualisierung sowie der kommunikativen Vermittlung einer konstruierten Orientierung; STEINMANN/SCHREYÖGG bezeichnen sie folgerichtig als "didaktische Strukturierungshilfen" vor dem Hintergrund von Komplexitätsreduktion: "Natürlich sind die (...) gezogenen Grenzen zwischen diesen Umwelten rein didaktische Strukturierungshilfen und keine real erfaßbaren Schranken. Dies ist schon deshalb unmöglich, weil die globale Umwelt als solche kein System und deshalb prinzipiell unbeschränkt ist"[139].

(3) Eine analoge Problematik steckt auch in der *dynamischen Umwelterfassung*[140], im Versuch, zur Entwicklung und Formulierung einer strategischen Handlungsorientierung valide Bilder über die unsichere zukünftige Umweltentwicklung zu entwerfen: "Die Branchenstruktur ist nicht statisch, und in vielen Branchen besteht für die Unternehmen erhebliche Unsicherheit über zukünftige Strukturveränderungen. Diese Unsicherheit speist sich aus zahlreichen Quellen, die sowohl branchenintern entstehen, als auch im weiteren Umfeld der Branche liegen."[141] (PORTER). Prognosen über die zukünftige Struktur beruhten oft auf überkommenen Denkstrukturen, die eine Wahrnehmung der potentiellen Unsicherheiten der zukünftigen Entwicklung verhindern oder verzerren. Die größte Schwierigkeit birgt die Notwendigkeit, die Umwelt möglichst unbeschränkt beobachten und analysieren zu müssen, da viele Faktoren, Einflüsse und Kräfte der Umwelt potentiell, ggf. nichtlinear und ex ante nicht unbedingt erkennbar starken Einfluß auf die Umweltentwicklung nehmen können und sich deshalb als relevant erweisen.[142]

Eine Lösung dieser Problematik bietet die *"Szenario-Methode (oder -Technik)"*, die nach v. REIBNITZ "die externen Einflußbereiche mit ihren Faktoren und ihrer Vernetzung erfaßt und sich darauf konzentriert, die Umwelt des Unternehmens in ihren zukünftigen Entwicklungen

---

139 STEINMANN/SCHREYÖGG (1990) S. 138.

140 Vgl. REIBNITZ (1989) Sp. 1982f.: "[Es ist ganz] offensichtlich, daß die Zukunft des Unternehmens nicht nur von internen Voraussetzungen, sondern in gleichem Maße auch von externen Entwicklungen (Unternehmensumwelt) abhängig ist. (...) Nur wenn man erkennt, welche Möglichkeiten und verschiedenen Entwicklungen in der zukünftigen Unternehmensumwelt stecken, dann kann man sich gezielt bereits heute auf die Entwicklungen von morgen einstellen; d.h. zukünftige Chancen und Risiken erkennen und entsprechende Maßnahmen zur Chancennutzung und Risikominimierung ergreifen."

141 PORTER (1989) S. 559.

142 Vgl. PORTER (1989) S. 559: "Explizite oder implizite Prognosen zukünftiger Strukturen beruhen oft auf überkommenen Denkgewohnheiten und werden durch sie verzerrt; sie sind so angelegt, daß alle potentiellen Unsicherheiten (...) außer acht gelassen werden."

in Szenarien (Zukunftsbildern) aufzuzeigen und darzustellen."[143] Ein Szenario besteht nach STEINMANN/SCHREYÖGG deshalb in dem Versuch, möglichst viele gesammelte Informationen über mögliche Umweltentwicklungen in Trends zu bündeln und daraus ein, meistens aber mehrere alternative und möglichst konsistente Zukunftsbilder (als potentielle zukünftige Umweltmodelle) zu entwerfen:

> "Es ist dies ein *Mittel der Komplexitätsreduktion.* Die vielfältigen Einflüsse und Kräfte, die in der Umwelt herausgearbeitet wurden, werden zu einem überschaubaren plausiblen Bild der Zukunft verdichtet. Nachdem die Trends und Projektionen in der Regel alles andere als eindeutig sind und nur selten einen hohen Wahrscheinlichkeitsgrad haben, ist man dazu übergegangen, mehrere *alternative Szenarien* zu erstellen."[144]

PORTER beschreibt Szenarien in ihrer Alternativdarstellung explizit als *Mittel der Bewußtmachung der Unsicherheit der Planung* durch die Erkenntnis der Bedeutung der Unsicherheit für das zukünftige Handeln.[145] In diesem Sinne muß auch der Versuch der dynamischen Umwelterfassung über Szenarien "kritisch" begleitet werden:

> "Unabhängig davon, ob die Trends der globalen Umweltanalyse zu Szenarien verdichtet werden oder nicht, in jedem Falle endet die Analyse mit einer Reihe von *kritischen Annahmen* oder Prämissen, die für den Fortlauf des Planungsprozesses Gültigkeit haben und Orientierung verleihen. Sie stecken das Feld der Möglichkeiten grob ab und schließen andere potentiell relevante Faktoren und Zusammenhänge aus ['Festlegung und Abgrenzung' = 'Selektion', d. Verf.]. Diese Festlegungen beruhen zumeist nur auf plausiblen Vermutungen und vagen Prognosen, es ist deshalb zwingend notwendig, fortlaufend die Gültigkeit dieser Annahmen mit zu überwachen. Wie später dargelegt, ist dies eine Kernaufgabe der strategischen Kontrolle."[146]

(4) Weitere Indizien der Begrenztheit der Konstruktion von Systemen oder Modellen für die Gestaltung des Steuerungsobjektes Unternehmung durch das Management (STEINMANN/ SCHREYÖGG: "Der Aufbau organisatorischer Strukturen [zur Ordnung der Aktivitäten und Zusammenführung einzelner Arbeitselemente] ist deshalb als zentrales Instrument der Unternehmenssteuerung anzusehen"[147]) lassen sich aus *neueren betriebswirtschaftlichen Reorganisationsansätzen* herauslesen, die unter den Namen "Lean Management" und "Business Reengineering" ("Business Process Reengineering" bzw. "Radical Redesign") Aufsehen erregt haben.[148] Beiden Reorganisationsansätzen gemeinsam ist der Versuch, auf einer Vororien-

---

143 REIBNITZ (1989) Sp. 1983. Ebd. Sp. 1985: "Unter Szenarien versteht man also zum einen die Entwicklung von unterschiedlichen Zukunftsbildern, die die Umwelt des Unternehmens charakterisieren, und zum anderen die Wege, die zu diesen Szenarien hinführen."

144 STEINMANN/SCHREYÖGG (1990) S. 143f. (H.i.O.). Vgl. PORTER (1989) S. 560 ("Ein Szenario ist ein in sich konsistentes Bild der Zukunft, wie es sich ergeben könnte. Wenn ein Unternehmen mehrfache Szenarien entwirft, kann es systematisch erforschen, welche Folgen die Unsicherheit für seine Strategiewahl haben kann.").

145 Vgl. PORTER (1989) S. 589ff. über die kritische Bedeutung von Szenarien.

146 STEINMANN/SCHREYÖGG (1990) S. 144 (H.i.O.).

147 STEINMANN/SCHREYÖGG (1990) S. 357.

148 Über "Gestaltung von Organisationssystemen" als Führungsaufgabe und die neuen Managementlehren "Lean Management" und "Business Reengineering" als Prozeßgestaltung vgl. MÜLLER-MERBACH

tierung durch überkommene Denkgewohnheiten basierende modellhafte Strukturierungs- bzw. Organisationsvorschläge zu revidieren.

Das Konzept des *"Lean Management"* verkörpert nach WOMACK/JONES/ROOS eine Art "zweiter industrieller Revolution" der Produktionsoptimierung (nach der Ablösung der alteuropäisch-handwerklich geprägten Herstellung durch die TAYLORistische bzw. FORDsche Massenproduktion): "In beiden Fällen ging es nicht nur um bloße Innovationen in den Methoden, sondern um fundamentale Innovationen im Denken, in der Philosophie von Führung und Organisation industrieller Unternehmen."[149] PFEIFFER/WEISS schreiben den Erfindern und Promotoren des Lean Management zu, die Frage des optimalen Produktionssystems unter den veränderten Rahmenbedingungen Mitte des 20. Jahrhunderts *neu gestellt* zu haben, im Gegensatz zum den TAYLORismus und FORDismus "dogmatisch" tradierenden westlichen Management. Sie hätten erkannt, "daß viele Denkweisen und Prinzipien, u.a. das fundamentale Prinzip prozeßorientierter, fließender Fertigung, bis heute ihre Gültigkeit bewahrt hatten, vieles andere jedoch grundlegend überholt war und durch neue Denkansätze ersetzt werden mußte."[150] Inhaltlich siedeln WOMACK et al. ihr Konzept zwischen *Handwerk* (hochqualifizierte Arbeiter, einfache und flexible Werkzeuge, individuelle Produkte) und *Massenproduktion* (un- oder angelernte Arbeiter, Spezialmaschinen mit hochspezialisierten Fachleuten, Standardprodukte) an als *Kombination der Vorteile beider Produktionsformen* (Teams vielseitig ausgebildeter Arbeitskräfte, hochflexible und automatisierte Maschinen, große Produktmengen in großer Vielfalt). Wesentlich sei dabei *ständiges Streben nach Perfektion und Verbesserung* als ständiges kritisches Hinterfragen des erreichten Status (hin zu niedrigeren Kosten, Fehlerquoten und Lagerbeständen bei möglichst beliebiger Produktvielfalt). Sozial- bzw. managementorientiert bedeute Lean Management vor allem eine Verlagerung von Verantwortung in der Hierarchie nach unten, als Freiheit zur Selbstkontrolle der eigenen Arbeit, sowie Schaffung möglichst breiter individueller Fähigkeiten und deren kreative Umsetzung im Rahmen von Teams.[151] Dennoch verursache Lean Management durch Mißverständnisse ange-

---

(1994) S. 192f. und PFEIFFER/WEISS (1994) S. V ("In letzter Zeit sind viele Begriffe geboren worden und in Konkurrenz zu 'Lean Management' getreten: 'Virtuelle Unternehmung' (...), 'Business Reengineering', (...) usw., usw. Allen Begriffen gemeinsam ist, daß sie auf eine Veränderung des bisherigen Managementverständnisses verweisen."). Zum Medienecho z.B. des "Business Reengineering" vgl. SIEGER: Radikalkur statt Nulldiät. FOCUS (1993) 43, S. 208-212 oder GROOTHUIS: Wie eine Zitrone. WirtschaftsWoche (1993) 51, S. 52-60.

[149] PFEIFFER/WEISS (1994) S. 1. Vgl. ebd. ("Wie die Konzeptionen von Taylor und Ford die optimale Antwort auf die politisch-gesellschaftlichen, wirtschaftlichen und technischen Rahmenbedingungen [der sozialen 'Umwelt' und ihrer Erfassung, d. Verf.] des beginnenden 20. Jahrhunderts waren, ist das Lean-Management-Konzept die überzeugende Antwort auf die Rahmenbedingungen in Markt, Technik und Gesellschaft [der 'sozialen Umwelt', d. Verf.] an einer Wende vom 20. zum 21. Jahrhundert."), WOMACK/JONES/ROOS (1994) S. 17f.

[150] PFEIFFER/WEISS (1994) S. 2. Vgl. ebd. S. 1ff.

[151] Vgl. WOMACK/JONES/ROOS (1994) S. 18ff.

sichts tradierter kultureller Vororientierungen oder Konflikte mit der bestehenden Ordnung bzw. bestehenden Denkgewohnheiten Schwierigkeiten und Hindernisse, die eine kulturinvariante Durchsetzung fraglich erscheinen ließen.[152]

*"Business Reengineering"* resultiert nach HAMMER/CHAMPY aus den seit über zweihundert Jahren geltenden Prinzipien der Fragmentierung der Arbeit, der "Aufgabenanalyse" und "Spezialisierung" nach SMITH, nach denen die meisten Unternehmen ihren Unternehmenszweck organisierten. Diese Form der Arbeitsorganisation sei durch tiefgreifenden Wandel bei Kunden, Wettbewerb und Technologie als überholt anzusehen und nur durch eine *radikale Neugestaltung der Unternehmensprozesse* auf den eigentlichen Unternehmenszweck hin, die Wertschöpfung, zu verbessern:[153]

> "Der fragmentierte Unternehmensprozeß und die spezialisierten Strukturen, die auf eine frühere Ära abgestimmt waren, können auch schlecht auf größere Veränderungen im externen Umfeld, d.h. im Markt, reagieren. Das gegenwärtige Prozeßdesign beruht auf der Annahme, daß die Bedingungen sich nur innerhalb enger, prognostizierbarer Grenzen ändern. Durch die Trennung des Managements von den operativen Abläufen und durch die Fragmentierung dieser Abläufe in spezialisierten Fachabteilungen ergibt sich in heutigen Organisationen, daß niemand in der Lage ist, bedeutende Veränderungen zu erkennen, oder, falls diese doch zufällig erkannt werden, entsprechend darauf zu reagieren."[154]

Der Kern dieser These besagt, das Management werde in seiner originären Aufgabe, der Gestaltung und Steuerung von Unternehmen (als Systeme im kybernetisch-objektorientierten Sinne) durch überkommene Denkstrukturen oder Vororientierungen so blockiert, daß notwendige Umorientierungen oder vielmehr Reorganisationen nicht mehr möglich seien. Dieser Gedankengang ist zu interpretieren als "Abhängigkeit der Strukturentwicklung von der Vororientierung des Konstrukteurs". Als Lösungsvorschlag für diese Art von "Betriebsblindheit" des Managements in seinem seit Jahrhunderten von Aufgabenanalyse, Arbeitsteilung und Spezialisierung der Arbeitsorganisation geprägten Bewußtsein, postulieren HAMMER/CHAMPY eine *radikale Neugestaltung der Unternehmung* unter Berücksichtigung der ureigenen, redefinierten Unternehmenszwecke: " 'Business Reengineering' ist genaugenommen 'fundamentales

---

[152]  Vgl. WOMACK/JONES/ROOS (1994) S. 236 u. 246f.

[153]  Vgl. HAMMER/CHAMPY (1994) S. 12: "Zweihundert Jahre lang folgten die Menschen bei der Gründung und beim Aufbau von Unternehmen der brillianten Entdeckung von Adam Smith, daß industrielle Arbeit in ihre einfachsten und grundlegendsten *Aufgaben* zerlegt werden sollte. Im postindustriellen Zeitalter, an dessen Schwelle wir uns heute befinden, wird hinter der Gründung und Gestaltung von Unternehmen der Gedanke stehen, diese Aufgaben wieder zu kohärenten *Unternehmensprozessen* zusammenzuführen." (H.i.O.). Unter "Unternehmensprozeß" verstehen HAMMER/CHAMPY (1994) S. 41ff. Arbeitsabläufe eines Unternehmens.

[154]  HAMMER/CHAMPY (1994) S. 44. Deutlicher ebd. S. 38: "Diese drei Kräfte - Kunden, Wettbewerb, und Wandel - haben die Geschäftswelt verändert, und es wird immer deutlicher, daß Organisationen, die für ein bestimmtes Umfeld geschaffen worden waren, nicht so optimiert werden können, daß sie in einem anderen gut funktionieren."

Überdenken und radikales Redesign von Unternehmen oder wesentlichen Unternehmensprozessen (...)' "[155].

Diese radikale Neugestaltung benötige deshalb subjektive menschliche Kreativität: "Business Reengineering beruht auf den gleichen Eigenschaften, die seit jeher in der Wirtschaft zu großartigen Innovationen geführt haben: Individualität, Eigenständigkeit, Risikofreudigkeit und Wandlungsfähigkeit. (...) Kernstück des Business Reengineering ist *diskontinuierliches Denken*, das überkommene Regeln und fundamentale Annahmen erkennt, die der heutigen Geschäftstätigkeit zugrunde liegen, und sich von ihnen abwendet." [156]

Nur so seien "Verbesserungen um Größenordnungen" möglich.

Beide Reorganisationsansätze unterstreichen die These einer *sowohl zeitlich wie auch sachlich begrenzten Validität* subjektiv-problemorientiert konstruierter System- bzw. Modellbildungen gegenüber einer komplexen und kontingenten Umwelt. Die Verfestigung, Verbreitung oder Verallgemeinerung bestimmter Weltbilder oder Vorstellungen kann die Grundeinstellungen ganzer Generationen prägen; eine Änderung solcher kollektiv überkommenen Vororientierungen, ja sogar schon die Perzeption von Änderungsnotwendigkeiten aufgrund von Umweltveränderungen, erfordern ein Höchstmaß an kritischem Bewußtsein und diskontinuierlichem Denken. Einen grundlegenden Ansatz *ständiger Validierung bzw. kritischer Infragestellung der strategischen Effektivität* als Ausdruck der Kompensation der selektiven strategischen Orientierung einer Unternehmung stellt die Konzeption "Strategischer Kontrolle" bzw. eines "strategischen Managementprozesses" nach STEINMANN, SCHREYÖGG, HASSELBERG et al. dar (Kap. B.IV.). Die neuere soziologische Systemtheorie thematisiert dazu in ihrer Konzeption der "System/Umwelt-Differenzierung" explizit die *Komplexität der Umwelt*, ihre *Reduktion durch Abgrenzung bzw. Systembildung*, die dadurch bedingte *Selektivität* des menschlichen Erlebens und der Orientierung (verortet im Aspekt der Strategieformulierung für das "Handlungssystem" Unternehmung) sowie der Notwendigkeit zur *Kompensation* des durch den Selektionszwang bedingten Ausblendungsrisikos, als Grundprämissen rationalen Verhaltens in einer rekonstruierten Umwelt.

---

[155]  HAMMER/CHAMPY (1994) S. 48. Vgl. ebd. S. 12f. ("Business Reengineering ist ein völliger Neubeginn - eine Radikalkur.") u. S. 47 ("Wenn wir gebeten werden, Business Reengineering kurz zu definieren, sagen wir, es bedeute 'ganz von vorne anfangen'."), HAMMER (1990) S. 104: ("Reengineering strives to break away from the old rules about how we organize and conduct business. It involves recognizing and rejecting some of them and then finding imaginative new ways to accomplish work") u. S. 108 ("In reengineering, managers break loose from outmoded business processes and the design principles underlying them and create new ones.").

[156]  HAMMER/CHAMPY (1994) S. 13 (H.i.O.). Man vergleiche diese Forderungen mit den von STEINMANN und SCHREYÖGG erhobenen Ansprüchen zur Umsetzung "Strategischer Kontrolle".

## IV.  Umweltorientierung: Soziologische Systemtheorie als Steuerungsparadigma zwischen Komplexität, Selektion und Kompensation

Fokussiert man im Spannungsfeld von System/Objekt, Subjekt und Umwelt auf den Aspekt der *Umwelt*, so tritt das Problem der Erfassung und Verarbeitung der Umwelt als "*Komplexitätsproblem*" in den Vordergrund: "Die Umwelten sind komplex, während die individuellen Informationsverarbeitungskapazitäten beschränkt sind."[157] LUHMANN bietet diesbezüglich eine brauchbarere Definition von "*Komplexität*" und "*Kontingenz*" aus der Perspektive des Erlebens, der Handlungsorientierung und des Handelns eines Akteurs:

> "Dem gerade akut bewußten Erleben steht eine Welt anderer Möglichkeiten gegenüber. Die Problematik dieser Selbstüberforderung des Erlebens durch andere Möglichkeiten hat die Doppelstruktur von Komplexität und Kontingenz. Durch den Begriff *Komplexität* soll bezeichnet werden, daß es stets mehr Möglichkeiten des Erlebens und Handelns gibt, als aktualisiert werden können. Der Begriff *Kontingenz* soll sagen, daß die im Horizont aktuellen Erlebens angezeigten Möglichkeiten weiteren Erlebens und Handelns nur Möglichkeiten sind, daher auch anders ausfallen können, als erwartet wurde; (...) Komplexität bedeutet also praktisch Selektionszwang. Kontingenz heißt praktisch Enttäuschungsgefahr und Notwendigkeit, sich auf Risiken einzulassen."[158].

Die neuere Systemtheorie verbindet die System/Umwelt-Problematik über den Komplexitäts- und Kontingenzbegriff mit dem Subjektaspekt des Erlebens und damit letztlich der auf Erlebnisverarbeitung beruhenden "*Strategie*" als selektiver Handlungsorientierung: "Strategy is the match between an organization's ressources and skills and the environmental opportunities and risks it faces and the purposes it wishes to accomplish."[159] (HOFER/SCHENDEL).

HOFER/SCHENDEL bereiten den Weg für ein kritisches Strategieverständnis durch ihre *Unterscheidung von "Effektivität" und "Effizienz"* im (expliziten) Umweltbezug einer Unternehmung über Strategie. Die Unternehmung als Organisation habe in der Auseinandersetzung mit der Umwelt zwei grundlegende Möglichkeiten der Positionierung: *Betonung ihres Binnenverhältnisses* als "Effizienz" bezüglich Mittelwahl und -einsatz (analog kybernetischer Objektorientierung) oder *Betonung der Beziehungen zur Umwelt* als "Effektivität" bezüglich Zwecksetzung oder Zielauswahl (Umweltorientierung). Dabei hänge der Erfolg einer Organisation in höherem Maße von der richtigen Zielauswahl als vom adäquaten Mitteleinsatz ab.[160] Hierin liegt eine *grundlegende Höherbewertung der Auseinandersetzung mit der Umwelt* als

---

[157]  KNYPHAUSEN-AUFSESS (1995) S. 7. Ebd. auf S. 305 präzisiert er die Frage nach der Umweltwahrnehmung: "Wird sie [die Umwelt] als *Quelle für Informationen* aufgefaßt, so tritt das *Unsicherheits-* bzw. *Komplexitäts*problem in den Vordergrund: Es müssen Modi gefunden werden, wie die Informationsvielfalt angesichts eigener Kapazitätsbeschränkungen verarbeitet werden kann." (H.i.O.). Vgl. MINTZBERG (1990) S. 142ff.

[158]  LUHMANN (1971a) S. 33f. (H.i.O.).

[159]  HOFER/SCHENDEL (1978) S. 11.

[160]  Vgl. HOFER/SCHENDEL (1978) S. 2.

Rationalitätsgrundlage gegenüber einer rein objektorientiert-instrumentalen Betrachtung des Binnenverhältnisses der Unternehmung. Auf diese fundamentale Unterscheidung beziehen sich STEINMANN et al.[161] ausdrücklich; sie leitet über vom Abgrenzungsaspekt der kybernetischen Regelungs- bzw. Steuerungseinheit (Objekt: Effizienz) über den Konstruktionsaspekt (Subjekt: Erfassung) zur Betrachtung des Validitätsaspektes im System/Umwelt-Verhältnis (Umwelt: Effektivität).

Einen expliziten *Zusammenhang zwischen Umwelt bzw. Komplexität und Management* (allerdings in kybernetischer Tradition soziotechnischer Systeme) konzipieren bereits *Ansätze "systemorientierten" bzw. "systemisch-evolutionären" Managements* (ULRICH, PROBST, MALIK et al.).[162] So definiert z.B. MALIK[163] "Strategie" unter Rückgriff auf "Regelung und Regeln zur Bewältigung a priori nicht bekannter Umweltsituationen"; "Strategisches Management" seien dann "Managementmechanismen zur Erzeugung dieser Regelungen", die der (systemisch-evolutionären) Komplexitätsbewältigung für die abgegrenzte Einheit "Unternehmung" dienten. Reflexionsaspekte oder kritische Betrachtungen des Verhältnisses zu oder der Abgrenzung gegenüber der Umwelt sind nicht explizit vorgesehen. Es handele sich bei Strategischem Management um eine "Metaebene", die die Prozesse im Objektbereich, d.h. die konkrete Strategieumsetzung in der Unternehmung, umfassend bestimme, sich aber weniger mit der konkreten Strategie und ihrer Effektivitätsproblematik als vielmehr mit Fragen der Gestaltung effizienter Strategieentwicklung und deren Prozesse zu beschäftigen habe.[164]

STEINMANN/SCHREYÖGG dagegen beziehen das strategische Problem der Unternehmung nicht nur auf deren Positionierung in der Umwelt, sondern grundlegender auch auf deren *Abgrenzung von der Umwelt*, auf ihre "*System/Umwelt-Differenz*":

> "Allgemein gesprochen zielt die strategische Planung darauf ab, den Bestand und die Rentabilität der Unternehmung dauerhaft sicherzustellen, d.h. es wird geprüft, ob in den jetzigen Geschäftsfeldern [Wo?] mit dem jetzt gewählten Wettbewerbskonzept [Wie?] auch in Zukunft erfolgreich

---

[161]   Vgl. STEINMANN/HASSELBERG (1988) S. 11314f.; STEINMANN/SCHREYÖGG/THIEM (1989) S. 32.

[162]   Vgl. z.B. MALIK (1984) S. 171f., unter Verweis auf ANSOFF und HAYES.

[163]   Vgl. MALIK (1984) S.180ff. (z.B.: "Eine Strategie ist somit ein, durch die jeweils vorhandenen Managementmechanismen produzierter *Satz von Regeln*, der das zukünftige Verhalten einer nicht notwendigerweise im voraus bestimmten Anzahl von Personen in einer nicht vorhersehbaren Art und Zahl von Situationen steuert. (...) Diese Regeln bzw. Regelsysteme bilden den weitaus wichtigsten Mechanismus der Komplexitätsbewältigung, über den eine Unternehmung bzw. (allgemein) ein soziotechnisches System verfügt." H.i.O.).

[164]   Vgl. MALIK (1984) S. 76f. und S. 177ff. ("Strategien und Strategisches Management"). Dort auf S. 180: "Das Schwergewicht der Betrachtung liegt somit eindeutig auf der *Metaebene*, deren Gestaltung und Mechanismen erst die Prozesse auf der Objektebene bestimmen, dies aber in einem umfassenden und vollständigen Masse tun." (H.i.O.). Im Unterschied dazu kommen z.B. bei STEINMANN/WALTER (1989) der (ebenfalls als "Metaebene" konzipierten) Ebene des "Strategischen Managementprozesses" explizit eigene kritische Umsteuerungspotentiale zu.

konkurriert werden kann, ob neue Geschäftsfelder gesucht und/oder neue Wettbewerbskonzepte entwickelt werden müssen. Das strategische Konzept konstituiert die (...) System/Umwelt-Grenze."[165]

Im Unterschied zur kybernetischen Vorstellung bestimmt und erhält die Unternehmung durch ihre Handlungsorientierung und Handlungsentscheidung selbst ihre eigenen Grenzen zu einer als relevant definierten Umwelt. "Strategisches Management" bezieht sich hier allgemein und grundlegend auf die *kritische Überprüfung der derzeitig gewählten Abgrenzung bzw. Position in der Umwelt* und damit grundsätzlich auf das Effektivitätskriterium: "In jedem Falle stellt sich die Frage nach einer *möglichen strategischen Neuorientierung*."[166]

Damit läßt sich der Grundgedanke der von STEINMANN und SCHREYÖGG postulierten Einführung der *soziologischen System/Umwelt-Theorie* als Paradigma der Unternehmensführung konkretisieren. Ziel ist die kritische Umdeutung der historisch auf das Bild des (Eigentümer-)Unternehmers oder Managers zugeschnittenen und auf kybernetischer Objektvorstellung beruhenden klassischen Unternehmensführung der Handlungskoordination in Form direkter instrumentaler Steuerung durch eine übergeordnete Zentrale im klassischen Regelkreiszyklus Planung-Durchführung-Kontrolle hin zu einer umweltorientierten indirekten, an den Bestandsvoraussetzungen der Unternehmung in einer komplexen Umwelt orientierten Steuerung. Der Zugang zur systemtheoretischen Perspektive strategischer Steuerung führt nach SCHREYÖGG/STEINMANN über das *Problem der rechtzeitiger Kontrolle oder Revision strategischer Pläne*: "Versäumte oder zu späte Revisionen der Unternehmensstrategie sind kostspielig und führen im Extremfall zum Ruin."[167] Deshalb müsse eine *Kritik des traditionellen Kontrollverständnisses der Feedback-Kontrolle* das gesamte traditionelle Konzept der Unternehmenssteuerung revidieren und neu formulieren.[168] Unter Betonung von komplexer Umwelt und Komplexitätsverarbeitung muß Steuerung für den Bereich strategischer Unternehmensführung, verstanden als validitätskritische Strategieentwicklung, -überwachung oder -revision prinzipiell im *Spannungsfeld von direkter Steuerung (Implementation), indirekter Prozeßsteuerung (Selektion: Strategieformulierung unter autonomer Integration und Binnenkomplexität) und kritischer Kompensation (Reflexion)* stehen.

Die für die hier geführte Argumentation wesentlichen Aspekte der Konzeption von STEINMANN, SCHREYÖGG et al. liegen in der *Einführung der soziologischen Systemtheorie als Steuerungsparadigma in die Managementtheorie.* Das bedeutet konkret:

---

[165]  STEINMANN/SCHREYÖGG (1990) S. 130.

[166]  STEINMANN/SCHREYÖGG (1990) S. 165 (H.i.O.).

[167]  STEINMANN/SCHREYÖGG (1986) S. 747.

[168]  Vgl. SCHREYÖGG/STEINMANN (1985) S. 391f.; STEINMANN/SCHREYÖGG (1986) S. 747; STEINMANN/SCHREYÖGG (1990) S. 103, 107.

- Analyse von *Unternehmungen als Handlungssysteme* zur Reduktion und Verarbeitung der Komplexität bzw. Kontingenz der Umwelt *im Spannungsfeld von Selektion* einer Strategie *und Kompensation* des Selektionsrisikos der gewählten Handlungsorientierung (Kap. B.IV.1.)

- durch autonome Subsysteme (*Binnenkomplexität*) und eigenständige Komplexitätsverarbeitungspotentiale (*indirekte Prozeßsteuerung*) in reflexiver *Abstimmung (Integration und Selbststeuerung)* auf allen Systemebenen im Rahmen *einer dezentralen Organisationslösung* (Kap. B.IV.2.).

In diesem Zusammenhang stellt sich auch die Frage einer *"Normativität" bzw. kritischen Deutung der Systemtheorie*, d.h. von Abgrenzung und Selektion, in ihrer Bedeutung für die Qualität der Systemabgrenzung, der (Handlungs-)Orientierung und der Umwelterfassung.


## 1. System/Umwelt-Theorie: Strategisches Management im Spannungsfeld von Implementation und Reflexion

STEINMANN, SCHREYÖGG et al. zeigen in ihrer Konzeption "Strategischer Kontrolle" bzw. eines "Strategischen Managementprozesses"[169] die Revisionsnotwendigkeit des gängigen, aus der Steuerungshandlung unter der Vorstellung, alle Probleme einer betrieblichen Steuerung könnten durch die Planung einer omnipotenten Zentrale antizipiert und im Sinne einer stimmigen Gesamtlösung umgesetzt werden, abgeleiteten Steuerungsverständnisses der Managementlehre. Steuerung müsse als ausgesprochen störanfällige und risikoträchtige Funktion für das komplexe Handlungssystem "Unternehmung" und sein Verhältnis zu einer komplexen Umwelt in einen *systemtheoretischen Bezugsrahmen*, d.h. ins *Spannungsfeld von System und Umwelt* gestellt werden:

> "Insgesamt gesehen gelingt es, mit dem systemtheoretischen Ansatz erstmals die *Außenbezüge der Unternehmung* systematisch zu erfassen und zum Gegenstand der Theoriebildung zu machen. Ausgangspunkt der Überlegungen ist eine *komplexe und veränderliche Umwelt*, in der zu handeln ohne eine signifikante (Komplexitäts-)Reduktionsleistung nicht möglich ist. Systeme werden als *Handlungseinheiten* begriffen, die die Probleme einer komplexen und veränderlichen Umwelt in einem kollektiven arbeitsteiligen Leistungsprozeß bewältigen, wenn sie ihren Erhalt gewährleisten wollen."[170]

---

[169]  Siehe zum Komplex "Strategische Kontrolle"/"Strategisches Management" SCHREYÖGG/STEINMANN (1985), STEINMANN/SCHREYÖGG (1986), SCHREYÖGG/STEINMANN (1986), SCHREYÖGG (1987a), SCHREYÖGG/STEINMANN (1987), STEINMANN/HASSELBERG (1988), STEINMANN/ SCHREYÖGG/THIEM (1989), STEINMANN/HASSELBERG (1989), HASSELBERG (1989) und STEINMANN/SCHREYÖGG (1990).

[170]  STEINMANN/SCHREYÖGG (1990) S. 57. Vgl. ebd. S. 107ff.

Die *"Unternehmung"* wird als Handlungszusammenhang nach Sinnkriterien von einer komplexen Umwelt abgegrenzt; diese Abgrenzung gilt es durch die zentrale Funktion der Komplexitätsreduktion aufrechtzuerhalten. SCHREYÖGG betont in diesem Zusammenhang explizit die *Geeignetheit der "funktional-strukturellen Systemtheorie" LUHMANNs als Grundlage einer Theorie der strategischen Unternehmenssteuerung:* Management werde so als "Steuerungsprozeß in und von komplexen Handlungssystemen" thematisiert[171] und ausdrücklich über Komplexitätsreduktion und sinngeleitete Selektion *von der kybernetischen Systemtheorie abgegrenzt.*[172] Die soziologisch orientierten systemtheoretischen Ansätze seien spät, dafür aber mit größerem Erfolg für die Managementlehre fruchtbar gemacht worden; ihr Erfolg verdanke sich eben dem Unterschied zwischen kybernetischer Komplexitätsbewältigung durch stark spezifizierte und eingegrenzte Modellbildungen und soziologischer Betonung von Komplexitätsreduktion als Handlungsorientierung unter Selektion und kritischer Beachtung der ausgegrenzten komplexen Umwelt.

## a) Systemtheorie als Steuerungsparadigma für das Management

STEINMANN und SCHREYÖGG postulieren explizit *die LUHMANNsche System/Umwelt-Theorie als Bezugsrahmen bzw. als Steuerungsparadigma für die Steuerung der Unternehmung als komplexes Handlungssystem in einer komplexen Umwelt:*

> "Ein *theoretischer* Zugang zur Behandlung dieses Problems eröffnet sich über die funktionalstrukturelle Systemtheorie (Luhmann). Sie begreift die Bestandsproblematik als *Reduktionsproblem.* Ein System muß, um Handeln zu können, die Umweltambiguität durch laufende (sinngeleitete) *Selektion* auf ein bearbeitbares Maß reduzieren."[173]

Die für das strategische Management besonders relevanten *Kernaussagen der System/Umwelt-Theorie* sind: *Handlungssysteme,* die nur aus Handlungen, nicht aus konkreten Personen bestehen, werden als Handlungszusammenhänge durch die Erzeugung und Erhaltung einer *Komplexitätsdifferenz* (eigentlich: eines Komplexitätsgefälles zwischen Umwelt und System) von

---

171  Vgl. dazu STEINMANN/SCHREYÖGG (1990) S. 101ff. ("Der Managementprozeß in Handlungssystemen"), insbesondere aber auch SCHREYÖGG (1984)S. 243ff. ("Systemrationalität als Alternative").

172  Vgl. SCHREYÖGG/STEINMANN (1985) S. 398, STEINMANN/SCHREYÖGG (1990) S. 56f. SCHREYÖGG (1984) S. 250, Fußnote 161 präzisiert dies: "Damit kommt der Kategorie 'Sinn' in dieser Systemtheorie [der funktionalstrukturellen Systemtheorie LUHMANNs] im Unterschied zur Kybernetik ein zentraler Stellenwert zu. 'An Sinn orientierte Selektion' heißt, daß soziale Systeme im Unterschied zu Maschinen oder Organismen ihre Erlebnisverarbeitung sinnhaft-bewußt betreiben und daß also aus im Prinzip unbegrenzten Möglichkeiten bewußt ausgewählt werden kann."

173  SCHREYÖGG/STEINMANN (1985) S. 398 (H.i.O.). Vgl. SCHREYÖGG (1984) S. 244, 248f., SCHREYÖGG/STEINMANN (1987) S. 94, STEINMANN/HASSELBERG (1988) S. 1316 ("[Der strategische Managementprozeß] macht die Beziehung zwischen Unternehmung (System) und Umwelt zum theoretischen Ausgangspunkt - dies ist die Anschlußstelle zur funktionalstrukturellen Systemtheorie"), HASSELBERG (1989) S. 47, STEINMANN/SCHREYÖGG (1990) S. 109.

einer überkomplexen Umwelt über *Sinnverarbeitung mittels Selektion (und Kommunikation)*, d.h. durch sinnhaften Bezug von Handlungen, *abgegrenzt*.[174] Die Systemleistung besteht dann kurz und allgemein in einer *Reduktion von Komplexität durch sinngeleitete Selektionsstrategien*, um eine (Handlungs-)Orientierung über die Erfassung der überkomplexen Umwelt zu ermöglichen. Die Selektionen sind jedoch immer *kontingent*, d.h. auch anders möglich, und haben keinen Anspruch auf Validität, wie auch die (nur in der Orientierung des Handelnden) reduzierte Komplexität nicht vernichtet wird, sondern als ständige Quelle für Überraschungen für den Selektierenden riskant bleibt.[175] "Komplexität in dem angegebenen Sinne heißt Selektionszwang, Selektionszwang heißt Kontingenz, und Kontingenz heißt Risiko."[176] Dieses Selektionsrisiko muß kompensiert werden, um einen Zustand adäquat und valide reduzierter Komplexität aufrechtzuerhalten; andernfalls wird das Handlungssystem wegen mangelnder Funktionserfüllung überflüssig und verliert seine Bestandsberechtigung.

STEINMANN und SCHREYÖGG konkretisieren dieses Spannungsfeld von bestandsfähigem *System*, komplexitätsreduzierender *Selektion* und komplexer *Umwelt* für die Belange der *"Strategischen Kontrolle"* im Handlungssystem Unternehmung:

> "Das revidierte Konzept versteht Strategische Planung und Strategische Kontrolle als kontinuierliche, gleichlaufende Prozesse, die angesichts von Komplexität und Umgewißheit der Umwelt dazu dienen, den Systemerhalt zu sichern. Ausgangspunkt der Überlegungen ist die Notwendigkeit, aus einem unbegrenzten Feld von Umweltinformationen durch *Selektion* und Verdichtung eine Grundlage für die Formulierung einer Strategie zu schaffen. Komplexität und Ungewißheit der Umwelt werden dadurch gewissermaßen auf ein bearbeitbares Maß reduziert. Kerngedanke der Vermittlung von Strategie und Umwelt ist also die Selektion. Mit ihr ist ein spezifisches Risiko verbunden, das wir 'Selektionsrisiko' nennen wollen."[177]

"Strategie" bzw. "strategische Planung" werden so als selektive Festlegung von Handlungsorientierungen bzw. -programmen zu einer *Transformation von "Unsicherheit"* (angesichts der Komplexität der Umwelt) *in "Risiko"* (wegen der Kontingenz der Selektion) *auf der Grundlage selektiver Relevanzvermutungen*, deren Richtigkeit und Gültigkeit (Validität) grundsätzlich risikobehaftet ist und deshalb ständig kritisch überwacht bzw. kompensiert werden muß. In dieser kritischen *Kompensationsfunktion zum Selektionsrisiko* wird "Kontrolle" zur Bedingung der Möglichkeit von Planung: "Die Kontrolle tritt aus dem Status eines

---

174  Vgl. WILLKE (1987) S. 4 ("Der funktional-strukturelle Ansatz"):"Systeme stabilisieren mithin eine Differenz zwischen sich und der Umwelt, zwischen Innen und Außen; sie bilden ein sinnhaftes, symbolisch vermitteltes Regulativ zwischen anfallender und jeweils verarbeitbarer Komplexität. (...) Systeme haben überhaupt nur ihren Sinn durch die Abgrenzung von einer nicht-dazugehörigen Umwelt. Der Systembegriff dieser entwickelten Systemtheorie meint nicht mehr nur ein Netz von Beziehungen, die Teile zu einem Ganzen zusammenordnen; sondern er zielt auf eine sinnhaft strukturierte Transformation von Komplexitäten, auf die Auseinandersetzung des Systems mit seiner Umwelt."

175  Vgl. SCHREYÖGG (1984) S. 248f., HASSELBERG (1989) S. 48ff., STEINMANN/SCHREYÖGG (1990) S. 109f.

176  LUHMANN (1988a) S. 47.

177  STEINMANN/SCHREYÖGG (1986) S. 747 (H.i.O.).

nachgeordneten, an fertige Planungen angeschlossenen Prüfverfahrens heraus und begleitet den *gesamten* Planungs- und Realisierungsprozeß quasi als Alarmsystem *von Anfang an.*[178] Unternehmenssteuerung darf sich also nicht nur auf Planung und deren Implemetation beschränken, sondern braucht zudem ständiges (strategie-)kritisches Risikobewußtsein gegenüber potentiellen Überraschungen, offene Kommunikationskultur und grundsätzliche Revisionsbereitschaft *im Spannungsfeld zwischen Komplexität, Selektion, Risiko und Kompensation*[179].

In Konsequenz des systemtheoretischen Bezugsrahmens konzipieren STEINMANN und SCHREYÖGG ein *dreiteiliges System "Strategischer Kontrolle"*, das durch seine Funktion der Risikokompensation für die Planung von der Intention her nicht-selektiv, d.h. also offen und ungerichtet sein soll: Neben den zur Ausnutzung von Spezialisierungsvorteilen ausdifferenzierten Kontrollaktivitäten *"Durchführungskontrolle"* (Überprüfung der Strategievalidität anhand strategischer Zwischenziele oder "Meilensteine"; eigentlich operativ, jedoch zu strategischen Steuerungszwecken eingesetzt) und *"Prämissenkontrolle"* (Überwachung der gesetzten Prämissen auf ihre weitere Gültigkeit), die beide zwar zur Planung kompensierend, selbst aber noch gerichtet und somit selektiv seien, müsse der Schwerpunkt auf einer nichtselektiven und globalen *"Strategischen Überwachung"* der Unternehmensumwelt im Sinne einer ungerichteten Beobachtungsaktivität liegen.[180] STEINMANN und SCHREYÖGG sprechen in diesen Zusammenhang (in Anlehnung an LUHMANN) von einer *"Umkehrung der Kontrollogik"*: "die potentielle Bestandsdrohung [wird] zum *Maßstab*, an dem die Bewährung der gewählten Strategie gemessen wird. Insofern dient hier das Unbestimmtere als 'Maßstab' des Bestimmteren."[181] Dies bedeutet in Konsequenz die Forderung nach einem ständigen validitätskritischen Bewußtsein für die Beurteilung einer Strategie anhand der ihr zugrundeliegenden Reduktionsleistung gegenüber der Umwelt.

Diese Konzeption der System/Umwelt-Theorie wird von STEINMANN, SCHREYÖGG et al. als *Spannungsfeld von "Innovation" (Umweltbezug) und "Routine" (Objektorientierung)* in

---

178  SCHREYÖGG/STEINMANN (1985) S. 397 (H.i.O.). Vgl. STEINMANN/SCHREYÖGG/THIEM (1989) S. 22, HASSELBERG (1989) S. 55ff., LUHMANN (1973) S. 325.

179  Vgl. SCHREYÖGG/STEINMANN (1985) S. 396f.; STEINMANN/SCHREYÖGG (1986) S. 748; STEINMANN/HASSELBERG (1988) S. 1316f.; STEINMANN/SCHREYÖGG/THIEM (1989) S. 21f.

180  Vgl. SCHREYÖGG/STEINMANN (1985) S. 401ff., STEINMANN/SCHREYÖGG (1986) S. 749f., SCHREYÖGG/STEINMANN (1987) S. 94ff.

181  STEINMANN/SCHREYÖGG (1986) S. 750, in Anlehnung an LUHMANN (1973) S. 325f.: "Die Kontrolle dient gleichsam als kritisches Gewissen der Absorbtion von Komplexität. (...) Die Festlegung der Systemzwecke [d.i. die Strategiewahl] kann (...) am Bestandsproblem kontrolliert werden. Dabei muß das Unbestimmtere zum Maßstab des Bestimmteren gemacht werden. Diese Auffassung stellt die herkömmliche Kontrollidee auf den Kopf."

einer strategieorientierten Rekonstruktion des klassischen Führungsmechanismus "Managementprozeß" umgesetzt.

## b) Der strategische Managementprozeß im Spannungsfeld von Innovation und Routine

In der Weiterführung des Gedankens einer Strategischen Kontrolle liegt es, das Primat der Planung nicht nur bezüglich der Kontrolle in Frage zu stellen, sondern *das Spannungsfeld von Strategieformulierung/-revision ("Innovation")*, als effektive Planung unter ständiger strategischer Überwachung, *und Strategieimplementation ("Routine")*, als effiziente Umsetzung der formulierten Pläne bzw. Strategie, *in jeder Managementfunktion zu verankern*, diese also mit *eigenständigen strategischen (Um-)Steuerungs- und Wachsamkeitspotentialen* auszustatten. STEINMANN/HASSELBERG verweisen dazu auf diesbezügliche Entwicklungen in der Managementliteratur:[182]

-   So fordere z.B. die Organisationstheorie für die Managementfunktion *"Organisation"* in turbulenter Umwelt, die infolge zu häufiger Revisionsnotwendigkeit Planung überhaupt in Frage stelle, *"adaptive, hochflexible Organisationsstrukturen"*, die *als komplexe, differenzierte Gebilde mit vielen spezialisierten und lose verkoppelten Teilen* ihre Handlungen nur ad hoc wechselseitig abstimmten.[183]

-   Im Rahmen einer *"Strategischen Personalführung"* werde ein strategisches Steuerungspotential thematisiert als *Schaffung strategiekritischer und -innovativer Potentiale durch Förderung strategischen Denkens bzw. strategischer Wachsamkeit der Mitarbeiter* mittels strategieorientierter Persönlichkeitsentwicklung (Lernbereitschaft, Kreativität, Kritikfähigkeit und -bereitschaft, Zukunftsorientierung) und Anreizsysteme; die traditionelle auf Planimplementierung bezogene Personalführung erweise sich zunehmend als dysfunktional für Belange strategischer Flexibilität.[184]

-   Schließlich müsse die Managementfunktion *"Führung"* (oder *"Leitung"*) im Sinne eines *"Spielmachers"*[185] für eine *situationsgerechte Aktivierung der strategiekritischen Poten-*

---

[182]    Siehe zu "neuen Entwicklungen in der Managementliteratur" STEINMANN/HASSELBERG (1988) S. 1309ff., STEINMANN/WALTER (1989) S. 1f., 11ff..

[183]    Vgl. SCHREYÖGG/STEINMANN (1985) S. 397 ("Ambiguität und Organisation"), STEINMANN/ WALTER (1989) S. 12 oder STEINMANN/KLAUS (1986) S. 160f. ("Unternehmensteuerung als flexible Anpassung an Umweltänderungen"). Siehe dazu auch MALIK (1984) S. 76ff.

[184]    Ausführlich in STEINMANN(SCHREYÖGG/THIEM (1989), STEINMANN/WALTER (1989) S. 13.

[185]    Zum "Spielmacher-Ansatz" siehe HOHL/KNICKER (1987) und REICHART (1989) S. 383-396.

*tiale* sorgen, also zwischen der Notwendigkeit von Strategieimplementation einerseits und kritischer Reflektion der bisherigen Strategie andererseits entscheiden.

STEINMANN/HASSELBERG formulieren aus diesen Ansätzen einen "*Strategischen Managementprozeß*" mit drei Teilsystemen: dem "*Planungssystem*" zur Strategiegenerierung, d.h. zur Formulierung einer strategischen Handlungsorientierung (Festlegung der Geschäftsfelderportfolios, der Wettbewerbsstrategien für diese und einer Grobplanung strategischer Maßnahmen), dem "*Durchführungssystem*" als effizientem Vollzug der im Planungssystem festgelegten Handlungsorientierung (operatives Management: strategieadäquate Mittelwahlen) und dem "*Sicherungssystem*" als laufender Überwachung einer Revisionsnotwendigkeit der im Planungssystem formulierten Strategie nach dem Effektivitätskriterium (zur langfristigen Sicherung des Erfolgspotentials und damit des Bestandes der Unternehmung). Im *zentralen Spannungsfeld des strategischen Managementprozesses zwischen "Innovation" und "Routine"* übernimmt das Durchführungssystem die Aufgaben der Routine (Implementation und Konkretion), quasi als "Schließung" des Prozesses, während auf der Innovationsseite das Sicherungssystem für "Öffnung" des Prozesses durch Reflexion und Kompensation der durch das Planungssystem getroffenen Selektion und Abstraktion sorgt.[186] Die klassische Steuerungslösung (Planung und Umsetzung), bei STEINMANN/KUSTERMANN als "tayloristisches Managementmodell" bezeichnet, muß also um das Sicherungssystem als (strategie-)kritischer Komponente der Kompensation erweitert werden zu den "*drei generischen Grundoperationen*" der *Unternehmenssteuerung "Selektion", "Konkretion" und "Reflexion".*[187] Es bleibt die Frage, wie diese Spannungsfeld zwischen Selektion/Implementation und Reflexion/Kompensation konkret umzusetzen ist.

---

[186]   Vgl. STEINMANN/HASSELBERG (1988) S. 1312ff., STEINMANN/SCHREYÖGG/THIEM (1989)
        S. 22ff. (auf S. 24 eine gute Darstellung der Konzeption), HASSELBERG (1989) S. 95ff., STEINMANN/
        SCHREYÖGG (1990) S. 116ff.

[187]   Vgl. STEINMANN/KUSTERMANN (1996) S. 4f. ("Die Steuerungsaufgabe der Unternehmensführung").

**Abb. 10: Der strategische Managementprozeß nach STEINMANN et al.**

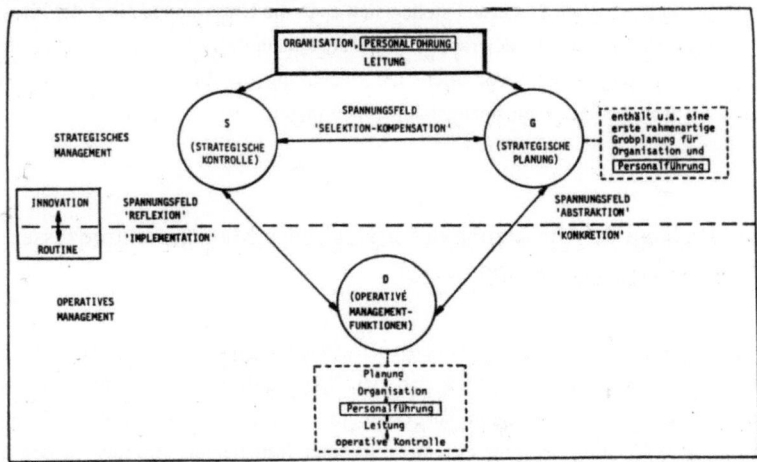

Quelle: STEINMANN, Horst/HASSELBERG, Frank: Der strategische Managementprozeß - Vorüberlegungen für eine Neuorientierung, ZfB 58 (1988) 12, S. 1308-1322, S. 1313.

Quelle: STEINMANN, Horst/SCHREYÖGG, Georg/THIEM, Jürgen: Strategische Personalführung - Inhaltliche Ansatzpunkte und Überlegungen zu einem konzeptionellen Bezugsrahmen, Lehrstuhl für Allgemeine Betriebswirtschaftslehre und Unternehmensführung der Universität Erlangen-Nürnberg (Diskussionsbeiträge Heft 49), Nürnberg 1989, S. 24.

Die in diesem Zusammenhang bisher verwendete Bezeichnung "*System*" ist hier für die Belange des strategischen Managements allerdings noch zwiespältig gebraucht und reflektiert eine weit verbreitete Unsicherheit und Unklarheit in der Verwendung des Systembegriffes. Offenkundig handelt es sich hier um "*Aufgaben(-komplexe)*" und damit um "*Handlungen*" oder konkreter Handlungs-"*Erwartungen*", die im Systembegriff (analog zu "*Handlungssystem*"-Definitionen bei PARSONS oder LUHMANN, in Abschnitt C. noch genauer zu klären) zu Strukturierungs- bzw. Systematisierungszwecken zusammengefaßt und als "*Funktion*", "*Aufgabe*" oder "*Rolle*" unabhängig von der konkreten Person definiert und beschrieben werden.[188] In der betrieblichen Organisationslösung können solche Handlungssysteme durchaus formal verfestigten Charakter (im Sinne einer "Stelle" oder "Abteilung") annehmen. In dieser vordergründigen Abstraktion von der Person, dem Handelnden bzw. Akteur dokumentiert sich anschaulich das von der neueren Systemtheorie und insbesondere bei LUHMANN übernommene *unklare Verhältnis von System, Handlung und Person*. Der Begriff "System" wird später bei STEINMANN et al. zugunsten der auf die Person und Handlung bezogenen Begriffe "Funktionen" oder "Aufgaben" aufgegeben. Das Spannungsverhältnis von System und Akteur und damit von System- und Handlungstheorie muß im Rahmen einer integrierten Systemtheorie geklärt werden (siehe Abschnitt C., insb. C.IV.).

Mit dem Übergang von der "geschlossenen" kybernetischen zur "offenen" umweltorientierten bzw. komplexitätskritischen Steuerung stellen sich auch die Umsetzungsmittel der klassischen direkten Steuerung, "Zentrale", "Hierarchie" und "Anweisung"/"Befehl", als überholt dar. Das Strategische Management muß vor allem die Bedeutung der Begriffe "Organisation" und "Person" im systemtheoretischen Bezugsrahmen neu fassen.

## 2.    Zum Problem der Umsetzung des strategischen Managementprozesses zwischen Organisation und Person

Die *organisatorische Umsetzung des kritischen Spannungsfeldes von Implementation und Reflexion* bleibt problematisch, da es sich bei "Organisation" im wesentlichen um eine "schließende" Ordnung von Regeln zur Festlegung der Aufgabenverteilung, Kompetenzabgrenzung und Weisungsbefugnis etc. in Form einer festgelegten Struktur für den arbeits-

---

[188]  Vgl. STEINMANN/SCHREYÖGG (1990) S. 7 ("Management ist ein Komplex von Steuerungsaufgaben (...). Sie werden in der Regel von speziell dazu bestellten Personen erfüllt, den Führungskräften"). Zur Differenzierung von "Rolle", "Aufgabe" und "Management" vgl. auch KNYPHAUSEN-AUFSESS (1995) S. 300ff.

teiligen Vollzug der betrieblichen Aktivitäten handelt. Diese Regeln sind zunächst generell auf die Implementation einer getroffenen (Strategie-)Entscheidung hin ausgelegt; sie stehen damit per se in Widerspruch zum kritischen Anliegen, die Validität dieser generellen Festlegungen ständig infragezustellen.[189]

Dennoch wird gerade "Organisation" als Mittel betrachtet, durch hochflexible, adaptive Organisationsstrukturen ein Höchstmaß an Komplexität und Unsicherheit der Umwelt zu bewältigen.[190] So favorisiert die "systemisch-evolutionäre" Weiterentwicklung des St.-Galler systemorientierten Managements Organisation (auch Selbstorganisation) als evolutionäres Steuerungsinstrument unter der Prämisse der Komplexitätsbeherrschung.[191] Im Bezug auf spontane, nicht-intendierte Ordnungsbildungen steht dieser Ansatz aber zu stark in der Tendenz einer ad-hoc-Steuerung und bietet deshalb wenig für ein validitätskritisches Spannungsfeld von Selektion und Reflexion.[192] Zudem ist der Ansatz des "evolutionären Managements" teilweise zu stark von der These einer physischen Existenz und Handlungsfähigkeit eines Systems geprägt, welche im Widerspruch zu der hier verfolgten Konzeption einer System/Umwelt-Theorie stünde. Statt dessen muß auf dezentrale Organisationslösungen unter Binnenkomplexität und indirekter Prozeßsteuerung sowie auf das (strategie-)kritische Potential der Person als autonomem Handlungs- und Entscheidungsträger im Spannungsfeld von System bzw. Organisation und Umwelt zurückgegriffen werden.

## a)  Binnenkomplexität und indirekte Prozeßsteuerung

Um effektive Steuerung durch angemessene Komplexitätsverarbeitung zu ermöglichen, muß die Organisation entsprechende, systemtheoretisch beschreibbare Gestaltungsanforderungen erfüllen: "Organisieren heißt im wesentlichen *arbeitsteilige Binnendifferenzierung in Subsysteme* einschließlich einer entsprechenden Zuweisung von Entscheidungen (...) sowie die

---

189  Vgl. SCHREYÖGG/STEINMANN (1987) S. 99 ("From a systems-level point of view, strategic control implies questioning long standing operating procedures, traditional values, and norms, and even violating dogmas and taboos. (...) *In short, organizations must be prepared to doubt their own culture.*"), STEINMANN/SCHREYÖGG (1989) S. 357ff.

190  Vgl. SCHREYÖGG/STEINMANN (1985) S. 397, STEINMANN/KLAUS (1986) S. 160f., SCHREYÖGG (1984) S. 252: "Organisation, also Struktur, erwies sich aber als das Mittel schlechthin, um Umweltkomplexität (und in Folge davon Eigenkomplexität) bearbeitbar zu machen."

191  Vgl. MALIK (1984) S. 76ff., unter Bezugnahme auf ein "Modell des lebensfähigen Systems".

192  Eine interessante Abgrenzung des Strategischen Managements von der "Theorie selbstorganisierender Systeme" formuliert SCHREYÖGG (1991) S. 21f. Dort heißt es, "Selbstorganisation" sei die Negation von Handlung und intendierter Gestaltung und damit die Negation von Betriebswirtschaftslehre in praktischer Absicht. In der Tendenz bestünden jedoch Analogien mit Merkmalen der Binnenkomplexität von Systemen. Zu den weiteren Einschränkungen der Verwendbarkeit des "systemisch-evolutionären Managementansatzes" von MALIK et al. vgl. KNYPHAUSEN (1991) S. 49ff.

Regelung ihrer Koordination (...), d.h. an die Stelle einer Entscheidungs- und Handlungseinheit treten Entscheidungen einer Vielzahl von Personen und Subsystemen, die miteinander in vielfältigen, nicht linear abbildbaren Beziehungen stehen."[193] Damit sind die wesentlichen Elemente einer komplexitätsorientierten Organisationslösung angesprochen: *"Binnendifferenzierung"*, *"Autonomie"* und *"Integration"* als *dezentrale und indirekte Koordination der Subsysteme bzw. Personen.*

(1) *Systemdifferenzierung, Autonomie und Binnenkomplexität*: Die moderne Systemtheorie und insbesondere der Ansatz von LUHMANN fordern nach STEINMANN/SCHREYÖGG im Rahmen einer *dezentralen Organisationslösung* Initiative, Mitdenken und kritische Verantwortung der einzelnen "Periphereinheiten" (wobei zunächst offen bleibt, ob es sich hierbei um "Subsysteme" oder letztlich um "Personen" handelt):

> "Im Gegensatz zur klassischen Organisationslehre geht die Systemtheorie davon aus, daß komplexe Organisationen in horizontaler und vertikaler Hinsicht eine Vielzahl von teil-autonomen Subsystemen aufweisen (...) Die Subsysteme sind dabei nicht als strukturgleiche Reproduktionen des Gesamtsystems zu begreifen, sondern als Einheiten, die mit einer je spezifischen Struktur zur Steigerung der gesamten Komplexitätsverarbeitungskapazität ausgestattet sind."[194]

STEINMANN/SCHREYÖGG bezeichnen die *"System-"* oder *"Binnendifferenzierung"* als eine Strukturierungsform, die die Gesamtsteuerung eines Systems durch Bildung funktional differenzierter Subsysteme mit (Teil-)Autonomie und eigenständigem Komplexitätsverarbeitungspotential auf der Basis einer internen, im System fortgeführten System/Umwelt-Differenzierung entlasten bzw. die Komplexitätsverarbeitungskapazität des Gesamtsystems erhöhen könne.[195] Dem liegt der Gedanke der neueren soziologischen Systemtheorie zugrunde, daß nur ausreichende (System-)Komplexität von (Umwelt-)Komplexität adäquat reduzieren bzw. verarbeiten könne.[196] Für die Organisationslösung bedeutet dies einerseits "Ordnung" durch generelle Regelung der Koordination bzw. Kooperationsanschlüsse, andererseits aber gleichzeitige "Unordnung" durch weitestgehende Autonomie, d.h. Handlungs- und Orientierungsfreiheit, der Subsysteme bzw. Organisationsmitglieder. Nach LUHMANN bedeute *"Systemdifferen-*

---

[193]  SCHREYÖGG (1984) S. 252f. (H.v.V.).

[194]  STEINMANN/SCHREYÖGG (1986) S. 753 ("Die 'organische' Lösung").

[195]  Vgl. STEINMANN/SCHREYÖGG (1990) S. 112f. ("Subsysteme bilden (auf der Basis einer internen System/Umwelt-Differenz) eine eigene Identität aus, die sich von der Identität des Gesamtsystems unterscheidet. (...) Das Supersystem kann mehr Komplexität verarbeiten, wenn es intern zwar verbundene, aber gegeneinander verschobene Zweck- und Selektionsperspektiven zuläßt. Jedes Teilsystem übernimmt gewissermaßen einen Teil der Umweltkomplexität, es spezialisiert sich auf die eigene Problemdefinition der Bestandbewahrung."), LUHMANN (1973) S. 271 ("(...) kommt die Reduktion von Komplexität dadurch zustande, daß das System bzw. seine Leitung die Untersysteme als Leistungseinheiten behandeln kann, deren Innenabläufe sie nicht vollständig zu kennen bzw. mitzuplanen braucht.").

[196]  Vgl. STEINMANN/SCHREYÖGG (1990) S. 111: "Die Reduktion von Komplexität setzt ein hinreichendes Maß an Differenziertheit bezüglich des Problemfassungsvermögens voraus". Die Bemerkung zur "Lebensfähigkeit" verweist auf den Irrweg der Annahme einer physischen Existenz sozialer Systeme bzw. den des "lebensfähigen Systems", wie z.B. bei ULRICH/PROBST (1988).

*zierung"* nichts anderes als die Wiederaufnahme der "alten systemischen Differenz von Teil und Ganzem" unter dem Gesichtspunkt der Komplexitätsreduktion, im Sinne einer Wiederholung der Systembildung innerhalb von Systemen: "Das Gesamtsystem gewinnt damit die Funktion einer 'internen Umwelt' für die Teilsysteme (...). Deshalb ist die Systemdifferenzierung ein Verfahren der Steigerung von Komplexität"[197]. So wird paradoxerweise gesteigerte Binnenkomplexität als notwendig für adäquate Komplexitätsreduktion und -verarbeitung angesehen.

Diese Binnenkomplexität muß im Hinblick auf eine Gesamtsteuerung des Systems wieder koordiniert, d.h. die autonomen Subsysteme müssen auf die Zwecke/Ziele des Gesamtsystems hin *"integriert"* werden[198], denn

> "(...) die Ausdifferenzierung des Systems erhöht zwar seine Komplexitätsverarbeitungsfähigkeit, erhöht aber auch die Binnenkomplexität des Gesamtsystems und erfordert spezielle Maßnahmen zur Reduktion der Binnenkomplexität. Diese *Integrationsmaßnahmen* (...) sind eher im Sinne einer elastischen Koppelung zu verstehen. (...) Die Subsystembildung findet ja in der spezialisierten und relativ selbständigen Problembearbeitung ihren Sinn. Die Gesamtsteuerung eines Systems (...) muß sich dem (unumgänglichen) Schema der Systemdifferenzierung beugen, sie ist sinnvoll nur im Sinne einer *globalen Vorsteuerung* vorstellbar."[199]

Steuerung muß in diesem Sinne konzipiert werden als Integration und Koordination der verschiedenen autonomen Komplexitätsverarbeitungspotentiale und der daraus resultierenden Handlungen, ohne jedoch die Autonomie der einzelnen Subsysteme nach der Art der von uns als "mechanistisch-instrumental" bezeichneten direkten Steuerung einzuschränken; Steuerung muß also notwendigerweise *indirekt* wirken.

*(2) Integration über selbstreferentielle Abstimmung und indirekte Prozeßsteuerung:* STEINMANN und SCHREYÖGG schlagen für eine Umsetzung dieses indirekten Integrations- und Koordinationsprozesses wiederum einen Rückgriff auf die Systemtheorie LUHMANNs vor:

> "Entscheidend ist die *Idee selbstreferentieller Systeme.* Damit ist gemeint, daß der autonome Teil der Subsysteme (der durch Anlagerung von Komplexität entstanden ist) seine Rolle im Gesamtsystem nicht mehr exakt vorgeschrieben bekommen kann, sondern den *Anschluß* im betrieblichen Handlungszusammenhang durch die eigenständige Besinnung auf seine Funktion für das Ganze und seine Leistung für die anderen Subsysteme *selbst finden* muß. Auf diese reflexive Weise kann das Gesamtsystem ein sehr viel größeres Informationsvolumen ohne Informationsüberladung bewältigen als es eine durchregulierte Hierarchie jemals vermöchte."[200]

Die Bezeichnung "selbstreferentielles System" stellt hier im Unterschied zu anderen Definitio-

---

[197]   LUHMANN (1988a) S. 37f. Zum Aspekt der "Komplexitätsproduktion" vgl. KNYPHAUSEN-AUFSESS (1995) S. 333ff.

[198]   HASSELBERG (1989) S. 50f. spricht in diesem Zusammenhang, unter Verweis auf LUHMANN (1973) S. 143f., von einer Umdeutung der "Bestandsformel" in "Zweckformeln" durch die Systemtheorie.

[199]   STEINMANN/SCHREYÖGG (1990) S. 113 (H.v.V.).

[200]   STEINMANN/SCHREYÖGG (1986) S. 756 (H.i.O.). Vgl. auch SCHREYÖGG (1984) S. 250f.

nen (z.B. bei LUHMANN[201]) vor allem auf die *"selbstreferentielle Abstimmung"*, d.h. die *"reflexive"* eigenständige Besinnung auf den eigenen Beitrag ("Funktion" bzw. "Leistung") und damit auf die eigenen Identität im Verhältnis zum Umsystem ab; dies steht im Gegensatz zur direkten hierarchischen Steuerung, bei welcher ein nachgeordnetes Element seine genau definierte Identität und seinen Beitrag nur nach seiner spezifischen Funktion in der Steuerungskette zugewiesen bekommt. Genau dieser Aspekt stellt den Bezug zum integriert-systemtheoretischen Bezugsrahmen her: *Um seine Identität und seinen Beitrag zum Gesamtsystem (Objekt) selbst zu bestimmen, muß das Subsystem bzw. die Person (Subjekt) seine Umwelt autonom erfassen bzw. verarbeiten (Erleben, Komplexitätsreduktion, Rekonstruktion) und die eigene (Handlungs-)Orientierung auf die Koordination durch das Gesamtsystem ausrichten (Integration und Selbststeuerung).* Man beachte die Ähnlichkeit dieser selbstreferentiellen Abstimmung mit der von MALIK/PROBST im Rahmen systemisch-evolutionären Managements formulierten "indirekten" Grundform der Koordination (alternativ zur "direkten" hierarchischen Befehlsstruktur), der "Selbstkoordination im Rahmen eines polyzentrischen Systems durch wechselseitige, antizipierende Anpassung und Modifikation des Verhaltens der beteiligten Personen oder Gruppen respektive der Systemelemente."[202]

An dieser Stelle muß nochmals auf den *unscharfen Charakter der Bezeichnung "Subsysteme"* hingewiesen werden. Schon bei LUHMANN fehlt eine eindeutige Stellungnahme bzw. Abgrenzung der Begriffe "Handlungssystem", "soziales System", "selbstreferentielles System" und "personales System" bzw. "Person". Es bleibt vor allem vor dem Hintergrund "selbstreferentieller Geschlossenheit" unklar, wie weit ein soziales System als physisch real anzusehen ist.[203] Im Konzept der "Interpenetration" (vgl. Kap. C.IV.1.) geht LUHMANN von einer Differenz von System und Person aus;[204] in diesem Sinne sehen STEINMANN/SCHREY-ÖGG die "Person" als autonomes Subsystem mit eigenständigem Komplexitätsverarbeitungspotential als das Hauptelement für die Anlagerung von Unordnung an:

> "Dies geschieht etwa über die Penetration (oder Interpenetration) von Systemen. Penetration liegt z.B. vor, wenn eine Person mit eigenständigen Erfahrungen und Vorstellungen in ein System (Unternehmung, Abteilung etc.) eintritt und diese Eigenständigkeit nicht vollständig [instrumentell-mechanistisch, d. Verf.] mit der definierten Rolle verschmilzt, so daß die Person relativ zum aufnehmenden System ein eigenes System bleibt. Auf diese Weise wird gewissermaßen 'Unordnung'

---

201  Siehe zur Definition von "Selbstreferenz" und "selbstreferentiellen Systemen" LUHMANN (1988a) S. 24ff. bzw. 57ff. Diese verwirrenden Aussagen müssen an anderer Stelle untersucht und bewertet werden.

202  MALIK/PROBST (1981) S. 127 ("Ein polyzentrisches System ist in der Lage, wesentlich mehr Informationen zu verarbeiten und eine grössere Zahl von Beziehungen wechselseitig zu adjustieren als die andere Systemart.").

203  Vgl. LUHMANN (1988a) S. 51: "Die Systemtheorie (...) hat daher keine Verwendung für den Subjektbegriff. Sie ersetzt ihn durch den Begriff des selbstreferentiellen Systems." Und ebd. S. 30: "Der Systembegriff bezeichnet also etwas, was wirklich ein System ist (...) den Weg über die Analyse realer Systeme der wirklichen Welt."

204  Siehe LUHMANN (1988a) S. 286ff. ("Interpenetration").

(Anlagerung von Komplexität) in das aufnehmende System gebracht. (...) Damit wird auch klar, daß der Aufbau eines Sensoriums für Überraschungen notwendig eine Differenz von Rolle (geplante organisatorische Rolle) und Person (Komplexität des Subsystems) voraussetzt."[205]

Komplexitätsorientierte autonome Selbstabstimmung, wie sie im Bild "selbstreferentieller Koppelung" zum Ausdruck kommt, unterliegt permanent der *Gefahr totaler Verselbständigung der Subsysteme* und einer damit letztlich verbundenen *Auflösung des Gesamtsystems*.

Für komplexitätsorientierte indirekte Steuerung ist einerseits eine Differenz von System und Person unerläßlich, wie sie ihren Ausdruck in Integration und autonomer Selbstabstimmung findet; andererseits muß der systemdefinierte Beitrag, die Aufgabe, Funktion oder Rolle der Person, für die Koordinations- und Steuerungswirksamkeit von sozialen bzw. Handlungssystemen berücksichtigt werden. In der Gewährleistung und Beförderung der Integration bzw. autonomen Selbstabstimmung sehen STEINMANN/SCHREYÖGG die *Rolle des Gesamtsystems bzw. der Gesamtsteuerung*:

"Obwohl eine *direkte* Zentralsteuerung, wie erläutert, nicht sinnvoll ist, fällt der Gesamtsteuerung dennoch eine wichtige Aufgabe zu, nämlich auf *indirektem* Wege die *Möglichkeit* der Selbstreferenz zu gewährleisten und ihre Funktionsfähigkeit zu fördern. An die Stelle der materiellen tritt also eine Prozeßsteuerung. Was die *Möglichkeit* anbetrifft, so geht es darum, einen allgemeinen Rahmen zu schaffen, der Raum für selbstreferentielle Prozesse läßt. (...)
(...) Hier ist zu betonen, daß die Subsysteme füreinander *interne* Umwelt sind und jedes Subsystem deshalb darauf angewiesen ist, daß die anderen Subsysteme so verhalten, daß sie ihm ein Handeln ermöglichen. So gesehen übt also die interne Umwelt für jedes Subsystem eine wichtige soziale Korrekturfunktion aus (...). Die zentrale Steuerung kann diese Korrekturfunktion unterstützen durch eine entsprechende Gestaltung der internen Umwelt".[206]

Diese auch als "*indirekte Prozeßsteuerung*" bezeichnete Gesamtsteuerung hat eine Integration und Koordination über Abgleichung bzw. Angleichung der autonom-erlebend, d.h. selbstreferentiell, gebildeten subsystemspezifischen Handlungsorientierungen zu ermöglichen bzw. zu fördern. SCHREYÖGG bezeichnet diese indirekte Prozeßsteuerungsaufgabe als "Grob-Koordination"; sie umfasse die Festlegung von Funktions- bzw. strategische Rationalitätskriterien, Prioritätsregeln für die Informationsaufnahme und -verarbeitung sowie formale Bewertungskriterien als "Spielregeln".[207] Für WILLKE stellt sie eine "Anleitung zur Selbststeuerung"

---

[205]  STEINMANN/SCHREYÖGG (1986) S. 753. Bei LUHMANN (1988a) S. 290: "Dies [Penetration bzw. Interpenetration] gilt besonders eklatant im Verhältnis von Menschen und sozialen Systemen."

[206]  STEINMANN/SCHREYÖGG (1986) S. 756f. (H.i.O.). Vgl. SCHREYÖGG (1984) S. 258.

[207]  Vgl. SCHREYÖGG (1984) S. 268f. ("Die Aufgabe der Unternehmensleitung stellt sich - jedenfalls in wesentlichen Teilen - als eine Prozeßsteuerungsaufgabe dar und zwar vorrangig indirekt und nicht in Form direkter konkreter Handlungsanweisung."), SCHREYÖGG (1987a) S. 155ff. (S. 156: "Ihre Steuerungskraft entfaltet (...) die Unternehmensleitung als eine Steuerungsinstanz, die einen wesentlichenTeil ihrer Ziele auf *indirektem* Wege erreicht, indem sie nämlich die Funktionskriterien der Subsysteme festlegt." H.i.O.), STEINMANN/SCHREYÖGG/THIEM (1989) S.18ff. Man vergleiche diese These mit der Definition "Strategischem Managements" von MALIK (1984) S. 180ff. in der Betonung von "(Spiel-)Regeln" und ihrer Erzeugung auf der "Metaebene".

dar.[208] Der Ansatz der indirekten Kontext- oder Prozeßsteuerung soll an dieser Stelle inhaltlich nicht weiter vertieft werden (siehe Abschnitt D.II.); wesentlich ist an dieser seine Bedeutung zur Umsetzung strategiekritischer Steuerung im Rahmen des Strategischen Managements.

## b) Die Person als Träger kritischer Steuerung

Die komplexitäts- und kompensationsorientierten Erkenntnisse der System/Umwelt-Theorie als Organisations- und Steuerungsparadigma führen mit der Forderung nach bewußter Differenz von Person und System sowie ständigem Bewußtsein der Selektivität jeglichen Umweltbezuges angesichts von Komplexität und Kontingenz zum Problem der Umsetzung der Kernforderung Strategischer Kontrolle (wie Strategischen Managements) nach ständiger kritischer Überwachung der Gültigkeit der getroffenen Selektionen und ihrer Prämissen. STEINMANN und HASSELBERG fordern für die nicht-selektive Umsetzung der Strategischen Überwachung explizit "allgemeine strategische Wachsamkeit der Organisationsmitglieder als ganze Personen":

> "In dieser ihrer Funktion ist die strategische Überwachung nicht im Sinne einer klassischen Aufgabenbeschreibung inhaltlich spezifizierbar. Sie ist vielmehr auf die allgemeine strategische Wachsamkeit aller Organisationsmitglieder - Mitarbeiter und Vorgesetzte - verwiesen, und zwar nicht als Träger selektierter Aufgabeninhalte wie im Durchführungssystem, sondern als 'ganze Personen'. Die strategische Überwachung wird also nur insoweit funktionsfähig sein, wie es gelingt, in der Unternehmung *strategische Aufmerksamkeitspotentiale bei den Mitarbeitern* zu schaffen."[209]

Hier wird explizit im Widerspruch zum LUHMANNschen Verständnis des Verhältnisses von "Handlungssystem" und "Subjekt" (vgl. Kap. C.IV.1.) die *ganze Person* als Handlungsträger, insbesondere als Träger des kritischen Potentials, der kritischen Sensibilität, und somit der Strategischen Kontrolle bezeichnet. Die Ambivalenz des zentralen Spannungsfeldes zwischen Innovation und Routine (bzw. Implementation und Reflexion, Selektion und Kompensation) muß sich als Auseinandersetzung zwischen System und Umwelt in jeder Funktion (Handlung, Selektion) widerspiegeln; die Frage eines kritischen Bewußtseins ist (im Gegensatz zu LUHMANN) letztlich erst in der Person des Mitarbeiters als Orientierungs-, Handlungs- und Entscheidungsträger, d.h. als Subjekt und Akteur, aufzulösen[210] und führt direkt zur Notwendig-

---

[208] Vgl. WILLKE (1989) S. 130. KNYPHAUSEN (1991) S. 56 interpretiert das "Spannungsfeld von Selbstorganisation und Führung" als "erste Ansätze zu einer 'evolutionären' Führungskonzeption (...), die die Selbstorganisationsleistungen sozialer Systeme bestehen lässt und nutzt und doch gleichzeitig einen Einfluss auf die Entwicklung zu nehmen versucht."

[209] STEINMANN/HASSELBERG (1988) S. 1315 (H.i.O.).

[210] Vgl. dazu MAUL (1993) S. 720f.: "Das systemorientierte strategische Führungsverhalten rechnet deshalb mit komplexen Verhältnissen und versucht, überraschende Verzweigungen oder unordentliche, chaotische Prozesse so zu handhaben, daß es an ihnen nicht scheitert. Dies erfordert jedoch eine kognitive Kompetenz,

keit eines integriert-systemtheoretischen Bezugsrahmens. Gerade die Thematisierung dieses jenseits der autonomen Person nicht weiter auflösbaren kritischen Spannungsfeldes von "Schließung" und "Öffnung" stellt einen wesentlichen Fortschritt der umwelt- bzw. komplexitätskritischen strategischen Steuerung gegenüber der klassischen instrumentalen Umsetzung von Planung dar, bei gleichzeitig größten Schwierigkeiten einer praktischen organisatorische Umsetzung.

Um dieses zentrale (strategie-)kritische Bewußtsein und dessen Aktivierung herum haben Leitung, Personalführung und Organisation ihre strategische Funktion: SCHREYÖGG und STEINMANN betonen als zur "Durchführung der Strategischen Kontrolle" gehörige allgemeine personelle und organisationale Maßnahmen vor allem: Sensoren zur Nutzung unterschiedlicher Erfahrungsbereiche und Wahrnehmungsqualitäten; undogmatisches und unvoreingenommenes Klima der Informationsaufnahme, -verarbeitung und -weitergabe; Erhöhung der strategischen Wachsamkeit zur Förderung ungerichteter Überwachungstätigkeit.[211]

(1) Der Sachverhalt der Unauflösbarkeit des (strategie-)kritischen Potentials zeigt sich besonders beispielhaft in der *"Spielmacherrolle"* im Rahmen der Führungsfunktion *Leitung*:

"In der so erweiterten Vorgesetztenrolle spiegelt sich (...) das Spannungsverhältnis von Strategierealisierung und allfälliger Strategierevision wider (...). Dieses Spannungsverhältnis situationsgerecht im Sinne einer 'Schließung' von Rollen (Strategierealisierung) bzw. *'Öffnung'* von Rollen (Strategierevision) aufzulösen - dieser Kerngedanke der Spielmacherrolle (...) verweist zugleich auf das eigenständige strategische Steuerungspotential der Führungsfunktion Leitung"[212].

"So gesehen ist in der Spielmacherrolle die 'Überbrückung' des Dilemmas von Innovation und Routine als Option zur Öffnung/Schließung angelegt, dies allerdings nur in der konkreten Handlungssituation."[213]

Dieses Konzept führt über den Rollenbegriff direkt zur Person des Vorgesetzten und dessen Handlungen; es läßt sich aber problemlos auch auf alle Mitarbeiter ohne Vorgesetztenstatus übertragen, wie bei der Differenz von organisatorischer Rolle (System) und Person (Subjekt) zur Schaffung eigenständiger und kritischer Komplexitätsverarbeitungspotentiale bereits dargelegt.[214]

---

die nicht-lineare Abläufe, Umkipp-Effekte, Gegensätze, Widersprüche in einem 'vielschichtigen Bewußtsein' (Jantsch) wahrnimmt und akzeptiert."

211   Vgl. STEINMANN/SCHREYÖGG (1985) S. 406.

212   STEINMANN/HASSELBERG (1988) S. 1312 (H.i.O.). Ebd. S. 1316: "Der Vorgesetzte muß je nach Situation entscheiden, wann strategische Wachsamkeit seiner Mitarbeiter gefragt ist oder dazu ermuntert werden muß ('Öffnung') und wann es eher auf Anstrengungen zur Realisierung der strategischen Ziele ankommt ('Schließung')."

213   STEINMANN/HASSELBERG (1988) S. 1316.

214   Interessanterweise unterscheidet KNYPHAUSEN-AUFSESS (1995) S. 300f. *strategische Unternehmensführung* über den "Aufgaben"-Begriff als "kommunikative Kategorie" von Handlungsanforderungen von *strategischem Management* als Rollenreflexionen, wobei "Rolle" als Gesamtheit von Erwartungen und Ansprüchen an eine Position als "kognitive Kategorie" bezeichnet wird.

(2) Die *strategische Personalführung* hat die Aufgabe der strategischen Ausrichtung aller personalwirtschaftlichen Instrumente zur *Schaffung und Entwicklung kritischer Potentiale*, d.h. insbesondere des kritischen Bewußtseins gegenüber ambivalenten Anforderungen:

> "Die neue Konzeption des Managementprozesses und die Verortung der strategischen Personalführung darin macht deutlich, daß die duale Konzeption einer strategischen Personalführung nicht spannungsfrei gedacht werden kann. (...) So gesehen wäre es falsch, personalwirtschaftliche Instrumente auf eine Beseitigung der Widersprüche im Sinne eines 'Entweder-Oder' zu fordern. Vielmehr ist eine bewußte Implantation von Widersprüchen im Sinne eines 'Sowohl-Als-Auch' gefordert, um den ambivalenten Anforderungen Rechnung tragen zu können. Die Mitarbeiter müssen demnach befähigt und motiviert werden, einerseits Probleme nicht nur zu schließen, sondern auch zu öffnen und andererseits nicht ausschließlich im Sinne des Effizienzkriteriums ('Are we doing the things right?'), sondern auch im Sinne des Effektivitätskriteriums ('Are we (still) doing the right things?') zu handeln."[215]

(3) Für die *Organisation* weisen STEINMANN et al. zunächst auf die Notwendigkeit hin, ein möglichst *unvoreingenommenes, undogmatisches und vertrauensvolles Klima* und eine *offene, argumentationsfördernde Kommunikationskultur* zu schaffen, damit möglichst viele Informationen möglichst ungefiltert aus der Umwelt aufgenommen und verarbeitet (perzipiert) werden können.[216] Auf der Ebene der individuellen Verhaltensqualitäten der Person fordern STEINMANN und SCHREYÖGG vor allem "*Ambiguitätstoleranz*" als Fähigkeit und Bereitschaft zum Umgang mit unsicheren und widersprüchlichen Orientierungen, "*autonomes Denken*" als Fähigkeit zur Distanzierung von vorherrschenden Denkmustern und Handlungsorientierungen, und "*Mut*" zu subjektiver Wahrnehmung und deren Verarbeitung in differente Handlungsorientierungen.[217]

Einen hinsichtlich seiner Problematik, der "*Kontrolle bei selbständig handelnden Mitarbeitern*"[218], die aus eigenem Antrieb und in eigener Verantwortung dächten und agierten, mit dem Konzept von STEINMANN, SCHREYÖGG et al. vergleichbaren Beitrag liefert

---

[215]  STEINMANN/SCHREYÖGG/THIEM (1989) S. 31f.; vgl. STEINMANN/SCHREYÖGG (1986) S. 759: "Die Realisierung der strategischen Kontrolle führt also so gesehen zwangsläufig zur Implementation von Widersprüchen."

[216]  Vgl. STEINMANN/KLAUS (1986) S. 160; vgl. STEINMANN/SCHREYÖGG (1986) S. 761f. (Ebd. S. 759: "Man muß die Subsysteme motivieren und befähigen, Selbstreferenz in der geeigneten Weise zur Geltung zu bringen.").

[217]  Vgl. STEINMANN/SCHREYÖGG (1986) S. 759ff. ("Strategische Kontrolle und Verhalten in Organisationen - Sensibilisierung für Strategische Kontrolle").

[218]  SIMONS (1995); siehe auch SIMONS (1995a), STEINMANN/KUSTERMANN (1996). Ebd. S. 2: "Die Diskussion verweist (...) auf die Notwendigkeit, Steuerungsmodelle stärker multipersonal und dezentral anzulegen. (...) Simons entwirft (...) ein neues Steuerungskonzept ('levers of control'), das geeignet sein könnte, die erforderliche integrative Kraft zu entfalten. Mit Hilfe von vier (Teil-)Steuerungssystemen soll die Koordination im Hinblick auf die ökonomischen und unternehmensethischen Zielvorstellungen der Unternehmung sowie die strategischen und operativen Anforderungen im Spannungsfeld von Innovation und Routine geleistet werden."

SIMONS im *Spannungsfeld von "Kontrolle" und "Kreativität"*[219]: Um ein Risiko für den Bestand oder das Ansehen des Unternehmens angesichts *eigener Orientierungen der Mitarbeiter* ("Zielkonflikt zwischen Kreativität und Kontrolle") zu vermindern, identifiziert SIMONS *vier Steuerungssysteme ("management control systems")*[220], mit denen "Topmanager das Geschehen steuern und gleichzeitig der Kreativität und Eigeninitiative der Mitarbeiter den gewünschten Spielraum gewähren"[221] können: Als Konkretisierungsleistung messen

- *"diagnostische Kontroll- bzw. Steuerungssysteme"* die strategisch relevanten Zielerreichungsgrade über Leistungsgrößen ("critical performance variables"), etwa im Sinne der *"operativen Kontrolle"* als klassische Rückkoppelungssysteme.

Grundsätzlich selektive Orientierungen liefern

- *"Abgrenzungssysteme"* als negativ formulierte "Spielregeln in Form von Vermeidungsalternativen, Verneinungen oder Mindestnormen", als Verhaltensstandards oder -regeln ("das Richtige tun") im Sinne eines negativ abgegrenzten "Verhaltenskorridors", und

- *"Bekenntnis- oder Wertesysteme"* als positive Vermittlung grundsätzlicher Wert- und Zielvorstellungen bzw. der "Mission" der Unternehmung, die Mitarbeiter zu mehr Selbständigkeit und Eigeninitiative ("zum Erfolg beitragen") ermächtigen sollen,

im Sinne einer weit gefaßten, auf die gesamte Person und ihr Handeln bezogenen *"indirekten Prozeßsteuerung"* durch Integration (Wertesysteme) und Selbststeuerung (Abgrenzungssysteme) unter dem Bezugspunkt der Grundorientierung des Unternehmens, als "Innovationen innerhalb klar definierter Grenzen" im Spannungsfeld von Autonomie, Integration und Koordination. Als Mechanismus "kritischer Reflexion über die intendierte Strategie und Förderung der Emergenz neuer strategischer Orientierungen"[222] konzentrieren sich

- *"interaktive Kontroll- bzw. Steuerungssysteme"* auf die vorwiegend kommunikative Überwachung und Kompensation strategischer Ungewißheiten und Risiken angesichts dynamischer Wettbewerbs- bzw. Umweltbedingungen durch institutionalisierte innerbetriebliche Dialoge zur Einleitung von Lernprozessen ("schöpferisch tätig sein"). In ihrer Ausrichtung auf Wahrnehmung, Informationserzeugung und Kommunikation (als Förderung von Kreativität, Dialog und Lernbereitschaft) entsprechen sie der nicht-selektiven *"Strategischen Kontrolle"* bei STEINMANN et al. zur Kompensation des Selektions-

---

219  SIMONS (1995) S. 98: "Führungskräfte stehen heute vor einem elementaren Dilemma: Wie das Geschehen in ihren Organisationen angemessen kontrollieren und zugleich Mitarbeitern genügend Raum lassen, um Flexibilität, Erneuerungsstreben und Kreativität zu praktizieren?" Vgl. STEINMANN/KUSTERMANN (1996) S. 13: "Die unverzichtbare Einbindung aller Mitarbeiter in den Steuerungsprozeß verweist auf die zentrale Bedeutung, die dem Motivationsproblem im neuen Steuerungsmodell zukommt."

220  SIMONS (1995) S. 98. Diese Aussage untermauert den Vorwurf "tendenziell zentralistischer Grundorientierung" von STEINMANN/KUSTERMANN (1996) S.12 u. 14, die "das System von Simons" als "Steuerungsunterstützungssystem, das den Top-Management zuarbeiten soll", einordnen.

221  Vgl. SIMONS (1995) S. 98ff., STEINMANN/KUSTERMANN (1996) S. 14ff.

222  Vgl. STEINMANN/KUSTERMANN (1996) S. 16.

risikos, als "nie endende Debatte über die grundlegenden Daten, Prämissen und Aktions-planungen".

SIMONS' Konzept kann interpretiert werden als Mechanismus der (inter-)subjektiven Orientierungsgewinnung für autonome Subjekte im Kontext der Unternehmung: inhaltlich nach den Kriterien einer indirekten Selbst- und Kontextsteuerung (Abgrenzungs- und Wertesysteme), prozessual begleitet von Zielerreichungsfeststellung (Effizienz: diagnostische) und kritischer Kompensation (Effektivität: interaktive Kontroll- bzw. Steuerungssysteme). Es impliziert so ebenfalls eine Verortung von Handlung, Orientierung und Koordination im Spannungsfeld von Autonomie (Subjekt), Kontext (System) und Komplexität (Umwelt).

Wesentliches innovatives Element der Konzeption des Strategischen Managementprozesses unter Einbezug der Paradigmas der System/Umwelt-Theorie stellt die explizite Thematisie-rung der Notwendigkeit einer kritischen Kompensation der Selektionsabhängigkeit von Erleben, Orientierung und Koordination vor dem Hintergrund ihrer Validierung gegenüber einer komplexen und kontingenten Umwelt dar; dieser Aspekt muß unter der Frage der "Normativität" und eines kritischen Gehaltes der System/Umwelt-Theorie nochmals näher umrissen werden.

## c) Strategisches Management, System/Umwelt-Theorie und kritische Kompensation

Nach der hier vertretenen Argumentation zeigt sich der kritische Gehalt der System/Umwelt-Theorie für kritische Kompensation im Management vor allem in zwei Aspekten:

- als *Bewußtsein der im Spannungsfeld von Subjekt, System und Umwelt verankerten "Sub-jektivität", "Relativität" und "Normativität" der System(- bzw. Modell-)bildung* als kreativer und selektiv-komplexitätsreduzierender Akt der Erfassung, Strukturierung und Rekonstruktion der komplexen Umwelt durch Subjekte über Systeme. Der Zwang zu Komplexitätsreduktion und Selektion als Abgrenzung, Auswahl und Setzung bedingt Prämissensetzungen und Relevanzannahmen, die ständig kritisch auf ihre grundsätzliche oder weitere Gültigkeit überprüft werden müssen.
- in den spezifischen Forderungen nach *kritischem Denken bzw. Bewußtsein der Mitarbei-ter als ganze Person* sowie *offener Kommunikations- und Argumentationskultur* zur Um-setzung strategischer Steuerung im Spannungsfeld von Implementation und Reflexion.

Trotz ihres Plädoyers für die System/Umwelt-Theorie als "adäquaten Rahmen für die Kon-zeption des Managementprozesses" relativieren STEINMANN und SCHREYÖGG gerade den als wesentlicher Erkenntnisfortschritt geltenden kritischen Gehalt, nämlich die Forderung nach *ständiger (*sowohl subjektiv-kognitiver wie auch intersubjektiv-kommunikativer) *validi-tätskritischer Prüfung der getroffenen Abgrenzungen, Selektionen oder Reduktionen gegen-über der komplexen und kontingenten Umwelt.* So bezeichnen sie die Funktionsperspektive der Komplexitätsreduktion als "Grenzen der Systemtheorie":

> "So sehr dieser Fortschritt [des systemtheoretischen Paradigma, d. Verf.] hervorzuheben ist, so wenig darf dabei übersehen werden, daß die Systemtheorie insgesamt einige Perspektivverengungen mit sich bringt (...)
>
> Die Systemtheorie (in der hier vorgestellten Ausprägung) läßt jedwede Kritik und Erkenntnisakte in der Funktionsperspektive aufgehen, d.h. sie werden beurteilt nur im Hinblick auf ihren Beitrag zur Komplexitätsbewältigung. Kritik und Erkenntnisfortschritt interessieren nur in ihren Effekten für die aufrechtzuerhaltende System/Umwelt-Differenz.
>
> Es fehlt in diesem Ansatz jeder Impuls, ja jede Möglichkeit, distanziert aus den Funktionszusammenhängen herauszutreten: das System bzw. die grenzerhaltende Komplexitätsreduktion wird als unhintergehbar angesetzt."[223]

Diese Ausführungen widersprechen an sich den oben dargelegten Gründen einer Einführung des System/Umwelt-Paradigmas zur Thematisierung der grundlegenden Existenz-, Sinn- und Zielfrage von Systemen; sie beruhen möglicherweise auf Unklarheiten in der Theorie LUHMANNs und ihrer Rezeptionen, die im Rahmen der Reformulierung eines integriert-systemtheoretischen Bezugsrahmens noch zu klären sind (siehe Abschnitt C.).

Gerade die System/Umwelt-Theorie impliziert in ihren Kernbegriffen eine immer mitgedachte kritische "Öffnung":

- "*Abgrenzung*" eines Systems verweist ständig auf Ausgegrenztes in der Umwelt als andersartig, oft unbestimmt, aber immer letztlich unerfaß- und unbeherrschbar ("Die Betrachtung eines Innen hat nur Sinn, wenn es ein Außen gibt. Dieses Außen muß im Systembegriff mitthematisiert werden, weil anders das Innen nicht verständlich gemacht werden kann."[224]). Sie relativiert sich damit selbst als abhängig von bestimmten ausgewählten Gründen (Sinnsetzung) und gesetzten Prämissen (Selektionen) gegenüber einer komplexen Umwelt, die eine stetige Überprüfung der Validität der Abgrenzung und ihrer (Sinn-)Kriterien erforderlich macht.

- "*Selektion*" als Auswahl, Festlegung und Ausblendung ("das System nimmt nur bestimmte Aspekte aus der Umwelt wahr, beschäftigt sich nur mit bestimmten Fragestellungen,

---

[223] STEINMANN/SCHREYÖGG (1990), S. 115. Vgl. SCHREYÖGG (1984) S. 271 ("funktionale Systemtheorie" schlösse eine normative Argumentation im eigentlichen Sinne aus).

[224] LUHMANN (1973) S. 175. Vgl. LUHMANN (1988a) S. 95, SINGER (1976) S. 145 (H.v.V.): "Systeme konstituieren Handlungs- und Sinnzusammenhänge, d.h. sie legen spezifische Themen fest, durch die, wie Luhmann sagt, die Selektion aus der Vielfalt anderer Sinnmöglichkeiten geleistet wird. Diese anderen Möglichkeiten des Erlebens und Handelns gehören zur Umwelt des Systems. *Systembildung heißt also Konzentration auf bestimmte Themen und Orientierung an anderen Möglichkeiten des Erlebens - an Möglichkeiten, die durch die Systembildung ausgeschlossen wurden.* Das kann auch so formuliert werden: Wenn man aus einer Vielzahl von Möglichkeiten auswählt, wird gleichzeitig auf die nichtgewählten Möglichkeiten verwiesen, wobei letztere die Umwelt des Systems bilden, also ständig virulent bleiben und den Bestand des Systems bedrohen."

läßt nur bestimmte Perspektiven zu"[225]) betont die Subjektivität und Relativität der Relevanzentscheidung (gegenüber der Komplexität der Umwelt).

- *"Kontingenz"* als Unbestimmtheit, als "Auch-anders-möglich-sein" von Selektion und Handlung stellt die Autonomie, Subjektivität und Relativität jeder Handlung bzw. Entscheidung heraus.

Die Komplexität der Umwelt wird, wie auch STEINMANN und SCHREYÖGG betonen, durch Abgrenzung und Selektion lediglich *künstlich, d.h. kognitiv und kommunikativ, reduziert und verarbeitbar gestaltet*; sie wird aber dabei nicht vernichtet, sondern bleibt ständig als latentes Risiko der Ausblendung bzw. als Möglichkeit der Fehlentscheidung überwachungs- bzw. kompensationsbedürftig vorhanden.[226] *Systembildung über Abgrenzung und Selektion macht die Umwelt lediglich erleb-, versteh- und verarbeitbar, sie ändert aber objektiv nichts an ihr und ihrer Komplexität.* Die Setzung von Selektionsprämissen ermöglicht zwar die Bildung eine Orientierung; diese beschränkt sich aber immer auf die begrenzte Validität der gesetzten Prämissen und kann keine generelle Gültigkeit beanspruchen. Das ständige Bewußtsein begrenzter Gültigkeit wird im systemtheoretischen Paradigma der System/Umwelt- Differenzierung explizit thematisiert.

(Sinn-)Abgrenzung und Selektion, betont und verstanden als Entscheidung und Setzung von Basisannahmen, sind somit grundlegende Vorentscheidungen für die Orientierungsbildung als Auseinandersetzung mit der Umwelt anzusehen; als etwa "technische Lösungen" (Systeme) im Rahmen einer "politischen Ordnung" (strukturierte Umwelt, Situationsdefinition) nach LORENZEN[227], sei es als subjektive "Maximen" oder als intersubjektiv anerkannte "Normen". Sie dürfen darin allerdings nicht unter der Anforderung moralischer Qualität oder ontologisch-objektiver Gültigkeit überbewertet oder mißverstanden werden. In diesem Sinne kann bzw. muß die gesamte Konzeption der System/Umwelt-Theorie mit ihrer bewußt und betont technisch-relativen Komplexitätsreduktionsproblematik zur Erzeugung einer erfaß- und

---

[225]    STEINMANN/SCHREYÖGG (1990) S. 110.

[226]    Vgl. STEINMANN/SCHREYÖGG (1990) S. 110 ("Die Ausblendung hat ihren Preis; ausgeblendete Beziehungen machen sich später potentiell als bestandsgefährdende Probleme oder Krisen aufdringlich bemerkbar. Die Reduzierung der Umweltkomplexität bringt zwar die Probleme für das System in ein bearbeitbares Format, ändert jedoch an dem Faktum der Umweltkomplexität nichts."), SCHREYÖGG/ STEINMANN (1985) S.398, STEINMANN/HASSELBERG (1989) S. 205 ("Diese Reduktion ändert (natürlich) nichts an den 'objektiven' Umweltzuständen").

[227]    Vgl. LORENZEN (1978), insbes. S. 18ff. (S. 24: "Technische Probleme stellen sich uns (...) nur in einer politischen Ordnung, wie schlecht, d.h. wie ungerecht diese Ordnung auch sein mag.") und S. 27ff. (S. 28: "Weil eine Norm ein Imperativ ist, der an eine Situation als seine Bedingung gebunden ist, sind politische Entscheidungen stets verbunden mit der Annahme einer Situation, in der man sich an seiner Stelle [als das jeweilige Hier und Jetzt] befinde. (...) Die Annahmen eines Modells sind Vereinfachungen der Situation. (...) Die Wahl eines Modells, allgemeiner eines Plans, dient der Lösung eines technischen Problems, wenn der Zweck, z.B. die Maximierung gewisser Größen, nicht strittig ist. Ein politisches Problem liegt dagegen dann vor, wenn mit der Darstellung der Situation zugleich die Zwecke noch strittig sind.").

verarbeitbaren Ordnung der Umwelt unter Abgrenzung und Selektion als per se kritische Konzeption angesehen werden; nicht im Sinne einer inhaltlichen Aussage, aber im Bewußtsein der kritischen Intentionalität und Normativität der Auseinandersetzung mit der Umwelt über Systembildung[228]. Die Systemtheorie leistet hier die Aufforderung, Orientierungen und Entscheidungen als grundsätzlich notwendig, aber als kontingent und potentiell revisionsbedürftig und deshalb als relativ anzusehen; darin liegt ihr eigentliches kritisches Anliegen, wie explizit im Konzept der Strategischen Kontrolle ausformuliert. In diesem Sinne äußert sich z.B. SCHREYÖGG über systemrationale "funktionale Äquivalente" in der LUHMANNschen Systemtheorie:

> "Durch das Denken in *funktionalen Äquivalenten* eignet sich die Systemrationalität besser als das deterministische Zweck/Mittel- oder das Optimalprinzip (...), den normativen Aspekt in die Planungstheorie einzuführen. Das Denken in mehreren möglichen Lösungen (also funktionalen Äquivalenten) weitet den Handlungsspielraum aus und eignet sich schon deshalb für eine multivalente Betrachtung"[229].

Steuerung wechselt durch die Einführung der System/Umwelt-Theorie von der "schließenden" mechanistisch-instrumentellen Planumsetzung zur "öffnenden" kritischen Auseinandersetzung mit der Umwelt.

Die Kritik einer *Überbetonung oder "Unhintergehbarkeit" der Funktionsperspektive* muß zurückgewiesen werden: Der Funktionsbegriff ist hier zum einen als "*systemtheoretische Beobachterkategorie*" zu werten, die auf Zusammenhänge verweisen will, ähnlich wie die Ursache/Wirkung-Kategorie der Kausaltheorie oder die Zweck/Mittel-Kategorie der Handlungstheorie.[230] Zum anderen interpretiert z.B. KISS den Sinn der LUHMANNschen Funktionsanalyse darin, "den Bezugspunkt der theoretischen Orientierung von den Strukturen auf die Funktionen zu verlagern und diese - nicht als 'zu bewirkende Wirkung', sondern als 'regulatives Sinnschema' zu fassen, das von den Handelnden als Systemmitgliedern im Verlauf ihrer Problemlösungsverarbeitung von Umwelteinwirkungen selbst gebildet wird."[231] Funktion fungiert darin als grundlegendes "*Sinnschema*", welches von einem Beobachter über Abgrenzung und Selektion (re-)konstruiert werden kann.

---

228  Vgl. SCHREYÖGG (1984) S. 271f.: "Weder lassen sich die Systemgrenzen empirisch zuverlässig bestimmen, noch lassen sich 'lebenswichtige' Funktionen finden, die den Systembestand rein empirisch definieren könnten (...) Letztlich liegt damit aber der Systembestandsperspektive eine normative Theorie oder zumindest die Setzung von Basisnormen zugrunde."

229  SCHREYÖGG (1984) S. 271 (H.i.O.).

230  Vgl. KISS (1989) S. 169: "Hier schlägt Weber (...) das Zweck/Mittel-Schema als Muster von Verstehen menschlichen Handelns vor, und zwar als idealtypisches Konstrukt, an dem (...) dem Beobachter nur nach der Deutung des 'gehabten' oder 'gemeinten' subjektiven Sinns im Sichverhalten (...)' eine ursächliche Erklärung möglich wird.", vgl. WEBER (1956) S. 3.

231  KISS (1986) S. 68.

Die Relativierung der kritischen bzw. normativen Qualität der Systemtheorie durch STEIN-MANN et al. beruht möglicherweise auf dem *unklaren Verhältnis von Handlungs-, Kommunikations-, Systemtheorie und Radikalem Konstruktivismus*, das im Rahmen dieser Arbeit noch zu untersuchen ist. "Normative Qualität" ist nach STEINMANN/SCHREYÖGG

> "nur von einer die Systemprozesse transzendierenden Ebene her begreifbar, die in einer verständigungsorientierten Kommunikationstheorie ihren Ursprung hat. Dies verweist uns auf den methodischen Primat der verständigungsorientierten Handlungstheorie im Sinne einer prinzipiellen Vorordnung. (...) Diese methodische Vorordnung sichert uns einen Zugang zur Systemkritik und normativen Bewertung von Systemzuständen und -handlungen, wie es z.b. die Unternehmensethik zu ihrem Gegenstand gemacht hat. Die Managementlehre tut also gut daran, die Verwendung der Systemtheorie im Sinne der verständigungsorientierten Basis zu relativieren."[232]

Diese Aussagen sind, wie später zu zeigen sein wird, jedenfalls zutreffend, wenn man statt "Vorordnung" von einem Zusammenhang, einer gegenseitigen Abhängigkeit von System- und Handlungstheorie im Rahmen einer Kommunikationstheorie spricht.[233]

Im Anschnitt B. wurde dargestellt, daß Orientierung, Koordination und Steuerung, insbesondere für betriebswirtschaftliche Belange, im *Spannungsfeld von Subjekt (Erleben, Autonomie), System (Abgrenzung, Selektion) und Umwelt (Komplexitätsreduktion)* verankert werden müssen; alle drei Aspekte sind als *komplexitätsreduzierende Erfassung und Verarbeitung der Umwelt durch das (re-)konstruierende Erleben der Subjekte/Akteure über System- und Modellbildung* für einen integriert-systemtheoretischen Bezugsrahmen zu berücksichtigen. Die Auswertung betriebswirtschaftlicher Befunde hat aber auch klar gezeigt, daß betriebswirtschaftliche Theoriebildungen trotz impliziter Zusammenhänge und Anschlußstellen bisher nicht in der Lage sind, ein eindeutiges begriffliches Konzept und einen klaren definitorischen Bezugsrahmen zwischen Subjekt/Akteur, System/Kontext und Umwelt sowie eine Präzisierung eines kritisch-normativen Anspruches im systemtheoretischen Paradigma anzubieten.

Der folgende Abschnitt reformuliert deshalb einen am Zusammenhang der systemtheoretischen Grundfunktion einer Umwelterfassung der Subjekte/Akteure über Systeme orientierten *"integriert-systemtheoretischen Bezugsrahmen"* (Kap. C.V.). Notwendige Voraussetzungen dieser Reformulierung sind: *Klärung des Systembegriffs* unter Erleben/Kognition, Handlung

---

[232]   STEINMANN/SCHREYÖGG (1990) S. 116.

[233]   Daß STEINMANN/SCHREYÖGG (1990) prinzipiell richtig liegen, läßt ihre Aussage auf S. 115 vermuten: "Die Hauptbruchstelle der Systemtheorie, die dann auch einen *Verknüpfungspfad für die beiden Paradigmen* weist, ist, daß sie, wie jede andere Theorie, einen Zugang zu ihrem Gegenstand nur über Sprache finden kann. Sie kann die in ihrem Gegenstandsbereich, also Handlungssystemen, vorgefundenen Aktoren nur verstehen und beschreiben, wenn sie an ein vorgefundenes Verständigungs*system* anschließt: die Sprache. Auch die Kommunikation über die Richtigkeit und Zweckmäßigkeit der Systemperspektive kann nur vollzogen werden, wenn auf ein schon bestehendes *Verständigungssystem (intersubjektiv geteilte Lebenswelt)* angeschlossen werden kann." (H.v.V.). Setzt man statt "Sprache" "Kommunikation" oder "Kommunikationssystem" und definiert so "soziale Systeme", so wird ein Zusammenhang deutlich.

und Interaktion/Kommunikation (Kap. C.II.); *analytische Trennung von kognitiven Handlungs- und interaktiven Kommunikationssystemen* (Kap. C.III.); sowie eine *Präzisierung bzw. Neubestimmung des Verhältnisses von Akteur und System* (Kap. C.IV.).

## C. GRUNDZÜGE EINER INTEGRIERTEN SYSTEMTHEORIE: UMWELTERFASSUNG ZWISCHEN KOGNITION UND KOMMUNIKATION

Kapitel B. (vor allem B.IV.) charakterisierte effektivitätskritische indirekte Steuerung durch ihren Umgang mit bzw. ihre Behandlung von Komplexität bei der Erfassung und Verarbeitung der Umwelt (durch Subjekte/Akteure über Systembildung). Die Einarbeitung dieses Spannungsfeldes von Subjekt, System und Umwelt in einen insofern "integrierten" systemtheoretischen Bezugsrahmen stellt eine wesentliche Voraussetzung der Beschreibung und Erklärung sozialer und wirtschaftlicher Phänomene sowie der Grundlagen indirekter Steuerung dar.

Das Kriterium der "Komplexität" stellte sich als das auffälligste Bindeglied von Subjekt, System und Umwelt dar, in der Bedeutung von letztendlicher "Unüberschaubarkeit" und "Unerfaßbarkeit". Nach WILLKE liefert gerade die "Systemtheorie"[1] als wissenschaftlicher Ansatz die wesentlichsten Erkenntnisse der Auseinandersetzung mit Komplexität;[2] auch STEINMANN, SCHREYÖGG et al. leiten die wesentlichen Neuerungen effektivitätskritischer Steuerung im strategischen Management explizit aus neuen Erkenntnissen der *neueren soziologischen Systemtheorie*, insbesondere der funktionalstrukturellen bzw. System/Umwelt-Theorie[3] LUHMANNs, hergeleitet:

> "Die neuere Systemtheorie hat hier wichtige Erkenntnisfortschritte erzielt, an die die Managementlehre anzuschließen ist (...). Gemeint ist damit weniger die Kybernetik und die Regelkreislogik, sie hat sich für die hier gemeinte Problematik als zu eng und mechanistisch erwiesen, sondern vielmehr die System/Umwelt-Theorie, die die [Abgrenzung und, d. Verf.] Grenzerhaltung in den Mittelpunkt ihrer Betrachtung rückt.
>
> Ausgangspunkt der folgenden Überlegungen ist die Einsicht, daß die Unternehmung ein *Handlungssystem* ist, das gegenüber einer komplexen Umwelt aufrechterhalten wird."[4]

---

1   Zu einer Einschätzung der inhaltlichen Bedeutung des Begriffs "Systemtheorie" vgl. LUHMANN (1988a) S. 15: " 'Systemtheorie' ist heute ein Sammelbegriff für sehr verschiedene Bedeutungen und sehr verschiedene Analyseebenen. Das Wort referiert keinen eindeutigen Sinn. (...) So kommt es zu Kontroversen, bei denen man nur vermuten oder aus der Argumentation rückschließen kann, daß die Beteiligten Verschiedenes meinen, wenn sie von System sprechen."

2   Vgl. WILLKE (1987) S. 2: "Die analytischen und operativen Vorteile der Systemtheorie liegen (...) in der Universalität ihres Ansatzes und ihres fundamentalen Bezugsproblems der Komplexität."

3   Zur Abgrenzung des "funktional-strukturellen Ansatzes" der Systemtheorie findet sich eine gute Zusammenfassung bei WILLKE (1987) S. 4f. Dort heißt es: "dieser insbesondere von Niklas Luhmann ausgearbeitete Ansatz radikalisiert die funktionale Analyse zur Frage nach der Funktion von Systemen überhaupt. (...) die Funktion der Systembildung, der Sinn von Systemen, läßt sich nur rekonstruieren, wenn der Bezugspunkt der Analyse außerhalb des Systems selbst liegt: in der Relation zwischen System und Umwelt."

4   STEINMANN/SCHREYÖGG (1990) S. 109 (H.i.O.) Vgl. SCHREYÖGG (1984) S. 248.

Komplexität stellt den "System"-Begriff in eine funktionale Bedeutung der Vermittlung zwischen dem Erleben und Verarbeiten der Subjekte und der nicht ganzheitlich erleb- und verarbeitbaren Komplexität und Kontingenz der sozialen Umwelt. Dementsprechend ist der "System"-Begriff in seiner Konstitution zwischen Erleben, Handlung, Interaktion bzw. Kommunikation und sozialer Umwelt zu verankern.

# I.  Zur Bedeutung des Systembegriffes zwischen Subjekt, Handlung und Umwelt

STEINMANN/SCHREYÖGG beziehen sich in ihrer Definition der Unternehmung als Handlungssystem im wesentlichen auf die schon 1964 publizierte grundlegende (Handlungs-)Systemdefinition von Niklas LUHMANN:

> "Jede Sozialordnung, eine Familie, eine Behörde, eine Reisegesellschaft, eine primitive Stammeskultur oder eine Gewerkschaft kann als ein System von Handlungen aufgefaßt und analysiert werden. (...)
>
> Ein Handlungssystem ist jeder abgrenzbare Handlungszusammenhang. Ein Zusammenhang mehrerer Handlungen besteht, wenn die Handlungen durch ihren gemeinten oder implizierten Sinn verbunden sind, also aufeinander verweisen. (...)
>
> Als Handlungssysteme gesehen, schließen soziale Systeme keineswegs alle Handlungen der beteiligten Personen ein. Sozialsysteme bestehen nicht aus konkreten Personen mit Leib und Seele, sondern aus konkreten Handlungen."[5]

Diese Definition beinhaltet alle zunächst wichtigen Theoriebestandteile, bei gleichzeitiger Abkehr von der bis dahin vorherrschenden (kybernetischen) "Ganzes/Teile-Systemtheorie"[6]: direkter Bezug des Systembegriffs auf Handlung und Handlungszusammenhang, Abgrenzung eines Zusammenhanges von einer Umwelt, Sinnbezüge (sowohl "aktiv" intendiert als auch "passiv" beobachtend bzw. erlebend zugeschrieben) und Personen (als "Nichtbestandteile"). Ihre elementare Grundaussage lautet: *Soziale Systeme grenzen sich durch Sinngrenzen von einer nichtdazugehörigen Umwelt ab.* Hinzuzufügen ist: Diese Abgrenzung eines bestimmten Zusammenhanges ordnet und strukturiert die Umwelt; durch die Systematisierung wird die künstlich reduzierte Komplexität und Unüberschaubarkeit der Umwelt versteh- und verarbeitbar und ermöglicht Orientierung.[7] Auswahl und Setzung der Sinngrenzen erfolgt als "Selektion" durch den Komplexitätsreduzierenden (sowohl subjektiv-kognitiv wie intersubjektiv-kommunikativ), als Konstruktion aus einem Möglichkeitsraum, und ist deshalb kontingent, verfügbar und relativ. Die Abgrenzung und die dadurch bewirkte Komplexitätsreduktion verfestigen über Erwartungsbildung und Kommunikation eine "soziale Ordnung" und bewahren oder aktualisieren sie. Die einzelnen Komplexitätsdifferenzen oder -sprünge zwischen verschiedenen Erfassungs- bzw. Systemebenen dürfen allerdings nicht zu groß werden

---

5    LUHMANN (1964) S. 23f. Zu den Begriffen "Handlung", "System" und "Handlungssystem" siehe auch LUHMANN (1973) S. 7f.

6    Bei LUHMANN und KISS findet sich hier der Begriff "Paradigmenwechsel in der Systemtheorie", vgl. LUHMANN (1971) S. 10f.; LUHMANN (1973) S. 171ff., LUHMANN (1988a) S. 15ff., insbesondere S. 20ff., KISS (1989) S. 91. Siehe auch SCHIMANK (1988) S. 625, Fußnote 11.

7    Vgl. WILLKE (1987) S. 4: "Ganz allgemein gesprochen ist der Sinn der Bildung von Systemen darin zu sehen, daß ausgegrenzte Bereiche geschaffen werden, die es ermöglichen, die die menschliche Aufnahmekapazität überwältigende Komplexität der Welt in spezifischer Weise zu erfassen und zu verarbeiten."

("Validität" der Umwelterfassung), da sonst Realitätsverluste auftreten, die sowohl die Funktionalität wie auch den Bestand der Strukturierung gefährden.

Mit dieser Grundkonzeption einer Systemtheorie der Erfassung und Verarbeitung der Umwelt über Abgrenzung korrespondieren weitere wissenschaftliche Entwicklungen: Vor allem ein "Beobachter"-[8] und ein "Autopoiese"-Konzept[9] ermöglichen explizite Anschlüsse zu Radikalem Konstruktivismus[10] wie zur Kommunikationstheorie[11]. Systemtheorie kann in dieser Verbindung von Subjekt, Kognition und Kommunikation umfassend als eine Art von " *'erkenntnistheoretischem Modell' für die (Re-)Konstruktion von 'Wirklichkeit' zwischen Subjekt und Umwelt*" beschrieben werden. Sie ermöglicht eine Erschließung von Erleben bzw. Kognition, Handeln, Orientierung, Koordination (und Steuerung) bzw. Kommunikation über die Bezüge eines Akteurs zu seiner Umwelt und die Konstitution und Entwicklung seiner Orientierung.

Eine Grundthese dieser Arbeit lautet daher: *Systembildung begründet bzw. aktualisiert individuell-subjektive Orientierung über kognitive Strukturierungen, sogenannte "Handlungssysteme", im Erleben des autonomen Akteurs; in wechselseitigem Handeln/Erleben als Interaktion und Kommunikation mit anderen Akteuren kann diese Orientierung in "Kommunikationssystemen" über Mediendifferenzierung, Kontextsetzung und Teilnahme ("Marktlösung") bzw. Erwartungsstruktur, Entscheidung, und Mitgliedschaft ("Organisationslösung") koordinations- bzw. steuerungswirksam intersubjektiviert und verfestigt werden.* Diesen Sachverhalt beschreibt z.B. KLAUS für den "Interpretativen Ansatz zum Strategischen Management":

"Um Erleben, Handeln und Überleben zu können, konstruieren die Menschen sich Lebenswelten

---

[8]    Vgl. u.a. KNYPHAUSEN-AUFSESS (1995) S. 11f., 309; MAUL (1993) S.718f. (mit Verweis auf LUHMANN et al. (Hrsg.): Beobachter: Konvergenz der Erkenntnistheorien? München 1992).

[9]    Entwickelt und formuliert von den Neurobiologen MATURANA und VARELA (vgl. z.B. WILLKE (1987) S. 6, 43; FISCHER (1991) S. 10f.), verknüpft das "Autopoiese"-Konzept die Theorie "geschlossener bzw. lebender Systeme" mit einem "Beobachter"-Konzept und einer "Kognitions"-Theorie (vgl. SCHMIDT (1991) S. 11ff.). Siehe vor allem MATURANA (1991a), (1982) u. (1991) sowie MATURANA/VARELA (1987).

[10]   Zu den Kernaussagen des "Konstruktivismus" bzw. des "Radikalen Konstruktivismus" vgl. SCHMIDT (1994) S. 13ff., KNYPHAUSEN-AUFSESS (1995) S. 4: "Die Welt ist uns nicht objektiv gegeben, und auch wir selbst sind uns, sofern wir Bestandteil dieser Welt sind, nicht objektiv gegeben. Wir können sie nur mit Hilfe unserer Sinnesorgane und unseres Gehirns wahrnehmen oder (...) beobachten, und dabei sind unsere Wahrnehmungen/Beobachtungen hier und jetzt abhängig von dem, was wir vorher wahrgenommen/beobachtet haben." Aus parallelisierten "Welt-Wahrnehmungen"/"Beobachtungen" entsteht objektiv erscheinende "kognitive Wirklichkeit". Vgl. ebd. S. 384: Die Realität ist dem Menschen nur über "Konstruktionen" zugänglich, an denen er sich orientiert und die dann für ihn real sind. Zur Affinität von "Radikalem Konstruktivismus" und "Systemtheorie", die bei KNYPHAUSEN-AUFSESS ebd. S. 4 in Fußnote 4 expliziert wird, vgl. LUHMANN (1990), insbes. S. 9ff., 31ff.

[11]   Siehe z.B. SCHMIDT (1991) S. 11f., SCHMIDT (1994) S. 113ff. (zum Versuch einer Synthese von "Kognition" und "Kommunikation").

von relativ einfachen Bildern und Bedeutungen [Systeme, d. Verf.]. Diese entstehen durch Selektion und Interpretation von Stimuli aus der Umwelt, durch Stereotypisierung von Informationen, und durch Austausch von Erfahrungen und Verhaltensmustern in sozialen Interaktionen. Folglich ist die im Unternehmen wahrgenommene Umwelt nichts anderes als ein Ergebnis subjektiver Wahrnehmung und sozialer Interaktionen. Wahrgenommene unternehmerische Probleme, das Angebot von Entscheidungsalternativen, die Entscheidungsregeln und erlebten Erfolge im Unternehmen sind zunächst nur Widerspiegelungen flüchtiger 'kognitiver Kontexte' der Menschen in Unternehmen - der Summe dessen, was Manager und Mitarbeiter in Unternehmen glauben, sehen, behalten und tun können [Erleben, Orientierung und Koordination, d. Verf.]. Allerdings 'verfestigen' sich diese Kontexte fallweise durch Entscheidungen und Handlungen ('enactment'), soweit diese zu positiv erfaßbaren Handlungsfolgen führen".[12]

Der Terminus "soziales System" (bzw. "Sozialsystem") unterscheidet in seiner überwiegenden Verwendung nicht zwischen den beide Systemarten kognitiver "Handlungs-" und interaktiver "Kommunikationssysteme", die beide im Erleben aus erlebbaren menschlichen Handlungen gebildet werden. Die analytische Unterscheidung zwischen *kognitiv-intra*subjektiv (Handlungssystem) und *beobachtbar-inter*subjektiv (Kommunikationssystem) wird eingeführt, um die Aspekte der Orientierungsgewinnung und der Koordinationswirksamkeit zu trennen; das Kriterium der Beobachtbarkeit schließt eine ganzheitliche Beobachtbarkeit des gesamten Akteurs und nicht nur einzelner (eben beobachtend kognitiv-abgegrenzter) Handlungen ein. In diesem Zusammenhang bedeutet "intersubjektiv" nur "beobachtbar"; Aspekte des Bedeutungsgehaltes oder Verstehens bleiben zunächst unberücksichtigt.

Angesichts der (Über-)Komplexität des systemtheoretischen Begriffsgebäudes (WILLKE spricht hier von "hoher Eigenkomplexität des Theoriegebäudes" als unvermeidliche Folgekosten der Erhöhung der analytischen Kapazität der Systemtheorie[13]) insbesondere bei LUHMANN und seinen Rezipienten muß sich eine Rekonstruktion auf relevante Aspekte beschränken. Zweifel bestehen besonders am Nutzen von LUHMANNs Interpretationen bzw. Adaptionen selbstreferentieller und autopoietischer Systeme für eine Theorie sozialer Systeme unter Steuerungsgesichtspunkten, im Gegensatz zum ursprünglichen Autopoiese-Konzeptes von MATURANA und VARELA.[14] Für indirekte Steuerung auf systemtheoretischer Grund-

---

12  KLAUS (1987) S. 55.

13  Vgl. WILLKE (1987) S. 4; SINGER (1976) S. 145 spricht von "Konfusion in Luhmanns Forschungsansatz".

14  In diesem Zusammenhang stehen zunächst auch die Einschätzungen von STEINMANN/SCHREYÖGG (1990) S. 109, Fußnote 12: "Die neuesten Entwicklungen zur Systemtheorie zur Autopoiese sollen hier nur am Rande einfließen; es erscheint noch unklar, ob sie für die hier interessierende Thematik und den hier zu entwickelnden Rahmen einen wesentlichen Fortschritt darstellen." Dagegen z.B. die Position von WEISS (1995) S. 8: "Wir suchen Anschluß an die 'Theorie autopoietischer Systeme' [vor allem in der Rezeption und Interpretation von Luhmann] nicht nur, weil in den letzten Jahrzehnten die allgemeine Systemtheorie eine 'autopoietische Wende' vollzogen hat, also aus einem rein innovativen Theorieimpuls heraus, sondern weil wir diese Theorie für fruchtbar und nützlich halten." Eine Antwort auf die Fragen, ob und inwieweit "Selbstreferenz" und/oder "Autopoiese" einen Erkenntnisfortschritt für ein Steuerungsparadigma liefern können, ggf. durch Neubewertung bzw. Reformulierung, untersucht diese Arbeit.

lage können als besonders relevante Aspekte der Systemtheorie im Anschluß an SINGER[15] etwa die Bezüge des "System"-Begriffes zu Handlung, zu Kommunikation und zum Akteur als Subjekt und Person bezeichnet werden:

- *Handlung und System*: Orientierungskonstitution als Zusammenhang von Erleben (als Beobachtung und Kognition), Handlung und analytischer Differenzierung von Handlungszusammenhängen über Systembildung (Kap. C.II);

- *Kommunikation und System*: (Selektions-)Koordination über Interaktion/Kommunikation (als Verkettung von multipersonalem Handeln und Erleben), Kommunikationsprozeß, Kommunikationssystembildung und Erwartungsstrukturierung; daraus abgeleitet läßt sich das Verhältnis von Handlungs- und Systemtheorie unter Differenzierung von Kognition und Kommunikation beschreiben (Kap. C.III.);

- *Akteur und System*: Subjekt, Person oder personales System als autonomer Akteur, der Systembildung zu (Handlungs-)Orientierung bzw. Koordination (über Spiel und Strategie) nutzt (Kap. C.IV.);

Der Zusammenhang von autonomem Akteur, kognitiven Handlungssystemen und interaktiven Kommunikationssystemen läßt sich als "systemtheoretisches Weltmodell" in einen "integriertsystemtheoretischen" Bezugsrahmen fassen (Kap. C.V.). Im Mittelpunkt verbleibt die Betrachtung der *Systemtheorie als Medium der Konstruktion einer subjektiven (Handlungs-) Orientierung bzw. intersubjektiven Koordination für die autonomen Akteure in einer komplexen Umwelt* auf der Grundlage einer präzisierten und erweiterten System/Umwelt-Theorie (auf Basis der Systemtheorie LUHMANNs) unter Einbeziehung von Autopoiese, Beobachtung, Kognition und Kommunikation.

Eine Analyse sozialer Systeme muß notwendigerweise vom Begriff der *"Handlung"* ausgehen; Auch "Erleben" als Beobachtung und Kognition, "Orientierung" im komplexen Akt ihrer Konstitution, sowie "Koordination" in ihrer Abhängigkeit von gegenseitigem Erleben und zielgerichteter Orientierung müssen letztlich als abhängig vom Bezugsobjekt "Handlung" angesehen werden. KISS: "Die klassische Soziologie operiert mit dem Letztelement Mensch, der entweder als Individuum oder als Handelnder (actor) betrachtet wird. Was aber ist ein Mensch, was eine Handlung?"[16] Wir müssen an diese Frage noch anschließen: Welche Bedeutung haben sie für Systembildung bzw. welche Bedeutung hat Systembildung für sie?

---

[15]   Vgl. SINGER (1976) S. VIII: "Person, Kommunikation und soziales System bezeichnen zentrale Problemstellungen soziologischer Forschung".

[16]   KISS (1986) S. 80.

## II.  Handlung und System: Systembildung zwischen Erleben, Orientierung und Koordination

Den grundsätzlichen Zusammenhang zwischen System und Handlung beschreibt LUHMANN in einer klassischen Definition durch den Begriff *"Handlungssystem"*:

> "Unter Handlung soll jedes sinnhaft orientierte, außenwirksame menschliche Verhalten verstanden werden (...) [Wir] sprechen im folgenden, wo nichts anderes vermerkt ist, von Handlungssystemen als von Systemen, die aus konkreten Handlungen eines oder mehrerer Menschen gebildet sind und sich durch Sinnbeziehungen zwischen diesen Handlungen von einer Umwelt abgrenzen.
>
> In den Handlung definierenden Begriffen 'Orientierung', 'Außenwirksamkeit', 'menschliches Verhalten' ist der Systembegriff mit seiner Innen/Außen-Differenz schon vorausgesetzt, so wie auch der Systembegriff in der gegebenen Bestimmung eine Aktivität der Selbsterhaltung, einen Austausch mit der Umwelt, bei Menschen und Sozialsystemen also Handlung voraussetzt."[17]

LUHMANN verwendet die Begriffe "Sozial-" wie "Handlungssystem" meist synonym, ein Indiz für das Fehlen einer Unterscheidung zwischen "Orientierung" und "Außenwirksamkeit", d.h. zwischen Erleben und Handeln. Ein *"Handlungssystem"* besteht aus Handlungen, die entweder ex ante über Intention (aktives Handeln) oder ex post durch Beobachtung (passives Erleben als kognitive Intentionsdeutung) zu einem orientierenden Handlungszusammenhang zusammengefügt wurden. Im Begriff *"Sozialsystem"* zeigt sich *die Zwiespältigkeit von Konstitutionsbedingung und Wirkungsweise*: Ist ein (soziales oder Handlungs-)System kognitiv konstruiert oder beobachtbar außenwirksam?[18] Wir führen diese Unterscheidung über die Begriffspaarkategorien "Orientierung/Kognition" und "Koordination/Kommunikation" zur analytische Trennung und zur Beschreibung des Zusammenhanges von Handeln und Erleben ein. Handlung, Erleben und Handlungszusammenhang/System konstituieren sich über den Orientierungsbegriff gegenseitig: Die beobachtete außenwirksame Handlung wird im Erleben über einen kognitiven Sinnzusammenhang der subjektiven Orientierung (Handlungssysteme) verarbeitet; dieser wirkt auf das weitere Handeln und Erleben zurück, indem er die weitere Ausrichtung und Zuordnung von Handlungen erleichtert. Über die Verschränkung gegenseitigen Handelns und Erlebens zwischen verschiedenen Subjekten ("inter-subjektiv") als Interaktion bzw. Kommunikation verbreiten und aktualisieren sich subjektive Orientierungen zu intersubjektiven Koordinationszusammenhängen (Kommunikationssysteme).

Die Abgrenzung von Erleben (als Beobachtung und Kognition) und (außenwirksamem) Handeln bleibt problematisch; "Beobachten" ist (nach dem Autopoiese-Konzept[19]) aktives, außen-

---

17   LUHMANN (1973) S. 7f.

18   Vgl. BAECKER (1993a) Spalte 1056: "Eine Diskussionslinie scheidet die einen, die Systeme als *analytische* Konstrukte eines Beobachters sehen, von den anderen, für die Systemtheorie nur einen Sinn macht, wenn sie Aussagen über einen *empirisch* vorfindbaren Gegenstand trifft." (H.i.O.).

19   Vgl. z.B. MATURANA/VARELA (1987) S. 31ff., FISCHER (1991) S. 16f.

wirksames und beobachtbares Handeln eines Subjektes; "Beobachtung von Beobachtung" stellt als "Beobachtung zweiter Ordnung"[20] zusammen mit dem Konzept "struktureller Koppelung"[21] eine Voraussetzung für Kommunikation und Verstehen dar. "Kognition" dagegen ist als Beobachtungsverarbeitung und Orientierungsgewinnung zwar aktives Handeln eines Subjektes; es ist allerdings intern, intrasubjektiv, und nicht unmittelbar beobacht- oder erlebbar. Die Trennung von Erleben und Handeln wird so zu einer rein analytischen, allerdings für Untersuchungszwecke wichtigen Kategorisierung.[22]

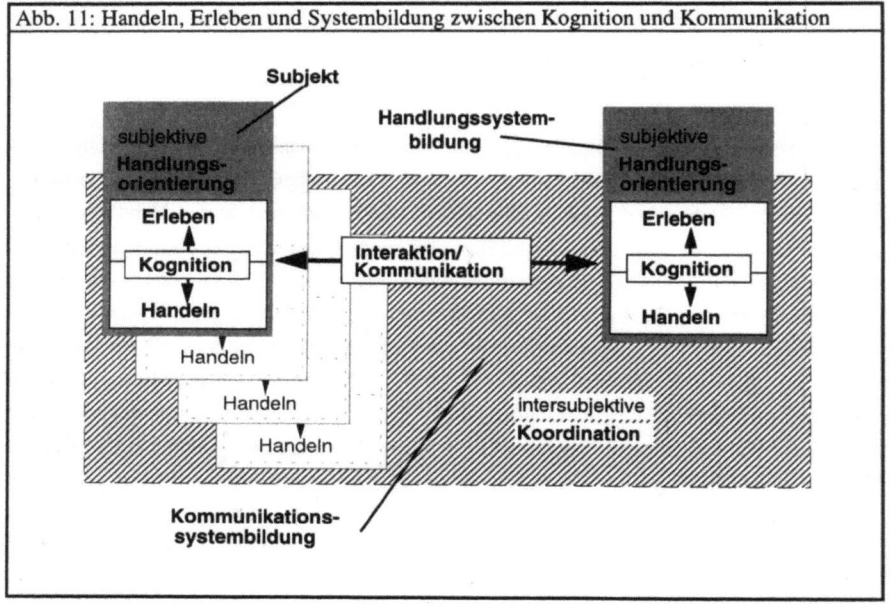

Abb. 11: Handeln, Erleben und Systembildung zwischen Kognition und Kommunikation

Aus dem Zusammenhang von autonomem Erleben (Beobachtung und Kognition), subjektiver Orientierung (kognitiver Handlungssystembildung) und intersubjektiver Koordination (Kom-

---

[20]   Vgl. z.B. LUHMANN (1990) S. 231f.

[21]   Zum Konzept "struktureller Koppelung" als gegenseitige Beobachtung in der Kommunikation vgl. z.B. FISCHER (1991a) S. 80f. oder ESSER (1994) S.176ff.

[22]   Zum Begriff der "Kognition" und zur Fusion von "Beobachter-", "System-" und "Erkenntnistheorie" über eine Erweiterung der traditionellen Unterscheidung von "Handeln" und "Erkennen" ("Erleben") vgl. LUHMANN (1990) S. 10f. Eine Möglichkeit der Auflösung dieser Problematik bietet der Versuch einer Differenzierung in eine "Teilnehmerperspektive der involvierten Akteure" für aktive Intention und Handlung sowie in eine "Beobachterperspektive des Analytikers" für passives Erleben und Rationalitätszuschreibung bei GOTSCH (1987) S. 34. Vgl. auch die Differenzierung in "Teilnehmer-" und "Beobachterperspektive" bei LUEKEN (1992) S. 193ff. und SCHERER (1995) S. 188ff.

munikationssystembildung) ergibt sich der *soziale Umweltbezug und damit die Identität eines Akteurs*: Aus dem autonomen Erleben als Beobachtung und deren kognitiver Verarbeitung im Rahmen einer Systembildung konstituiert der Akteur eine subjektive Orientierung als "internes Weltmodell". Die Orientierung des Akteurs wirkt über kognitive Schemata auf sein weiteres Erleben zurück, leitet über Intentionen seine außenwirksamen Handlungen und wird über Interaktion und Kommunikation (als gegenseitiges Erleben von Handlungen und Beobachtungen) mit anderen sozialen Akteuren aktualisiert. Extern kann sie allerdings nur kognitiv im Erleben eines Beobachters rekonstruiert werden. Intersubjektive Vermittlung, Entwicklung oder Aktualisierung der verschiedenen subjektiven Orientierungen zu Koordinationszusammenhängen findet im Rahmen von Interaktions- bzw. Kommunikationssituationen. Durch Verfestigung dieser Zusammenhänge als Kommunikationssysteme über Erwartungsbildung, Formalstrukturen und symbolisch generalisierte Kommunikationsmedien entwickeln sich vielfältige und relativ stabile Steuerungskontexte, die indirekt über Veränderung der subjektiven Orientierungen auf das weitere Erleben und Handeln der Akteure zurückwirken.

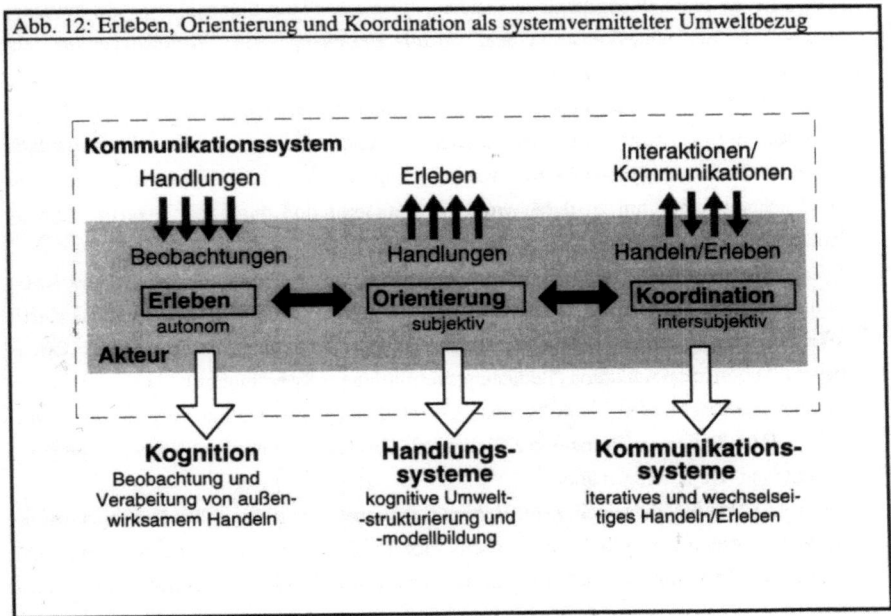

**Abb. 12:** Erleben, Orientierung und Koordination als systemvermittelter Umweltbezug

Somit ergibt sich für eine Reformulierung der Systemtheorie die Notwendigkeit einer *Handlungs*- und *Subjektfundierung* von außenwirksamem Handeln wie von Erleben sowie einer *analytischen Aufspaltung des Zusammenhanges Handlung - System* in die Bereiche "Erleben" (Beobachtung und Kognition: intrasubjektiv, autonom), "Orientierung" (kognitive Umwelt-

strukturierung: subjektiv) und "Koordination" (Interaktion/Kommunikation: intersubjektiv).
Ausfluß dieser Aufspaltung ist die Unterscheidung von kognitiv konstruierten *"Handlungs-*
*systemen"* und aus der beobachtbaren Verschränkung des Handelns und Erlebens konkret
handelnder Akteure in Interaktion und Kommunikation rekonstruierbaren *"Kommunikations-*
*systemen"*. Beide Systemtypen gründen auf Handlung und Erleben; eine handlungstheoretische Fundierung der Systemtheorie konstatiert deshalb sogar LUHMANN als Protagonist der
Systemtheorie.[23]

Ausgehend von dieser *Handlungsfundierung des Systembegriffes im Spannungsfeld von Kog-*
*nition und Kommunikation* liegen wesentliche Annäherungen an das Verhältnis von Hand-
lung, System und Kommunikation in einer (selektiven) Auswertung von fünf "Klassikern" der
Soziologie; ihre Beiträge liefern wichtige Meilensteine der Entwicklung, Darstellung von und
Auseinandersetzung mit systemtheoretischem Gedankengut:
- Max WEBER prägt grundlegende Begriffskonzeptionen: *"soziales Handeln"* als sinnhafte
  Orientierung bzw. Bezogenheit auf andere, *"Verstehen"* als Sinndeutung, *"Zweckratio-*
  *nalität"* als Beobachterkonstrukt, und *"soziale Beziehung"* bzw. *"Kollektivgebilde"* als
  (integriert-)systemische Vorläufer (Kap. C.II.1.);
- Talcott PARSONS erfaßt über seine explizit *handlungstheoretische Fundierung der Sy-*
  *stemtheorie* in der Konstitution von Interaktions- und Handlungssystemen die *konstrukti-*
  *vistische Basis der Systemtheorie*: Systembildung als analytische Systematisierung von
  Beobachtungen bis hin zu deren virtueller Repräsentation durch ein "internes Außenweltmodell" (Kap. C.II.2.);
- George Herbert MEAD thematisiert mit seiner Konzeption *"Symbolischen Interaktionis-*
  *mus' "* (Kap. C.II.3.): Bedeutungsentstehung und -vermittlung über Soziogenese durch
  Wahrnehmung, (Erleben) Bewußtseinsrepräsentation (Bedeutungszuschreibung = Orientierung) und Kommunikation (Bedeutungsvermittlung = Koordination);
- Jürgen HABERMAS löst das Problem der Handlungskoordination über ein *kommuni-*
  *katives Handlungsmodell* unter der Dichotomie Zweck/Kommunikation bzw. Erfolg/Ver-
  ständigung (Kap. C.II.4.); und
- Niklas LUHMANN als wichtigster Vertreter der neueren soziologischen (funktionalstrukturellen) System/Umwelt-Theorie löst das Problem der Orientierung unter dem zentralen
  Aspekt der *"Komplexitätsreduktion"* durch *Trennung von Erleben und Handeln* sowie *von*

---

[23]   Vgl. LUHMANN (1988a) S. 191 ("Die handlungstheoretische Fundierung [sozialer Systeme] kann als
       gegenwärtig vorherrschend angesehen werden. Sie scheint eine Möglichkeit zu bieten, subjektive und
       systemtheoretische Ausgangspunkte zu verknüpfen. (...) Soziale Systeme beruhen demnach auf einem Typ
       von Handlung oder auf einem Aspekt von Handlung, und über Handlung kommt sozusagen das Subjekt ins
       System.").

*System und Subjekt* und identifiziert dabei *"Kommunikation"*, verstanden als *anschließbare Selektivität*, als "Letztelement sozialer Systeme" (Kap. C.II.5.).

Als Pionier soziologischer Untersuchung und Begriffsbildung entwickelte Max WEBER ein anerkanntes Instrumentarium an Begriffen zur Analyse von "sozialem Handeln", "Orientierung", "Verstehen", "Rationalität" und "sozialer Beziehung", das in seinen Grundzügen auch zur begrifflichen Darstellung des Verhältnisses von Subjekt, Handlung, Erleben, Systembildung und (sozialer) Umwelt herangezogen werden kann.

## 1. Klassische Handlungstheorie nach WEBER: Soziales Handeln zwischen Sinndeutung und Handlungsorientierung

Max WEBER (1864-1920), der gemeinhin als Urvater der Organisationssoziologie und der Handlungstheorie bezeichnet wird,[24] suchte unter der Frage eines generalisierbaren Letztelements gesellschaftlicher Erscheinungsformen nach einer Konstitutionsbedingung für Organisation: "Das sowohl für Vergemeinschaftung wie auch für Vergesellschaftung gemeinsam konstitutive Element erblickte Weber im sozialen Handeln. Im Unterschied zu bloßem Verhalten zeichnet sich die Soziabilität (Vergesellung [sic]) durch sinnhafte Bezogenheit auf andere aus."[25]. Das im Mittelpunkt der Handlungstheorie WEBERs stehende *"soziale Handeln"* bildet die Grundlage für aus Interaktion und Kommunikation, d.h. aus wechselseitig aufeinander bezogenem und aneinander orientiertem "sozialem" Handeln und Erleben der beteiligten Akteure bestehende Kommunikationssysteme. Drei wesentliche Charakteristika machen soziales Handeln der Kompatibilität mit einem Systembegriff zugänglich:
- die Abgrenzung von "Handeln" und "Verhalten" über die Zurechnung eines *subjektiv gemeinten Sinnes*[26], allerdings immer durch einen Beobachter;
- die Abgrenzung "sozialen" Handelns von bloßem Handeln durch *Bezogenheit auf und Orientierung am Verhalten anderer*, allerdings durch Beobachtung[27];

---

[24] Vgl. KISS (1989) S.63, KIESER/KUBICEK (1978) S. 81, STEINMANN/SCHREYÖGG (1990) S. 41, JOAS (1991) S. 228: "Als Schlüsseltext soziologischer Handlungstheorie gelten zunächst die Definitionen, die Max Weber im Rahmen seiner 'Soziologischen Grundbegriffe' vorgelegt hat." WEBERs wesentliche Definitionen und Begrifflichkeiten finden sich in seinem Werk "Wirtschaft und Gesellschaft"; Zusammenfassungen der Analysen WEBERs finden sich bei KISS (1989) S. 63ff ("Soziales Handeln als Letztelement der Gesellschaft") und KIESER/KUBICEK (1978) S. 78ff. ("Der Bürokratieansatz").

[25] KISS (1989) S. 64. Vgl. KIESER/KUBICEK (1978) S. 84f. (H.i.O.): "Gegenstand soziologischer Analysen ist das *'soziale Handeln'* von Menschen", nach WEBER (1956) S. 1.

[26] Vgl. WEBER (1956) S. 1f. Bei HABERMAS (1988) S. 377 analog: "[Weber] bezieht 'Sinn' (...) auf Meinungen und Absichten eines zunächst isoliert vorgestellten Handlungssubjektes."

- die Konzeption einer "Zweckrationalität" des Handelns zur ursächlichen *Erklärung der Orientierung menschlichen Verhaltens* (neben anderen Bestimmungsgründen des Handelns wie "Wertrationalität", "Tradition" oder "Affekt"/"Emotion", die KISS allerdings nur als "idealtypische Kategorisierungen des soziologisch dekomponierten Zweckbegriffs" bezeichnet[28]).

(1) Über die Bedeutung des WEBERschen *"Sinn"*-Begriffes für soziales Handeln schreibt LUHMANN: "Für Weber ist soziales Handeln ein besonderer Fall von Handeln, bestimmt durch die sozial gerichtete Intention."[29] Diese wiederum werde bestimmt durch eine an der Leitdifferenz von Zweck und Mittel orientierten "Zweckrationalität", die LUHMANN aber als voluntaristisch bezeichnet.[30] LUHMANNs Einschätzung legt Zeugnis ab für eine häufig vertretene überspitzte intrasubjektiv-inhaltliche Auffassung der WEBERschen Sinn- und Zweckanalysen.[31] KISS präzisiert LUHMANNs Kritik in diesem Punkte:

> *"Luhmann* bestreitet zwar nicht den Verdienst und die idealtypische Brauchbarkeit des *Weberschen* Handlungskonzeptes, doch meint er, daß dieses Verständnis von sozialem Handeln nicht ausreicht, um die komplexe Struktur selektiver Verhaltensmöglichkeiten unter Bedingung hoher Komplexität begrifflich adäquat zu erfassen. (...) Im realen Verlauf von Entscheidungs- und Handlungsprozessen könne man die Handlungsvollzüge nur begrenzt dem vom Subjekt ursprünglich gemeinten Zweck zurechnen: Rational geltende Einzelhandlungen können nach *Luhmann* nur aus einem Handlungs*zusammenhang* erklärt und folglich nur Systemen zugerechnet werden."[32]

Diese Interpretation revidiert die Subjektkonstitution von Rationalität eigentlich im Sinne WEBERs: statt "aktiver" Handlungsintention "passive" Beobachtungsdeutung. Da Intentionen als Ausruck kognitiver Orientierung nicht ontologisch-objektiv feststellbar sind, kann eine Einzelhandlung nur durch Zurechnung zu einem orientierenden Handlungszusammenhang ("System") und dessen Rationalitätskriterium ("Sinngrenze") als rational gelten. In einer Art

---

27  Vgl. zu "sozialem Handeln" WEBER (1956) S. 11f. (ebd. S. 12 (H.i.O.): "Nicht am Verhalten des anderen orientiert sich dies Handeln, sondern d u r c h Beobachtung dieses Verhaltens"), KISS (1986) S. 70.

28  Vgl. WEBER (1956) S. 12f., KISS (1989) S. 65 ("Weber [entwickelt] die idealtypische Kategorisierung der Formen sozialen Handelns, denen der soziologisch dekomponierte Handlungsbegriff zugrunde gelegt wird: Zweck wird hier aus der Differenz zu den Mitteln gesehen, und das heißt, daß in der idealtypischen Konstruktion die Kriterien der Sinnhaftigkeit einzelner Handlungstypen am Maß ihrer Differenz zur 'reinen' Zweck-Mittel-Orientierung vorgenommen (...) werden. (...) Grundlegend bleibt dabei die traditionelle Vorstellung von der Zweckgerichtetheit menschlichen Verhaltens." Ebd. S. 171: "Hatte also Weber die sinnhafte Einheit des Handelns aus der Rationalität herstellen wollen (...)").

29  LUHMANN (1988a) S. 191.

30  Vgl. LUHMANN (1984) S. 592

31  Diesen Sachverhalt, nämlich die konkrete Erfassung der Intentionen oder Interessen, bezeichnet SCHIMANK (1988) S. 621 als "allgemeinen Mangel subjekt- oder akteurbezogener Handlungstheorien": "Es besteht eine unüberbrückbare Kluft zwischen der abstrakten Modellvorstellung des rational interessenverfolgenden Akteurs auf der einen und empirisch konkretisierten Interessenausprägungen auf der anderen Seite." KISS (1986) S 70 spricht in diesem Zusammenhang von allenfalls der "Möglichkeit, den dem Subjekt zugeschriebenen Sinn der Handlung als gemeinten Sinn zu unterstellen".

32  KISS (1986) S. 70f. (H.i.O.).

von Überreaktion zieht LUHMANN (nach KISS) hieraus die "Erkenntnis, daß das eigentliche Problem der Handlungstheorie nicht die Festlegung bzw. bindende Orientierung an Werten, Normen und Zielen sei, sondern die Analyse von Prozessen, die unter dem Druck der Umweltkomplexität Systeme dazu zwingen, ihre Elemente, die Handlungen (...) zu ordnen"[33]. Die Konstitution einer bestimmten systematischen Handlungsorientierung als "Sinn" bzw. "Intention" und die Motivation zu deren Befolgung wird als zentrales Problem der *Handlungstheorie* behandelt; in Abkehr von diesem Verständnis hin zum anderen Extrem wird "Handeln" in der LUHMANNschen *Systemtheorie* unabhängig vom Subjekt, von der Intention oder der Zweckrationalität des Handelnden, als reine *Zuordnungskategorie* konzipiert.[34] LUHMANN mag in dieser Absicht über sein Ziel hinausgeschossen sein; die Elimination des Subjekts bzw. des Akteurs hebt dessen prinzipielle Existenz und Notwendigkeit als Handlungsträger nur nominal auf. Das Ignorieren des über den intrasubjektiven Sinnbegriff mitformulierten Kontingenzproblems über reine Kontextzurechnung löst das Problem der Autonomie nur scheinbar.

Ursächlich für dieses *Dilemma von Autonomie (Handlung) und Kontext (System)* ist die *fehlende Unterscheidung zwischen Handlung und Erleben*, die beide ein Subjekt bzw. einen Akteur als Handlungsträger und Beobachter voraussetzen. "Sinn" und "Zweckrationalität" nehmen dann über "Verstehen" und "Deutung" als Beobachtung und Kognition den Charakter von *Beobachterkategorien* an. Dies kommt in der Terminologie der "Methodischen Grundlagen" WEBERs zum Ausdruck, der sich der Schwierigkeit einer intrasubjektiven Intentions- oder Sinnerfassung durchaus bewußt ist: "Soziologie (...) soll heißen: eine Wissenschaft, welche soziales Handeln deutend verstehen (...) will"[35]. Auch KISS[36] interpretiert diesen expliziten Bezug WEBERs auf Beobachtung und Deutung als Trennung von außenwirksamer Handlung (Beobachtbarkeit) und interner Kognition sowohl beim "aktiv" Handelnden ("Gemeintes") wie beim "passiv" Erlebenden (Deutung) mit dem Bindeglied "Beobachtung". In Vermittlung zwischen WEBER und LUHMANN muß die Beschreibung subjektiver Intention bzw. intendier-

---

[33]   KISS (1986) S. 71.

[34]   Vgl. KISS (1986) S. 69: "Der (...) innovative Beitrag Luhmanns zur Reorientierung der Soziologie (...) zielt nach 'unten': auf eine konsequent systemtheoretische Fassung des Handlungskomplexes." Und ebd. S. 75 (H.i.O.): "Nach Luhmann ist es also falsch, Selektionsleistungen - die Formen sinnhafter Erlebnisverarbeitung, d.h. die Reduktion von Komplexität (...) - *einem* Subjekt bzw. *dem* individuellen actor zuzurechnen."

[35]   WEBER (1956) S. 1.

[36]   Vgl. KISS (1989) S. 65: "Die eigentliche Aufgabe der Soziologie sollte darin bestehen, diesen Ablauf zu *beobachten* und ihn aus dem jeweils subjektiv gemeinten Sinn der an ihm beteiligten Subjekte zu *deuten*. Sinndeutung setzt aber die Deutbarkeit des Gemeinten, und die Deutbarkeit des Gemeinten Verstehbarkeit für den Beobachtenden voraus. Um nicht ins Psychologisieren abzurutschen, zieht Weber eine scharfe Trennlinie zwischen beobachtbarem, auch für den Beobachter verständlichem Sinn des subjektiv Gemeinten und jenen Sinnvorgängen, die von Außenstehenden nicht mehr zugänglich sind und demzufolge in den Bereich der Individualpsychologie gehören." (H.v.V.).

ten Sinns oder Zwecks *eines Handelnden* ex post immer in Abhängigkeit von Beobachtung und subjektivem Verstehen bzw. Deutung (Kognition) *durch einen Erlebenden* erfolgen.[37] Über die Orientierung sowohl des Handelnden als auch des Erlebenden wirkt der Systembegriff.

---

**Abb. 13: Methodische Grundlagen der Soziologie nach WEBER**

## I. Methodische Grundlagen

1. 'Sinn' ist hier entweder a) der tatsächlich α. in einem **historisch gegebenen** Fall von einem Handelnden oder β. **durchschnittlich und annähernd** in einer gegebenen Masse von Fällen von den Handelnden oder b) in einem **begrifflich konstruierten** r e i n e n  Typus von dem oder den **als Typus g e d a c h t e n** Handelnden subjektiv g e m e i n t e  Sinn. **Nicht etwa ein objektiv 'richtiger' oder ein metaphysisch begründeter 'wahrer' Sinn.** (...)

2. Die Grenze sinnhaften Handelns gegen ein bloß (...) reaktives, mit einem subjektiv gemeinten Sinn nicht verbundenes, Sichverhalten ist durchaus flüssig. (...) **Sinnhaftes, d.h. verstehbares, Handeln** liegt in manchen Fällen psychophysischer Vorgänge gar nicht, in andren nur für den Fachexperten vor; mystische und daher in Worten nicht adäquat kommunikable Vorgänge sind für den solchen Erlebnissen nicht Zugänglichen nicht voll verstehbar. (...) Die volle 'Nacherlebbarkeit' ist für die Evidenz des Verstehens wichtig, nicht aber absolute Bedingung der Sinndeutung. **Verstehbare und nicht verstehbare Bestandteile eines Vorganges sind oft untermischt und verbunden.**

3. Alle **Deutung** strebt, wie alle Wissenschaft überhaupt, nach 'Evidenz'. (...) Rational evident ist auf dem Gebiet des Handelns vor allem das in seinem gemeinten Sinnzusammenhang restlos und durchsichtig i n t e l l e k t u e l l  Verstandene. Einfühlend evident ist am Handeln das in seinem erlebten G e f ü h l s z u s a m m e n h a n g  voll Nacherlebte. (...) **Hingegen manche letzten 'Zwecke' und 'Werte', an denen das Handeln eines Menschen erfahrungsgemäß orientiert sein kann, vermögen wir sehr oft n i c h t  voll evident zu verstehen, sondern unter Umständen zwar intellektuell zu erfassen, dabei aber andrerseits, je radikaler sie von unseren eigenen letzten Wertungen abweichen, desto schwieriger uns durch die einfühlende Phantasie n a c h e r l e b e n d  verständlich zu machen.** Je nach Lage des Falles müssen wir dann uns begnügen, sie nur i n t e l l e k t u e l l  zu deuten, oder unter Umständen, wenn auch das mißlingt, geradezu: sie als Gegebenheiten einfach hinnehmen, und aus ihren soweit als möglich intellektuell gedeuteten oder soweit möglich einfühlend annäherungsweise nacherlebten Richtpunkten den Ablauf des durch sie motivierten Handelns uns verständlich machen. (...)

5. **Verstehen** kann heißen: 1. das a k t u e l l e  Verstehen des gemeinten Sinnes einer Handlung (einschließlich: einer Aeußerung). (...) - Verstehen kann aber auch heißen: 2. **e r k l ä r e n d e s Verstehen.** Wir 'verstehen' m o t i v a t i o n s m ä ß i g , welchen Sinn derjenige (...) damit verband, daß er dies gerade jetzt und in diesem Zusammenhang t a t (...), das heißt: einen uns verständlichen Sinn z u s a m m e n h a n g  gewinnt (rationales Motivationsverstehen). (...) All dies sind verständliche S i n n z u s a m m e n h ä n g e , deren Verstehen wir uns als **ein E r k l ä r e n des** tatsäch-

---

[37]     Vgl. SCHERER (1992) S. 190: "Betrachtet ein Betrachter (...) die Handlungen anderer, so wird er versuchen, diese Handlungen zu deuten, indem er Zwecke hinzudenkt, die durch die betrachtete Handlung erreicht werden sollen. Diese Zwecke geben der Handlung Sinn, sie liefern dem Interpreten zunächst Gründe, warum ein Handelnder so und nicht anders handelt." Zweck ist auch hier "Beobachterkategorie", die nur ex post unterstellt und allenfalls kommunikativ validiert werden kann.

**lichen Ablaufs des Handelns** ansehen. **'Erklären'** bedeutet also für eine mit dem Sinn des Handelns befaßte Wissenschaft soviel wie: **Erfassen des Sinn z u s a m m e n h a n g s , in den, seinem subjektiv gemeinten Sinn nach, ein aktuell verständliches Handeln hineingehört.** (...) In all diesen Fällen, auch bei affektuellen Vorgängen, wollen wir den subjektiven Sinn des Geschehens, auch des Sinnzusammenhanges, als 'gemeinten' Sinn bezeichnen. (...)

6. **'Verstehen' heißt in all diesen Fällen: deutende Erfassung: a) des im Einzelfall real** gemeinten (bei historischer Betrachtung) oder b) des **durchschnittlich und annäherungsweise** gemeinten (bei soziologischer Massenbetrachtung) oder c) des für den **r e i n e n** Typus (Idealtypus) einer häufigen Erscheinung **wissenschaftlich zu konstruierenden ('idealtypischen') Sinnes oder Sinnzusammenhangs.** (...)

Jede Deutung strebt zwar nach Evidenz. Aber eine sinnhaft noch so evidente Deutung kann als solche und um dieses Evidenzcharakters willen noch **nicht beanspruchen: auch die kausal g ü l - t i g e** Deutung zu sein. Sie ist stets an sich nur eine besonders evidente kausale **H y p o - t h e s e .**

7. **'Motiv' heißt ein Sinnzusammenhang, welcher dem Handelnden selbst oder einem Beobachtenden als sinnhafter Grund eines Verhaltens erscheint.** (...)

Eine **r i c h t i g e** kausale **D e u t u n g** eines konkreten Handelns bedeutet: daß der äußere Ablauf und das Motiv **z u t r e f f e n d** und zugleich in ihrem Zusammenhang sinnhaft **v e r s t ä n d - l i c h** erkannt sind.

8. Vorgänge und Regelmäßigkeiten, welche, weil **unverstehbar,** im hier gebrauchten Sinne des Wortes nicht als soziologische Tatbestände oder Regeln bezeichnet werden, sind natürlich um deswillen **nicht etwa weniger w i c h t i g .** (...) Sie rücken nur, und dies allerdings methodisch ganz unvermeidlich, in eine andere Stelle als das verstehbare Handeln: in die von 'Bedingungen', 'Anlässen', 'Hemmungen', 'Förderungen' desselben. (...)

9. Handeln im Sinn sinnhaft verständlicher Orientierung des eignen Verhaltens gibt es für uns stets nur als Verhalten von einer oder mehreren **e i n z e l n e n** Personen. (...) **Für die Soziologie** (...) ist aber gerade der **S i n n** zusammenhang des Handelns Objekt der Erfassung. Das Verhalten der physiologischen Einheiten (...) können wir (dem Prinzip nach wenigstens) **zu beobachten oder aus Beobachtungen zu erschließen suchen, Regeln ('Gesetze') dafür gewinnen und Einzelvorgänge mit deren Hilfe kausal 'erklären',** d.h.: unter Regeln bringen.

Quelle: WEBER, Max: Wirtschaft und Gesellschaft: Grundriss einer verstehenden Soziologie, 4., neu herausgegebene Auflage, besorgt von Johannes Winckelmann, 1. Halbband, Tübingen 1956, S. 1ff. (gesperrte H.i.O./fette H.v.V.).

WEBER erläutert dies explizit in seinen *"Methodischen Grundlagen"*: (Intra-)Subjektiver Sinn oder Intention ist nicht direkt erkenn- oder erfahrbar, sondern nur über Beobachtung und Bedeutungszuschreibung durch den Erlebenden ("Deutung", "erklärendes Verstehen") oder Kommunikation des Handelnden ("aktuelles Verstehen"), die aber ebenfalls erlebt werden muß, erschließbar. Deshalb muß Handeln außenwirksam und beobachtbar sein und es muß erlebt werden. KISS stellt in diesem Sinne fest, WEBERs "subjektiv gemeinter Sinn" werde nur durch das "Zweck/Mittel-Schema" als analytische Beobachterkategorisierung verstehbar; daher interessiere

"dessen individuelle 'Entstehungsgeschichte' ihn [WEBER] deshalb nicht (...), weil er die soziale Wirklichkeit *empirisch-soziologisch und nicht psychologisch deuten* will (...).

*Soziologisch deutbar wird Sinn an 'Taten', an empirisch registrierbaren Handlungen* (...).

Die Frage ist nur, *inwieweit der Beobachter den gemeinten Sinn des einzelnen deutend verstehen kann;* inwieweit also die Verstehbarkeit 'sinnhaften Sichverhaltens' (= Handlung) für den

Soziologen deutbar wird. *Hier schlägt Weber (...) das Zweck/Mittel-Schema als Muster von Verstehen menschlichen Handelns vor, und zwar als idealtypisches Konstrukt, an dem die Abweichungen (...) zu messen seien.* (...) Erst am Typus der Zweckorientiertheit sei also Verstehbarkeit möglich, weil dem Beobachter nur nach der Deutung des 'gehabten' oder 'gemeinten subjektiven Sinns im Sichverhalten (...)' eine ursächliche Erklärung möglich wird."[38]

WEBER selbst relativiert seine idealtypische "Konstruktion zweckrationalen Handelns" als *methodisches Mittel*[39] der Kategorisierung und Einordnung zu Orientierungszwecken (etwa in Analogie zur Systembildung über Systematisierung von Handlungen bei PARSONS oder zur binären Codierung in "rational"/"irrational" bei LUHMANN). In Übereinstimmung mit einem Sozialsystembegriff definiert WEBER dann "Gesellschaft" über Wert- und Zweckrationalität des sozialen Handelns.[40] Es fällt nicht schwer, diese Vorgehensweise auf beliebige soziale Systeme auszudehnen, wie WEBER dies unter dem Begriff "Vergemeinschaftung" über "subjektiv gefühlte Zusammengehörigkeit der Beteiligten" andeutet.

HABERMAS hält dagegen die beiden Aspekte "Sinn" und "soziales Handeln" in der *Antinomie "monologisch" und "kommunikativ"* für unverträglich:[41] WEBER setze nicht an einer sozialen Beziehung an, sondern halte nur die Zweck-Mittel-Beziehung einer teleologisch vorgestellten monologischen Handlung für rationalisierungsfähig. HABERMAS vernachlässigt dabei die bei WEBER implizierte Unterscheidung von Handelndem und Erlebendem und die Bedeutung des Beobachters für Sinndeutung und Verstehen. Die Kritik geht ins Leere, wenn man die Kategorie "subjektiver Sinn" als "vorkommunikative Handlungsabsicht"[42] des Handelnden ("aktiv": Intention) ansieht, die über ihren außenwirksamen Ausfluß, die Handlung,

---

[38]   KISS (1989) S. 168f. (H.v.V.). Vgl. KIESER/KUBICEK (1978) S. 105: "Der Deutungsansatz, den Weber in seinen methodologischen Ausführungen formuliert, stellt (...) *Deutung von Handlung über Handlungszwecke* dar. Auch für ihn ist die Rationalitätsannahme der Schlüssel zum Verständnis des gemeinten Sinns von Handlungen (...). Daher finden wir bei Weber auch keine logisch stringenten Ableitungen von Handlungen aus Zwecken der Handelnden." (H.i.O.).

[39]   Vgl. WEBER (1956) S. 3: "Die *Konstruktion eines streng zweckrationalen Handelns* also dient (...) als *T y p u s ('Idealtypus')*, um das reale, durch Irrationalitäten aller Art (Affekte, Irrtümer) beeinflußte Handeln als 'Abweichung' von dem bei rein rationalem Verhalten zu gegenwärtigenden Verlaufe zu verstehen. ( . . . ) . *Dies Verfahren darf aber natürlich nicht als ein rationalistisches Vorurteil der Soziologie, sondern nur als methodisches Mittel verstanden und also nicht etwa zu dem Glauben an die tatsächliche Vorherrschaft des Rationalen über das Leben umgedeutet werden.* Denn darüber, inwieweit in der Realität rationale Zweckerwägungen das t a t s ä c h l i c h e  Handeln 'bestimmen, und inwieweit nicht, soll es ja nicht das Mindeste aussagen." (gesperrte H.i.O./kursive H.v.V.).

[40]   Vgl. WEBER (1956) S. 21. Ein Hinweis auf eine Systeminterpretation von WEBERs "Vergemeinschaftung" und "Vergesellschaftung" findet sich bei HABERMAS (1988a) S. 449: "Weber [untersucht] die Rationalität der Handlungssysteme allein unter dem Aspekt der Zweckrationalität".

[41]   Vgl. HABERMAS (1988) S. 377ff. ("Weber führt zunächst 'Sinn' als handlungstheoretischen Grundbegriff ein und *unterscheidet Handlungen von beobachtbarem Verhalten* mit Hilfe dieser Kategorie (...). Dabei hat Weber keine Bedeutungstheorie, sondern eine *intentionalistische Bewußtseinstheorie* im Rücken. Er (...) bezieht 'Sinn' (...) auf Meinungen und Absichten eines zunächst isoliert vorgestellten Handlungssubjekts." H.v.V.) und HABERMAS (1988a) S. 449ff. (insbes. zum Unterschied von Zweck- und Systemrationalität).

[42]   Vgl. HABERMAS (1988) S. 378f. ("Weber geht also von einem teleologischen Handlungsmodell aus und bestimmt den 'subjektiven Sinn' als eine (vorkommunikative) Handlungsabsicht").

durch das Erleben und die kognitive Verstehensleistung eines Beobachters ("passiv": Deutung, Kategorisierung) "verstanden", d.h. mittels Rationalitätsbeurteilung rekonstruiert, wird. Kommunikation zielt daran anschließend auf intersubjektiven Abgleich von Sinnkriterien über rekursive Simultanität von Handlung und Erleben zur Erzeugung gemeinsamer Orientierungen bzw. Koordinierung.

Insgesamt erscheint der Nutzen einer Unterscheidung von Handeln und Verhalten über intrasubjektiv intendierten Handlungssinn unter der Prämisse einer Beobachtungsabhängigkeit zweifelhaft: *ex-post-Rationalisierungsversuche eines Erlebenden sagen nichts über einen ex ante tatsächlich intendierten Sinngehalt des Handelnden aus.* "Über das ["aktiv", d. Verf.] denkende Subjekt wird Sinn und Handlung quasi simultan manifest, so daß es in diesem Sinn kein sinnloses Handeln geben kann. Solange man etwas tut, ist dieses Handeln mit einem von dem Ausführenden gemeinten subjektiven Sinn verbunden. Handlungsgrenzen fallen also mit Sinngrenzen zusammen."[43] (KISS). Festzuhalten bleibt dagegen die grundsätzliche *Möglichkeit der Analyse von Verhalten* (durch Beobachter) als (Einzel-)Handlungen über zugeschriebenen Sinngehalt bzw. über Sinnabgrenzung und Rationalisierung.

Andererseits muß auch Erleben, als Beobachtung und insbesondere als interne Kognition über das Attribut "passiv" vom außenwirksamen, "aktiven" Handeln abgegrenzt, als subjektiv sinngeleitete Handlung angesehen werden. Eine Unterscheidung zwischen "subjektivem Erleben" (autonome Beobachtung und Beobachtungsverarbeitung) und (intersubjektiv beobachtbarem) "sozialem Handeln" ist für die Thematisierung beobachtungsabhängiger Orientierung und Koordination wesentlicher als die intentionsabhängige Unterscheidung Handeln - Verhalten. *Die beiden Handlungstypen "Handeln" und "Erleben" berühren sich im Aspekt der Orientierung: Erleben führt zu handlungsleitenden Intentionen, Zielen oder Strategien auf der Basis eines internen Umweltmodells, und außenwirksames Handeln erzeugt eine soziale Umwelt, die im Erleben über (Handlungs-)Systembildung erfaßt, rekonstruiert und verstanden werden muß.* Die Orientierung muß sich nicht außenwirksam darstellen, sie kann sogar absichtlich verborgen werden (man denke etwa an Strategiespiele, in denen der Erfolg auch von einer Verschleierung der eigenen Handlungsabsicht abhängt).

(2) Soziales Handeln erfolgt in der Regel im Bewußtsein seiner grundsätzlichen Beobachtbarkeit und Beobachtungsabhängigkeit "an anderen orientiert und auf andere bezogen"; WEBERs Begriff stellt auf diese Weise einen Bezug zu "kommunikativem" oder "Kommunikationshandeln" her, welches sich als auf andere bezogenes Handeln zum Zwecke der Entschlüsselung bzw. Mitteilung beschreiben läßt; *"Kommunikation"* läßt sich dann über dessen gegen-

---

43  KISS (1989) S. 169. In diesem Zusammenhang fallen auch erste Hinweise, daß über die autonome Sinnsetzungskompetenz des "handelnden Subjektes" eine grundlegende "Handlungssystemabgrenzung" erfolgen kann, nämlich die des "personalen Systems" mit allen seinen Handlungen.

seitige und iterative Form als "Beobachtung von Beobachtungen (von Handlungen)" erfassen (vgl. Kap. C.III.). Ein so verstandener Kommunikationsaspekt manifestiert sich bei WEBER in der Konfiguration einer *"sozialen Beziehung"*.

---

**Abb. 14: "Soziale Beziehung" nach WEBER**

§ 3. Soziale 'Beziehung' soll ein seinem Sachverhalt nach **aufeinander gegenseitig e i n g e - s t e l l t e s und dadurch orientiertes Sichverhalten mehrerer** heißen. Die soziale Beziehung **b e s t e h t** also durchaus und ausschließlich. in der **C h a n c e** , daß in einer (sinnhaft) angebbaren Art sozial gehandelt wird, einerlei zunächst: worauf diese Chance beruht.

1. Ein **Mindestmaß von Beziehung des b e i d e r seitigen Handelns a u f e i n a n d e r** soll also Begriffsmerkmal sein. **Der Inhalt kann der allerverschiedenste sein:** Kampf, Feindschaft, Geschlechtsliebe, Freundschaft, Pietät, Marktaustausch, 'Erfüllung' oder 'Umgehung' oder 'Bruch' einer Vereinbarung, (...) ständische oder nationale oder Klassengemeinschaft (...).

2. (...) Die soziale Beziehung **b e s t e h t**, auch wenn es sich um **sogenannte 'soziale Gebilde', wie 'Staat', 'Kirche', 'Genossenschaft', 'Ehe'** usw. handelt, ausschließlich und lediglich in der **C h a n c e , daß ein seinem Sinngehalt nach in angebbarer aufeinander eingestelltes Handeln stattfand, stattfindet oder stattfinden wird.** Dies ist immer festzuhalten, um **eine 'substanzielle'** [sic!] **Auffassung dieser Begriffe zu vermeiden.** Ein 'Staat' hört z.B. soziologisch zu 'existieren' dann auf, sobald die **C h a n c e** , daß bestimmte Arten von sinnhaft orientiertem Handeln ablaufen, geschwunden ist. (...)

3. Es ist in keiner Art gesagt: daß die an einem aufeinander eingestellten Handeln Beteiligten im Einzelfall **den g l e i c h e n Sinngehalt in die soziale Beziehung legen** oder sich sinnhaft entsprechend der Einstellung des Gegenpartners innerlich zu ihm einstellen, daß also in d i e s e m Sinn 'Gegenseitigkeit' besteht. (...) Dann verbinden eben die Beteiligten mit ihrem Handeln einen verschiedenen Sinn: **die soziale Beziehung ist insoweit von beiden Seiten objektiv 'einseitig'.** (...)

4. Eine soziale Beziehung kann **ganz vorübergehenden Charakters sein oder aber auf Dauer**, d.h. derart eingestellt sein: daß die Chance einer kontinuierlichen W i e d e r k e h r eines sinnentsprechenden (d.h. dafür geltenden und demgemäß erwarteten) Verhaltens besteht. **Nur das Vorliegen dieser Chance:** - der mehr oder minder großen W a h r s c h e i n l i c h k e i t also, daß ein sinnentsprechendes Handeln stattfindet, und n i c h t s darüber hinaus - **bedeutet der 'B e s t a n d ' der sozialen Beziehung**, was zur Vermeidung falscher Vorstellungen stets gewärtig zu halten ist. Daß eine 'Freundschaft' oder ein 'Staat' b e s t e h t oder bestand, bedeutet also ausschließlich und allein: **wir (die B e t r a c h t e n d e n )** urteilen, daß eine **C h a n c e** vorliegt oder vorlag: daß auf Grund einer bestimmt garteten Einstellung bestimmter Menschen in einer einem d u r c h - s c h n i t t l i c h g e m e i n t e n Sinn nach angebbaren Art g e h a n d e l t wird, und sonst gar nichts (...).

5. **Der Sinngehalt einer sozialen Beziehung kann wechseln** (...).

6. Der Sinngehalt, welcher **eine soziale Beziehung p e r e n n i e r e n d** konstituiert, kann in 'Maximen' formulierbar sein, deren durchschnittliche oder sinnhaft annähernde Innehaltung die Beteiligten von dem oder den Partnern **e r w a r t e n** und an denen sie ihrerseits (durchschnittlich oder annähernd) ihr Handeln **orientieren.** (...)

7. Der Sinngehalt einer sozialen Beziehung kann **durch gegenseitige Zusage v e r e i n b a r t** sein. Dies bedeutet: daß die daran Beteiligten für ihr künftiges Verhalten (sei es zueinander, sei es sonst) V e r s p r e c h u n g e n machen.

---

Quelle: WEBER, Max: Wirtschaft und Gesellschaft: Grundriss einer verstehenden Soziologie, 4., neu herausgegebene Auflage, besorgt von Johannes Winckelmann, 1. Halbband, Tübingen 1956, S. 13f. (gesperrte H.i.O./fette H.v.V.).

Diese "sozialen Beziehungen" oder "sozialen Gebilde" stellen als *wechselseitig aufeinander bezogenes soziales Handeln mehrerer Personen für gewisse Dauer* einen starken Bezug zur *Vorstellung von Kommunikationssystem bzw. indirekten Steuerungskontexten* her: "Soziale Beziehungen" als erlebte Sinnzusammenhänge von wechselseitig aufeinander bezogenen, d.h. koordinierten sozialen oder kommunikativen Handlungen mehrerer Personen werden ohne substanziellen Gehalt lediglich über die gemeinsame Orientierung manifest.[44] Noch deutlicher wird der Charakter der sozialen Beziehung als Sozialsystem im Begriff des "*sozialen Gebildes*", dessen Merkmale sich systemisch interpretieren lassen:

- Die "Chance, daß in einer sinnhaft angebbaren Art sozial gehandelt wird" entspricht der *Erwartungsstruktur* im gegenseitig aufeinander bezogenen Handeln; diese ermöglicht, durch Selektion von Handlungsmöglichkeiten Orientierung, erhält aber die Autonomie des Handelns als Entscheidung.[45]

- Die soziale Beziehung ist analog zur Systemdefinition bis auf ihre Orientierungsfunktion für das soziale Handeln und Erleben *inhaltlich oder thematisch offen bzw. nicht weiter spezifiziert* ("der Inhalt kann der allerverschiedenste sein") und somit für beliebige Zusammenhänge anwendbar.

- Eine soziale Beziehung besteht nur in der *kognitiven Zurechnung* sinnhaft abgegrenzter Handlungen im Erleben ("die Betrachtenden urteilen, ob eine Chance vorliegt oder vorlag..."), *ohne physische Existenz* bzw. "substantielle Ausprägung"; sie hat eine *gewisse Permanenz* ("vorübergehend oder auf Dauer") und löst sich bei Beendigung der Handlungszurechnung auf ("hört soziologisch zu existieren auf"). Dies entspricht der Orientierungs- und Koordinationswirkung sozialer Systeme durch kognitive Strukturierung.

- Der "Sinngehalt kann wechseln", im Rahmen einer dem oder den Systemkonstituenten *verfügbaren Abgrenzungsstrategie* zur Bestandssicherung, und

- der Sinngehalt der sozialen Beziehung kann zum Zwecke "perennierender Konstitution", d.h. dauerhaft erlebbarer Koordinationswirkung, durch "Formulierung von Maximen" im Sinne formaler Organisation oder "durch gegenseitige Vereinbarung bzw. Versprechungen" im Sinne vertraglicher Fixierung *kommunikativ verfestigt* werden.[46]

Nach dieser Interpretation "sozialer Beziehungen" oder "sozialer Gebilde" kann Max WEBER als direkter Vorläufer einer zu formulierenden integrierten Systemtheorie angesehen werden, wenngleich er das Wort "System" nicht ausdrücklich verwendet.

---

[44] Diese Interpretation erfolgt keineswegs willkürlich, so etwa auch bei WILLKE (1987) S. 30: "Da soziale Systeme nicht aus konkreten Menschen, sondern aus Kommunikationen bestehen, kann im Anschluß an Max Weber die gemeinsame sinnhafte Orientierung wechselseitig verstehbaren Handelns als Grundbedingung eines systemischen Zusammenhangs von Interaktionen betrachtet werden."

[45] Vgl. z.B. LUHMANN (1984) S. 592, SINGER (1976) S. 145.

[46] Vgl. SINGER (1976) S. 145: "Durch Erwartungsgeneralisierung werden Handlungen stabilisiert (normiert), einander zugeordnet und von anderen Handlungsmöglichkeiten abgegrenzt. Systembildung heißt daher Grenzziehung gegenüber der Vielzahl von Handlungsmöglichkeiten, die die Umwelt des Systems ausmachen. Diese Grenzziehung wird durch Stabilisierung und Konsolidierung von Erwartungen erreicht."

Unter Bezugnahme auf WEBERs Handlungsbegriff führt Talcott PARSONS den analytischen Begriff des *"Handlungssystems"* bzw. des *"Sozialsystems"* in die soziologische Theoriebildung ein. Stärker als der Ansatz LUHMANNs entwickelt PARSONS den Aspekt der Handlungssystematisierung, der Rekonstruktion der sozialen Umwelt über interne Umweltmodellbildung und des Interaktionssystems reziproker Erwartungen (jedoch ohne Bezug auf Kommunikation) im Sinne einer Systembildung über Erleben und Handeln, auch wenn dessen weit ausformuliertes System von Analysekategorien wie z.B. "Allgemeines Handlungssystem", "Sozialsystem" etc. unberücksichtigt bleibt.

## 2. "Handlungs-Systemtheorie" nach PARSONS: Handlungssysteme als analytische Systematisierungen

Talcott PARSONS (1902-1979) gilt neben LUHMANN als wichtigster Vertreter und Begründer der funktionalen soziologischen Systemtheorie[47]. Wesentliches Kennzeichen seiner Systemtheorie und gleichzeitig grundlegender Unterschied zu LUHMANN ist der Zugang über empirisch gegebene Handlungen und insofern über die allgemeine Handlungstheorie. PARSONS begreift Sozialsysteme als im eigentlichen Sinne *"Handlungs-Systeme"* zur *Handlungsorientierung*.[48] LUHMANN interpretiert PARSONS sinngemäß ("Soziale Systeme beruhen demnach [für Parsons] auf einem Typ von Handlung oder auf einem Aspekt von Handlung, und über Handlung kommt sozusagen das Subjekt ins Spiel."[49]), und auch für HABERMAS stellt PARSONS' Gesellschaftstheorie einen Anschluß der Systemtheorie an die Handlungstheorie (vice versa) dar.[50] Von dieser Problemstellung her ist auch die Bedeutung PARSONS' für die Rekonstruktion des Zusammenhangs von Handlung, Orientierung und Ko-

---

[47]  Vgl. z.B. WILLKE (1987) S. 3, JOAS (1991) S. 228, RONGE (1991) S. 607, KISS (1986) S. 59, SINGER (1976) S. 145, HABERMAS (1988a) S. 297.

[48]  Vgl. WILLKE (1978) S. 381: "Immer aber liegt bei PARSONS der Fokus auf der Handlung, und das System gibt die Rahmenbedingungen für unterschiedliche Ausprägungen des Handelns vor. Etwas plakativ formuliert kann man sagen, daß er eine Allgemeine Handlungstheorie anstrebt, nicht aber eine Allgemeine Systemtheorie", obwohl "es gerade PARSONS war, der die soziologische Systemtheorie entwickelte auf der Grundlage der eigenständigen Bedeutung des Systems" (H.i.O.). Die Aussagen über den Bezug PARSONS' zur Handlungstheorie finden sich wiederholt auch in JENSENs Interpretationen, so z.B. JENSEN (1976) S. 20 und (1976a) S. 161f., in der "Zusammenfassung (Stefan Jensen)": "Die Theorie der Sozialsysteme gehört in den allgemeinen Zusammenhang der Handlungstheorie."

[49]  LUHMANN (1988a) S. 191. Vgl. KISS (1986) S. 75.

[50]  Vgl. HABERMAS (1988a) S. 299, 303.

ordination bzw. Steuerung erkennbar:[51] Ausgehend vom Handlungsbegriff WEBERs fragt PARSONS unter einer Zielsetzung der Formulierung einer umfassenden Theorie menschlichen Handelns nach der *Entstehung zweckgerichteten subjektiven Sinns, subjektiver Orientierung*. Deren Motive vermutet er *in intersubjektiven gesellschaftlichen Orientierungsmustern*, die die Handlungen der Akteure über generalisierte Erwartungsmuster in Institutionen und Rollen steuern: "Die Explikation von Handlung verlagerte sich damit von der subjektbezogenen 'Orientierung am fremden Verhalten' auf die Orientierung an der normativen Umwelt bzw. an dem sozialen Kontext des 'individual actor'-s".[52]

Schon WEBER ist sich der Orientierungsfunktion "normativer Umwelt" bzw. "sozialer Kontexte" durchaus bewußt;. Dies zeigt seine *Begriffskonzeption "sozialer" oder "Kollektivgebilde"* als "Vorstellungen in den Köpfen von teils Seiendem, teils Geltensollendem"[53], die einer Systemkonfiguration der Orientierung durch kognitive Umweltmodelle, durch virtuelle Repräsentation der Umwelt im Erleben, entsprechen. Diese "Vorstellungen in den Köpfen" entfalten durch ihre Orientierungsfunktion über (inter-)subjektive Anerkennung (nicht im Sinne von Einverständnis, sondern von Erwartungsbildung und Entscheidung) koordinative bzw. steuernde Wirkung und damit Realitätscharakter nach dem Thomas-Theorem. Die intersubjektive Geltung solcher kollektiver Orientierungen bleibt jedoch immer abhängig von der Beobachtbarkeit und Deut- bzw. Verstehbarkeit der sie vermittelnden "aktiven" Handlungen sowie vom subjektiven Beobachtungs- und Rekonstruktionspotential der "passiv" Erlebenden. Der Gedanke einer Umorientierung von der Handlungstheorie (subjektive Orientierung) hin zur Systemtheorie (sozialer Kontext) bei PARSONS muß somit unter der Prämisse der Beobachtungs- und Kognitionsabhängigkeit einer Konstitution von Handlung relativiert werden zu einer Weiterentwicklung und begrifflichen Vertiefung der "Methodischen Grundlagen" WEBERs.[54]

(1) PARSONS versteht "*Handeln*" als menschliches Sozialverhalten, das durch "*Interaktion*", d.h. gemeinsames Handeln mit anderen, und "*Intentionalität*", d.h. Orientierung über eine durch Interaktion erworbene symbolische Sinnwelt, gekennzeichnet sei. Deshalb seien Sozialsysteme bei PARSONS immer "*Interaktionssysteme*", die aus der gegenseitigen Verschrän-

---

51  Vgl. HABERMAS (1988a) S. 301f.: "Parsons' Ausgangsfrage, wie Gesellschaft als geordneter Zusammenhang von Handlungen möglich ist, begründet einen Einsatz beim Problem der Handlungskoordination."

52  KISS (1989) S. 66 (H.i.O.). Vgl. ebd.: "Die Problematik des subjektiv gemeinten Sinns wird hier nicht mehr in erster Linie als Resultat subjektiver Sinnsetzung, sondern aus der Perspektive der *motivationalen Orientierung* am Wertsystem einer jeden Gesellschaft - also im *normativen Charakter von Handlungen* - gesehen. Die Strukturierung ihrer generalisierten Erwartungsmuster in Institutionen, Rollen und spezifischen Situationen bilde jenen Mechanismus, der Handlungen steuert."

53  Vgl. WEBER (1956) S. 7.

54  Vgl. einen ähnlich zu interpretierenden Kommentar von HABERMAS (1988a) S. 303.

kung der aufeinander bezogenen Handlungen konkreter Menschen als Subjekte in jeweils situativen Handlungszusammenhängen, in denen auf gegenseitige Erwartungen mit Handlungen bzw. Entscheidungen reagiert wird und in denen jeder Akteur sowohl Handelnder als auch Beobachtungsobjekt ist, bestehen.[55] Damit konstruiert PARSONS implizit einen (intersubjektiven) Interaktionszusammenhang von Orientierung (Intentionalität), Handeln (Interaktion) und Erleben (Beobachtung), der sich auf den WEBERschen Begriff "soziales Handeln" bezieht und mit dem Systemtyp "Kommunikationssystem" korrespondiert. Gegenüber WEBERs Beobachterkategorie "Zweckrationalität" betont PARSONS "sozial vermittelten" Sinn; dafür wechselt der Fokus der Betrachtung von Erleben ("Beobachtung", "deutendes Verstehen") zu Interaktion ("soziale Beziehung", "Kollektivgebilde").[56] Die Frage nach inhaltlichen Ausprägungen der Sinnentstehung wird bei PARSONS umgangen; dazu "führte er den Begriff *Intention* für generelle Eigenschaften von Handlungen ein (...), die nur das 'Hineinlegen' von subjektiven Sinnentwürfen in soziale Kontexte bedeuten sollte."[57] Orientierung durch soziale Kontexte bedeutet bei PARSONS zunächst wechselseitige Beobachtung und subjektive Intentions- oder Sinnzuschreibung durch den Beobachter (Handlungssystembildung), die in Interaktionen (Kommunikationssystemen) aktualisiert wird; in diesem Sinne konkretisiert PARSONS die analytische Trennung von Kognition und Interaktion bzw. Kommunikation in der Systembildung.

(2) Auf die Bedeutung subjektiver Kognition zur Konstitution einer Orientierung für den angestrebten (Handlungs- und Kommunikations-)Systembegriff verweist vor allem *PARSONS' "Prinzip der Systembildung" als analytische Verarbeitung empirisch beobachtbaren und beobachteten Handelns im Rahmen von internen Modellen.* Handlungen sind immer Handlungen einzelner konkreter Menschen in konkreten Interaktionssituationen.[58] Zur Orientierungskonstitution werde ein *Sinnhorizont* aufgebaut, der aus einzelnen Handlungen oder Verhaltenselementen jeweils Komplexe (Kategorien) bildet, die als Einheit erfaßt werden könnten.

---

[55]    Vgl. PARSONS (1976) S. 124 (H.i.O.): "Sozialsysteme entstehen aus Interaktionen zwischen Menschen. Jedes Mitglied ist also *einerseits Aktor* (mit entsprechenden Zielen, Ideen, Einstellungen usw.) und *andererseits Objekt* der Orientierung, und zwar *sowohl* für die anderen Aktoren *als auch* für sich selbst. Das Interaktionssystem ist folglich ein analytisch abstrahierbarer Aspekt aus dem jeweiligen Handlungsgeschehen der jeweiligen Teilnehmer." Vgl. KISS (1989) S. 66 oder KISS (1986) S. 75. LUHMANN (1973) S. 8 spricht dagegen "von *Handlungssystemen*, das heißt von Systemen, die aus konkreten Handlungen eines oder mehrerer Menschen gebildet sind und sich durch Sinnbeziehungen zwischen diesen Handlungen von einer Umwelt abgrenzen." (H.i.O.).

[56]    Vgl. die Feststellung von HABERMAS (1988a) S. 302: "Wie verhalten sich die beiden Formen der Integration von Handlungszusammenhängen zueinander: die eine, die sich gleichsam mit dem Bewußtsein der Akteure vollzieht, die als lebensweltlicher Hintergrund präsent ist, und die andere, die lautlos durch die Orientierungen der beteiligten Akteure hindurch greift?"

[57]    KISS (1989) S. 67 (H.i.O.). Vgl. LUHMANN (1971) S. 13. Zur "Intentionalität" bei PARSONS siehe JENSEN (1976) S. 21.

[58]    Zu PARSONS´ "Handlungsbegriff" vgl. KISS (1989) S. 66ff., JENSEN (1976) S. 19ff.

Diese Handlungsschemata oder -systematisierungen, die als Selektionen oder Mechanismen Wahrnehmungen organisieren, Erwartungen prägen und Verhalten steuern, bezeichnet PARSONS als "*Handlungssysteme*".[59] Seine Kategorie entspricht genau dem Systemtyp kognitiver "Handlungssysteme", durch welche Subjekte über Abgrenzung und Komplexitätsreduktion ihre soziale Umwelt zu Orientierungszwecken strukturieren. JENSEN bezeichnet dieses Prinzip der Systembildung als "Konstruktion von Zusammenhängen":

> "Es besteht darin, zahlreiche Einzelerscheinungen aufgrund von Generalisierungen und Typisierungen zusammenzufassen und als Einheit zu sehen.
> Ein solchermaßen vereinheitlichter Zusammenhang ist ein System. Genauer gesagt liegt nicht ein System, sondern eine *Systematisierung* oder *Systembildung* vor. Eine fundamentale These der Systemtheorie ist nun folgende: daß sich überall in der Erfahrungswelt Systembildungen finden, mithin überall im Handeln von dem Prinzip der Systematisierung Gebrauch gemacht wird.
> Aus diesem Grunde läßt sich sagen, daß die Basis der Erfahrungswissenschaften durch die Systembildungen oder Systematisierungen der Lebenswelt konstituiert wird."[60]

Genau dieser Aspekt analytisch-kognitiver Abgrenzung und Zusammenfassung als virtuell-strukturierte Systematisierung konkreter beobachteter Handlungen ist in einem integriert-systemtheoretischen Bezugsrahmen Kern einer Umwelterfassung der Akteure durch Systembildung.

(3) Durch diese aus empirischen Handlungen oder Verhaltenselementen gebildeten Handlungsschemata oder -systeme entstehe *ein individuelles "internes Außenweltmodell" als soziale Konstruktion der Wirklichkeit* in einer Art von virtueller Repräsentation, welches durch Sozialisationsprozesse ausgeformt werde.[61]. Jeder Mensch erlebe seine Handlungssituation aufgrund dieses Modells: die "Situation erhält ihre sinnhafte Struktur für den Handelnden kraft der eigenen Projektionen des internen Außenweltmodells auf die Umwelt."[62] Der Begriff des "internen Umweltmodells" wird damit zu einem Synonym subjektiver Orientierung, die über sinnstrukturierte Situationsdefinitionen auf das weitere Handeln und Erleben des Subjektes zurückwirkt. Über den Umweg der virtuellen Repräsentation durch kognitive Systematisierung und der kommunikativen Vermittlung und Aktualisierung verschiedener Systembildungen bzw. Umweltmodelle führt das empirische, in der Wirklichkeit beobachtbare Handeln zur Fiktion in der Wirklichkeit beobachtbarer Systembildungen (in etwa analog zum

---

[59]  Vgl. JENSEN (1976) S. 30: "Im Handeln werden Strukturen aufgebaut und festgehalten, die Selektionen darstellen und Sinnhorizonte aus der Überfülle des Möglichen ausgrenzen. Diese Systembildungen werden als Handlungssysteme bezeichnet; (...) Diese Handlungszusammenhänge als Systeme stellt Parsons zunächst der übrigen Welt gegenüber. Damit ist der Ausgangszusammenhang von System-Umwelt konstituiert."

[60]  JENSEN (1976) S. 18. Vgl. KISS (1989) S. 92, (1986) S. 60: "Methodologisch operiert Parsons mit analytischen Modellen. d.h. mit analytisch gewonnenen gedanklichen Repräsentationen formaler Strukturen von empirischen Entitäten. Als erfahrungswissenschaftlich orientierte Theorie will die strukturfunktionalistisch konzipierte Systemtheorie Beziehungskonstellationen beschreiben und die hier beobachteten sozialen Erscheinungen erklären."

[61]  Vgl. JENSEN (1976) S. 24. Man beachte die Bezüge zu Radikalem Konstruktivismus und Selbstreferenz!

[62]  JENSEN (1976) S. 28.

Thomas-Theorem oder zu den "Kollektivgebilden" WEBERs). Kognitive System- bzw. Modellbildungen rekonstruieren als problemlösende Konzeptualisierungen oder komplexitäts-reduzierende Strukturierungen die empirisch komplexe soziale Umwelt unter bestimmten ordnungsrelevanten Aspekten und machen sie so erfaß- und analysierbar.[63] Hier scheint der Doppelaspekt der Systemtheorie durch, wie er mit der Unterscheidung von Orientierung und Koordination aufgefangen wird: kognitive Strukturierung bzw. Repräsentation gegenüber aktuellem Erleben konkreter Handlungen in Interaktions- oder Kommunikationssituationen.

Einen interessanten Gedankenansatz subjektiv-kognitiver Sinnkonstitution (in Bezug zu Handlungssystemen) und intersubjektiv-kommunikativer Sinnvermittlung oder -aktualisierung (in Bezug zu Kommunikationssystemen)[64] zeigt MEADs "Symbolischer Interaktionismus" als Zusammenspiel von Bewußtsein (Erleben: Kognition), Repräsentation (Orientierung: Modell-bildung) und Kommunikation (Koordination: soziale Interaktion), ohne diesen komplex elaborierten Ansatz in vollem Umfange zu rekonstruieren:

3.  "Symbolischer Interaktionismus" nach MEAD: Kommunikation als Binde-glied zwischen subjektiver Bedeutungszuschreibung und intersubjektiver Bedeutungskonstitution

Die Bedeutung von Interaktion bzw. Kommunikation als wechselseitig aufeinander bezo-genem und erlebbarem Handeln in wechselseitiger Beziehung zwischen Subjekten liegt in der damit verbundenen gegenseitigen und aktuellen Beeinflussung des Erlebens, der Orientie-rungen und Handlungen (z.B. über Erwartungen und Entscheidungen oder die "soziale Beziehung" bei WEBER); sie führt zu einem *"Paradigmenwechsel" der Orientierung von intrasubjektiven Handlungszwecken hin zu intersubjektiven sozialen Kontexten und ihrer kommunikativen Koordinationswirkung.* Dieser Wechsel manifestiert sich besonders im Ansatz des "Symbolischen Interaktionismus" von George Herbert MEAD (1863-1931), dessen Hauptanliegen allerdings der *"Soziogenese",* der Entstehung einer sozialen Identität im

---

63  JENSEN wird nach KISS (1989) S. 92 zitiert mit: "Systeme sind von Menschen konstruierte und zugleich als objektiv bestehend gedachte Zusammenhänge der Lebenswelt. (...) Die Absicht der Systemtheorie - der Systemanalyse - ist es gerade, in diese überkomplexe Menge von Interdependenzen und Interpenetrationen, von Elementen und Relationen, Abhängigkeiten und Beziehungen, eine erkennbare Ordnung zu bringen."

64  Vgl. HAFERKAMP (1985) S. 175: 'In allen soziologischen Theorien spielen (...) gemeinsame Ansichten oder mit anderen Akteuren geteilte Situationsdefinitionen, soziale Typifikationen oder übereinstimmende sinnhafte Deutungen der Akteure eine ganz zentrale Rolle bei der Erklärung sozialer Handlungen, Ordnun-gen oder Strukturen."

Kontext intersubjektiver Beziehungen galt.[65] In MEADs Ansatz sind hier vor allem zwei Aspekte wesentlich:

- der Zusammenhang von individuellem *Bewußtsein* des Menschen bzw. Akteurs und *subjektiver Bedeutungsentstehung*,

- der Zusammenhang von *Kommunikation* als sozialer Interaktion und *intersubjektiver Bedeutungskonstitution*,

in ihrem Wechselspiel; beide erlauben Anschlüsse an eine duale Systemkonzeption zwischen Kognition und Kommunikation.

Kernpunkt des MEADschen Handlungsmodells ist die *Wahrnehmung des Individuums* (im Rahmen einer Schrittfolge "Impuls", "Wahrnehmung", "Manipulation" und "bedürfnisbefriedigende Handlungsvollendung") in ihrer Bedeutung für die Orientierung: "Ein Organismus befindet sich in ständiger Wechselbeziehung zu seiner Umwelt, und seine Aktivität wird vom Fluß der Sinneswahrnehmungen stets neu orientiert."[66] Das individuelle Bewußtsein schafft sich seine Handlungsmotive im Sinne der oben als subjektive Orientierung bezeichneten virtuell-symbolischen Umweltrepräsentation ("internes Außenweltmodell") über Wahrnehmung, Kognition und Kommunikation:[67]

> "Das Bewußtsein umfaßt nach Mead nicht primär die materiell-physikalische, sondern die soziale Realität - 'eine Welt von Repräsentationen' - deren Gesamtinhalt von Vorstellungsbildern der sozialen Umwelt des Individuums attentional (aufmerksamkeitsmäßig) geprägt wird. Die durch Kommunikation produzierte gesellschaftliche Wirklichkeit hat also einen primär symbolischen Charakter, der - aus einem Bündel von Werten und Bedeutsamkeiten bestehend - das individuelle Bewußtsein in eine ganz bestimmte - von Symbolen signalisierte - Richtung zur Erfassung, Deutung und Bewertung von Dingen lenkt."[68]

Mit anderen Worten: Das Bewußtsein konstruiert über Wahrnehmung und Bedeutungszuschreibung als "Erfassung, Deutung und Bewertung von Dingen" im Erleben ein kognitives Weltmodell, eine "Welt von Repräsentationen" als "Vorstellungsbilder der sozialen Welt". Dieses "Bündel von Werten und Bedeutsamkeiten" kognitiver Orientierung wird über Kommunikation als "von Symbolen signalisierte" gegenseitige Bedeutungsvermittlung zu "produzierter gesellschaftliche Wirklichkeit" intersubjektiviert und wirkt in der Folge in stetigem Wechselspiel wiederum auf das eigene Erleben zurück. Die Zuschreibung und Vermittlung von Bedeutung (im Sinne von Orientierung) durch das *"Wechselspiel" von individu-*

---

65    Vgl. KISS (1989) S. 130ff. ("Der symbolische Interaktionismus von Mead"); JOAS (1991) S. 229. HAFER-KAMP (1984) S. 175 bezeichnet dies als "gemeinsames Wissen" verschiedener Akteure: "Soziales Bewußtsein oder gemeinsames Wissen existiert nicht außerhalb der Akteure."

66    KISS (1989) S. 134.

67    Vgl. JOAS (1989) S. XVIII: "Nicht das Verhältnis von nutzenorientierter oder moralischer individueller Handlung und sozialer Ordnung, sondern die Beziehung zwischen Handlung und Bewußtsein drängt Meads Denken vorwärts."

68    KISS (1989) S. 134. Vgl. HAFERKAMP (1985) S. 178: "Wissen besteht aus Vorstellungselementen, die Ausschnitte der Welt ausgrenzen und in Zusammenhang mit anderen Vorstellungselementen bringen."

*ellem Bewußtsein (Beobachtung und Kognition) und Kommunikation mit Interaktionspartnern* steht, verstanden als duales Konzept der Systembildung, als Brücke zwischen autonomem Subjekt und sozialer Umwelt im Zentrum des "Symbolischen Interaktionismus": "Handeln als symbolische Interaktion erzeugt eine lebendige Beziehung [System, d. Verf.] zwischen dem Dasein, der Umwelt da draußen und dem Bewußtsein im erkennenden Subjekt"[69], d.h. im Spannungsfeld von Subjekt, (kognitivem und kommunikativem) System und Umwelt.

Die Vorstellung einer Vermittlung von Subjekt und Umwelt (Gesellschaft) über Systeme als kognitive Orientierungsleistung plus die Bemühung um eine intersubjektive Bedeutungs- oder Sinnvermittlung durch Kommunikation bezeichnet MINDER als *"sozialen Konstruktivismus" unter "kognitiver Autonomie".*[70] Drei weitere vielversprechende Anschlußstellen lassen sich dem Ansatz MEADs (zumindest nach Interpretationen von KISS und JOAS) abgewinnen:

(1) Intersubjektive Bedeutungsvermittlung vollziehe sich über Interaktion und Kommunikation und werde über Symbole und Medien als Repräsentation von Sinnzusammenhängen geleistet.[71] Diese These stellt neben dem Bezug zur Kategorie der Kommunikationssysteme einen Ausgangspunkt für die Betrachtung *indirekter Steuerung über Medien* dar und ist später im Zusammenhang mit *symbolisch-generalisierten Kommunikations- oder Steuerungsmedien* nochmals aufzugreifen (siehe Kap. D.II.).

---

[69]    HELLE (1991) S. 602. Vgl. SCHENK (1994) S. 174 ("Bedeutungszuschreibung" als "interpretativer Prozeß") und KISS (1989) S. 132 (H.v.V.): "Zentral für den symbolischen Interaktionismus sind die Kategorien von Bedeutung und sozialem Handeln: Menschen handeln nämlich nicht stimuliert von bloßen 'Dingen', sondern so, daß sie den Objekten, Personen, Einrichtungen, Normen und dgl. jene Bedeutung zumessen, die diese für sie haben. *Die Bedeutungen entstehen und ändern sich in sozialen Handlungsprozessen,* weil gemeinsames Handeln davon abhängt, ob die beteiligten zu Situationsinterpretationen kommen, die für alle verträglich sind. *Aus dieser Sicht ist soziale Interaktion nicht nur ein Wirkungsfeld, auf dem sich vorformulierte Erwartungen 'durchsetzen' (...), sondern ein Wechselspiel von Angleichung der Handlungspläne, in denen sich individuelles Verhalten erst formt."*

[70]    Vgl. MINDER (1994) S. 21f.: "Hierbei erscheint insbesondere wichtig, dass 'Wirklichkeit' nach dieser Auffassung neben deren individueller Konstruktion auch im Diskurs zwischen Individuen, d.h. in 'kommunalen Systemen', durch die Versprachlichung von deren Erfahrungen konstruiert wird und dass das individuelle Erleben seinerseits in hohem Masse davon betroffen wird; es wird jedoch nicht ausschließlich davon determiniert, so dass eine sog. 'kognitive Autonomie' des Individuums bleibt, in dem Sinne, dass es diese Wirklichkeitskonstruktionen reflektieren und sogar verändern kann."

[71]    Vgl. KISS (1989) S. 132f.: "Spezifisch menschliche Kommunikation ist Kommunikation durch Symbole (= Sinnbild, Erkennungszeichen), die als Medien dazu dienen, auf nicht unmittelbar wahrnehmbare Sinnzusammenhänge und Vorstellungskomplexe zu verweisen und für den Kommunikationspartner den gleichen Bedeutungsgehalt zu vermitteln. Diese Grundmuster menschlicher Kommunikation läßt symbolische Kommunikation als einen sozialen Prozeß deuten, bei dem der Inhalt der Kommunikation sowohl durch den Sender wie auch durch den Empfänger so bestimmt ist, daß über die Benutzung und Bedeutung von Symbolen eine wechselseitige Beeinflussung von Verhaltensdispositionen und -reaktionen entsteht." Und: "Die gesellschaftliche Wirklichkeit besteht also aus Netzwerken von symbolisch intrigierenden Individuen, die sich durch Kommunikationsprozesse dieser 'selves' realisieren. Gesellschaft als 'social world of selves' hat folglich den gleichen Realitätsstatus wie die physische Welt." Vgl. JOAS (1989) S. 101.

(2) Nach der "sozialisationstheoretischen Grundaussage" MEADs entwickle sich die Identität der kulturell differenzierten, reflektierten Persönlichkeit nur durch Interaktionserfahrungen mit anderen Personen als *"Selbstreflexion"*. Die Person lerne, sich aus (verschiedenen) Perspektiven (der anderen) zu sehen, und gewinne dadurch Selbstverständnis und -bewußtsein.[72] Diese These verweist auf systemtheoretische Konzepte von *"Selbstreferenz"* und *"Reflexion"* (siehe Kap. D.II.1. und E.I.1.).

(3) Mit der bereits bei JOAS rezipierten Erfassung der *"Autonomie* des rationalen Akteurs" über die "Sozialität des Individuums"[73] (Ich-Identität, Kommunikation, Selbstreflexion) kann an eine über "Autopoiese" begründete Autonomie des Akteurs gegenüber Systemen und Umwelt angeschlossen werden (siehe Kap. C.IV.2., D.II.1. und E.I.1.).

MEADs Begriff vom "kommunikativ handelnden Subjekt" greift besonders HABERMAS in einer Weiterentwicklung der kommunikativen Bedeutungsvermittlung hin zu einem *"kommunikativen Handlungsmodell"* auf. Dessen Praktikabilität für Steuerungszwecke erscheint angesichts einer (Über-)Betonung von sprachlicher Verständigung und Konsens fraglich; dennoch bietet es in Auseinandersetzung mit der Differenzierungsmethodik und den Handlungskategorien HABERMAS' die Möglichkeit einer *Präzisierung der konzipierten Handlungskategorien "Erleben", "Handlung"* und *"Kommunikation"*.

## 4. Handlungstypen nach HABERMAS: Zur Dichotomie von Zweckrationalität und Verständigungsorientierung

Der Soziologe Jürgen HABERMAS gilt als "prominentester Vertreter des handlungstheoretischen Ansatzes" bzw. des "philosophisch orientierten kommunikationstheoretischen Ansatzes in der gegenwärtigen Soziologie"[74] (KISS). Der grundlegende Unterschied system- und handlungstheoretischer Ansätze besteht in der Verortung der (Handlungs-)orientierung und

---

72 Vgl. KISS (1989) S. 135, HELLE (1991) S. 602f. ("Sozialisation als Perspektivenerwerb nach Mead"), HAFERKAMP (1985) S. 182 ("Die Beobachtung eines anderen ergibt einfach ein besseres Bild von einer Handlung als die Selbstbeobachtung.").

73 Vgl. JOAS (1989) S. XXf.: "Die Theorie der Sozialität des Individuums, die in Meads Theorie der Ich-Identität, der Kommunikation und der Selbstreflexion herausgearbeitet wird, zeigt dann, daß der Zusammenhang der Individuen nicht nur in der Vernetzung ihrer nutzenorientierten Handlungen oder in einem normativen Konsens besteht; handlungstheoretisch werden damit die Bedingungen für die Autonomie des rationalen Akteurs aufgeklärt."

74 Vgl. KISS (1989) S. 70 und S. 148. Nach KÜNZLER (1986) S. 422 ist die Theorie HABERMAS' eine "Theoriekonstruktion, die Handlungstheorie und Systemtheorie, System und Lebenswelt in den Rahmen einer umfassenden kritischen Gesellschaftstheorie integrieren will".

deren Zurechnung auf Subjekte oder Systeme.[75] Subjektive Handlungsorientierung ergibt sich demzufolge aus einem Bedingungsgefüge von individuellen Zielen bzw. Motiven, Mittelwahlen und sozialen Normen bzw. Erwartungen nach dem Grundmodell des Zweck-Mittel-Schemas unter Restriktionen. Dieses Bedingungsgefüge wird integriert-systemtheoretisch als Wechselspiel von autonomem Erleben, subjektiver Orientierung durch Kognition und intersubjektiven Koordination über Kommunikation rekonstruiert.

HABERMAS rezensiert die Handlungstheorie PARSONS'[76] unter dem Vorwurf eines "voluntaristischen Handlungs-" bei gleichzeitigem "normativistischem Ordnungsbegriff".[77] "Zweck" werde als individuelle Zielkategorie des Aktors verstanden, während sich die "Situation" als normativer Standard aus verfügbaren Mitteln und sozialen Bedingungen zusammensetze; beide ermöglichten eine *Handlungsorientierung* eines Aktors in einer bestimmten Situation. HABERMAS' Kritik bezieht sich vor allem auf die Beschränktheit des Beitrages eines solchen Konzeptes individuell zweckrationalen Handelns zum Problem einer *Handlungskoordination*, die sich in der *Frage nach der sozialen Entstehung und der Geltung der normativen Orientierungen* ausdrücke:

> "Die normativen Standards beschränken sich auf die Regulierung der Beziehung zwischen gesetzten Zwecken, verfügbaren Mitteln und gegebenen Bedingungen. Das Handlungsmodell *läßt also die Wahl der Zwecke unbestimmt*; (...) Das Konzept zweckrationalen Handelns sieht keinen Mechanismus vor, über den die Handlungen verschiedener Aktoren koordiniert werden können."[78]

In diese Lücke stellt HABERMAS das "*kommunikativ handelnde Subjekt*": es gehe bei ihm "nicht um die Beschreibung von Interaktion, sondern um die Bedingung der Möglichkeit verständigungsorientierter Handlungskoordinierung - und das heißt bei ihm - um 'kommunikatives Handeln' "[79].

Methodisch erscheint der Nutzen von HABERMAS' Überführung des von WEBER bewußt analytisch als Beobachterkategorie konzipierten Schematismus (bzw. Codes) "Zweck/Mittel" in den Schematismus "Orientierung/Koordinierung" (als "Wahl verfügbarer Mittel unter gegebenen Bedingungen"/"Wahl geeigneter aufeinander bezogener Zwecke") zweifelhaft: Subjektive Orientierung wie intersubjektive Koordination nutzen *Zweck/Mittel-Schemata als konstruierte Beobachterkategorien einer isolierten kausalen Motivergründung und -rekon-*

---

[75]   Vgl. KISS (1989) S. 71 (H.i.O.: "daß hier traditionellerweise Handlung nicht auf Systeme, sondern *auf Subjekte* zugerechnet wird.") und S. 172.

[76]   Zu PARSONS und seiner Theorie schreibt HABERMAS (1988) S. 202 explizit: "Anhand der Theorieentwicklung von T. Parsons läßt sich das Problem der Verknüpfung von system- und handlungstheoretischen Grundbegrifflichkeiten analysieren."

[77]   HABERMAS (1988a) S. 306f.

[78]   HABERMAS (1988a) S. 312 (H.i.O.).

[79]   KISS (1989) S. 141.

*struktion*, die als Rationalitätsbeurteilung (Code) zu Orientierungszwecken je nach Handlungsabgrenzung, -zurechnung, Zieldefinition, -identifikation und Handlungsebene (und damit je nach Handlungssystemabgrenzung) wechseln. Ursache mag die fehlende Erfassung der Unterscheidung und des gleichzeitigen Zusammenhangs zwischen Beobachtung und Kognition (Bedeutungsrekonstruktion) einerseits und intrinsischer Motivation (Intention) und beobachtbarer Handlung andererseits mit ihrem Bindeglied "subjektive Orientierung" sein, die einen wesentlichen Mangel im Ansatz von HABERMAS und insbesondere seiner Kritik an WEBER und PARSONS darstellt. Auch intersubjektive Koordinierung ist als Interaktion bzw. Kommunikation vom Wechselspiel von Handeln und Erleben als *Verschränkung von Intention und Rekonstruktion in den individuellen Orientierungen* abhängig.

(1) Zur Fassung des Problems der Handlungskoordinierung in einer Situation beschreibt HABERMAS *vier typische, "analytisch gut zu unterscheidende" und "für die sozialwissenschaftliche Theoriebildung relevant gewordene" Handlungsbegriffe*[80], die jeweils von der individuellen Rationalität des handelnden Subjekts bzw. Aktors ausgehen:

- den Typus *"teleologischen oder strategischen Handelns"*: "Der Aktor verwirklicht einen Zweck bzw. das Eintreten eines erwünschten Zustandes, indem er die in der gegebenen Situation erfolgversprechenden Mittel wählt und in geeigneter Weise anwendet."[81] Zentraler Begriff ist hier *"Entscheidung"*. Erweitert durch die Erwartung von Entscheidungen mindestens eines weiteren zielgerichtet handelnden Aktors zu einer "kontingenten sozialen Beziehung" werde das "teleologische" zum "strategischen" Handeln, das entscheidungs- und spieltheoretischen Ansätzen in Ökonomie, Soziologie und Sozialpsychologie zugrundeliege.
- den Typus *"normengeleiteten oder -regulierten Handelns"*, bezogen "auf Mitglieder einer sozialen Gruppe, die ihr Handeln an gemeinsamen Werten orientieren."[82] Zentraler Begriff ist hier *"Normbefolgung"*. "Normen" drückten dabei ein in einer sozialen Gruppe bestehendes Einverständnis im Sinne "generalisierter Verhaltenserwartungen" aus. Diesem Handlungsmodell liege im Sinne PARSONS' eine Rollentheorie zugrunde.
- den Typus *"dramaturgischen Handelns"*, bezogen "auf Interaktionsteilnehmer, die füreinander ein Publikum bilden, vor dessen Augen sie sich darstellen. Der Aktor ruft in seinem Publikum ein bestimmtes Bild, einen Eindruck von sich selbst hervor, indem er

---

[80]  Siehe dazu HABERMAS (1988) S. 114-151 ("Weltbezüge und Rationalitätsaspekte des Handelns in vier soziologischen Handlungsbegriffen"), insbes. S. 126ff.; zusammengefaßt bei KISS (1989) S. 71f. und WEBER (1985), S. 93ff. Vgl. allerdings auch KISS (1989) S. 71f.: "Grundsätzlich geht Habermas davon aus, daß jedes Handeln zweckgerichtet bzw. teleologisch ist - nur, daß es darauf ankäme, *wie* die Bedürfnisse und Interessen der Subjekte zur Geltung kommen können oder nicht."

[81]  HABERMAS (1988) S. 126f.

[82]  HABERMAS (1988) S. 127.

seine Subjektivität mehr oder weniger gezielt enthüllt."[83] Mit dem zentralen Begriff *"Selbstrepräsentation"* kann es als akzentuierte Darstellung der eigenen Orientierung im Sinne von "Identität" gewertet werden.

- den Typus *"kommunikativen Handelns"* als "Interaktion von mindestens zwei sprach- und handlungsfähigen Subjekten, die (sei es mit verbalen oder extraverbalen Mitteln) eine interpersonale Beziehung eingehen. Die Aktoren suchen eine Verständigung über die Handlungssituation, um ihre Handlungspläne und damit ihre Handlungen einvernehmlich zu koordinieren."[84] Zentraler Begriff ist *"Interpretation"* als "Aushandeln konsensfähiger Situationsdefinitionen" unter Betonung von Sprache.

Den Rationalitätsanspruch dieser vier Handlungstypen analysiert HABERMAS anhand jeweils zugrundeliegender Bezüge zwischen Aktor und Welt (bzw. Subjekt und Umwelt); er konstruiert dafür, angelehnt an die POPPERsche "Dreiweltentheorie", *drei formale Weltkonzepte:*

- die *"objektive Welt"* werde "als Gesamtheit der Sachverhalte definiert, die bestehen oder eintreten bzw. durch gezielte Intervention herbeigeführt werden können."[85] Über die zwei Kategorien "Meinungen" und "Absichten" könnten die Handlungen der Aktoren in ihrer Rationalität nach den Kriterien *"Wahrheit"* und *"Wirksamkeit"* beurteilt werden. "Teleologisches Handeln" beruhe allein auf diesem Weltbezug; die Abhängigkeit dieser "objektiven Welt" von subjektiver Perzeption bleibt unberücksichtigt.

- die *"soziale Welt"*, "der der Aktor als rollenspielendes Subjekt ebenso angehört wie weitere Aktoren, die untereinander normativ geregelte Interaktionen aufnehmen können. Eine soziale Welt besteht aus einem Kontext, der festlegt, welche Interaktionen zur Gesamtheit berechtigter interpersonaler Beziehungen gehören."[86] Der Sinn der sozialen Welt liege im Bestehen von Normen, die nach den Kriterien *"Bestehen"* oder *"Gültigkeit"* von den Betroffenen anerkannt oder als gerechtfertigt anerkannt würden: "diese intersubjektive Anerkennung begründet die soziale Geltung der Norm". Auf den beiden Weltbezügen "objektive" und "soziale Welt" beruhe sowohl "normengeleitetes" wie auch "dramaturgisches Handeln".

- die *"subjektive Welt"* könne als "Gesamtheit der privilegiert zugänglichen Erlebnisse des Sprechers"[87] über das Kriterium *"sprachliche Verständigung"* zu einer Handlungskoor-

---

[83]   HABERMAS (1988) S. 128.

[84]   HABERMAS (1988) S. 128.

[85]   HABERMAS (1988) S. 130. Ebd. S. 149: "als Gesamtheit aller Entitäten, über die wahre Aussagen möglich sind".

[86]   HABERMAS (1988) S. 132. Ebd. S. 149: "als Gesamtheit aller legitim geregelten interpersonalen Beziehungen".

[87]   HABERMAS (1988) S. 149.

dination führen Zugänglich ist diese "subjektive Welt" jedoch nur über das autonome Erleben des Akteurs. Alle drei Weltbezüge werden nach HABERMAS nur im "kommunikativen Handlungsmodell" berücksichtigt, "wobei sich Sprecher und Hörer aus dem Horizont ihrer vorinterpretierten Lebenswelt gleichzeitig auf etwas in der objektiven, sozialen und subjektiven Welt beziehen, um gemeinsame Situationsdefinitionen auszuhandeln."[88] "Vorinterpretierte Lebenswelt" läßt sich zweifellos als subjektive Orientierung, "gemeinsame Situationsdefinition" als intersubjektive Koordination vor dem Hintergrund gemeinsamer Orientierungen deuten.

Die Einteilung der drei formalen Weltkonzepte von HABERMAS ist im Grunde nachzuvollziehen, muß aber für einen integriert-systemtheoretischen Bezugsrahmen umgedeutet und verändert werden:

- Die Existenz einer ontologisch-"objektiven Welt" ist unter Beobachtungs- und Kognitionsabhängigkeit (Autonomie) subjektiver Orientierung, analog zur radikal-konstruktivistischen Sichtweise[89], für soziales Handeln schlicht irrelevant: Jeder Umweltkontakt muß vom Akteur autonom erlebt, d.h. über die eigenen Sinnesorgane perzipiert und kognitiv verarbeitet, werden und kann deshalb bezüglich seiner inhaltlichen Ausfüllung als "subjektiv konstruiert" bezeichnet werden. Eine nichtontologische (Quasi-)Objektivität kann durch kommunikative Aktualisierung zugeschriebener Bedeutungsmuster oder Orientierungen erreicht werden, immer jedoch unter dem Vorbehalt subjektiver Kognition und Anerkennung. HABERMAS bezeichnet diesen Sachverhalt treffenderweise als "Aushandeln konsensfähiger Situationsdefinitionen".

- Der Aspekt des Umweltkontaktes über Erleben findet sich im Modell einer "subjektiven Welt" als autonome Interpretation und Verarbeitung des Erlebten im Rahmen subjektiver Orientierung (Handlungssysteme).

- Handlungskoordination wird dann über die "soziale Welt" als Menge von (potentiellen, subjektiv zu identifizierenden) Interaktions- und Kommunikationsbeziehungen (Kommunikationssysteme) über intersubjektive Validierung, Anerkennung und Aktualisierung der individuellen Orientierungen erreicht.[90] Die "soziale Welt" kann so als intersubjektiv "sozial konstruierte", "ausgehandelte" gemeinsame Orientierung und als Voraussetzung für Koordination gesehen werden.[91]

---

[88]    HABERMAS (1988) S. 142.

[89]    Vgl. zu Radikalem Konstruktivismus z.B. KNYPHAUSEN-AUFSESS (1995) S. 4.

[90]    So schreibt z.B. HABERMAS (1988a) S. 329: "Kommunikativ handelnde Subjekte stehen vor der Aufgabe, für ihre Handlungssituation eine gemeinsame Definition zu finden und sich innerhalb dieses Interpretationsrahmens über Themen und Handlungspläne zu verständigen."

[91]    MINDER (1994) S. 21f. spricht hier von einem "um soziale Aspekte erweiterten radikalen Konstruktivismus" und bezeichnet diesen als "sozialen Konstruktivismus" der "gesellschaftlichen Konstruktion von Wirklichkeit".

Für das Subjekt verbleiben somit nur die autonom konstruierte "subjektive Welt", als subjektive Orientierung, und die kommunikativ konstituierte "soziale Welt", als intersubjektivierte Ordnung zu Koordinationszwecken, als rationalitätsbegründende Weltbezüge; eine ontologisch-"objektive Welt" kann keine vom Bewußtsein eines erlebenden Subjektes unabhängige exogene Realität erzeugen.

(2) HABERMAS' Handlungstypen können zu den besser im Einklang mit den Bestimmungsgrößen sozialen Handelns (Erleben, Orientierung und Koordination) *stehenden Kategorien autonomes "Erleben", beobachtbares und außenwirksames "soziales Handeln" und "Kommunikation" umgedeutet* werden; diese drei Kategorien steigern sich hinsichtlich ihrer sozialen Qualität bzw. Wirksamkeit, d.h. ihrer Orientierungs- und Koordinationswirkung:

-    *"Erleben"* ist als Beobachtung und Kognition Grundlage allen Handelns; es konstituiert Handeln erst als "Handeln". Es ist primär internes kognitives Verarbeiten, lediglich der Aspekt der Beobachtung (oder Wahrnehmung, Perzeption) stellt die Grenze zu beobachtbarem und damit außenwirksamem "Handeln" her. "Erleben" ist dennoch immer *"aktives" Handeln* in konstituierender und steuernder Wechselwirkung mit der Orientierung des Subjektes/Akteurs und kann als *"autonom"* bezeichnet werden, da es (wie später über Autopoiese zu begründen) den einzigen Umweltkontakt des Subjektes darstellt. Es ist ohne Entsprechung in den Handlungstypen HABERMAS', da dieser die Sachverhalte "Wahrnehmung"/"Beobachtung" und "Kognition" in ihrer Bedeutung weitgehend vernachlässigt.

-    Die Grenze zu *"sozialem Handeln"* liegt in der (Handlung) "Beobachtung". "Soziales Handeln" ist immer außenwirksam und dadurch (potentiell) beobachtbar, und durch dieses Bewußtsein potentieller Beobachtbarkeit und grundsätzlicher Folgenhaftigkeit in der Regel in Auseinandersetzung mit anderen Akteuren orientiert ("sozial") bzw. auf andere bezogen ("kommunikativ"). Es wird durch die *subjektive Orientierung* des Akteurs intrinsisch bestimmt. Diese Orientierung kann extern nur im "Erleben" eines Beobachters rekonstruiert werden; eine "objektiv richtige" Zweck- oder Absichtsdeutung im teleologischen Sinne ist für einen Beobachter angesichts der Nichtbeobachtbarkeit des Bewußtseins und der grundsätzlichen Autonomie bzw. Kontingenz des Akteurs nicht möglich, ebenso wie auch aposteriores kommunikatives Vermittlungshandeln keine "objektive Wahrheit", sondern strategisches Handeln des Akteurs beinhaltet. Unter diese Kategorie fallen bei HABERMAS "teleologisches" bzw. "strategisches Handeln" durch subjektive Wirkungs- bzw. Erfolgsorientierung sowie "dramaturgisches Handeln", das durch seine Publikumsorientierung per se außenwirksam, beobachtbar und auf andere bezogen ist. Als Selbstdarstellung stellt es den Versuch der Vermittlung einer eigenen Identität bzw. Orientierung dar. "Kommunikatives Handeln" besteht in auf andere zum Zwecke des "Erlebens" bezogenem sozialen Handeln, das in einer intersubjektiven

Beziehung wiederholten und wechselseitigen Handelns und Erlebens zu "Kommunikation" wird und Koordination bzw. Verständigung erzeugt. Eine explizite Unterscheidung zwischen bloßem "kommunikativem Handeln" eines Subjektes und "Kommunikation" als intersubjektiver Beziehung fehlt bei HABERMAS.

- *"Kommunikation"* stellt eine multipersonale, intersubjektive Beziehung wiederholten und wechselseitigen Handelns und Erlebens zum Zwecke einer Orientierungsvermittlung, als "Aushandeln konsensfähiger Situationsdefinitionen", dar. Über gegenseitig (an-)erkannte (wechselseitiges Handeln und Erleben als "Vermittlungshandeln" und "deutendes Verstehen", nicht nötigerweise "Einverständnis") Orientierungssysteme wird in Form gegenseitiger, teilweise generalisierter Verhaltenserwartungen, an denen sich die Akteure über Entscheidungen orientieren, *intersubjektive Koordination* erzeugt. "Normengeleitetes Handeln" kann dieser Kategorie zugerechnet werden: Eine "soziale Beziehung" oder Gruppe (als soziales System interpretierbar) erzielt ein gewisses gemeinsames Verständnis über bestimmte Handlungsorientierungen ("Normen") und orientiert daran ihr zukünftiges Handeln ("generalisierte Verhaltenserwartungen"). Aber auch dieses "normengeleitete Handeln" beruht auf dem autonomen "Erleben" der Normenvermittlung und der auf ihrer subjektiven Orientierung basierenden Handlungsentscheidung der Akteure.

Jede der drei Handlungskategorien "Erleben", "soziales Handeln" und "Kommunikation" bezieht sich auf beide Weltkategorien: *Alles Erleben und Handeln spielt sich zwischen subjektiver Umwelterfassung und -verarbeitung und sozialer Umwelt potentiell beobachtbaren Handelns ab.* Die "subjektive Welt" betrifft den autonomen Akteur mit seinem Bewußtsein, seinem Erleben von Handeln und Interaktion bzw. Kommunikation als Konstruktion einer subjektiven Orientierung; die "soziale Welt" bezeichnet den Umweltbezug der Akteure über Erleben, Handeln und Interaktion bzw. Kommunikation und ihre intersubjektive Koordination. Diese Umdeutung der Handlungstypen HABERMAS' stellt klare Bezüge zu einem integrierten Systemkonzept im Spannungsfeld zwischen Subjekt, System und Umwelt her.

(3) Zentraler Kern bei HABERMAS ist ein auf "sprachlicher Verständigung" basierendes *"kommunikatives Handlungsmodell"*: "Er sieht die Besonderheit menschlicher Kommunikation in den Bedingungen und Möglichkeiten intersubjektiver Verständigung, die er als eine 'auf gültiges Einverständnis abzielende Kommunikation' definiert".[92] Zu diesem Zweck unterscheidet HABERMAS zwei "nicht mehr aufeinander rückführbare", dichotomische *"Basistypen menschlichen Handelns"*:[93]

---

92    KISS (1989) S. 148. Siehe dazu vor allem HABERMAS (1988), S. 367-452 ("Erste Zwischenbetrachtung: Soziales Handeln, Zwecktätigkeit und Kommunikation"), insbes. S. 384ff., zusammengefaßt z.B. bei WEBER (1985) S. 97ff.

93    Zu den Handlungstypen bei HABERMAS bzw. zu seinem Begriff des "kommunikativen Handelns" vgl. HABERMAS (1988) S. 384f., WEBER (1985) S. 97ff.

- *"Zweckrationales oder erfolgsorientiertes Handeln"*, instrumentell (Befolgung technischer Handlungsregeln) oder strategisch (Befolgung von Regeln rationaler Wahl nach deren Wirkung auf rationale Gegenspieler): Die Akteure orientieren sich ausschließlich an der Erreichung eines nach subjektiven Zwecken präzisierten Zieles und damit an den (erkannten oder erkennbaren!) Folgen oder Effekten ihres Handelns, seien es Handlungsergebnisse, direkte Handlungsfolgen oder unvorhergesehene Nebenfolgen;

- *"kommunikatives oder verständigungsorientiertes Handeln"*: individuelle Ziele treten gegenüber "rationalem Konsens" über Situation und Handlungsfolgen ("gemeinsame Situationsdefinition"), d.h. einer Koordination durch "Verständigung" und "Orientierung an intersubjektiv anerkannten Geltungsansprüchen" zurück.

> "Verständigungsprozesse zielen auf einen Konsens, der auf der intersubjektiven Anerkennung von Geltungsansprüchen beruht. Diese wiederum können von den Kommunikationsteilnehmern reziprok erhoben und grundsätzlich kritisiert werden. In der Orientierung an Geltungsansprüchen aktualisieren sich Weltbezüge der Aktoren."[94]

---

**Abb. 15: Handlungstypen nach HABERMAS**

| Handlungs-<br>situation \ Handlungs-<br>orientierung | erfolgsorientiert | verständigungsorientiert |
|---|---|---|
| nicht-sozial | instrumentelles Handeln | — |
| sozial | strategisches Handeln | kommunikatives Handeln |

Quelle: HABERMAS, Jürgen: Theorie des kommunikativen Handelns, Band I: Handlungsrationalität und gesellschaftliche Rationalisierung, Frankfurt a.M. 1981 (edition suhrkamp 1502, Neue Folge Band 502, Erste Auflage 1988), S. 384.

---

Weiter spezifiziert HABERMAS *"Verständigung"* einen "Prozeß der Einigung unter sprach- und handlungsfähigen Subjekten"[95] im Modus *"verständigungsorientierten Sprachgebrau-*

---

94   HABERMAS (1988) S. 196.

95   Vgl. HABERMAS (1988) S. 386f. und 398ff.; WEBER (1985) S. 100f., KISS (1989) S. 148f.

*ches*"; das Einverständnis beruhe jedoch auf gemeinsamen Überzeugungen, d.h. gemeinsamer Orientierung.[96] In der Beschränkung von Handlungskoordination auf sprachliche Verständigung als Bedingung für Konsens liegt eine wesentliche Unschärfe von HABERMAS' Ansatz, da entweder der Umfang des Sprachbegriffs über alle Gebühr ausgedehnt würde oder aber alle nichtsprachlichen Kommunikationsformen (Gestik, Mimik, Körpersprache etc.) vernachlässigt blieben. Zudem bleiben die interpersonalen Konstitutionsbedingungen von Sprache und Bedeutung über Handeln und Erleben außer acht. "Verstehen" beschränkt sich zunächst in einem basalen Sinne auf aufeinanderbezogenes soziales Handeln und autonomes Erleben zwischen mindestens zwei Subjekten; dagegen sieht die *Sprachpragmatik* "Verständigung" als Herstellung *von* "Intersubjektivität", d.h. sinnhaft identischer Bedeutungen über kommunikatives Handeln und Sprechakte, und "Einverständnis" bzw. "Konsens" als regelgesteuerte Koordination von Handlungsabsichten und -zielen *durch* Intersubjektivität, d.h. gemeinsame Anerkennung von sinnhaften Bedeutungen, Orientierungen und Regeln.[97] In der verständigungsorientierten Handlungskoordination über Sprache liege der Sinn sozialen Handelns. Nach systemtheoretischer Vorstellung bedeutet jedoch die Existenz von "Sprache" bereits das Vorliegen gemeinsam geteilter Bedeutungsinhalte und damit das Vorhandensein sprachlichsinnhaft abgegrenzter Handlungs- und Kommunikationszusammenhänge als "Sprachsysteme"; "Sprache" wird damit zu einem zwar hochkomplexen und hochgeneralisierten Sinnkonstitutions- und -vermittlungsmechanismus, es bleibt aber von subjektivem Erleben und kognitivem Sinnanschluß abhängiges Handeln und unterscheidet sich nur durch seine Sinnkapazität. Sozial wirksam und damit kommunikationsbegründend kann *jede Art von außenwirksamem und potentiell erlebbarem Handeln* sein, unabhängig von konkreter Kommunikationsabsicht oder Intention (zu denken ist etwa an bewußtes Schweigen, an unbeabsichtigte Gesten oder sogar an bestimmte strategische Spielsituationen, in denen die Teilnehmer ihre eigentlichen Handlungsabsichten vorsätzlich so wenig wie möglich zu erkennen geben wollen und deshalb möglichst wenig beobachtbare bzw. nur schwer rekonstruierbare Handlungen, Gesten oder Reaktionen bei gleichzeitig intensivstem Kognitionshandeln zulassen). Zuschreibung und Anerkennung spezifischer Verständigungsinhalte kann nur durch den Handelnden als dessen Orientierungsausfluß *und* den Beobachter als dessen Kognitionsentscheidung nach dem Erfolgskriterium "Sinn- bzw. Selektionsanschluß" erfolgen.

---

[96]  Vgl. HABERMAS (1988) S. 400f. ("Wir verstehen einen Sprechakt, wenn wir wissen, was ihn akzeptabel macht. (...) es sind vielmehr Bedingungen für die intersubjektive Anerkennung eines sprachlichen Anspruchs, der sprechakttypisch ein inhaltlich spezifiziertes Einverständnis über interaktionsfolgenrelevante Verbindlichkeiten begründet.").

[97]  Vgl. KISS (1989) S. 148ff., SCHNEIDER (1975) S. 92f. ("Die (...)pragmatische Sprachauffassung sieht (...) das Sprechen zunächst als eine besondere Weise des Handelns an, und zwar so, daß das sprachliche Handeln für die [intersubjektive, d. Verf.] Bedeutung der verwendeten Ausdrücke konstitutiv ist. (...) [Intersubjektive, d. Verf.] Bedeutung konstituiert sich dieser Auffassung zufolge also erst im sprachlichen

Ein weiterer Kritikpunkt ist HABERMAS' Konstruktion einer Dichotomie zwischen "zweck-
rationalem" bzw. "erfolgsorientiertem" und "kommunikativem" bzw. "verständigungsorientiertem" Handeln: "(...) soziale Handlungen [lassen sich] danach unterscheiden, ob die Beteiligten entweder eine erfolgs- oder eine verständigungsorientierte Einstellung einnehmen"[98].
Geht man aber von der Annahme eines "Verständigungserfolges" zwischen mindestens zwei
autonomen Akteuren aus, so läßt sich diese Dichotomie nicht mehr ohne Ebenenwechsel aufrechterhalten. Auch eine auf Verständigung zielende Kommunikation setzt Absicht und damit
Zweckorientierung der sich beteiligenden Subjekte voraus; es "(...) wird in beiden Fällen -
dem erfolgs- und dem verständigungsorientierten Handeln - die teleologische Struktur insofern vorausgesetzt, als '... den Aktoren die Fähigkeit zu Zwecksetzung und zielgerichtetem
Handeln, auch das Interesse an der Ausführung ihrer Handlungspläne zugeschrieben wird' " (J.
WEBER)[99]. HABERMAS umgeht diesen Zwiespalt durch Unterscheidung von "*Illokutionen*"
(Vollzug einer Handlung durch Sprechen, Sprechhandlung) und "*Perlokutionen*" (Bewirken
einer Wirkung, eines Effektes beim Hörer durch die Sprechhandlung).[100] Perlokutive Effekte
ergäben sich durch erfolgsorientiertes Handeln eines Sprechers, durch absichtliche und instru-
mentalisierte Sprechhandlungen; dennoch spricht HABERMAS mehrfach von "illokutionären
Erfolgen" und "illokutionären Zielen"[101], die seine Unterscheidung unterlaufen und zusammen
mit der Konstatierung einer "koordinationswirksamen interpersonalen Beziehung" sowie der
Eröffnung von "Anschlußmöglichkeiten" für den Erlebenden Bezüge zur Konzeption sozialer
Systeme als Voraussetzung einer Koordinationswirksamkeit gegenüber subjektiven Orientierungen oder "Handlungsplänen" erlauben:

> "*Kommunikatives Handeln* zeichnet sich gegenüber *strategischer Interaktion* dadurch aus, daß alle
> Beteiligten *illokutionäre Ziele* vorbehaltlos verfolgen, um ein Einverständnis zu erzielen, das die
> Grundlage für eine *einvernehmliche Koordinierung der jeweils individuell verfolgten Handlungs-
> pläne* bietet. (...) Dieser *illokutionäre Erfolg* ist insofern handlungsrelevant, als mit ihm eine
> *koordinationswirksame interpersonale Beziehung* zwischen Sprecher und Hörer hergestellt wird,
> die Handlungsspielräume und Interaktionsfolgen ordnet und über generelle Handlungsalternativen
> *Anschlußmöglichkeiten* für den Hörer eröffnet."[102]

---

Handeln und ist nicht dessen Voraussetzung." Wohl aber sind subjektive Bedeutungsmuster als Orientierung grundlegend für den primär sprachlich Handelnden.

[98]    HABERMAS (1988) S. 386.

[99]    WEBER (1985) S. 99, unter Verweis auf ein Zitat HABERMAS'.

[100]   Zur Unterscheidung von "Illokutionen" und "Perlokutionen" vgl. HABERMAS (1988) S. 388ff.

[101]   So z.B. mehrfach bei HABERMAS (1988) S. 391ff. Auf S. 398f. (H.i.O.) noch deutlicher: "Indem der
        Hörer diesen Anspruch anerkennt, akzeptiert er ein mit dem Sprechakt gemachtes Angebot. Dieser illoku-
        tionäre Erfolg (...)". Desweiteren unterscheidet HABERMAS drei Ebenen von Reaktionen auf eine (korrekt
        wahrgenommene) Sprechhandlung: Verstehen (semantische Ebene); Stellungnahme bzw. Entscheidung
        (pragmatische Ebene); und Handlungsverpflichtung (empirische Ebene), die jeweils (Teil-)Erfolge dar-
        stellen.

[102]   HABERMAS (1988) S. 387f. (H.v.V.).

HABERMAS' explizite Konzession "koordinationswirksamer interpersonaler Beziehungen" als "illokutionäre Erfolge" zur "Koordinierung individueller Handlungspläne" stützt die Konzeption koordinationswirksamer, auf subjektivem Erleben und Orientierung in Form eines Umweltmodells aus kognitiven Handlungssystemen und den darauf beruhenden Handlungsentscheidung bestehender, Kommunikationssysteme. Da "Kommunikation" als gegenseitiges Erleben von "Verstehen" als erklärendem bzw. rekonstruierendem Deutungsversuch abhängig ist, muß jeder Versuch, intersubjektiv "Verständigung" herbeizuführen, im Widerspruch zu HABERMAS als Mittel zum Zweck, d.h. als "zweckrationales kommunikatives Handeln" betrachtet werden,[103] da sich sonst der kommunikative Zweck "Kommunikation" bzw. Erfolg "kommunikative Koordination" (als Kommunikationssystem bzw. als "Verständigung" bei HABERMAS) nicht einstellen kann. Begreift man aber das "erfolgsorientierte Handeln" HABERMAS' in einer Art von "Ebenenwechsel" als Synonym für "verabsolutierte Übersteigerung des eigenen subjektiven Erfolges um jeden Preis", so verweist diese Dichotomie auf die Notwendigkeit kompensierende Reflexion und kommunikativer Öffnung von Orientierung und Koordination (siehe Abschnitt E.).

Ein damit zusammenhängendes Problem stellt HABERMAS' undifferenzierte *Gleichsetzung von formaler "Verständigung" mit inhaltlichem "Einverständnis" oder "Konsens"* für das "kommunikative Handeln" dar. Soziales wie kommunikatives Handeln bedeutet zunächst lediglich den *Versuch* eines Akteurs, durch subjektiv orientiertes, außenwirksames und beobachtbares sowie auf andere bezogenes Handeln eine wechselseitige Kommunikationsbeziehung herzustellen. Koordinations- bzw. Verständigungserfolg ergibt sich erst durch das "Erleben" der Kommunikationshandlung und den kognitiven Sinnanschluß ("Verstehen"); beides äußert sich in demgemäß erlebbaren Anschlußhandlungen. *"Kommunikativer Erfolg"*, d.h. Kommunikation als intersubjektive soziale Beziehung, stellt sich erst durch gegenseitiges "Erleben" bzw. "Verstehen" ein und darf nicht mit der bloßen individuellen Kommunikationsabsicht gleichgesetzt werden.[104] *"Koordinativer Erfolg"* entsteht erst bei Wechselseitigkeit und Iteration von gegenseitig aufeinander bezogenem Handeln und Erleben im Rahmen von Kommunikationssystemen.

Auch im Medium "Sprache" findet sich diese Unschärfe in bezug auf *"Prozeß"* (intersubjektive Kommunikation), *"Inhalt"* (autonomes Erleben, Orientierung und Handeln) und *"Erfolg"* (intersubjektive Koordination bzw. Verständigung) und muß von HABERMAS durch die

---

103  Im Gegensatz zu HABERMAS (1988) S. 388, der hier völlig unrealistisch fordert, Akte der "Verständigung" dürften nicht auf das "Zweck-Mittel-Schema" reduziert werden, das bei WEBER ja nur als analytischer Untersuchungsmaßstab für "Kausalität" dient.

104  Vgl. KISS (1989) S. 72 ("Neben der allgegenwärtigen Intentionalität auf Erfolg (...) soll sich der Handelnde auch mit Verständigungsabsicht auf die besonderen Belange des anderen, auf dessen Subjektivität, einlassen.").

*Konstruktion einer "Doppelstruktur" der Sprache* aufgefangen werden: die Analyse von *"Inhalts-"* und *"Beziehungsebene"*.[105] In dieser Doppelstruktur gründet sich HABERMAS' "kommunikatives Handeln" als Mittel der Handlungskoordination auf "Verständlichmachen" (handelnd-subjektiv: "Inhaltsebene") und auf "Verständigung", "Einverständnis" und "Konsens" (kommunikativ-intersubjektiv: "Beziehungsebene"); eine "Prozeßebene" als Verschränkung von sozialem Handeln ("Sprechen") und subjektivem Erleben ("Verstehen") bleibt ausgeblendet.

(4) Ein so kritisierendes, interpretierendes und ergänzendes Verständnis von HABERMAS' Modellen des "kommunikativen Handelns", der "Kommunikation" oder der "Verständigung" korrespondiert mit vorangestellten Interpretation von WEBERs *"sozialem Handeln"* ("an anderen orientiert und auf andere bezogen") und MEADs *"symbolischer Interaktion"*, in der das autonome Individuum seine subjektive Orientierung in der kommunikativen Interaktion mit anderen bestimmt. Bei HABERMAS fehlt allerdings die explizite prozessuale Differenzierung von "Handlung" und "Zusammenhang", "Beziehung" oder "System", wie sie z.B. in PARSONS' *"Interaktion"* als "gegenseitige Verschränkung aufeinander bezogener Handlungen" oder der *"sozialen Beziehung"* WEBERs als "gegenseitig aufeinander eingestelltes (bezogenes) und dadurch orientiertes Verhalten" zum Ausdruck kommt. Schließlich muß auch HABERMAS für "Kommunikation", "Sprache", "Verständigung" oder "Konsens" explizit eine gegenseitige "Bindung", eine "soziale Beziehung" oder eben ein "System" aktueller Sinnanschlüsse ("Annehme eines Sprechangebots") bzw. geteilten Sinns ("situativer Kontext") konzedieren:

> "Mit der illokutionären Kraft einer Äußerung kann ein Sprecher einen Hörer motivieren, sein Sprechangebot anzunehmen und damit *eine rational motivierte Bindung einzugehen*. Dieses Konzept setzt voraus, daß sprach- und handlungsfähige Subjekte (...) ihrer Kommunikation ein g e m e i n s a m   u n t e r s t e l l t e s   S y s t e m   v o n   W e l t e n zugrunde legen. (...)
> Schließlich ist kommunikatives Handeln auf situative Kontexte angewiesen, die ihrerseits Ausschnitte aus der Lebenswelt der Interaktionsteilnehmer darstellen."[106]

Diese Vorstellung führt zurück zur Systemtheorie; es handelt sich, zumindest für gutwillige Interpretationen und in den wesentlichen Kernbereichen von "Handlung" und "Kommunikation", "Beziehung" oder "soziales System" um anschließbare Sachverhalte, die bei HABERMAS explizit auf das Problem der "Handlungskoordination" bezogen und hinterfragt werden (bei WEBER "Gesellschaft", bei PARSONS "normative Orientierung" und bei MEAD "Ich-Identität").

---

105  Vgl. KISS (1989) S. 149f.

106  HABERMAS (1988) S. 376 (kursive H.i.O./gesperrte H.v.V.). Siehe auch ebd. S. 397f.

Eine explizite *Verbindung von Kommunikations- und Systemtheorie (Kommunikation als "dreistufiger Selektionsprozeß" anschließbarer Selektivität) im Spannungsfeld zwischen Subjekt (Erleben und Handeln als Selektion) und Umwelt (Komplexität, Kontingenz)*[107] konzipiert Niklas LUHMANN, dessen Vorstellungen und Begrifflichkeiten allerdings in der Abgrenzung von "Erleben" und "Handeln" bzw. von "System" und "Subjekt" teilweise sehr diffus bleiben. Mit der Annahme einer physischen Verfestigung sozialer Systeme über "Autopoiese" und "Selbstreferenz" schießt LUHMANN allerdings nach Maßgabe des hier angestrebten integriert-systemtheoretischen Bezugsrahmens übers Ziel hinaus.

5. "Handlung" und "System" bei LUHMANN: Abgrenzung und Zurechnung von Handlung als ordnende Komplexitätsreduktion im Erleben

Niklas LUHMANN gilt als bedeutendster Vertreter der neueren soziologischen Systemtheorie; sein mehrfach postulierter Paradigmenwechsel legt eine "Rekonzeptualisierung der soziologischen Theorie auf einer veränderten systemtheoretischen Grundlage" nahe (SCHMID/HAFERKAMP).[108] Dies gilt auf jeden Fall für seine "klassische" funktionalstrukturelle System/Umwelt-Theorie; kritisch muß dieser Anspruch in bezug auf seine "selbstreferentielle Wende" bzw. auf seine "Theorie autopóietischer Systeme" und deren Erkenntnisgewinne beurteilt werden.[109] Die Bedeutung der Systemtheorie LUHMANNs liegt vor allem in der *"Funktionalen Analyse"*, verstanden als grundlegende Sinnfrage im Verhältnis von Akteur und Umwelt:

"Luhmann will darauf hinweisen, daß der Sinn der funktionalen Analyse darin besteht, den Bezugspunkt der theoretischen Orientierung von den Strukturen auf die Funktionen zu verlagern und diese - nicht als 'zu bewirkende Wirkung', sondern als *'regulatives Sinnschema'* zu fassen, *das von den Handelnden als Systemmitgliedern im Verlauf ihrer Problemlösungsverarbeitung von Umwelteinwirkungen selbst gebildet wird."*[110] (KISS).

---

107  Vgl. GERHARDS (1984) S. 22: "Luhmann verortet den Begriff des sozialen Systems im Zentrum des *Spannungsverhältnisses Mensch und Welt*: Angesichts des Problems der *Komplexität* auf der einen Seite und der geringen *Informationsverarbeitungskapazität* auf der anderen Seite wird die Bildung von Systemen zur conditio sine qua non." (H.v.V.).

108  Vgl. SCHMID/HAFERKAMP (1987) S. 7f., WILLKE (1987) S. 4: "dieser insbesondere von Niklas Luhmann ausgearbeitete [funktional-strukturelle] Ansatz radikalisiert die funktionale Analyse zur Frage nach der Funktion von Systemen überhaupt."

109  Zur logischen Verbindung und zum Zusammenhang von "System/Umwelt-Theorie" und "Autopoiese" bzw. "Selbstreferenz" vgl. z.B. BAECKER (1993a) Sp. 1055f., LUHMANN (1990) S. 37f., WEISS (1995) S. 17 ("Die Übernahme des Autopoiese-Konzeptes *(2. Paradigmenwechsel)* konnte die Differenz System/Umwelt integrieren. Sie bringt (jedoch) Selbstreferenz mit ins Spiel." H.i.O.).

110  KISS (1986) S. 68 (H.v.V.). Vgl. ebd. S. 63 ("wobei *Funktion* nicht als eine zu bewirkende Wirkung im Hinblick auf Systemerhaltung, sondern als *ein regulatives Sinnschema* verstanden wird", H.i.O.). und WEISS (1995) S. 20.

*"Funktion"* wird (analog zum analytisch-kategorisierenden "Zweck/Mittel"-Verständnis WE-BERs) als "kognitiv konstruiertes Sinnschema", als *Strukturierungsmittel der internen Kognition zum Zwecke einer Komplexitätsreduktion für die Erfassung der komplexen und kontingenten Umwelt* (einem "Internen Außenweltmodell" im Sinne PARSONS'). Die grundlegende Funktion bzw. der Sinn der Systembildung wird eindeutig als "Ermöglichung von Erleben" identifiziert. Hier liegt auch der entscheidende Erkenntnisfortschritt der Systemtheorie LUHMANNs: im eindeutigen Bezug von "Handlung" und "System" auf das Problem des Erlebens unter Umweltkomplexität und deren Reduktionsnotwendigkeit angesichts eines begrenzten Verarbeitungspotentials der menschlichen Akteure.

Zwei wesentliche Aspekte charakterisieren die Vorstellung LUHMANNs von Handlung und System unter Betonung von Erleben und Umwelt grundlegend:
–    die *Unterscheidung von "Erleben" und "Handeln"*, und
–    die *Trennung von "System" und "Subjekt" unter Betonung von "Umwelt".*
Beide Aspekte behandeln jeweils systembezogen die beiden Seiten des *Grundzusammenhanges menschlicher Orientierung und Koordination im Spannungsfeld von Subjekt, System und Umwelt*: das Verhältnis von Subjekt und System und die Beziehung System-Umwelt.

(1) "Handlung wird in sozialen Systemen über Kommunikation und Attribution konstituiert als eine Reduktion von [Umwelt-, d. Verf.]Komplexität"[111]. Dieser einfache Satz beschreibt das Wesentliche an LUHMANNs Handlungsbegriffs: *Erst "Kommunikation" als Erleben von Selektionen und deren zurechnende Verarbeitung konstituiert "Handlung", und diese Zurechnung erfolgt über die Kategorie "soziale Systeme" als komplexitätsreduzierende Ordnungsmechanismen.* LUHMANNs Begriffen von "Kommunikation" wie von "sozialem System" liegt daher immer die *Unterscheidung zwischen "Handeln" und "Erleben"* zugrunde, allerdings nur unter der Vorstellung eines "die Umwelt sinnhaft ordnenden Organismus", also eines "passiven" menschlichen Beobachters und dessen erlebender Zurechnung:

> "Sinnhafte Reduktion von Komplexität kann nämlich in zweifacher Weise zugerechnet werden: auf die Welt selbst oder auf bestimmte Systeme in der Welt. Entweder wird die Reduktion als vorgegeben behandelt oder sie wird von einem bestimmten System geleistet. Im ersten Fall wollen wir von Erleben sprechen, im anderen von Handeln. Beides sind in Systemen ablaufende Prozesse, beide Prozesse setzen sich verhaltende, lebende Organismen voraus, die ihr Verhältnis zur Umwelt sinnhaft ordnen können. Der Unterschied von Erleben und Handeln (...) ist auf der Ebene des organischen Substrats, an dem man Menschen sichtbar ist, nicht zu fassen, sondern liegt in der Frage, wie Reduktion von Komplexität zugerechnet wird, wo der Sinn gleichsam 'lokalisiert' wird. Erlebter Sinn wird als fremdreduziert erfaßt und verarbeitet, Handlungssinn dagegen als systemeigene Leistung."[112]

---

[111]    LUHMANN (1988a) S. 191. Ebd. schreibt er vom Zwang, "die verbreitete Vorstellung, ein soziales System bestehe, wenn nicht aus Personen, so doch aus Handlungen, zu überprüfen." Vgl. KISS (1989) S. 73f.

[112]    LUHMANN (1971a) S.77 (H.v.V.). Vgl. LUHMANN (1988b) S. 19f., KISS (1986) S. 16.

"Aktiver" Handlungssinn ist als systemeigene Orientierung oder Intention immer zunächst subjektiv und wird in einer Kommunikationsbeziehung als "passiv" erlebter Sinn als fremd-reduziert (ebenfalls subjektiv durch den "ordnenden Organismus") rekonstruiert. Der Handlungsbegriff ist bei LUHMANN *komplexitätsreduzierend ("passiv" erlebend) und nicht zielorientiert ("aktiv" handelnd)* angelegt; diese schwer verständliche Vorstellung wird dann plausibel, wenn man "Handlungssysteme" im Sinne von PARSONS als kognitive Systematisierungen zur komplexitätsreduzierenden Ordnung von beobachteten Handlungen sieht.

"Handeln" werde zwar alltagsweltlich Individuen zugerechnet, müsse aber prinzipiell unter dem Gesichtspunkt der Komplexitätsreduktion als *beobachtbare Selektion* nach Sinnkriterien (Auswahl aus einer Mehrheit von Handlungsmöglichkeiten oder -alternativen und Festlegung auf bestimmte Handlungsfolgen) und als *Zurechnung dieser beobachteten Selektionsleistung* zu einem "*System*" als Handlungszusammenhang sinnhaft aufeinander bezogener Selektivitäten begriffen werden.[113] Im "Erleben" werde eine beobachtete Selektion durch die Kognition des Beobachters identifiziert und einem "Handlungssystem" als Sinnzusammenhang zugerechnet; dadurch erst werde es als "Handeln" bezeichen- und bestimmbar. LUHMANN ordnet damit den Handlungsbegriff der (bzw. dem Erleben als) Systemzurechnung nach.[114] Diese Vorstellung darf allerdings nicht dahingehend fehlinterpretiert werden, soziale Systeme könnten selbst physisch handeln; sie konstituieren lediglich den Handlungsbegriff über ordnende Selektionszurechnung. Deshalb wird bei LUHMANN "Handeln" auch zunächst auf erlebbares "außenwirksames menschliches Verhalten" beschränkt.[115]

Seine Funktion gewinnt der *Zusammenhang "Handeln - Erleben"* über das "*Prozessieren von Sinn*":

> "Handlungssinn wird *vor* dem Handeln, über Erleben und Erlebnisverarbeitung von aktuellen Ereignissen stets mitrepräsentiert; er ergibt sich nach *Luhmann* nicht aus der Eigenschaft der Handlung selbst. Ein Verständnis von Handlung als ein *ausschließlich* vom subjektiv gemeinten Sinn deutbarer, zielgerichteter Vollzug (mit Blick auf die Realisierung von Zwecken oder Verständigung) sei nur eine Episode in Kommunikationssystemen und insofern falsch"[116] (KISS).

---

[113] Vgl. LUHMANN (1988b) S. 19 ("Von Handeln wollen wir dann und nur dann sprechen, wenn selektives Verhalten einem System (und nicht seiner Umwelt) zugerechnet wird.").

[114] Vgl. KISS (1989) S. 74: "Von Handeln könne man nur dann sprechen, wenn selektives Verhalten nicht nur *einem* Beteiligten, sondern eben jenem System zugerechnet wird, in dem man handelt. D.h., daß Handlung (im Unterschied zum Erleben) nur mit Blick auf ihre Selektions*leistungen* in einem bestimmten Handlungs-*zusammenhang* sinnhaft aufeinanderbezogener Selektivitäten als solche identifizierbar ist; (...) Handlung wird nach Luhmann folglich als Zurechnung von Selektionsleistung zu einem System (und nicht: zu einem Subjekt!) begriffen" (H.i.O.).

[115] Vgl. LUHMANN (1973) S. 7: "Unter Handlung soll jedes sinnhaft orientierte, außenwirksame menschliche Verhalten verstanden werden".

[116] KISS (1989) S. 74 (H.i.O.).

Nach dieser Interpretation beruht "Handeln" als sinnhaft orientiertes Selektieren auf der vor-
gängig über "Erleben und Erlebnisverarbeitung" gebildeten Orientierung des handelnden
Subjektes; der Handlungssinn kann aber nicht direkt übertragen werden, sondern muß im
(fremden) "Erleben" rekonstruiert werden, "weil es keinen direkten Kontakt zwischen Bewußtseinen gibt."[117] Das "Verstehen" einer Handlung bedeutet damit kognitive Sinnrekon-
struktion des Erlebenden über ordnende Handlungszusammenhänge als "Handlungssysteme",
aktuelles "Handeln" und "Erleben" in seiner interpersonalen und kommunikativen Verschränkung dagegen stellt nur einzelne Elemente, "Episoden", von bzw. in "Kommunikationssystemen" dar. Subjektiver Handlungssinn als "Zweck", "Ziel" oder auch als "Verständigung" wird
nur über Systemzurechnung erfaßbar, die ihm sozusagen Dauer, Kontinuität, Bestimm- und
Verarbeitbarkeit verleiht.

Die wesentliche Funktion der *Unterscheidung von "Handeln" und "Erleben"* sieht LUH-
MANN in der *"Erzeugung ungleichartiger Selektionen"*, die "geordnet" werden müssen:[118]
"Handeln" ermögliche als "aktive" Selektion beobachtbare Kontingenz bzw. Autonomie, die
dann im "Erleben eigenen bzw. fremden Handelns" als "passive" Selektion über Kategori-
sierungen und Etikettierungen geordnet und erklärt werden könne. Die Zuschreibung von
"Willen", "Motiven" und "Absichten" diene, analog zur Zweck/Mittel-Kategorisierung
WEBERs, lediglich zur Ordnung des kontingenten eigenen und fremden Handelns und damit
als Komplexitätsreduktion im Erleben von Handlungen. Die von LUHMANN postulierte
"Gleichheit des Erlebens"[119] muß allerdings unter dem Gesichtspunkt von kognitiver Autono-
mie und Selbstreferenz relativiert werden; jedes Erleben bleibt von den individuellen Per-
zeptions- und Kognitionsmöglichkeiten des erlebenden Subjektes abhängig. Zudem ist jedes
"Erleben" selbst ebenfalls aktive Handlung bzw. Selektion eines Akteurs; die Kategorien
"Erleben" und "Handeln" sind *intra*subjektiv lediglich analytisch zum Verständnis von
Komplexitätsreduktion und Systemkonstitution zu trennen.

(2) LUHMANN schließt mit der Konzeption einer Systembildung über den Handlungsbegriff
in gewissem Sinne an PARSONS an, aber er radikalisiert dessen Handlungsbegriff,[120] indem

---

[117]   KISS (1989) S. 176.

[118]   Vgl. LUHMANN (1988b) S. 20: "Die soziale Möglichkeit zu handeln (...) haben ihre primäre Funktion (...)
in der Erzeugung und Beschränkung der Möglichkeit ungleichartiger Selektion in einer intersubjektiv
konstituierten Sinnwelt. Dem Zurechnungs- und Etikettierungsinteresse *folgen* Kategorisierungen, die den
Tatbestand des Handelns voraussetzen und erklären - also das *Erleben* eigenen bzw. fremden *Handelns* ordnen. Dazu zählt der Begriff des Willens (im Unterschied zur Vernunft), die Auffassung der Kontingenz der
Selektionsaktes als *Freiheit* (im Unterschied zu Zufall) und in der neueren Zeit vor allem die Zuschreibung
von *Motiven* und Absichten." (H.i.O.).

[119]   Vgl. LUHMANN (1988b) S. 19f.

[120]   Vgl. LUHMANN (1964) S. 23f.; LUHMANN (1973) S. 7f.; LUHMANN (1988a) S. 191f., KISS (1986)
S. 59ff. Die "subjektive Handlungsorientierung" erfaßt LUHMANN als "Kontingenz des Beobachters";
deshalb kritisiert er nach KISS (1986) S. 74 PARSONS' Intentionalitätsvorstellung: "Da Parsons nicht mit

er *dem System statt Subjekten die Umwelt gegenüberstellt* und den Handelnden vom Handlungssystem trennt:

> "Im realen Verlauf von Entscheidungs- und Handlungsprozessen könne man die Handlungsvollzüge nur begrenzt dem vom Subjekt ursprünglich gemeinten Zweck zurechnen: Rational geltende Einzelhandlungen können nach *Luhmann* nur aus einem Handlungs*zusammenhang* erklärt und folglich nur Systemen zugerechnet werden"[121] (KISS).

Der Fokus einer Rationalitätsbeurteilung verschiebt sich *von Handeln als "aktive" (Zweck/ Mittel-)Selektion eines Subjektes* zu dessen *"passiv" erklärender Rekonstruktion über Systeme im Erleben eines Beobachters.* Konstitutives Element der Systembildung wird so die *Umwelt* des Beobachters: LUHMANN habe "soziale Systeme und Subjekte als zwei voneinander getrennte sinnverarbeitende Systeme konzipiert und den sozialen Systemen als Realität eigenen Ursprungs nicht die Subjekte bzw. Einzelne, sondern die Umwelt zugrundegelegt"[122] (KISS). Soziale Systeme dienen der Komplexitätsreduktion und Strukturierung in der Auseinandersetzung des Subjekts mit seiner Umwelt: Erleben und Orientierung ordnen sich durch intrasubjektive *kognitive Handlungssystembildung*, wohingegen die aktuelle Interaktion mit der Umwelt in *Kommunikationssystemen* koordiniert wird (vergleichbar etwa mit den "Kollektivgebilden" WEBERs oder dem Zusammenspiel von individuellem Bewußtsein und Kommunikation bei MEAD).[123] Verbunden werden beide Aspekte, der subjektiven Kognition und der intersubjektiven Kommunikation, durch *"Beobachtung"* als Grundlage individuellen Erlebens wie "struktureller Koppelung" wechselseitigen Handelns und Erlebens.

System und Subjekt werden nur in dem Sinne *unabhängig* voneinander, daß ein bestimmtes Strukturierungsobjekt oder -system über kommunikative Verbreitung und Verfestigung so große multipersonale Anerkennung bzw. Geltung in den subjektiven Orientierungen, den "Weltmodellen" der Subjekte erfährt, daß es in seinem intersubjektiven (und historischen) Bestand und dessen Wirkungen bzw. Folgen von der Anerkennung oder Mitwirkung einzelner konkreter Subjekte unabhängig wird; umgekehrt kann es die Anerkennung bzw. Mitwirkung bestimmter Subjekte ohne Untergang seiner sozialen (und historischen) Realität verlieren. Als

---

der Kategorie Erleben operiere, fehle bei ihm das (theoretische) Verständnis für die Feinanalyse von Orientierungsprozessen. (...) Deshalb sollte nach Luhmann Handlungsorientierung auf der elementarsten Stufe des Erlebens von Umweltkomplexität, als Kontingenz, begriffen werden, die Handlungsalternativen aus der Sinnsphäre mitrepräsentiert." In Gegensatz zu PARSONS' "Intention" geht LUHMANN von "Erleben" aus, das im Einklang mit unserer These eine subjektive Vororientierung konstituiert, die dann die Zieltendiertheit des Handelns steuert.

121 KISS (1986) S. 71 (H.i.O.).

122 KISS (1989) S. 73f. (H.i.O.). Vgl. LUHMANN (1988a) S. 244 ("Sozialen Systemen liegt nicht 'das Subjekt', sondern die Umwelt 'zu Grunde', und mit 'Zu Grunde liegen' ist dann nur gemeint, daß es Voraussetzungen der Ausdifferenzierung sozialer Systeme (unter anderen: Personen als Bewußtseinsträger) gibt, die nicht mitausdifferenziert werden."

123 Zur Trennung von Bewußtsein und Kommunikation bei LUHMANN siehe SCHMIDT (1994) S. 68ff., 76f., 125f.

Beispiele dienen *"Unternehmen"* als soziale Gebilde, deren Existenz sich auf rechtlich oder vertraglich fixierte Geltung und allgemeine Anerkennung gründet, oft verdeutlicht durch Symbolsysteme ("corporate identity"); ihr Bestand wird von der Anerkennung bzw. Mitwirkung eines einzelnen Individuums oder Mitarbeiters unabhängig, ihre Auflösung erfordert einen intersubjektiven kommunikativen Akt (z.B. Bekanntgabe von Übernahme, Liquidation, Konkurs etc. in amtlichen Veröffentlichungen). Andererseits verändert eine individuelle Kündigung nur die aktuelle Beziehung dieses Mitarbeiters zu einem Unternehmen, ohne dessen soziale und historische Realität und Wirkung als Orientierungsobjekt zu eliminieren.

Die Frage nach der *Bedeutung des Menschen, des Individuums bzw. der Person* als "Subjekt" im Handlungs- und Systemverständnis LUHMANNs, d.h. nach dem Ursprung der getroffenen Selektionen bzw. der Selektionszurechnungen, hat zu vielen Mißverständnissen und Kontroversen geführt[124] und ist im Rahmen eines systemtheoretischen Bezugsrahmens unbedingt zu klären. Zweifellos muß für jede Art sozial (kognitiv wie kommunikativ) relevanten Verhaltens, Tuns oder Handelns, analog zur PARSONSschen Definition[125], ein menschliches Individuum, eine Person als Handlungsträger, d.h. als Ursprung von Handeln und Erleben und deren Selektionen angesehen werden.[126] Schon die Unterscheidung zwischen "Erleben" (Beobachtung und Selektionszurechnung) und "Handeln" (beobachtbare Selektion) setzt eindeutig Subjekte als Akteure und als Erlebende voraus:

> "Die ['aktive', d. Verf.] Handlung *eines* Systems kann von *anderen* ['passiv', d. Verf.] erlebt werden. Damit hängt zusammen, daß die Unterscheidung von Erleben und Handeln eine Steuerungsebene voraussetzt, auf der die entsprechenden Zuordnungen erlebt und behandelt werden können. (...) Man erlebt Sinn als konstituiert durch Erleben oder durch Handeln und behandelt ihn je nachdem unterschiedlich."[127]

Diese Steuerungsebene "man" ist eindeutig als (autonomer) Beobachter, als Subjekt, zu identifizieren; Systembildung kann zwar intersubjektiv unabhängig vom (eigentlich: von der Zu-

---

[124]  Vgl. z.B. KISS (1989) S. 99 ("Die offenkundige Unsicherheit in der Zuordnung von Personalsysteme zu Sozialsystemen, die sich einerseits in ihrer Konzeptualisierung als eigenständige Systeme, andererseits in ihrer Einbeziehung zum elementaren Bestandteil des Systems (der 'individual actor' als Träger der Interaktion) zeigt, veranlaßte Luhmann zu einer radikalen Lösung: Zur Bestimmung des 'actor's' bzw. des Subjekts als nicht zum Sozialsystem dazugehörende Umwelt.") und SCHMID/HAFERKAMP (1987) S. 12 ("Das 'Individuum' an sich bleibt aus jeder Betrachtung ausgeschlossen (...). Es ist kaum verwunderlich, daß gerade diese Konsequenz der Luhmannschen Systematisierungsbemühungen zum Teil harsche Kritik auf sich gezogen hat.").

[125]  Vgl. JENSEN (1976) S.28: "Handlungen sind stets Handlungen konkreter einzelner Menschen."

[126]  Vgl. SCHMIDT (1994) S. 68: "Wie aber kommt Luhmann nun zu der These, Menschen könnten nicht kommunizieren, wo es doch auch seineserachtens offensichtlich Menschen sind, die '... im Umgang mit Kommunikation zwischen Mitteilung und Information zu unterscheiden und die Differenz dann mit Sinngehalten anzureichern' in der Lage sind? (...)". Ebd. S. 75: "Eine Beobachtung interaktiver Kommunikation dürfte kaum möglich sein ohne Beobachtung von Kommunikanden, auf die Kommunikationsakte als Handlungen zugerechnet werden."

[127]  LUHMANN (1971a) S. 77 (H.i.O.).

stimmung eines) konkreten einzelnen Subjekt erfolgen, sie bleibt aber immer von "Handeln" und "Erleben" und damit von der grundsätzlichen Existenz von Subjekten abhängig.

Damit zusammenhängend wird auch die Frage *physischer Existenz bzw. Handlungsfähigkeit eines Systems*, in der Konzeption LUHMANNs und seiner Rezipienten widersprüchlich und umstritten,[128] strikt verneint: Ein "System" besteht (auch als Kommunikationszusammenhang) nur aus der Zurechnung von beobachtbaren Selektionen (als "Handlungen") zu einem abgegrenzten Zusammenhang (im "Erleben"), dessen Grenzkonstitution als "Sinn"- bzw. "Motiv"-Zuschreibung durch den Beobachter erfolgt. Auch hier verbinden sich Handlungs- und Systemtheorie über "Erleben" (Beobachtung und Kognition), außenwirksames "soziales (bzw. kommunikatives) Handeln" und "Kommunikation" zur orientierenden Erfassung der Umwelt durch Subjekte.

Nach dieser Rekonstruktion der Systembildung als Mittel der Erlebnisverarbeitung und Komplexitätsreduktion, unter Differenzierung in kognitive Handlungs- (Erleben und Orientierung) und interaktive Kommunikationssysteme (intersubjektive Verschränkung von Handeln und Erleben), liegt die spezielle Bedeutung der Kommunikationssystembildung in der *Koordinierung* sozialen Handelns: "*Kommunikation*" als wechselseitiges Handeln und Erleben wird in einem "*Kommunikationsprozeß*" als intersubjektivem Selektionsanschluß aufeinanderbezogen, verfestigt sich durch Reziprozität und Wiederholung zu einem "*Kommunikationssystem*" koordinierten Handelns und Erlebens und stabilisiert sich durch *Erwartungsstrukturierung, Entscheidung und Mitgliedschaftsrollen*. Eine solche koordinative Differenzierung von "Erleben", "Handlung" und "Kommunikation" erlaubt eine direkte Auswertung des *Verhältnisses von Handlungs- und Systemtheorie* für eine Theorie *indirekter Steuerung zwischen kognitiver Autonomie und kommunikativem Kontext*.

---

[128] Vgl. KISS (1989) S. 89, Fußnote 1: "Im traditionellen Sinne versteht man unter System eine analytische Kategorie, als 'theoretische Konstruktionen' (...), während Luhmann Systeme als real existierend begreift (vgl. später: Autopoiesis)"; SCHMIDT (1994) S. 75: "Luhmanns (aktivistische) Redeweise von Kommunikation, die Kommunikationen produziert (und auf die allein sich seine These von der autopoietischen Natur sozialer Systeme stützt, macht meineserachtens nur Sinn, wenn man 'Massenkommunikationsprozesse' betrachtet, in denen Aktanten in der Tat zunehmend hinter Medienangeboten zurücktreten und sich Medienangebote selbst auf Medienangebote zu beziehen scheinen (...)."

## III. Kommunikation und System: Zur Koordinationswirkung von Selektions- bzw. Handlungsanschlüssen

Die Konzeption einer Systemtheorie über die Systemzurechnung von Handlungen beantwortet unmittelbar die Frage nach der subjektbezogenen Funktion oder dem subjektiven Sinn von Systembildung, nämlich als Mittel der Komplexitätsreduktion die Umwelt versteh- und verarbeitbar zu machen. LUHMANN verbindet dies mit der Frage nach den *Letztelementen sozialer Systeme*: "Ist die letzte Einheit, bei deren Auflösung das Soziale verschwinden würde, eine erfolgreiche Koppelung verschiedener Selektionen [als Verknüpfung von Sinn, d. Verf.], oder ist es die als Handlung zurechenbare Einzelselektion?"[129] Für LUHMANNs Subjektabstraktion ist konsequenterweise die kognitive Umweltstrukturierung im Erleben weniger wichtig als soziale *Koordination* über intersubjektive Anschließbarkeit getroffener Selektionen in einer "intersubjektiv konstituierten Sinnwelt".[130] Hier liegt sicher ein Grund für LUHMANNs ursprüngliche Einschränkung des Handlungsbegriffes auf "außenwirksames" menschliches Verhalten, das allein (im Gegensatz zu rein internen Kognitionen, Intentionen oder Orientierung) der Möglichkeit einer Beobachtung und damit eines Selektionsanschlusses zugänglich ist. Aber auch außenwirksames Handeln ist abhängig von der Möglichkeit eines Erlebens und der Wahrscheinlichkeit einer bestimmten Sinnverarbeitung. So definiert LUHMANN Sozialsysteme explizit über gegenseitiges Handeln und Erleben in "*sozialem Kontakt*", unter dem die allgemeinste Form der Ermöglichung von (gegenseitiger) Beobachtung zu verstehen sei: "Jeder soziale Kontakt wird als System begriffen bis hin zur Gesellschaft als Gesamtheit der Berücksichtigung aller möglichen Kontakte"[131].

Systembildung umfaßt demnach neben der komplexitätsreduzierenden Komponente der kognitiven Umweltstrukturierung durch den Beobachter und sein Erleben explizit auch die (davon abhängige) koordinierende Komponente der intersubjektiven sozialen bzw. kommunikativen Beziehung durch interaktiv aufeinanderbezogenes Handeln und Erleben; in einer aus vielen interdependenten Personen bestehenden sozialen Umwelt ein wesentlicher Aspekt für soziales Handeln und Steuerung. Erfaßt man *Kommunikationsbeziehungen als "Systeme"*, so lassen sich Koordinations- und indirekte Steuerungsvorgänge über Selbst- und Fremdreferenz, über Mitgliedschaft, Kontextsetzung und Codes sowie über Handlungsanschlüsse, Erwartungsbildung und Entscheidung begreifen und untersuchen. EICHMANN bezeichnet diese Form

---

[129]  LUHMANN (1988a) S. 192. Vgl. KISS (1989) S. 74, (1986) S. 14.

[130]  Vgl. LUHMANN (1988b) S. 20: "Die soziale Konstitution der Möglichkeit zu handeln (...) haben ihre primäre Funktion (...) in der Erzeugung und Beschränkung der Möglichkeit ungleichartiger Selektionen in einer intersubjektiv konstituierten Sinnwelt."

[131]  LUHMANN (1988a) S. 33.

der Koordination als "*funktionsspezifische Relationierungen von spezifisch konditionierten Kommunikationen*": "Erst eine solche Form der Soziologisierung sozialer Systeme erfaßt deren Besonderheiten und Eigenheiten, ohne sie auf eine Aggregation biologischer und psychischer Elemente zu reduzieren."[132] Eine *kommunikationstheoretische Anreicherung der Systemtheorie* bietet die Möglichkeit, soziale Systeme als "Kommunikationssysteme" auch ohne die Behauptung operativer Geschlossenheit und unter Einbezug autonomer (und autopoietischer) Akteure sowie deren autonomer Beobachtung und struktureller Koppelung als wesentliche Merkmale sozialer Koordination zu bestimmen.

## 1. Kommunikation als System intersubjektiv aufeinanderbezogener Selektionen

"Kommunikation" erfüllt bei LUHMANN als Mechanismus des Handlungsanschlusses die *Funktion der "Selektionsakkordierung" oder "-koordinierung"*, als "Prozessieren von Selektionen";[133] so seien "*Kommunikationprozesse*" als interpersonale Handlungszusammenhänge[134] (eigentlich: als Verschränkung von außenwirksamem Handeln und Erleben) die Konstituenten sozialer Beziehungen. LUHMANN geht

> "von der Grundannahme aus, daß soziale Systeme sich überhaupt erst durch Kommunikation bilden, also immer schon voraussetzen, daß mehrfache Selektionsprozesse einander antizipativ oder reaktiv bedingen. Erst aus den Notwendigkeiten selektiver Akkordierung entstehen soziale Systeme, so wie andererseits solche Notwendigkeiten erst in sozialen Systemen erfahren werden."[135]

---

132 EICHMANN (1989) S. 36f. (ebd.: "Soziale Systeme sind in dieser Perspektive keine Menge von Menschen, die durch besondere Merkmale gekennzeichnet sind. Sie sind funktionsbezogene Relationierungen von spezifisch konditionierten Kommunikationen."). Vgl. SCHMID/HAFERKAMP (1987) S. 13 zur Bedeutung der Kommunikation im Ansatz LUHMANNs: "Die globale Folge dieses Theorieverständnisses ist, daß jede Begrifflichkeit, die den Anspruch erhebt, echter und tauglicher Bestandteil soziologischer Theorie sein zu wollen, sich als Begriff einer 'Theorie sozialer Kommunikation' einführen lassen sollte." Auch wenn diese Wertung überspitzt ausgedrückt ist, so gibt sie doch einen zutreffenden Eindruck der Möglichkeiten einer kommunikationstheoretischen Interpretation der Systemtheorie wieder.

133 KISS (1989) S. 102 zitiert LUHMANN: "Ein soziales System kommt zustande, wenn immer ein autopoietischer [Unbedingt autopoietisch?, d. Verf.] Kommunikationszusammenhang entsteht und sich durch Einschränkung der geeigneten Kommunikation gegen eine Umwelt abgrenzt. Soziale Systeme bestehen demnach nicht aus Menschen, auch nicht aus Handlungen, sondern aus Kommunikationen." Vgl. KISS (1989) S. 157ff., LUHMANN (1988a) S. 191ff. und KISS (1986) S. 16f.

134 Vgl. LUHMANN (1988a) S. 193: "Kommunikation und Handlung [sind] in der Tat nicht zu trennen (wohl aber zu unterscheiden) (...) Der elementare, Soziales als besondere Realität konstituierende Prozeß ist ein Kommunikationsprozeß. Dieser Prozeß muß aber (...) auf Handlungen reduziert, in Handlungen dekomponiert werden."

135 LUHMANN (1988b) S. 5. Aus dieser Aussage läßt sich wiederum ein iterativer Zusammenhang zwischen Erleben von Handlungen, Handlungsorientierung und Handeln rekonstruieren. Auch KISS (1989) S. 157 bezeichnet in einer Interpretation LUHMANNs Kommunikation aus systemtheoretischer Sicht als "Koordinierung von Selektivität und als elementare Einheit der Selbstkonstitution sozialer Systeme"

Dabei sei "Kommunikation" nicht einfache Sinnübertragung, sondern abhängig von der autonomen und subjektiven Bedingtheit des Erlebens, durch die ein intersubjektiv herzustellender Sinn für jedes "psychische System" unterschiedliche Bedeutung habe.[136] "Kommunikation" bedeutet immer *Beobachten über personale bzw. psychische Systemgrenzen hinweg*; durch diese Nichtidentität der handelnden und erlebenden Subjekte (*inter*subjektiv: zwischen verschiedenen Subjekten) müssen kommunizierte Sinnangebote sowohl vom "Sender" (orientiert außenwirksam handelnder Akteur) wie auch vom "Empfänger" (kognitiv erlebendes Subjekt) selektiert, d.h. "aktiv" nach bestimmten Sinnvorstellungen abgegrenzt, eingeordnet und festgehalten werden, was "auf beiden Seiten der Kommunikationsbeziehung Partner voraussetzt, welche Komplexität durch Handeln - und nicht nur durch Erleben - reduzieren"[137]. Analogien zu dieser kommunikativen Verschränkung von Handeln und Erleben lassen sich im "sozialen Handeln" und "deutenden Verstehen" WEBERs ("wechselseitige Beeinflussung und reziproke Verhaltensorientierung von Individuen") sowie im "symbolischen Interaktionismus" MEADs (als beiderseitige "Symbolerschließung in einem subjektiv-aktiven Interpretationsprozeß") feststellen.[138]

An dieser Stelle muß häufig wiederkehrende Kritik am Ansatz LUHMANNs in der Rezeption des Verhältnisses von "Subjekt" und "System" aufgegriffen werden, die LUHMANN durch teilweise überabstrakte Formulierungen und Widersprüchlichkeiten in der Entwicklung seiner Theorie selbst mitverschuldet hat.[139] Selbstverständlich müssen *"Akteure", "Personen" oder "Subjekte" als Handlungs- und damit Kommunikationsträger* gesehen werden.[140] Und ebenso selbstverständlich sind *"soziale Systeme" keine eigenständig physisch handlungsfähigen oder*

---

[136]  Vgl. SCHMIDT (1994) S. 141: "Bezeichnenderweise tritt ja die Differenz Verstehen vs. Mißverstehen nicht auf der kognitiven Ebene auf (Bewußtsein kann nicht mißverstehen), sondern allein auf der Ebene von Kommunikation, mithin auf einer externen Beobachterebene. Konsens über Kommunikate ist allein auf der kommunikativen Ebene herstellbar; dieser Konsens stellt Kompatibilitäten und empathisch geglückte Beziehungsaspekte von *Kommunikationen* fest, nicht etwa 'objektiv richtiges Textverständnis'." (H.i.O.).

[137]  LUHMANN (1988b) S. 19.Vgl. KISS (1989) S. 102 ("Die Prozesse der Sinnangleichung setzen mindestens zwei (...) 'informationsverarbeitende Prozessoren' voraus, die nicht identisch, sondern (in sich) different sind (Information und Mitteilung)".); KISS (1989) S. 157; LUHMANN (1988a) S. 193f. ("Die Übertragungsmetapher legt das Wesentliche der Kommunikation in den Akt der Übertragung, in die Mitteilung. (...) Die Mitteilung ist aber nichts weiter als ein Selektionsvorschlag, eine Anregung. Erst dadurch, daß diese Anregung aufgegriffen (...) wird, kommt Kommunikation zustande.").

[138]  Vgl. SCHENK (1994) S. 173f.

[139]  Zur Kritik am Verhältnis von Akteur, Kommunikation und System bei LUHMANN vgl. insbesondere ESSER (1994) S. 173 ("Kommunikation sei grundsätzlich nicht als 'Handlung' oder als 'Kette' von Handlungen zu konzeptualisieren."), MARTENS (1991) S. 625 u. 630 ("unbegreiflich ist, wie Kommunikationen Kommunikationen hervorrufen oder produzieren können.") und SCHMIDT (1994) S. 65 u. 80.

[140]  Vgl. MARTENS (1991) S. 631. Sinngemäß schreibt ESSER (1994) S. 203 (H.i.O.): "Soziale Systeme und Kommunikationen 'bestehen' also sicher nicht aus 'leibhaftigen Menschen' in dem Sinne, daß 'alles', was sie ausmacht, in die Kommunikation und erst recht nicht: in die Erklärung der Kommunikation eingeht. Es sind aber *nur* die menschlichen Akteure, die die Kommunikation betreiben und in Gang halten und die nur das, was sie erreicht und was sie 'verstehen', für ihre weitere Selektion nutzen können."

*produzierenden Existenzen*; dies stelle eine "unzumutbare gesellschaftstheoretische Abstraktion von der biologischen und psychischen Wirklichkeit des menschlichen Lebewesens"[141] (MARTENS) dar. Gerade im Zusammenhang von Kognition (immaterielles Bewußtsein) und Kommunikation (physische Interaktion) und in ihrer Anschlußstelle "Beobachtung" liegt ein konstitutives Verbindungsglied zwischen Handlungs- und Systemtheorie.

Zur Präzisierung des Zusammenhangs von Erleben, Handlung und Kommunikation kann "Kommunikation" als *mehrstufiger Selektionsprozeß* (bei LUHMANN dreistufig: "Information", "Mitteilung" und "Verstehen") intersubjektiv aufeinander bezogenen außenwirksamen Handelns und autonomen Erlebens analysiert werden. Dieser "Kommunikationsprozeß" bildet als Grundbaustein (theoretisch bereits als einfachstes einseitig-lineares Kommunikationssystem) mit seinem Beziehungscharakter über Sequenzen, d.h. über Iteration und Reziprozität, erlebbare "Kommunikationssysteme" fiktionaler Realität zur kollektiven Orientierung bzw. intersubjektiven Koordination sozialen Handelns.

## a)  Kommunikationsprozeß und Kommunikationssystem

Systemtheoretisch (nach dem Ansatz LUHMANNs) entsteht *"Kommunikation" als dreistufiger Selektionsprozeß*: "Soziale Systeme operieren [als "Kommunikationssysteme", d. Verf.] (...) auf der Basis von Kommunikation, deren Gelingen wiederum von der Möglichkeit der Akkordierung der dreifachen Selektion von Information, Mitteilung und wesentlich von Verstehen abhängt"[142]; genauer: von der Synthese der drei Selektionen "Information", "Mitteilung" und "Verstehen". Für das Verständnis von *"Information"* als Selektion des Kommunikationsinhaltes beruft sich LUHMANN explizit auf den Informationsbegriff nach SHANNON und WEAVER[143], der als Auswahl von Ereignissen aus einem Horizont verschiedenster Möglichkeiten etwa der Kognition im Erleben bzw. der handlungsleitenden subjektiven Orientierung entspricht. *"Mitteilung"* als Selektion einer Mitteilungshandlung entspricht dem

---

141  Vgl. MARTENS (1991) S. 630: "Diese Art der Anwendung der Theorie autopoietischer Systeme auf das Soziale - bei der die Kommunikation als Elementareinheit sozialer Systeme genommen wird - hat manchen Widerspruch hervorgerufen, wobei u.a. die dabei auftretende Unklarheit des Begriffs der Selbstproduktion betont wird. Mayntz (1988), Roth (1987) und Teubner (1989) weisen darauf hin, daß ihnen unbegreiflich ist, wie Kommunikationen Kommunikationen hervorrufen oder produzieren können. Das ist ihnen eine unzumutbare gesellschaftstheoretische Abstraktion von der biologischen und psychischen Wirklichkeit des menschlichen Lebewesens."

142  KISS (1989) S. 103. Vgl. SCHMIDT (1994) S. 66f. Dort wird auch LUHMANNs These vom 'genetischen Primat der Kommunikation' angeführt: "Kommunikation im Sinne der oben genannten Konstellation von Selektionen [Information, Mitteilung und Verstehen] ist danach lange vor jedem Spracherwerb und gleichzeitig mit der Entwicklung wahrnehmungsmäßigen Unterscheidungsvermögens möglich."

143  Vgl. LUHMANN (1988a) S. 195, KISS (1986) S. 17.

außenwirksamen sozialen bzw. kommunikativen Handeln, als Symbolisierung oder Codierung der Information. Ohne *"Verstehen"* als Selektion einer Differenz von Information und Mitteilung (und nicht bloßer Duplikation der Mitteilung), in unserem Sinne autonomes Erleben, das als doppelkontingente Sinnzuschreibung Anschlußvoraussetzung für Kommunikation ist, gelingt der *"Kommunikationsprozeß"* nicht: "Kommunikation kommt nur zustande, wenn man die Selektivität einer Mitteilung verstehen, und das heißt: zur Selektion eines eigenen Systemzustandes verwenden kann. Das impliziert Kontingenz auf beiden Seiten, also auch Möglichkeiten der Ablehnung von kommunikativ übermittelten Selektionsofferten."[144] LUHMANN begreift "Verstehen" als autonomes Erleben, d.h. Beobachtung und Verarbeitung, und subjektive Orientierung, d.h. Anleitung zu eigenem Anschlußhandeln: "Kommunikation kommt nur zustande, wenn diese zuletzt genannte Differenz beobachtet, zugemutet, verstanden und der Wahl des Anschlußverhaltens zu Grunde gelegt wird. Dabei schließt das Verstehen mehr oder weniger weit gehende Mißverständnisse als normal ein"[145].

ESSER unterteilt diesen dreistufigen Selektionsprozeß der "Kommunikation" in sechs Schritte: "Information" und "Mitteilung" als Selektionen des *Senders*; "Erreichen" ("von Kommunikation kann bereits dann gesprochen werden, wenn den Empfänger die Botschaft des Senders erreicht hat") als Form des *sozialen Kontaktes*; und auf der Seite des *Rezipienten* die Elemente "Verstehen" (*Erleben*: Beobachtung und Kognition), "Rezeption" (*Orientierung*: "in der Weise, daß sie den Empfänger 'beeinflußt' ") und "Wirkung" (*Koordination*: "in der Hinsicht, daß der Empfänger nun auch in bestimmter Weise handelt") des Kommunikations- und Koordinationserfolges.[146] Aber auch hier tritt der Tatbestand der "Kommunikation" erst über eine intersubjektive Koppelung (als Erleben bzw. "Verstehen" bei LUHMANN) ein: "Die Selektionen von Sender und Empfänger werden erst über den Schritt des 'Erreichens' miteinander gekoppelt."[147] *In diesem intersubjektiven Beziehungsaspekt des Verstehens und des Selektionsanschlusses spezifiziert sich "Kommunikation" gegenüber bloßem "Handeln".* Im koordinierten Anschlußhandeln, durch das sich ein *"Kommunikationssystem"* konstituiert,

---

[144] LUHMANN (1988b) S. 5, vgl. EICHMANN (1989) S. 37. Zum Kommunikationsbegriff siehe LUHMANN (1988a) S. 193ff., LUHMANN (1988b) S. 4ff.; KISS (1986) S. 15ff. und (1989) S. 157ff. Siehe auch die kompakten und kritischen Darstellungen bei ESSER (1994) S. 174ff. und MARTENS (1991) S. 628ff.

[145] LUHMANN (1988a) S. 196. Vgl. MARTENS (1991) S. 629f.: "Wenn der Empfänger versucht, die Einheit und Differenz von Information und Mitteilung nachzuvollziehen, d.h. aus der beobachteten Mitteilung eine Information konstruiert [!], gibt es Verstehen. Verstehen bedeutet übrigens nicht, daß genau nachvollzogen wird, was sich bei der Selektion von Information und Mitteilung vollzogen hat, sondern nur, daß aufgrund einer Mitteilung auf eine Information beim Absender geschlossen wird."

[146] Alle Zitate ESSER (1994) S. 174f.

[147] ESSER (1994) S. 176. Vgl. ebd. S. 188 ("Kommunikationen - als Prozesse der fortlaufenden und immer neu 'anschließenden' Selektionen von Information, Mitteilung, Erreichen, Verstehen, Rezeption und 'Wirkung' ") und MARTENS (1989) S 120 (Selektion, Erreichen/Mitteilung (!), Verstehen, Annahme und Akzeptanz als "Momente einer gelungenen Kommunikation", die alle für sich eine Wahl aus vielen Möglichkeiten darstellen).

bietet die *Möglichkeit autonomer Entscheidung einer Annahme oder Ablehnung der (ver- standenen, d.h. erlebten und verarbeiteten) Selektionsofferte* den offensichtlichen Ansatzpunkt für ein indirektes Steuerungsmodell, das individuelle Autonomie und subjektive Orientierung über "Entscheidung" berücksichtigt, zur Koordination aber bestimmte Handlungsalternativen als "Erwartungen" oder "Teilnahme- bzw. Mitgliedschaftsbedingungen" kommunikativ nahe- legt, ohne das Handeln zu determinieren.

Deutlich wird dieses Verständnis von Kommunikation, wenn man sich z.B. die "*Modelle* des Kommunikationsprozesses" von SHANNON und OSGOOD betrachtet.[148] "Kommunikation" wird hier in der Analyse ihres Ablaufes und ihrer Bestandteile zunächst (vor allem bei SHANNON) als einseitig-linearer, an technisch vermittelter Kommunikation orientierter Prozeß gedeutet. SHANNON differenziert in seinem Modell zwischen "*Kommunikator*", als Informationsquelle und Sender (Kognition, Orientierung; "Information" bei LUHMANN), "*codierter Mitteilung*", die übertragen werden soll, als Signal (außenwirksames Handeln als beobachtbare Selektionsofferte; "Mitteilung" bei LUHMANN), und dem "*Rezipienten*", als Adressat und Empfänger (Erleben; "Verstehen" bei LUHMANN). Der Beziehungsaspekt die- ses "Kommunikationsprozesses" wird durch über das Signal verlaufende Pfeile symbolisiert, deren Zielerreichung auch als Kommunikationserfolg zu deuten ist.

Die reine Linearität des Kommunikationsvorganges ist unter ständiger Interaktion allerdings bloße analytische Fiktion; sie muß zu einem "System" symmetrisch-reziproker Kommunika- tion in direktem Kontakt zwischen Personen erweitert werden. "Kommunikator" und "Re- zipient" werden so zu rein analytischen Rollen, die abwechselnd, quasi koinzident, über- nommen werden.[149] Unter Betonung einer "ganz normalen handlungstheoretischen Herlei- tung" des Kommunikationsprozesses "über die Selektion von Kommunikations-Handlungen" formuliert ESSER eine "lineare Sequenz" bzw. ein "linear-reziprokes Prozessieren einer Kommunikation über die strukturelle Koppelung aufeinanderfolgender Selektionen" als "*ge- netisches Erklärungsmodell*", das auch für die Konzeption und Darstellung eines "Kommuni- kationssystems" anwendbar ist.[150]

---

148  Vgl. z.B. SCHMIDT (1994) S. 51ff. ("Von der Signalübertragung zur Informationskonstruktion").

149  Vgl. SCHULZ (1994) S. 147 (H.i.O.): "Die Betonung der Linearität in den Flußmodellen von Laswell und Shannon ist oft kritisiert worden, kennzeichnet aber dennoch *einen* strukturellen Aspekt von Kommunika- tion. Manche Kritik beruht auf dem Mißverständnis, Kommunikator und Rezipient mit konkreten Personen zu identifizieren. Tatsächlich handelt es sich jedoch in der abstrakten Betrachtung der Kommunikations- theorie um *Rollen*. Daher ist es möglich, daß diese konkrete Person verschiedene Rollen einnimmt. Bei der interpersonalen Kommunikation übernehmen im allgemeinen beide Partner sowohl die Kommunikator- als auch die Rezipientenrolle. meist abwechselnd, oft auch in so rascher Folge und mit Überschneidungen, daß man von einer gewissen Koinzidenz beider Rollen bei beiden Partnern ausgehen kann."

150  Vgl. ESSER (1994) S. 176f."Leicht ist nun die Grundstruktur einer ganz normalen, 'handlungstheoretischen' Erklärung einer Kommunikation über die Selektion von Kommunikations-Handlungen und deren externe Effekte zu erkennen.(...) setzt man den ganzen Prozeß jetzt 'reziprok' weiter fort, dann ergibt sich das noch

Abb. 16: Der Kommunikationsprozeß: SHANNON-Modell und SHANNON-Modell nach
SCHRAMM

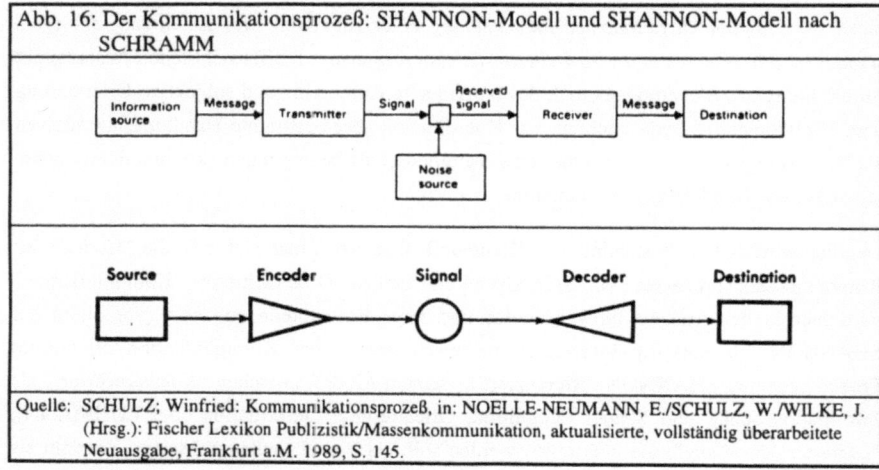

Quelle: SCHULZ; Winfried: Kommunikationsprozeß, in: NOELLE-NEUMANN, E./SCHULZ, W./WILKE, J.
(Hrsg.): Fischer Lexikon Publizistik/Massenkommunikation, aktualisierte, vollständig überarbeitete
Neuausgabe, Frankfurt a.M. 1989, S. 145.

Das Modell von ESSER vernachlässigt in seiner eher zeitlichen Betrachtung sowohl den
Beziehungs- wie den damit verbundenen Abgrenzungsaspekt, der lediglich in der Iteration
(und Reziprozität, bezüglich einer verstärkenden Rückkoppelung) der Kommunikationsprozesse durchscheint und der die Systembetrachtung eben von diesem einfachen Prozeßmodell
unterscheidet. Im Erleben des Empfängers wird aus einem (grundsätzlich unendlich großen)
Pool potentiell beobachtbarer Handlungen oder Kommunikationsofferten durch Abgrenzung
und Strukturierung nach Sinnbezügen ausgewählt; wird eine darin erzeugte Selektionskette
durch Anschlußhandeln bzw. -kommunikation für eine gewisse Zeit als wechselseitige soziale
Beziehung aufrechterhalten, so können wir diese als *"Kommunikationssystem"* bezeichnen. An
anderer Stelle liefert ESSER eine unserem Verständnis von "Kommunikationssystem" adäquate *"Sequenz der Kommunikation"*, die laufende Kommunikation durch aufeinander
bezogene "Ko-Orientierungen" bzw. "Situationsdefinitionen" steuert:

> "Kommunikative Sequenzen können sich daher [unter Beziehungsaspekten] in dem Ausmaß unter-
> scheiden, in dem sich die Akteure an bestimmten vorgefertigten, ihnen als typisiertes Wissen ver-
> fügbaren und als soziale Regeln vielleicht sogar institutionalisierten Vorstellungen über feste
> Sequenzen der Kommunikation orientieren. Themen, 'Programme', Rollen, soziale Drehbücher und
> das 'Framing' von Situationen dient nicht zuletzt auch der Herstellung einer solchen gedanklichen
> 'Einheit' und 'Linie' von Sequenzen der Kommunikation - meist ohne daß die Akteure darüber lange
> nachdenken müßten. (...)
>     Solche integrierenden Vorstellungen über komplette Sequenzen der Kommunikation haben
> einen wichtigen Effekt: Sie erzeugen eine - mehr oder weniger - starke 'Definition der Situation'

---

etwas stärker vereinfachende Schema des 'Prozessierens' einer Kommunikation über die weitere An-
schließung und strukturelle Kopplung folgender Selektionen der Akteure als Erweiterung des Erklärungsmodells in Form einer 'genetischen Erklärung'."

und Vorhersehbarkeit des Verlaufs kommunikativer Sequenzen und damit verbundener sozialer Prozesse. (...) Sie steuern die Kommunikation durch deutliche Ko-Orientierungen (...)."[151]

Abb. 17: Kommunikation als Sequenz und das Prozessieren von Kommunikation
nach ESSER

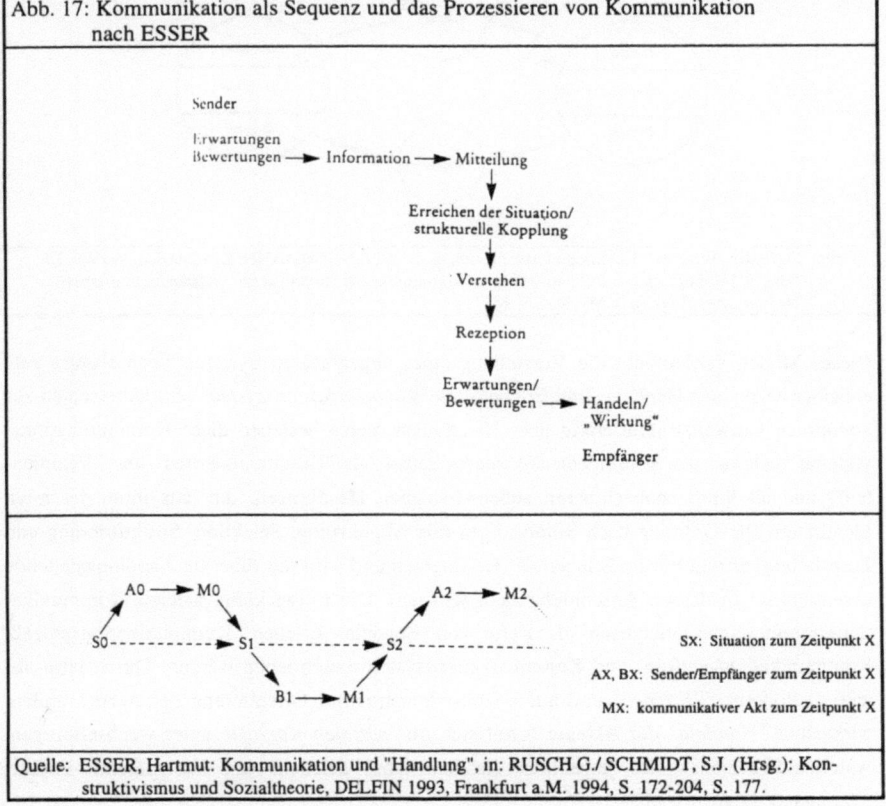

Quelle: ESSER, Hartmut: Kommunikation und "Handlung", in: RUSCH G./ SCHMIDT, S.J. (Hrsg.): Konstruktivismus und Sozialtheorie, DELFIN 1993, Frankfurt a.M. 1994, S. 172-204, S. 177.

Eine plastische Darstellung der symmetrisch-reziproken Form "interaktiver Kommunikation", mit einer analytischen Abfolge wechselseitig-linearer Übertragungsvorgänge unter Betonung des Abgrenzungs- und Beziehungscharakters, stellt das Modell von OSGOOD dar.[152]

---

[151]   ESSER (1994) S. 180.

[152]   Zur kompakten Darstellung der "Kommunikationsprozeß"-Modelle von SHANNON und OSGOOD siehe SCHULZ (1994) S. 144ff.

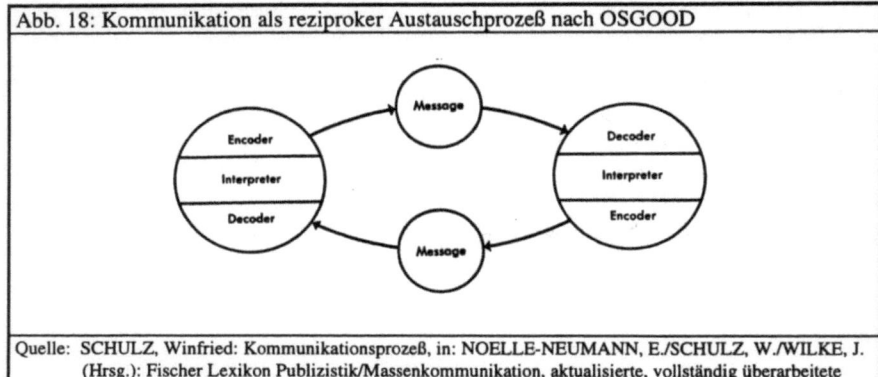

Abb. 18: Kommunikation als reziproker Austauschprozeß nach OSGOOD

Quelle: SCHULZ, Winfried: Kommunikationsprozeß, in: NOELLE-NEUMANN, E./SCHULZ, W./WILKE, J.
(Hrsg.): Fischer Lexikon Publizistik/Massenkommunikation, aktualisierte, vollständig überarbeitete
Neuausgabe, Frankfurt a.M. 1994, S. 147.

Dieses Modell verdeutlicht die Vorstellung eines abgegrenzten Systems wechselseitig aufeinander bezogenen Handelns und Erlebens als *"Kommunikationssystem"*. Im Unterschied zur
kognitiven Umweltstrukturierung über Handlungssysteme bestehen diese Kommunikationssysteme auch aus den kontingenten Akteuren selbst (als "Kommunikatoren" und "Rezipienten") und all ihren beobachtbaren außenwirksamen Handlungen, d.h. aus ihren gesamten
Identitäten. Die Ordnung nach Sinnbezügen (als Abgrenzung, Selektion, Strukturierung und
Zurechnung) erfolgt nur im Erleben des Rezipienten und wird nur (über die handlungsleitende
Orientierung) in dessen Anschlußhandeln wirksam. Die Entwicklung solcher Kommunika-
tionssysteme kann analytisch als Kette von Handeln, Erleben, Kommunikationsprozeß,
Kommunikation(-serfolg) und Kommunikationssystem beschrieben werden: Durch intrasub-
jektiv-autonomes *"Erleben"* und auf kognitiv-konstruierter Orientierung beruhendes außen-
wirksames *"Handeln"* der Akteure formt sich im *"sozialen Kontakt"* unter wechselseitigem
Aufeinanderbeziehen des jeweiligen Handelns und Erlebens ein intersubjektiv-linearer
*"Kommunikationsprozeß"*[153].

---

[153]  Vgl. JENSENs PARSONS-Rezeption (JENSEN (1976) S. 55): "Man kann unter diesem Aspekt Handlungssysteme als aktualisierte Selektionen sehen, die jeweils im Handeln aufgenommen werden. Der Prozeß der
Interaktion ist in dieser Sicht ein Prozeß der Übertragung von Selektionen. Dieser Prozeß kann als 'Kommunikationsprozeß' beschrieben und medientheoretisch analysiert werden".

**Abb. 19: Akteur, Kommunikation und Kommunikationssystem**

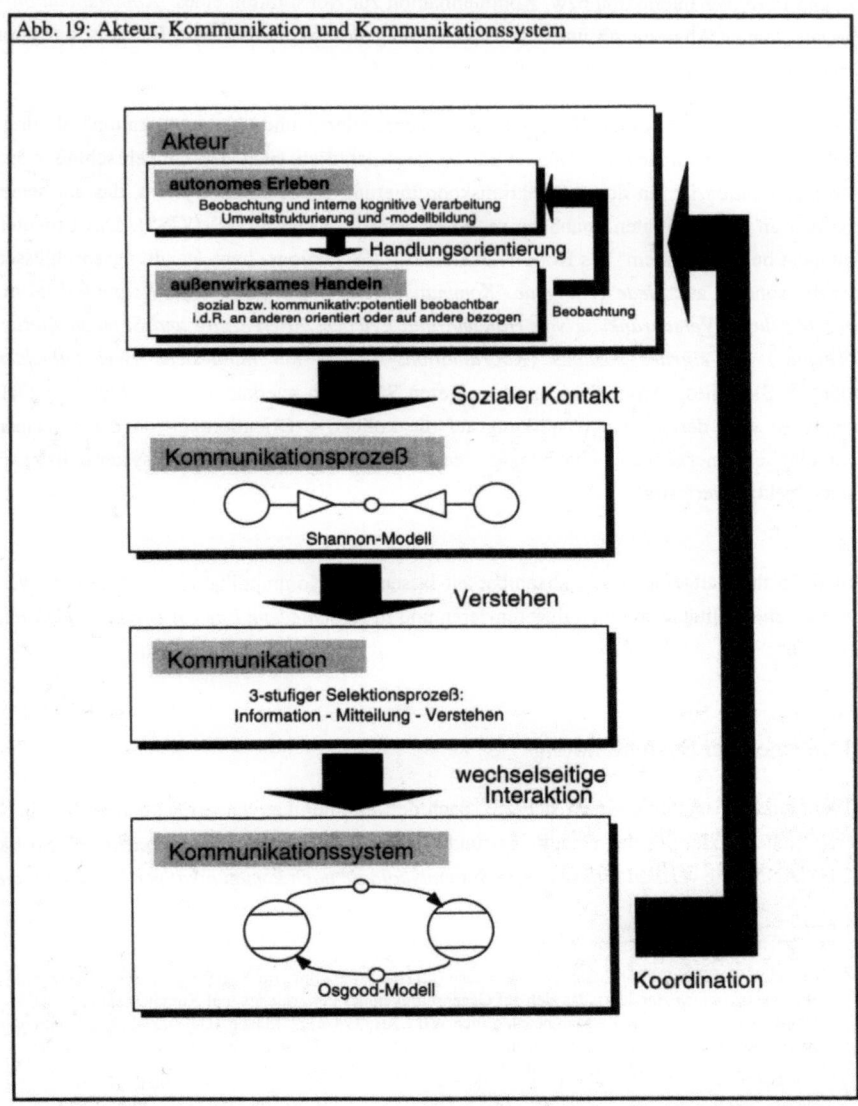

Über den intersubjektiven Handlungs- bzw. Selektionsanschluß des *"Verstehens"* (allerdings hier im Sinne von Erleben und subjektiver Bedeutungszuschreibung) des Rezipienten wird dieser Kommunikationsprozeß als *"Kommunikation "* erfolgreiche und führt im Falle *rezipro-*

*ker* und *iterativer* Interaktion bzw. Kommunikation zur Konstitution eines *"Kommunikations-systems"*, unter Abgrenzung und Aufrechterhaltung des wechselseitigen Bezuges mehrerer Handlungen aufeinander für eine bestimmte Dauer.[154]

Wenn sich "Systeme" durch Kommunikation konstituieren und "Kommunikation" als drei-stufiger Selektionsprozeß begriffen wird, so liegt natürlich auch der Umkehrschluß nahe: "Kommunikation ist ein durch Selektionskoordinierung entstehendes System, das auf seine, von den an ihr Beteiligten unabhängige Weise, Sinn (...) bewegt."[155] (KISS). Das bedeutet, daß nicht nur ein "System" aus Kommunikationen als Selektions- bzw. Handlungsanschlüssen besteht, sondern auch *jede gelungene "Kommunikation" (jeder vollendete "Kommunikations-prozeß") durch Verschränkung von Handeln und Erleben, Abgrenzung und Sinnkonstitution ("Thema") ein eigenes soziales (Koordinations-)System mit mindestens zwei Subjekten* bildet.[156] Sind diese Anschlüsse unter mehreren Subjekten anerkannt (intersubjektive "Gel-tung"), so wird deren weitere Wirkung auf die kollektive Orientierung von der einzelnen individuellen Anerkennung unabhängig; der Bestand des Kommunikationssystems hat sich intersubjektiv "verfestigt".

Innerhalb ihrer allgemeinen Beobachtbarkeit lassen sich Kommunikationssysteme nach ver-schiedenen Qualitätskategorien differenzieren und in *verschiedene Ebenen der Systembildung* einteilen:

## b)  Ebenen der Systembildung

Kommunikationssysteme lassen sich z.B. nach der kommunikativen Erreichbarkeit und nach der formaler Fixierung der Handlungs- und Kommunikationsabläufe differenzieren. So hat LUHMANN eine *vertikal differenzierte Systemtypologie nach kommunikativer Erreichbarkeit*

---

[154]  Vgl. auch JENSEN (1976) S. 36: "Sozialsysteme (...) sind Programme zur Regelung menschlicher Interak-tion - *gemeinsamen* Handelns, das sich auf Gegenseitigkeit der Erwartungen, auf Komplementarität und Reziprozität, stützt." (H.i.O.). Man beachte auch WILLKE (1987e) S. 333 zur "Unwahrscheinlichkeit von Kommunikation" zwischen Empfänger und Akteur, die nur durch Systembildung davor bewahrt werden könne, "sich im unendlichen Regress der Versicherung ihrer Voraussetzungen" zu verlieren.

[155]  KISS (1989) S. 160 (H.i.O.). Vgl. MARTENS (1991) S. 630 ("Das soziale System als Einheit mehrerer Kommunikationen"), (1989) S. 120f., LUHMANN (1964) S. 24 (zu Sinn-, Selektions- oder Handlungsan-schlüssen bzw. -zusammenhängen).

[156]  Vgl. LUHMANN (1988c) S. 299: "Kommunikationen sind zwangsläufig soziale Operationen. (...) Ihr Voll-zug bildet durch selektive Verknüpfung mit anderen Kommunikationen Systeme, indem er eine Differenz zur Umwelt mitproduziert." Zur "Intersubjektivität" von Kommunikation oder Kommunikationssystemen vgl. MARTENS (1991) S. 635 ("Komponenten der Kommunikation")und S. 637 ("In einer Kommunikation sind Operationen von wenigstens zwei Lebewesen zu einer neuen und neuartigen Einheit geschmiedet").

als "*Ebenen der Systembildung*" entwickelt[157], die allerdings nur als grobe und willkürliche Raster anzusehen sind (da grundsätzlich gilt: "Jeder soziale Kontakt wird als System begriffen bis hin zur Gesellschaft als Gesamtheit der Berücksichtigung aller möglichen Kontakte."[158]).

LUHMANNs *drei Ebenen* bestehen aus:

- der Ebene der "*Interaktionssysteme*", die sich bei gegenseitiger Wahrnehmung von Personen zwangsläufig bilden. Abgrenzungsprinzip sei hier die wechselseitig wahrgenommene (erlebte) "*Anwesenheit*", die potentielle soziale Relevanz und Handlungszwang signalisiere und wechselseitige Erwartungen erzeuge. Die Grenzen seien durch diffuse Mitgliedschaften und Fluktuation allerdings fließend, Sinngehalte zwar identifizierbar, aber höchst instabil; "Interaktion" beschreibt damit *flüchtigere Formen des sozialen Kontaktes bis hin zum Zustandekommen von Kommunikation.*

- der Ebene der "*Organisationssysteme*" oder "formalen Organisationen", deren "*Mitgliedschaft*" als Abgrenzungsprinzip über Zulassungs- bzw. Eintrittsbedingungen und Mitgliedschaftsrollen "*Verhaltenserwartungen*" als Forderungen an die Mitglieder formuliere. Die hierdurch ermöglichte strukturelle Festlegung von Aufgaben/Programmen, Stellen und Hierarchien steuere die Kommunikation der Organisationsmitglieder, mache Personen durch Trennung ihrer individuellen Motive von den Organisationszwecken austauschbar und ermögliche so arbeitsteilige Spezialisierung bzw. funktionale Differenzierung.[159] *Diese Koordinations- bzw. indirekte Steuerungswirkung über Zugehörigkeitsentscheidung und Konditionierung von Interaktions- und Kommunikationsbeziehungen qualifiziert die "Organisation" als Archetypus einer indirekten Kontextsteuerung über Kommunikationssysteme.*

- die Ebene des "*Gesellschaftssystems*", das als *umfassendstes System aller für einander kommunikativ erreichbaren Handlungen* letzter Bezugspunkt für Erleben und Handeln im menschlichen Zusammenleben sei. In dieser umfassenden Bedeutung muß "Gesellschaft"

---

157   LUHMANNs Typisierung beruht anscheinend implizit auf PARSONS' "*Ebenen der Sozialorganisation*" (vgl. PARSONS (1976b) S. 85ff.), mit deren Hilfe er das Problem der dauerhaften Organisation sozialer Beziehungen strukturiert: "Interaktion" als primäre Ebene der "face-to-face"-Beziehungen einzelner Akteure; "Management" auf der Verwaltungsebene von Organisationen; "Institutionen" auf der Ebene gesellschaftlicher Teilbereiche; Und "Gesamtgesellschaft" als oberste Ebene der Organisation sozialer Beziehungen. JENSEN (1976) S. 36ff. konstatiert, daß Sozialsysteme vertikal strukturiert oder organisiert seien.

158   LUHMANN (1988a) S. 33. Vgl. KISS (1986) S. 24ff.

159   Vgl. KISS (1986) S. 27f. ("Die wichtigste Funktion von Organisationssystemen bzw. organisierten Sozialsystemen kann in der Festlegung von Kommunikations- und Interaktionsprozessen auf berechenbare Abläufe strategisch wichtiger Handlungsprozesse gesehen werden. Organisation bedeutet Einschränkung von Handlungsmöglichkeiten und Disziplinierung von spontanen, fluktuierenden und relativ ungeordneten Kommunikationsprozessen.").

trotz der Zuschreibung eines Sozialsystemcharakters als *Synonym für "soziale Umwelt"* gesehen werden.[160]

Dieses Raster beinhaltet und ordnet alle denkbaren Konfigurationen sozialer Systeme, vom flüchtigen "sozialen Kontakt" bis hin zur "(Welt-)Gesellschaft" als umfassendstem System, das jedoch (nach LUHMANN) immer noch von der *"Umwelt" als komplexer Raum aller potentiellen Kontakte und Systemkonstellationen* zu unterscheiden sei.

Für Koordination und Steuerung ist die (LUHMANNs) Ebene der *"Organisationssysteme"* relevant, die durch (mehr oder weniger) *formale Mitgliedschaft* als Kontingenzbeschränkungsmechanismus einer Konditionierung von Strukturierung und Erwartung den *Archetyus sozialer Koordinations- bzw. Steuerungssysteme* bildet.[161] Unter den allgemeinen Begriff "Organisation(-ssystem)" lassen sich die meisten gesellschaftlich relevanten Sozialsysteme rechnen, von "Familie" (Mitgliedschaft durch Geburt, aber auch durch Entscheidung z.B. bei Adoption oder Heirat) über "Vereine", gesellschaftliche "Interessengruppen", politische "Parteien" oder wirtschaftliche "Unternehmen" (formalisierte Mitgliedschaften zur Verfolgung kollektiver Zwecke oder Ziele), über "gesellschaftliche Teilsysteme" wie z.B. "Politik" oder "Wirtschaft" (als Organisations-"Mäntel" auch für andere soziale Systeme; nichtformalisierte Zugehörigkeiten und Koordinationsangebote unter Einhaltung bestimmter medial vermittelter Kontextbedingungen) bis hin zu "Staat", "Gesellschaft" oder "internationalen Gemeinschaften" (als umfassende Zuordnungen menschlicher Sozialität unter meist automatischer Zugehörigkeit nach territorialen, nationalen, kulturellen oder ethnischen Kriterien). Wesentliches Merkmal und grundlegende Funktion von "Organisation" ist ihre *Koordinationsfunktion als interaktives Kommunikationssystem*: "Organisation bedeutet Einschränkung von Handlungsmöglichkeiten und Disziplinierung von spontanen, fluktuierenden und relativ ungeordneten Kommunikationsprozessen."[162]

In Hinblick auf die genauere Analyse ihrer Koordinations- bzw. Steuerungswirkung ist es vorteilhaft, Kommunikationssysteme (die nach dem Ebenenschema LUHMANNs allgemein als "Organisationssysteme" bezeichnet wurden) in *"gesellschaftliche Teilsysteme"* (z.B. "Wirtschaft", "Recht", "Politik", "Wissenschaft" etc.), *Verhandlungssysteme"* (z.B. "Markt", "Diskurs" etc.) und *"formale Organisationen"* (z.B. "Unternehmung", "Betrieb", "Abteilung") zu unterteilen, die sich hinsichtlich der formalen Verfestigung der Zugehörigkeit, Teilnahme oder

---

[160]   Vgl. LUHMANN (1988a) S. 33 (ebd. S. 18: "Gesellschaft verstanden als umfassendes Sozialsystem und damit als ein Fall unter anderen.").

[161]   Vgl. MARTENS (1989) S. 120f. ("Organisationen sind hochgradig artifizielle, unwahrscheinliche soziale Systeme, in denen die Koordination räumlich, zeitlich und inhaltlich entfernter Handlungen und Entscheidungen stattfindet.")

[162]   KISS (1989) S. 116.

Mitgliedschaft differenzieren (mediale bzw. thematische Konditionierung oder formale Mitgliedschaftsrolle).

Die allgemeine *"Verfestigung"* des *Systemzusammenhanges* in Organisationen erfolgt über Erwartungsstrukturbildung, Entscheidung und Mitgliedschaftsrollen zur Kontingenzbeschränkung in Interaktion und Kommunikation:

c) Erwartungsstruktur als Kontingenzbeschränkung zur Stabilisierung von Kommunikationssystemen

Während *Reduktion von Umweltkomplexität* durch Abgrenzung und kognitive Strukturierung im Erleben unerläßlich für Umwelterfassung und Orientierung ist, benötigt interaktive (Handlungs-)Koordination über Kommunikationssysteme *zusätzliche stabilisierende Mechanismen der handlungsleitenden Kontingenzbeschränkung.*[163] Ein grundlegender Mechanismus ist die *"Erwartungsstruktur"*; sie verbindet "Sinn" und "Erwartungen" dual: kognitive "Sinn"-Strukturen ordnen und orientieren subjektives Erleben und Handeln, kommunizierte (aber subjektiv zu identifizierende) "Erwartungs"-Strukturen koordinieren Selektionsanschlüsse über Entscheidung. LUHMANN differenziert nur implizit zwischen kognitiven Sinnstrukturierungen im Erleben (Handlungssysteme) und kommunizierten Erwartungsstrukturen in Kommunikationssystemen:

> "Handlungszusammenhänge werden zu Systemen dadurch, daß sich Verhaltenserwartungen [intersubjektiv, d. Verf.] konsolidieren, mit deren Hilfe Handlungen sich einander zuordnen, eingrenzen und abgrenzen lassen. Die Innen/Außen-Unterscheidung ist kein Merkmal des Handelns selbst, sie wird ihm durch eine Erwartungsstruktur aufgeprägt. Umgekehrt gesehen, ist die Ausbildung fester Verhaltenserwartungen nur möglich, wenn sich das erwartete Verhalten systematisch [subjektiv, d. Verf.] einordnen läßt. Die Erwartungen gewinnen ihre Sicherheit dadurch, daß man weiß, was in bestimmten Systemen passieren und was nicht passieren kann."[164]

In der Systemtheorie LUHMANNs bilden "Verhaltenserwartungen als Struktur sozialer Systeme" einen Kernpunkt der handlungskoordinierenden Erhaltung, Stabilisierung und Verfestigung von Kommunikationssystemen.[165] Über die Strukturierung der Handlungsfelder

---

[163]  Vgl. WILLKE (1987) S. 18f. u. S. 21 ("Jedes psychische und soziale System erfährt also die Kontingenz anderer Systeme als ein Problem mangelnder Erwartungssicherheit; die eigene Kontingenz dagegen erfährt das System als Freiheitsgrade und Alternativspielraum.") und KISS (1986) S. 8 ("die grundsätzliche Nicht-Berechenbarkeit menschlichen Verhaltens", "die Erfahrung, daß alles auch anders als erwartet eintreten kann").

[164]  LUHMANN (1964) S. 59. Vgl. JENSEN (1976) S. 38f. (Handlungssysteme als reine Strukturzusammenhänge).

[165]  Vgl. LUHMANN (1964) S. 26f. ("Seine Invarianz erhält ein Handlungssystem durch die Ordnung der Verhaltenserwartungen, die den Systemzusammenhang definieren. Verhaltenserwartungen sind das ordnende Element in jedem Handlungssystem. (...) Sowohl die innere Verbundenheit als auch die äußere Bestands-

durch mitgeteilte und erlebte Erwartungen wird neben *Abgrenzbarkeit* auch eine gewisse *Wahrscheinlichkeit* ("Erwartbarkeit") bestimmter Entscheidungen, Selektionen oder Handlungsvollzüge gewährleistet, *ohne jedoch die grundsätzliche Autonomie und Kontingenz des menschlichen Handelns aufzuheben.*

(1) Die Funktionsweise derart organisierter Sozialsysteme rekonstruiert LUHMANN über *"Entscheidungsprozesse"* ("Organisationssysteme sind Sozialsysteme, die aus Entscheidungen bestehen und Entscheidungen wechselseitig miteinander verknüpfen:"[166]) bzw. den *"Entscheidungsbegriff"*: "Als Elementarereignisse sind Entscheidungen die Letztelemente, aus denen ein organisiertes Sozialsystem besteht. (...) In der Form einer Entscheidung kann deshalb die Differenz von System und Umwelt zur Einheit gebracht werden."[167] Um die Entscheidung eines Akteurs als "Einheit von System und Umwelt" sehen zu können, stellt LUHMANN *den Entscheidungsbegriff von "Präferenz" als Ausdruck subjektiver Orientierung auf "Erwartung" als Abgrenzungskriterium für eine Anschlußselektion "Entscheidung" um:*

> "Der Vorschlag lautet: *eine Handlung immer dann als Entscheidung anzusehen, wenn sie auf eine an sie gerichtete Erwartung reagiert.* Wir könnten auch sagen: immer dann, wenn sie darauf reagiert, daß sie mit Hilfe von Erwartungen beobachtet wird. Erst die Prognose des Verhaltens macht das Verhalten zur Entscheidung; denn erst die Prognose des Verhaltens macht es möglich, *ihr nicht zu folgen.* Dabei kann es um Fremderwartungen oder um Eigenerwartungen des Handelnden selbst handeln, und die Erwartungen können gut eingeführt oder auch neuartig sein. Vorausgesetzt ist nur, daß sie ernstgenommen werden und dazu beitragen, das Ereignis einer Handlung als beobachtbar zu fixieren. Zu entscheiden ist dann, ob die Handlung der Erwartung folgen will oder nicht."[168]

Durch die Entscheidung bleibe an der Handlung "Kontingenz haften", d.h. sie hätte auch anders ausfallen können. In dieser Funktion fixiere die Entscheidung die bewußte Selektion vor dem Hintergrund mindestens einer Alternative und mache sie dadurch erlebbar.[169] Eine über Erwartung konstruierte "Entscheidung" als Mechanismus der Kontingenzbeschränkung

---

fähigkeit eines Systems hängen davon ab, wie die Systemerwartungen definiert und zueinander in Beziehung gesetzt sind. Alle Systemprobleme lassen sich letztlich auf das Problem der Erwartungsstabilisierung zurückführen.") und KISS (1986) S. 23.

[166] LUHMANN (1978) S. 13. Vgl. MARTENS (1989) S. 120f. LUHMANNs These drückt aus, daß es im Rahmen von Kommunikationssystemen bereits beim Zustandekommen von Kommunikation auf die "Wahrnehmungsentscheidung", die "Verarbeitungsentscheidung" und damit die "Verstehenwollens"-Entscheidung ankommt, die LUHMANN alle unter "Selektionen" rechnet.

[167] LUHMANN (1984) S. 593. Vgl. LUHMANN (1985) S. 428: "Die Figur der fremden Erwartungen eigenen Verhaltens besagt vielmehr nur, daß das System in eine Entscheidungssituation gebracht wird, die als Struktur (...) dient."

[168] LUHMANN (1984) S. 594 (H.i.O.).

[169] Vgl. LUHMANN (1984) S. 596: "Die Erwartung gibt die Möglichkeit, die Entscheidung nicht nur zu entscheiden, sondern auch zu beobachten (zu antezipieren, zu erinnern) als etwas, was in bezug auf die Erwartung einen Unterschied ausmacht, nämlich die Erwartung bestätigt, bekräftigt reproduziert oder umgekehrt sie durchbricht, gefährdet und damit eine abweichende Strukturbildung nahelegt. (...) Für sich genommen sind Erwartungen Strukturen, nicht Ereignisse. Sie haben damit eine eigenständige, relativ zeitbeständige Identität, aber keinen von System abstrahierbaren Sinn, keine 'ideale', realitätslose Existenz."

wirkt aber immer nur "indirekt", unter Erhaltung der autonomen Handlungs- und Entscheidungsfreiheit der Akteure nach Maßgabe der eigenen subjektiven Orientierung und damit auch unter "Enttäuschungsgefahr".[170]

(2) Der grundlegende Konditionierungsmechanismus der Koordinations- und Steuerungswirkung des Organisationssystems ist die *"Mitgliedschaft"*.[171] *Sie stellt als indirekter Mechanismus die Entscheidung der Akteure frei (wenn auch über Erwartung nahegelegt), strukturiert aber das Handeln der Akteure über als Erwartungen codierte Kontextbedingungen:* "Willst Du teilnehmen, erfülle Erwartungen" bzw. "übernimm die organisationalen Rationalitätsbedingungen als Orientierung". LUHMANN und SINGER beschreiben diese "Prämisse der Ein- und Austrittsentscheidung von Subjekten zu sozialen Systemen" als *"Mechanismus der Mitglied(schaft)srolle"*;[172] sie kann aber auch abgestuft nach anderen systemspezifischen Erwartungen und Rollen sanktionsbewehrt sein. Die Summe der systemspezifischen Erwartungen bilden als *"sozialer Kontext"*[173] das systemische Koordinationspotential. Allerdings reguliert die bloße Mitgliedschaft nur die grobe Grenzziehung des Sozialsystems; die Feinsteuerung des Verhaltens erfolgt über die graduelle Verbindlichkeit und Sanktionsbewehrung der mit Übernahme der Mitgliedschaftsrolle anerkannten Erwartungsstruktur. Natürlich kann unter

---

[170]   Vgl. JENSEN (1976) S. 41: "Strukturen fixieren immer einen Ausschnitt, der enger ist als der mögliche Handlungskreis. Mithin sind sie immer von Enttäuschung bedroht, risikoreich und gefährdet. Das allgemeine Problem der Überforderung des Menschen durch die Überkomplexität der Welt wird transformiert in das Problem der gelegentlichen Enttäuschung, des Versagens und der Mißachtung normativer Strukturen." Zur Bedeutung der "Mitgliedschaft" für Organisationssysteme vgl. u.a. LUHMANN (1964) S. 35ff., SINGER (1976) S. 163ff. oder KISS (1986) S. 27ff.

[171]   Vgl. KISS (1989) S. 108 zu "Organisation": "Mit Strukturdimension meinen wir die Verbreitung von Verhaltenserwartungen, die durch die Zugehörigkeit zu bestimmten - und das heißt: spezifischen - Organisationen die Befolgung der dort geltenden Verhaltensregeln im Interesse der Funktionserfüllung dieses Sozialsystems erfordert und verbindlich macht."

[172]   Vgl. SINGER (1976) S. 163f. ("Soziale Systeme konstituieren sich auf der Ebene der Verhaltenserwartungen. (...) Das Systemmitglied tauscht seine generelle Bereitschaft, formale Erwartungen anzuerkennen, gegen Vorteile ein, die es vom System erhält. (...) Die Mitgliedsrolle fungiert als Prämisse für Ein- und Austrittsentscheidungen. Will das Subjekt im System bleiben, weil andere Alternativen weniger attraktiv sind, so muß es die Mitgliedsrolle akzeptieren, die allerdings in einem vielfältigen Zusammenhang mit anderen Systemrollen steht"), LUHMANN (1964) S. 35 u. 60 ("Um (...) ein Höchstmaß an Erwartungssicherheit zu erreichen, kann man bestimmte Erwartungen formalisieren, das heißt: ihre Anerkennung zur Mitgliedschaftsbedingung machen. Dadurch wird die Erwartung auf die Mitgliedschaftsrolle bezogen und mit ihr verbunden.").

[173]   Vgl. SINGER (1976) S. 145: "Wir haben (...) Erwartungen als strukturelle Kontexte bezeichnet. Diese strukturellen Kontexte sind die Konstanten des Systems. Luhmann spricht in diesem Zusammenhang von der Generalisierung von Verhaltenserwartungen. Durch Erwartungsgeneralisierung werden Handlungen stabilisiert (normiert), einander zugeordnet und von anderen Handlungsmöglichkeiten abgegrenzt." KNYPHAUSEN-AUFSESS (1995) S. 383 verwendet mit KIRSCH (1992) S. 128f. den Begriff der "Kontextgemeinschaft" als all jene Aktoren, die eine gemeinsame Lebens- und Sprachform (Code) als spezifischen Kontext teilen. Im "Kontext", den KNYPHAUSEN-AUFSESS ebd. S. 330 als "Klasse familienähnlicher Begriffe wie 'Lebenswelt', 'Lebens- und Sprachformen', 'Praxis', 'Paradigma' etc." bezeichnet, denken, sprechen und handeln die beteiligten Akteure.

dem Stichwort "Binnendifferenzierung" auch jede Einzelerwartung bzw. jedes Teilbündel von Erwartungen (sogenannte "funktionale Systemrollen"), als eigenes Kommunikations(teil)system mit eigener Mitgliedschaft aufgefaßt werden.

(3) Nach LUHMANN nehmen unter den vielfältigen Erwartungen die "*generalisierten*" bzw. "*formalisierten Erwartungen*" eine Sonderstellung ein:[174] Sie verfestigen das Kommunikationssystem zu "*formaler Organisation*" (als "Teilstruktur der formalisierten Erwartungen") mit *weitgehend personen- und situationsunabhängig fixierter Festlegung von Ordnungs- und Orientierungskriterien* ("Aufgaben", "Programme", "Stellen", "Instanzen"), die als "*(Formal-) Struktur*" den Bestand und die Grenzen der Organisation bestimmt und die Kommunikationsbeziehungen steuert.[175] So läßt sich neben der Umstellung von Präferenz auf Erwartung und der Mitgliedschaftsrolle ein drittes Merkmal von Organisation identifizieren: *die Trennung von individuellem Motiv (Handlungsorientierung) und Systemzweck (Koordinationsziel) als "fiktiver Konsens"*: "Erwartungen werden also akzeptiert, ohne daß diese verinnerlicht worden sind." (SINGER)[176] Diese Motivationsunabhängigkeit erleichtert die Wirkung und Verfestigung des Organisationssystems und erlaubt die Befolgung kollektiver Ziele unabhängig von der individuellen Disposition. Gerade dieser Gesichtspunkt birgt aber Problematiken: er kann sowohl zu einer Verabsolutierung der Systemziele bzw. -zwecke unter Mißachtung von Nebenfolgen oder externen Effekten wie auch zu einer bloß formalen Abarbeitung kollektiver Ziele ohne inneres Engagement unter Mißachtung der nötigen Sorgfalt und Verantwortung, führen. Beide Effekte erweisen sich als dysfunktional für Ziel, Wirkung und Umwelt des fokalen Sozialsystems und müssen in einer indirekten Steuerungskonzeption berücksichtigt werden.

In Kapitel C.II. wurde Systembildung nach Kognition (subjektiv-kognitiv: Erleben, Orientierung und Handeln) und Kommunikation (intersubjektiv-interaktiv Koordination) in Handlungs- und Kommunikationssystembildung differenziert; Kap. C.III.1. konkretisierte den intersubjektiven Selektionsanschluß von Handeln und Erleben als Kommunikationsprozeß bzw. als erfolgreiche Kommunikation oder, wenn reziprok und iterativ, als erlebbares Kommunikationssystem in seinen Implikationen für Koordination und Steuerung. Als Konsequenz für einen integriert-systemtheoretischen Bezugsrahmen wird darauf aufbauend das gesamte *Verhältnis von Handlungs-, System- und Kommunikationstheorie* als Zusammenhang von Subjekt bzw. Akteur (Erleben, Handeln), System (Orientierung, Koordination) und sozialer Umwelt (Komplexität, Kontingenz) zusammenfassend beschrieben.

---

[174]  Vgl. LUHMANN (1964) S. 55f., (1988a) S. 382ff.

[175]  Zum Begriff der "Struktur" (insb. bei LUHMANN) vgl. STEINMANN/SCHREYÖGG (1990) S. 112.

[176]  SINGER (1976) S. 163f.

## 2. Zum Verhältnis von Handlungs-, System- und Kommunikationstheorie

Für eine Zusammenfassung des Verhältnisses von Handlung, System und Kommunikation *auf systemtheoretischer Grundlage* ist an dieser Stelle hervorzuheben, daß es hier zunächst um eine *Klärung der Grundlagen des menschlichen Orientierungserwerbs* geht, mit Fokus auf der Analyse anthropologisch-physischer, aktions- und kognitionsbiologischer sowie soziologischer Prämissen[177] von Orientierung, Koordination und Steuerung durch die Phänomene "Beobachtung", "Kognition", "Systembildung" und "Interaktion" bzw. "Kommunikation". Erkenntnistheoretische Ansätze insbesondere einer "sprachpragmatischen Wende" (HABERMAS)[178] bzw. eines "Methodischen Konstruktivismus" der Erlanger Schule[179], die sich vor allem um die sprachliche Herstellung von intersubjektiver Bedeutung als "Verständigung", "Einverständnis", "Konsens" oder "Transsubjektivität" bemühen, hier zurückgestellt.[180]

Der *Zusammenhang von Handlungs-, System- und Kommunikationstheorie* kann unter dem Gesichtspunkt der Orientierungsgewinnung für soziales Handeln als Zusammenhang verschiedener Begriffskonstellationen umschrieben werden: als Verhältnis von "Subjekt, System und Umwelt"; von "Erleben, Orientierung (, Handeln) und Koordination"; von "Kognition, System und Kommunikation". *Drei charakterisierende Aspekte* stellen dieses Verhältnis auf eine neue Grundlage:

- Die Differenzierung von "Erleben", "Orientierung" und "Koordination" als zentrale Determinanten sozialen Handelns (Kap. A.II) bedingt die Analyse dreier alternativer Handlungskategorien in Abkehr von klassischen Rationalisierungskategorien wie "Intention/ Verhalten", "Zweck/Mittel" oder "Erfolg/Verständigung". Je nach kommunikativer (nicht:

---

177 Man vergleiche etwa die Kritik von JANICH (1992) S. 34f. am "radikalen Physikalismus und Biologismus" des Radikalen Konstruktivismus: Nach SCHMIDT (1991) S. 13 ersetze dessen Erkenntnistheorie "die traditionelle epistemologische Frage nach Inhalten und Gegenständen von Wahrnehmung und Bewußtsein" (Erleben und Orientierung) durch die Frage nach dem "Wie?" und konzentriere sich auf den "Erkenntnisvorgang, seine Wirkungen und Resultate"; vgl. SCHMIDT (1994) S.13ff. ("Es empfiehlt sich, von Was-Fragen auf Wie-Fragen umzustellen").

178 Eine Erläuterung "pragmatischer Sprachauffassung" im Gegensatz zu "interpretativer" bzw. "realistischer" für eine "Theorie der Bedeutung" liefert SCHNEIDER (1975) S. 89f., insbes. S. 92. Eine zusammenfassende Darstellung des Ansatzes von HABERMAS unter "Kommunikation als Mittel intersubjektiver Verständigung" findet sich bei KISS (1989) S. 148ff.; ein Überblick über die "pragmatische Wende" einer "dialogischen Logik" von LORENZEN und LOZENZ bei SCHNEIDER (1975) S. 100ff.

179 Eine prägnante Darstellung des "Methodischen Konstruktivismus" vor allem in Auseinandersetzung zum "Radikalen Konstruktivismus" liefert JANICH (1992) S. 32ff. ("Eine methodisch konstruktive Kritik des Radikalen Konstruktivismus").

180 Siehe dazu SCHMIDT (1994) S. 14: "Wir konstruieren durch unsere vielfältigen Tätigkeiten (Wahrnehmen, Denken, Handeln, Kommunizieren) eine Erfahrungswirklichkeit, die wir bestenfalls auf ihre Gangbarkeit oder Lebbarkeit (viability) hin erproben können, nicht aber auf ihre Übereinstimmung mit einer wahrnehmungsunabhängigen Realität."

konsensueller) Wirksamkeit lassen sich die Handlungskategorien *autonomes "Erleben"*, *außenwirksames "soziales Handeln"* und *interaktive "Kommunikation"* (als Beziehung, als interpersonaler Selekticnsanschluß von Handeln und Erleben) qualitativ abstufen (Kap. 2.a).

- Die Analyse und Synthese von *autonomem "Erleben"* als Beobachtung und Kognition sozialen Handelns, *subjektiver "Orientierung"* als virtueller Repräsentation der Umwelt durch kognitive Strukturierung und Modellbildung, die das soziale Handeln in Wechselwirkung mit Erleben leitet, und *intersubjektiver "Koordination"* als (auf subjektivem Erleben, Orientierung und Handeln beruhende) interaktive Verschränkung multipersonalen Handelns und Erlebens in Kommunikationssystemen (Kap. 2.b) beschreibt die zentralen Konstitutionsbedingungen und Erfassungsvoraussetzungen der sozialen Umwelt des Menschen.[181]

- Der Zusammenhang von Handlungs-, System- und Kommunikationstheorie ermöglicht einen *Einbau der soziologischen Systemtheorie als Bindeglied von "Handlung" und "Kommunikation" bzw. zwischen "Subjekt" und "Umwelt"* (Kap. 2.c) über die Anschlüsse von *"Subjekt"* über autonomes Erleben und subjektive Orientierung (als kognitive Abgrenzung und intrasubjektive Sinnstrukturierung) zu *"Handlungssystemen"* als kognitive Umweltstrukturierung und von (orientiertem) sozialen Handeln über interaktive Kommunikation (als dreistufigem Selektionsprozeß (Systemtheorie) und wechselseitiger Verschränkung von Handeln (Handlungstheorie) und Erleben) zu *"Kommunikationssystemen"* intersubjektiver (Selektions-)Koordination in einer sozialen *"Umwelt"* potentiell beobachtbarer Handlungen und Kommunikationen.[182]

## a) Paradigmenwechsel in der Handlungstypisierung: Kommunikation statt Zweck/Mittel

Die Erfassung von Handlung und Handlungsrationalität nach dem *"Zweck/Mittel"-Schema* wurde schon nach den Ausführungen ihres Begründers WEBER nur als (relativ willkürliche) Analysekategorie intentionaler Deutung und kausaler Differenzierung zu wissenschaftlichen Untersuchungs-"zwecken" eingeführt. Unter der Vorstellung (intentional) gesetzter Zwecke

---

[181]   Vgl. SCHMIDT (1992) S. 9: "Die Konstruktion [der Welt durch unser Zusammen-Leben] beginnt und endet mit Wahrnehmen, Erfahren, Handeln, Erleben und Kommunizieren."

[182]   Vgl. SCHMIDT (1992) S. 11: Konstruktivismus erkläre auf verschiedenen Ebenen (der physiochemischen, biologischen, psychologischen und sozialen) die Entstehung und Entwicklung von Phänomenen durch plausible Konstruktion ihrer "Mechanik". "Dabei wird explizit berücksichtigt, daß diese Beschreibungen und Erklärungen *durch kognitive Systeme im Rahmen und unter den Bedingungen sozialer Interaktion und Kommunikation* erfolgen." (H.v.V.).

und daraus abgeleiteter, kausal abhängiger Mittelwahlen erzeugt es unweigerlich eine techno-kratische Sicht von Handlung und sozialer Welt ("Technische Vernunft"), bleibt aber immer abhängige Kategorienzuschreibung durch einen Beobachter und dessen Umwelterfassung (auch als in bezug auf seine perzipierte Umwelt orientiert Handelnder). Eine ähnliche Inter-pretation gilt auch für HABERMAS' Dichotomie von "Erfolg"/"Verständigung"; für jede intendierte Kommunikation kann diesbezügliches Handeln und Erleben auch als "Mittel" zum "Zweck Kommunikation" angesehen werden. Jede zustandegekommene Kommunikation ist bereits in ihrem intersubjektiven Anschluß ("Verstehen"), auf jeden Falle aber in einer erziel-ten "Verständigung" als "Erfolg" zu werten. Umgekehrt kann nicht jede gelungene "Verständi-gung" als intentionsdeterminiert bezeichnet werden.

Anstelle dieser allgemein eingeführten Rationalisierungsdichotomien erscheint im Hinblick auf die Orientierung sozialen Handelns unter den Determinanten "Erleben", "Orientierung" und "Koordination" eine Einführung aufeinander aufbauender *qualitativer Steigerungen im menschlichen Verhalten je nach dessen kommunikativer Wirksamkeit* zweckmäßiger.

(1) Als Grundlage jeglicher Art von Bewußtsein, Umweltbezug und Orientierung muß *auto-nomes "Erleben"* angesehen werden. Später wird im Zusammenhang mit Autopoiese noch genauer begründet, daß der Ursprung jedes orientierten menschlichen Verhaltens und jeder Handlung im extern nicht direkt beobachtbaren und zugänglichen Bewußtsein und dessen Umwelterfassung und -verarbeitung über physiologisch codierte Sinneseindrücke liegt. *Vom autonomen Erleben der Umwelt und der dadurch konstituierten subjektiven (Handlungs-) Orientierung sind alle anderen sozialen Phänomene abhängig, da sie immer auf Handeln als (oft mehr oder weniger bewußter) intrasubjektiver Selektion, d.h. Auswahl und Festlegung, nach einem kognitiven Handlungsmodell beruhen, auch wenn das Bewußtsein dieser Selek-tionen bzw. Entscheidungen nicht immer verstandesmäßig voll reflektiert sein wird oder sich Gründe für dieses Verhalten nicht erschöpfend durch Beobachtung erschließen bzw. deuten lassen*; man spricht dann von "Instinkt", "Intuition" oder "irrationalem Verhalten" (WEBER). Bestandteile dieses Erlebens sind Wahrnehmung/Beobachtung/Perzeption als "passives", aber i.d.R. beobachtbares Handeln und Wahrnehmungs- bzw. Beobachtungsverarbeitung/Kogni-tion als "aktive", aber interne und nicht direkt beobachtbare Strukturierung der komplexen Sinneseindrücke bis hin zur Konstruktion eines internen Außenweltmodells der Orientierung, dessen Umsetzung in außenwirksames "soziales Handeln" mündet.

Abb. 20: Drei Handlungskategorien: autonomes "Erleben", außenwirksames "soziales Handeln" und "Kommunikation"

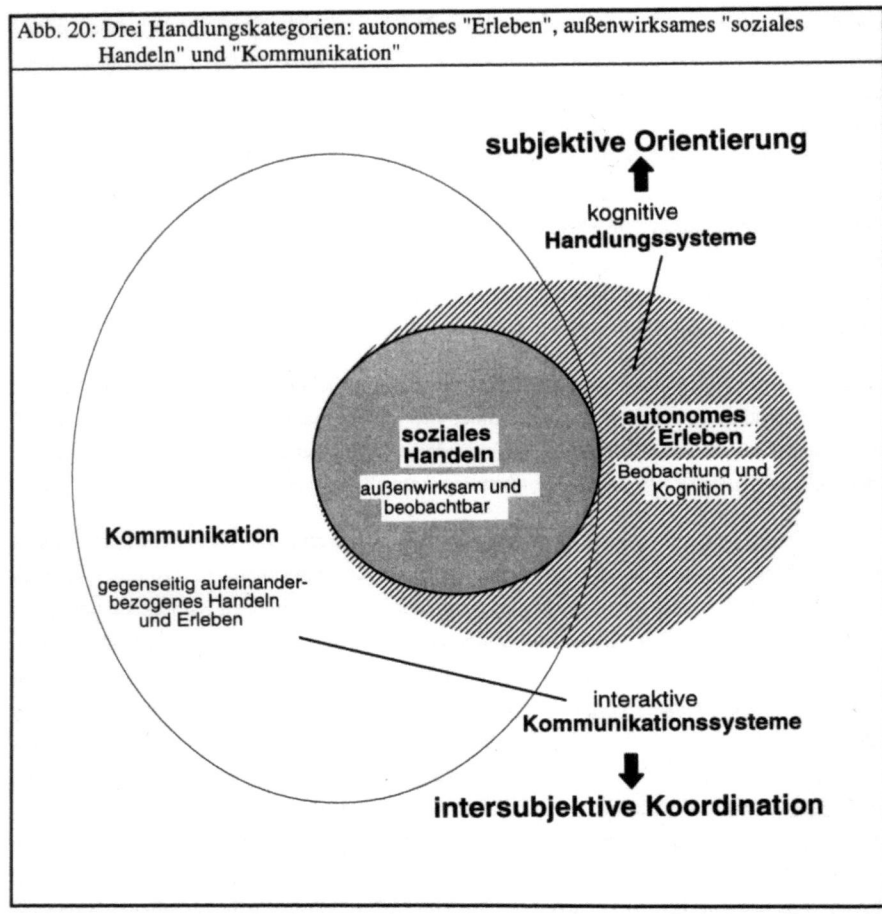

(2) Durch beobachtbare Außenwirksamkeit qualitativ gesteigert ist "aktives" *"soziales (bzw.*

*kommunikatives) Handeln"*, das gerade durch *permanente potentielle Beobachtbarkeit und dadurch bedingte wechselseitige Folgenhaftigkeit, auch wenn oft nicht bewußt und intendiert bzw. unmittelbar erschließ- oder deutbar*, an anderen orientiert ("sozial") und als Erlebnisangebot oder Selektionsanschlußofferte auf andere bezogen ("kommunikativ") ist. Potentielle Beobachtbarkeit begründet seine grundsätzliche soziale Folgenhaftigkeit; soziales Handeln umfaßt deshalb hier sämtliches außenwirksame und damit beobachtbare Verhalten unabhängig von der Intentions- oder Zweckzuschreibung, d.h. von unbeabsichtigten Körperäußerungen und Gesten (die erlebt werden können) über Körpersprache und Mimik zu konkreter orientierter Handlung; von symbolisch, sprachliche oder medial verschlüsselten Mitteilungen bis hin zu direkter physischer Einwirkung. Auch mißlungene Kommunikation (ohne

Vollendung des Kommunikationsprozesses durch Erreichen oder Verstehen) als "Information" und Kommunikationsverweigerung als "Entscheidung" (als Reaktion auf kommunizierte Erwartungen) gewinnen im Erleben kommunikative Handlungsqualität. *Bindeglied zwischen "sozialem Handeln" und autonomen "Erleben" ist die subjektive Orientierung eines Akteurs, die "passiv" soziale Folgenhaftigkeit über Beobachtung und kognitive Verarbeitung auswertet bzw. "aktiv" auf selektierte Handlungsziele, -intentionen und -motive ausrichtet.*

(3) *Interaktive "Kommunikation"* stellt als Verschränkung bzw. Selektionsanschluß von "sozialem Handeln" und "Erleben" (als "Mitteilung und "Verstehen" bei LUHMANN) die in ihrer *intersubjektiven Koordinationswirksamkeit* qualitativ höchste Kategorie dar, wobei das Zustandekommen, der Erfolg der "Kommunikation" immer vom autonomen Erleben und von der auf subjektiver Orientierung beruhenden Selektion einer Mitteilungshandlung abhängig ist. Insofern unterscheidet sich diese Position von "*Sprachpragmatik*", die "Sprache" als auf bestimmten gemeinsam anerkannten Regeln basierendes Mittel der Herstellung gemeinsamer Bedeutungen ("Konsens", "Intersubjektivität") versteht und die kommunikative Koordination über sprachliche Verständigung als Orientierung an Handlungsintentionen statt an Handlungszielen bzw. -folgen erreichen will.[183] Systemtheoretisch wirkt jedoch jedes erleb- und interpretierbare Ereignis als (potentiell) sozial folgenhaft und damit kommunikationsbegründend; "Sprache" stellt nur einen Spezialfall von "sozialem Handeln" dar[184] und ist in ihrer Entstehung sowie in der Funktion der Herstellung gemeinsamer Bedeutung und Koordination selbst als Kommunikationssystem anzusehen. Selbstverständlich weist das Postulat "grundsätzlicher Orientiertheit angesichts potentieller Erlebbarkeit als sozialer Folgenhaftigkeit" starke Übereinstimmung mit einer unterstellten "gemeinsam geteilten Lebenspraxis" auf, die sich aber in der Qualität der zugrundegelegten Intersubjektivitätsbasis unterscheidet.[185] "Kommu-

---

183  Vgl. KISS (1989) S. 148ff. ("Kommunikation als intersubjektive Verständigung"), SCHNEIDER (1975) S. 92 ("Bedeutung konstituiert sich dieser [pragmatischen Sprachauffassung] zufolge also erst im sprachlichen Handeln") und HABERMAS (1982) S. 176f. ("Ziel der Verständigung ist die Herbeiführung eines *Einverständnisses*, welches in der intersubjektiven Gemeinsamkeit des wechselseitigen Verstehens, geteilten Wissens, des gegenseitigen Vertrauens und des miteinander Übereinstimmens terminiert."; H.i.O.).

184  Vgl. SCHMIDT (1994) S. 44: "(...) daß Sprache aus Handeln hervorgeht und Handeln anleitet, indem sie Handlungserfahrungen sozial typisiert und für die Individuen gleichsam aufbewahrt oder vorhält." Aber auch HABERMAS (1982) S. 174f. geht "(...) davon aus, daß andere Formen des sozialen Handelns, z.B. Kampf, Wettbewerb, überhaupt strategisches Verhalten, Derivate des verständigungsorientierten Handelns darstellen."

185  Wirklichkeitserfahrung wird zunächst immer durch das für die Sozialisation eines Individuums fokale Sozialsystem geprägt; vgl. SCHMIDT (1994):S. 43f.: "Wirklichkeit im Sinne der jeweiligen System-Umwelt erscheint in dieser Perspektive als geordnete Gesamtheit von Wissen, das für die jeweiligen Systeme ökologisch valide und im Zuge der soziokulturellen Reproduktion von Gesellschaft an deren Mitglieder übermittelt wird. Entsprechend wird (....) jedes Individuum bereits in eine sinnhaft konstituierte Umwelt hineingeboren und auf sie hin sozialisiert (...). Entsprechend wird weiter angenommen, daß individuelles Wahrnehmen, Denken, Fühlen, Erinnern, Handeln und Kommunizieren entscheidend bestimmt ist von den Mustern und Möglichkeiten, die jedem Menschen als Gattungswesen, als Gesellschaftsmitglied, als Spre-

nikation" verfestigt sich, wenn wechselseitig und iterativ und somit für gewisse Dauer erlebbar, zu einem "*Kommunikationssystem*".

Das *Rationalitätskriterium* bildet dann der *Grad der "Umweltoffenheit"* eines Subjekts in der "An-der-Umwelt-Orientiertheit" bzw. "Auf-die-Umwelt-Bezogenheit" seines Erlebens, Handelns und Kommunizierens. Voraussetzung dafür ist Erlebnisoffenheit oder Verstehensbereitschaft als "Sensibilität" in der Umwelterfassung und -verarbeitung, die nicht nur von der Qualität des physischen Wahrnehmungs- und des subjektiven Kognitionspotentials, sondern auch von der Adäquanz und Validität der kognitiven und kommunikativen Umweltrekonstruktion über Systeme abhängt. So manifestiert sich in diesen Handlungskategorien nochmals der Zusammenhang von Subjekt, System und Umwelt, übersetzt in "Kognition", "Handlung" und "Kommunikation".

### b) Orientierung als kognitive System- und Modellbildung zwischen Erleben, Handeln und Kommunikation

Ausgangspunkt und Träger jeglicher Form von Handlung als beobachtbarem sozialen Ereignis muß immer das Subjekt bzw. der Akteur sein,[186] der über sein *autonomes Erleben* seine Umwelt beobachtet und "systemisch" verarbeitet. *Die Menge an intrasubjektiv vorherrschenden Sinngehalten, von Präferenzen, Intentionen und Motiven, bildet die subjektive "Orientierung" der Subjektes*: ein kognitives Umweltmodell als virtuelle Repräsentation der Umwelt, die das individuelle Handeln und damit auch das weitere Erleben des Individuums (über Beobachtungen) steuert.[187] Das Erleben außenwirksamen *sozialen Handelns* wirkt auf die Orientierung zurück, d.h. es aktualisiert diese. Eine Trennung von Erleben, Orientierung und Handeln ist allerdings nur analytisch möglich und sinnvoll, da das originäre Element (die "erste" Handlung oder Wahrnehmung) nicht zu identifizieren ist. Wesentliches Mittel der Orientierungsbildung sind kognitiv konstruierte Abgrenzungen und selektierte Sinnzusammenhänge als *kognitive Handlungssysteme* im komplexen Horizont unstrukturierter sozialer Umwelt.

---

cher einer Muttersprache und als Angehörigen einer bestimmten Kultur prägen." Zur Rekonstruktion von Sprachkonstitution in der "Lebenswelt" siehe auch LORENENZEN (1989) S. 31f.

[186]  ESSER (1994) S. 200 begründet diese Betonung der Person/des Subjekts als Handlungsträger aufgrund autonomer (vorhandener oder gebildeter) Interessen und Präferenzen und in Zusammenhang mit Erleben (Wahrnehmung/Beobachtung und Kognition). Vgl. MARTENS (1991) S. 635.

[187]  Vgl. SCHMIDT (1994) S. 122f. ("Textverstehen" sei ein ganzheitlicher mentaler Konstruktionsprozeß auf der Basis kognitiver Schemata: "auf der Grundlage einer immer umfassenderen Datenbasis [wird] ein ganzheitliches mentales Modell konstruiert, erweitert, differenziert, evaluiert und gegebenenfalls revidiert").

Subjektive "(Handlungs-)Orientierung" wird auch bei ESSER und MARTENS explizit als *kognitive Modellkonstruktion* über Wahrnehmung/Beobachtung und Beobachtungsverarbeitung (d.i. Erleben) beschrieben: "Jede Kommunikation enthält Beobachtung und Modellbildung. (...) Wahrnehmungen und Modelle, die bei der Selektion von Information und Mitteilungsmaterial und beim Verstehen eine Rolle spielen, können als zur Kommunikation gehörige Beobachtungen betrachtet werden."[188] Die Selektionen der Erlebnisverarbeitung seien interne mentale oder kognitive Selektionen, "ein innerliches Tun in den Vorstellungen der Akteure".[189] Das eigentliche Kommunikationshandeln beschreibt auch ESSER als "zweistufigen Selektionsprozeß" aus kognitiver Orientierung/Modellbildung (Erleben) und äußerlichem Tun (Handeln). "Modellbildung" als "stark vereinfachende und deutlich typisierende Situationsdefinition" umfaßt bei ESSER stark typisierte "Erwartungen (Habits)" und "Bewertungen (Frames)" der Situation als "Verstehen" durch den Akteur; danach erst wird "kommunikativ gehandelt".[190] Kommunikation und seine Bestandteile Erleben und Handeln basieren immer auf modellhafter Umwelterfassung und -verarbeitung der Akteure und der daraus resultierenden und handlungsleitenden subjektiven Orientierung.

Gestützt wird die Argumentation einer systemisch oder modellhaft geordneten subjektiven Orientierung auch durch die bei SCHULZ als "komplexes Modell des Informationsverarbeitungs-Prozesses" dargestellte *"Schema-Theorie"* nach NEISSER[191]. Ausgehend von der zu einem Selektionsanschluß analogen Vorstellung, die menschliche Informationsverarbeitung

---

188  MARTENS (1991) S. 643. In etwa analog ESSER (1994) S. 189 (H.i.O.):"Wenn eine Handlung[-sorientierung, d. Verf.] so verstanden wird - ganz allgemein: nicht als Einzel-'Akt', sondern als fertige Vorstellung, als Modell, als 'Schema', als 'Projekt' oder als soziales Drehbuch, als 'Skript', als Teilpartitur, als institutionalisierte 'soziale Regel' -, dann wird sofort verständlich, warum Luhmann immer und immer wieder behaupten kann, daß sich Kommunikationen und soziale Systeme *'handlungs*theoretisch' und über 'kommunikatives *Handeln*' grundsätzlich nicht erklären ließen. Die sozialen Regeln - die Luhmannschen Handlungen - *sind* ja nicht bereits der 'Akt' des 'Handelns', sondern die *Vorstellung* darüber. Und die Vorstellungen und Projekte der Akteure machen ohne Zweifel auch nicht bereits das soziale Geschehen einer Kommunikation insgesamt aus. (...) Zur Kommunikation gehören die 'Handlungen', aber auch immer ein 'äußerliches Tun', ein Sprech'akt' etwa, dessen Selektion gesondert erklärt werden muß." Die hier formulierte Vorstellung bezieht sich allerdings vornehmlich auf die Konstitution und Entwicklung eines autonom-subjektiven Handlungsmodells als individuelle Handlungsorientierung für die Belange der Kommunikation.

189  Vgl. MARTENS (1991) S. 639: "Kommunikation enthält die körperlichen Operationen Emission und Rezeption [Handeln und Erleben, d. Verf.], die auf Seiten sowohl der Empfänger als auch der Absender mit neuronalen Operationen verkettet und (...) mit psychischen Operationen [Kognitionen, d. Verf.] verbunden sind. Die Rezeption einer Mitteilung führt durch die Gestaltung neuronaler Muster zu Gedanken (Modellen) [!], und diese führen ihrerseits zur Emission neuer Mitteilungen." Siehe auch ESSER (1994) S. 188ff. (insb. S. 189: "(...) 'Modelle' in den Vorstellungen der Akteure").

190  Vgl. ESSER (1994) S. 193ff. (" 'Verstehen' (...): Es wird ein dem Akteur subjektiv 'sinnvolles' Modell gewählt, das die Situation in einem 'Sinnzusammenhang' interpretieren hilft und das Hinweise auf die nun angemessenen nächsten Schritte gibt.").

191  Eine knappe Darstellung dieser Theorie bei SCHULZ (1994) S. 155f. Zu "Gedächtnis- und Schema-Modellen" vgl. SCHMIDT (1994) S. 126, zu NEISSERs "zyklischem Wahrnehmungsmodell" vgl. HARTFELDER (1984) S. 386.

über Erleben und (erlebnisabhängige) Kommunikation werde sowohl extern vom aufgenommenen "Signal" (beobachteten sozialen Handeln) wie intern vom "kognitiven System"
(den "Wahrnehmungsaktivitäten, d.h. dem Erleben und der Kognition) determiniert, wirken
die im "kognitiven System" gespeicherten "*(Orientierungs-)Schemata*" (analog zu kognitiven
Handlungssystemen) als "*kognitive Landkarte*" (nach PARSONS: als internes Außenweltmodell) subjektiver Orientierung. Die "Schemata" bestimmen und steuern als gleichzeitig
"kognitive Struktur", "Prozessor" und "Steuerungselement" die Wahrnehmung und Informationsverarbeitung des Rezipienten: "Schemata sind weniger als ruhendes Datengerüst zu
verstehen, sondern eher als unterschiedlich aktivierte Teilsysteme des kognitiven Gesamtsystems. (...) Die Aktivierung eines Schemas kann auf unterschiedliche Weise erfolgen, außer
durch einen Kommunikationsvorgang auch durch selbstinduziertes Explorationsverhalten,
durch Vorstellen, Denken, Erinnern."[192]

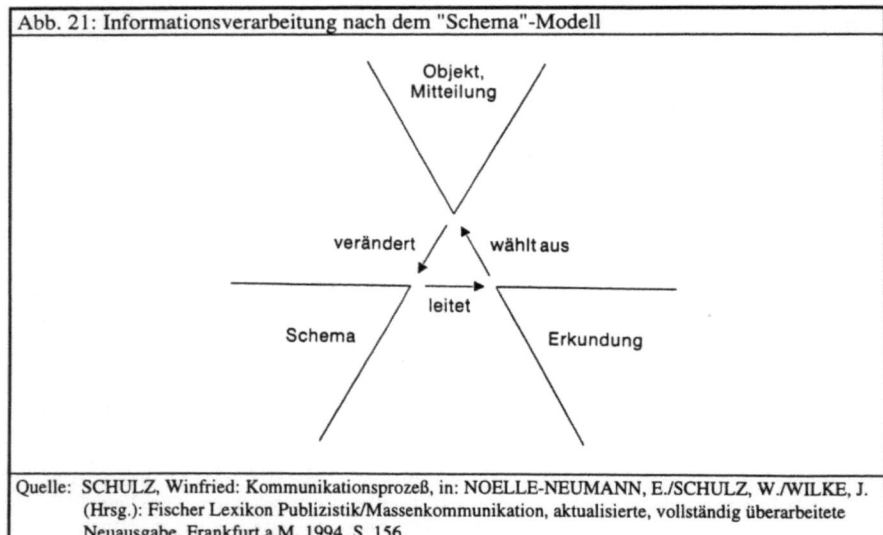

Abb. 21: Informationsverarbeitung nach dem "Schema"-Modell

Quelle: SCHULZ, Winfried: Kommunikationsprozeß, in: NOELLE-NEUMANN, E./SCHULZ, W./WILKE, J.
(Hrsg.): Fischer Lexikon Publizistik/Massenkommunikation, aktualisierte, vollständig überarbeitete
Neuausgabe, Frankfurt a.M. 1994, S. 156.

In hier gebräuchlicher Terminologie bedeutet "Erkundung" das autonome Erleben des Subjektes, das über Beobachtung und Kognition bestimmte soziale Handlungen systemisch abgrenzt ("Objekt") bzw. auswählt ("Mitteilung"), dadurch aber die Orientierung ("Schema"
bzw. "Netz der Schemata") verändert, die das weitere Erleben ("Erkundung") leitet.[193] Infor-

---

[192]  SCHULZ (1994) S. 155f.

[193]  Vgl. SCHULZ (1994) S. 156 ("Mit der Aktivierung der Schemata ist im allgemeinen eine mehr oder
weniger große Umorganisation der repräsentierten Information verbunden. Die resultierende Änderung der
Schemata hat zwangsläufig Konsequenzen für weitere Informationsverarbeitungsprozesse, da diese schema-

mationsverarbeitung über "Schemata" läßt sich so als *kontinuierlicher zyklischer Prozeß* begreifen, der in seiner Rezipientenbezogenheit das *reziproke Kommunikationsmodell* von OSGOOD ergänzt.

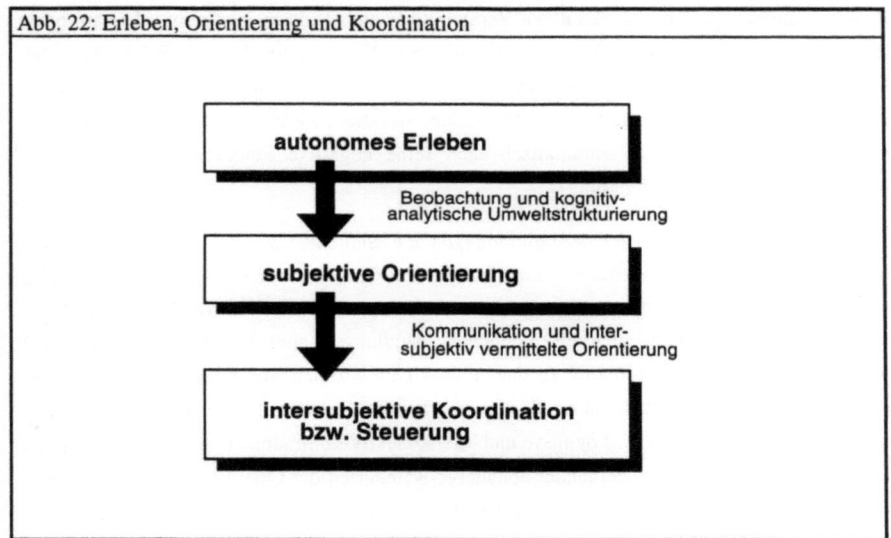

Abb. 22: Erleben, Orientierung und Koordination

Diese Abhängigkeit der subjektiven Orientierungskonstitution von beobachtbarem sozialen Handeln als "Objekt" und dem Erleben des "Subjekts" stellt den Bezug *zu intersubjektiven Handlungs- oder Selektionsanschlüssen in der Kommunikation* her. Durch intersubjektive Sinnkonstitution über gegenseitige Aktualisierung der subjektiven kognitiven Orientierungen entstehen *kollektive Orientierungen* als *Koordinations-* bzw., wenn über Bedingungen der Kommunikationsteilnahme bzw. der kommunikativen Zugehörigkeit konditioniert, als *Steuerungskontexte* für die Teilnehmer oder Mitglieder.[194] Gegenseitig aufeinanderbezogenes Handeln und Erleben mehrerer Subjekte bildet durch Iteration und Reziprozität *intersubjektive Kommunikationssysteme.*

---

geleitet sind. (...) Solche Veränderungen der Informationsverarbeitung leisten einen neuerlichen Beitrag zur Umorganisation der Schemata und so fort."), HARTFELDER (1984) S. 386 ("Kognition als kontinuierliche, zyklische Aktivität" aus den Elementen "Orientierungsschema", "aktiver Wahrnehmungserkundung" und "tatsächlich wahrgenommener Information", die wiederum das Orientierungsschema modifiziere, das die Wahrnehmungsaktivitäten lenke).

194  Vgl. SCHMIDT (1994) S. 114: "Kollektives Wissen [als intersubjektive Orientierung, d. Verf.], das individuelles Handeln orientiert und reguliert, resultiert aus kommunikativem Handeln der Individuen und orientiert wiederum deren kommunikatives Handeln."

Über Symbolisierung, Formalisierung, Generalisierung und Mediatisierung *fixierte Bedingungen der Kommunikationsteilnahme (Erwartungen, Mitgliedschaft, Struktur) verfestigen die mehr oder weniger zufälligen und flüchtigen Kommunikationssysteme*, d.h. sie steigern ihre Erlebbarkeit, machen ihren Bestand von Anerkennung oder Mitgliedschaft konkreter Personen unabhängig und steuern deren Verbleib über die Erfüllung bestimmter Erwartungen (Rollen) oder Anforderungen (Funktionen, Aufgaben, Programme). Mit der Beendigung der kommunikativen Geltung des Kommunikationszusammenhanges und damit seines aktuellen Abgrenzungskriteriums verliert ein Kommunikationssystem zwar seine aktuelle Koordinierungsfunktion, nicht jedoch automatisch auch seine kognitive Funktion als "historische" Strukturierung (z.B. als Erinnerung).

Zusammenfassend rekapituliert: Systembildungen der "Subjekte", sowohl als kognitive Handlungs- wie auch als interaktive Kommunikations-"Systeme", reduzieren durch Abgrenzung und Zurechnung von Handlungen im Erleben die Komplexität der "Umwelt" (verstanden als komplexer Umfang aller potentiell möglichen Handlungen aller kontingenten Individuen sowie deren mögliche Zurechnung zu unendlich vielen sozialen Zusammenhängen oder Beziehungen) und machen sie damit erfaß- und verarbeitbar. Der Begriff der subjektiven "Orientierung" integriert so autonom-kognitive und intersubjektiv-kommunikative Systembildung als analytisch getrennte, aber voneinander abhängige Kategorien der Orientierungskonstitution[195] und verbindet so Kognition und Kommunikation zwischen Subjekt und Umwelt.

## c) Systemtheorie als Verbindung von Handlungs- und Kommunikationstheorie

Voraussetzung einer Verbindung von Handlungs-, System- und Kommunikationstheorie ist die *Aufspaltung der Systemtheorie in kognitive Handlungssysteme der subjektiven Orientierung und interaktive Kommunikationssysteme zur intersubjektiven Koordination.* Um den *zentralen Aspekt des sozialen Handelns und der Orientierung* stellt die Einbeziehung der *"Subjekte" als autonomer Handlungsträger bzw. Akteure* Anschlüsse zur Handlungstheorie her; die Deutung von *"Kommunikation" als interaktive Verschränkung von sozialem Handeln und autonomem Erleben* erfaßt die Kommunikationstheorie und die Interpretation von *außenwirksamem, potentiell erlebbarem und damit folgenbehaftetem sozialem Handeln als soziale "Umwelt"* verweist auf die Systemtheorie.

Die durch *Handlungssysteme* kognitiv strukturierte Umwelt ermöglicht dem *Erleben* der Subjekte subjektive *Orientierung* zunächst als *intrasubjektive Sinnsetzung*, die über Intentionen

---

[195] Vgl. SCHMIDT (1994) S. 113: "Erkennen [oder 'Erleben', d. Verf.], so nehmen Evolutionsbiologen, Entwicklungspsychologen und Konstruktivisten verschiedenster Orientierungen heute an, (...) realisiert sich als Lebensprozeß, der Kognition, Kommunikation und Medien (...) integriert."

und Motive das *Handeln* der Akteure steuert. Durch *wechselseitig aufeinander bezogenes Handeln und Erleben* begründen die Akteure *Kommunikation* als *dreistelligen Selektionsprozeß von Information, Mitteilung und Verstehen,* die durch multipersonale Interaktion, Iteration und Reziprozität zu *Kommunikationssystemen* einer *intersubjektiven Sinnaktualisierung* und *(Handlungs-)Koordination* erweitert wird. Die Kommunikation bzw. das Kommunikationssystem wirkt mit ihren Sinnanschluß- bzw. Strukturierungsangeboten und Selektionsofferten für das Erleben (Erwartungen) über Annahme oder Ablehnung im Anschlußhandeln (Entscheidung) wieder zurück auf Erleben, Orientierung und Handeln der Subjekte.

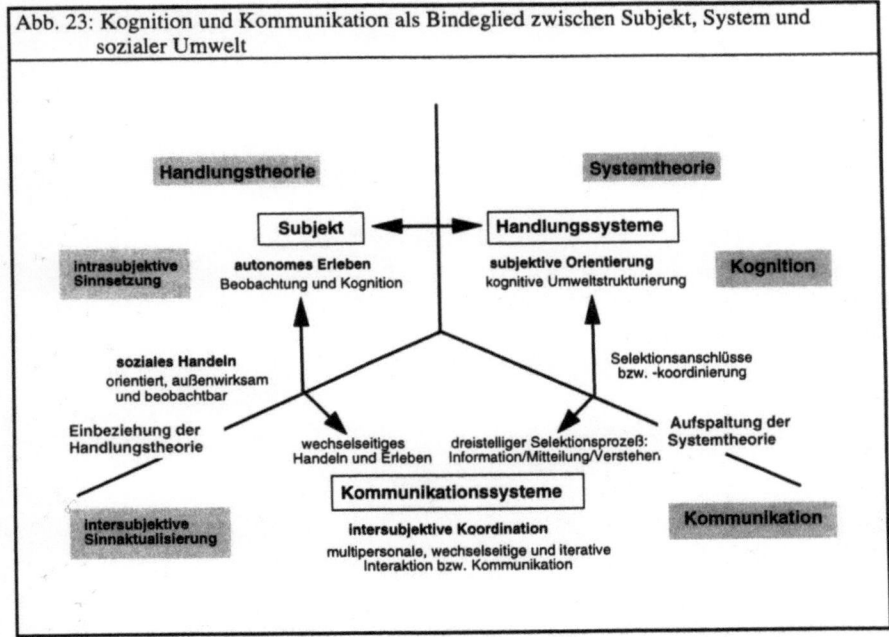

Abb. 23: Kognition und Kommunikation als Bindeglied zwischen Subjekt, System und sozialer Umwelt

In der Abhängigkeit der Kommunikation von interpersonalem Erleben (als Beobachtung und Kognition) und Handeln verbinden sich intrasubjektive identifizierte Sinnkriterien mit intersubjektiv anerkannten *"Systemrationalitäten".* Dieser Zusammenhang beleuchtet nochmals die eigentliche *Funktion der Systembildung (der kognitiven Handlungs- wie der interaktiven Kommunikationssystembildung): Reduktion von Umweltkomplexität und sozialer Kontingenz zum Zwecke einer Erfassung und Verarbeitung der Umwelt durch die Subjekte bzw. Akteure, d.h. im Spannungsfeld von Subjekt, System und Umwelt.*

Nach der Rekonstruktion des zentralen Verhältnisses von Handlung, Kommunikation und System bleibt eine *Präzisierung von deren Verhältnis zur Person als Subjekt oder Akteur* unerläßlich; Subjekte und Akteure bleiben als Erlebende oder Handlungsträger originärer Ursprung aller sozialen Phänomene, autonomen Erlebens, subjektiver Orientierung und sozialer Handlung wie interaktiver Kommunikation, intersubjektiver Koordination und indirekter Steuerung und sind damit *originärer Konstituent sozialer Systeme.*

## IV. Akteur und System: Akteure als Umwelt, Konstituenten oder Elemente sozialer Systeme?

Trotz Differenzierung des Systembegriffes zwischen Kognition als Wahrnehmungsstrukturierung und Kommunikation als Orientierungsaktualisierung und einiger sich logisch daraus herleitender Implikationen bleibt die Frage einer konkreten Klärung des Verhältnisses von "Subjekt", "Akteur" bzw. "Person" und "System" als dritter Eckpunkt (neben "Handlung" und "Kommunikation") einer Erfassung sozialem Handelns wie indirekter Steuerung (auf systemtheoretischer Grundlage). Relevante neuere Ansätze aus Systemtheorie, Neorobiologie und Organisationssoziologie beleuchten jeweils wesentliche Aspekte dieses Verhältnisses aus verschiedenen Blickwinkeln (z.b. "biologisches, psychisches und soziales System", "Autopoiese, Selbstreferenz und Autonomie", "Akteur- bzw. Handlungstheorie, System/Umwelt-Theorie und Theorie selbstreferenteller Systeme"). Konkretisieren läßt sich das Verhältnis von "Subjekt" bzw. "Akteur" und "System" vor allem in vier Bereichen:

- im Konzept der *"Interpenetration"* von PARSONS und LUHMANN[196];
- im neurobiologischen Konzept der *"Autopoiese"* von MATURANA und VARELA[197],
- in SCHIMANKs Versuch, System- und Handlungstheorie in der Erfassung gesellschaftlicher Teilsysteme als *"Akteurfiktionen"*, als "kontingenzbestimmende self-fulfilling-prophecies", zusammenzuführen[198], und
- in der *"Spieltheorie"* CROZIER/FRIEDBERGs "L' Acteur et le Système"[199].

Alle vier Konzepte können allerdings hier nur in wesentlichen Teilen und unter Bezug auf ihren Beitrag zum angestrebten integriert-systemtheoretischen Bezugsrahmen ausgewertet werden; aus ihrer Kritik und Interpretation läßt sich ein für die Zwecke der Erfassung sozialer Handlung und indirekter Steuerung zwischen Erleben, Orientierung und Koordination, brauchbares Bild konstruieren und vertiefen. Der mehr auf "passives" Erleben und Orientierung bezogene Begriff "Subjekt" wird hier im weiteren Gebrauch zunehmend durch den mehr auf "aktives" soziales Handeln bezogenen Begriff "Akteur" ersetzt; beide beinhalten den Sachverhalt des integriert-systemtheoretischen Subjektes bzw. Akteurs als Orientierungs- und Handlungsträgers synonym.

---

[196]  Zur "Interpenetration" bei PARSONS und LUHMANN siehe LUHMANN (1977), JENSEN (1978) und LUHMANN (1978a). Eine neuere Darstellung von Interpenetration bei LUHMANN (1988a) S. 286-345.

[197]  Siehe dazu MATURANA (1982) und MATURANA/VARELA (1987). Eine zusammenfassende Darstellung findet sich bei FISCHER (1991).

[198]  Siehe dazu SCHIMANK (1985) und SCHIMANK (1988).

[199]  Siehe dazu CROZIER/FRIEDBERG (1979), der Titel der französischen Originalausgabe lautet "L'Acteur et le Système", FRIEDBERG (1980) und FRIEDBERG (1988).

Das Verhältnis von Akteur und System wird in vier Aspekten rekonstruiert:

(1) *"Interpenetration"* beschreibt als klassischer Ansatz der soziologischen Systemtheorie das Verhältnis von Person und Sozialsystem über das Verhältnis von Komplexitäten und Kontingenzen: *Akteure als Umwelt der von konkreter Interaktion abstrahierenden Handlungssysteme* (Kap. IV.1.), ausgewertet als Trennung von Akteur (bzw. Subjekt), kognitiven Handlungssystemen (der Orientierung) und interaktiven Kommunikationssystemen (zur Koordination).

(2) *"Autopoiese"* begründet als neurobiologisches Konzept den *autonomen Akteur als geschlossenes "autopoietisches System"*, dessen Umweltbezüge einzig über Beobachtung und Unterscheidung (kognitive Verarbeitung) erfolgen (Kap. IV.2.); integriert-systemtheoretisch rekonstruiert als *autonome Einheit ("personales System") von autopoietischem Organismus ("biologischem System") und selbstreferentem Bewußtsein ("psychischem System").*

(3) "Gesellschaftliche Teilsysteme" verbinden Akteur- (Handlungsfähigkeit, Handlung) und Systemtheorie (Handlungsprägung, Orientierung) als *komplexitätsreduzierende und kontingenzbeschränkende "Akteurfiktionen"*, d.h. als handlungsleitende kognitive Strukturierungen der sozialen Umwelt zwischen Akteurinteressen und Orientierung bzw. Kontingenzbeschränkung durch Sozialsysteme (Kap. IV.3.). Dieser Aspekt wurde bereits in der subjektkonstituierten Differenzierung von kognitiven Handlungs- und interaktiven Kommunikationssystemen berücksichtigt.

(4) Die *"Spieltheorie"* CROZIERs und FRIEDBERGs begreift "Spiel" und "Organisation" (als Gesamtheit verzahnter Spiele) als Mechanismen der Handlungskoordination zwischen kontingenten Akteuren in "konkreten Handlungssystemen" (Kap. IV.4.). Dieser Beitrag kann als erster Schritt hin zu *Koordination und indirekter Steuerung über Kommunikationssysteme zwischen Autonomie (Strategie) und Kontext (Spiel, Organisation)* interpretiert werden.

## 1. "Interpenetration" nach PARSONS und LUHMANN: Akteure als Umwelt sozialer Systeme?

Die originär systemtheoretischen Vorstellungen von *"Interpenetration"* betrachten das Verhältnis von Akteur und System grundsätzlich (in ihrer Konstitution des Begriffes Handlungssystem) als *externes Verhältnis gegenseitiger Komplexitäts- oder Kontingenzanlagerung*, unter Verwischung der analytischen Trennung von Handlungssystemen als bloßen orientierenden Handlungsstrukturierungen im Bewußtsein der Subjekte und Kommunikationssystemen als konkrete Interaktionen bzw. Kommunikationen der beteiligten Akteure mit all ihren erlebbaren Handlungen.

(1) Die Grundzüge der Systemdefinition über den Handlungsbegriff gehen auf PARSONS zurück, der soziale Systeme grundsätzlich als *"Interaktionssysteme" zwischen Menschen* konzipiert hat.[200] In diesen "Interaktionssystemen" sind Personen einerseits "aktive" Akteure und Subjekte als Erlebende mit eigener Orientierung, andererseits "passive" Beobachtungsobjekte oder "Objekte der Orientierung". In diesem dualen Charakter der Akteure entsprechen diese "Interaktionssysteme" PARSONS' in etwa Kommunikationssystemen, da sie die Akteure als kontingent Handelnde wie auch als ganze Orientierungsobjekte im konkreten wechselseitigen Handeln und Erleben umfassen. Erst in der erlebten Interaktionssituation werden konkrete Handlungen in der Verarbeitung durch den Beobachter nach zugeschriebenen Sinnbezügen zu analytischen Handlungssystemen zusammengefaßt. Orientierung ergebe sich damit grundsätzlich aus der *"doppelten Kontingenz der Interaktion"*, aus dem doppelkontingenten Zusammenspiel von Handeln und Erleben der verschiedenen Akteure als Subjekte und Objekte, und verweise direkt auf eine "Theorie strategischer Spiele".[201]

Trotz dieser Beschreibung "doppelter Kontingenz der Interaktion" bezieht PARSONS "Interpenetration" noch nicht auf das interaktive Verhältnis von "personalem" (Akteur) und "sozialem" System; Betrachtungsebene bleibt sein *"allgemeines Handlungssystem"* mit seinen vier analytischen Teil-Handlungssystemen "Kultur", "Sozialsystem", "Persönlichkeit" und "Organismus". *"Interpenetration"* bezeichnet dort *vor allem die Verbindung von "Persönlichkeit" und "Sozialsystem"*; zwar bereits in einem Verhältnis von System und Umwelt, hier allerdings speziell als *Beziehung zweier "Handlungssysteme"*:[202]

> "Mit der Feststellung, daß z.B. die Handlungssysteme 'Persönlichkeit' und 'Sozialsystem' füreinander Umwelt sind (...) wird nicht die analytische Integrität und Eigenständigkeit dieser beiden Systeme geleugnet. 'Persönlichkeit' und 'Sozialsystem' sind nach unserer Auffassung nicht zu einem System verschmolzen, noch ist das eine Epiphänomen des anderen; sie stellen vielmehr zwei analytische Subsysteme eines Systems (des allgemeinen 'Handlungs'-Systems) dar, die in Interaktion und Interpenetration miteinander stehen."[203]

---

200   Vgl. KISS (1989) S. 97, JENSEN (1978) S. 118.

201   PARSONS zitiert nach JENSEN (1978) S. 118: "Das angestrebte Ergebnis hängt nicht nur, wie bei isolierten Verhaltenseinheiten, kontingent von der erfolgreichen Wahrnehmung und Manipulierung der Umwelt(-objekte) durch die Handelnden ab, sondern es hängt auch von der Aktion oder Intervention eben jener Objekte im Verlauf des Handlungsgeschehens ab, weil die wichtigsten Objekte der Interaktion gleichfalls handelnde Aktoren sind. Die Theorie der strategischen Spiele bietet vermutlich die ausgefeilteste Analyse der Implikationen solcher doppelter Kontingenzen..." Vgl. WILLKE (1987) S. 18f. und LUHMANN (1988a) S. 148ff.

202   Vgl. LUHMANN (1978a) S. 300, LUHMANN (1977) S. 63, JENSEN (1978) S. 122 ("Durch das Konzept der 'Interpenetration' entstehen im Handlungssystem in den einander durchdringenden, ineinander verschränkten Subsystemen 'interne Außenwelten' - nichts anderes sind die Persönlichkeitssysteme innerhalb der Sozialsysteme: Umwelt und doch zugleich Innenwelt.").

203   ACKERMAN/PARSONS (1976) S. 75. Vgl. ebd. S. 73ff.

"Interpenetration" bleibt bei PARSONS "ein generalisierender Mechanismus der *Verschränkung von* [analytischen Handlungs-, d. Verf.]*Systemen*"[204].

(2) Reformuliert als *externes Verhältnis über den Umgang mit doppelter Kontingenz sozialer Situationen* zur Beschreibung eines Verhältnisses von "personalen" und "sozialen" Systemen wurde "*Interpenetration*" vor allem von LUHMANN: "Eine Rekonstruktion [des PARSONS-schen Interpenetrationskontextes, d. Verf.] (...) muß davon ausgehen, daß personales System und soziales System *nicht Teile eines umfassenden Handlungssystems sind.*"[205] Da "Handlungssysteme" bei LUHMANN nur aus bloßen Handlungen in bestimmten Sinnzusammenhängen bestehen, werden sie *von den an Interaktionen beteiligten Personen, als eigenständige "Aktions- bzw. Personensysteme" und damit als "interne Umwelt" mit Kontingenz bezüglich zukünftiger Handlungen und Komplexität bezüglich deren Erlebens angereichert*:

> "Als Handlungssysteme gesehen, schließen soziale Systeme keineswegs alle Handlungen der beteiligten Personen ein. *Sozialsysteme* bestehen nicht aus konkreten Personen mit Leib und Seele, sondern aus konkreten Handlungen. Personen sind - sozialwissenschaftlich gesehen - Aktionssysteme eigener Art, die durch einzelne Handlungen in verschiedene Sozialsysteme hineingeflochten sind, als System jedoch außerhalb des jeweiligen Sozialsystems stehen. Alle Personen, auch die Mitglieder, sind daher für das Sozialsystem Umwelt. In einzelnen Handlungen kommen Sozialsystem und Personalsystem zur Deckung, als Systeme stehen sie einander gegenüber, bilden selbständige Ordnungsschwerpunkte mit eigener Bestandsproblematik und halten sich gegeneinander relativ invariant."[206]

Die Konzeption der nur analytisch aus Handlungen und nicht aus physischen Personen bestehenden Handlungssysteme begründet in ihren Abstraktionsgehalt eine weitreichende Kontroverse zwischen Handlungs- und Systemtheorie; das daraus abzuleitende Verhältnis zwischen System und Subjekt bzw. Akteur ist nur unter Rückgriff auf eine *duale Konzeption der Differenzierung zweier sich gegenseitig bedingender Systemtypen nach Kognition/Orientierung und Kommunikation/Koordination* anschaulich darzustellen: "*Handlungssystemen*" als durch Beobachter analytisch abstrahierte und konstruierte Handlungszusammenhänge werden nur einzelne Handlungen im Erleben zugerechnet. "*Kommunikationssysteme*" bestehen aus aufeinanderbezogenem Handeln und Erleben mehrerer ganzheitlich beobachtbarer "Personen" in konkreten Interaktionssituationen und beinhalten deren Komplexität und Kontingenz sowohl in bezug auf das gegenseitige Erleben der Subjekte wie auf das zukünftige Handeln der beteiligten Akteure. Personen stellen somit nur für den abstrakten Bereich der beobachter-

---

204   JENSEN (1978) S. 122 (H.v.V.).

205   LUHMANN (1977) S. 65.

206   LUHMANN (1964) S. 24f. Vgl. STEINMANN/SCHREYÖGG (1990) S. 109, WILLKE (1987) S. 39 ("In systemtheoretischer Perspektive gehören die Mitglieder eines sozialen Systems als Personen zur Umwelt dieses Systems (...); denn sie gehören nie mit 'Haut und Haaren', sondern nur in bestimmten Hinsichten, mit bestimmten Rollen, Motiven und Aufmerksamkeiten dem System zu."), LUHMANN (1988a) S. 286 ("(...) besonderen Umwelt sozialer Systeme: von Menschen und ihren Beziehungen zu sozialen Systemen").

konstruierten Handlungssysteme komplexe Umwelt dar, nicht jedoch für Kommunikationssysteme als Interaktionszusammenhänge erlebbarer autonomer Entscheidung bzw. Kontingenz
der Akteure. Der Konzeption LUHMANNs, die Person als Umwelt von Sozialsystemen zu
betrachten, wird unter dieser Differenzierung verwertbar.

Konstitutiv ist diese Vorstellung *individueller Autonomie* (negativ vom Standpunkt des Erlebens ausgedrückt: Komplexität und Kontingenz) für die Beschreibung indirekter Steuerung
über Orientierung und Koordination im sozialen Handeln der Akteure;[207] LUHMANN spricht
hier von "Penetration" oder "Interpenetration" in der Beziehung zwischen personalem und
sozialem System. "*Interpenetration*" bedeute als besondere Art des Beitrags zum Aufbau sozialer (Kommunikations-)Systeme die Umbestimmtheit, Kontingenz oder Autonomie von
(Personen-)Systemen, die zum Aufbau höherrangiger (sozialer )Systeme verwendet werde;
diese Rückwirkung unterbreche die Vorstellung eines einfachen Komplexitätsgefälles.[208]
STEINMANN/SCHREYÖGG beschreiben diesen Sachverhalt in einer klar verständlichen
betriebswirtschaftlichen Adaption:

> "Penetration liegt z.B. vor, wenn eine Person mit eigenständigen Erfahrungen und Vorstellungen in
> ein System (Unternehmung, Abteilung etc.) eintritt und diese Eigenständigkeit nicht vollständig mit
> der definierten Rolle verschmilzt, so daß die Person relativ zum aufnehmenden System ein eigenes
> System bleibt. Auf diese Weise wird gewissermaßen *'Unordnung'* (Anlagerung von Komplexität)
> in das aufnehmende System gebracht."[209]

Die interpenetrierenden Systeme bleiben füreinander Umwelt höherer, nicht endgültig faß-
und bestimmbarer Komplexität. Dieses Beispiel verdeutlicht die obige duale Konzeption: Ein
Handlungssystem "Unternehmung" erfaßt nur die unternehmensbezogenen Handlungen der
Person, die insgesamt deshalb (als eigenes Personensystem) Umwelt bleibt, wohingegen ein
Kommunikationssystem "Unternehmung" die Person mit all ihren Handlungen und ihrer
Identität umfaßt, also auch nicht-unternehmensbezogene Handlungen, die anderen Handlungs-
systemen zugerechnet werden können.

"Interpenetration" gilt nach LUHMANN in besonderem Maße für das *Verhältnis von*
*"Mensch" und "sozialem System":*

---

207  Vgl. LUHMANN (1988a) S. 289 ("Dem Menschen werden so höhere Freiheiten im Verhältnis zu seiner
     Umwelt konzediert, insbesondere Freiheiten zu unvernünftigem und unmoralischem Verhalten.")

208  Vgl. LUHMANN (1977) S. 67f. ("Übernimmt man diese abstrakt-systemtheoretischen Überlegungen zur
     Rekonstruktion des Verhältnisses von personalen und sozialen Systemen, muß man personale Systeme als
     interpenetrierende Systeme, soziale Systeme dagegen als durch Interpenetration konstituierte Systeme an-
     sehen.") und LUHMANN (1988a) S. 289ff.; dort bezeichnet er allerdings in leichter Abwandlung "Penetra-
     tion" als Zurverfügungstellen der eigenen Komplexität und "Interpenetration" als wechselseitiges Einbrin-
     gen. Diese Präzisierung kann mit der Komplexität der Kommunikationssituation bzw. der Kontingenz der
     Kommunikationspartner, die auf das kommunikativ handelnde Subjekt zurückwirkt, erklärt werden.

209  STEINMANN/SCHREYÖGG (1986) S. 753, H.i.O., mit Verweis auf LUHMANN (1988a) S. 289ff.

"Es wird dann sofort evident, daß soziale Systeme nicht aus Personen bestehen und daß man ihre Teilsysteme von den interpenetrierenden Systemen unterscheiden muß. Eine Dekomposition sozialer Systeme in Teilsysteme, Teilteilsysteme oder letztlich in Funktionselemente und Relationen führt nie auf Personen, sie dekomponiert sozusagen an den Personen vorbei. Sie endet je nach analytischem oder praktischem Bedarf bei Firmen oder Organisationsabteilungen oder bei Rollen oder kommunikativen Akten, nie jedoch bei konkreten Menschen oder Teilen von Menschen (Zähnen, Zungen usw.)."[210]

Teile dieser Vorstellungen sind zutreffend: Kognitive Handlungssysteme als reine Beobachterstrukturierungen umfassen statt Personen bloß erlebte und zugerechnete Handlungen, und so führt auch deren Dekomposition nie auf komplette Personen oder Menschen zurück, sondern nur auf erlebte Handlungen. Kommunikationssysteme dagegen bestehen aus allen außenwirksamen und erlebbaren Handlungen der konkreten Personen in der Interaktion, unabhängig von einer der bloßen Rekonstruktion dienenden Intentions- oder Motivzuschreibung.[211] Somit führt hier eine Dekomposition immer zu beobachtbaren und kontingent handelnden Personen, die eine komplexe soziale Realität wesentlich kennzeichnen. Insofern verwirrt eine Abstraktion von Akteuren als Handlungsträgern ohne Unterscheidung von orientierenden Handlungs- und koordinierenden Kommunikationssystemen.[212]

Eine interessante Interpretation des "Interpenetrations"-Konzeptes von LUHMANN liefert GIEGEL für das *Verhältnis von "psychischem" und "sozialem" System als Verhältnis von Bewußtsein (Kognition) und sozialer Kommunikation*: "Man kann das Verhältnis auch in funktionalistischer Perspektive betrachten und fragen, inwiefern ein mit kommunikativer Komplexität ausgestattetes Individuum funktional für die Reproduktion sozialer Kommunikation und umgekehrt Kommunikation funktional für die Reproduktion von Bewußtseinsprozessen ist."[213] "Interpenetration" wird hier explizit als Beziehung von Bewußtsein/ Kognition und Kommunikation betrachtet. "Psychische" wie "soziale" Systeme seien sinnproduzierende Systeme, die subjektiv über Kognition bzw. intersubjektiv über Kommunikation *selbstreferentiell* die Anschlußfähigkeit sinnhafter Operationen gewährleisten und sich dabei gegenseitige Komplexität zur Verfügung stellen würden; dies allerdings, angesichts unter-

---

[210] LUHMANN (1977) S. 68.

[211] Vgl. LUHMANN (1988b) S. 20f: "Motive sind kein Erfordernis des Handelns, wohl aber ein Erfordernis des verständlichen Erlebens von Handlungen. Auf der Ebene der Motivzuschreibungen wird eine Sozialordnung daher viel stärker integriert sein als auf der Ebene des Handelns selbst. Verständnis von Motiven hilft dann rückläufig zur Erkenntnis darüber, ob überhaupt eine Handlung vorliegt."

[212] Vgl. LUHMANN (1988a) S. 292, der selbst Einsicht beweist: "Man könnte versucht sein, sich damit zu begnügen, zu sagen, daß Menschen und soziale Systeme sich in einzelnen Elementen, nämlich Handlungen, überschneiden. Handlungen seien Menschenhandlungen, zugleich aber möglicherweise auch Bausteine sozialer Systeme. Ohne menschliches Handeln gäbe es keine sozialen Systeme, so wie umgekehrt der Mensch nur in sozialen Systemen die Fähigkeit zum Handeln erwerben kann. Diese Auffassung ist *nicht falsch*, aber sie ist zu einfach." (H.v.V.). Warum aber soll nicht gerade hier die einfache Erklärung hinreichend und genügend sein?

[213] GIEGEL (1987) S. 212.

schiedlicher Selbstreferentalität der Sinnzusammenhänge, ohne direkte Verschmelzung und deshalb ohne Garantie einer Identität oder bloßen Übereinstimmung des "Gesagten" mit dem "Gemeinten".[214] Direkte und identische Sinnübertragung zwischen zwei Bewußtseinen sei durch Kommunikation nicht möglich; die Kommunikation müsse von den Akteuren "verstanden", d.h. autonom erlebt, physisch beobachtet und selbstreferentiell verarbeitet werden. "In Verhältnis von Kommunikation und psychischem System [Kognition, d. Verf.] muß generell beides zusammengedacht werden: die selbstreferentielle Geschlossenheit des psychischen Systems [unter 'Autopoiese' und 'Autonomie', d. Verf.] und die kausale Einwirkung der Kommunikation auf dessen Verarbeitungsstruktur."[215] Die subjektive Orientierung des autonomen Bewußtseins und dessen Umweltbezug über Erleben muß analytisch getrennt werden von intersubjektivem Handeln und Erleben und seiner Synthese "Verstehen", als erlebbare und erlebte Kommunikation mit anderen konkreten Akteuren; in der aktuellen Interaktionssituation darf (im Gegensatz zur bloßen Kognition) nicht von der Ganzheit bzw. Identität des kontingenten Akteurs als "personales System" abstrahiert werden.

In dieser "dual", d.h. unter Trennung von Kognition (als Bewußtsein) und Kommunikation (als soziales System), interpretierten "Interpenetrations"-Vorstellung deutet sich bereits eine Möglichkeit an, mit einem neu bewerteten "Autopoiese"-Konzept (unter teilweiser Abkehr von der sozialen Adaption LUHMANNs) das Verhältnis Akteur - System als Konstitutionsverhältnis *sozialer Systeme als Orientierungs- und Koordinationsmittel für autonome Akteure* zu begreifen. Eine Begründung physischer und kognitiver Autonomie liefert das neurobiologische Konzept der "Autopoiese".

## 2. Das "Autopoiese"-Konzept von MATURANA und VARELA: Akteure als autopoietische und autonome Systeme

Das von den Neorobiologen MATURANA und VARELA konzipierte (und von LUHMANN rezipierte und in die Sozialwissenschaften übertragene)[216] "Autopoiese"-Konzept hat als

---

214 Vgl. GIEGEL (1987) S. 216f. ("Für Luhmann kann deshalb das im Bewußtsein Gemeinte nicht identisch mit dem in der Kommunikation Gemeinten sein. (...) Natürlich kann ein Gedanke, den ein Individuum bei sich verfolgt, kommuniziert werden. Aber damit gerät er in einen anderen selbstreferentiell gesteuerten Sinnzusammenhang und wird dadurch notwendigerweise umdefiniert.") und S. 220 ("Der Zweifel trifft in dieser Weise generell die Möglichkeit, Sinn als identischen zu reproduzieren.").

215 GIEGEL (1987) S. 234.

216 Zur Übertragung des "Autopoiese"-Konzeptes auf soziale Systeme durch LUHMANN vgl. LIPP (1987) S. 458f., KISS (1989) S. 101f., WILLKE (1987) S. 47f. und TEUBNER (1987) S. 89ff. Zweifel an einer unkritischen Ausdehnung der Bezeichnung "autopoietisches System" auch bei BÜHL (1987) S. 225f.

ursprüngliches Anliegen die *biologische Aufklärung der Grundlagen und Bedingungen des menschlichen Erkenntniserwerbes* im Sinne einer *biologisch-mechanistischen Erklärung des Phänomens der Kognition* zum Gegenstand und begründet darin explizit die *"Autonomie lebender Systeme"*.[217] Darin liefert es auch wichtige Grundlagen für das Paradigma des Radikalen Konstruktivismus.[218]

Die zentralen Aspekte dieses Ansatzes ermöglichen einen essentiellen Beitrag zur Klärung des integriert-systemtheoretischen Verhältnisses von Akteur und Handlungs- bzw. Kommunikationssystemen; sie lassen sich in die *vier thematischen Schwerpunkte "Leben/Autopoiese", "Geschlossenheit/Autonomie", "Beobachtung/Kognition" und "strukturelle Koppelung/Kommunikation"* gliedern, spezifiziert in:

- den Beitrag des "Autopoiese"-Konzeptes zur Aufklärung der *biologischen Grundlagen des Lebens unter operationaler Geschlossenheit und Autonomie "autopoietischer Systeme"* (Kap. 2.a);
- die daraus resultierenden *Bedingungen und Grundlagen von Erkenntniserwerb* über Erleben, d.h. Wahrnehmung bzw. Beobachtung und Unterscheidung (Kap. 2.b), und
- die Folgerungen für das soziologische Verhältnis von Akteur und System, die im wesentlichen durch *Geschlossenheit, Autonomie und strukturelle Koppelung* gekennzeichnet sind (Kap. 2.c).

Diese groben Gliederung lassen bereits die Geeignetheit dieses Ansatzes für die Beschreibung des durch autonomes Erleben, kognitive Orientierung und interaktive Kommunikation gekennzeichneten Verhältnisses von *biologischen bzw. personalen Systemen (Akteuren) in ihrem Verhältnis zu sozialen Systemen* unter Geschlossenheit bzw. kognitiver Bedingtheit des Umweltkontaktes als *"Autonomie"* des Beobachters, unter Begründung der Subjektivität der Beobachtung über "*Selbstreferenz*" und unter Erfassung sozialer Systeme als Beobachterkonstrukte erkennen: "Der Beobachter ist ein lebendes System, und jede Erklärung der Kognition als eines biologischen Phänomens muß eine Erklärung des Beobachters und seiner dabei gespielten Rolle beinhalten."[219]

---

[217] Vgl. FISCHER (1991) S. 10ff., VARELA (1991) S. 119 ("Autopoiese ist eine Explikation der Autonomie des Lebens") und MATURANA (1982) S. 138 (zur Forschungslage über "lebendige Organisation": "1. Es gibt keine adäquate Theorie der Organisation lebender Systeme als individueller autonomer Einheiten. (...) 2. Viele Wissenschaftler, die sich mit Automatentheorie befassen, suchen die außergewöhnlichsten der von lebenden Systemen erzeugten Phänomene zu modellieren, z.B. Autonomie, Sprache, Bewußtsein. Diese Ziele können jedoch nicht erreicht werden, solange es keine Theorie gibt, die zeigt, worin die Einzigartigkeit dieser Phänomene besteht und wie diese in biologischen Systemen entstehen.").

[218] Siehe dazu z.B. MATURANA (1991), VARELA (1991), SCHMIDT (1991) S. 12 u. 21ff. und SCHMIDT (1994) S. 14ff.

[219] MATURANA (1982) S. 35. Vgl. MINDER (1994) S. 247: "Die (...) biologisch fundierte Theorie der 'Autopoiesis' von MATURANA und VARELA beschreibt und erklärt das Wesen des Lebendigen sowohl system-

## a) "Autopoiese" als biologische Grundlage des Lebens: Selbstreproduktion, operationale Geschlossenheit und Autonomie lebender Systeme

Die Wurzeln der *"Autopoiese"* als biologische Konzeption[220] liegen nach MATURANA und VARELA in der Frage nach dem *Prinzip des Lebens*: Das "entscheidende Charakteristikum aller lebenden Wesen [sei] ihre autopoietische Natur"[221], d.h. ihr geschlossener Organismus als Prozeß aus einem Netzwerk der Produktion von Bestandteilen, die in der Einheit ihres Raumes rekursiv wieder an der Produktion ebendieser Bestandteile mitwirkten und so ihre autopoietische Organisation aufrechterhielten.[222] Wesentliche Charakteristika des Lebens bzw. lebender Organisation seien demnach *Reproduktion der eigenen Bestandteile, Geschlossenheit* und *Autonomie*.

(1) WILLKE bezeichnet *"interne Reproduktion" als wesentliche Charakteristik der Autopoiese*: "Etwas vereinfacht ausgedrückt: ein autopoietisches System reproduziert die Elemente, aus denen es besteht, mit Hilfe der Elemente, aus denen es besteht."[223] Von "allopoietischen", mechanistischen Systemen oder Maschinen, bei denen das Produkt ihres Funktionierens von ihren Elementen verschieden sei, werde das "autopoietische" System gerade durch die Reproduktion der eigenen Bestandteile abgegrenzt.[224] FISCHER führt als Beispiele eine Zelle als autopoietisches System und eine Kaffeemaschine als allopoietisches System an; die Produktion von Kaffee ermögliche in keiner Weise als Bestandteil die Reproduktion der Kaffeemaschine.[225] An diesem Vergleich kann beispielhaft ein grundsätzlicher Denkfehler bei der Übertragung der Autopoiese-Eigenschaft auf soziale Systeme illustriert werden: die Produktion von Kaffee gilt zwar als fundamentale Begründung der Existenz der Kaffeemaschine, allerdings nur als aktuell selektiertes Sinnkriterium ihrer Funktion (der Komplexitätsreduktion der Kaffeeherstellung; neben z.B. Heißwasser- oder Teebereitung, Dekoration,

---

bezogen-konkret, als auch die erkenntnistheoretischen Implikationen, die aus dieser Art der Betrachtung lebender Systeme, und weiterhin auch höherer, bspw. sozialer Systeme, hervorgehen."

[220] Vgl. MATURANA (1991a) S. 121: " 'What is peculiar to living systems such that if it occurs in a system all biological phenomena will come as a consequence?' (...) living systems 'as systems constituted as unities or entities of interactions as circular systems of molecular productions in which everything could change but the productions that constituted them.' ".

[221] FISCHER (1991) S. 19. Vgl. LIPP (1987) S. 455: "Nichts geringeres als das Leben selbst, als das 'Wesen des Lebens', soll erfaßt werden (...): Systeme aller Art, die fähig sind zur Autopoiesis, sind lebende Systeme; Autopoiesis (...) gewährleistet prinzipiell, daß 'Identität' im Sinne 'autonomen', sich selbst erhaltenden, selbst (re)produzierenden 'individuellen' Lebens überhaupt erst aufgebaut wird."

[222] Vgl. MATURANA (1982) S. 158f., WILLKE (1987) S. 43, FISCHER (1991) S. 19f. und ZIEMKE/STÖBER (1992) S. 52f..

[223] WILLKE (1987) S. 43.

[224] Vgl. MATURANA (1982) S. 159, KISS (1989) S. 99f. und FISCHER (1991) S. 20f.

[225] Vgl. FISCHER (1991) S. 19ff.

Wurfgeschoß etc.) und nicht als physischer Bestandteil ihrer Existenz. Analog hierzu wird die Übertragung des Sinnmechanismus der Sozialsystemkonstitution in die Kategorie autopoietischer Selbstreproduktion, wie LUHMANN dies für "Kommunikationen" als Bestandteile sozialer Systemen vorsieht,[226] skeptisch beurteilt. Kommunikation ist zwar funktionale Voraussetzung der Existenz von Kommunikationssystemen, das Kommunikationssystem kann selbst aber keine Handlungen oder Kommunikationen erzeugen, sondern nur als Strukturierungsmittel Sinnzurechnung, Selektionsanschlüsse oder Anschlußhandeln erleichtern.

(2) Die Forderung "*operationaler Geschlossenheit*" der Autopoiese-Eigenschaft wird oft ignoriert; sie erscheint vordergründig unwichtig bzw. erscheint für den Bereich "biologischer Systeme" oder "Organismen" als Selbstverständlichkeit. MATURANA subsumiert diese Grenze unter "Erscheinungswelt lebender Systeme", die sich implizit aus dem Begriff der "Entität" als konkrete, von der Umgebung abgrenzbare Einheit ergebe; das Netzwerk "autopoietischer Maschinen" bestimme den topologischen Bereich seiner Verwirklichung als konkrete Einheit selbst als den Raum, in dem seine Bestandteile existierten.[227] Die Übertragbarkeit dieser operationalen Geschlossenheit auf soziale Systeme ist besonders zweifelhaft:[228] Sozialsysteme haben, wenn sie nicht durch physisch determinierte, d.h. fest installierte Kommunikationsverbindungen (z.B. lokale Kabelnetzwerke) abgegrenzt werden, keine physische Grenze; Handlungen und Entscheidungen bis hin zu Teilnahme oder Zugehörigkeit bleiben freigestellt und kontingent. FISCHER interpretiert VARELAs Position zum Problem der Geschlossenheit dagegen als Forderung nach einer "*topologisch fixierbaren Grenze*" als objektives Unterscheidungskriterium; *soziale Systeme könnten lediglich als "autonome" Systeme betrachtet werden*.[229] Doch auch "Autonomie" läßt sich als originäre Eigenschaft sozialer

---

[226]  Vgl. z.B. LUHMANN (1984a) S. 311: "Die Gesellschaft ist ein autopoietisches System auf der Basis sinnhafter von Kommunikation. Sie besteht aus Kommunikationen, sie besteht nur aus Kommunikationen, sie besteht aus allen Kommunikationen. Sie reproduziert Kommunikation aus Kommunikation." Vgl. LUHMANN (1988) S. 48ff. und KISS (1989) S. 102f. Dagegen schreibt VARELA (1991) S. 121: "(...) es wäre auch an den Haaren herbeigezogen, wollte man soziale Interaktion als Produktion von Bestandteilen beschreiben.", vgl. FISCHER (1991) S. 19, Fußnote 13.

[227]  Vgl. z.B. MATURANA (1982) S. 141f., 150, 187f.; FISCHER (1991) S. 18; MINDER (1994) S. 249 und S. 253: "Die Abgrenzung des [lebenden und autopoietischen, d. Verf.] Systems zur Umwelt ist somit keine eigenständige und eigenwertige Systemleistung, sondern eine dem Oprationsmodus des Lebens inhärente und hierfür notwendige Charakteristik des Systems." Siehe auch ZIEMKE/STÖBER (1992) S. 52f. u. S. 54ff. ("Operationale Geschlossenheit und Lebensprozeß").

[228]  Vgl. LIPP (1987) S. 459 ("Luhmann hat Autopoiesis für Systeme geöffnet, die sich sinnhaft organisieren. (...) Ins Auge springt zunächst, daß Luhmann die Bestimmung der Geschlossenheit (closure), die die Biologen mit dem Konzept verbunden hatten, entscheidend lockert; er öffnet Systeme für Umwelt auf neue Weise."), WILLKE (1987) S. 42f. und LUHMANN (1988) S. 49f.: "Geschlossenheit und Offenheit können nicht länger als Typenunterschiede begriffen werden."

[229]  Vgl. FISCHER (1991) S. 19 ("Varelas Definition führt eine *topologische Grenze* als Unterscheidungskriterium zwischen dem spezifischen autopoietischen System und anderen bzw. nicht-autopoietischen Systemen. (...) Demnach säße Luhmanns neuere Theorie sozialer Systeme einem Kategorienfehler auf."; H.i.O.), VARELA (1991) S. 120f. ("Daher ist die Vorstellung der Autopoiese per definitionem beschränkt auf

Systeme anzweifeln; schließlich wird Autonomie gerade durch Autopoiese und Geschlossenheit als Eigenschaft lebender und damit handlungsfähiger Systeme beschrieben. Soziale Systeme können deshalb als kognitive Strukturierungen oder kommunikative Interaktionsabgrenzungen keine eigenständige, von ihren Akteuren abstrahierbare Autonomie entwickeln.

Beide Charakteristika, "Reproduktion" wie "Geschlossenheit", legen es nahe, lebende Akteure bzw. personale Systeme, bestehend aus "Organismus" (biologischem System) und "Bewußtsein" (psychischem System), zumindest für den Bereich des *Organismus* als "autopoietische Systeme" zu begreifen, deren biologische Elemente (z.B. Zellen, Organe) sich ständig physisch abgegrenzt (in der körperliche Hülle) selbst reproduzieren. In Präzisierung der Position von MATURANA und VARELA, für die allerdings Fortpflanzung und Evolution allein keine Merkmale autopoietischer Systeme darstellen,[230] kann *der lebende "Mensch" als Grenze*, als letzte Ebene bzw. Einheit autopoietischer Organisation bezeichnet werden, der sich aus sich selbst heraus reproduziert und der aus seiner festen körperlichen Geschlossenheit heraus autonome Existenz gewinnt. Das immaterielle selbstreferentielle *"Bewußtsein"* (bzw. psychische System) stellt die Grenze biologisch-autopoietischer zu sozialen Phänomenen dar. So zitiert HARTFELDER zum Problem der Übertragung von Eigenschaften lebendiger Systeme auf soziale Systeme ACKOFF/EMERY:

> "Organismen und Organisationen sind beides zielbewusste Systeme, aber Organismen enthalten keine zielbewussten Elemente. Die Elemente eines Organismus können funktionell, zielsuchend oder multi-zielsuchend sein, jedoch nicht zielbewusst. In einem Organismus kann nur das Ganze einen Willen zeigen, aber keines seiner Teile."[231]

Nach HARTFELDER unterscheiden sich soziale Systeme als *"Humansysteme"* durch ihr Element "Mensch" von anderen Systemen; soziale Systeme seien die einzigen "zielbewussten" Systeme, die sich aus "zielbewussten Elementen" zusammensetzten.[232] Ein zusätzliches Indiz liefert eine MATURANA-Interpretation, nach der die Bestandteile autopoietischer Systeme immer "dynamisch-mechanistische" Systeme (Maschinen) sein müssten, nicht aber "autonom-kontingente" (Akteure) sein dürften.[233] Auch VARELA will in einer Alternativbetrachtung

---

Produktionsbeziehungen einer bestimmten Art und bezieht sich auf topologische Grenzen.") und WILLKE (1987) S. 43 u. 48. MINDER (1994) S. 269 bezeichnet die Autonomie sozialer Systeme als "soziale Autonomie".

[230] Vgl. MATURANA (1982) S. 138 u. 157

[231] ACKOFF/EMERY, zitiert nach HARTFELDER (1984) S. 375 (zum Scheitern "evolutionären Managements").

[232] Vgl. HARTFELDER (1984) S. 375f.

[233] Vgl. MATURANA (1982) S. 141.

"Autopoiese" auf (chemische) Reproduktionsprozesse innerhalb topologischer Grenzen beschränken.[234]

(3) *"Autonomie"* bezeichnet in autopoietischem Sinne (von MINDER als "biologische Autonomie" bezeichnet[235]) die durch die operative Geschlossenheit des autopoietischen Systems bewirkte *Eigengesetzlichkeit und Subjektivität seines Umweltkontaktes*[236] und der daraus abgeleiteten subjektiven Orientierung[237], die als durch Beobachtung und deren Verarbeitung erzeugte Handlungsmotivation oder -intention anderen sozialen Akteuren als Kontingenz erscheint. Durch diesen Begriff der "Autonomie" rückt das Subjekt (bzw. der Akteur) als *"Beobachter"* ins Zentrum sozialer Relevanz: "Mit der biologischen Kognitionstheorie scheint der Archimedische Punkt der Erkenntnistheorie wiedergefunden: Das erkennende, selbstreferentielle Subjekt - bei Maturana heißt es 'Beobachter' - ist 'das Maß der Dinge' (Protagoras). Descartes und mit ihm die ganze subjektphilosophische Tradition scheinen endgültig rehabilitiert."[238] (FISCHER) Im Erleben des Subjekts (bzw. Akteurs) als autopoietischem System werde die operationale Geschlossenheit zu *"kognitiver (informationeller) Geschlossenheit"*: *jeder Stimulus müsse durch die systemimmanenten Gesetze der "Autonomie" des autopoietischen Systems verarbeitet werden; ein direktes Einwirken auf dieses System durch Informa-*

---

234 Vgl. WILLKE (1987) S. 48 und FISCHER (1991) S. 19 (Fußnote 13). Siehe auch TEUBNER (1987), insbes. S. 94ff.; TEUBNER konzipiert "Autopoiese höherer Ordnung" über "Autonomie" als graduelles Abstufungsschema, das in einem "Hyperzyklus" Autopoiese erreiche (Einzelheiten sind hier nicht von Belang).

235 Vgl. MINDER (1994) S. 229, 247ff.

236 Vgl. MINDER (1994) S. 250ff. (S. 255: " 'Prinzipien' der 'Autonomie' des Systems ergeben sich in dieser Umweltbeziehung somit sowohl aus der über die 'Organisation' bzw. 'organisatorische Geschlossenheit' des Systems ersichtlich werdenden, generellen Bedeutungslosigkeit der Umwelt für die Wesensdefinition des Systems, als auch aus der Art des (pro)aktiven Umgehens des Systems mit seiner Umwelt im Rahmen seiner 'Struktur'. Die Umweltbeziehung, die Möglichkeit der Umwelteinwirkung und die Umweltwahrnehmung des Systems, d.h. auch der Sinn bzw. die Bedeutung der Umwelt, wird hier - wie das System selbst - ausschliesslich durch dessen Operationsmodus vorgeprägt."), WILLKE (1987) S. 48f. (H.i.O.: "Der Autonomie-Begriff erscheint nun besonders geeignet, die Einheit der Differenz von Autopoiese und Umweltkontakt, von Selbstreferenz und Fremdreferenz zu bezeichnen. (...) *Ein autonomes System ist mithin ein System, das auf der Grundlage autopoietischer Selbststeuerung spezifische, durch seine Leitdifferenz und seinen Operationsmodus vorgezeichnete Umweltbeziehungen unterhält.*"), EICHMANN (1989) S. 41, FISCHER (1991) S. 23 und ZIEMKE/STÖBER (1992) S. 53 ("Das System bestimmt aber die Koordination von Reizbarkeit und Bewegung [Erleben und Handeln, d. Verf.] als fundamentaler Eigenschaften des Lebendigen den topologischen Raum seiner Verwirklichung (...) auch hinsichtlich dessen, was 'an' das Lebendige kommt, d.h., welche Komponenten des Mediums mit der Grenze überhaupt in Berührung kommen.").

237 Die Bedeutung der "Autonomie" für Orientierung, Koordination und Steuerung beschreibt EICHMANN (1989) S. 41f., für den der "Zusammenhang von Offenheit und Geschlossenheit" die Absicht begründet, "Abstimmungs- und Steuerungsprobleme funktional ausdifferenzierter Systeme innerhalb des Bezugsrahmens einer Theorie selbstreferentieller bzw. autopoietischer Systeme zu bearbeiten. Vor diesem Hintergrund werden die Umweltbeziehungen selbstreferentieller Systeme in ihren Möglichkeiten und Grenzen der Kommunikation und Beobachtung präzisiert."

238 FISCHER (1991a) S. 68.

*tion sei unmöglich*. Die Umwelt des autopoietischen Systems werde durch dessen Kognitionsbereich determiniert.[239]

Der autopoietische Charakter des Menschen (bzw. seines Organismus) als "personales System" (WILLKE: "Personen können als autopoietische (psychische) Systeme verstanden
werden"[240]) und die dadurch bedingte Autonomie haben wesentliche Implikationen für den
Erkenntniserwerb, den Umweltbezug und die Kommunikation der Akteure:

## b) "Beobachtung" und "Unterscheidung" als Umweltbezug und Erkenntnis-
erwerb des autopoietischen Systems

Biologische Grundlagen und Erklärungen interessieren hier weniger als deren Auswirkungen
auf ein soziologisches Modell des menschlichen Erlebens bzw. der Orientierung als Voraussetzung sozialer Phänomene. Aus der Geschlossenheit und Autonomie lebender Systeme
ergeben sich Konsequenzen für MATURANAs und VARELAs "naturalisierte Form von
Erkenntnistheorie, eine Theorie, die sich um die biologische Aufklärung der Grundlagen und
Bedingungen des Erkenntniserwerbs bemüht"[241], die FISCHER folgendermaßen charakterisiert:
- "Erkennen" (bzw. "Wissen"), in etwa mit "Erleben" (bzw. "Orientierung") gleichzusetzen,
  sei als Handeln eines Beobachters ein aktiver Prozeß; deshalb müsse "*Beobachten*" als
  *interaktiver Prozeß* angesehen werden, bei dem das Erkannte nicht unabhängig vom
  erkennenden Beobachter zu begreifen sei und erst durch einen Akt der "Beschreibung"
  entstehe.[242]

---

[239]  Vgl. FISCHER (1991) S. 24: "Diese kognitive (informationelle) Geschlossenheit schließt instruktive Interaktionen auf dieses System aus. Ein autopoietisches System kann demnach nicht so auf ein anderes Einfluß
nehmen, daß dieses in der gewünschten Weise reagiert. Jeder Stimulus, der auf ein autopoietisches System
wirkt, ist für dieses eine Perturbation (eine Störung), die entsprechend der systemimmanenten Gesetze (Autonomie) verarbeitet wird. (...) Die Beschreibung einer Interaktion als kausaler (d.h. instruktiver) Einflußnahme des einen auf das andere System ist eine Beobachterfiktion. Die evolutiv entstandene Struktur des
autopoietischen Systems legt damit den möglichen Interaktionsbereich des Systems fest. Dabei entspricht
die Menge der einem System zur Verfügung stehenden möglichen Interaktionen seinen kognitiven Möglichkeiten, seinem *Kognitionsbereich*. Erkennen kann das System nur in dem Bereich seiner ihm möglichen
Interventionen." (H.i.O.). Analog bei FISCHER (1991a) S. 77.

[240]  WILLKE (1987) S. 44.

[241]  FISCHER (1991) S. 10.

[242]  Vgl. FISCHER (1991) S. 14: "Kognition (Erkennen) ist für Maturana/Varela ein biologisches Phänomen.
Ziel ihrer Theorie ist die Erklärung des Phänomens *Erkenntnis*. Die Frage: *worin besteht Erkennen bzw.*
*Wissen* läßt sich für sie über die Frage *wie erkennen und wissen* wir beantworten. Wenn erkannt wird, wird
nicht nur 'etwas' erkannt, es gibt auch ein 'etwas', das erkennt, nämlich ein Subjekt, einen Mensch, einen
erkennenden Beobachter. Der Beobachter selbst ist ein lebendes System, und Maturanas Erklärung der
Kognition als biologisches Phänomen muß deshalb die Rolle des Beobachters und dessen Rolle bei der

- Fundamental für die Möglichkeit der Beobachtung oder Beschreibung sei eine *"Unterscheidung"* des Betrachtungsgegenstandes von einen Hintergrund, einer "Umwelt", als basale Operation des "Erkennens".[243]

(1) Eine wesentliche Folgerung aus dem Autopoiese-Konzept von MATURANA und VARELA besteht in der *Beobachterabhängigkeit jeglicher "Erkenntnis" bzw. jeglichen "Erlebens"*; "Erleben" wird in Ergänzung zu LUHMANN (der von beobachtenden Subjekt abstrahiert) immer zum "Handeln" eines konkreten Akteurs als "Beobachter".[244] Jede menschliche außenwirksame Handlung bedeute immer auch Erleben, weil sie zumindest selbstbeobachtet werden könne; andererseits sei Erleben aber immer von einem Beobachter und dessen Kognition abhängig, eben von "aktivem" Handeln im Rahmen einer Umwelterfassung.[245] Die "Kognition" selbst ist vollständig durch Organisation und Struktur des beobachtenden Systems determiniert, weshalb sie bei MATURANA unter biologische Phänomene gerechnet wird;[246] ein biologisches Phänomen allerdings mit weitreichenden soziologischen Konsequenzen für die Orientierung der Akteure (als autopoietische Systeme), die ihren Niederschlag zum einen in den Grundaussagen des Radikalen Konstruktivismus, zum anderen im Begriff der "Selbstreferenz" findet:

> "Das autopoietische System repräsentiert in seinem Kognitionsbereich *nicht* Welt oder Wirklichkeit, sondern *erzeugt* Welt bzw. Wirklichkeit nach Maßgabe der Strukturdeterminanten des eigenen Systems. Das System kann also gar keine Abbildung (keine Repräsentation) der Wirklichkeit außerhalb des Systems erzeugen. (...) Die Umwelt (Milieu) des autopoietischen Systems ist also durch dessen Kognitionsbereich determiniert. Was das autopoietische System nicht wahrnehmen kann existiert nicht. Auf den Menschen übertragen heißt dies: 'Wir sehen nicht, was wir nicht sehen, und was wir nicht sehen, existiert nicht.' "[247]

Oder: Wir "wissen" nichts, was wir nicht "erleben" (können), und was wir nicht "erleben", gewinnt keine Bedeutung für ein lebendes autopoietisches System; auch physische Auswirkungen der Umwelt müssen immer über Sinnesorgane erlebt und entschlüsselt werden. Nach der These MATURANAs ist "Erkenntnis" (als Orientierung) strikt von der Subjektivität des

---

Kognition thematisieren." (H.i.O.). Man beachte MATURANA/VARELA (1987) S. 19: "Das Erkennen erkennen".

[243]  Vgl. FISCHER (1991) S. 14ff.

[244]  Vgl. MATURANA (1982) S. 297. Man müsse "Kognition mit Bezug auf den Menschen und die Einheit des Menschen erörtern und zu zeigen versuchen, daß jede Auffassung, die wir von der Einheit des Menschen entwickeln mögen, untrennbar mit unseren Ansichten von Erkenntnis und Wirklichkeit zusammenhängt."

[245]  Vgl. FISCHER (1991) S. 16f.: "Hier haben wir die konstruktivistische Grundthese in klarer Formulierung. Es gibt für Maturana und Varela einen Zirkel zwischen Erfahrung (Erkenntnis) und Handlung (Resultat): *Jedes Tun ist Erkennen, und jedes Erkennen ist Tun.* (...) 'Die letztmögliche Bezugsgröße für jede Beschreibung ist jedoch der Beobachter selbst' " (H.i.O.) und MATURANA/VARELA (1987) S. 31ff. ("Verkettung von Handlung und Erfahrung", "daß jeder Akt des Erkennens eine Welt hervorbringt").

[246]  Vgl. MATURANA (1982) S. 301.

[247]  FISCHER (1991) S. 25f. (H.i.O.)

beobachtenden Akteurs abhängig; er drückt dies über den Begriff "kulturelle Verschiedenheit" aus, die nicht nur über unterschiedliche kognitive Verarbeitung (Erleben), sondern über verschiedene kognitive Bereiche, Wirklichkeiten oder Welten (Orientierungen) entstehe.[248] Je nach Maßgabe seiner eigenen Kognitionsmöglichkeiten erzeugt der Beobachter im aktiven Prozeß des "Erkennens" (oder Erlebens) seine eigene "Welt", seine eigene, individuelle und subjektiv-unterschiedliche Vorstellung der Realität. MATURANA und VARELA betonen in diesem Zusammenhang die *interaktive Rolle des Beobachters* für soziale Phänomene: "Beobachtung" sei als beobachtbare Handlung Interaktion zwischen erkennendem Subjekt und erkanntem Objekt; "Kommunikation" sei demzufolge gegenseitiges Handeln und Erleben, bei dem nur analytisch in Subjekt (Beobachter) und Objekt (Akteur) zu trennen sei.[249] Das bedeutet umgekehrt aber auch, *daß jede Handlung erst durch Beobachtung und Erkennen (durch Erleben und Kognition und damit durch Systembildung) eines "Subjektes" zum "Objekt", zur "Handlung" wird* (wie auch LUHMANN abstrakt formuliert).

(2) Zweite wesentliche Folgerung des Autopoiese-Gedankens ist die Frage: *Wie erkennt der Beobachter?* MATURANA und VARELA beantworten diese Frage durch die *"Unterscheidung"* und *"Beschreibung"* eines "konstruktivistischen Beobachters"[250]: *der Beobachter beobachte immer ein Objekt und dessen Umwelt gemeinsam; identifizieren könne er das Objekt als "Objekt" erst dann, wenn er es von seiner "Umwelt" unterscheiden und diese Unterscheidung beschreiben könne.*

"Die wesentliche Operation eines Beobachters (auch wenn sie nicht nur für den Beobachter gilt) ist die Operation der Unterscheidung, d.h. der Aufweis einer Einheit dadurch, daß eine Handlung ausgeführt wird, die ihre Grenzen definiert und sie von einer Umwelt abgrenzt. Der Beobachter bestimmt daher eine Einheit stets durch eine explizite oder implizite Operation der Unterscheidung, und er unterstellt dieser Einheit durch diese seine Beobachtung stets eine Organisation, die mit den von ihm stillschweigend vorausgesetzten Grenzen übereinstimmt (...)."[251]

---

[248]  Vgl. MATURANA (1982) S. 308: "Kulturelle Verschiedenheit besteht nicht nur darin, dieselbe objektive Realität in verschiedener Weise zu bearbeiten, sondern in völlig gleichberechtigten, aber unterschiedlichen kognitiven Bereichen. Kulturell unterschiedliche Menschen leben in unterschiedlichen kognitiven Wirklichkeiten, die eben dadurch, daß sie in diesen leben, in rekursiver Weise ausgebildet werden."

[249]  Vgl. MATURANA (1982) S, 34 ("der Beobachter spricht durch alle seine Äußerungen zu einem anderen Beobachter, der er selber sein könnte") und FISCHER (1991) S. 15f.

[250]  Vgl. FISCHER (1991) S. 16: "Die Erfahrung oder die Erkenntnis eines 'Dings da draußen' wird durch die interaktive Rolle des Beobachters präfiguriert, beeinflußt. Erkennen ist als aktiver Prozeß selbst ein Handeln; das erkannte, erfahrene 'Ding' ist nicht unabhängig vom Prozeß des Erkennens zu begreifen, es entsteht in gewisser Weise erst durch den Akt der Beschreibung."

[251]  MATURANA (1982) S. 149. Vgl. FISCHER (1991) S. 17 ("Um einen Gegenstand erkennen bzw. beschreiben zu können, muß man als gegeben annehmen, daß dieser von anderen bzw. seinem Hintergrund unterschieden werden kann (...) Etwas als etwas, als 'Eins' zu bestimmen, es zu identifizieren, zu erkennen, setzt also voraus, daß dieses 'Etwas' nicht ein 'Anderes' ist, sondern von diesem wohl unterscheidbar. Identität setzt in diesem Sinne Unterschiedenheit und Unterscheidbarkeit voraus. Die basale Operation ist also die Einführung von Unterscheidungen, von Unterschieden. (...) Jede 'Einheit', jeder 'Gegenstand' - gleichgültig ob 'äußerer' oder 'innerer' (wie eine Vorstellung, bspw. die des Beobachters selbst) - ist Resultat von Unter-

Dazu benötige der Beobachter immer ein "Referenzobjekt"; "letztmögliche Bezugsgröße für jede Beschreibung ist jedoch der Beobachter selbst."[252] Beobachten über "Unterscheidung" von einem Hintergrund, einer Umwelt, und deren "Beschreibung" ist genuine "Erzeugung von Realität" durch und zunächst für den Beobachter.

(3) WILLKE beschreibt zusammenfassend *drei wesentliche Kennzeichen einer "Beobachtung"* unter Autopoiese bzw. Selbstreferenz:

- Die Logik der Beobachtung sei die Logik des "beobachtenden Systems", d.h. des beobachtenden Subjektes und nicht des Beobachtungsobjektes; *Objekte", Systeme und Orientierung (bzw. "Erkenntnis") sind vom Subjekt abhängig.*

- Das Beobachtungsobjekt werde durch die Bezeichnung und Beschreibung einer Differenz als "Unterscheidung" vom Hintergrund, der Umwelt, für den Beobachter "beobachtbar"; *Erleben der Umwelt und Orientierung als Umwelterfassung ist nur über Objekt- bzw. Systembildung möglich.*

- Durch die beobachterabhängige Rekonstruktion des Beobachtungsobjektes ist die letzte "Referenz" der Beobachtung der Beobachter selbst; Systembildung und Orientierung sind immer nur "subjektiv", d.h. unter Beachtung des erlebenden Subjektes zu erfassen.[253]

Hierin liegt auch der Ansatzpunkt für *LUHMANNs Konzeption von "Selbstreferenz" als "Handhabung von Differenzen bzw. Unterscheidungen"*:

> "Der Begriff der 'Referenz' soll in einer Weise bestimmt sein, die ihn in die Nähe des Begriffs der Beobachtung rückt. Wie wollen damit eine Operation bezeichnen, die aus den Elementen der Unterscheidung und der Bezeichnung (distinction, indication im Sinne von Spencer Brown) besteht. Es handelt sich also um die Bezeichnung von etwas im Kontext einer (ebenfalls operativ eingeführten) Unterscheidung von anderem. Das Referieren wird zum Beobachten, wenn die Unterscheidung zur Gewinnung von Informationen über das Bezeichnete benutzt wird. (...)
> Die Begriffe Referenz und Beobachtung, also auch Selbstreferenz und Selbstbeobachtung, werden eingeführt mit Bezug auf das operative Handhaben einer Unterscheidung. Sie Implizieren die Setzung dieser Unterscheidung als Differenz."[254]

Der Begriff der *"Selbstreferenz"* stellt einen interessanten Ansatzpunkt für das Bewußtsein des subjektiven Umweltbezuges der Akteure über Erleben dar; allerdings darf Selbstreferenz nicht direkt auf soziale Systeme bezogen werden, sondern wirkt, durch die Autopoiese des Organismus begründet, über das Bewußtsein (oder psychische System) des autonomen Akteurs als lebendes autopoietisches System und Beobachter. Unter Autopoiese und Autonomie, d.h. operationaler "Geschlossenheit" bei observationalem Umweltbezug ("Offenheit"), des Akteurs

---

schieden, die der Beobachter macht."). Ebd. in Fußnote 10: "Die moderne Neurophysiologie geht davon aus, daß jegliche Sinneswahrnehmung die Codierung von Unterschieden ist."

[252] MATURANA (1981) S. 34.

[253] Vgl. WILLKE (1987) S. 121f.

[254] LUHMANN (1987) S. 96f. Zum Konzept der "Selbstreferenz" vgl. LUHMANN (1988a) S. 57ff. u. S. 593ff. und WILLKE (1987) 120ff.

können soziale Systeme allenfalls über die *Selbstreferenz des Beobachters und seiner kognitiven Orientierung und Rekonstruktion (Handlungssysteme)* als "unter der Bedingung von Selbstreferenz konstituiert" gelten.[255]

Hier kann unmittelbarer Bezug zur Konzeption kognitiver (Handlungs-)Systembildung der subjektiven Orientierung und zur Verbindung von Radikalem Konstruktivismus und Systemtheorie hergestellt werden: *Die "Umwelt" wird durch Unterscheidungen und Abgrenzungen ("Objekte" oder "Systeme") des "Subjektes" erfaßbar rekonstruiert,* als Grundvoraussetzung jeder Orientierung. Der Umweltbezug hängt deshalb als Rekonstruktion unter Handhabung von Unterscheidungen grundsätzlich vom Perzeptions- und Kognitionspotential der Akteure als organisations- und strukturdeterminierte autopoietischer Systeme ab; damit kann berechtigt vom Menschen (als Beobachter und Subjekt) als dem "Maß aller Dinge" gesprochen werden.[256]

Die "Autonomie" des lebenden Akteurs als "autopoietische Geschlossenheit" des Organismus und dadurch bedingte "Selbstreferenz" des Bewußtseins haben Implikationen für den sozialen Umweltbezug der Akteure in Interaktion und Kommunikation: Autonomie führt unter *Erleben als observational offener Beobachtung und operativ geschlossener Kognition* zur Konzeption *"struktureller Koppelung"* als Kommunikation autopoietisch geschlossener und selbstreferentiell offener autonomer Akteure.

## c) "Strukturelle Koppelung" als Interaktion und Kommunikation unter der Autonomie autopoietischer Systeme

Aus den wesentlichen Charakteristika der Autopoiese, aus Selbstreproduktion und rekursiver Geschlossenheit ihrer Organisation als Netzwerk von Komponenten mit fester Grenze[257], folgt die *operative oder organisationale Geschlossenheit autopoietischer Systeme,* insbesondere

---

255    Vgl. WILLKE (1987) S. 122 ("Festzuhalten ist also, daß die beobachtungsleitenden und informationsproduzierenden Differenzen durch den Beobachter definiert werden, nicht durch den 'Gegenstand' - und dies bei sich beobachtenden, interagierenden oder gar kommunizierenden Systemen natürlich wechselseitig.") und SCHMIDT (1994) S. 89 ("Sowohl in Luhmanns systemtheoretischem wie auch im radikalen Konstruktivismus ist die zentrale Frage weiterhin ungelöst, wie die theoretisch scharf voneinander getrennten Dimensionen Kognition und Kommunikation in eine operative Beziehung zueinander gebracht werden können.").

256    Vgl. FISCHER (1991) S. 18 ("Eine Einheit ist eine begriffliche, dynamische oder statische Entität (Objekt), die durch Abgrenzung (Operation der Unterscheidung) bestimmt bzw. definiert wird. Welche Eigenschaften der jeweiligen Einheit zukommen, ist ebenfalls von der Definition des Beobachters abhängig.").

257    Vgl. MATURANA (1982) S. 158f., BÜHL (1987) S. 226f., FISCHER (1991) S. 22ff., MINDER (1994) S. 248ff., WILLKE (1987) S. 42.

des lebenden Menschen als Akteur.[258] Die operative Geschlossenheit begründet die *Autonomie des Akteurs*, d.h. sie beschränkt seinen Umweltkontakt auf *Beobachtung* und *Kognition* (Erleben), und wird zu *kognitiver (informationeller) Geschlossenheit*: jeder Stimulus muß durch die systemimmanenten Gesetze der Autonomie des autopoietischen Systems verarbeitet werden. Die Umwelt des autopoietischen Systems wird somit durch dessen Kognitionsbereich determiniert.[259]

Direktes externes Einwirken auf bzw. direkte Informationsübertragung zwischen autopoietischen Systemen ist folglich nicht möglich; jegliche Information muß mitgeteilt und vom empfangenden System nach dessen eigenen Wahrnehmungs- und Verarbeitungspotential erlebt, d.h. beobachtet, entschlüsselt und verarbeitet werden. Trotz FISCHERs Einwand, die *"mathematische Kommunikationstheorie"* von z.B. SHANNON und WEAVER befasse sich nur mit "syntaktisch meßbarem Gehalt an Information" unter " 'Objektivität' der übermittelten Nachricht und klammere semantische, pragmatische sowie philosophisch, psychologisch und soziologisch interessante Fragen der Sinn-, Referenz- oder Bedeutungskonstitution innerhalb der "informationalen Koppelung" einfach aus,[260] entspricht diese Vorstellung systematisch dem oben dargestellten Kommunikationsprozeßmodell nach SHANNON.

Angesichts operationaler Geschlossenheit und Autonomie ist *Kommunikation unter Autopoiese nur als interaktiv aufeinanderbezogene Verschränkung des Handelns und Erlebens verschiedener autonomer Akteure, als "strukturelle Koppelung"*, denkbar: "Information" und "Verstehen" entsteht im autonomen Erleben der autopoietischen Akteure als selbstreferentielle Kognition, im klassischen Kommunikationsprozeßmodell dargestellt als Encodierung und Decodierung der "Mitteilung" (sozialer Handlung).[261] "Verständigung" als Sinn- oder Infor-

---

258  Vgl. WILLKE (1987) S. 43f. ("*In der Tiefenstruktur ihrer Selbststeuerung sind sie geschlossene Systeme, also gänzlich unabhängig und unbeeinflußbar von ihrer Umwelt.* Wird diese operative Geschlossenheit zerstört, so bricht ihre Autopoiese zusammen, sie hören auf, als lebende Systeme zu existieren. (...) Vielmehr müssen wir nun von einem voraussetzungsvolleren und präzise zu bestimmenden Interaktions- und *Bedingungsverhältnis von partieller Geschlossenheit und dadurch ermöglichter Offenheit* ausgehen." H.v.V.); FISCHER (1991) S. 22ff. und EICHMANN (1989) S. 38ff.

259  Vgl. FISCHER (1991) S. 24: "Diese kognitive (informationelle) Geschlossenheit schließt instruktive Interaktionen auf dieses System aus. Ein autopoietisches System kann demnach nicht so auf ein anderes Einfluß nehmen, daß dieses in der gewünschten Weise reagiert. Jeder Stimulus, der auf ein autopoietisches System wirkt, ist für dieses eine Perturbation (eine Störung), die entsprechend der systemimmanenten Gesetze (Autonomie) verarbeitet wird. (...) Die Beschreibung einer Interaktion als kausaler (d.h. instruktiver) Einflußnahme des einen auf das andere System ist eine Beobachterfiktion. Die evolutiv entstandene Struktur des autopoietischen Systems legt damit den möglichen Interaktionsbereich des Systems fest. Dabei entspricht die Menge der einem System zur Verfügung stehenden möglichen Interaktionen seinen kognitiven Möglichkeiten, seinem *Kognitionsbereich*. Erkennen kann das System nur in dem Bereich seiner ihm möglichen Interventionen." (H.i.O.). Analog bei FISCHER (1991a) S. 77.

260  Vgl. FISCHER (1991a) S. 69ff.

261  Vgl. FISCHER (1991a) S. 77ff., H.i.O.: "Information entsteht also erst im jeweiligen lebenden System, sie wird dort erzeugt und außerhalb des Systems existiert nur Rauschen. (...) Da Sprache und/oder Kommunika-

mationsvermittlung bliebt immer vom autonomen Erleben des Empfängers und damit von dessen subjektivem observationalen und kognitiven Potential abhängig.

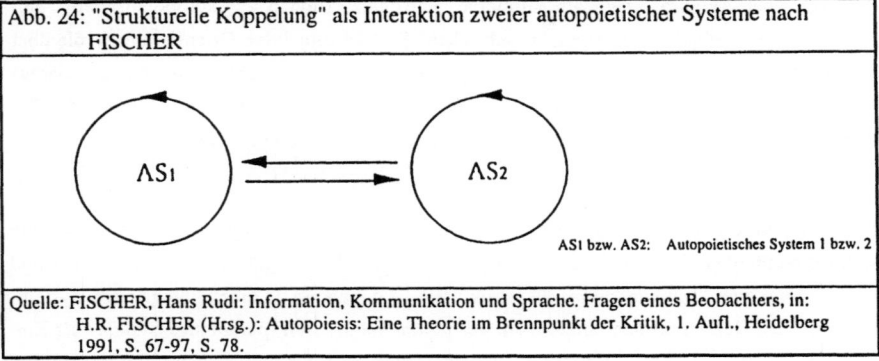

Abb. 24: "Strukturelle Koppelung" als Interaktion zweier autopoietischer Systeme nach FISCHER

ΛS1

ΛS2

ASl bzw. AS2:   Autopoietisches System 1 bzw. 2

Quelle: FISCHER, Hans Rudi: Information, Kommunikation und Sprache. Fragen eines Beobachters, in: H.R. FISCHER (Hrsg.): Autopoiesis: Eine Theorie im Brennpunkt der Kritik, 1. Aufl., Heidelberg 1991, S. 67-97, S. 78.

FISCHER unterscheidet *zwei qualitative Arten der "strukturellen Koppelung"* autopoietischer Systeme:[262]

- "*Interaktion*" als zirkuläre Verschränkung des beiderseitigen aufeinandergerichteten Verhaltens so, daß das Verhalten des einen jeweils durch das Verhalten des anderen bedingt wird; und

- "*Kommunikation*" unter weitgehender Übereinstimmung der beiderseitigen Interaktionsbereiche, als Orientierung des Interaktionsbereiches des einen auf einen vergleichbaren Interaktionsbereich des anderen autopoietischen Systems hin, quasi als "Interpretation".

Während "Interaktion" hier als wechselseitig aufeinander bezogenes Handeln und Erleben erscheint, bedeutet nach diesen Ausführungen "Kommunikation" auch intersubjektive Angleichung der jeweiligen subjektiven Orientierungen der Akteure, d.h. angenäherte Umwelt- oder Situationsdefinition als "Übereinstimmung der beiderseitigen Interaktionsbereiche. WILLKE hat diese Gedanken auf die Kommunikation von "Personen als autopoietische psychische Systeme" übertragen:

> "Gedanken, die eine Person als psychisches System hat, können nur von anderen Gedanken dieser Person wahrgenommen - also: beobachtet - werden. Es gibt keine Möglichkeit, Gedanken von außen in ein psychisches System einzubringen oder sie außerhalb eines psychischen Systems zu beobachten. (...) Niemand kann die Gedanken und Vorstellungen eines anderen 'wissen', er kann sich

---

tion in der Regel zwischen mindestens zwei Einheiten stattfinden muß, können wir davon ausgehen, daß es sich bei den in Frage stehenden Prozessen um Interaktionen handelt. (...) Beide Systeme werden wechselseitig füreinander zur Quelle von Interaktionen. Werden diese Interaktionen rekursiv und nehmen im Laufe der Zeit eine stabilen Charakter, dann findet das statt, was Maturana/Varela eine *strukturelle Koppelung* nennen."

262   FISCHER (1991a) S. 80f. Vgl. SCHMIDT (1994) S. 89ff. (insbes. S. 93: "Menschen beobachten sich in einem gemeinsam geteilten Kontext und orientieren ihr Verhalten aneinander").

nur seine eigenen Vorstellungen darüber bilden. (...) Grundlegend ist aber, daß es sich immer nur um die Interaktion zwischen autopoietischen Systemen handelt, deren je selbstreferentielle Operationsweise das Schienennetz vorgibt, in das an bestimmten Punkten und in intern vorgegebener Weise fremdreferentielle Informationscontainer eingeschleust werden können."[263]

Personen oder Akteure bilden als autonome "personale" Einheit aus autopoietischem "biologischen" und selbstreferentiellem "psychischen" System subjektive Orientierungen, die über gegenseitiges (Handeln und) Erleben interpretativ aktualisiert werden können, um daraus "weitgehend übereinstimmende Interaktionsbereiche" geteilter Bedeutungs-, Sinn- oder Erwartungsvorstellungen und damit intersubjektive Koordination zu erreichen.

Der Autopoiese-Ansatz ermöglicht, den autonomen *Akteur* als autopoietisches System, sein selbstreferentielles *Erleben* als observationale Offenheit bei kognitiver Geschlossenheit und seine interaktive *Kommunikation* als strukturelle Koppelung in einen integrierten systemtheoretischen Bezugsrahmen einzufügen: *der autonome Mensch (personales System) als Einheit von autopoietischem Organismus (biologisches System) und selbstreferentiellem Bewußtsein (psychisches System) und damit als Einheit von Akteur (Handlung) und Subjekt (Erleben, Orientierung) in ihrer Synthese Interaktion bzw. Kommunikation (Koordination) wird zum Konstituent sozialer Systembildung.* Den Übergang von der biologischen Kategorie des autonomen Akteurs zu sozialen Systemen als analytische Konstruktionen der Umweltstrukturierung zur komplexitätsreduzierenden Orientierung (Handlungssysteme) bzw. kontingenzbeschränkenden Koordination (Kommunikationssysteme) liefert SCHIMANKs Konzept "gesellschaftlicher Teilsysteme" als "Akteurfiktionen" im Spannungsfeld von Akteur- (bzw. Handlungs-) und Systemtheorie.

## 3.  Soziale Systeme als "Akteurfiktionen" (SCHIMANK)

Eine interessante Sichtweise für das Verhältnis von Akteur und Sozialsystem, vor allem in der Kategorie kognitiv-analytischer Handlungssysteme, formuliert SCHIMANK mit der *Interpretation "gesellschaftlicher Teilsysteme"* als handlungsleitende bzw. *kontingenzbeschränkende "Akteurfiktionen".*[264] SCHIMANK bedauert ein "Schisma von Akteur- [Handlungs-, d. Verf.] und Systemtheorien"; er unterstellt "daß weder die systemtheoretische noch die akteurtheoretische Perspektive für sich genommen ausreichen, um gesellschaftliche Wirklichkeit zu

---

[263]   Vgl. WILLKE (1987) S. 45.

[264]   Siehe SCHIMANK (1988) S. 619-639. Eine Bewertung der Aussagen SCHIMANKs bei ESSER (1994) S. 199f.

erfassen."[265] Deshalb versuche er, das systemtheoretische Konzept des "gesellschaftlichen Teilsystems" in akteurtheoretische Erklärungsversuche einzubauen.[266]

(1) Ausgangspunkt der Überlegungen SCHIMANKs ist ein *"genetisches Erklärungsdefizit"* der *"Theorie gesellschaftlicher Differenzierung"* hinsichtlich ihrer Ursachen und Mechanismen[267], das auf eine folgenreich verengte Perspektive der soziologischen Systemtheorie (zu der "gesellschaftliche Differenzierung" gerechnet werden müsse) gegenüber gesellschaftlicher Wirklichkeit, insbesondere der Konstitution von "Sozialität", zurückzuführen sei. Nach HABERMAS sei der Systemtheorie eine *"sozialintegrierende"* Perspektive, d.h. Betrachtung sozialer Wirklichkeit als Zusammenhang intentionaler Akteure (im Gegensatz zur *systemintegrativen* Perspektive, d.i. Rekonstruktion sozialer Wirklichkeit als selbstregulierende Systeme), zu verweigern: "*Sie vermag zwar die handlungsprägende Kraft von Systemen, nicht aber die Handlungsfähigkeit von Akteuren - und damit auch deren systemkonstituierende Potenz - zu erfassen*"[268]. Als handlungsprägende oder handlungsorientierende Kraft kann sowohl Umwelterfassung über analytische Handlungssysteme wie auch wechselseitige Koordination und Steuerung über interaktive Kommunikationssysteme angesehen werden; orientierende bzw. koordinierende Umwelterfassung (als Erfassung "sozialer Wirklichkeit") benötigt sowohl Objekte (Abgrenzung, Strukturierung, Koordination) wie auch Subjekte (Erleben, Orientierung, Handeln).

Wenn SCHIMANK von "handlungsfähigen Sozialsystemen" spricht, schießt er allerdings in mangelnder Differenzierung zwischen handlungsfähigem lebenden Akteur und handlungsprägendem Sozialsystem über sein Ziel hinaus:

> "Sozialsysteme prägen so das in ihnen stattfindende Handeln in dem Sinne, daß sie die substantielle Identität der Einzelhandlung durch Vorgabe struktureller und prozessualer Differenzen konstituieren. (...) Alle Sozialsysteme sind in der beschriebenen Weise handlungsprägend - manche Sozialsysteme sind jedoch darüber hinaus auch noch handlungsfähig."[269]

Illustriert werden diese Überlegungen bei SCHIMANK durch die Unterscheidung von "Wirtschaft" als handlungsprägendem gesellschaftlichen Teilsystem gegenüber einem "Unternehmen" (oder etwa einer "Fußballmannschaft") als handlungsfähigem Sozialsystem: "Hier interessiert jedoch, daß Gruppen, soziale Bewegungen, formale Organisationen und Inter-

---

265 Beide Zitate SCHIMANK (1988) S. 619.

266 Vgl. SCHIMANK (1988) S. 629: "(...) soziologischer Akteur- und Systemtheorie (...) als miteinander unvereinbare theoretische Sprachspiele (...) An dieser Stelle geht es nur darum, die *Kompatibilität* eines - allerdings zentralen - Konzepts der soziologischen Systemtheorie mit dem akteurtheoretischen Paradigma zu prüfen." (H.i.O.).

267 Vgl. SCHIMANK (1985) S. 421f.

268 SCHIMANK (1985) S. 426 (H.v.V.).

269 SCHIMANK (1985) S. 427. Vgl. SCHIMANK (1988) S. 630.

organisationsverbunde intentional handelnde soziale Akteure sind - also gegenüber bloß handlungsprägenden Sozialsystemen die Fähigkeit zum 'reflexive monitoring of action' besitzen."[270] Nach allgemeiner Lebenspraxis können aber weder Unternehmen noch Fußballmannschaften als solche selbst physisch handeln; beide Organisationsformen "handeln" immer nur über die beteiligten menschlichen Akteure ("Mitarbeiter", "Spieler") und wirken nur als Sinnzusammenhang von Handlungen, d.h. durch orientierenden bzw. koordinierenden Einfluß auf das Handeln und Erleben der Akteure. *Originäre Handlungsfähigkeit ist allein menschlichen Akteuren vorbehalten; sozialer Systeme begründen Existenz und Funktion nur durch ihre Wirkung auf Orientierung und Intention der beteiligten menschlichen Akteure.*

Sinnvoller erscheint hier die Unterscheidung zwischen *subjektiver Orientierung* der menschlichen Akteure durch die Konstitution handlungsleitender und informationsbereitender kognitiver Handlungssysteme (die Organisation der Unternehmung bzw. die Regeln des Fußballspiels) und *intersubjektiver Koordination* über interaktive Kontingenzbeschränkung in aktuellen und beobachtbaren Kommunikationssystemen (Führung bzw. Leitung im aktuellen Unternehmensgeschehen oder Verhalten im aktuellen Fußballspiel), die durch intersubjektive Anerkennung und kommunikative Verfestigung *quasi-realen Charakter* und über generalisierte und symbolisch-mediale Handlungstypisierung die *Fiktion eigener Handlungsfähigkeit* erreichen können.[271] Handlungsprägende Sozialsysteme konstituieren über "handlungsinstruktive kognitive und normative Orientierungen" einen "*perspektivischen Rahmen*" für das Handeln und Erleben, ohne es zu determinieren; sie

> "*konditionieren* gesellschaftliches Handeln. Sie legen den *äußeren* Rahmen des Handelns fest: das, was *nicht* geschehen kann oder darf. Die handlungsprägenden Sozialsysteme operationalisieren die von ihnen bearbeiteten funktionalen Erfordernisse in handlungsinstruktiven normativen und kognitiven Orientierungen wie Werten, Normen, Rollen, Verfahren, Aufmerksamkeitsregeln und dergleichen. Dadurch wird die Intentionalität der Akteure, deren Auslegung ihres Handelns im Hinblick auf Zwecke und Mittel, in bestimmte Richtungen gelenkt, gewissermaßen mit einem perspektivischen Rahmen versehen. Was jedoch innerhalb dieses Rahmens positiv geschieht, welche Handlungen letztlich *selektiert* werden, ist damit noch offen."[272]

(2) Den entscheidenden Mangel von Akteurtheorien identifiziert SCHIMANK in der ungenügenden Erklärung von "*Akteurinteressen*", die auch auf gesellschaftliche bzw. systemische Kontexte zurückführbar seien. Die Konstitution situationaler Interessenlagen müsse deshalb

---

[270]  SCHIMANK (1985) S. 430.

[271]  Vgl. zur "Fiktion eigener Handlungsfähigkeit sozialer Systeme" auch die Ausführungen von SCHMIDT (1994) S. 75 zur "Autopoiese sozialer Systeme" und ihrem Verhältnis zu Akteuren ("Aktanten", "Kommunikanden"); Massenkommunikationsprozesse, bei denen sich Medienangebote auf Medienangebote zu beziehen scheinen, erweckten in abstrakt-soziologischer Perspektive den Eindruck, vom menschlichen Akteur unabhängig bzw. selbst handlungs- oder reproduktionsfähig zu sein.

[272]  SCHIMANK (1985) S. 430 (H.i.O.). Vgl. JENSEN (1976) S. 36, der Sozialsysteme als "Programme, die die Gemeinsamkeit des Handelns organisieren - etwa in familialen, ökonomischen, technologischen, politischen, kulturellen, religiösen, wissenschaftlichen Zusammenhängen" bezeichnet.

*zweistufig* angelegt werden: als subjektive Handlungsselektion (orientierte Handlung) im Rahmen von diese jeweils konditionierenden intersubjektiven und situationsübergreifend generalisierten Handlungsorientierungen (Orientierung und Koordinierung).[273] Ungewißheit über Interessenlagen in den Akteurtheorien aber führe über das Problem der Interdependenz-bewältigung zum Problem der *Kontingenzbewältigung*, und damit über die Akteurtheorien hinaus zur Systemtheorie als Problem der *interaktiven Koordination der Akteure*. "Institutionen" oder "Sozialsysteme" seien dann "Simplifizierungen situativer Akteurkon-stellationen" zur Schaffung eines überschaubaren Möglichkeitsraumes auf der Basis generali-sierter sinnhafter Handlungsorientierungen:

> "Gesellschaftliche Interdependenzen gewinnen erst über sinnhafte Erwartungen und Erwartungs-erwartungen für die Akteure Bedeutung; und diese *Konstitution eines gemeinsamen Sinns* als Grundlage aufeinanderbezogenen Handelns geschieht nicht durch irgendeine spontane situative Sinnschöpfung aus der Akteurkonstellation selbst heraus, sondern unter Rekurs auf institutionell vorgegebene und verfügbare generalisierte Handlungsorientierungen."[274]

Die "generalisierten Handlungsorientierungen" versteht SCHIMANK als "Systeme", die er als "Zusammenhänge wechselseitigen Erwartens" auf der Ebene gesellschaftlicher Teilsysteme in *drei Typen* untergliedert, in "*kognitive*" ("Sein": Wahrnehmungsmuster, Deutungsschemata, "cognitive maps"), "*normative*" ("Sollen": Normen und Erwartungen) und "*evaluative*" ("Wollen": generalisierte Motive, Zwecke, Rationalitätskriterien) *Orientierungen*: "Alle drei Typen generalisierter Handlungsorientierungen erstrecken sich von sehr diffusen, kaum instruktiven zu sehr spezifischen, kaum Handlungsspielraum belassenden teilsystemischen Sinnvorgaben."[275] Diese drei Typen SCHIMANKs lassen sich zu autonomem Erleben und subjektiver Orientierung (kognitiv-evaluativ) sowie intersubjektiver Koordination (kommuni-kativ-normativ) zusammenfassen. Der Begriff "Teilsystem" kann allgemein auf "Sozial-systeme innerhalb des Gesellschaftssystems" ausgedehnt werden, die als "Sinnsysteme" Zusammenhänge aller drei Handlungsorientierungen sind und deren "Verfestigung" sehr unterschiedliche Ausmaße annehmen kann. SCHIMANK verweist hier auf anschließende systemtheoretische Konzepte wie z.B. "binäre Codes", "Programme", "selbstreferentielle Ge-schlossenheit", "fremdreferentielle Umwelteinwirkungen" oder "historische Semantiken".[276]

(3) Den Umkehrschluß, *ein Konzept "gesellschaftlicher Teilsysteme" sei nur unter Rekurs auf den gesellschaftlichen "Akteur" möglich*, findet SCHIMANK bei LUHMANN bestätigt, der allerdings auch das sinnverarbeitende "Subjekt" als "System" begreife und damit den Unter-

---

273 Vgl. SCHIMANK (1988) S. 622f., ESSER (1994) S. 189ff.

274 SCHIMANK (1988) S. 623. Vgl. ebd. S. 620ff.

275 SCHIMANK (1988) S. 627. Reformulierend könnte man "kognitives Sein" als Erleben bzw. subjektive Orientierung, "normatives Sollen" als Kommunikation bzw. Erleben von Erwartungen und "evaluatives Wollen" als Strategie bzw. konkrete Handlungsorientierung deuten.

276 Vgl. SCHIMANK (1988) S. 628.

schied zwischen "Akteur" und "System" begrifflich verwische.[277] "*Kontingenz*" und ihre Bestimmung bzw. Beschränkung deutet SCHIMANK als *Bindeglied zwischen System- und Handlungs(- bzw. Akteur-)theorie*, zwischen menschlichem Akteur, komplexer Umwelt sozialen Handelns für das Erleben des Subjektes und deren Vermittlung, Reduktion oder Beschränkung über soziale Systeme; dies konstatiert er auch für die Systemtheorie LUH-MANNs:

> "Eher beiläufig heißt es, daß die Bestimmung der Kontingenz sozialer Situationen durch soziale Systeme 'der Vermittlung zwischen der äußersten Komplexität der Welt und der sehr geringen, aus anthropologischen Gründen kaum veränderbaren Fähigkeit des Menschen zu bewußter Erlebnis-verarbeitung' dient (...)."[278]

Die wesentliche Kernthese SCHIMANKs lautet nun: "*Gesellschaftliche Teilsysteme*" (oder allgemein: "Sozialsysteme") *stellten abstrakte und simplifizierende Fiktionen konkreter sozialer Situationen dar, als Ausdruck der Ausprägung einer durch Handlungsorientierungen konstituierten spezifischen Handlungslogik, und dienen in dieser Funktion als "kontingenz-bestimmende self-fulfilling-prophecies"*: "Entscheidend ist vielmehr, daß sie der konkreten Situation als abstrakte Fiktion übergestülpt werden und dadurch ganz im Sinne des Thomas-Theorems Geltung erlangen."[279] Die Kontingenzbestimmung findet "dual" statt, d.h. nicht nur kognitiv als Umwelterfassung im Erleben, sondern auch als Situationsgestaltung in Interaktionen bzw. Kommunikationen, über Erwartung und Entscheidung.

SCHIMANKs Denkansatz umreißt einen weiteren Teil eines integriert-systemtheoretischen Bezugsrahmens: die wechselseitige Bedingung von autonomem, kontingentem Akteur und sozialen Handlungs- bzw. Kommunikationssystemen, die als von den Akteuren kognitiv konstruierte und kommunikativ vermittelte und verfestigte Sinnzusammenhänge anzusehen sind und darin ihre komplexitätsreduzierende (orientierende) und kontingenzbeschränkende (koordinierende) Funktion, ihre reale Bedeutung entwickeln.

Einen interessanten Ansatz der Erfassung von Handlungskoordination über "Organisationen" als "Integration der Interaktionen autonomer Akteure" (Interaktionssysteme) liefert CRO-

---

[277]    Siehe SCHIMANK (1988) S. 629: 'Für ihn [LUHMANN] gehört es inzwischen, wenn man so will, zum Wesen von 'Kontingenz', bestimmt werden zu müssen, weil sie sonst eine Komplexitätsüberlastung des Erlebens und Handelns darstellt. Doch Erleben und Handeln sind Vorgänge der Sinnverarbeitung, die in irgendeinem und für irgendein 'Subjekt' stattfinden. Dieses 'Subjekt' der 'alteuropäischen' Tradition begreift Luhmann als System: u.a. als gesellschaftliches Teilsystem, Organisationssystem oder personales System."

[278]    SCHIMANK (1988) S. 629f.

[279]    SCHIMANK (1988) S. 635f. Ebd. S. 633f.: "Die simplifizierenden Abstraktionen sozialer Situationen, die sich aus der Handlungslogik eines gesellschaftlichen Teilsystems ergeben, sind somit Unwahrheiten, die den Akteuren als solche bewußt sind und ihnen dennoch - oder sogar: gerade deshalb - überhaupt erst Handeln ermöglichen. Damit ist der Tatbestand von Fiktionen gegeben." Zum "Thomas-Theorem" vgl. WILLKE (1987) S. 34 oder REINHOLD (1991) S. 615.

ZIER/FRIEDBERGs "Strategische Organisationsanalyse" zwischen "Spiel" als rekonstruie-
rendes Handlungssystem zur Strukturierung der menschlichen Handlungsfelder, und "Strategie" als konkreter subjektiver Handlungsorientierung der autonomen Akteure.

## 4. "Strategische Organisationsanalyse" nach CROZIER/FRIEDBERG: "Organisation", "Spiel" und "Strategie" als Determinanten sozialen Handelns

Im Spannungsfeld von Akteur, sozialem System und sozialer Umwelt stellt die "Strategische
Organisationsanalyse" von CROZIER/FRIEDBERG[280] ein explizit *strategisch-spieltheoreti-
sches Konzept der Integration und Koordination autonomer Akteure über Sozialsysteme* dar:
"Organisation" sei als Interaktionssystem "eine Gesamtheit miteinander verzahnter Spiele, die
kontingente, d.h. relativ autonome menschliche Konstrukte darstellen und durch ihre formalen
und informellen Spielregeln eine direkte Integration der konfligierenden Machtstrategien der
Organisationsmitglieder bewirken"[281]. In dieser Definition finden sich die wesentlich Elemente des Ansatzes:

- *"Organisationen"* als *Interaktionssysteme*, d.h. als konkrete interaktive Verschränkung
  von wechselseitig aufeinanderbezogenem Handeln (und Erleben) in einem abgrenzbaren
  Interaktionszusammenhang verschiedener "Spiele" und "Strategien" kontingenter Akteure, wirken als Instrumente der Integration, Koordination und Selbststeuerung der verschiedenen Akteure bei gegenseitiger Restringierung durch "Macht" (verstanden als
  "kontrollierte Ungewißheitszonen");

- *"Spiele"* als *Handlungssysteme* erfassen und strukturieren die soziale Umwelt der Akteure
  durch Rekonstruktion von Kausalität und Rationalitätszusammenhängen im Rahmen des
  Erlebens und der Orientierung der autonomen Akteure;

- *"Strategie"* als *autonome Handlungsorientierung* steuert das konkrete soziale Handeln
  und die Interaktionen der Akteure als Ausfluß der Rekonstruktion der Rationalität und

---

280 Entwickelt überwiegend in CROZIER/FRIEDBERG (1979). Man vergleiche ihren "spieltheoretischen"
Ansatz auch mit dem von MINTZBERG (1983), z.B. S. 22ff. ("The Power Game and the Players").

281 KÜPPER/ORTMANN (1986) S. 592. Zur Relevanz spieltheoretischer Ansätze zur Koordination bzw.
Kontingenzbeschränkung vgl. JENSENs PARSONS-Zitat: "Die Theorie der strategischen Spiele bietet
vermutlich die ausgefeilteste Analyse der Implikationen solcher doppelter Kontingenzen" (JENSEN (1978)
S. 118). Siehe auch FRIEDBERG (1980) S. 130: "Organisation verstanden als Integrationsprozeß von konfligierenden Handlungsstrategien relativ autonomer Akteure". Andererseits bei CROZIER/FRIEDBERG
(1979) S. 168: "Wir haben oft genug betont, daß eine Organisation nicht immer mit dem konkreten Handlungssystem identisch sein muß, das für die zu lösenden Probleme am relevantesten und wirksamsten ist."

des Zusammenhanges konkret beobachteter Handlungen (in "Organisationen") über "Spiele".

Hinzu tritt der Begriff der *"menschlichen Handlungsfelder"*, die als Gesamtheit aller kontingenten Handlungs- ("Strategien") und komplexen Interaktionensmöglichkeiten ("Spiele", "Organisationen") als *soziale* oder *Interaktions-Umwelt* verstanden werden können.

Im Mittelpunkt der Argumentation CROZIER/FRIEDBERGs steht das *Verhältnis zwischen Akteur und (Interaktions-)System* ("L' Acteur et le Système"); beides lasse sich nicht getrennt denken oder untersuchen:

> "[Interaktions-, d. Verf.]Systeme sind keine fleischlosen Gebilde von Rollen, Funktionen und Informationsströmen. *Sie bestehen und entwickeln sich nur über und durch die ihnen angehörenden Individuen und Gruppen, d.h. die sozialen Akteure, die allein sie tragen und ihnen Leben geben und die allein sie ändern können.* Soziale Akteure ihrerseits existieren nicht im luftleeren Raum. Ihr Handeln findet immer in [Handlungs-, d. Verf.]Systemen statt (...), die aber zugleich die ihnen verfügbare Freiheit und Rationalität umschreiben. *Akteur und System können also nicht voneinander getrennt betrachtet werden.*"[282]

Dazu unterscheiden CROZIER/FRIEDBERG *zwei Denkweisen*:

- das *"strategische Denken"*: der Akteur und seine Erfahrungen, d.h. sein autonomes Erleben und seine subjektive (Handlungs-)Orientierung, (handlungstheoretisches Denken) und

- das *"systemische Denken"*: das (Sozial-)System und seine Orientierungs- und Koordinierungswirkung (systemtheoretische Umwelterfassung und -strukturierung),

die über den Mechanismus des *"Spiels"* mit seinen (systemisch-restriktiven) *"Regeln"* und (autonom-kontingenten) *"Gewinnstrategien"* unter verschiedenen Handlungsalternativen und Teilnahmebedingungen zu einer indirekten Selbst- und Kontextsteuerung integriert sind.[283] Beide Sichtweisen seien logisch nicht zu trennen: "Das strategische Denken geht vom Akteur aus, um dann das System zu entdecken, durch dessen Zwänge die scheinbare Irrationalität im Verhalten des Akteurs allein erklärt werden kann. Das systemische Denken geht vom System aus, um mit dem Akteur die kontingente, willkürliche und nicht-natürliche Dimension seiner konstruierten Ordnung wiederzufinden."[284]

Damit wird das Spannungsfeld der Erfassung menschlichen sozialen Handelns bzw. sozialer Phänomene integriert-systemtheoretisch zwischen Akteur bzw. Subjekt, System und Umwelt charakterisiert:

---

[282]  CROZIER/FRIEDBERG (1979) S. 3 (H.v.V.).

[283]  Vgl. CROZIER/FRIEDBERG (1979) S. 4 (H.v.V.): *"Das Spiel als indirekter sozialer Integrationsmechanismus divergierender und/oder widersprüchlicher Verhaltensweisen von relativ autonomen Akteuren* erscheint so als grundlegendes Instrument kollektiven Handelns, das die Menschen erfunden haben, um ihre Zusammenarbeit und die damit verbundenen unweigerlichen Macht- und Abhängigkeitsverhältnisse zu strukturieren und zu regeln und sich dabei doch ihre Freiheit zu lassen."

[284]  CROZIER/FRIEDBERG (1979) S. 133.

- *Akteur*: die Handlungen eines autonomen Akteurs werden durch seine subjektive *"Strategie"* und deren Handlungsfolgen orientiert; diese enthält Kontingenz für einen Beobachter;

- *System*: Entwicklung der individuellen *Strategie* (als über Erleben rekonstruierte subjektive Orientierung) über den Mechanismus des *"Spiels"*, einer als Handlungssysteme rekonstruierten Ordnung der menschlichen Handlungsfelder (der sozialen Umwelt), sowie Integration und intersubjektive Koordination der autonomen Akteure unter Interdependenz und Kontingenz (der sozialen Umwelt) über *"Organisation"* als Interaktions(- bzw. Kommunikations-)system und "Gesamtheit aneinandergegliederter Spiele";

- *Umwelt*: Die "menschlichen Handlungsfelder" der interdependenten und kontingenten Akteure stellen die komplexe und kontingente soziale Umwelt dar, die durch die Akteure über Systeme (Spiel und Organisation) erfaßt, strukturiert und in eine Handlungsorientierung (Strategie) verarbeitet werden muß.

Das *Instrument "Spiel"* leistet über Erleben und Orientierung der Akteure *subjektive Umwelterfassung*, d.h. Verarbeitung der beobachteten außenwirksamen und kontingenten Handlungen der anderen Akteure zu einer sinnhaften Ordnung der sozialen Umwelt und Orientierung für das eigene autonome und kontingente Handeln (Strategie); es bedeutet andererseits auch *Rekonstruktion von Sinn* für intersubjektive Koordinierung in der Interaktion (Organisation) unter der Restriktion jeweiligen subjektiv rekonstruierter Rationalitätsgrundlagen und Regeln. Für eine weitergehende Intersubjektivitätsbasis, z.B. im Sinne von "Verständigung" als explizite gemeinsame Anerkennung von Spielregeln, fokussiert der Spielansatz CROZIER/ FRIEDBERGs zu stark auf dem autonomen Akteur, seiner subjektiven Rekonstruktion und Kontingenz ("Interaktion", "Spiel", "Strategie", "Erfolg", "Macht") unter Vernachlässigung von intersubjektiven Beziehungsaspekten (Kommunikation).

## a) "Konkretes Handlungssystem", "Organisation" und "Spiel" als Sozialsysteme

Die begriffliche Abgrenzung und Trennung von "konkretem Handlungssystem", "Organisation" und "Spiel" unter dem Oberbegriff "Sozialsystem" läßt sich bei CROZIER/FRIED-BERG nur sehr unscharf fassen; sie muß weitgehend zu gedeutet werden.[285]

(1) So grenzen CROZIER/FRIEDBERG ein *"konkretes Handlungssystem"* von "allgemeinen sozialen Systemen" über einen "empirischen Nachweis seines Vorhandenseins und seiner Regulierungsweise" ab:

---

[285]    Zu einer Bewertung des CROZIER/FRIEDBERGschen "Spielbegriffs" vgl. NEUBERGER (1988) S. 64ff. ("Sie vermeiden es aber, deutlich zu machen, was denn eigentlich ein 'Spiel' ist.").

"Wir nennen es deshalb Handlungssystem, weil man es als Lösung für die Probleme kollektiven
Handelns, d.h. für die sich aus gegenseitiger Abhängigkeit, aus Kooperation und Konflikt erge-
benden Probleme betrachten kann. Letztlich können wir also ein konkretes Handlungssystem definieren als *ein strukturiertes menschliches Gebilde, das die Handlungen seiner Angehörigen durch
relativ stabile Spielmechanismen koordiniert, und seine Struktur, d.h. die Stabilität seiner Spiele
und der Beziehungen zwischen diesen, durch Regulierungsmechanismen aufrechterhält, die
wiederum andere Spiele darstellen.* Ganz offensichtlich entsprechen Organisationen (...) dieser
Definition sehr weitgehend."[286]

Diese Definition beschreibt "konkretes Handlungssystem" als Interaktionssystem, das auf
beobachtbarem ("konkreten") und erlebtem orientierten Handeln ("Spiel") und koordinierter
Interaktion ("Organisation") basiert; in dieser Deutung umfaßt es zwar "dual" kognitive Handlungssysteme (Spiele) als Sinnabgrenzungen, *entspricht aber insgesamt dem Typus der
interaktiven Kommunikationssysteme, die die sozialen Interaktionen der Akteure über kommunikative Selektionsanschlüsse ("Beziehungen") und indirekte Steuerungsmechanismen
("Regulierungsmechanismen") einer Erwartungsstruktur ordnen.* Begriffliche Verwirrung ergibt sich aus der bei CROZIER/FRIEDBERG fehlenden Differenzierung von subjektiver
Orientierung und interaktiver Koordination. Versteht man "konkretes Handlungssystem"
selbst als komplexen Umfang aller *potentiell* erlebbaren Handlungen, analog zur Bedeutung
von "Gesellschaft" bei LUHMANN, als komplexe "soziale Umwelt", dann nehmen
Organisationen und Spiele darin in bezug auf ihre Strukturierungs- und Regulierungswirkung
den Charakter sozialer Systeme an.

(2) Eine *"Organisation"*, bestehend aus autonomen Akteuren und deren Handlungen bzw.
Interaktion unter Interdependenz und Kontingenz in einer Vielzahl miteinander verzahnter
Spiele, stimmt offensichtlich mit der Konzeption interaktiver Kommunikationssysteme der
intersubjektiven Handlungskoordination überein.

(3) *"Spiel"* läßt sich als *(im Erleben) kognitiv rekonstruierter Handlungszusammenhang, d.h.
als Handlungssystem der subjektiven Orientierung* bezeichnen. Als Ausdruck rekonstruierter
"Spielregeln" bildet es gleichzeitig ein Element von "Organisation", das die Teilnahme
konditioniert und über perzipierte Erfolgsbedingungen Rationalitätskriterien für die strategische Selbststeuerung ("Strategie") der Akteure setzt.[287] In dieser Form entspricht das "Spiel"
etwa einer Konzeption von "Markt" als Beobachterkonstrukt des Informationsanschlusses (bei
BAECKER) oder der "Zweck"-Konstruktion WEBERs. Andererseits bezieht sich "Spiel"
immer auf die in Interaktionssystemen *konkret erlebte und nach bestimmten Selektions-*

---

[286] CROZIER/FRIEDBERG (1979) S. 172 (H.i.O.). Vgl. ebd. S. 143f. ("(...) ist das konkrete Handlungssystem
     ein konkretes, empirisch verifizierbares Phänomen und nicht ein abstraktes Konstrukt.").

[287] In diesem Sinne ist auch der "Spiel"-Begriff ("Machtspiel") bei MINTZBERG (1983) S. 23 zu deuten, der
     jedem Systemteilnehmer drei grundlegende Optionen läßt (nach HIRSCHMAN): "loyalty" (Orientierungs-
     übernahme), "exit" (Verlassen des Orientierungs- bzw. Interaktionszusammenhanges) und "voice" (Orien-
     tierungsangebot). Für eine Einflußnahme könne der Einflußnehmer eine Reihe "politischer Spiele" nutzen
     (siehe ebd. S. 187ff.: "The Political Games of the Internal Coalition").

*kriterien abgegrenzte Handlung und Interaktion.* Wichtig erscheint hier der jeweilige Fokus auf "Rekonstruktion" (durch den Akteur) und "Rationalisierung" (der Interaktion über Systembildung): *"Strategie"* entspricht auf jeden Fall der subjektiven (Handlungs-)Orientierung der Akteure, die auf der *Strukturierung der menschlichen Handlungsfelder* zwischen autonomem Erleben (Kognition), d.h. unter *rekonstruierter Rationalitätsrestriktion* ("Spiel", "Erfolgsbedingung"), und Kontext (Interaktion), d.h. konkreter intersubjektiver Verschränkung verschiedener Spiele und Regulierungsmechanismen ("Organisation", "Spielregeln"), gründet; der "Strategie"-Begriff stellt so einen Bezug zur Konzeption indirekter Selbst- und Kontextsteuerung im Spannungsfeld von Autonomie und Kontext her.

Alle Sichtweisen sind Deutungen in bezug auf das grundlegende Problem der Orientierung und Koordination sozialen Handelns unter Interdependenz und Kontingenz. Der Verdacht liegt nahe, daß CROZIER/FRIEDBERG selbst hier keine konkrete Unterscheidung beabsichtigten, sondern die Begriffe "konkretes Handlungssystem", Organisation" und "Spiel" meistens synonym für die Regulierung von Handlungen verwenden.[288] So kann eine "Organisation" als konkretes Handlungssystem eine Vielzahl möglicher "Spiele" der unterschiedlichen Akteure und ihrer individuellen Strategien beinhalten, sie kann aber auch nur ein intersubjektiv anerkanntes "Spiel" sein. Die Akteure in einem "konkreten Handlungssystem" bzw. einer "Organisation" können durchaus vielfältige subjektive Handlungsorientierungen ("Strategien") verfolgen, die sich nur aus ihren konkreten erlebten Handlungen und deren rekonstruierten Zusammenhängen ("Spielen") erfassen lassen. Impliziert in die Systembildung ist auch bei CROZIER/FRIEDBERG immer das Problem der Abgrenzung bestimmter Handlungen ("Spiele") oder Akteure ("Organisation") zu bestimmten (Sinn-)Zusammenhängen.[289]

Der "Spiel"-Begriff integriert in idealer Weise, bei CROZIER/FRIEDBERG allerdings oft konzeptionell verwirrend dargestellt, die "duale" Konzeption einer Systemtheorie subjektiv-kognitiver Rekonstruktion plus intersubjektiv-interaktiver bzw. kommunikativer Strukturierung der sozialen Umwelt unter Orientierungs- ("Spiel"), Handlungs- ("Strategie") und Ko-

---

288  Vgl. KÜPPER/ORTMANN (1986) S. 596f.: "Irrationale, dysfunktionale Folgen der Verhaltensweisen von Organisationsmitgliedern, wie sie etwa von einer an allgemeinen Systemrationalitäten orientierten Systemtheorie definiert werden, sind (...) das Produkt von Spielstrukturen, die subjektiv begrenzt rationale Strategien der Mitglieder hervorbringen und regulieren." Aber: "Deutlich sehen Crozier und Friedberg auch, daß ihr Begriff der Organisation als Gesamtheit aneinander gegliederter Spiele das Vorhandensein eines umfassenden Systems impliziert, das jene Spiele, Konflikte, Verhandlungen und Bündnisse erst ermöglicht und reguliert."

289  Vgl. CROZIER/FRIEDBERG (1979) S. 146. "Schließlich und vielleicht am schwersten zu analysieren, ist das Problem der Grenzen eines Systems oder eher das der Überschneidung mehrerer Handlungssysteme, d.h. mehrere Regulierungen, die in derselben Situation wirken. Jedes konkrete Handlungssystem ist offen: der wesentliche Unterschied beruht auf dem Grad der Öffnung nach innen und nach außen. Dieser bedingt die Möglichkeit des Einbezuges oder des Ausschlusses von zu einem Zeitpunkt außerhalb des Systems stehenden Akteuren ebenso wie die Möglichkeiten der im System befindlichen Akteure, innerhalb der Spielstrukturen ihren Platz zu ändern oder von einem Spiel zum anderen überzuwechseln."

ordinierungsgesichtspunkten ("Organisation"): "Kollektives Handeln und Organisation sind die beiden untrennbaren Seiten ein- und desselben Problems, nämlich der Strukturierung der Handlungsfelder, innerhalb derer menschliches Handeln sich entwickelt"[290]. Orientierung und Koordination dürfen bei CROZIER/FRIEDBERG nicht mit "Bedeutungsvermittlung", "Kommunikation" oder "intersubjektiver Anerkennung" verwechselt werden; es geht hier nur um die machtgestützte Auseinandersetzung der verschiedenen individuell-subjektiven Orientierungsmuster sowie deren Umsetzung und Regulierung im Sinne einer individuell möglichst nützlichen Koexistenz. Insofern muß der Ansatz als *"interaktionistisch"* bezeichnet werden.

## b)  Der Akteur und seine "Strategie"

CROZIER/FRIEDBERG gehen nur implizit von der Problematik der *Umwelterfassung oder -verarbeitung* aus, die bei ihnen nur unter dem Begriff "Strukturierung der menschlichen Handlungsfelder" vorkommt. Explizit konzentriert sich ihr Ansatz auf die Erfassung der menschlichen *Kontingenz* in der Interaktion sowie deren Integration und Koordination. Deshalb stellt die (nicht weiter begründete) *"Autonomie" als Freiraum der Akteure in der Wahl ihrer "Strategie"* eine wesentlichen Prämisse ihres Ansatzes dar.[291]

Regeln bzw. "Zwänge der Organisation" ergeben sich bei CROZIER/FRIEDBERG aus der *Interdependenz* verschiedener autonomer und kontingenter Akteure und der Notwendigkeit, angesichts der verschiedenen Spiele und Strategien zu *mehr oder weniger intersubjektiven Handlungsstrukturierungen und Kontingenzbeschränkungen* zu gelangen. Diese Regeln oder Zwänge könnten die Akteure im Rahmen ihrer Kontingenz aber auch dazu nutzen, sich zu schützen, den eigenen Freiraum zu erhalten oder sogar das Regulierungssystem zu beeinflussen oder zu verändern (zu "korrumpieren") und damit Druck auf andere Akteure auszuüben (diesen Sachverhalt gilt es für die Einordnung von "Macht" als Steuerungsform bzw. von "Mikropolitik", Kap. D.III., im Auge zu behalten). Die *grundsätzliche Kontingenz des menschlichen Handelns* bleibe aber immer erhalten: "Ihr Verhalten ist also nie völlig voraussehbar: es ist im Gegenteil das immer widerrufbare Ergebnis einer 'strategischen Entscheidung', durch die in einer Situation verbleibenden Handlungsmöglichkeiten so gut wie möglich

---

[290]  CROZIER/FRIEDBERG (1979) S. 10.

[291]  Vgl. CROZIER/FRIEDBERG (1979) S. 25 ("Alle ein wenig in die Tiefe gehenden Analysen des tatsächlichen Lebens einer Organisation haben gezeigt, wie sehr die menschlichen Verhaltensweisen in ihr komplex bleiben konnten, und wie wenig ein simples Modell mechanischer Koordination oder ein einfacher Determinismus ihnen gerecht werden kann. Der wichtigste Grund für das Auseinanderklaffen von Wirklichkeit und Theorie liegt darin, daß der Mensch selbst in den extremsten Lagen immer ein Minimum an Freiheit bewahrt und nicht anders kann als diese zu benutzen, um 'das System zu schlagen'."; ebd. auf S. 143 wird dieser Sachverhalt der "Kontingenz' bzw. "Strategie" der menschlichen Akteure explizit in Differenz zu "kybernetischen Modellen" gesetzt).

zum eigenen Vorteil genutzt werden."[292] Diese "Entscheidung", d.h. das Festlegen auf eine bestimmte Auswahl aus Möglichkeiten und deren Folgen, die als Selektion bezeichnet werden kann, basiere immer auf subjektiv begrenzter Rationalität.

Der auf Entscheidung (bzw. Selektion) basierende "Strategie"-Begriff CROZIER/FRIED-BERGs weist interessante Charakteristika für das (soziale) Handeln der Akteure, ihre (Handlungs-)Orientierung und deren Rationalitätsbeurteilung auf:[293]

- Der Akteur habe *selten oder kaum apriori bestimmbare klare "Ziele" oder kohärente bzw. konsistente "Pläne"*. Diese seien i.d.R. vieldeutig, widersprüchlich und würden im oft Verlaufe des Handelns geändert oder ex post umgedeutet; Ziele bzw. Zwecke könnten zu Mitteln werden und umgekehrt.

- Verhalten bzw. Handeln sei deshalb *immer ("aktiv") sinnvoll*;[294] ("passives") Nichterkennen eines klaren Ziels bzw. eines Spiels bedeute nicht, daß Handeln irrational sei. Die Handlung kann rational in bezug auf ein nicht identifiziertes Spiel sein, denn Rationalitätsbeurteilung bedeutet immer erlebende Rekonstruktion von Spiel und Strategie aus beobachtetem Handeln.

- Verhalten sei immer *"aktives"* Handeln; auch Nicht-Handeln sei in der Interaktion (bzw. Kommunikation in bezug auf Handlungs-Erwartungen) immer das Ergebnis einer *strategischen Entscheidung* und habe immer zwei Seiten: das *Ausnutzen von Gelegenheiten* und die *Aufrechterhaltung von Freiräumen*.

- *"Rationalität"* ist explizite *Beobachterkategorie*; die Bestimmung oder Zuschreibung der Strategie und der damit verbundene Rückschluß auf ein Spiel (vice versa) kann nur über Erleben erfolgen.[295]

Die grundsätzliche Freiheit bzw. Kontingenz der Akteure wird bei CROZIER/FRIEDBERG *durch spezifische Mechanismen sowohl für das Erleben als auch für Koordination reduziert.* Diese Reduktion könne nun aber nicht durch "apriorische Modelle" erfolgen, sondern sie müsse analog zum Konzept der "begrenzten Rationalität" von SIMON und MARCH *vom*

---

[292]  FRIEDBERG (1980) S. 124 (H.v.V.). Vgl. CROZIER/FRIEDBERG (1979) S. 27 und KÜPPER/ORT-MANN (1986) S.593.

[293]  Vgl. CROZIER/FRIEDBERG (1979) S. 33f.

[294]  Vgl. CROZIER/FRIEDBERG (1979) S. 34: "Letztlich gibt es in dieser Betrachtungsweise also kein irrationales Verhalten mehr. Der Nutzen des Begriffs der Strategie besteht ja eben darin, daß er sich ohne Unterschied auf die anscheinend rationalsten und auf die scheinbar völlig erratischen Verhaltensweisen gleichermaßen anwenden läßt. Hinter den Stimmungen und affektiven Reaktionen, die dieses Verhalten tagtäglich bestimmen, kann der Analytiker in der Tat *Regelmäßigkeiten* entdecken, die nur in Hinsicht auf eine *Strategie* sinnvoll sind. Diese ist also nichts anderes als die ex post *gefolgerte Grundlage* der empirisch beobachteten *Verhaltensregelmäßigkeiten*." (H.i.O.).

[295]  Vgl. KÜPPER/ORTMANN (1986) S. 596ff. (S. 600: "Crozier und Friedberg meinen nichts anderes als den ex post gefolgerten Sinn eines Verhaltens aus der Perspektive des Akteurs, der diesem im Extrem selber nicht bewußt ist.") und CROZIER/FRIEDBERG (1979) S. 145.

*konkret beobachteten "Verhalten" der Akteure auf den "Kontext" zurückgeführt werden, in dem man es beobachtet,* "um von daher zu einer Interpretation der konkreten und ebenfalls immer kontingenten Reduktionsmechanismen zu gelangen, die die Organisation als integrierte Gesamtheit zusammenhalten." Denn "die Akteure - ihre Freiheit und ihre Rationalität, ihre Ziele und ihre 'Bedürfnisse', oder wenn man so will, ihre Affektivität - sind *soziale Konstrukte* und keine abstrakten Größen."[296] Mit anderen Worten: Man könne nur durch Erleben der Handlungen der Akteure das jeweilige Spiel (Handlungssystem) als Orientierung der jeweiligen Akteure bzw. im Rahmen einer Organisation (Interaktions- bzw. Kommunikationssystem) die jeweiligen Koordinationsmechanismen rekonstruieren, die der Strategie ihre Rationalität liefern.[297]

Natürlich kann ein Beobachter im autonomen Erleben Spiele nur je nach seinem subjektiven Kognitionspotential zu einem Umweltmodell rekonstruieren und danach insbesondere die Gewinn- und Verlustchancen der anderen Akteure beurteilen; so wird er manche Spiele oder Strategien nicht oder nicht rechtzeitig erkennen. *"Subjektiv begrenzte Rationalität"* bedeutet deshalb bei CROZIER/FRIEDBERG, daß das strategische Handeln eines Akteurs durch dessen kognitive Fähigkeiten in der Perzeption von Handlungsmöglichkeiten und Gelegenheiten, d.h. durch den über autonomes Erleben subjektiv rekonstruierten Kontext mit den darin erfaßten potentiellen Handlungen und Einflüssen (unterstellte Spielmöglichkeiten und Strategien) der anderen Akteure begrenzt wird.[298] CROZIER/FRIEDBERG bezeichnen diesen Zusammenhang als *"Analyse konkreter Handlungssysteme".*[299] Die Autonomie der Akteure bestimme sich durch ihre strategische Wahlfreiheit, die von der Qualität der Umweltrekonstruktion und der darin identifizierten Handlungsalternativen, über die Begriffe "Spiel" und "Strategie" bzw. "strategische Entscheidung" eingeführt, abhänge.

---

[296]   CROZIER/FRIEDBERG (1979) S. 33 (H.v.V.).

[297]   Vgl. CROZIER/FRIEDBERG (1979) S. 133: "Die Mitglieder einer Organisation können als Akteure mit jeweils eigener Strategie betrachtet werden. Die Rationalität dieser Strategie läßt sich weder allein durch die Präferenzen und Motivationen dieser Akteure, noch durch die Ergebnisse ihrer Handlungen verstehen. (...) Sie werden nur dann sinnvoll, wenn man sie auf dem Hintergrund der realen Gewinn- und Verlustchancen betrachtet, die die Akteure in dem oder den von ihnen miteinander gespielten Spielen hatten. (...) Kennt man die Strategien jedes Akteurs, (...) so kann man das Spiel rekonstruieren, von dem her all diese Strategien zur gleichen Zeit in gleicher Weise rational erscheinen können."

[298]   Vgl. KÜPPER/ORTMANN (1986) S. 593.

[299]   Vgl. CROZIER/FRIEDBERG (1979) S. 177.

c) "Organisation" als Integrations- und Koordinationsmechanismus autonomer Akteure

Im Rahmen "konkreter Handlungssystems" bzw. der "Organisation" kommt zur kognitiven Beschränkung der Rationalität der Akteure der *Einfluß anderer Akteure* in der Interaktion hinzu, der nach CROZIER/FRIEDBERG über *"Machtbeziehungen"* vermittelt wird. Die *"Macht"* in einer Organisation[300] bestehe in den kontingenten Handlungsmöglichkeiten der Akteure im Bezug auf Interdependenz, Erwartung und Vorhersehbarkeit des Verhaltens der Beteiligten: "Die Macht des Akteurs ist somit abhängig davon, welche Relevanz die von ihm kontrollierte Unsicherheitszone für die Handlungsfähigkeit der anderen Akteure besitzt"[301]; sie beinhalte auch immer die Notwendigkeit bzw. Möglichkeit, die Erwartungen anderer Akteure positiv erfüllen zu können. *"Macht" sei eine intersubjektive Austausch- und Verhandlungsbeziehung, von Handlungen und Handlungsmöglichkeiten unter Interdependenz und Kontingenz,* und wird damit bereits hier als Interaktionsform in engem Bezug zu Koordination und Steuerung gedacht.

Über die Machtbeziehungen zwischen den Akteuren wirkten die Strukturierungen und Regulierungen der "Organisation":[302] Die Organisation ermögliche den Aufbau von Machtbeziehungen und bestimme damit deren Dauer, Wirkungsbereiche oder Ungewißheitszonen sowie deren Verlauf je nach Spielfähigkeit und Einsatz der Akteure. "Eine Organisation ist hier letzten Endes nichts als ein Gebilde von Konflikten und ihre Funktionsweise ist das Ergebnis der Auseinandersetzungen zwischen den kontingenten, vielfältigen und divergierenden Rationalitäten relativ freier Akteure, die die zu ihrer Verfügung stehenden Machtquellen nutzen."[303] Um allerdings die durch die Organisation definierten und begründeten Machtquellen nutzen zu können, müsse der Akteur die an ihn über die Organisation gerichteten *Erwartungen* zumindest teilweise erfüllen bzw. erfüllen können. Damit würden diese Erwartungen für ihn zum Zwang, will er aus bestimmten Gründen (sei es auch nur, um seine Handlungsmöglichkeiten oder Machtquellen zu bewahren) weiter an der Organisation teilnehmen. Erwartungen der Organisation (bzw. der Organisationsteilnehmer) würden somit für den teilnehmenden Akteur zu

---

[300] Zu "Macht" bei CROZIER/FRIEDBERG (1979) S. 39ff. ("Macht als Grundlage organisierten Handelns"), FRIEDBERG (1980) S. 125ff. und KÜPPER/ORTMANN (1986) S. 593f. ("Ein Kontext, ein Konstrukt, das sind, wie wir sagten, vor allem Beziehungen. (...) Wenn (...) der Akteur allein Träger und Zeuge des organisatorischen Konstrukts ist, so (...) ist Macht, als fundamentaler Mechanismus der Stabilisierung mennschlichen [sic!] Verhaltens, der Grundstein aller dieses Konstrukt bildenden Beziehungen.").

[301] KÜPPER/ORTMANN (1986) S. 593.

[302] Vgl. CROZIER/FRIEDBERG (1979) S. 46f.

[303] CROZIER/FRIEDBERG (1979) S. 56f. Vgl. FRIEDBERG (1980) S. 128f.,

> "*Spielregeln*, die die Beziehungen der Akteure untereinander gerade aufrechterhalten und so jedem Akteur die Möglichkeit zum Weiterspielen bewahren sollen, seine Willkür einschränken und seine Verhandlungen mit anderen strukturieren. (...) Aus diesem Grund werden die organisatorischen 'Spielregeln' für alle Teilnehmer zwingend: sie stützen sich auf eine für alle verbindliche Ungewißheitsquelle, nämlich auf die Möglichkeit des Fortbestandes der Organisation, die wiederum ihre Spielfähigkeiten insgesamt bedingt."[304]

Diese "Spielregeln" regulieren einerseits das Verhalten der teilnehmenden Akteure als *Teilnahme- oder Mitgliedschaftsbedingung*, andererseits sind sie Ausdruck der *Funktionalität des Organisation und ihres Fortbestandes*; als Strukturen und Regelungen seien "Spielregeln" deshalb weder "neutral" noch "unbestritten" und hätten zwei widersprüchliche Aspekte: zum einen als Zwänge für die Akteure, zum anderen als Produkte früherer Kräfteverhältnisse und Verhandlungsbeziehungen.[305] FRIEDBERG bezeichnet dieses grundlegende soziale Phänomen als "*Integration*":

> "*Integration* der divergierenden Verhaltensweisen der Organisationsmitglieder wird somit als das indirekte Resultat eines Prozesses konzeptualisiert, in dem die Organisationsmitglieder, soweit sie sicherstellen wollen, daß ihre Teilnahme an der Organisation ihnen nütze oder zumindest nicht schade, darauf angewiesen sind, in den jeweiligen Spielen rationelle Strategien zu verfolgen, die ihnen zwar Gewinn bringen, durch die sie aber nolens volens zur Aufrechterhaltung des Spiels und damit indirekt zum Bestand der Organisation und zur Erreichung ihrer Ziele beitragen. Die Struktur einer Organisation ist in einer solchen Perspektive nichts weiter als eine Reihe von Spielen."[306]

In einer Interpretation dieser Betrachtung kann man "Spielregeln" als Teilnahmeerwartungen und "Organisation" als Erwartungsbündel bis hin zur Mitgliedschaftsrolle ansehen; doch wirkt das Konzept der "Spielregeln" weniger rigide als das Konzept der "Mitgliedschaft" mit der begrenzten Konditionierungswirkung der Alles-oder-nichts-Entscheidung. CROZIER/FRIEDBERG betonen sowohl Wechselseitigkeit der Konstitution von Akteur und Erwartung im "konkreten Handlungssystem" wie auch die prinzipielle Entscheidungsfreiheit des Akteurs: "Spielregeln führen zwar zu einer Orientierung und Kanalisierung des Verhaltens, nicht aber zu dessen Determinierung."[307] Sie definierten lediglich "rationale Gewinnstrategien", deren Befolgung der strategischen Entscheidung des Akteurs obliege. Damit wird die Grundform einer indirekten Selbst- und Kontextsteuerung umrissen mit dem Mechanismus der des "Spiels" als "Instrument organisierten Handelns"[308] (Orientierung, Integration) im Spannungs-

---

304   CROZIER/FRIEDBERG (1979) S. 64, H.v.V.

305   Vgl. CROZIER/FRIEDBERG (1979) S. 65: "In gewisser Weise sind sie die *provisorische und immer kontingente Institutionalisierung* der Lösung, die relativ freie Akteure mit ihren Zwängen und Ressourcen, kurz, mit ihren augenblicklichen Verhandlungsfähigkeiten, für das schwierige Problem der Kooperation im Rahmen eines finalisierten Ganzen gefunden haben. Und als solche sind sie weder neutral noch unbestritten." (H.i.O.). Siehe dazu auch ebd. S. 63ff., FRIEDBERG (1980) S. 128ff. und KÜPPER/ORTMANN (1986) S. 594f.

306   FRIEDBERG (1980) S. 130, H.i.O.

307   KÜPPER/ORTMANN (1986) S. 594.

308   Vgl. CROZIER/FRIEDBERG (1979) S. 68 (H.v.V.)"Das Spiel ist für uns viel mehr als ein Bild, es ist ein konkreter Mechanismus, mit dessen Hilfe die Menschen ihre Machtbeziehungen strukturieren und regu-

feld von Autonomie (Akteur: Kontingenz) und Kontext (Organisation: Koordination) in einer interdependenten sozialen Umwelt.

Zusammenfassend läßt sich die grundsätzliche Eignung des Ansatzes von CROZIER und FRIEDBERG trotz einiger inhaltlicher Unschärfen in der Abgrenzung seiner Systembegriffe bewerten:

- Wesentlich ist die Betonung grundsätzlicher *Autonomie, Freiheit und Kontingenz der Akteure*. Ihre Motive, Intentionen oder Interessen lassen sich nur über die Rekonstruktion von Spielen (Handlungssystemen) und Strategien (Handlungsorientierungen) ergründen.

- Spiele wie Organisationen (Interaktionssysteme) sind *kontingente menschliche Konstrukte* (komplexitätsreduzierende bzw. kontingenzbeschränkende soziale Systeme) *zur Strukturierung der Handlungsfelder* (Umwelterfassung und -verarbeitung als Orientierung und Koordination).

- Die Problematik der nicht explizit formulierten Erlebnisabhängigkeit der Umwelterfassung muß unter den Punkt der *"subjektiv begrenzten Rationalität"* als Abhängigkeit der Qualität der gewählten Strategie bzw. strategischen Entscheidung vom Kognitionspotential der autonomen Akteure, d.h. der Fähigkeit zur adäquaten und validen Rekonstruktion von Spielen und Organisationen, subsumiert werden.

- Die *Differenzierung von "Spiel" und "Organisation" als konkretem Handlungssystem* steht trotz begrifflicher Unschärfe bei CROZIER/FRIEDBERG in Beziehung zur Unterscheidung von kognitiven Handlungssystemen der Orientierung und interaktiven Kommunikationssystemen zur Koordinierung bzw. Steuerung der Teilnehmer.

- In "Organisationen" werden (über "Spiele" als Rekonstruktionsmechanismen) *"Spielregeln" als Erwartungen* an die Akteure herangetragen, die mit einer "Strategie" bzw. einer "rationalen strategischen Entscheidung" auf diese Erwartungen reagieren. Diese Erwartungen bilden den *"Kontext"* bzw. Rationalitätshintergrund, den der Akteur zur Teilnahme an bzw. zur Aufrechterhaltung der Organisation beachten muß. Mit ihren Spielen konstituieren und verändern die autonomen Akteure jedoch zugleich laufend den *organisationalen Kontext als "soziales Konstrukt"*.

---

lieren und sich doch dabei Freiheit lassen. (...) *Es vereint Freiheit und Zwang*. Der Spieler bleibt frei, muß aber, wenn er gewinnen will, eine rationale Strategie verfolgen, die der Beschaffenheit des Spiels entspricht, und muß dessen Regeln beachten. (...) Handelt es sich wie bei einer Organisation um ein *Kooperationsspiel*, so wird das Produkt des Spiels das von der Organisation gesuchte gemeinsame Ergebnis sein. Dieses Ergebnis wird aber nicht durch die direkte Steuerung der Teilnehmer erreicht, sondern *durch die Orientierung, die ihnen Beschaffenheit und Regeln des Spiels auferlegen*, die jeder von ihnen spielt und in denen sie ihr eigenes Interesse suchen. *So definiert ist das Spiel ein menschliches Konstrukt*. (...) Die Strategien jedes der Teilnehmer sind nur Spielweisen, und es ist die Beschaffenheit des Spiels, die ihnen ihre Rationalität verleiht."

- *"Organisationen" koordinieren bzw. steuern über "Spiele" als Integrationsmechanismus "indirekt"*, über als Zwang empfundene Erwartungen bis hin zur Teilnahme oder Mitgliedschaft an der Organisation; sie erhalten aber gleichzeitig die Autonomie und Kontingenz der Akteure als Entscheidungsfreiheit und Einflußnahme. Damit öffnet der Mechanismus des "Spiels" ein Spannungsfeld von Autonomie und Regulierung, wie es mit indirekter Selbst- und Kontextsteuerung angestrebt wird.

In dieser Grundkonzeption läßt sich die "Strategische Organisationsanalyse" CROZIER/ FRIEDBERGs für die Reformulierung eines integriert-systemtheoretischen Bezugsrahmen insbesondere unter Koordinationsgesichtspunkten verwenden und stellt einen direkten Bezug zu "indirekter Selbst- und Kontextsteuerung" autonomer Akteure über Kontextbedingungen her.

Den Abschluß der Rekonstruktion eines integriert-systemtheoretischen Bezugsrahmens im Spannungsfeld von Subjekt bzw. Akteur, System und Umwelt bildet eine reformulierende Zusammenfassung des Verhältnisses von Akteur (Erleben und Handeln), Handlungs- (kognitive Orientierung) und Kommunikationssystemen (interaktive bzw. kommunikative Koordination bzw. indirekte Steuerung).

## V.  Ein integrierter systemtheoretischer Bezugsrahmen: Akteure, Handlungs- und Kommunikationssysteme

Nachdem die wichtigsten Konstituenten zur Erfassung sozialen Handelns, nämlich Subjekte bzw. Akteure (Erleben), kognitive Handlungssystembildung (Orientierung) und Interaktionszusammenhänge als Kommunikationssysteme (Koordination) in ihrem Verhältnis dargestellt wurden, kann zusammenfassend ein konsistentes Modell eines *integriert-systemtheoretischen Bezugsrahmens* formuliert werden. Drei Elemente kennzeichnen diese Formulierung: der Zusammenhang von Neurobiologie, Kognitions- , Handlungs-, Kommunikations-, System- und Organisationstheorie; die Differenzierung verschiedener Handlungs- und Systemtypen und ihr Zusammenhang; und das reformulierte Verhältnis von Handlungs-, Kommunikations- und Systemtheorie für Autonomie, Kognition und Kommunikation.

### 1.  Der integriert-systemtheoretische Bezugsrahmen als Zusammenhang von Akteur, System und Umwelt

Ein grober Rahmen des integriert-systemtheoretischen Bezugsrahmens ergibt sich zusammenfassend zunächst als Zusammenhang der verschiedenen bisher behandelten Aspekte:

(1) Das *biologische System*, der Organismus, begründet durch seine im neurobiologischen "Autopoiese"-Konzept von MATURANA und VARELA ausformulierte *"autopoietische Geschlossenheit"*

(2) die *"Selbstreferentialität"* des *psychischen Systems* oder Bewußtseins (nach MATURANA/VARELA und LUHMANN). Diese bedeutet für den Umweltkontakt des Akteurs eine Beschränkung auf *autonomes Erleben* über (umweltoffene) Wahrnehmung bzw. Beobachtung und (autopoietisch-geschlossene) kognitive Verarbeitung sowie die Notwendigkeit der (Re-) Konstruktion eines subjektiven *"internen Außenweltmodells"* (analog zu PARSONS) der *subjektiven Orientierung*.

(3) Autopoietisches biologisches System (Organismus) und selbstreferentielles psychisches System (Bewußtsein) bilden als *physische Einheit* mit jeweils spezifischer *Identität* den allein zu außenwirksamem sozialen Handeln wie zu Erleben fähigen *autonomen Akteur als personales System* (Person). Der Akteur ist als originärer Handlungs- Kognitions- und Orientierungsträger unverzichtbarer Grundbestandteil sozialer Phänomene. Soweit deckt sich der Bezugsrahmen mit der klassischen *Handlungstheorie*.

Die Akteure *erleben kontingentes soziales Handeln als soziale Umwelt.* Nach MATURANA und VARELA sowie den LUHMANN-Interpretationen von BAECKER[309] ist der Umweltbezug der autopoietisch-geschlossenen und autonomen Akteure auf *"Beobachtung"* beschränkt, die durch das selbstreferentielle Bewußtsein der Akteure *kognitiv verarbeitet* werden muß, um durch Handlungs- bzw. Umweltstrukturierung *Orientierung* zu erzeugen. Der Begriff des "Erlebens" mit seinen Bestandteilen "Beobachtung" und "Kognition" verkörpert so eine Verbindung von Handlungs- (Beobachtung als "aktive" soziale Handlung) und Systemtheorie (Kognition als Orientierung über Systembildung).

Jenseits der Grenze des autonomen Akteurs wendet sich das Modell der immateriellen, kognitiven Problematik der *Erfassung und Rekonstruktion der sozialen Umwelt* zu, unter Einbeziehung der neueren *soziologischen Systemtheorie* und ihres Spannungsfeldes von System und Umwelt. Die Umwelt stellt sich für das handelnde und beobachtende Individuum als überkomplex und nicht ohne *Komplexitätsreduktion* erfaß- und verarbeitbar dar, wie LUHMANN das in der Theorie der "System/Umwelt-Differenzierung" aufzeigt. Komplexitätsreduktion wird durch *Umweltstrukturierung über soziale Systeme* geleistet, die je nach Verortung der Konstitutionsbedingungen der Systembildung (kognitiv oder interaktiv/kommunikativ) im Hinblick auf die beteiligten Akteure in "Handlungs-" (kognitiv) und "Kommunikationssysteme" (interaktiv bzw. kommunikativ) unterschieden werden können:[310]

(4) Die Komplexität der sozialen Umwelt wird zunächst durch *kognitive Abgrenzung und Strukturierung von Handlungszusammenhängen* im "Erleben" als *"Handlungssysteme"* (im Sinne der Systembildung" PARSONS' und der Interpretation SCHIMANKs als handlungsleitende Akteurfiktionen), *intra*subjektiv erfaßt und verarbeitet. Die Gesamtheit der kognitiv-analytisch gebildeten und gespeicherten Handlungssysteme begründet die *subjektive Orientierung* des Akteurs als internes Umweltmodell, Weltbild oder Perspektive.

---

[309]  Siehe BAECKER (1988) S. 324ff. (zur "Theorie selbstreferentieller Systeme").

[310]  Vgl. SCHMIDT (1994) S. 71: "Kognitive und kommunikative Operationen verlaufen hier für einen Beobachter *zeitlich* synchron, ohne daß daraus auf ein Kausalverhältnis zwischen beiden geschlossen werden darf, da Bewußtsein und Kommunikation operativ anders arbeiten und getrennten Bereichen zugehören: Bewußtsein dem Bereich des Individuums, Kommunikation dem Bereich des Sozialen." (H.i.O.).

Abb. 25: Ein integriert-systemtheoretischer Bezugsrahmen als gedanklicher Zusammenhang

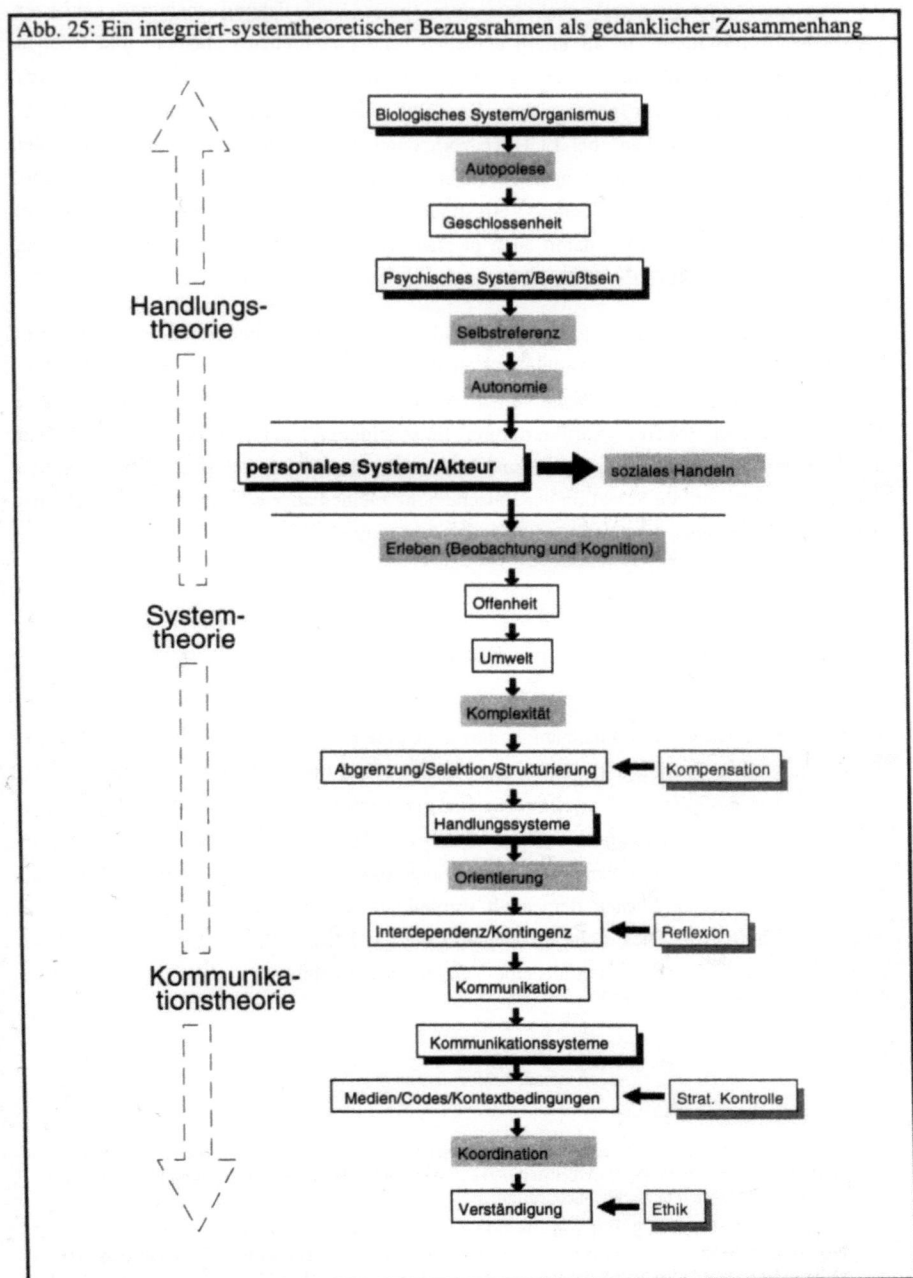

(5) *"Kommunikationssysteme"* sind *interaktiv*, unter Einbeziehung mehrerer *konkreter* *"Personen"* als Akteure mit all ihrem aktuellen (und potentiellem) Handeln und Erleben konstituierte Kommunikationsbeziehung. Sie bewirken *intersubjektive Koordinierung* durch den wechselseitigen Bezug gegenseitigen Handelns und Erlebens aufeinander ("Selektionsanschlüsse" und "Verstehen" bei LUHMANN), durch die gegenseitige Aktualisierung der jeweiligen subjektiven Orientierungen über Sinnanschlüsse ("Selektionskoordinierung" bzw. "Verständigung"), sowie durch deren "Verfestigung"[311] über (formalisierte und generalisierte) Erwartungen. Sie entsprechen damit auch in etwa der "Organisation" bzw. dem "konkreten Handlungssystem" CROZIER/FRIEDBERGs.

In Gegensatz zur rein komplexitätsreduzierenden kognitiven Umwelterfassung und ihrem Ausfluß in Form subjektiver (Handlungs-)Orientierung *konditionieren, d.h. beschränken und regulieren "Kommunikationssysteme" die Kontingenz der autonomen Akteure in konkreten Interaktionen* über Erwartungsstrukturierung, Entscheidung, Teilnahme bzw. Mitgliedschaft und "Medien", "Kontextbedingungen" und "Codes" in abgestufter Intensität. Die Perzeption der Erwartungen und die Selektion der Entscheidung bleiben aber vom Erleben, der Orientierung und der Handlung der autonomen Akteure abhängig.

## 2. System-"Typologien" und ihre Kostruktionslogik

Aus dem formulierten Zusammenhang heraus kann eine *Kategorisierung von System-"Typen"* entworfen werden. Grundlage der Erfassung sozialen Handelns und seiner Orientierung ist das *Verhältnis von biologischem, psychischem und personalem System (Akteur) als Handlungsursprung* und *von Akteur und sozialen Systemen (Handlungs- sowie Kommunikationssystemen) als Ordnungsleistung.* Eine Systemtypologie muß damit notwendigerweise als *Zusammenhang dreier Ebenen* dargestellt werden, die einander gegenseitig bedingen und aufeinander aufbauen. Dies steht im Gegensatz zu LUHMANN, der für seine "Analyseebenen" ein Nebeneinander, allenfalls eine Vergleichbarkeit sieht.[312]

---

[311] Vgl. ESSER (1985) S. 436: "Muster von untereinander abgestimmten Handlungen, die ursprünglich aus rein funktionalen Gründen (z.B. Arbeitsteilung) entstanden sind, werden in der Wiederholung fixiert und dann institutionalisiert und schließlich legitimiert."

[312] Vgl. LUHMANN (1988a) S. 15ff. und sein "Abstraktionsschema der drei Ebenen der Systembildung" als Begriffsschema. Hier liegen allerdings "Maschinen", "Organismen", "soziale" und "psychische Systeme" als verschiedene Systemarten nebeneinander auf einer mittleren Ebene.

Abb. 26: Analyseebenen der allgemeinen Systemtheorie nach LUHMANN

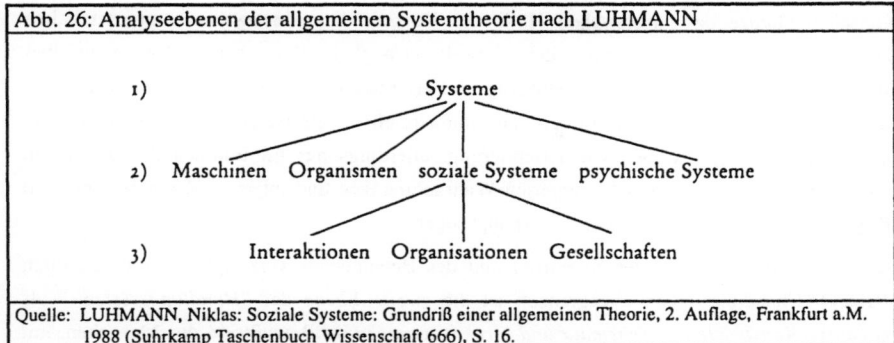

Quelle: LUHMANN, Niklas: Soziale Systeme: Grundriß einer allgemeinen Theorie, 2. Auflage, Frankfurt a.M. 1988 (Suhrkamp Taschenbuch Wissenschaft 666), S. 16.

LUHMANN unterscheidet ebenfalls drei Ebenen, die er aber nicht als "Systemtypen", sondern als *"Analyseebenen der allgemeinen Systemtheorie"* bezeichnet. Er beabsichtigt damit offensichtlich weniger die Konstruktion lebensweltlicher Zusammenhänge als vielmehr eine Charakterisierung typischer Merkmale unterschiedlicher Systemarten, um verschiedene Möglichkeiten der Systembildung zu vergleichen. Auf der *ersten Ebene* spricht er deshalb von *"System im allgemeinen"* und stellt auf das allgemeine Charakteristikum der "Abgrenzung" ab, bei dessen Entfallen der "Charakter des Gegenstandes als System" in Frage gestellt würde. Auf der *zweiten Ebene* unterscheidet er dann begrifflich verschiedene Systemtypen als *"Maschinen"* (etwa analog zu "allopoietischen Systemen" bei MATURANA[313]), *"Organismen"* ("biologische Systeme" im autopoietischen Sinne), *"soziale Systeme"* (aus dem Erleben von Handlungen bzw. durch Kommunikationen konstituiert) und *"psychische Systeme"* (Bewußtsein); die Kriterien dieser Unterteilung bleiben weitgehend im Dunkeln, sie erfolge nach LUHMANNs eigenem Eingeständnis "intuitiv". Auf der *dritten Ebene* differenziert LUHMANN "soziale Systeme" in *"Interaktionen"*, *"Organisationen"* und *"Gesellschaften"* je nach "kommunikativer Erreichbarkeit" (vgl. Kap. C.III.1.b). Seine These lautet nun, daß sich Vergleiche zwischen verschiedenen Arten von Systemen an die jeweilige "Ebene der Systembildung" halten müssten.

Der Gegenvorschlag der integrierten Systemtheorie bietet eine aus dem Zusammenhang dreier elementarer Ebenen bestehende Systemtypologie:

(1) Die *erste Ebene* ist die der *"autonomen Akteure"* als *"personale Systeme"*, die in der *Einheit von Organismus und Bewußtsein* (etwa analog zu LUHMANNs "organischem" und "psychischen System") die physische und kognitive *Identität* des Menschen darstellen. Das *"biologische System"* bzw. der Organismus unterwirft als autopoietisches System (selbst aus einer Vielzahl autopoietischer (Sub-)Systeme, z.B. "Zellen", bestehend) in der festen topo-

---

[313]   Vgl. MATURANA (1982) S. 159.

logischen Grenze bzw. physischen Hülle des Körpers den Akteur den naturgesetzlichen Zwängen und den Einwirkungen der Umwelt, ermöglicht ihm aber in Gegenzug über Wahrnehmung und Handeln Umweltbezug und erlebbares Einwirken. Das *"psychische System"* bzw. Bewußtsein konstituiert als immaterielles selbstreferentielles System über kognitive Vorgänge Erleben wie Orientierung; allerdings nur im Rahmen der durch den menschlichen Organismus determinierten Wahrnehmungen und internen Verarbeitungs- und Kognitionspotentiale als "neuronale Verknüpfungen".

(2) Stark mit der Ebene der Kognition und des Bewußtseins verknüpft, aber durch ihren "Objekt"-Charakter davon abzugrenzen ist die *zweite Ebene* der *"Handlungssysteme"* als *kognitive Konstrukte der Schemata und Strukturierungen* im Bewußtsein des Menschen, mit denen der Akteur seine (soziale) Umwelt durch Abgrenzung nach Sinnkriterien ordnet und aus dieser *Komplexitätsreduktion* die eigene *subjektive Orientierung* ableitet.[314] Die Ebene der Handlungssysteme liegt als "internes Weltmodell" (im Sinne PARSONS') im Grenzbereich zwischen Akteur, da im Bewußtsein autonom geschaffen und nicht materiell beobachtbar, und Umwelt, da nur über Erleben von Handeln, d.h. über Beobachtung der materiellen sozialen Umwelt, konstituier- und veränderbar.

(3) Die *dritte Ebene* liegt eindeutig im Bereich der Systemtheorie und umfaßt alle interaktiven *"Kommunikationssysteme"*, die sich über abgegrenzte Interaktions und Kommunikationsbeziehungen als gegenseitig aufeinanderbezogenes Handeln und Erleben konkreter Personen bilden, sich über Zugehörigkeit, Erwartungsstabilisierung und Strukturbildung intersubjektiv verfestigen und so der *Kontingenzbeschränkung* und *intersubjektiven Koordinierung* dienen.

"Sozialsysteme" sind als reine Handlungsstrukturierungen allerdings zunächst *nicht per se erlebbar*; auch wenn manche Interaktions- und Kommunikationszusammenhänge leicht identifizierbar erscheinen (z.B. "Gesprächsrunden", "Fußballmannschaften" etc.), so wird diese Identifizierbarkeit über erlebbare Symbolik geleistet. Sie gewinnen erst erlebbare, d.h. beobachtbare soziale Realität über die Funktion individueller Orientierung hinaus,[315] wenn sie etwa dem Prinzip des "Symbolischen Interaktionismus" *intersubjektiviert*, d.h. gegenseitigem Erleben zugänglich bzw. zum Thema wechselseitiger Vermittlungsbemühung und Darstellung sowie iterativ verifizierender Kommunikation gemacht werden. Offen bleiben soll hier aus systemtheoretischer Sicht, inwieweit im Rahmen von Kommunikation intersubjektive "Ver-

---

[314]   Vgl. JENSEN (1980) S. 42: "Kognitive Systeme stellen einen Zusammenhang her zwischen einem handlungsleitenden (interpretativen und praxeologischen) Schema - also 'Wissen' - und der (vermuteten) Struktur der Realität."

[315]   Diesen Vorgang der Aufspaltung von sozialen Systemen in kognitive Handlungssysteme zur subjektiven Orientierung und interaktive Kommunikationssysteme zur intersubjektiven Koordination bezeichnet LUEKEN (1992) S. 188f. in einem anderen Zusammenhang, aber dennoch treffend, als "Übergang von einer Untersuchung von Orientierungssystemen aus der Beobachterperspektive zu einer Auseinandersetzung zwischen Vertretern verschiedener Orientierungssysteme".

ständigung" oder "Transsubjektivität", als Ausmaß weitgehend identische Bedeutungen, Sinngehalte oder Orientierungen, entsteht (mit diesen Fragestellungen setzen sich Sprachpragmatik
und Lerntheorien auseinander) und inwieweit sich diese für die Aspekte einer Steuerungstheorie auf systemtheoretischer Grundlage als relevant erweisen.

Alle drei Ebenen zusammen stellen den Bezug des Akteurs (des personalen Systems) als
Mensch zu seiner sozialen Umwelt dar, die ihm über Sozialsysteme vermittelt bzw. zugänglich wird; in diesem Sinne kann der Zusammenhang der drei Ebenen veranschaulicht werden:

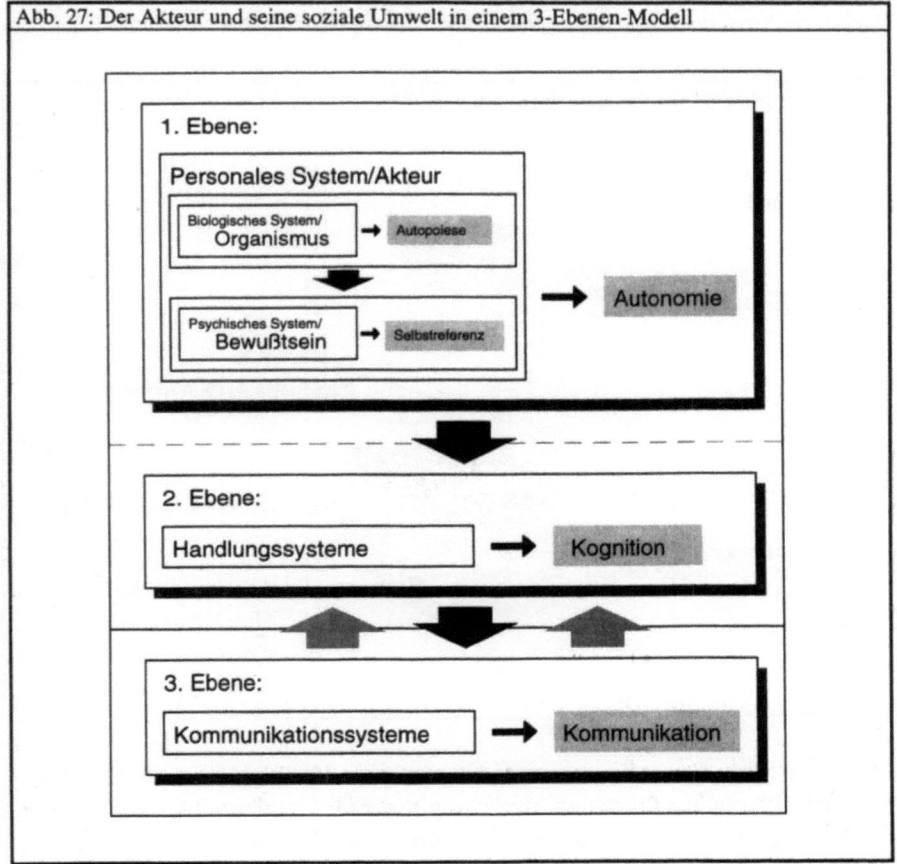

Abb. 27: Der Akteur und seine soziale Umwelt in einem 3-Ebenen-Modell

Für eine plastische Darstellung können dann bestimmte Konkretisierungen getroffen werden:

(1) Der *autonome Akteur* ("personales System" bei LUHMANN) wird als Mensch, Handlungsträger und Ursprung jeglicher Sozialsystemkonstitution, als physische Einheit aus autopoietischem biologischem System/Organismus und darin bedingtem selbstreferentiellen psychischen System/Bewußtsein, dargestellt. Beide Teile sind getrennt nicht denkbar: Ohne Organismus ist ein Mensch nicht physisch existent bzw. erlebbar handlungsfähig, ebenso wie Menschsein ohne Bewußtsein auf bloße Existenz ohne Erleben, Umweltbezug und Orientierung reduziert ist. Die Einheit "Akteur" bildet so ein autonomes und handlungsfähiges personales System mit einer durch den Organismus mit *körperlichen, d.h. erlebbaren und handlungsfähigen Hülle* als fester Grenze zur Umwelt und das *immaterielle, nur über das Erleben der Handlungen des Akteurs erschließbare* Bewußtsein bestimmten "*Identität*".

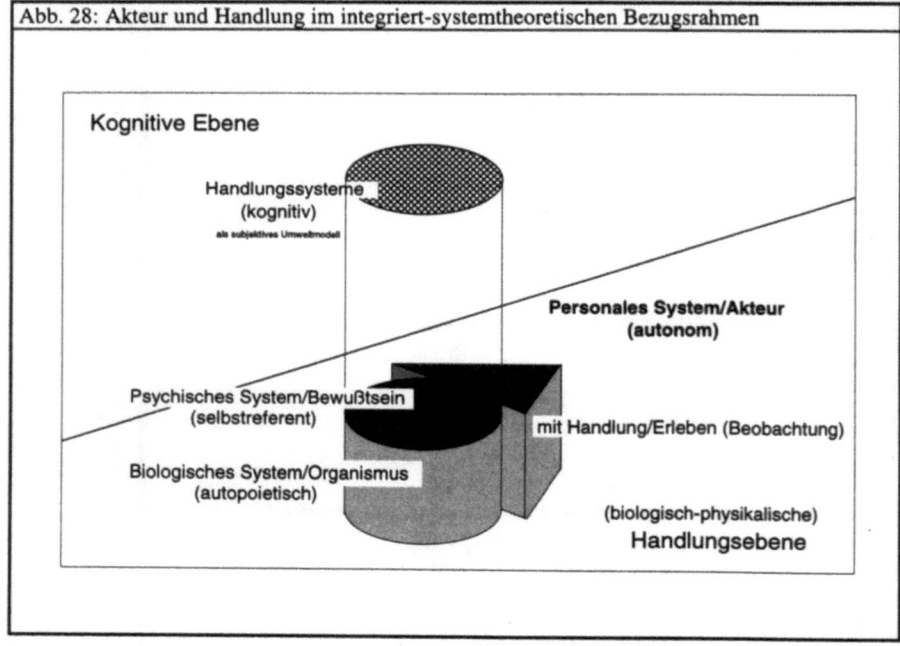

Abb. 28: Akteur und Handlung im integriert-systemtheoretischen Bezugsrahmen

(2) Die körperliche Grenze des autonomen autopoietischen Systems "Akteur" zur Umwelt ist nur durch Handeln und Erleben als "strukturelle Koppelung" zu überwinden; deshalb wird "*soziales Handeln*" (und "*Beobachten*", nach der These MATURANAs und VARELAs, Erkennen sei "aktives" Handeln eines Beobachters) als außenwirksamer gerichteter Pfeil und als Bestandteil des erlebbaren Organismus in einer "biologisch-physikalischen Handlungsebene" symbolisiert. Der Begriff des " 'aktiven' sozialen Handelns" eines Subjektes bzw. Akteurs wird analog zu LUHMANN auf Außenwirksamkeit beschränkt und analytisch von

"Erleben" als "passivem" Handeln (als Beobachtung und Kognition von Handlungen als Objekten) abgegrenzt. Soziales Handeln umfaßt alle beobachtbaren Verhaltensweisen oder Operationen der Handlungseinheit "Akteur".

(3) Als immaterieller Bestandteil der Identität des Akteurs und der Orientierung seines Handelns werden die im Bewußtsein der Akteure als kognitive Umweltstrukturierung und Sinnabgrenzungen selbstreferentiell gebildeten "*Handlungssysteme*" graphisch dargestellt als transparente Fortsetzung des Organismus. Als "Bewußtseinsinhalt" bildet die Gesamtheit der Umweltstrukturierungen und Handlungssysteme die "Orientierung" bzw. das "subjektive Umweltmodell" (analog zum "Internen Außenweltmodell" PARSONS'[316]) des Akteurs. *Umweltkontakt*, als Wahrnehmung einer Fremdeinwirkung durch Handlung oder Kommunikation ebenso wie als Erfahrung der Wirkung des eigenen Handelns oder eigener Kommunikationsofferten, kann nur durch autonomes Erleben unter Selbstreferenz erfolgen; die Handlungseinheit "Akteur" ist "*selbstreferentiell geschlossen*" und nur "*observational offen*", d.h. jeglicher für den Akteur reale Umweltkontakt beschränkt sich auf bzw. ist abhängig von "Beobachtung" (als allgemeine Sinneswahrnehmung des Bewußtseins, nicht auf den visuellen Bereich beschränkt) und deren kognitiver Verarbeitung, die durch die Strukturpotentiale des Organismus und des Bewußtseins determiniert sind.

(4) Definiert man in dieser Weise Erleben und Orientierung als autonom und selbstreferentiell, so liegt es nahe, "*Kommunikation*" als intersubjektive Verschränkung von aufeinanderbezogenem Handeln und Erleben bzw. als "gegenseitige Beobachtung und Beobachtungsbeobachtung" ("Beobachtung zweiten Grades" bei LUHMANN) aufzufassen, unter direktem Bezug zur "strukturellen Koppelung" des "Autopoiese"-Konzeptes.[317] Jede als Handlung gesendete bzw. mitgeteilte Information muß "erlebt", d.h. empfangen bzw. beobachtet und encodiert bzw. kognitiv verarbeitet werden. Über dieses Kommunikationsverständnis kann z.B. die im wirtschaftlichen und gesellschaftlichen Bereich stark steigende Bedeutung von "Werbung" oder "Marketing" gedeutet werden: An die Stelle der Aktivierung von Konsumenten-"Bedürfnissen" tritt eine allgemeinen Steigerung der Beobachtungsmöglichkeiten zwischen den potentiellen Marktteilnehmern und damit der Wahrscheinlichkeit der Berücksichtigung in den subjektiven Orientierungen. Gesellschaftlich verallgemeinert: Im Wandel zur "Kommunikationsgesellschaft" resultiert die gesteigerte Kommunikationsintensität, Mediennutzung und -bedeutung aus der neuzubewertenden Bedeutung observationaler Umweltkontakte.

---

[316] Vgl. JENSEN (1976) S. 24ff.

[317] Vgl. FISCHER (1991a) S. 78.

(5) In der Kommunikationen als gegenseitig aufeinander bezogenes Handeln und Erleben mehrerer Akteure bilden sich durch Reziprozität und Iteration interaktive "*Kommunikationssysteme*" der intersubjektiven Koordination (über kommunizierte "Erwartungen" und "Kontextbedingungen"), in denen die individuellen Orientierungen aktualisiert, kollektiviert und verfestigt werden können.[318] Die Identifikation sozialer Systeme bleibt gleichwohl von der Kognition der Akteure abhängig. Über Erwartungsstrukturbildung und symbolische Generalisierung können Kommunikationssysteme soweit intersubjektiv verfestigt (bzw. konstituiert, verändert, aufgelöst)[319] werden, daß sie quasi "*physische Realität*" im Bewußtsein der Akteure und der daraus resultierenden Orientierungswirkung erlangen können. Die Bandbreite der Verfestigung reicht von "informellen Gruppen" über "Spiel"-Systeme bis zu "formaler Organisation". Dabei darf nicht übersehen werden, daß diese Quasi-Realität immer nur "*kommunikative*" und damit (unter "struktureller Koppelung") in erster Linie "*kognitive Realität*", als Sinnzusammenhang bzw. aktualisierte Zuordnungsbeziehung (etwa im Sinne der "Kollektivgebilde" WEBERs[320] oder des "Symbolischen Interaktionismus" MEADs[321]) bleibt. Mit der Auflösung einer "Unternehmung', eines "Vereins" oder eines ganzen "Staates" verschwindet kein einziger objektiver Gegenstand der Lebenswelt; verändert bzw. aufgelöst werden lediglich (anerkannte) kognitive Sinn-, Zurechnungs- oder Interaktions- bzw. Kommunikationsbeziehungen. Prominente und offenkundige Beispiele für Versuche zur "Erlebbarmachung" sozialsystemischer Verfestigung sind im gesellschaftlichen Bereich "Uniformen" und "Hoheitszeichen"; im Bereich der Wirtschaft finden vielfältige Bemühungen um "*Corporate Identity*"[322] statt.

---

318 Vgl. HAFERKAMP (1985) S 176 "Das gemeinsame Wissen besteht aus Vorstellungselementen, die Ausschnitte der Welt, darunter auch Handlungsansätze der Beteiligten, ausgrenzen und in Zusammenhang mit anderen Vorstellungselementen, darunter von anderen Akteuren produzierten Weltausschnitte, bringen."

319 Vgl. CROZIER/FRIEDBERG (1979) S. 146: "Das Auftauchen eines Problems kann die Bildung eines zeitgebundenen, aber äußerst aktiven Handlungssystems auslosen. Umgekehrt kann eine bestimmte Konfiguration neuer Probleme ein Handlungssystem, auf das zahlreiche Akteure zahlten, völlig seiner Wirkung berauben." Diese Aussage ist ein starkes Indiz für die Verwandtschaft des "konkreten Handlungssystems" mit Interaktions- bzw. Kommunikationssystemen. Vgl. auch die Bezuge des Konzeptes einer "Mikropolitik" zu dieser Systemkonfiguration, etwa bei KUPPER/ORTMANN (1988) S. 8 (als "Konstitution - oder· Lockerung, Verschiebung, Überschreitung und Aufhebung") oder bei FRIEDBERG (1988) S. 39 (Organisationen sind "menschliche Strukturierungen der ihnen zugrundeliegenden Handlungsfelder (...) immer und unumgänglich *kontingent* (...) letztlich unbestimmt und daher willkürlich. Sie [die Organisation] ist die jeweils spezifische Losung, die relativ autonome Akteure mit ihren jeweiligen Ressourcen und Fähigkeiten geschaffen, erfunden und eingesetzt haben, um ihre zur Erreichung gemeinsamer Ziele notwendige Zusammenarbeit trotz ihrer widersprüchlichen Interessenlagen zu ermöglichen und sicherzustellen.", H.i.O.).

320 Vgl. WEBER (1956) S. 7.

321 Vgl. KISS (1989) S. 132ff., HELLE (1991) S. 602f. ("Handeln als symbolische Interaktion erzeugt eine lebendige Beziehung zwischen dem Dasein, der Umwelt da draußen und dem Bewußtsein im erkennenden Subjekt.").

322 Vgl. CORSTEN (1992) S. 164: "*Corporate Identity*" als "Versuch (...), eine *identitätsorientierte Unternehmensführung* zu realisieren, d.h. ein Selbstbild der Unternehmung zu schaffen, das sowohl nach *innen* auf die Einstellung der Mitarbeiter [deren kognitive 'Orientierung', d. Verf.] als auch nach *außen* auf die

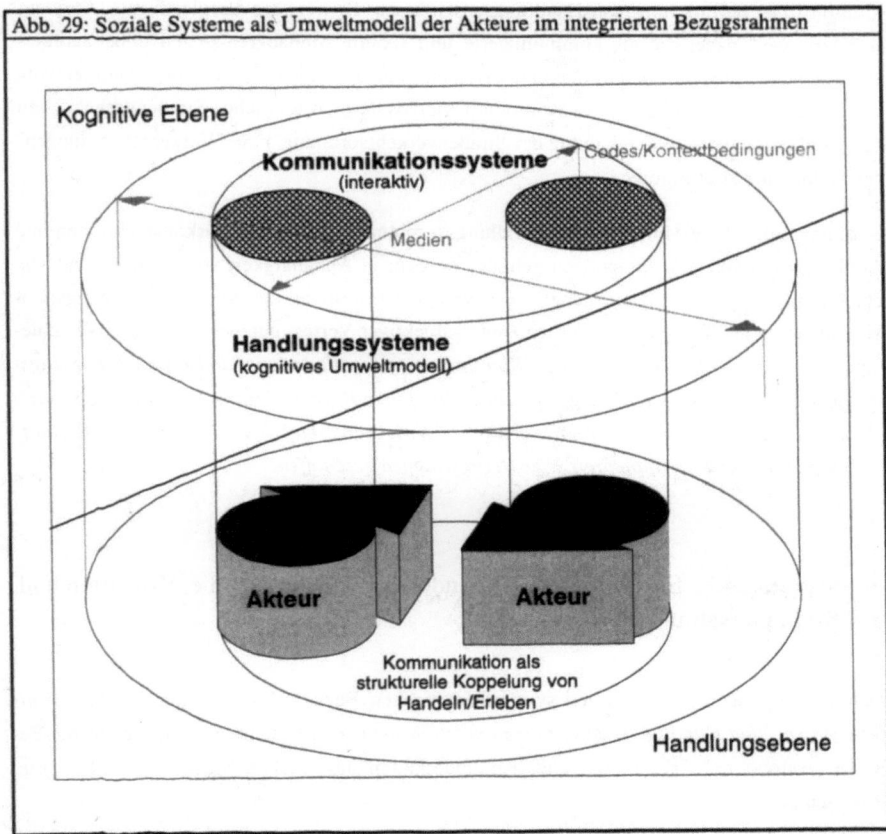

Abb. 29: Soziale Systeme als Umweltmodell der Akteure im integrierten Bezugsrahmen

Die Frage *physischer Handlungsfähigkeit* wie originärer (d.h. unmittelbar erlebbarer) *physischer Existenz* sozialer Systeme muß entschieden *verneint* werden. Physisch existent und handlungsfähig ( und damit erlebbar) sind lediglich Akteure und ihre Handlungen, als Beobachtungsobjekte und Beobachter. Kommunikationssysteme bleiben wie alle sozialen Systeme ohne physische Existenz und gewinnen Folgenhaftigkeit und Wirkung nur durch intersubjektive bzw. kollektive Anerkennung im Rahmen der Orientierung, d.h. durch kognitive Zuordnungsleistung im Rahmen des Erlebens der autonomen Akteure und durch die Kon-

---

Unternehmensdarstellung [die Konstitution des 'intersubjektiven Kommunikationssystem Unternehmung', d. Verf.] wirkt. Ein so verstandenes Corporate Identity hat damit eine Steuerungsaufgabe für alle Kommunikations- und Interaktionsbeziehungen innerhalb und außerhalb der Unternehmung zu erfüllen und damit zu einer einheitlichen Unternehmenspräsentation beizutragen." Vgl. STEINMANN/ZERFASS (1995) S. 12.

stitution bzw. Beförderung von Handlungsanschlüssen. Es liegt ein Vergleich mit *"Straßen-markierungen"* nahe, die als kommunizierte und fixierte Sinnabgrenzungen ohne darüber-hinausgehende physisch-determinierende Wirkung nur über Identifikation und Anerkennung durch die Akteure (verfestigt im Kommunikationssystem "öffentlicher Straßenverkehr" mit der Mitgliedschaftsrolle "Einhaltung der Straßenverkehrsordnung") die "Verkehrshandlungen" der Teilnehmer koordinieren.

Sozialsysteme können für beliebige Handlungskombinationen und Akteurkonstellationen und damit in vielfältigen Ausprägungen gebildet werden; in Abhängigkeit vom Erleben und von der Orientierung der Akteure hängt die jeweilige Umweltstruktur immer vom Bezugsindi-viduum ab und ist für jeden Akteur trotz intersubjektiver Verfestigungsbestrebungen verschie-den. *Es wird so als Grundlage der Konzeption eines allgemeinen indirekten Steuerungs-modells ein für alle sozialen System (dieser Definition) z.B. von "Gesprächsrunde", "Gruppe", "Verein", "Organisation", "Unternehmung", "Wirtschaft" etc. bis hin zur "Gesellschaft" geltende integriert-systemtheoretischer Bezugsrahmen geschaffen.*

### 3. Soziologische Systemtheorie als Bindeglied von Autonomie, Kognition und Kommunikation

Auf der Grundlage des integriert-systemtheoretischen Bezugsrahmens kann das *Verhältnis von System- und Handlungs- bzw. Kommunikationstheorie* insbesondere in bezug auf die Be-griffe "Autonomie", "Kognition" und "Kommunikation" nochmals aufgegriffen und beschrie-ben werden:

(1) Durch die auf neurobiologisch begründeter "autopoietischer Geschlossenheit" des Organis-mus und kognitionstheoretisch hergeleiteter "selbstreferentieller Geschlossenheit" des Be-wußtseins basierende *"Autonomie"* ist das personale System, das Subjekt bzw. der Akteur, als Ursprung von Handlung (und von Erleben) eindeutig der Domäne der Handlungs- bzw., über Verschränkung von Handeln und Erleben in Interaktion und Kommunikation, der Kommuni-kationstheorie zuzurechnen. Die selbstreferentielle Erkenntnisleistung des Bewußtseins hebt den "Akteur" als Grenzfall von lediglich auf Reproduktion in einer festen Hülle festgelegten autopoietischen Systemen wie z.B. "Zellen" ab. *Gerade durch die "Autonomie" des Akteurs wird Umweltkontakt und Erfassung der sozialen Umwelt (als Erleben des Handelns anderer Akteure) observational über "Erleben", "Orientierung" und "Handeln" möglich.*

(2) Die Komplexität der sozialen Umwelt, die *"Kognitions"*-Abhängigkeit des beobachteten Umweltkontaktes und das begrenzte Beobachtungs- und Kognitionspotential der Akteure be-dingen die *Notwendigkeit einer komplexitätsreduzierenden Umweltstrukturierung zur Orien-*

*tierung über die Konstruktion eines internen Umweltmodells, das auf Abgrenzung und Zuordnung beobachteter Handlung, auf "Handlungssystembildung", beruht.* Diese Grundfunktion menschlichen Erkenntniserwerbs und sozialer Orientierung beschreibt die soziologische Systemtheorie zwischen "Autonomie" und "Kommunikation".

(3) In der konkreten Interaktion oder *"Kommunikation"* mit anderen Akteuren *wird individuell-subjektive Orientierung über Sinn- und Selektionsanschlüsse in Kommunikationszusammenhängen als "Kommunikationssysteme" aktualisiert und intersubjektiviert; dies bewirkt eine Koordination oder indirekte Steuerung der Akteure in den verschiedenen Sozialsystemkontexten.* Beide Sozialsystemkategorien, kognitive "Handlungs-" wie interaktive "Kommunikationssysteme", gehören eindeutig zum Bereich der soziologischen Systemtheorie und haben ihre Funktion in der komplexitätsreduzierenden Erfassung und kontingenzbeschränkenden Gestaltung der sozialen Umwelt durch die Akteure (orientierend wie koordinierend).

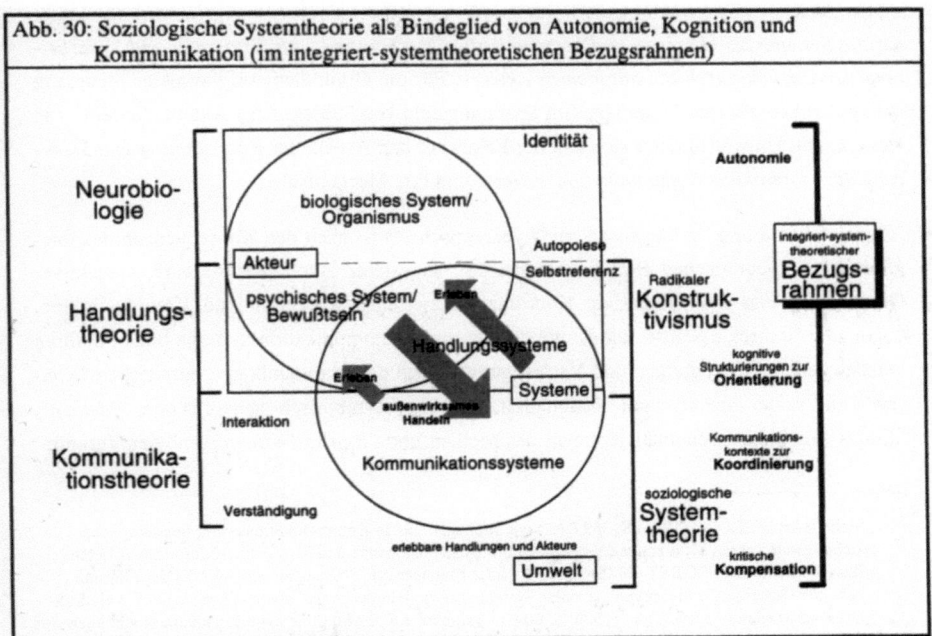

Abb. 30: Soziologische Systemtheorie als Bindeglied von Autonomie, Kognition und Kommunikation (im integriert-systemtheoretischen Bezugsrahmen)

*Die wirtschaftliche und gesellschaftliche Bedeutung des Kommunikationsbegriffes als Koordinationsmechanismus für Erleben und Orientierungsvermittlung* wird gestützt durch neuere Untersuchungen:

- zum Bereich *"Management"* z.B. als "Management von Sinnsystemen" (HARTFELDER), "Management-Philosophie" oder "Management als Konstruktion von Wirklichkeiten"

(PROBST), "Interpretativer Ansatz zum Strategischen Management" (KLAUS), "cognitive bzw. learning school of strategy fomation" (MINTZBERG) oder "systemorientiertes strategisches Führungsverhalten (MAUL),[323] die Management oder Steuerung explizit als kommunikative Sinn- und Orientierungsvermittlung bzw. Kontextsetzung oder -einwirkung betrachten (siehe Kap. B.2.), sowie

- zur Bedeutung von "*Unternehmenskommunikation*", "Unternehmensdialog", "Public Relations", "PR-Management" und "Öffentlichkeitsarbeit", die z.b. "Public Relations als ein managementrelevantes Problem zur *kommunikativen Gestaltung der Handlungskoordination mit nicht-marktlichen Bezugsgruppen*"[324] thematisieren.

Zudem ergeben sich hier natürliche Anschlußstellen für eine kommunikative Kompensation der Selektionsrisiken von Umwelterfassung und Systembildung für Orientierung und Koordination.

Der in Abschnitt C. (re-)konstruierte integriert-systemtheoretischer Bezugsrahmen beschreibt *soziale Systeme als kognitive und kommunikative Mechanismen zur Erfassung und Verarbeitung der Umwelt durch die autonomen Akteure.* Für die Grundthematik indirekter Steuerung auf systemtheoretischer Grundlage (im Spannungsfeld von Subjekt bzw. Akteur, System bzw. Kontext und Umwelt) richtet sich nun der Fokus auf den Aspekt der *Koordination und Steuerung über interaktive Kommunikationssysteme* und ihre Mechanismen.

"Soziale" Steuerung (in Gegensatz zu "kybernetischer") ist nach den Konsequenzen des integriert-systemtheoretischen Bezugsrahmens, d.h. angesichts autonomer Akteure, subjektiver Orientierung und intersubjektiver Koordination zwischen Kognition und Kommunikation, notwendig "indirekte Selbst- und Kontextsteuerung". Kommunikationssysteme bilden in ihren verschiedenen Ausprägungen und Verfestigungsgraden den kommunikativ vermittelten "*Kontext*" mit seiner spezifischen Rationalität, die über symbolisch generalisierte "*Medien*", "*Codes*" als binäre Schematisierungen der Medien und "*Kontextbedingungen*" der Verknüp-

---

[323] Siehe HARTFELDER (1984) S. 389 ("(...) wie Manager , die in Kommunikations- und Interaktionsbeziehungen mit ihren Mitarbeiter entstehenden Sinnzusammenhänge und Wirklichkeitsdefinitionen beeinflussen können."), PROBST (1983) S. 322 (" Unter Management-Philosophie soll hier die der Führung bzw. der Gestaltung und Lenkung sozialer Systeme zugrundeliegenden Wertvorstellungen oder Wertstrukturen verstanden werden.") und (1986) S. 60 ("(...) sinnvolle Konstruktionen von Wirklichkeit vorzunehmen und damit zu einem Handeln führen (...)"), KLAUS (1987) S. 55 ("(...) Gestaltung, Entwicklung und Transformation von Kontexten, die der Verständigungsfähigkeit, Handlungsfähigkeit und damit der Überlebensfähigkeit des Unternehmens in komplexen sozialen Gefügen dienen"), MINTZBERG (1990) S. 109 u. 142ff., MAUL (1994) S. 726 oder 729ff.

[324] ZERFASS/SCHERER (1995) S. 501 (H.i.O.). Vgl. ebd. S. 501ff., STEINMANN/ZERFASS (1993) S. 10ff., STEINMANN/LÖHR (1993) S. 25ff. ("Der Unternehmensdialog als praktizierter Republikanismus"), STEINMANN/ZERFASS (1995) S. 18ff. ("Unternehmenskommunikation" mit Unterscheidung "interner", als strategischer Führung, und "externer Handlungskoordination", als Beziehung zu den Bezugsgruppen der Unternehmung) und ZERFASS (1995).

fung von Medium, Code und Teilnahme vermittelt wird zur Konditionierung und Selbst-steuerung des sozialen Handelns der Akteure.

Zwei wesentliche Voraussetzungen dieser indirekten Steuerungsform sind: "Integration", als Identifikation des fokalen Koordinationssystems und seiner "Fremdreferenzen" ("Funktion", "Leistung", "Sinn"), und "Reflexion", als Thematisierung der eigenen Identität, Selbstbe-schränkung und Selbstabstimmung unter "Selbstreferenz". Über die Konstruktion eines indirekten Steuerungsmodells kann auch die Wirkungsweise von "Macht" als Annäherung bzw. als Fiktion direkter mechanistisch-instrumentaler Steuerung und als Negation indirekter Steuerung beschrieben werden.

# D. KOORDINATION UND INDIREKTE STEUERUNG AUF SYSTEMTHEORETISCHER GRUNDLAGE

Die Bestimmung sozialen Handelns und indirekter Steuerung über die drei Handlungsdeterminanten "Erleben", "Orientierung" und "Koordination" und die Implikationen des integriert-systemtheoretischen Bezugsrahmens ließen eine analytische *Unterscheidung von "Kognition" und "Kommunikation"* (ähnlich einer Unterscheidung von "theoretischem Erkenntnis-" und "praktischem Begründungsproblem" bei W. ULRICH) zweckmäßig erscheinen. Unterschieden wurde zwischen *kognitiver "Komplexitätsreduktion"*, d.h. Wahrnehmungsstrukturierung mittels im wesentlichen auf der "System/Umwelt-Differenzierung" LUHMANNs basierender Handlungssystembildung für Erleben und Orientierung, und *interaktiver "Kontingenzbeschränkung"*, d.h. intersubjektiver Koordinierung und indirekter (Kontext-)Steuerung der konkreten Handlungen der Akteure über Kommunikationssysteme (über Mitgliedschaft und Erwartungsstruktur). Beide Sachverhalte fallen unter den allgemeinen Oberbegriff der *"Reduktion von Komplexität zur Erfassung und Verarbeitung der Umwelt"*.

Im vorigen Anschnitt wurden die Grundlagen der Systemtheorie unter dem Aspekte der Auseinandersetzung der Subjekte bzw. Akteure mit ihrer (sozialen) Umwelt dargestellt; darauf aufbauend wird nun die Koordinations- und Steuerungsfunktion sozialer Kontexte (als Kommunikationssysteme) hervorgehoben: "Jede arbeitsteilige Wirtschaft und Gesellschaft steht ja vor diesem grundlegenden Problem der Handlungskoordination: Wie sollen die Interessen und Absichten sowie die daraus fließenden Handlungen aller [autonomen, d. Verf.] Individuen und Gruppierungen so aufeinander bezogen werden, daß ihre erfolgreiche dauerhafte Koordination gelingt und auch in Zukunft immer wieder möglich ist."[1]

"Koordination" und insbesondere "Steuerung" kann nach den Implikationen der integrierten Systemtheorie (des Spannungsfeldes von Akteur, System und Umwelt) und angesichts von Autopoiese, Selbstreferenz und Autonomie der Akteure keine einfache direkte Steuerung sein.[2] Vielmehr muß eine indirekte "Koordination" und "Steuerung" der autonomen Akteure über Kognition und Kommunikation als "autonome Selbst- plus indirekte Kontextsteuerung" konzipiert werden, die ihre Orientierungswirkung über die Kommunikationsmechanismen der

---

1    STEINMANN/SCHREYÖGG (1990) S. 66.

2    Vgl. MARTENS (1991) S. 626: "Sobald dagegen Eigenständigkeit, Geschlossenheit und Autonomie sozialer und psychischer Systeme anerkannt werden, kann die Erforschung sozialer Systeme zum eigenen Thema werden und man verbaut sich die Vorstellung einer direkten Verhaltenssteuerung. (...) Dabei wird jeder Steuerungsversuch in ein Kommunikationssystem aufgenommen, das selbst über die Wahrnehmung der und die Anschlüsse an die steuernde Kommunikation entscheidet."

Handlungszurechnung, des Selektionsanschlusses und der Erwartung/Entscheidung entwickelt. Damit erklärt sich die Bedeutung von "symbolisch generalisierten Kommunikationsmedien", "Codes" und "Kontextbedingungen" für ein Modell indirekter Steuerung. Das konkrete soziale Handeln bleibt als Entscheidung der subjektiven Orientierung der Akteure
überlassen und somit grundsätzlich freigestellt, kontingent, da die kontingezbeschränkenden
Mechanismen nur über die Orientierungen der Akteure einwirken.

Am Beispiel des Koordinationstyps der *"über Preise gesteuerten Geld- und Wettbewerbswirtschaft"* differenzieren STEINMANN/SCHREYÖGG das (marktwirtschaftliche) Koordinationsproblem in zwei Teilaspekte: *"Kalkulation"* als Problem der subjektiven Orientierung
und Entscheidung, und *"Kontrolle"* als Problem intersubjektiver Kontingenzbeschränkung in
der eigentlichen Koordination bzw. Steuerung.[3] Eine Lösung beider Probleme stellen offensichtlich die Mechanismen des *"Kommunikationssystems"* (oder *"Kontextes"*) "Wirtschaft"
dar: ein Kommunikations- oder Steuerungs-"Medium" ("Geld") der vereinfachten Handlungszurechnung, das einen anschließbaren Maßstab ("Wert") als Fremdreferenz für die
wechselseitige Orientierung bietet (Kalkulationsproblem); einen binär schematisierten
"Code"[4] ("Zahlung" bzw. "Gewinn" als zukünftige Zahlungsfähigkeit) und eine "Kontextbedingung" ("Liquidität"), deren Erfüllung die (weitere) Teilnahme am Steuerungssystem gewährleistet (Koordinationsproblem).

Das Gelingen einer derartigen Interpretation eines kommunikativen Steuerungssystems kann
in drei Schritten überprüft werden: an neueren *systemtheoretischen Deutungsansätzen von
"Wirtschaft" (LUHMANN) und "Markt" (BAECKER)* als idealtypische Ausprägung dieser
indirekten Steuerungsform (Kap. D.I.); an der *Konzeption einer "indirekten Selbst- und
Kontextsteuerung" (WILLKE)* und der darauf aufbauenden allgemeinen Konstruktion eines
indirekten Steuerungsmodells über "Kontexte", "Medien" und "Codes" (Kap. D.II.); und an
der Korrumpierung indirekter Steuerung durch die autonomen Akteure über *"Macht"* und
*"Mikropolitik"* (Kap. D.III.).

---

[3]   Vgl. STEINMANN/SCHREYÖGG (1990) S. 66f. Sie beschreiben beide Problemstellungen auf gesellschaftlicher Ebene: "Wie sollen die Ressourcen, die Produktionsfaktoren einer Volkswirtschaft, so eingesetzt werden, daß eine maximale gesamtgesellschaftliche Wohlfahrt entsteht?" (Kalkulationsproblem), und:
"Wie läßt sich erreichen, daß alle Menschen im erforderlichen Umfang an der Erreichung der kalkulierten
Ziele mitwirken?" (Kontrollproblem).

[4]   Zur Definition von "binär schematisierten Codes", ihrer Funktion und ihrem Unterschied zu Kommunikationen siehe LUHMANN (1988b) S. 31ff. (S. 33, H.i.O.: "Unter Code wollen wir eine Struktur verstehen,
die in der Lage ist, *für jedes beliebige Item in ihrem Relevanzbereich ein komplementäres anderes zu
suchen und zuzuordnen.*", als Spezifikation des "Mediums"), LUHMANN (1988) S. 243ff. und KÜNZLER
(1987) S. 324.

# I.  Systemtheoretische Interpretationen von Wirtschaft und Markt

Grundlage systemtheoretischer Interpretationen ist die *Betrachtung wirtschaftlicher Vorgänge als reine Kommunikationsbeziehungen*, d.h. als Zuordnungs- und Abgrenzungsbeziehungen von Handlungen sowohl im Erleben (Beobachter-) wie auch in der Interaktion (Teilnehmerperspektive).[5] Begründen läßt sich diese Sichtweise über die ursprüngliche sogenannte *"Robinson-Wirtschaft"*[6], in der jeder Akteur seine physischen Bedürfnisse (auch durch Erstellung von Gütern und Dienstleistungen) persönlich, individuell, universell und allein, in Personalunion von Produzent und Konsument, besorgt. Arbeitsteilung und Spezialisierung führen zwar faktisch zum (wechselseitigen) Auseinanderfallen der Produzenten- und Konsumentenrollen durch *effizienzsteigernde Auflösung des einheitlichen Handlungszusammenhanges*; diese Auflösung bedeutet aber nur, daß der ursprüngliche, auf autonome Leistungserstellung ausgerichtete Handlungszusammenhang *in "Handlungen" dekomponiert* und primär durch *ein koordinierendes Netz bzw. "System" von Abgrenzungs- und Zuordnungsbeziehungen* (z.B. als "Unternehmung" oder "Konzern", "Branche" oder "Markt") ersetzt wurde. Realgüterprozesse als physische Güterbewegungen sind davon nur sekundär, als faktische Wirkungen des Koordinationsproblems, betroffen. Um mit WIELAND zu sprechen:

> "Wer sah schon je das ökonomische System, wer den Geldkreislauf oder den Markt als effizienten Allokationsmechanismus? Offenbar handelt es sich um theoretisch herauspräparierte abstrakte [und kommunikative, d. Verf.] Weltstrukturen, denen handlungsleitende Macht zugeschrieben wird."[7]

In Sinne solcher bloß kognitiver und kommunikativer Strukturierung kann auch z.B. die bekannte *"Systematik zur Aufgabenstrukturierung"* nach KOSIOL[8] als reine Abgrenzungs- und Zuordnungskonstruktion über "Aufgabenanalyse" und "-synthese" nach bestimmten Sinnkriterien der Strukturierung zur Orientierung und deren kommunikativer Vermittlung bzw. Darstellung zur Koordination arbeitsteiliger Aufgabenvollzüge, und das bedeutet als kognitive System- und kommunikative Modellbildung, bezeichnet werden.

Erste Ansätze einer Untersuchung wirtschaftlicher Koordinationsformen aus soziologisch-systemtheoretischer Perspektive liefern die systemtheoretischen Interpretationen der *Wirtschaft*

---

[5]  Vgl. z.B. MARTENS (1989) S. 7: "Die innere Organisation wird als ein Zusammenhang von koordinierten Kommunikationen, als kommunikatives System, interpretiert. Die als Kommunikation begriffene Integration von Entscheidungen und Handlungen ist (...) *die* Problematik von Organisationen, also auch von Wirtschaftsorganisationen." (H.i.O.).

[6]  Vgl. STEINMANN/GERUM (1985) S. 168, als "Zusammenfallen von Produzent und Konsument": "Hier arbeitet eine Person allein, um sich die Güter für die Befriedigung ihrer lebensnotwendigen Bedürfnisse (und sonstigen Wünsche) zu beschaffen."

[7]  WIELAND (1990) S. 168.

[8]  Vgl. STEINMANN/SCHREYÖGG (1990) S. 364.

von LUHMANN[9], mit Schwerpunkt auf Kommunikation und (sozialsystemischer) Autopoiese (Kap. I.1.), sowie (darauf aufbauend) des *Marktes* als "Beobachterkonstrukt" von BAECKER[10] (Kap. I.2.). Beide Autoren sind allerdings vor dem Hintergrund der in ihrer Übertragbarkeit auf soziale Systeme kritisch zu beurteilenden Konzeption "autopoietischer bzw. selbstreferentieller sozialer Systeme"[11] nur bedingt für die Konzeption eines indirekten Steuerungsmodells verwertbar. Abschließende Bewertung und Überleitung bietet gleichsam eine Interpretation des klassischen "liberalen Wirtschafts- und Gesellschaftsmodells" nach Maßgabe des integriert-systemtheoretischen Bezugsrahmens und im Hinblick auf das zu konstruierende indirekte Steuerungsmodell (Kap. I.3.).

## 1. LUHMANN: Wirtschaft als autopoietisches System

Zentraler Aspekt der Übertragung "autopoietischen Geschlossenheit" auf die Wirtschaft sind nach LUHMANN "*Zahlungen*" als "Kommunikationen im Medium Geld"[12]; er "definiert die Wirtschaft als System kontinuierlicher Zahlungspraxis."[13] Dieses Verständnis kommt einer Vorstellung der Funktion *vereinfachter Handlungszurechnung der Handlung "Zahlung" im Medium "Geld"* eines Kommunikationssystems offensichtlich sehr nahe; der "autopoietische" Charakter sozialer Systeme und damit der Anschein physischer Existenz muß allerdings insgesamt zurückgewiesen werden. Unabhängig von grundsätzlicher Kritik an der Übertrag-

---

[9] Siehe LUHMANN (1984a), "Die Wirtschaft der Gesellschaft als autopoietisches System", und LUHMANN (1988), "Die Wirtschaft der Gesellschaft". Vgl. BAECKER (1993a) Sp. 1058: "In der Diskussion befindet sich gegenwärtig der Vorschlag von Niklas Luhmann, die Zahlung als die kommunikative Elementaroperation des Wirtschaftssystems und die Entscheidung als die kommunikative Elementaroperation aller Organisationssysteme, darunter der Unternehmen, zu begreifen."

[10] Siehe BAECKER (1988), "Information und Risiko in der Marktwirtschaft". Vgl. auch z.B. BAECKER (1987a) S. 65: "Soziale Systeme, die sich steuern wollen, müssen sich auch beobachten können." Seine Betrachtungen zur "Form des Unternehmens" (siehe BAECKER (1993) ) können hier weitgehend unberücksichtigt bleiben.

[11] WIELAND (1988) S. 19 bezeichnet beide (LUHMANN (1988) und BAECKER (1988) ) als "(wirtschafts-) soziologische Arbeiten, die versuchen, Humberto Maturanas Konzept der Autopoiesis lebender Zellen für die Analyse der Wirtschaft der Gesellschaft nützlich zu machen." Vgl. LUHMANN (1988) S. 48ff. zu seiner "Theorie selbstreferentieller oder autopoietischer Systeme". Grundsätzliche Einwände gegen diese Übertragung wurden bereits im Rahmen der Darstellung des "Autopoiese"-Konzeptes vorgebracht.

[12] Vgl. LUHMANN (1988) S. 43ff. (auch veröffentlicht als LUHMANN (1984a) ), WIELAND (1988) S. 21: "Zahlungen sind Kommunikationen im Medium Geld. Kommunikativ gewendet enthalten Zahlungen Informationen über Kauf- und Verkaufsabsichten zu bestimmten Preisen, die mitgeteilt und verstanden werden müssen, damit die Kommunikation zum Abschluß kommt'.

[13] PRIDDAT (1987) S. 4. Vgl. BAECKER (1993a) Sp. 1058: "Niklas Luhmann geht einen Schritt weiter und beschreibt das soziale System als ein selbstreferentielles System, dessen elementare Operation die Kommunikation ist."

barkeit des "Autopoiese"-Konzeptes auf die Wirtschaft[14] können einige wesentliche Punkte als anschlußfähig an ein kommunikatives Koordinations- bzw. Steuerungskonzept aufgegriffen werden, sie konzentrieren sich vor allem auf die Beschreibung der *Funktionsweise "symbolisch generalisierter Kommunikationsmedien" und "Codes"* im Zusammenhang mit "Geld".[15]

LUHMANN betrachtet *"Geld" als "symbolisch generalisiertes Kommunikationsmedium"*, durch das sich *"Zahlungen"* als bestimmter Typus kommunikativer Handlungen systematisieren und der Wirtschaft zuordnen lassen; so seien "Kommunikationen" die wesentlichen Elemente, "Zahlungen" die elementaren Operationen des aus dem Gesellschaftssystem ausdifferenzierten "autopoietischen Systems" der Wirtschaft. Zwischen "funktionaler Differenzierung" und "Medienentwicklung" bestehe ein enger Zusammenhang, der in einer "allgemeinen Theorie selbstreferentieller Systeme" begründet werden könne:[16]

-   "Geld" ermögliche als *"Codierung wirtschaftlicher Operationen"* die Duplikation von *"Knappheit"* (der Grundprinzips wirtschaftlicher Koordination) in *"Güter"* bzw. *"Leistung"* (umweltbedingt) und *"Geld"* bzw. *"Zahlung"* (artifiziell, medial generalisiert), zur Erleichterung ihrer kognitiven Erfassung; die Konditionierung dieses Zusammenhangs vor allem durch *"Preise"* sei der strukturelle Grund für den Erfolg und damit die Funktion der Wirtschaft.[17]

-   "Autopoietisch" präzisiert reproduziere die Wirtschaft als selbstreferentiell geschlossenes System ständig *"Zahlungen"* als die temporären Elemente, aus denen sie bestehe. Das *"Profitmotiv"* gewährleiste als *"Gesichtspunkt der Selbststeuerung"* Zukunftssicherung; *"Profit"* bzw. *"Gewinn"* seien "Zahlungen", die dem Zahlenden selbst zugute kämen und

---

14   Ausführliche Kritik zur Übertragung der "zahlungsorientierten Autopoiese" auf die Wirtschaft als soziales System bei PRIDDAT (1987) S. 9ff. oder WIELAND (1988) S. 23ff. (auf S. 27 der explizite Hinweis auf das Fehlen eines "Subjekts" als Zahlender, quasi als Handlungsträger der kommunikativen Handlung); siehe auch LUHMANN (1988f), WIELAND (1988a).

15   Vgl. LUHMANN (1988) S. 230ff. ("Geld als Kommunikationsmedium"), der hier explizit an PARSONS anschließt (vgl. LUHMANN (1988) S. 47 oder S. 231f.; siehe auch PARSONS, Talcott: Zur Theorie sozialer Interaktionsmedien, herausgegeben und eingeleitet von Stefan Jensen, Opladen 1980).

16   Vgl. LUHMANN (1988) S. 14f., 43 ("Unbestreitbar hat der Übergang zur Geldwirtschaft in der Entstehung der modernen Gesellschaft eine wichtige (...) Rolle gespielt."), S. 48 u. 68; PRIDDAT (1987) S. 5 ("Nicht mehr die r e a l e Ökonomie und ihre arbeitswerttheoretische Begründung, sondern die (...) m o n e t ä - r e Ökonomie ist zu untersuchen; und zwar nach ihren soziologischen Aspekt, in dem das Geld als Kommunikationsmedium - im parsonsschen Sinne als 'symbolisch generalisiertes Tauschmedium' (Luhmann 1984, 310) - fungiert. Der Zahlungsbegriff vereinigt für Luhmann idealiter ökonomische und soziologische Aspekte." H.i.O.).

17   Vgl. LUHMANN (1988) S. 46f. Bei BAECKER (1987b) S. 143f. wird dieses Verhältnis als "paradoxe Einheit von Knappheit und Überfluß im Markt" beschrieben; die Entparadoxierung erfolge über das Kommunikationsmedium "Geld" und dessen Code "Zahlung" (Überfluß)/"Nichtzahlung" (Knappheit).

weitere "Zahlungen" ermöglichten; "Gewinn" dient somit als Rationalitätskriterium und "Kontextbedingung" einer (weiteren) Teilnahme an der Wirtschaft.[18]

- Der Umweltbezug bzw. die Offenheit der Wirtschaft manifestiere sich an der *Gebundenheit der "Zahlungen"* an *"Motive"*, *"Gründe"* oder *"Bedürfnisse"*, die auf die Umwelt verwiesen. LUHMANN differenziert demgemäß zwischen *"Werten"* als Ausdruck der gesellschaftlichen Relevanz des wirtschaftlichen Geschehens und *"Preisen"* als Erwartungen, die Kommunikation über Zahlungen und damit Selbstbeobachtung und -beschreibung ermöglichten und so strukturbildend wirkten.[19]

- Die Wirtschaft steuere sich über die Beobachtung von *"Preisen"* (und Preisvariationen bzw. -unterschieden) als kommunikative Erwartungen über "Zahlungen"; Unterschiede seien jeweils "systemeigene Konstruktionen".[20] Das *"Preissystem"* eigne sich deshalb auch *nicht* zu einer Beurteilung der Rationalität der Wirtschaft, es müsse vielmehr unter der Prämisse der Komplexitätsreduktion gesehen werden:

  > "Die allgemeine, unfaßbare Komplexität der äußeren Umwelt des Wirtschaftssystems wird in diesem System auf die Form instabiler Preise gebracht, und an dieser wirtschaftsinternen, schon präparierten Umwelt orientieren sich dann - mit mehr oder weniger Erfolg, sicherlich ohne garantiert rationale Entscheidungsmöglichkeiten - die einzelnen Firmen."[21]

- Der *"Markt"* ist bei LUHMANN kein eigenes System, sondern *"Grenze"* zwischen Wahrnehmung des Konsums durch Produktion und Verteilungsorganisation; so ermögliche er als Differenz zwischen bestimmter eigener und unbestimmter Umweltkomplexität Anschlüsse für eigenes Handeln und "Transformation von Unsicherheit in Risiko".[22]

Dieser kurze Überblick zeigt, daß in LUHMANNs "Wirtschaft als autopoietischem System" trotz einiger vielversprechender konzeptioneller und begrifflich-definitorischer Ansätze über "Kommunikation", "Medien", "Codes" und der grundsätzlichen Einführung von "Selbststeuerung" und "Systemrationalität" noch große Unschärfe bezüglich des autopoietisch-physischen Charakters und der verwendeten Begriffe vorherrscht. Verwertbar für die Konzeption eines indirekten Steuerungsmodells sind vor allem:
- *"Wirtschaft"* als nach der System/Umwelt-Theorie ausdifferenziertes Subsystem der "Gesellschaft", mit den Elementen bzw. Operationen *"Zahlungen"* als zurechenbare Handlungen bzw. Kommunikationen zwischen Teilnehmern;

---

[18]   Zum "Profitmotiv" vgl. LUHMANN (1988) S. 55ff.

[19]   Vgl. LUHMANN (1988) S. 52ff., WIELAND (1988) S. 19f.; eine Kritik PRIDDAT (1987) S. 11ff.

[20]   Vgl. LUHMANN (1988) S. 26f., unter dem Vorbehalt einer Kritik der Physis bzw. Subjekthaftigkeit des "autopoietischen Systems".

[21]   LUHMANN (1988) S. 31.

[22]   Vgl. LUHMANN (1988) S. 73f.

- "*Geld*" als system- bzw. wirtschaftsspezifisches "symbolisch generalisiertes Kommunikationsmedium", mit "*Zahlung*" als "Codierung" der Operationen bzw. Kommunikationen im Medium "Geld";
- "*Profit*" bzw. "*Gewinn*" als Rationalitätskriterium bzw. Kontextbedingung der Selbststeuerung nicht des Systems, sondern der Akteure über das System;
- Umweltbezug bei selbstreferentiell geschlossener Rationalität der Erwartung bzw. des Codes "Preis"/"Zahlung" über gleichzeitige gesellschaftlicher Öffnung durch "Wert"/"Bedürfnisse".

Problematisch hingegen bleibt bei LUHMANN grundsätzlich sein aus der Neurobiologie entlehntes "Autopoiese"-Konzept in seiner Übertragung auf die Konstitution "autopoietischer oder selbstreferentieller sozialer Systeme".[23] Daraus lassen sich wesentliche Kritikpunkte ableiten:

- Sind soziale Systeme und damit die "Wirtschaft" *reale physische und damit handlungs- bzw. reproduktionsfähige Existenzen*, wie LUHMANN nur unscharf oder widersprüchlich aufklärt,[24] oder sind sie nur kognitiv und kommunikativ handlungsleitende Konstrukte der Orientierung bzw. Komplexitätsreduktion?[25]
- Wo bleibt in LUHMANNs "Autopoiese" der Aspekt der "*Interpenetration*" bzw. der autonome Akteur, das Subjekt als Handlungsträger?[26]
- Warum definiert LUHMANN "*Markt*" als *Grenze*[27] und nicht als eigenes soziales Beobachtungs-, Kommunikations- oder Verhandlungssystem, etwa mit dem Medium "Preis" und dem Code "Kauf"?

Die wichtigste Anschlußstelle zum integrierten Systemansatz stellt der Bezug auf "*Kommunikation*" (und "Beobachtung" in der strukturellen Koppelung) *als Grundlage der Systembildung* dar: "Wie soziale Systeme überhaupt, sollen auch wirtschaftende Gesellschaften oder

---

23    Vgl. zur "Theorie selbstreferentieller Systeme" LUHMANN (1988) S. 14, 30, und insb. 48ff.; FISCHER (1991) S. 10.

24    Vgl. LUHMANN (1988) S. 71; dort schränkt er "Autopoiesis" auf "für das System selbst unbeendbares Weiterlaufen der Produktion von Elementen des Systems durch Elemente des Systems" ein. So wird eine Zuschreibung von Produktion und damit von Handlungen vermieden. Zu einer Kritik vgl. WIELAND (1988) S. 27f.

25    Vgl. LUHMANN (1988) S. 14 und LUHMANN (1990) S. 41 ("Die Welt ist ihnen [erkennenden Systemen, d.h. Akteuren, d. Verf.] *nur kognitiv zugänglich*." H.i.O.).

26    Vgl. z.B. LUHMANN (1988) S. 14: "Weder die Ressourcen, um die es geht, noch die psychischen Zustände der beteiligten Personen sind demnach Elemente oder Bestandteile des Systems. Sie sind natürlich unerläßliche Bestandteile der Umwelt des Systems." Siehe aber LUHMANN (1990) S. 41: "Erkennende Systeme sind wirkliche (empirische, das heißt beobachtbare) Systeme in einer wirklichen Welt." Dies trifft nach unserer Auffassung nur auf Subjekte bzw. Akteure zu.

27    Zum Unterschied von LUHMANNs und BAECKERs "Markt"-Begriff vgl. WIELAND (1988) S. 22. Dort wird der Markt als "Beobachterkonstrukt" oder als "Reflexionskategorie" bezeichnet.

*ausdifferenzierte Wirtschaftssysteme in Gesellschaften* als Systeme begriffen werden, die *aufgrund von Kommunikationen Handlungen bestimmen und zuordnen.* (...) Die Systembildung, um die es hier geht, liegt aber ausschließlich auf der *Ebene des kommunikativen Geschehens.* Nur dies kann in einem genauen Sinne als *soziale Wirklichkeit* bzw. als soziales System bezeichnet werden."[28]

Wichtig ist zudem der Verweis LUHMANNs auf die Einbettung des *Wirtschaftssystems als "binär codiertes Funktionssystem" in die "Gesellschaft"* bzw. *andere Umsysteme mit jeweils anderen "Codierungen"*, die auch sein "autopoietisch-geschlossenes System" in einen kritischen Zusammenhang rückt: Die "Gesellschaft", bestehend aus autonomen und binär codierten Subsystemen erfordere eine *"mehrwertige Logik"*, eine *"Pluralität der Codierungen"*. Daß kein "Funktionssystem" sich nach dem "Code" eines anderen richten könne, bedeute aber nicht die Irrelevanz der Werte der anderen Systeme, sondern resultiere aus der thematischen Abgegrenztheit des Kommunikationszusammenhanges und der *"Selbstreferenz"* der beteiligten Akteure:

> "Ob und mit welcher Tragweite Werte anderer Systeme für ein System relevant sind, entscheidet das akzeptierende System nach dem eigenen Code und den eigenen Programmen. (...) Ein Funktionssystem kann (und muß) unberücksichtigt lassen, daß a n d e r e Codes für a n d e r e Systeme e i n e  W a h l [- und Entscheidungs-, d. Verf.]s i t u a t i o n  k o n s t r u i e r e n."[29]

LUHMANN verurteile die "derzeitige" Lösung des Problems durch eine "Trivialmoral", durch "Forderungen und Appelle an die Adresse der Wirtschaft" oder durch "social auditing", halte aber auch "Ethik" und "Gesellschaftliche Verantwortung der Wirtschaft" als ungeeignet zur Erklärung der damit zusammenhängender Probleme oder andersartiger Werte, etwa "Gemeinwohl", "gutes Leben" oder "herrschaftsfreien Diskurs". Es sei "nicht zu sehen, wie von diesen Positionen aus eine Theorie des gesellschaftlichen Kontextes der Wirtschaft geschrieben werden könnte."[30] Diese Problematik wird unter dem Aspekt der kritischen Kompensation und Öffnung über kognitive "Vernunft" (durch "Reflexion") und kommunikative "Begründung" (als "Ethik") für eine friedlichen Ausgleich verschiedener Orientierungen und Koordinierungskontexte behandelt (Abschnitt F.).

In Anknüpfung, aber auch im Unterschied zu LUHMANN sucht BAECKER das charakteristische Merkmal systemtheoretischer Koordinations- bzw. Steuerungsformen in *"Beobachtung"* und *"Information"* (im Erleben als "Beobachtung" und "Kognition", in Unterschied zu Kommunikation als Verknüpfung von "Information", "Mitteilung" und "Verstehen"). Deshalb kon-

---

[28]    LUHMANN (1988) S. 14 (H.v.V.).

[29]    LUHMANN (1988) S. 86 (H.i.O.); vgl. zu dieser Problematik ebd. S. 84ff.

[30]    LUHMANN (1988) S. 90.

zipiert er "Markt", den zentralen Begriff der indirekten Wirtschaftskoordination, als "Beobachterkonstrukt" der Verschränkung von "Beobachtung" und "Operation". Diese Konzeption kann problemlos, wenn auch von BAECKER teilweise (anscheinend durch die "Grenz"-Definition LUHMANNs induziert) nicht so intendiert und formuliert, als Koordination durch interaktive Kommunikationssystembildung in der Verschränkung von Handeln und Erleben angeschlossen werden.

## 2. BAECKER: Der Markt als Beobachterkonstrukt

Als Rezipient der Theorie LUHMANNs[31] bemüht sich BAECKER um eine *"Zusammenführung von Markttheorie und Systemtheorie auf der Grundlage der Theorie selbstreferentieller Systeme"*, wobei das Problem der *"Beobachtung"* und damit zusammenhängend der *"Markt"* (die "Marktwirtschaft") als Koordinationsinstrument im Mittelpunkt seiner Betrachtung stehen: "Wie, wenn nicht 'Markt', soll man das nennen, was (...) als Prämisse der Beobachtbarkeit anderer und ungewisser Möglichkeiten fungiert"[32] bzw. das einen Ort der "Verschränkung von Operation und Beobachtung" darstellt?

> "Es kommt nicht darauf an, den Markt überall zu entdecken. Aber es kommt darauf an, die Rolle der Beobachtung zu unterstreichen. Erst dann, wenn die Marktwirtschaft zum Ausgangspunkt einer Beschreibung des Wirtschaftssystems genommen wird, kann man feststellen, daß es unter anderem Tauschakte [als 'Funktion' oder 'Leistung' der Wirtschaft bzw. als 'Medium' des Marktes, d. Verf.], Geldzahlungen [als 'Kommunikationen', d. Verf.] und Pläne [als 'Orientierungen', d. Verf.] sind, auf die *zugerechnet* werden kann, was in der Wirtschaft geschieht und beobachtet werden kann."[33]

---

31  Vgl. WIELAND (1988) S. 19: "Zwei Autoren, zwei Arbeiten und dennoch nur ein theoretisches Konzept, denn Baecker, der bei Luhmann mit dieser Arbeit [(1988), d. Verf.] promovierte, benutzt dessen kategoriales Instrumentarium zur Erforschung sozialer Systeme und speziell für Wirtschaftssysteme." Bei TÜRK (1989) S. 767 wird BAECKERs Ansatz als Versuch gewertet, die Analysestücke LUHMANNs zu einem "systemtheoretischen Gesamtkonzept von Wirtschaft" zu integrieren; dieser gelinge aber im eigenen Abstraktionsgrad BAECKERs nur bedingt.

32  BAECKER (1988) S. 308f. In Ergänzung zum Kommunikationsaspekt in LUHMANNs Betonung von "Geld als symbolisch generalisiertem Kommunikationsmedium" kritisiert BAECKER die Ausblendung von Informationsaspekten in wirtschaftstheoretischen Untersuchungen: " (...) gilt noch immer die Aufmerksamkeit des Theoretikers primär den Operationen des Systems (...) [und nicht dem] Gewinn an Indeterminiertheit wirtschaftlicher Entscheidungen dank (...) der Ausweitung der anhand von Preisen beobachtbaren Alternativmöglichkeiten" (vgl. ebd. S. 308).

33  BAECKER (1988) S. 308f. (H.i.O.); ebd.: "Erst eine Antwort auf die Fragen, in welchem Ausmaß diese Beobachtung tatsächlich möglich ist, an verschiedenen Stellen des Systems gleich und unterschiedlich gehandhabt und in autonom entschiedene Operationen umgesetzt werden kann, wäre eine Antwort auf die Frage, ob man es eher mit einer Marktwirtschaft oder einer Planwirtschaft zu tun hat. Der systemtheoretische Ansatz hat den Vorzug, diese Fragen stellen zu können und dementsprechend die Operationsweise des Wirtschaftssystems *unabhängig von einer Selbstbeschreibung* untersuchen zu können. Er leistet insofern einen Beitrag zur Entideologisierung der Wirtschaftstheorie."

In dieser grundlegenden These BAECKERs liegen zentrale Anschlußstellen an den integriert-systemtheoretischen Bezugsrahmen, der "Handlungssysteme" als kognitive Konstrukte des Erlebens, der Beobachtungsverarbeitung und der Orientierung und "Kommunikationssysteme als wechselseitige "Beobachtung" von Handeln und Erleben in "struktureller Koppelung" erfaßt.

BAECKERs *"Markt"*-Begriff ist "ein Begriff, der aus der Beobachtung von Beobachtungen von Beobachtungen gewonnen ist", wobei es "erst die Beobachtungen dieses wirtschaftlichen Beobachters sind, die zusammen mit den Beobachtungen aller anderen wirtschaftlichen Beobachter und ihrer Umsetzung in wirtschaftliche Operationen den Markt konstituieren. *Der Markt ist kein System, sondern ein Beobachterkonstrukt.*"[34] Diese Idee ermögliche es, nicht nur das Verhältnis von "Markt" und "Unternehmung" zu betrachten, sondern auch die *interne Struktur von "Unternehmen" als "operierende und beobachtende Systeme"*: "Die Operationen eines Unternehmens sind das Ergebnis und die Voraussetzung der Beobachtung sowohl von Binnenverhältnissen als auch der Differenz von Unternehmen und Markt (bzw. Märkten) durch das Unternehmen."[35] Die *"Beobachtungen"* am bzw. des "Marktes" führten nach BAECKER zum *Aufbau, Test und Abbau von "Erwartungen"* und damit *von Strukturen mit dem Doppelaspekt der Orientierung und Änderbarkeit*, mit dem Paradoxon der "Struktur-vorgabe des Strukturverzichts"[36]. Auf die Erwartungsstruktur könnten die autonomen Markt-teilnehmer durch "Entscheidung' reagieren. Gerade der Aufbau von Erwartungsstrukturen dient als Indiz eines (Kommunikations-)Systemcharakters des "Marktes".

Die *"Wirtschaft"* dagegen sei ein "soziales System" und werde

"durch Differenzen konstituiert, die auf dem Markt durch jeweils distinkte Operationen zwar be-wegt und in ihren Kombinationen variiert werden können, die aber nicht im Markt, sondern in den Operationen der Wirtschaft und in den Beobachtungen dieser Wirtschaft am Markt gesetzt und verankert sind. Der Markt ist nichts anderes, als das Derivat der Aktualisierung von Distinktionen, Differenzen und Systemreferenzen. Und diese Aktualisierung ist der ausreichende Grund dafür, daß Kommunikationen und Handlungen koordiniert werden, genauer gesagt: sich koordinieren."[37]

BAECKERs "Wirtschafts"- bzw. "Markt"-Verständnis stellt, wenn auch von Autor so nicht beabsichtigt, eine interessante Beziehung zur Konzeption von "Kommunikationssystemen" als Verschränkung von Handeln und Erleben ("Beobachtung") der subjektiven Orientierung und

---

[34]   Beide Zitate BAECKER (1988) S. 315 (H.v.V.). Dieser These ist in dem Punkt zu widersprechen, daß "Be-obachterkonstrukte" sehr wohl als kognitive bzw. kommunikative "soziale Systeme" der Orientierung anzu-sehen sind; was sind "Beobachterkonstrukte" anderes, wenn nicht "Systeme"?

[35]   BAECKER (1988) S. 314. Es stellt sich wie bei LUHMANN die Frage, ob eine "Unternehmung" als "So-zialsystem" operationsfähig ist, oder ob sie ebenfalls nur ein Beobachter- bzw. Kommunikationskonstrukt der Handlungsorientierung und Koordination darstellt.

[36]   Vgl. BAECKER (1988), S. 318; eine kritische Würdigung bei TÜRK (1989) S. 767.

[37]   BAECKER (1988) S. 316.

intersubjektiven Koordination her. Nicht nachvollziehbar dagegen erscheint es, dem "Markt" als "physischem Ort" der Verschränkung gegenseitigen Handelns und Erlebens eigenständige (z.b. Verhandlungs-)Systemqualität neben "Wirtschaft" und "Unternehmung" abzusprechen. Dies setzt zudem voraus, es gäbe neben "Markt" keine alternativen Beobachtungs- oder Kommunikationsmöglichkeiten in einer Wirtschaft; andere wirtschaftliche Kommunikationsformen, z.b. "interne Unternehmenskommunikation", "Marketing" bzw. "Werbung" etc. bleiben außer acht oder müssen unter einen abstrakten "Markt"-Begriff subsumiert werden. BAECKERs Marktbeschreibung entspricht eher der Vorstellung eines abstrakten Begriffs bzw. Ortes, eines "Punktes ohne eigene Fläche", als Synonym für indirekte Steuerung und nicht einem konkretem, nach Örtlichkeit, Teilnehmern und Leistungskategorien abgrenzbaren "Transfer von Beobachtungen und Leistungen" als Kommunikationssystem bzw. Koordinationskontext.

Zur Beschreibung "sozialer Systeme" greift BAECKER auf LUHMANNs "Theorie selbstreferentieller Systeme" zurück und koppelt sie mit seiner "Theorie des Beobachters": Soziale Systeme seien "selbstreferentielle, operational geschlossene Systeme" mit Gewinn an Determiniertheit dadurch, daß das System die Unterscheidung, durch die es konstituiert werde, in seine eigenen Operationen wieder einführe. Durch das Bewußtsein dieser eigenen "konstitutiven Differenz" gewinne es die Fähigkeit zu "Selbstbeobachtung", "Selbstbeschreibung" und "Reflexion". Zugleich seien soziale Systeme "observational offen", d.h. "Beobachtungen" sicherten und variierten Anschlußmöglichkeiten für eigene "Operationen" gegenüber einer Umwelt.[38] Im integriert-systemtheoretischen Bezugsrahmen bleibt Handlungs- bzw. Beobachtungsfähigkeit dem autonomen Akteur vorbehalten; "Selbstreferenz" bedeutet dann im Hinblick auf Sozialsysteme lediglich das Bewußtsein einer Beschränkung der Orientierung auf die spezifischen Sinn- und Rationalitätskriterien dieses Systems, ausgedrückt über "Medien" und "Rationalitäten". "Operationen" sind für BAECKER "Kommunikationen" (vice versa: "Kommunikationen" sind "Operationen"); "Beobachtungen" seien dann (autonome) Operationen der "Unterscheidung von Kommunikationsanschlußmöglichkeiten". Hier findet sich die basalen Unterscheidung von Erleben ("Beobachtung" und "Kognition") und Handeln bzw. Interaktion ("Operation" bzw. "Kommunikation") wieder. Ein Wechselspiel von "Operation" und "Beobachtung" erzeuge den Auf- bzw. Abbau von Erwartungsstrukturen als Notwendigkeit, Möglichkeit und Kontingenz von Kommunikationsanschlüssen.[39]

---

[38]　Vgl. BAECKER (1988) S. 324ff.(S. 326: "Die Einheit der Differenz von Operation und Beobachtung ist die Einheit von Bestimmtheit und Unbestimmtheit: Rekursivität, Selbstreferenz."). Zum Thema "Selbstreferenz" bei LUHMANN vgl. z.B. LUHMANN (1988a) S. 57ff. o. S. 539ff.

[39]　Vgl. BAECKER (1988) S. 319ff.

In seinen übrigen Ausführungen zur "Wirtschaft" bezieht sich BAECKER wiederum stark auf LUHMANN, unter stärkerer Betonung von "Beobachtung", "Referenz" und "Information":[40]

- *"Selbst- und fremdreferentielle Koppelung"* erfolge über die *Differenz von "Preis"* (als "Informationsdestillat" Ausgangspunkt und Produkt von "Rekursivität" und "Selbstreferenz" durch sichere und eindeutige Anschlußmöglichkeiten für wirtschaftliche Kommunikationen) *und "Leistung"* (als "sachliche Referenz" der wirtschaftlichen Operationen, im System als "Fremdreferenz" gehandhabt); sie konstituiere die Systemgrenze und verweise auf Systemreferenzen.

- *Ihre Einheit "Wert"* ermögliche die *Selbststeuerung der Wirtschaft*: "Im Verweis auf Leistungen produziert die Wirtschaft jeweils eine Realität, die sie in die gesamtgesellschaftliche Realität einsteuern kann. Gesamtgesellschaftlich regeneriert, wird die Fremdreferenz auf Leistungen intern zur Steuerung der Reproduktion von Zahlungen durch Zahlungen einsetzbar."[41]

- *"Zahlungen"* seien als "Kommunikationen im Medium Geld" basale selbstreferentielle Elementarereignisse des Kommunikationssystems "Wirtschaft"; *Transaktionen* bildeten als Transfers von "Leistungen" Fremdreferenzen, welche die "Zahlungen" begleiten (bzw. vorausgehen oder folgen).

Gegenüber diesen verwirrenden Begriffskategorisierungen BAECKERs (und LUHMANNs) muß ein verwertbares indirektes Steuerungsmodell eine konkreter strukturierte Begrifflichkeit anstreben: eine Differenzierung zwischen den Kommunikationssystemen "Gesellschaft", "Wirtschaft", "Markt" und "Unternehmung" als wirtschaftlich relevanter Koordinationsebenen, unter jeweiliger Unterscheidung der verschiedenen Systemrationalitäten über "Funktion" (z.B. "Wohlfahrt", "Bedürfnisbefriedigung", "Ressourcenallokation", "Güter- bzw. Leistungserstellung"), "Medium" (z.B. "Geld", "Preis", "Produktion") und dessen "Code" als operationeller Abgrenzung (z.B. "Zahlung", "Kauf", "Absatz").

Die Unterschiede zwischen den beiden Ansätzen BAECKERs und LUHMANNs sind signifikant: Während LUHMANN seinen Schwerpunkt auf die Operation *"Zahlung"* und auf *"Autopoiese"* als laufende Reproduktion dieser Operationen legt, steht bei BAECKER *"Beobachtung"* (allerdings nicht explizit auf ein Subjekt bzw. einen Akteur, sondern auf die "Unternehmung" als "Beobachter" bezogen), ihre Ermöglichung über Differenzen und damit Informationsgewinn unter *"Selbstreferenz"* im Mittelpunkt der Betrachtung. Beide Ansätze bieten unter korrigierendem Bezug auf den integriert-systemtheoretischen Bezugsrahmen

---

[40]  Vgl. BAECKER (1988) S. 336ff. Siehe dazu vor allem LUHMANN (1984a), wiederabgedruckt in LUHMANN (1988) S. 43-90, und LUHMANN (1988) S. 13-42 ("Preise").

[41]  BAECKER (1988) S. 337.

direkte Anschlußmöglichkeiten an die Problematik der Erfassung und Verarbeitung der sozialen (bzw. wirtschaftlichen) Umwelt durch autonom erlebende und handelnde Akteure, als "Beobachter" zwischen Kognition, Kommunikation und Komplexität bzw. Kontingenz. Es verbleiben auch bei BAECKER offene Fragen (teilweise analog zu LUHMANN):

- Können die sozialen Systeme "Unternehmung" *als "soziale Aktoren" selbst (physisch) handeln, d.i. "beobachten"* (im Gegensatz zur bloßen Strukturierung bzw. Konditionierung der Orientierung der beteiligten Akteure)?

- Ist der *"Markt" als "Beobachterkonstrukt"* in seiner originären Funktion der Verschränkung von "Operation" (Handeln) und "Beobachtung" (Erleben) *kein soziales System?*

- Erlaubt die "Markt"-Konzeption BAECKERs Bezüge zu einer *Konzeption funktional differenzierter kommunikativer "Verhandlungssysteme"* für die Wirtschaft, möglicherweise analog zu einer systemischen Interpretation von "Planung" für das "Management", "Strategie" für die "Unternehmung" oder "Diskurs" in der "Gesellschaft"?

- Inwieweit bedarf die Systemtheorie, insbesondere nach der BAECKER-Rezeption LUH-MANNs, im Gesichtspunkt der *"Beobachtung unter Selbstreferenz"* einer *kritischen Öffnung oder Kompensation?*


Diese Auswahl offener Fragen und die grundsätzliche Kritik an der sozialsystemischen "Autopoiese"- bzw. "Selbstreferenz"-Konzeption LUHMANNs (und BAECKERs) begründet die Notwendigkeit, das Konzept eines indirekten Steuerungsmodells unter den Implikationen des integriert-systemtheoretischen Bezugsrahmens neu zu fassen. Ansatzpunkte kann eine adäquate *integriert-systemtheoretische Deutung des klassischen "liberalen Wirtschafts- und Gesellschaftsmodell" als Archetypus indirekter Steuerung* liefern.


## 3. Die klassische liberale Wirtschafts- und Gesellschaftsordnung als Archetypus indirekter Steuerung

Eine Ausgangsthese lautet, daß die Grundlagen integriert-systemtheoretischer indirekter Steuerung im wesentlichen bereits implizit und erfolgreich im Konzept der *"Marktwirtschaft"* vorherrschten, d.h. schon vor Entwicklung und Formulierung der neueren soziologischen Systemtheorie. Bereits die *Grundzüge der "wirtschaftsliberalen Gesellschaftsordnung"* lassen sich dann als wesentliche Bestandteile eines indirekten Steuerungsmodells auf systemtheoretischer Grundlage identifizieren:

- Durch Trennung von ("Ausdifferenzierung der (Sub-)Systeme") "Gesellschaft", "Staat" und "Wirtschaft"; Privatisierung ("Autonomisierung", "Selbststeuerung") der Wirtschaft als originäre Angelegenheit freier Bürger (als "indirekter sozialer Koordinationskontext autonomer Akteure") und

Konstitution von "Eigentum", "Vertrag" und "Geld" als gesellschaftlich anerkannte Rechtsinstitute (als "symbolisch generalisierte" bzw. gesellschaftlich anerkannte und fixierte "Kommunikationsmedien")

steuert "Liquidität" bzw. "Zahlungsfähigkeit" und "Rentabilität" bzw. "Gewinn" als Sicherung zukünftiger "Liquidität" (als "Kontextbedingung einer Teilnahme") als Grundlage der erwerbswirtschaftlichen Motivation ("Kontextrationalität, "Selbststeuerung") die Bedürfnisbefriedigungsfunktion der "Wirtschaft", die durch den "Markt" als Mechanismus effizienter Ressourcenallokation über "Knappheitspreise" als "Fremdreferenz" gesellschaftlicher Verfügbarkeit ("Wert") gegenüber der "Selbstreferenz" wirtschaftlichen Bedarfs("Zahlung") koordiniert wird.[42]

Das *wirtschaftsliberale Grundprinzip der "Einheit von Risiko, Kontrolle und Gewinn"*[43] schließlich kann *als Synonym für "indirekte Selbst- und Kontextsteuerung"*, als Prinzip subjektiver Umwelterfassung und Orientierung ("Risiko"), kontingenter Handlung bzw. Selbststeuerung ("Kontrolle") und kontextueller Koordination ("Gewinn") der autonomen Akteure gewertet werden.

Die *"Trennung von Wirtschaft und Staat"*, bei KISS als "Ausdifferenzierung von Geldwirtschaft und Machtpraxis" bezeichnet[44], kann in diesem Sinne interpretiert werden als Auszeichnung "privater" individuell-autonomer Selbst- und indirekter Kontextsteuerung gegenüber hierarchischer direkter Steuerung der staatlichen Einheit als effizientere Koordinationsform für die Befriedigung von Bedürfnissen und die Verteilung knapper Ressourcen. Im Rahmen des (wirtschafts-)liberalen Gesellschaftsmodells wurden die dafür notwendigen Rechtsinstitute im Privatrecht zur Verfügung gestellt: "Privateigentum" (plus "Vererbung")

---

[42]   Vgl. STEINMANN/SCHREYÖGG (1990) S. 75: "In der Marktwirtschaft als eines dezentral gesteuerten Wirtschaftssystems liegt die *Entscheidungsautonomie* bei den einzelnen Unternehmungen und Haushalten; eine zentrale Planung und Steuerung erfolgt nicht. Die Koordination der wirtschaftlichen Handlungen wird vielmehr über Preise bewerkstelligt, die sich für die nachgefragten und angebotenen Güter auf den verschiedensten Märkten bilden. Das dadurch entstehende *Preissystem* erfüllt die Funktion der optimalen Koordination der individuellen Wirtschaftspläne, wenn die sich bildenden Preise *Knappheitspreise* sind." (H.i.O.).

[43]   Vgl. STEINMANN (1982) S. 10, STEINMANN/GERUM (1985) S. 184, STEINMANN/SCHREYÖGG (1990) S. 74

[44]   Vgl. KISS (1989) S. 16f., STEINMANN (1982) S. 4ff. ("Wirtschaftsliberale Ordnungsvorstellungen"), STEINMANN/GERUM (1985) S. 183: "Danach wird die Gesellschaft - im Gegensatz zum Feudalismus - als eine Vereinigung freier und gleicher Bürger (als Konsumenten, Arbeitnehmer, Eigentümer-Unternehmer) postuliert, die ihre ökonomischen Interessen allein und unbeeinflußt (autonom) vertreten und miteinander am Markt abgleichen. (...) All dies erfordert, daß innerhalb der menschlichen Gesellschaft keine Zusammenballungen von Macht und Herrschaft [als direkte Steuerung, d. Verf.] existieren und zustandekommen dürfen und der Staat in das Geschehen von Wirtschaft und Gesellschaft nicht direkt (interventionistisch) eingreift ('Nachtwächterstaat')."

und "Vertrag".[45] "*Eigentum*" bedeutet generalisierte kommunikative Fixierung einer Zuordnungsbeziehungen und dadurch anerkannte Autonomie der Verfügbarkeit darüber; ein "*Vertrag*" konstituiert und fixiert Beziehungen zwischen Akteuren kommunikativ, macht sie erlebbar und verleiht ihnen damit Dauer und erwartungswirksame Geltung.[46] Beide wurden mit dem *Medium* "*Geld*", dem *Code* "*Zahlung*"/"*Nichtzahlung*" und der *Kontextbedingung* "*Liquidität*" (bzw. "*Gewinn*") zu einer Orientierung der "*erwerbswirtschaftlichen Motivation*" verbunden, die über die Liquiditäts- (Wirtschaft) oder Rentabilitäts- bzw. Gewinnerwartung (Markt in der Marktwirtschaft) als Mitgliedschafts- und Rationalitätsbedingung kontingenzbeschränkend und erfolgsrational koordiniert wird.[47]

Ausfluß dieser Kombination aus Autonomie, Verfügungsgewalt und fixierter Kommunikation ist das sogenannte "*Vertragsmodell der Unternehmung*" als "dichtes Netz von Vertragsbeziehungen als Grundlage für den Handlungsverbund[!]"[48]: "Das Unternehmen wird zu einem 'System[!] von wirtschaftlichen Verkehrsakten (Verträgen) verschiedenster Art' "[49], als klassisches Beispiel eines symbolisch generalisierten Kommunikationssystems. Es konstituiert seine äußere Form durch ein Netz von fixierten, erlebbaren und anerkannten Kommunikationsbeziehungen und konditioniert selbst wiederum Kommunikationsbeziehungen mit anderen sozialen Systemen (z.B. "Markt", "Wirtschaft", "Gesellschaft"). Aktuelle Repräsentation findet das "Vertragsmodell der Unternehmung" speziell in seiner kommunikationsorientierten Interpretation im Begriff der "*virtuellen Unternehmung*": Diese wird als durch moderne Informations- und Kommunikationstechnologie ermöglichtes Netzwerkmodell sowohl der unternehmensinternen Koordination wie der unternehmensexternen Kooperation diskutiert.[50] Das Netzwerkmodell kann in seiner Verfestigungsbandbreite (von einer lockeren

---

45  Vgl. STEINMANN (1982) S. 6ff. "Das Privateigentum und der Vertrag dienen unmittelbar dem organisatorischen Vollzug des Warenverkehrs"; die Betonung muß hier auf "organisatorisch", also im weiteren Sinne kognitiv und kommunikativ, als nicht-physische Zuordnung und Verpflichtung, liegen.

46  STEINMANN/SCHREYÖGG (1990) S. 73 schreiben auch von "Gesellschaftsrecht als dem 'Ort', wo das unternehmerische Handeln unmittelbar in Form von mehr oder weniger präzise ausformulierten Handlungserwartungen verfaßt ist."

47  Vgl. HABERMAS (1988a) S. 387 ("Gewiß bietet der Umstand, daß die Wirtschaftswissenschaft Geld als ein Medium, welches die optimale Verwendung knapper Ressourcen regelt, bereits gut analysiert hat, einen heuristischen Vorzug, den sich Parsons [für die Aufnahme und Analyse von Steuerungsmedien] zunutze gemacht hat.") und WILKE (1987) S. 137 ("Sehr früh schon entwickelt sich etwa für des Spezialaspekt des wirtschaftlichen Handelns das Geld (oder geldähnliche Wert- und Symbolsysteme) als ein Medium zur Vereinfachung *und Steuerung* des wirtschaftlichen Handelns." H.i.O.). Zur "erwerbswirtschaftlichen Motivation" siehe STEINMANN (1982) S. 10f., STEINMANN/GERUM (1985) S. 184f.

48  STEINMANN/SCHREYÖGG (1990) S. 73.

49  STEINMANN (1982) S. 9 ("Damit lassen sich aber auch die Beziehungen des Unternehmens zu Abnehmern und Lieferanten, Arbeitnehmern und Fremdkapitalgebern auf reine Vertragsbeziehungen reduzieren."). Vgl. STEINMANN/GERUM (1985) S. 183f., STEINMANN/SCHREYÖGG (1990) S. 72ff.

50  Zum Begriff der "*virtuellen Unternehmung*" oder "*virtual corporation*" siehe z.B. GRIESE (1992) S. 170 ("Übergang vom realen zum 'virtuellen' Unternehmen" über virtuelle Repräsentation einer globalen Wertkette durch globale Informations- und Kommunikationssysteme sowie Standards für intensive Koopera-

Kooperation bis hin zur festen, auch nach außen dokumentierten organisatorischen Koordination) als ideales Beispiel für die Betrachtung einer "Unternehmung" als System von Kommunikationsbeziehungen bzw. als Kommunikationssystem.

Die Institution "*Markt*" liefert als Verhandlungssystem zur Ressourcenallokation über den "Preis"-Mechanismus einen wesentlichen Beitrag für die Effizienz des indirekten Steuerungssystems "Wirtschaft" zur gesellschaftlichen Bedürfnisbefriedigung. Der Markt stellt explizit die Forderung nach autonomen Marktteilnehmern, die sich über Angebot und Nachfrage gegenseitig erleben bzw. miteinander kommunizieren. Durch das Medium "Preis", den Code "Kauf" und das mit ihm verbundene "Rentabilitäts"- bzw. "Gewinn"-Prinzip ist eine allgemein anerkannte Kontextbedingung ausgebildet, nach der sich die individuellen Teilnehmer selbststeuernd koordinieren.[51]

Diese groben Annäherungen zeigen bereits, daß sich die effiziente indirekte Steuerungslogik der "Wirtschaft" und des "Marktes" grundsätzlich einer modellhaften systemtheoretischen Interpretation erschließt. Nach den Vorüberlegungen systemtheoretischen Deutung von "Wirtschaft" und "Markt" als indirekte Steuerungsmechanismen kann eine konkrete integriert-systemtheoretischen Rekonstruktion eines indirekten Steuerungsmodells im Spannungsfeld von Akteur, Kontext (Kommunikationssystem) und Umwelt erfolgen. Wesentliche Elemente dieser "indirekten Selbst- und Kontextsteuerung" (WILLKE) sind "Autonomie" und "Integration" für Selbststeuerung, "Kontext" und "Intervention" (als kontingenzbeschränkende Konditionalisierung über kommunikativ vermittelte Kontextbedingungen) für indirekte Kontextsteuerung. In einem zweiten Schritt werden die Mechanismen der Umsetzung solch indirekter Steuerung in Kontexten über "Funktion", "Medien", "Codes" und "Kontextbedingungen" abgegrenzt und in ihrer Wirkungsweise beschrieben.

---

tions- und Koordinationsprozesse), SZYPERSKI/KLEIN (1993a) S. 33f. ("Ein Informationslogistik-Modell der Unternehmung", "Virtuelle Systemgrenzen der Unternehmung") bzw. (1993) S. 188f. u. 195ff., MERTENS (1994) S. 169f., OLBRICH (1994), KLEIN (1994) oder BYRNE (1993) S. 37 ("The virtual corporation is a temporary network of independent companies - suppliers, customers, even erstwhile rivals - linked by information technology to share skills, costs, and access to one another's markets. It will have neither central office nor organization chart.").

[51]   Vgl. BAECKER (1988) S. 313: "Die Marktsoziologie zeigte sich schon früh von der Idee der klassischen Nationalökonomie fasziniert, daß die Leistung des Marktes darin bestehe, finanzielle Sanktionen, Anreize und Steuerungsimpulse für wirtschaftliche Entscheidungen freizusetzen; sie kritisiere jedoch, daß dann vor allem die Neoklassik keinen empirisch gehaltvollen Begriff der Entscheidungsträger oder 'Marktsubjekte' mehr bilden könne, sondern sie nur als gleichsam dimensionslose Vollstrecker einer normativen Axiomatik rationaler Entscheidungsmodelle erfasse. Unser (...) Marktbegriff kann die Idee der klassischen Ökonomie aufgreifen und angemessen gewichten." Bei BAECKER (1987b) S. 136: "(...) er [der Markt] koordiniert die Pläne individueller Anbieter und Nachfrager (...)".

## II.   Ein Modell indirekter Steuerung auf systemtheoretischer Grundlage: Integration, autonome Selbst- und indirekte Kontextsteuerung

Aus dem integriert-systemtheoretischen Bezugsrahmen und dem konkret auf Systemsteuerung bezogenen Ansatz einer "indirekten Selbst- und Kontextsteuerung" von WILLKE läßt sich ein Modell *indirekter Integration und Steuerung* über Kommunikationssysteme entwickeln, das allgemein und auf jeder Systemebene besseren Zugang zur Erklärung und Beschreibung sozialer und wirtschaftlicher Koordinationsmechanismen bietet: insbesondere die Kontexte "Wirtschaft", "Markt" und "Unternehmung" und damit verbundene Phänomene wie "Geld", "Preis", "Strategie". Gleichzeitig lassen sich Anschlußstellen für koordinations- und kompensationsspezifisch "externe Effekte" wie "Macht", "Mikropolitik" oder "Unternehmens-" bzw. "Wirtschaftsethik" identifizieren.

Das Modell beschreibt *indirekte Steuerung* auf systemtheoretischer Grundlage *analog zum Marktmechanismus*. Steuerung unter "Autopoiese" und "Autonomie" der Akteure ist nur als indirekte Koordinationsform, als *Kombination von autonomer Selbststeuerung, Integration und indirekter Kontextsteuerung* denkbar: "*Indirekte Kontextsteuerung*" koordiniert die autonomen Akteure über kommunikative Konditionierung bzw. Veränderung der externen Rahmenbedingungen. Die autonomen Akteure "*integrieren*" sich freiwillig über Orientierungsangleichung und Akzeptanz der kontextspezifischen Rationalitätskriterien ("Medien", "Codes" und "Kontextbedingungen") in den jeweiligen "Kontext" (teilweise auch über oft als "teilautonom" bezeichnete funktional differenzierte Subsystem-Konfigurationen). Durch die grundsätzliche Kontingenz autonom-subjektiver Handlungsorientierung verbleiben den Akteuren auch im Rahmen der systemspezifisch koordinierenden und restringierenden "Medien", "Codes" und "Kontextbedingungen" prinzipielle Handlungsfreiräume und Entscheidungsspielräume "*autonomer Selbststeuerung*". Die Verbindung von "Autonomie" und "Kontext" liefert ein zu indirekter systemtheoretischer Steuerung gehörendes *Integrationskonzept über "Selbst-" und "Fremdreferenz"*.

Wesentliche Elemente dieses indirekten Steuerungsmodells sind Vereinfachungen der Handlungsorientierung bzw. der Zurechnung von erlebten Handlungen zu einem Kommunikationszusammenhang über "*symbolisch generalisierte Kommunikations- oder Steuerungsmedien*", "*binär schematisierten Codes*" und "*fixierte Kontextbedingungen*".[52] Theoretisch unklar erscheint die Kausalität der Ausbildung bzw. gegenseitigen Bedingung von Medium und

---

52   Zu "Kommunikations- bzw. Steuerungsmedien" siehe u.a. WILLKE (1987) S. 138ff., JENSEN (1980) S. 11ff., LUHMANN (1973) S. 201ff., LUHMANN (1988b) S.7ff. und LUHMANN (1988a) S. 222ff.; zu "Codes" LUHMANN (1988b) S. 31ff., LUHMANN (1988) S. 243ff. und KÜNZLER (1987) S. 324f.; zu "Kontextbedingungen" bzw. "Kontextsteuerung" siehe insb. WILLKE (1989) S. 58f. u. S. 128ff.

Kommunikationssystem,[53] deren Auflösung nach den Implikationen des integriert-systemtheoretischen Bezugsrahmens im kognitions- bzw. kommunikationsabhängigen Charakter der
Systemidentifikation (und -anerkennung) durch die Akteure zu suchen ist: Medien betonen
und fixieren die Sinnabgrenzung des Kontextes. Die Systemerfassung, verstanden als kognitive (und kommunikative) Umweltstrukturierung für Erleben, Handlungsorientierung und
Koordination, wird durch die Beschreibung der jeweils spezifischen "Medien", "Codes" oder
"Kontextbedingungen" erleichtert und präzisiert.

WILLKE konstruiert in mehreren Arbeiten ein *systemtheoretisches Steuerungsmodell "indirekter Selbst- und Kontextsteuerung"*, das kompatibel zum integriert-systemtheoretischen
Bezugsrahmen auf der *"Autonomie"* von Akteuren bzw. Subsystemen aufbaut. Über
*"Integration"*, *"Reflexion"* und *"Intervention"* (als Konditionierung durch "Kontextbedingungen") wird Koordination als Zusammenspiel von "Autonomie" und "Kontext", von autonomer Selbststeuerung der Akteure und indirekter Kontextsteuerung als konditionierende
Einwirkung auf Erleben und Orientierung, erreicht. "Umwelt" deutet WILLKE als Zusammenhang "potentieller" Kontexte; kontextübergreifende *systemische Diskurse* tragen zum
kompensierenden Ausgleich der verschiedenen spezifischen Kontextrationalitäten bei.

## 1. "Indirekte Selbst- und Kontextsteuerung" nach WILLKE als Modellgrund-
lage zwischen Autonomie und Kontext

WILLKEs Konzeption basiert auf einer *Verschränkung von "Autonomie" und "kontextueller
(Koordination bzw.) Steuerung"*: "Im Grundsatz geht es um brauchbare Verschränkung von
Kontextbedingungen und Autonomiespielräumen in hochdifferenzierten Gesellschaften. Die
zentrale integrative Problematik des Zusammenspiels funktional spezialisierter Bereiche verlangt Vorkehrungen für die Institutionalisierung von Heterogenität."[54] Diese Spannungsfeld
von "autonomer Selbststeuerung" der sich an den kontextuellen Steuerungsmechanismen

---

[53]  Vgl. WILLKE (1987) S. 169; EICHMANN (1989) S. 36 beschreibt diesen Zusammenhang über die Aus-
differenzierung von "Spezialsemantiken" innerhalb "funktional differenzierter Gesellschaft"; für
KÜNZLER (1987) S. 321 sind dagegen "Medien" keine Folgeerscheinung, sondern eher Katalysator für
Differenzierung und Systembildung unter bezug auf "doppelte Kontingenz".

[54]  WILLKE (1989) S. 59. Vgl. EICHMANN (1989) S. 54, der von *"Abstimmung und Steuerung"* spricht:
"Abstimmung ist eine gesteigerte Form von Selbststeuerung eines Systems. Eine Steigerung von Steuerung -
im Sinne von Kontextsteuerung - zielt primär darauf ab, eine Variation der Operationsweisen *anderer* Systeme anzuregen. Sie bedeutet den Versuch, andere Systeme zu (...) Abstimmung zu bewegen und die
Informationen zu erzeugen, die geeignet erscheinen, damit andere Systeme die problembezogenen Bedingungen des eigenen Systemzusammenhanges erkennen und verarbeiten können." (H.i.O.).

orientierenden "Kontextteilnehmer" wird nach WILLKEs Vorstellung durch *"Integration"* bewirkt.

## a) Autonomie und Integration als Grundlagen indirekter Steuerung

(1) Grundlage der indirekten Steuerung nach WILLKEs Ansatz ist der Begriff der *"Autono-mie"*. Er beschreibt (obwohl oft auch als Eigenschaft so bezeichneter "(teil-)autonomer Subsysteme" der effektiven Komplexitätsverarbeitung angesehen[55]) im Einklang mit dem integriert-systemtheoretischen Bezugsrahmen die Grundprämisse der Konstitution einer subjektiven Handlungsorientierung des autopoietischen Akteurs unter Verarbeitung der sozialen Umwelt:

> "Der Autonomie-Begriff scheint nun besonders geeignet, die Einheit der Differenz von Autopoiese und Umweltkontakt, von Selbstreferenz und Fremdreferenz zu bezeichnen (...). *Ein autonomes System ist mithin ein System, das auf der Grundlage autopoietischer Selbststeuerung spezifische, durch seine Leitdifferenz und seinen Operationsmodus vorgezeichnete Umweltbeziehungen unterhält."*[56]

"Autonomie" ist konstitutiv für die systemvermittelte Grenze zwischen Akteur und sozialer Umwelt, als Konsequenz der "Autopoiese" des Organismus und der "Selbstreferenz" des Bewußtseins und Ausdruck des beschränkten Umweltkontaktes über Erleben und Orientierung. Zudem bedeutet "Autonomie", daß Akteure als autonome Systeme niemals von ihrer Umwelt determiniert, sondern nur zu eigenen "Operationen", d.i. Erleben bzw. Kognition sowie außenwirksames Handeln, angestoßen werden können.[57] In seiner Betonung von Erleben in Verbindung mit Autopoiese und Selbstreferenz gestattet das "Autonomie"-Konzept Anschlüsse zum *Radikalen Konstruktivismus*:

> "Für autonome Systeme gibt es keine übergreifende Intersubjektivität; jedes hat seine *eigene, differente Intersubjektivität* in Form eines systemrelativen Entwurfes von 'Welt', in dem es seine Eignung als Umwelt anderer Systeme mitreflektiert. Vor allem aber liegt der Verständigung selbstreferentieller Systeme kein Telos und keine Tendenz zur Übereinstimmung inne. Ihr Kern ist die Verarbeitung von Differenzen, die Generierung von Informationen und eine Optionenpolitik, welche auf eine Konsens und Dissens übergreifende *Anschließbarkeit differenzierter Kommunikation* zielt."[58]

---

[55]   Siehe dazu die Ausführungen zum Strategischen Management, vgl. SCHREYÖGG (1984) S. 248ff., STEINMANN/SCHREYÖGG (1990) S. 112f. und WILLKE (1987) S. 68 u. S. 163ff.

[56]   WILLKE (1989) S. 48f. (H.i.O.). Ebd. zur Beziehung von "Autonomie" und "Autopoiese", allerdings bezogen auf soziale Systeme: "Im Gegensatz zum Begriff der Autopoiese ist Autonomie aber nicht auf den Innenhorizont eines Systems beschränkt. Autonomie soll gerade beide Seiten, Innenhorizont und Außenhorizont, übergreifen und den Zusammenhang von Selbstreferenz und Fremdreferenz betonen."

[57]   Vgl. SCHIMANK (1987) S. 55f., der "selbstreferentielle Systeme" mit "nicht-trivialen Maschinen" vergleicht: "Nicht-triviale Maschinen sind nicht input-determiniert und deshalb für einen Beobachter, der ihre interne Verknüpfung von Inputs, Withinputs und Outputs nicht kennt, auch nicht sicher voraussagbar."

[58]   WILLKE (1989) S. 140 (H.i.O.).

Die Eigenschaft der "Autonomie" bildet die Voraussetzung für "Subjektheit" oder "Identität" als höchste Systemqualität, die allerdings nur personalen Systemen oder Akteuren in ihrer Verbindung von Autopoiese und Selbstreferenz zugeschrieben werden kann; das Bewußtsein bzw. psychische System stellt durch unterschiedliche und kontrastierende Umweltkonstruktionen und unterschiedliche subjektive Orientierungen ein autonomes und kreatives Steuerungspotential her.[59]

"(Indirekte) Steuerung" bedeute dann "jene Form der Organisation von Konditionalitäten relativ autonomer Akteure, welche diese Akteure (auf eine bestimmte Umwelt [als 'System'-Konstruktion oder 'Orientierung', d. Verf.] bezogen) zielorientiert handlungsfähig macht"[60]. Und diese "Organisation" müsse in indirekter Form als Verschränkung von "Autonomie" und "Kontext" geschehen, denn: "Veränderung muß in erster Linie das gesteuerte System selbst wollen. Das gesteuerte System muß einen Problemdruck perzipieren, der so groß ist, daß es selbst darauf mit einer Veränderung der Bedingungen und Formen seiner Selbststeuerung reagieren will."[61] Die "Selbststeuerung" der Akteure erhalte die Differenz, die Funktion, die Dynamik und die Variabilität der einzelnen Systemelemente; sie müsse aber in irgend einer Form auf die Rationalität des "Ganzen", des "Suprasystems" bezogen werden. Diese Funktion könne durch Mechanismen erleichtert werden: durch kontextabhängige "(symbolisch generalisierte) Kommunikations- oder Steuerungsmedien", die in Codeform und über eine Kontextbedingung sowohl "Integration" als Anerkennung eines Koordinationskontextes aus Erwartungen wie auch Entscheidung als Ausdruck der "Autonomie" und grundlegenden Kontingenz der Akteure gewährleisten.[62]

(2) Die Notwendigkeit von "Integration" resultiert nach WILLKE aus dem "Problemhaushalt moderner, funktional differenzierter Gesellschaft", dem Zusammenwirken von autonomer Kontingenz (die bei WILLKE auch "autonomen Teilsystemen" zugeschrieben wird) der Akteure und kontextvermittelter sozialer Umwelt:

"Funktionale Differenzierung zersplittert die Gesellschaft in eine Vielzahl spezialisierte, partiell autonomer Teile, deren Eigendynamik und zentrifugale Tendenz das Problem der Einheit und Integration von Gesellschaft stellen. (...) Und Selbstreferenz der Operationsweise ihrer Teilsysteme

---

[59]    Vgl. WILLKE (1987) S. 68f.

[60]    WILLKE (1987) S. 80 (H.v.V.).

[61]    WILLKE (1989) S. 50 (H.i.O.). Vgl. WILLKE (1987e) S. 333f.: "Die grundlegende Schwierigkeit zielgerichteter Kommunikation liegt darin, daß sie sich in ihren Wirkungen von einem autonomen Prozeß des Verstehens seitens des intervenierten Systems abhängig machen muß. Das intervenierte System gibt die Kriterien vor, unter denen es bereit ist, sich beeindrucken zu lassen."

[62]    WILLKE beschreibt als "klassische" Problemlösungstechniken des Steuerungsproblems (WILLKE (1987) S. 168ff.): "Direkte zentrale Steuerung durch Organisation oder Plan" und "Selbststeuerung durch unterschiedliche Formen spontaner Ordnungsbildung wie Markt, Wahl oder Konsens". Demgegenüber plädiert WILLKE für eine "Kombination dieser scheinbar entgegengesetzten Problemlösungstechniken" in einer Weiterführung von Konzeptionen wie z.B. "Kontextsteuerung".

schließlich schafft das Problem, wie die Eigensinnigkeit der Bereiche aufgehoben und mit einer *vernünftigen Idee des Ganzen* verknüpft werden kann."[63]

Dem systemtheoretischen Bezugsrahmen entsprechend besteht "Gesellschaft" (in der Bedeutung "sozialer Umwelt") aus einer komplexen Vielzahl sozialer Systeme bis hin zu den personalen Systemen der autonomen (bei WILLKE bloß "partiell" autonomen, da interdependenten) Akteure, deren "Eigensinnigkeiten" überwunden, d.h. deren intrasystemische Medienlogiken bzw. subjektive Orientierungen intersystemisch vermittelt und berücksichtigt werden müssten. Daraus läßt sich eine Definition von "Integration" als *"reflexive Abstimmung"* (nach WILLKE) ableiten:

"Integration ist mithin zu verstehen als ein Prozeß, in dem autonome Einheiten [letztlich die 'Akteure', d. Verf.] bestimmte Handlungsmöglichkeiten und Optionen (...) als funktional differenzierte Teilsysteme dem neugebildeten Gesamtsystem gegenüber [aufgeben] (...). Die Kombination von funktionaler Differenzierung und reflexiver Abstimmung erhöht die Komplexitätsverarbeitungskapazität und mithin Problemlösungsfähigkeit gegenüber der Umwelt - *selbst bei einem erhöhten Bedarf interner Abstimmung und wechselseitiger Rücksichtnahme der Teile aufeinander.*"[64]

Die wichtigsten Stichworte in diesem Spannungsfeld von "funktionaler Differenzierung" als koordinierender Strukturierung zur Komplexitätsreduktion und "Integration" als reflexiver Abstimmung zur wechselseitigen Koordination, sind *"Selbstbeschränkung"*, *"interne Abstimmung"* und *"wechselseitige Rücksichtnahme"*.

(3) Da Erkenntnisse über die Umwelt den autonomen Akteuren nur über Kognition bzw. über Kommunikation (als strukturelle Koppelung) zugänglich sind und "selbstreferentiell", d.h. abhängig vom Bewußtsein des Akteurs, verarbeitet werden müssen,[65] wird deren Einstellung gegenüber ihrer Umwelt durch *"Selbst-"* und *"Fremdreferenzen"* geprägt. In Anlehnung an LUHMANN können für soziale Systeme vor allem *drei "Systemreferenzen"* als *"Fremdreferenzen" des Umweltbezuges* für eine Integration unterschiedlicher hierarchischer Ebenen unterschieden werden:

- für *"Suprasysteme"* erbringt das fokale (Teil-)System eine *"Funktion"*, als Bedingung und Sinnkriterium der Teilnahme (entsprechend "funktionaler Differenzierung");

---

63  WILLKE (1989) S. 55 (H.i.O.). "Gesellschaft" meint bei WILLKE das "umfassende Gesellschaftssystem" (da Umwelt selbst kein System ist) für die Zwecke systemtheoretischer Gesellschaftstheorie; es kann problemlos durch "soziale Umwelt" als "komplexer Umfang (erlebter und potentieller) sozialer Systeme" ersetzt werden.

64  WILLKE (1987) S. 155f. (H.i.O.). Vgl. EICHMANN (1989) S. 55: "Integration liegt dann vor, wenn ausdifferenzierte Teile durch Wahrnehmung von externen constraints ihren Operationsüberschuß auf genau diejenigen wechselseitig anschlußfähigen Kontingenzen reduzieren, die das emergente Zusammenwirken differenzierter Teile ermöglichen."

65  Vgl. SCHIMANK (1987) S. 55: "Selbstreferentialität bedeutet allgemein, daß ein System sich in seinem gesamten Erleben und Handeln stets primär auf sich selbst bezieht."

- für "*Umsysteme*" als (ggf. andere Teil-)Systeme in der Umwelt des fokalen Systems erbringt es "*Leistungen*", die in einem übergeordneten Systemzusammenhang (z.B. "Gesellschaft") ebenfalls integrierend wirken; und
- für "*Subsysteme*" stiftet das fokale System originären "*Sinn*", um diese zur Erfüllung ihrer "Funktion", d.h. zur Integration zu bewegen.[66]

Zwischen "Selbst-" und "Fremdreferenz" müsse eine Synthese bestehen, quasi als Simultanverweisung auf "Eigenes" und "Fremdes" in der Strukturierung der Umweltbeziehungen: LUHMANN spricht hier von "*mitlaufender Selbstreferenz*" als "einem Verweisungsmoment unter anderen"[67]; hier soll dieses Bewußtsein der Abhängigkeit von "Selbst(- und Fremd-)referenz" über den Begriff der "Reflexion" erfaßt werden.

(4) "*Reflexion*" bezeichnet somit einen grundlegenden Mechanismus der "Integration". Bereits LUHMANN behandelt "Reflexion" als "selbstreferentielle Operation der Unterscheidung von System und Umwelt", mit der ein System sich selbst im Unterschied zu seiner Umwelt erkenne.[68] WILLKE erweitert den Begriff der "Reflexion" zur *Fähigkeit sozialer Systeme (bzw. deren Akteure), sich selbst zu thematisieren und sich selbst als geeignete Umwelt anderer sozialer Systeme (und Akteure) zu verstehen,*[69] als Bedingung der Kompatibilität der Teile eines komplexen Gesamtsystems unter Selbstbeschränkung und Rücksichtnahme auf die Überlebens- und Entwicklungsmöglichkeiten anderer (Teil-)Systeme in der Umwelt.[70]

---

[66]  LUHMANN unterscheidet drei "Systemreferenzen": "Funktion", "Leistung" und "Reflexion" (vgl. SCHREYÖGG (1984) S.250f., WILLKE (1987) S. 152, EICHMANN (1989) S. 51ff.). Hier wird aber insbesondere der Unterschied zwischen "Selbst-" und "Fremdreferenz" abgestellt; deshalb wird "Reflexion" eindeutig der Erkenntnis der "Selbstreferenz" zugeordnet. "Funktion" (als regulatives Sinnschema) und "Sinn" sind reziproke Kriterien, abhängig vom "fokalen System".

[67]  Vgl. LUHMANN (1988a) S. 604f., WILLKE (1987) S. 46, WILLKE (1987e) S. 336f. und EICHMANN (1989) S. 38f. WILLKE (1987e) S. 341 beschreibt "mitlaufende Selbstreferenz" bzw. die Simultanverweisung von Selbst- und Fremdreferenz als die "Mischung von Unabhängigkeit und Abhängigkeit eines autonomen (sozialen) Systems".

[68]  Vgl. LUHMANN (1988a) S. 600ff.

[69]  Vgl. WILLKE (1987) S. 72f. SCHREYÖGG (1984) S. 266f. bezeichnet dies als "reflexive Integration".

[70]  Zum Thema "Reflexion" vgl. WILLKE (1987) S. 71ff. und (1989) S. 120ff. SCHIMANK (1987) S. 63 drückt den gleichen Sachverhalt interessanterweise mit den Begriffen "*Empathie*" (Reflexion) und "*Solidarität*" (Fremdreferenz) aus: "Das wechselseitige Erleben der verschiedenen organisatorischen Teilsysteme soll dabei durch Empathie, deren aufeinanderbezogenes Handeln durch 'Solidarität' gekennzeichnet sein. Empathie meint hierbei, sich in die jeweilige Situation der anderen Teilsysteme hinein zu versetzen[sic!], um so zu einer Anerkennung der relativen Berechtigung von deren Erfordernissen zu gelangen. Darauf aufbauend kennzeichnet 'Solidarität' einen solchen Modus kollektiven Handelns, bei dem anstelle einer rücksichtslosen egoistischen Interessenmaximierung der verschiedenen Teilsysteme diese aufgrund der Einsicht in die allgemeine Abhängigkeit von der Reproduktion des Gesamtsystems ihre jeweiligen Teilinteressen im Horizont gesamtsystemischer Reproduktionserfordernisse reflektieren und so gleichsam explizite [Organisation, d. Verf.] oder implizite [Reflexion, d. Verf.] Selbstbeschränkungsabkommen zur Vermeidung gesamtsystemischer Krisen schließen".

Abb. 31: Integration unter Selbst- und Fremdreferenz

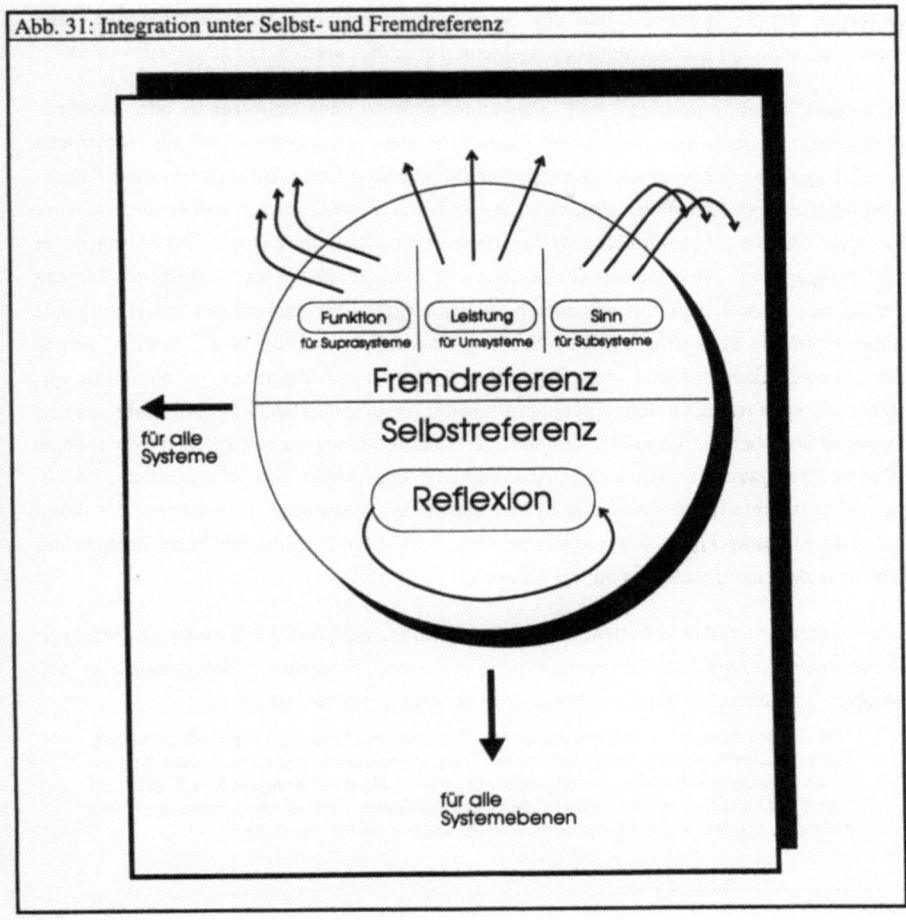

Nach den Folgerungen des integriert-systemtheoretischen Bezugsrahmens basiert "Integration" über "Reflexion" immer auf der subjektiven Orientierung der jeweiligen autonomen Akteure, die ihre "Identität" über Reflexionsprozesse an den jeweils identifizierten und selektierten Koordinationskontexten auszurichten haben. Diese Ausrichtung hat zudem "*sozialverträglich*" zu erfolgen: der autonome Akteur muß seine "Identität" (seine physische Existenz und seine Orientierung mit dem daraus resultierenden sozialen Handeln) als "mögliche Umwelt" für andere Akteure und deren (denkbare) Sozialsystemkonfigurationen verstehen und darf diese in ihrem Bestand oder in ihren Entwicklungsmöglichkeiten nicht unnötig beeinträchtigen. Der Umfang der "Reflexivität" der Akteure kann bzw. muß im Punkt der Umwelterfassung, der Selbstreferenz und des Bewußtseins subjektiver Umweltperspektive, über Kommunikation mit anderen autonomen Akteuren erheblich vertieft und gesteigert werden.

"*Steuerung*" unter "Autonomie" und "Integration" bedeutet dann zielsetzendes oder koordinationswirksames indirektes "*top-down*"-Einwirken eines Sozialsystems auf die autonomen Akteure, ggf. über hierarchisch tiefer stehende (funktional differenzierte) Subsysteme: "Steuerung beinhaltet jene *Form der Organisation relativ autonomer Akteure, welche diese Akteure (auf eine bestimmte Umwelt bezogen) zielorientiert handlungsfähig macht.*"[71] Demgegenüber wird "*Integration*" über "Selbst- (Reflexion) und Fremdreferenz" als "*bottom-up*"-Vorgang verstanden, in welchem die autonomen Akteure (ggf. über hierarchisch tiefer stehende Subsysteme) die Sinn-Kriterien eines Sozialsystems reflektieren und ihre "Identität" gemäß ihrer Umwelterkenntnis und -perspektive darauf einstellen: "Integration ist mithin zu verstehen als ein Prozeß, in dem autonome Einheiten bestimmte Handlungsmöglichkeiten und Optionen aufgeben"[72], um eine koordinierende Strukturbildung zu ermöglichen. Mit anderen Worten: "Integration" bezieht sich auf das Verhalten der Akteure und die durch deren "Autonomie" bestimmte Orientierung und Systemkonstitution, wohingegen "Steuerung" die (kommunikative) Entwicklung von koordinierenden Sinn- oder Zielkriterien bezeichnet, beides jeweils in Auseinandersetzung mit der Umwelt.[73]

Trotz dieser Unterschiede besteht ein enger, allerdings nach WILLKE nicht gleichrangiger *Zusammenhang zwischen "Integration" und indirekter "Steuerung"*: "Integration" sei notwendige Voraussetzung der Steuerbarkeit eines (Gesamt-)Sozialsystems.

> "Für die Bestimmung des Zusammenhangs von Steuerung und Integration ist besonders wichtig, daß Integration Bedingung der Möglichkeit von Steuerung und mithin evolutionstheoretisch primär ist. Denn zunächst entscheidet die Integrationsfähigkeit (im Sinne von Kompatibilität, Einbau- und Anschlußfähigkeit) neuartiger (mutanter) Momente des Systems darüber, ob sie überhaupt zu den bislang vorgegebenen hochorganisierten Ordnungsprinzipen des Systems 'passen'."[74]

---

[71]  WILLKE (1987) S. 80 (H.i.O.).

[72]  WILLKE (1987) S. 155f. Vgl. WILLKE (1987) S. 80: "Integration beinhaltet (...) eine solche *Form der Organisation des Zusammenspiels zwischen differenzierten Teilen, welche den Zusammenhang eines gemeinsamen Ganzen mit emergenten Eigenschaften zuläßt.* (...) Integrationsarbeit ist nicht vom Ganzen, sondern nur von den Teilen des Gesamtsystems im Hinblick auf das Ganze zu leisten." (H.i.O.).

[73]  Vgl. WILLKE (1987) S. 80f: "Auf der Ebene komplexer Systeme besteht ein enger Zusammenhang zwischen Steuerung und Integration. Steuerung kann die Bedingungen für Integration verbessern oder verschlechtern, und Integration kann die Bedingungen für Steuerung verbessern. Dennoch ist die Trennung beider Formen der Abstimmung nicht nur analytisch wichtig, sondern auch praktisch bedeutsam. *Integration* zielt auf einen *modus vivendi* der Teile eines Gesamtsystems und bezeichnet eine bestimmte Qualität des *Systemzustandes*; (...) *Steuerung* zielt auf einen *modus procendi* des Systems gegenüber seiner Umwelt und bezeichnet eine Qualität der *Systementwicklung*." (H.v.V.).

[74]  WILLKE (1987) S. 81. Vgl. ebd. S. 80 ("Integration ist deshalb notwendige Vorbedingung der Steuerbarkeit eines Gesamtsystems. Desintegrierte Systeme sind nicht steuerbar."). Analoges gilt für "Reflexion" als Integrationsmechanismus, vgl. ebd. S. 73f. (H.i.O.): "Reflexion ist nämlich *dann* eine wirksame und überlegene Form der Handlungsrationalität, *wenn* nicht nur einige, sondern alle oder zumindest die meisten

Ein indirektes Steuerungsmodell muß deshalb notwendigerweise "bottom-up"-Integration als Voraussetzung autonomer Selbststeuerung durch selbst- und fremdreferentielle Umwelterfassung plus "top-down"-Kontextsteuerung als intersubjektive Koordination umfassen.

## b) Kontextsteuerung als indirekte und dezentrale Steuerungsform

In Ablehnung der beiden Extrempositionen von Steuerung, von "(synoptischer) Planung" bzw. "Hierarchie" als zentrale Steuerung durch direkte Intervention wie von "Evolution" als Laissez-faire-Prinzip einer reinen Selbststeuerung über spontane Ordnungsbildung, plädiert WILLKE für die Zwischenform einer *"Kontextsteuerung"* als *indirekte und dezentrale Steuerungsform*:

> *"Kontextsteuerung* [beinhaltet] ein sehr viel komplexer gebautes und voraussetzungsvolleres Steuerungsprinzip. Im Kern bedeutet Kontextsteuerung die reflexive, dezentrale Steuerung der Kontextbedingungen aller Teilsysteme und selbstreferentielle Selbststeuerung jedes einzelnen Teilsystems. (...)
> Steuerung löst das Dilemma funktionaler Differenzierung - oder mit Max Webers Begriff: die Paradoxie der Rationalisierung - durch ein Auseinanderziehen des Integrationsproblems in eine dezentrale Kontexterzeugung einerseits, und eine Selbststeuerung der Teilsysteme andererseits."[75]

(1) *"Indirekte"* Kontextsteuerung (bei STEINMANN und SCHREYÖGG auch als "indirekte Prozeßsteuerung" bezeichnet[76]) bzw. *"Intervention in autonome Systeme"* bedeute kurz "Anleitung zur Selbststeuerung über die Konditionalisierung durch Kontextbedingungen"[77], d.i. die (erlebbare) Veränderung der (perzipierten) Umwelt eines Systems (Akteurs) in einer Weise, die Selbststeuerungsprozesse auslöst bzw. erwarten lasse.[78] Konkreter in der Termi-

---

Teile eines Handlungszusammenhanges sie verwirklichen, wenn Reflexion also zur Handlungsmaxime eines Gesamtsystems geworden ist."

[75]   WILLKE (1989) S. 58 (H.i.O.). Vgl. ebd. S. 57f., WILLKE (1987) S. 168f. und (1987b) S. 5f. sowie EICHMANN (1989) S. 58ff. ("Dort wird als Zwischenschritt von muddling through [Evolution] und Planung besonders der Aspekt einer Kontextsteuerung betont.").

[76]   Vgl. SCHREYÖGG (1984) S. 269, STEINMANN/SCHREYÖGG (1986) S. 756f., SCHREYÖGG (1987) S. 155ff.

[77]   Vgl. WILLKE (1989) S. 129f. EICHMANN (1989) S. 43 bezeichnet dieses Verhältnis als "Zusammenhang von Interdependenz und Independenz". Nach WEISS (1995) S. 271ff. übernimmt "Management als Einheit der Differenz von Fremd-/Selbststeuerung" die Konditionierung der Selbststeuerung (als erfolgreiche Einschränkung von Selektionen).

[78]   Vgl. GOTSCH (1987) S. 32f.: "Die Rede von einer 'Intervention in Systeme' oder einer 'Steuerung von Systemen' stellte insofern eine vereinfachende Formulierung für den Sachverhalt dar, daß lediglich die Umwelt eines Adressatensystems in einer Weise verändert wird, die eine bestimmte selbstreferentielle Reaktionsweise des betreffenden Systems erwarten läßt. (...). Die Steuerung autopoietischer Systeme bedeutet immer das Auslösen oder Beeinflussen von Selbstregulationsprozessen." Dabei müsse Steuerung sich allerdings innerhalb der Grenzen der Selbstregulation bzw. Selbsterhaltung der Systeme bewegen, um ein sogen. "regulatorisches Trilemma", d.h. Irrelevanz, desintegrative Wirkungen auf das Adressatensystem oder auf die Steuerungsstrategie, zu vermeiden.

nologie des integriert-systemtheoretischen Bezugsrahmens formuliert: erlebbares Setzen bzw.
Verändern von Kontextparametern und Rationalitätskriterien zur Aktivierung von Reflexions-
prozessen der Änderung von Umweltperzeption, Orientierung und darauf basierendem Handeln der integrierten Akteure:

> "Intervention in ein autonomes System läuft auf die Aktivierung von Reflexionspotential hinaus
> mit der Folge, daß eine Realität in Sichtweite des Systems rückt, die (noch) nicht die Realität des
> Systems ist, sie aber sein könnte. Die Künstlichkeit dieser virtuellen oder alternativen Realität
> hängt an der Diskontinuität von Intervention und Wirkung: die Intervention von außen hat statt-
> gefunden und Kontextparameter gesetzt. Damit sind die Möglichkeiten des intervenierenden Sy-
> stems erschöpft. Die Wirkung der Intervention kann nun ausschließlich vom intervenierten System
> in Form der Einwirkung auf sich selbst realisiert, d.h. in eine Realität des Systems transformiert
> werden."[79]

Die "Intervention" über Kontextbedingungen kann als Kommunikationsprozeß bzw. als Kommunikation angesehen werden;[80] sie muß allerdings von der "Selbstreferentialität" des Systems, d.i. vom observationalen und kognitiven Potential des Akteurs, "verstanden" werden
können.[81]

(2) *"Dezentrale" Kontextsteuerung* bedeute dann, daß die koordinierende Orientierung oder
Weltsicht, der *"Kontext"*, nicht mehr von einer Zentrale oder Hierarchie erzeugt und vor-
gegeben werde, sondern durch die an der Konstitution bzw. Konstruktion der Kontexte als
Kommunikationssysteme beteiligten Akteure selbst: "Diese Selbstbeteiligung an der Kontextsteuerung schafft die Voraussetzungen dafür, die jeweilige Selbststeuerung auf die Prämissen
der Kontextsteuerung auszurichten, also eine Selbstbindung über Partizipation zu erreichen

---

[79]    WILLKE (1987e) S. 356. In dieser Formulierung erscheinen klar die Kernaussagen radikal-konstruktivistischen Gedankenguts in Verbindung mit "Selbstreferenz" (vgl. ebd.: "Brauchbare Intervention konfrontiert
das intervenierte System mit der Kontingenz seiner 'normalen' Selbstbeschreibung und Weltsicht ['Orientierung', d. Verf.]. Sie bietet Kontextsignale für Optionen an, die vom intervenierten System gemäß seiner Einsicht in die Möglichkeit alternativer Selbstbeschreibungen - also gemäß seines Selbst-Verständnisses - verarbeitet werden können.").

[80]    Zu "Verstehen" und "Kommunikation" vgl. WILLKE (1987e) S. 333f. Interessant auch WILLKE (1987b)
S. 18: "Steuerung als eine Form der *gerichteten Interaktion*, in welcher kontrollierte Strukturänderungen
[oder -alternativen, d. Verf.] beabsichtigt sind, bedeutet dann, daß in der Interaktion zweier Systeme [Ak-
teure, d. Verf.] wechselseitig relevante Differenzen eingespielt werden, welche als Information mit nicht-
zufälliger Wirkung verarbeitet werden." (H.i.O.).

[81]    Vgl. WILLKE (1989) S. 130: "Komplexe Systeme, die an ihren eigenen spezialisierten Operationsmodus
gebunden sind, können Außenwirkungen überhaupt nur dann als Informationsangebote 'verstehen' und auswerten, wenn diese in einer Form vorliegen, die nach den Suchschemata (Beobachtungskriterien, Leitdifferenzen) des intervenierten Systems Sinn machen. Sie müssen also als Kontextbedingung der Operationsweise des Systems relevant werden und als solche vom System selbst als Interpunktionen seiner autonomen
Prozeßsteuerung verwendet werden." EICHMANN (1989) S. 43 nennt dies einen "strikt systemrelativen
Begriff der Information".

(...): man könnte von einem Prinzip der Ordnung durch Selbstbindung [der autonomen Akteure, d. Verf.] sprechen."[82]

Zur Umsetzung seiner indirekten Steuerungskonzeption leitet WILLKE "*drei Formen gesellschaftlicher Selbststeuerung*" ab, die in ihrer Verknüpfung einen Verfahrensmodus zur Vereinbarkeit divergierender Interessen und koordinierenden Abstimmung und Steuerung "autonomer Teilsysteme" (d.h. vor allem der autonomen Akteure) in modernen Gesellschaften liefern sollen:

-   "*Reflexion*", verstanden "als Fähigkeit der Beobachtung und produktiven Verarbeitung der externen Wirkungen einer spezifischen Identität schafft erst die Möglichkeit für ein System, in Distanz zu sich selbst zu treten und seine Operationsweise auf mögliche, kompatible Alternativen hin zu überprüfen"[83].

-   "*Kontextuelle Intervention*" als eigentlicher Steuerungsmechanismus "muß sich [unter der Voraussetzung beiderseitiger Reflexionsfähigkeit] damit begnügen, auf Kontexte einzuwirken, fordert also eine Selbstbeschränkung vom intervenierenden Akteur, was Richtung und Qualität der Intervention betrifft"[84]. Die "Kontextuelle Intervention" beschränke sich auf eine "Anleitung zur Selbststeuerung", setze jedoch voraus, daß "Kontext" und "Intervention" von der geschlossenen Operationslogik des "intervenierten Systems" (d.h. des autonomen Akteurs und seinen spezifischen Beobachtungskriterien und Leitdifferenzen) als sinnvoll angesehen und verstanden werden könnten.

-   "*Systemische Diskurse*" dienten, als prozeduraler Zusammenhang betroffener Akteure bzw. Systeme, als Kompensationsmechanismen, um "als Zusammenspiel autonomer Akteure mit divergierenden Operationslogiken"[85] "die divergierenden Rationalitäten und Interessen organisierter und kollektiver Akteure in Verhandlungssystemen aufzuheben"[86].

"*Verhandlungssysteme*", die als bestimmter Typ von Kommunikationssystemen "aus den Interaktionsbeziehungen der beteiligten Akteure bestehen und hieraus ihre eigene Identität, Geschichte und Rationalität gewinnen"[87], gleichen nach WILLKE im "*Diskurs*" (angelehnt an

---

82    WILLKE (1987b) S. 6 (H.i.O.). Vgl. ebd. ("In der Organisationsform dezentraler Kontextsteuerung wird das Dilemma funktionaler Differenzierung mithin gelöst durch eine Kombination von Partizipation und Selbstverpflichtung") und WILLKE (1989) S. 58f.

83    WILLKE (1989) S. 136.

84    WILLKE (1989) S. 136f. Unter "Intervention" versteht WILLKE (1987e) S. 333 "eine zielgerichtete Kommunikation zwischen psychischen und/oder sozialen Systemen (...), welche die Autonomie des intervenierten Systems respektiert." Vgl. EICHMANN (1989) S. 47.

85    WILLKE (1989) S. 137.

86    WILLKE (1989) S. 135.

87    WILLKE (1989) S. 135.

das HABERMASsche "Diskurs"-Modell) divergierende Rationalitäten oder Interessen zur gegenseitigen Verständigung der beteiligten Akteure aus.[88] Im Gegensatz zu HABERMAS zielt WILLKEs "*Systemischer Diskurs*" jedoch nur auf die "Generierung von Informationen", die "verstanden" und "angeschlossen" werden könnten (in etwa analog zu BAECKERs "Markt"-Begriff der gegenseitigen Beobachtungsmöglichkeit); er verzichtet ausdrücklich auf die Forderung nach "Konsens" (oder "Transzendierung") und bezeichnet statt dessen "*Dissens*" als fundamental.[89] Hier liegen Anschlußstellen zur Erfassung von "Planung", "Strategie", "Markt" und "Dialog/Diskurs" als "Verhandlungssysteme" unternehmerischer, wirtschaftlicher (und gesellschaftlicher) Koordination.

"Indirekte Selbst- und Kontextsteuerung" der beschriebenen Form umschreibt ein Spannungsfeld von autonomem "Akteur" und kommunikativem (als wechselseitig erleb- und verstehbarem) "Kontext". In dieser Verbindung und in der Steigerung von "Verstehbarkeit" (bis hin zu "Verständigung" als gemeinsam geteilter Sinnkontext) liegen die *Anschlußstellen von Steuerungstheorie und Medientheorie*: "Medien" und ihre rationalitätsbeschreibenden Derivate "Codes" (als binäre Schematismen) und "Kontextbedingungen" (zur Verknüpfung von handelungsbeurteilendem "Code" und personenzurechnender "Mitgliedschaft") erleichtern die Identifikation eines Kommunikationszusammenhanges, die "*Orientierung*", und verbessern dadurch die Erfolgswahrscheinlichkeit für Selektionsanschlüsse, als "*Koordination*" bzw. "*Steuerung*".[90] Sie bilden somit in ihren vielfältigen systemspezifischen Ausprägungen einen wesentlichen Mechanismus der Stabilisierung und Verfestigung von Kommunikationssystemen.

---

[88]    Zur "Verhandlungsystemen" vgl. WILLKE (1987) S. 76f. ("die Einrichtung sozietaler Verhandlungssysteme stellt den Versuch dar (...), auf der Ebene ganzer Gesellschaften [allgemein: von Kommunikationssystemen, d. Verf.] Reflexion als Handlungsmaxime zu installieren."), WILLKE (1989) S. 135ff. (insbes. S. 137: "Die prozedurale Form, in der dies geschehen könnte, möchte ich in lockerem Anschluß an Habermas als Diskurs bezeichnen."), EICHMANN (1989) S. 59 ("Hiervon [von Reflexion und kontextueller Intervention] wird als drittes unterschieden, daß Systeme die wechselseitige Koppelung von Beobachtungen und Kommunikationen durch Formen intersystemischer Organisierung besonders absichern können. Diese Option wird unter dem Stichwort 'systemische Diskurse' entwickelt".).

[89]    Vgl. WILLKE (1989) S. 138 ("Dies heißt unter andrem, daß es zwischen funktional ausdifferenzierten Systemen in Diskursen nicht zu einem Grundkonsens kommen kann, weil es keine gemeinsame Richtigkeit oder Wahrheit gibt."). EICHMANN (1989) s. 44f. begründet dies über "Selbstreferenz": "Die Theorie selbstreferentieller Systeme beschreibt in diesem Zusammenhang eine *wechselseitige Intransparenz* von Systemen (...), die nicht aufgehoben, sondern allenfalls überbrückt werden kann." (H.i.O.).

[90]    Vgl. z.B. KÜNZLER (1986) S. 427 (unter Kommunikations- und Austauschaspekten: "Medien" als Mittel der Informationsübermittlung und der Motivation zur Selektionsübernahme bzw. Anschlußhandlung), JENSEN (1984) S. 145 (Doppelfunktion von "Medien": Durchsetzung von "Orientierungen" (Absichten, Hoffnungen, Pläne, Ziele) in Interaktionen und Aufbau von "Handlungssystemen" durch Handlungsanschlüsse).

## 2. Indirekte Steuerung über Medien, Codes und Kontextbedingungen

In Übereinstimmung mit WILLKEs Konzeption muß *indirekte Steuerung zwischen Kognition und Kommunikation*, d.h. subjektiver Orientierung und intersubjektiver Vermittlung von Koordinationsstrukturen, verankert werden.[91] Sie erfordert neben *"Integration"*, als Teilnahme der autonomen Akteure an bestimmten selektierten Sinnstrukturen der Umwelterfassung, und *"Selbststeuerung"*, als Autonomie sozialen Handelns im Rahmen der auf subjektiver Orientierung basierenden Umweltverarbeitung, eine *"Kontextsteuerung"* (im Sinne WILLKEs) als koordinationswirksame intersubjektive Vermittlung von Erwartungen und Kontextrationalitäten über Kommunikationssysteme und deren Mechanismen.

Die Konzeptionen *"symbolisch generalisierter Kommunikations- oder Steuerungsmedien" und ihrer "Codierung"* in den Systemtheorien von PARSONS und LUHMANN[92] liefern einen Mechanismus zur Umsetzung kommunikativer "indirekter Kontextsteuerung" analog zum *Marktmechanismus*. Die gesteigerte Bedeutung von "Medien" und "Codes" (und "Kontext-bedingungen" in Verbindung mit Abgrenzung und Mitgliedschaft) zeigt sich vor allem in wirtschaftswissenschaftlichen Interpretationen; beispielhaft stehen hier die Begriffe "Geld" bzw. "Zahlung" (und "Liquidität") oder "Preis" bzw. "Kauf" (und "Gewinn"). Das Konzept des "Kommunikationssystems" mit seinen spezifisch zu definierenden und zu formulierenden Kommunikationsmedien, Codes und Kontextbedingungen der Rationalitätsvermittlung fördert die Beschreibung eines einfachen und allgemeinen Modells indirekter Steuerung über soziale Kontexte. Probleme bereitet angesichts überkomplexer Vielfalt an denkbaren Systembildungen die jeweils konkrete Identifikation, Abgrenzung und Beschreibung der für einen spezifischen abzugrenzenden Kommunikationszusammenhang geltenden "Funktionen", "Medien", "Themen" oder "Codes" und ihres Verhältnisses zueinander, als kognitive und modellhafte Strukturierungs- und Orientierungsleistung angesichts der Komplexität der sozialen Umwelt.

Im Mittelpunkt der Betrachtung eines indirekten Steuerungsmodells müssen deshalb die den Kommunikations- bzw. Systemkontext bestimmenden *"Kommunikationsmedien"* (*der Hand-*

---

91    Vgl. z.B. JENSEN (1976) S. 55 über den Zusammenhang von "Handlungssystem", "Interaktion" und "Kommunikation" (hier unter "Erleben", "Orientierung" und "Koordination" analysiert): "Man kann unter diesem Aspekt Handlungssysteme als aktualisierte Selektionen sehen, die jeweils im Handeln aufgenommen werden. Der Prozeß der Interaktion ist in dieser Sicht ein Prozeß der Übertragung von Selektionen. Dieser Prozeß kann als 'Kommunikationsprozeß' beschrieben und medientheoretisch analysiert werden."

92    Vgl. WILLKE (1987) S. 139 ("Für ausgrenzbare Problemfelder wie z.B. das Wirtschaften, das Herrschen, das Glauben oder die Erziehung entwickeln sich spezialisierte Symbolsprachen als symbolisch generalisierte Medien, z.B. in Form von Geld, Macht, Wahrheit, oder Einfluß. Es konkurrieren vor allem zwei Modelle der analytischen Rekonstruktion differenzierter Steuerungsmedien: dasjenige von Parsons und dasjenige von Luhmann."). Zu "Kommunikations- bzw. Steuerungsmedien" und "Codierung" bei PARSONS und LUHMANN siehe insbesondere PARSONS, Talcott: Zur Theorie sozialer Interaktionsmedien, JENSEN (1980), KÜNZLER (1986) u. (1987) und LUHMANN (1988b).

*lungszurechnung und des Selektionsanschlusses*; Kap. 2.a) sowie deren *Rationalitätskriterien* (*der Handlungsabgrenzung und der Teilnahme*) stehen, die ihren Ausdruck in den jeweiligen zu identifizierenden "*Codes*" und "*Kontextbedingungen*" (Kap. 2.b) finden.

## a) Symbolisch generalisierte Kommunikations- und Steuerungsmedien

Die Konzeption "*symbolisch generalisierter Steuerungs- oder Kommunikationsmedien*" beruht auf der soziologischen Systemtheorie von PARSONS und LUHMANN;[93] Gründe einer bisher noch geringen Akzeptanz bzw. Verbreitung liegen wahrscheinlich in der Unschärfe der bisherigen Medienkonzeption angesichts zu großer Spezifikation und dadurch bedingter unpräziser Verwendung der Medien durch PARSONS[94] bzw. LUHMANN und in der Schwierigkeit einer konkreten begrifflichen Medienidentifikation und -beschreibung in hochkomplexen und ausdifferenzierten sozialen Umwelten. In explizit inhaltlicher Abstraktion, d.h. als bloßer Mechanismus unter Öffnung gegenüber der Vielfalt möglicher Kontextspezifikationen stellt das "Medien"-Konzept einen essentiellen Beitrag zur Beschreibung indirekter Steuerung sozialer Akteure im Rahmen von Kommunikationssystemen dar: "Sie erfüllen ihre Funktion im Übergang von einer Kommunikation zu dem Anschlußakt ihrer Annahme oder Ablehnung [über das bloße 'Verstehen' hinaus, d. Verf.]. Kommunikationsmedien konditionalisieren Kommunikationen derart, daß sie zugleich als Motivationsmittel für ihre Annahme dienen."[95]

(1) Die Grundlagen der "*Theorie sozialer Interaktionsmedien*" (die Bezeichnungen für die PARSONSschen Medien reichen von "Austausch-", "Interaktions-", "Kommunikations-" bis "Steuerungsmedien"; sie repräsentieren jedoch alle in etwa den gleichen Sinngehalt[96]) entwickelte PARSONS explizit in Analogie zum "Geld"-Mechanismus, aus gegebenem Grunde oder aufgrund verschiedener Vorarbeiten im Rahmen der Wirtschaftswissenschaften.[97] Nach den Erkenntnissen einer medialen Interpretation von "Geld" verallgemeinert PARSONS sein

---

[93]   Vgl. WILLKE (1987) S. 139, KÜNZLER (1986) S. 422 und KÜNZLER (1987) S. 317f.

[94]   Diese Spezifikation, zusammenfassend dargestellt z.B. bei HABERMAS (1988a) S. 385ff. wird allerdings von JENSEN (1980) S. 7 relativiert: "Auf den ersten Blick geht es um die Analyse der Phänomene 'Geld', 'Macht', Einfluß' und 'Wertbindung'. Diese Phänomene - vor allem Geld und Macht - bilden jedoch nur die auffälligsten Elemente einer ganzen Klasse von sozialen Mechanismen, die die Interaktion von Menschen in der Gesellschaft steuern. In der Analyse dieser sozialen Steuerungsmechanismen - der sozialen Interaktions-Medien - geht es Parsons nicht nur um die Behandlung der genannten Phänomene, sondern um den paradigmatischen Aufbau eines Theorieschemas für derartige Mechanismen überhaupt."

[95]   EICHMANN (1989) S. 60.

[96]   Vgl. KÜNZLER (1986) S. 424f., 427, (1987) S. 321 (zu einer Unterscheidung von Interaktions- bzw. Austausch- und Kommunikationsmedien). Nach JENSEN (1976) S. 54 bezeichnen allerdings die Ausdrücke "Interaktions-" bzw. "Austauschmedien" den theoretischen Aspekt der Systemkonstitution, "Kommunikationsmedien" dagegen den inhaltlichen Aspekt der "Steuerungsmedien".

[97]   Vgl. WILLKE (1987) S. 139f., HABERMAS (1988a) S. 385f, 395ff., JENSEN (1984) S. 145.

Medienkonzept im Zusammenhang mit der Ausdifferenzierung "gesellschaftlicher Teilsysteme" (nach dem "AGIL-Schema"), die ihre gegenseitigen Austauschprozesse regulieren müssten und dadurch das Gesamtsystem integrierten. Er analysiert zunächst vier bekannte Steuerungsmedien: *"Geld"* für das "Wirtschafts-" ("adaption"), *"Macht"* für das "Politik-" ("goal-attainment"), *"Einfluß"* für das "Integrations- bzw. Sozialisations-" ("integration") und *"Wertbindung"* für das "Kultursystem" ("latent pattern maintenance") Weitere Verallgemeinerungen und Ausdifferenzierungen des Medienkonzeptes zwischen "gesellschaftlichem Teilsystem", "Sozialsystem", "Allgemeinem Handlungssystem" usw. können hier außer acht bleiben.[98]

Die *allgemeine Funktion der Medien* liege zu einen darin, "im Handeln bestimmte Absichten deutlich zu machen und durchzusetzen"[99], als *Vermittlung einer bestimmten Orientierung*: "Die Medien haben die Funktion, die Situationsauslegung symbolisch zu repräsentieren und damit dem reziproken Handeln zugänglich zu machen."[100] Zum anderen läßt sich medienvermitteltes Handeln gegenüber dem Adressaten als *"Intervention"* mit dem Ziel des "Verstehens" (Erlebens) und einer Reaktion (Erwartung/Entscheidung) deuten:

> "Ziel dieses Paradigmas [der sozialen Interaktionsmedien] ist eine analytische Klassifizierung verschiedener Möglichkeiten sozialer Einheiten, eine bewußte und zielgerichtete Änderung im Verhalten einzelner oder mehrerer anderer Einheiten in den Prozessen sozialer Interaktion herbeizuführen."[101]

Im Angebot "symbolisch repräsentierter Situationsauslegung" zur "bewußten und zielgerichteten Verhaltensänderung" liegt die explizite Beziehung der "sozialen Interaktions-, Kommunikations- oder Steuerungsmedien" zur *"Intervention"* der indirekten Kontextsteuerung WILLKEs bzw. zur *"strukturellen Koppelung"* des Autopoiese-Konzeptes.

Der Bezug zur Kommunikationssystembildung wird über den *"(Erwartungs-)Struktur"*-Begriff hergestellt: "Medien" seien als symbolisch generalisierte Erwartungen zur Herstellung von Selektions- bzw. Handlungsanschlüssen *"vermittelnde, integrative und kommunikative*

---

98    Vgl. WILLKE (1987) S. 139f, HABERMAS (1988a) S. 385f., LUHMANN (1988) S. 47f. und PARSONS (1980) S. 57f. (S. 59: "Die eigentliche Aufgabe derartiger Medien, die jeweils in einem funktionalen Subsystem verankert sind, ist es, die gegenseitigen Bezüge dieser Subsysteme innerhalb des Gesamtzusammenhangs der Handlungssysteme zu vermitteln.").

99    JENSEN (1980) S. 11. Ebd.: "Diese Medien - wie alle - sind Mittel, um auf der einen Seite bestimmte Absichten und Wünsche deutlich zu machen und auf der anderen Seite eine Motivlage dafür zu erzeugen, dieses Handlungsangebot anzunehmen." Vgl. KIECHL (1985) S. 149f. ("Mit Einführung der Begriffe Geld, Einfluss, moralische Verpflichtung (commitment) und Macht erklärt PARSONS, warum die Selektionen vom Beeinflussten übernommen werden") und KÜNZLER (1986) S. 427f..

100    JENSEN (1976) S. 54.

101    PARSONS (1980) S. 71f. Man ersetze "soziale Einheit" durch Akteur und "soziale Interaktion" durch Kommunikation (JENSEN (1984) S. 152 unterscheidet "Interaktion" als konkreten physischen Kontakt von "Kommunikation" als darauf basierender Informationsübertragung über semantische Symbolsysteme).

*Strukturen*",[102] die ihre Wirkung durch "*generalisierte Symbolisierung*", d.h. anerkannte Repräsentation durch bzw. Operation mit "Symbolen" (z.B. "Münzen", "Banknoten"), und "*Institutionalisierung*", d.h. Absicherung und Entlastung der konkreten Interaktion durch eine kontextuell anerkannte, fixierte und sanktionsbewehrte Hintergrundstruktur von "Erwartungen" ("Regeln", z.B. "Recht", "Vertrag") erzielten. Dadurch gewinnt der Kommunikationszusammenhang gewisse Dauer und Verbindlichkeit, er "verfestigt" sich.[103]

(2) LUHMANN erweitert das Bezugsproblem der Medientheorie auf kommunikative Interaktionen jeder Art: Soziale bzw. Kommunikationssysteme bildeten sich durch "Kommunikation" als mehrfache aneinander angeschlossene Selektionsprozesse. Es seien deshalb im Rahmen der Sozialsystemkonstitution "*Zusatzeinrichtungen*" erforderlich (vor allem zur flüchtigen "sprachlichen Kommunikation"), die eine *Identifikation und Übertragung von Selektionsleistungen durch Verallgemeinerung von Sinnorientierungen und Abstraktion von konkreten Situationen erleichtern bzw. sicherstellen* sollten.[104] "Die allgemeine Funktion generalisierter Kommunikationsmedien ist es dann, 'reduzierte Komplexität übertragbar zu machen und für Anschlußselektivität auch in hochkontingenten Situationen zu sorgen'."[105]

Analog zu drei "*Unwahrscheinlichkeiten der Kommunikation*" in "Verstehen", "Erreichen" und "*Erfolg*" (die im integriert-systemtheoretischen Bezugsrahmen eine alternative Rangfolge zugewiesen bekommen: "Erreichen" als Mitteilungswirksamkeit und Erleben, "Erfolg" als Verstehen bzw. als Erwartungsperzeption und Entscheidung, und LUHMANNs "Verstehen" als pragmatische sprachliche Verständigung) unterscheidet er *drei verschiedene Arten von "Medien"*:[106]

- "*Sprache*" als Medium des Verstehens (eigentlich: der "sprachlichen Verständigung"),

---

[102]   Vgl. JENSEN (1976) S. 52ff., JENSEN (1980) S. 12ff.

[103]   Vgl. JENSEN (1976) S. 38ff., (1980) S. 11ff., (1984) S. 145, WILLKE (1987) S. 139ff.

[104]   Vgl. LUHMANN (1988b) S. 7 ("Unter Kommunikationsmedien soll nach all dem verstanden werden eine Zusatzeinrichtung zur Sprache, nämlich ein Code generalisierter Symbole, der die Übertragung von Selektionsleistungen steuert. Zusätzlich zur Sprache, die im Normalfall die intersubjektive Verständlichkeit, das heißt das Erkennen der Selektion des je anderen als Selektion gewährleistet, haben Kommunikationsmedien mithin auch eine Motivationsfunktion, indem sie die Annahme fremder Selektionsleistungen nahelegen und für den Normalfall erwartbar machen.") und KIECHL (1985) S. 154.

[105]   WILLKE (1987) S. 143.

[106]   Zu "Unwahrscheinlichkeiten der Kommunikation" und der daraus abgeleiteten Medienkonzeption vgl. LUHMANN (1988a) S. 216ff.: "Die immanenten Unwahrscheinlichkeiten des Kommunikationsprozesses und die Art, wie sie überwunden und in Wahrscheinlichkeiten transformiert werden, regeln zugleich den Aufbau sozialer Systeme (...) als Umformung und Erweiterung der Chancen für aussichtsreiche Kommunikation, als Konsolidierung von Erwartungen"(ebd. S. 219). Vgl. KÜNZLER (1987) S. 320f. und KISS (1989) S. 162ff. (der die Differenzierung allerdings leicht abändert in Sprache/Schrift/Buchdruck und symbolisch generalisierte Medien der Kommunikation).

- "*Speicher- und Verbreitungsmedien*" wie Schrift, Druck oder Funk zur Ausdehnung der sachlichen und zeitlichen Reichweite von Kommunikationsprozessen (eigentlich: zur Steigerung der Mitteilungswirkung und damit des erreichenden "Verstehens"), und

- "*symbolisch generalisierte Kommunikationsmedien*"[107] zur Steigerung der Erfolgswahrscheinlichkeit bzw. zur Annahmemotivation ("Erfolg hat die Kommunikation nur, wenn Ego den selektiven Inhalt der Kommunikation (die Information) als Prämisse eigenen Verhaltens übernimmt."[108]).

In ihrer Funktion bewirken "symbolisch generalisierte Kommunikationsmedien" personen- und situationsunabhängige Orientierung bzw. Motivation zu Koordination. Unter "*System- oder Binnendifferenzierung*" ermöglichten "generalisierte Medien" durch die erlebbare Permanenz suprasystemischer Zweckorientierung eine "*Zweck/Mittel-Umkehr*" als "institutionell eingefrorener Opportunismus"[109] (LUHMANN), die die Anschließbarkeit von Selektionsleistungen bzw. die Bildung von Handlungsfolgen dadurch erleichtere, daß sie dem Subsystem (bzw. den Akteuren) die Verwendung der durch die übergeordneten "Medien" konstituierten "Zwecke" (Sinnkriterien) als "Mittel" des eigenen Fortbestandes, der Selbsterhaltung, (Funktionen) ermögliche.

Gesellschaftliche "Reproduktion von Kommunikation" erfolge über "*Themen*"; den "aufbewahrten und aggregierten Themenvorrat der Gesellschaft" nennt LUHMANN "*Kultur*".[110] Der Begriff "Thema" läßt sich für die Konzeption von Kommunikationssystemen als Funktionsbezeichnung für den durch die spezifische Kommunikation konstituierten Kontext weiterführen (z.B. "Wirtschaft" als Bedürfnisbefriedigungssystem der Verteilung knapper Güter, "Markt" als Verhandlungssystem der Wirtschaftssubjekte für effiziente Ressourcenallokation, "Unternehmung" als arbeitsteiliges Produktionssystem in der Marktwirtschaft, "Strategiesystem" als Handlungsverbund der Orientierungsgenerierung für die Unternehmung, "Management", "Planungssystem" etc.); "Kultur" repräsentiert darin die Menge der gesellschaftlich (und historisch) realisierten Kommunikationssysteme (im Gegensatz zur "potentiellen" Umwelt).

In der modernen Gesellschaft spielen nach LUHMANN vor allem vier "symbolisch generalisierte Kommunikationsmedien" eine Rolle, die als "Spezialkommunikationen" spezifische

---

[107] "*Symbolisierung*" bedeutet nach LUHMANN (1988b) S. 32 ", daß eine sehr komplex gebaute Interaktionslage vereinfacht ausgedrückt und dadurch als Einheit erlebbar wird"; "*Generalisierung*" "eine Verallgemeinerung von Sinnorientierungen, die es ermöglicht, identischen Sinn gegenüber verschiedenen Partnern in verschiedenen Situationen festzuhalten, um daraus gleiche oder ähnliche Konsequenzen zu ziehen" (ebd. S. 31).

[108] LUHMANN (1988a) S. 218.

[109] Vgl. LUHMANN (1973) S. 203.

[110] Vgl. LUHMANN (1988a) S. 224.

"Kontexte" ausdifferenzieren: *"Geld"* ("Wirtschaft"), *"Macht"* ("Politik"), *"Wahrheit"* ("Wissenschaft") und *"Freude"/"Liebe"* (zwischenmenschliche "Beziehung", z.B. "Ehe", "Familie", etc.); LUHMANN bevorzugt "Geld" und "Macht" zur besseren Illustration.[111] Um eine über Erwartungen wirksame Orientierung zu gewährleisten, müssen "Kommunikationsmedien" neben den Kriterien allgemeiner Anschließbarkeit, Symbolisierung und Generalisierung, zusätzlich *"codiert"*, d.h. *binär schematisiert* werden, um eine "Entscheidung" (ja/nein) bzw. "Rationalisierung" (zweckmäßig/irrational) zu ermöglichen.

## b) Binär schematisierte Codes und Kontextbedingungen als Umsetzung von Abgrenzung und Teilnahme

Die Wirkungsweise "symbolisch generalisierter Kommunikationsmedien" besteht nach LUHMANN in einer Differenzierung von generalisiertem "Code" und selektivem "Kommunikationsprozeß": Der *"binär schematisierte Code"*[112] steuere die Bedingungen der Selektionsübertragung dadurch, daß er jedem Item, d.h. jeder möglichen Selektionsofferte, ein relevantes und komplementäres anderes zuordne, z.B. Zahlung/Nichtzahlung, Richtigkeit/Falschheit, Wahrheit/Unwahrheit etc.: "Codes sind Duplikationsregeln, die dadurch gekennzeichnet sind, daß Kommunikationen bewertet und dem Vergleich mit einem genau korrespondierenden Gegenwert ausgesetzt werden."[113] Die "Codierung" diene in dieser Form der substantiellen Umsetzung von Unterscheidung und Abgrenzung: die Zuordnung einer "Negation" basiere auf einer doppelten *"Unterscheidung"* (der jeweiligen "Codierung" als binärer Schematismus und der jeweiligen "Negation") und wirke als *"Abgrenzung"*, da jede Selektion eindeutig zuordenbar sei. Die "Codierung" erzeuge so eine *"Sinn- oder Erwartungsstruktur"*, die positiv ausgezeichnete von negativ besetzten Selektionen bzw. Handlungen trenne, "Entscheidungen" zugänglich mache und nach ihrer *"Rationalität"* beurteile und ordne (im Sinne WEBERs). Der "Code" operationalisiert auf diese Weise die kommunikative Handlung bzw. das Kommunikationsmedium für die konkrete Orientierung.

Die "Codierung" der nach den Sinngehalten des Kommunikationszusammenhanges ausformulierten Kommunikationsmedien erfolgt kongruent zur Ausdifferenzierung und Verfestigung

---

[111]  Vgl. LUHMANN (1973) S. 205ff., KISS (1989) 165f.

[112]  Zur Funktion und Wirkungsweise "binärer Schematismen" vgl. LUHMANN (1988b) S. 42ff.: "Erfolgreiche Kommunikationsmedien können die Form und die Selektionsleistung eines Codes nur dann erreichen, wenn sie einen *binären Schematismus* einsetzen, der die möglichen Operationen zweiwertig vorstrukturiert. Zweiwertigkeit ist Konstitutionsbedingung für symbolisch generalisierte Codes, weil nur in dieser Form Universalismus und Spezifikation kombiniert werden können" (H.i.O.); "Dem Anschein zuwider dienen binäre Schematismen nicht der Trennung, sondern der Verbindung des Entgegengesetzten", sie beschreiben in dieser Form die Grenze als "Übergang" bzw. "Entscheidung".

[113]  EICHMANN (1989) S. 40. Vgl. LUHMANN (1988b) S. 33.

der jeweiligen Kommunikationssysteme und wird mit einer *konditionierten "Teilnahme"* oder *"Mitgliedschaft"* verbunden. Systemspezifisch codierte Erwartungen konstituieren den sozialen *"Kontext"*; die Erfüllung dieser Rationalitätskriterien als mit dem Code verknüpfte *"Kontextbedingungen"* erzeugt die systemspezifischen "Zwecke", "Funktionen" bzw. "Leistungen" und rechtfertigen eine weitere Teilnahme bzw. Zugehörigkeit. Das Kommunikationssystem gewinnt so kontingenzbeschränkende Verbindlichkeit.

Zur Feinsteuerung des Verhaltens sich integrierender Systemmitglieder, vor allem in Organisationen, können die Codes über *"Zweit-"* oder *"Mehrfach-Codierungen"*[114] als *"Aufgaben"*[115] bzw. *"Programme"*[116] bis hin zu einer ganzen *"Mitgliedschaftsrolle"* (vgl. Kap. C.III.1.c.) ausspezifiziert werden. Als eigener "Kontext" konstituiert jedoch jede Codierung auch ein eigenes spezifisches Kommunikations*sub*system. Die Definition eines spezifischen "Codes" als "Kontextbedingung", dessen Erfüllung mit der Zugehörigkeit bzw. Mitgliedschaft zu einem bestimmten Kommunikationssystem verbunden wird, bildet die Grundlage für ein systemtheoretisches Modell indirekter Steuerung.

An dieser Stelle ist nochmals die begrifflich-analytische Unterscheidung von
- *"Funktion"* (bzw. "Sinn" oder "Leistung", je nach fokalem System; z.B. "Ressourcenallokation unter Knappheit") als Sinnzusammenhang bzw. Abgrenzungskriterium der Ausdifferenzierung eines spezifischen Kommunikationssystems im Hinblick auf seinen Beitrag zur Umweltstrukturierung und Koordination,
- *"Medien"* (z.B. "Geld") als themenspezifische kommunikative Symbolisierungen sozialer Handlungen und als symbolisch generalisierte Kommunikationsofferten unter Orientierungsvereinfachung und Annahmemotivation,
- *"Codes"* (z.B. "Zahlung"/"Nichtzahlung") als binäre Schematisierung der Medien, die über Unterscheidung und Abgrenzung als Rationalitätskriterium der Entscheidung Orientierung für Erleben und Handeln ermöglichen, und
- *"Kontextbedingungen"* (z.B. "Liquidität") als Verbindung der Rationalitätsauszeichnung des Codes mit einer Teilnahme- bzw. Zugehörigkeitskonditionierung

aufzugreifen. Das Zusammenwirken der spezifischen, je nach der "Funktion" des Kontextes ausgebildeten "Medien", "Codes" und "Kontextbedingungen" verkörpert die *spezifische "Ra-*

---

114  Vgl. zu *"Zweit*-Codierungen" LUHMANN (1988b) S. 34ff., zu *"Neben*-Codierungen" ebd. S. 41f.

115  Vgl. z.B. KNYPHAUSEN-AUFSESS (1995) S. 301, der zwischen *"Aufgabe"* als dauerhaft festgelegte Handlungsaufforderung und *"Rolle"* als kognitiv wahrgenommene Gesamtheit der Erwartungen an einen bestimmten Positionsinhaber differenziert.

116  Zur Koevolution und zum Zusammenspiel von "Codierung" und "Programmierung" vgl. EICHMANN (1989) S. 40f. Für den Zusammenhang von "Mitgliedschaftsregel" und "Kommunikationsmedien" vgl. MARTENS (1988) S.202f.

*tionalität"* des Kommunikationssystems und stabilisiert den Systemzusammenhang als intersubjektivierte und generalisierte Erwartungen. Die so erlebbare Rationalität eines Kontextes ermöglicht zudem eine kommunikative Systembeschreibung und Interventionsvermittlung für den Mechanismus der indirekten Selbst- und Kontextsteuerung.

## 3. Ein indirektes Integrations- und Steuerungsmodell über Medien, Codes und Kontextbedingungen

Zusammenfassend läßt sich die Konzeption eines indirekten Integrations- und Steuerungsmodells beschreiben als *Zusammenspiel von "Integration"* (als Orientierung unter subjektiver Umwelterfassung, kommunikativer Kontextvermittlung und reflexiver Selbstbeschränkung), *"autonomer Selbststeuerung"* (als Umweltverarbeitung und Entscheidung), *und "indirekter Kontextsteuerung"* (als Selbstabstimmung der Akteure nach Maßgabe des perzipierten Kontextes, seiner Teilnahmebedingungen und Rationalitätskriterien).[117] *"Kommunikationssysteme"* bzw. *"Kontexte"* lassen sich in diesem Modell als Konstrukte "intersubjektiv geteilter Sinnwelt" bzw. "gemeinsamer Situationsdefinition" beschreiben, die durch den Aufbau fester Kommunikationszusammenhänge, Abgrenzungskriterien und Erwartungsstrukturen eine Art interaktiver *"virtueller Realität"* (im Sinne des Thomas-Theorems) für die Beteiligten erzeugen. Prominente Beispiele sind "Markt" (als "Beobachterkonstrukt") oder "Unternehmung" (als "Vertragsmodell" oder "Virtuelle Unternehmung").

In diesen systemischen *"Kontext"*, einschließlich eines damit zusammenhängenden *Umweltmodells intersystemischer Beziehungen zu Supra-, Um- oder Subsystemen*, müssen sich die autonomen Akteure unter der Anerkennung bestimmter Erwartungen bezüglich "Funktion", "Leistung" und "Sinn" im systemischen Zusammenhang (*Fremdreferenz*) und bezüglich der Identifikation und Gestaltung der eigenen "Identität" (*Selbstreferenz*) integrieren. Die *"Integration"* des autonomen Akteurs beruht auf Selbstthematisierung, Umwelterfassung und Selbstbeschränkung der eigenen Handlungsmöglichkeiten angesichts potentieller Wirkungen bzw. Folgen der eigenen Identität und des eigenen Handelns *auf* die Umwelt (*Reflexion*) und erlebter Erwartungen *in* der Umwelt (*Kommunikation*).

---

[117] Etwa analog begreift auch EICHMANN (1989) S. 49 Abstimmungs- und Steuerungsprobleme: "Abstimmungs- und Steuerungsproblemen liegt die Beobachtung [das Erleben, d. Verf.] von Zusammenhängen und (Rück-)Wirkungen eigener und systemfremder Operationen [Handlungen, d. Verf.] zugrunde. Sie basieren auf der Wahrnehmung, das intersystemische Anschlüsse [Orientierungsanschlüsse bzw. Koordination, d. Verf.] nicht wie erwartet erfolgen."

Wesentliches Mittel zur Verfestigung und Effizienzsteigerung von Zurechnung, Abgrenzung und Strukturierung ist die *Identifikation und Ausdifferenzierung eines spezifischen "(symbolisch generalisierten) Steuerungs- oder Kommunikationsmediums"* (im wesentlichen auf der Konzeption LUHMANNs basierend, allerdings nicht auf vier Medien beschränkt). Durch *"Codierung" dieser Medien in binären Schematismen* (der Abgrenzung) *und Verknüpfung mit entsprechenden "Kontextbedingungen"* (der Teilnahme) entsteht jeweils ein spezifischer thematischer (bzw. funktionaler) *"Kontext"* als Ausprägung spezifischer Systemrationalität, den die sich integrierenden Akteure in ihren Handlungen (und ihrer Orientierung) berücksichtigen müssen (man beachte die Analogie zum Spielbegriff CROZIER/FRIEDBERGs). Der Kontext hat die Funktion und Gestalt einer "Sinngrenze". Durch die Autonomie und Selbstreferenz der beteiligten Akteure bedingt muß jegliche Koordination oder indirekte Steuerung grundsätzlich immer über Integration und Entscheidung als Elemente der Selbststeuerung erfolgen. So ist jederzeit, abhängig vom Erfüllen bzw. Nichterfüllen der *"Kontextbedingungen"* durch die Akteure, Teilnahme, Eintritt oder Verlassen des systemischen Handlungsbezuges und der Kommunikationsbeziehung bis hin zur Auflösung des Kontextes möglich. *Systemkonstitution und -teilnahme stehen über die Erfüllung der "Kontextbedingungen" weitestgehend im Handlungs- und Entscheidungsbereich der Akteure,* natürlich immer abhängig von der Intersubjektivitätsbasis bzw. Geltung von "Sinn" und "Funktion", von Abgrenzung und Rationalität.[118] *In diesem Sinne verschränken "Codes" und "Kontextbedingungen" die Handlungs- und Entscheidungsautonomie der Akteure mit der Koordination durch Erwartungskontexte als Kommunikationsstrukturen.*

Zur Vereinfachung und Fixierung der Kontexte werden in Wechselwirkung mit der Systemkonstitution eines Kommunikationssystems jeweils spezifische "Medien" ausdifferenziert. Generell läßt sich feststellen, daß flüchtige Sozialsysteme meist keine expliziten "symbolisch generalisierten Medien" ausbilden; weitgedehnte interaktive "gesellschaftliche Teilsysteme" ohne personell oder räumlich festlegbare Grenzen (z.B. "Markt", "Wirtschaft") vereinfachen die Kommunikationszurechnung durch generalisierte Symbolsysteme.[119] Dieser Mechanismus wird durch die weitgehend personen-, zeitpunkt- und situationsneutrale Wirkungsweise der

---

[118] Man vgl. dazu die drei grundlegenden Optionen eines System- oder Organisationsteilnehmers nach MINTZBERG (1983) S. 23 unter Verweis auf HIRSCHMAN (1970): *"loyalty"* als Erfüllen der Kontextbedingung, *"exit"* als Verlassen des Systemzusammenhanges, oder *"voice"* als Versuch der Umdefinition des Systemzusammenhanges über Kommunikation und kollektive Orientierungsänderung.

[119] Vgl. EICHMANN (1989) S. 36 zum Zusammenhang von Systembildung und Medienkonstitution über die Ausdifferenzierung von Spezialsemantiken innerhalb funktional differenzierter Gesellschaft: "Eine funktional differenzierte Gesellschaft ist dadurch geprägt, daß die Teilsysteme ihre Kommunikationen über die beschriebene Weise hinaus spezifizieren und auch gegenüber ihrer gesellschaftlichen Umwelt abgrenzen. Dadurch, daß sie ihre Kommunikationen durch unmittelbar funktionsbezogene Sinnverweise konditionieren, erzeugen sie 'Spezialsematiken', die aufgrund ihrer Spezifität nur innerhalb der jeweiligen Teilsysteme als Elemente verwendet werden. (...) Beispiele für solche kommunikativen Elemente sind Zahlungen im Wirtschaftssystem, Rechtsakte im Rechtssystem und pädagogische Selektionen im Erziehungssystem."

Medien in ihrer Symbolisierung und Generalisierung erklärbar, die eine Steigerung der Kommunikationserfolgswahrscheinlichkeit auch ohne konkrete raumzeitliche Interaktion gewährleistet und deswegen für höhere Systemebenen mit hochdifferenzierten Substrukturen über viele Akteure unverzichtbar erscheint. Dagegen verfestigen sich "Organisationssysteme" (z.B. "Unternehmung") über formalisierte Mitgliedschaften und Formalstrukturen.

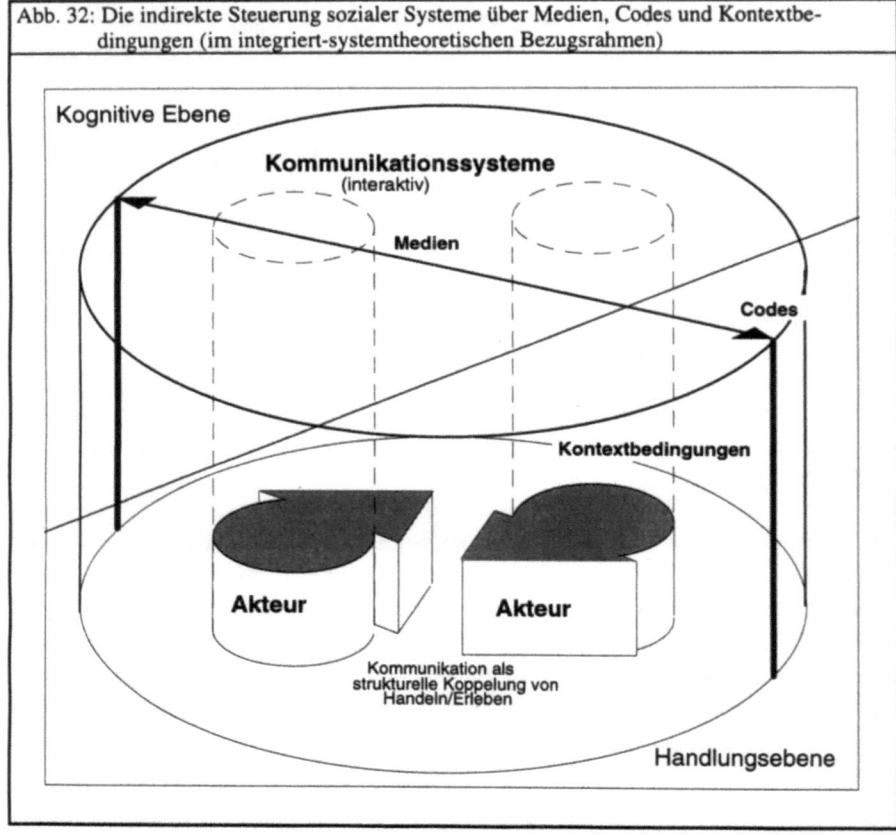

Abb. 32: Die indirekte Steuerung sozialer Systeme über Medien, Codes und Kontextbedingungen (im integriert-systemtheoretischen Bezugsrahmen)

Ein ideales Beispiel stellt "*Geld*" als Medium des Kontextes "Wirtschaft" dar:[120] Es erleichtert Kommunikations- oder Selektionsanschlüsse mit wirtschaftlicher Thematik und begründet

---

[120]    Vgl. LUHMANN (1973) S. 205f., LUHMANN (1988) S. 46 ("daß gerade die Theorie des Geldes (und nicht eine Theorie der Bedürfnisse oder der Produktionsverhältnisse oder der Arbeitsteilung) zu einem 'besseren' Verständnis des Verhältnisses von Wirtschaft und Gesellschaft führen kann."): "Geld als Codierung wirtschaftlicher Operationen".

über seine autonome Verwendung eine kontingente Teilnahme der Akteure. Durch seine Symbolisierung und Generalisierung ermöglicht es *unspezifizierte "Bedürfnisbefriedigung"* in *personaler ("anerkanntes Tauschmittel"), zeitlicher ("Gewißheitsäquivalent") und sachlicher Hinsicht ("symbolisierter Wertmaßstab")*. Im Laufe seiner Entwicklung steigerte sich das Sinnvermittlungspotential des Mediums "Geld" durch die Evolution seiner Symbolisierung und Generalisierung: Während die Symbolisierung in der Frühzeit über den *materiellen Gehalt* (z.B. Gold, Silber etc.) und dessen individuelle Wertschätzung erfolgte, gewannen in der Neuzeit zunehmend *sprachliche bzw. schriftliche Generalisierungen* (z.B. Münz- oder Papiergeld) und *virtuelle Repräsentationen* (z.B. Buch- oder Giralgeld, Kreditkarten), gestützt auf gesellschaftliche bzw. rechtliche Generalisierungsmechanismen (z.B. Offizialisierung, staatliches Geldmonopol, Währungspolitik) an Bedeutung.[121]

(1) Im *Kontext der "Wirtschaft"*, die das *Medium "Geld"* unter der *gesellschaftlichen Funktion bzw. thematischen Zweckspezifikation "Bedürfnisbefriedigung"* ausgebildet hat, wirkt es über die *binär schematisierte Codierung "Zahlung"/"Nichtzahlung"* und die *Kontextbedingung "Liquidität"* als Rationalitäts- und Steuerungskriterien (der Abgrenzung und Entscheidung) für die teilnehmenden Akteure und deren subsystemische Kommunikationszusammenhänge ("Märkte", "Unternehmen", "Haushalte", "Akteure" etc.). Die Codierung wirtschaftlicher Zugehörigkeit erfolgt über den Schematismus der "geld"-vermittelten Kommunikation und ermöglicht allen "liquiden" und "zahlenden" Wirtschaftssubjekten Teilnahme an der wirtschaftlichen Bedürfnisbefriedigung. Für die "Wirtschaft" als gesellschaftliches Teilsystem gilt nur diese spezifische, medial vermittelte Rationalität;[122] alternative Funktionserfordernisse gehören zu anderen gesellschaftlichen Kontexten mit anderen Steuerungsmechanismen und anderen Rationalitätskriterien und können nur bedingt über "Wirtschaft" (bzw. "Markt") koordiniert werden. So können beispielsweise die existentiellen Grundbedürfnisse "Wohnen", "Nahrung", "Energie", "Gesundheit" nur jenseits einer existenzsichernden Grundversorgung unter "wirtschaftlich effizienter Bedürfnisbefriedigung" bzw. der "marktlichen Verteilung knapper Ressourcen" koordiniert und gesteuert werden. Die Funktion "Sicherung einer existentiellen Grundversorgung" muß durch andere gesellschaftliche Teilsysteme einer öffentlichen Versorgung abgedeckt werden. "Wert" bezeichnet die gesellschaftliche Relevanz eines Gutes bzw. einer Leistung als Mittel der Bedürfnisbefriedigung im Medium "Geld".

Die "Wirtschaft" differenziert, analog zur "Gesellschaft", *unterschiedliche funktionale Subsysteme* nach verschiedenen Funktionsbereichen und unter Mehrfach-Codierung im Hinblick auf das Steuerungsmedium "Geld" aus, d.h. sie ermöglicht den Akteuren Orientierung nach bzw. Teilnahme an weiteren subsystemischen Kommunikationszusammenhängen. Zur "Wirtschaft"

---

121  Vgl. NEUMANN (1983) S. 132f., 139f.

122  Vgl. z.B. LUHMANN (1988) S. 84ff.

funktional differenzierte teilsystemische Kommunikationszusammenhänge spezifizieren diese Codierung für ihre eigenen Kontexte:

(2) *"Märkte"*[123] definieren als Systeme der *"Ressourcenallokation"* (bzw. der Kommunikation oder Information darüber) die Marktkommunikationsform *"Preis"*, den Code *"Kauf"* und die Kontextbedingung *"Rentabilität"* (bzw. *"Gewinn"*). Der Erfolg der Marktteilnehmer als "Gewinn" ermöglicht weiteren Teilnahme am "Markt" über "Käufe" bzw. an der "Wirtschaft" über "Zahlungen"[124], wohingegen "Konsum" als aktualisierte Bedürfnisbefriedigung in den gesellschaftlichen Kontext zurückkehrt und durch den "Wert"- bzw. "Liquiditäts"-Verlust des Verbrauchs die Möglichkeit weiterer "Wirtschafts"-Teilnahme verringert. Ein so kommunikationstheoretisch interpretierter Preismechanismus gewährt z.B. einen besseren Zugang zur Preisbildungsproblematik bei Markenartikeln oder Kunstgegenständen, denen kein ontologisch "realer Wert" zugrunde liegt und deren "Preis" sich nur individuell durch das Zustandekommen der Marktkommunikation unter dem Code "Kauf" bildet.

(3) *"Unternehmungen"*, die als Organisationen im *Außenverhältnis* den Charakter von Wirtschaftssubjekten und Marktteilnehmern annehmen, *erstellen (meist arbeitsteilig) bedarfsgerechte Produkte und Dienstleistungen.* Kommunikationsform im Außenverhältnis der "Unternehmungen" ist das Medium *"Produkt"* (als "Wirtschaftsgut" bzw. "(Dienst-)Leistung"), das unter dem Code *"Absatz"* am "Markt" angeboten wird. Wirtschaftlicher Erfolg in Form der Kontextbedingung *"Wertschöpfung bzw. Entgelt"* (über "(Ver-) Käufe" und "Zahlungen") beim "Absatz" dieser "Produkte" über "Märkte" ("Preis"/"Kauf", "Gewinn") an andere "Wirtschaftsteilnehmer ("Geld"/"Zahlung", "Liquidität") ermöglicht weitere "Produktion" gegen "Entgelt" zur weiteren Teilnahme an "Wirtschaft" und "Markt".[125] Die Funktion der "Wertschöpfung" bezeichnet die gesellschaftliche Relevanz der unternehmerischen Produktivität.

---

[123]   Vgl. die interessante Charakterisierung der Wirkungsweise und der Funktionsbedingungen des "Marktes" bei DYLLIK (1989) S. 127ff. als "kybernetisches(!) Lenkungssystem" effizienter Ressourcenallokation (gesamtwirtschaftlich-gesellschaftlich) und Befriedigung von Konsumbedürfnissen (individualwirtschaftlich-konsumentenbezogen) über "Preise". Das bedeutet eine Verortung des "Marktes" zwischen "Wirtschaft" und "Gesellschaft" (als Ressourcenzuteilung) einerseits und "Unternehmung" und anderen "Marktteilnehmern" (als Konsumenten) andererseits. "Die Preise sind hierbei als *Lenkungsmechanismus* anzusehen, aber auch als Medium der Kommunikation und Koordination." (ebd. S. 129, H.i.O.).

[124]   Vgl. LUHMANN (1988) S. 46f. ("Preise" als Verschränkung von "Leistung" und "Zahlung") und S. 55ff. ("Profitmotiv" als Selbststeuerung).

[125]   Man beachte in diesem Zusammenhang die interessante Bezeichnung der "Unternehmung" als "Unterscheidung" bei BAECKER (1993) S. 25ff und ihre Anschließbarkeit an die Kontexttypologie. Die "Innenseite" bezeichnet er als "Organisation erwerbsorientierten produktiven Umgangs mit knappen Ressourcen". "Wir wählen zunächst eine naheliegende Möglichkeit und bezeichnen die Wirtschaft, genauer: die Wirtschaft der Gesellschaft, als die Außenseite des Unternehmens. Das heißt, wir beobachten soziologisch. Wir bringen eine Außenseite ins Spiel, die auf die Gesellschaft verweist. Die Außenseite der Form des Unternehmens ist der als Wirtschaft bezeichnete, mit Strukturen des Zugriffs auf Bedürfnisse, Arbeit und Technik ausdifferenzierte und gegenüber Politik, Wissenschaft, Religion, Erziehung und anderen Funktionssystemen der Ge-

(4) Im *Binnenverhältnis* der "Unternehmung" erfüllt das "*strategische Management*" als Steuerungssubsystem die Funktion der Steuerung unternehmerischer Produktivität durch "*Formulierung einer Wettbewerbsstrategie*": Im Rahmen des Kommunikationsthemas "*(Unternehmens-)Strategie*" (als "*Produkt/Markt*"-Konzept) wird unter dem Code "*Effektivität*" die Schaffung "*langfristiger Erfolgspotentiale*" als Kontextbedingung der Sicherstellung ausreichenden Erfolges bzw. "Entgeltes" ("Gewinn", "Zahlungen") für die weitere Teilnahme der "Unternehmung" am "Markt" ("Wirtschaft") hinwirken. Die identifizierten Kontextbedingungen bzw. Steuerungsgrößen verbinden sich in idealer Weise mit den "*Vorsteuerungsgrößen der strategischen Unternehmensplanung*" zur langfristigen Überlebenssicherung der Unternehmung, die GÄLWEILER als "Erfolgspotential" (Unternehmung), "Erfolg" bzw. "Rentabilität" (Markt) und "Liquidität" (Wirtschaft) bezeichnet.[126]

(5) Das "*operative Management*" sorgt für die Umsetzung der vom "strategischen Management" formulierten Unternehmensstrategie ("Strategieimplementation"), als "*Koordination und Steuerung*" der arbeitsteiligen Produktion von Wirtschaftsgütern. Kommunikationsthema im operativen Binnenverhältnis der Unternehmung ist deshalb "*Produktion*" unter dem Code "*Effizienz*" und der Kontextbedingung "*Produktivität*" als Produktion unter "gewinn"-rationalem Kosten/Erlös-Verhältnis (über "Entgelte"/"Gewinn" beim "Absatz" nach dem "Produkt/ Markt"-Konzept).

(6) Der einzelne "*Arbeitnehmer*" bzw. "*Unternehmensangehörige*", der als Akteur und finaler Handlungsträger die orientierenden "Funktions"-Erfordernisse der Kontexte als "Sinn"-Kriterien seiner Integration übernimmt, erbringt (allgemein) seinen "*Produktivitätsbeitrag*" für den Produktionszusammenhang "Unternehmung" im Medium "*Aufgabe bzw. Rolle*" unter dem Code "*Erfüllung*" und der Kontextbedingung "*(Arbeits-)Leistung*". Die "Produkt"-Erstellung und dessen "Absatz" ermöglicht über dadurch induzierte "*Löhne bzw. Gehälter*" (als "Entgelte" bzw. "Zahlungen") am "*Arbeitsmarkt*" die Teilnahme der "Arbeitnehmer" an der "Wirtschaft".

Durch die "top-down"-Ausdifferenzierung der untergeordneten (Sub-)Systemzusammenhänge durch die übergeordneten Kontexte und deren Funktionserfordernisse sind für die jeweils fokussierten Kontextebenen (und deren Teilnehmer) nicht nur die eigenen ausdifferenzierten Medien bzw. Codes und Kontextbedingungen handlungsleitend, sondern jeweils "bottom-up" *auch die Rationalitäten des übergeordneten suprasystemischen Kontextes.*

---

sellschaft differenzierte Reproduktionszusammenhang von Zahlungen." MARTENS (1989) S. 21f. identifiziert in etwa analog drei Systemreferenzen einer "kritischen Theorie der Unternehmung": "Wirtschaft", "Organisation"/"Unternehmung" und "Individuum".

[126] Vgl. GÄLWEILER (1981) S. 85.

Abb. 33: Beispiele für wirtschaftliche Kontexte spezifischer Funktionen auf verschiedenen
Ebenen mit ihren jeweiligen Medien, Codes und Kontextbedingungen

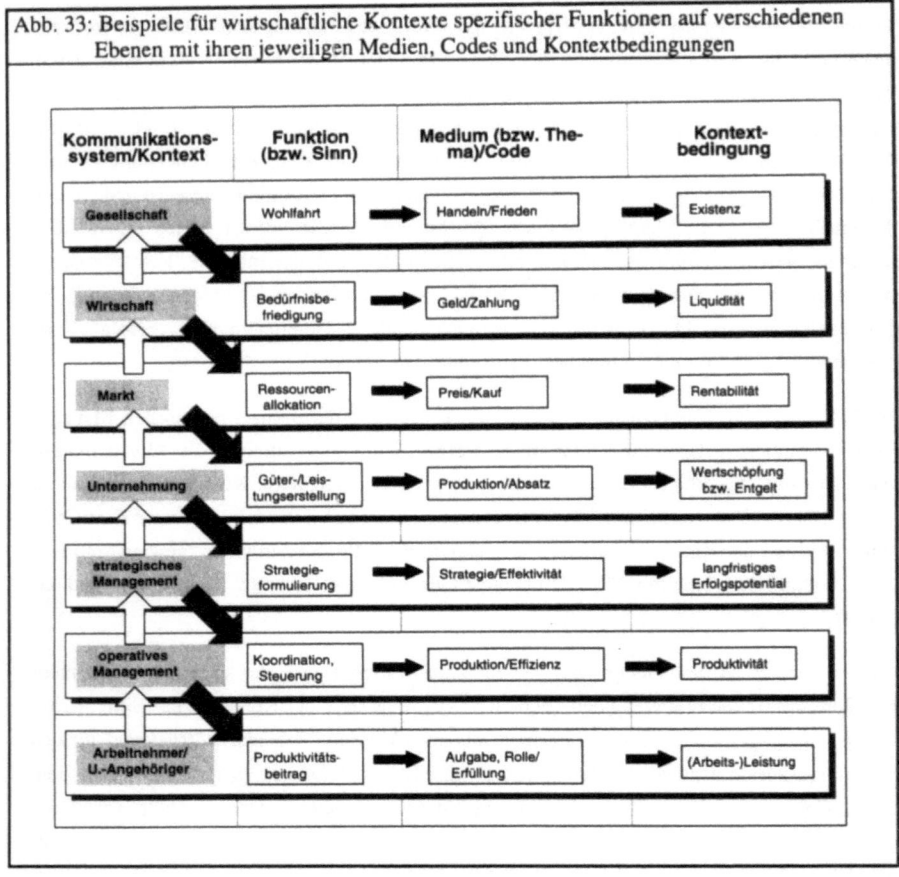

Die indirekte Steuerung der autonomen Akteure ist als Orientierung an den Rationalitäten der
Kontexte und als Handlungsselektion aufgrund des rekonstruierten Umweltmodells und des
perzipierten Koordinationskontextes immer mit doppelter Selektivität verbunden: *Identifika-*
*tion und Auswahl der Kontexte (Integration) als "Umwelterfassung"* und *konkrete*
*(Handlungs-)Entscheidung bezüglich des identifizierten Codes bzw. Erwartungsschematismus*
*(Selbststeuerung) als "Kontextverarbeitung".* Die durch Orientierung und Selektion reduzierte
Umweltkomplexität bedarf eines doppelten, eigentlich sogar dreifachen Kompensationsmechanismus zur Begrenzung des "Perzeptions-" und des "Selektionsrisikos" (vgl. Kap.E.II.2.):
- *intrasubjektive "Reflexion"*[127] als kognitive Selbstthematisierung der Umwelterfassung

---

[127] Etwa analog zur Konzeption von WILLKE (1987) S. 71ff. und WILLKE (1989) S. 120ff.

auf der Basis von Selbstreferenz im Hinblick auf die eigene Identität, Orientierung und Wirkung,

- *intrasystemische "strategische Überwachung"* der subjektiven Orientierung, d.h. des perzipierten und anerkannten Kontextes auf (weitere) Relevanz und der darin selektierten Handlungen auf (weitere) Rationalität als Kontrolle realisierter Fremdreferenz (analog zum Konzept der "Strategischen Kontrolle" bzw. "Strategischen Überwachung" von STEINMANN und SCHREYÖGG[128]), und

- *intersubjektive "kommunikative Kompensation"* als Thematisierung der bzw. Verständigung über die Validität der Umwelterfassung, und der Orientierungen in offenen Verhandlungssystemen oder "Diskursen"[129], als Relativierung realisierter Selbst- und Fremdreferenz.

Alle drei Mechanismen bedeuten dann für die Akteure ein *Bewußtsein bzw. Erleben (in der Kommunikation) der gleichzeitigen, "objektiv" gleichwertigen Existenz verschiedener sozialer Systeme bzw. Kontexte mit ihren jeweiligen Medien, Codes und Kontextbedingungen* und das Einstellen und die Öffnung der eigenen Identitäten auf deren Existenz bzw. auf die Möglichkeit solcher Existenzen.[130]

Indirekte Steuerung im Spannungsfeld von "Autonomie" (interner Selbststeuerung) und "Kontext" (indirekter Kontextsteuerung) impliziert immer auch Versuche der autonomen und kontingenten Akteure, diese integrationsabhängige Steuerungsform zu unterlaufen. Als *"Grenzen indirekter Steuerung"* bieten sich zwei verwandte, aber entgegengesetzt wirkende Strategien: die *Tendenz zur Implementation direkter Steuerung* durch Überbetonung und Sanktionsbewehrung systemspezifischer Erwartungen bzw. Kontextbedingungen als *"Macht"* und die *Tendenz zum Steuerungsentzug* über Instrumentalisierung von Kontexten zugunsten eigener Orientierungen oder Ziele oder Ersetzen der bestehenden Zweck- bzw. Koordinationssysteme durch eine Untergrundstruktur neuer, oft informeller Kontexte ("politische Koalitionen" oder "Seilschaften") als *"Mikropolitik"*. Kapitel D.III. greift diese Problematik auf und legt deren Bezüge zu einer kommunikationsmedialen Betrachtung von "Macht" (analog zu PARSONS und LUHMANN) sowie zu organisationstheoretischen Überlegungen zum Phänomen der "Mikropolitik" (meist in Verbindung zur Problematik der Machtausübung) dar.

---

128 Vgl. die Konzeption einer "Strategischen Kontrolle" bzw. "Strategischen Überwachung" bei SCHREYÖGG/STEINMANN (1985) S. 401ff., STEINMANN/SCHREYÖGG (1986) S. 749f. und SCHREYÖGG/STEINMANN (1987) S. 94ff.

129 Siehe dazu die von WILLKE (1987) S. 76f., WILLKE (1989) S. 135ff. und EICHMANN (1989) S. 59 formulierte Konzeption "systemischer Diskurse".

130 Vgl. BAECKER (1993) S. 15f. zum "Verhältnis von Umwelterfassung und Selbstreferenz für Organisationen".

## III.  Grenzen indirekter Steuerung: Macht und Mikropolitik

Das soziale Phänomen "*Macht*" darf beim Thema einer Steuerung sozialen Handelns menschlicher Akteure über bzw. in sozialen Strukturen (Sozialsystemen) nicht unberücksichtigt bleiben. LUHMANN erhebt bereits in seinem Frühwerk "Klassische Theorie der Macht" (1969) die Forderung, daß die "Machttheorie" als sozialer Steuerungsmechanismus, "Anschluß an die Theorieentwicklung auf anderen Gebieten suchen müßte - etwa an die Systemtheorie, an die Theorie kybernetischer Regelung an die Theorie normativer, Erwartungen stabilisierender Strukturen, an die Theorie der Kommunikation und insbesondere des Entscheidungsprozesses."[131]

Voraussetzung einer systemtheoretisch-kommunikativen indirekten Steuerung ist eine Verschränkung von "Autonomie" und "Kontext" über kognitive Integration, autonome Selbststeuerung und kommunikative Kontextintervention; die *"Negation" dieses indirekten Integrations- und Steuerungsmodells in der Vorstellung einer determinierten direkten Selektionsübernahme* ist der kommunikativer Zugang zur Machtproblematik: "Macht erbringt ihre Übertragungsleistung dadurch, daß sie die *Selektion* von Handlungen (oder Unterlassungen) angesichts anderer Möglichkeiten zu beeinflussen vermag."[132]. Als Steuerungsform der Übertragung von Selektionsleistungen steht "Macht" analog zum integriert-systemtheoretischen Bezugsrahmen im Spannungsfeld von Kognition und Kommunikation der Akteure (was eine Deutung als "Kommunikationsmedium" bei LUHMANN verständlich macht).

*"Machtanwendung"* unter integriert-systemtheoretischer Steuerung bedeutet immer den Versuch einer *Einschränkung der Selbststeuerung zugunsten einer (Über-)Betonung des Kontextes und seiner Rationalität* (der Medien, Codes und Kontextbedingungen) in ihrer Orientierungs- und Koordinationswirkung für die immer noch grundsätzlich kontingenten Akteure. Die systemtheoretisch-kommunikative Interpretation der Machtanwendung zeigt aber auch ein großes *Risiko*: Da jede soziale Beziehung auf gegenseitiger Autonomie und Kontingenz beruht, besteht für den Machtunterworfenen bzw. -rezipienten grundsätzlich immer auch die *Möglichkeit, sich dieser Machtanwendung zu verweigern* oder *den systemischen Kontext, der Integration fordert bzw. Machtausübung erlaubt, zu ignorieren oder umzudefinieren.* Solche Strategien der Akteure bezeichnen die (auf das "Macht"-Konzept bezogenen) Begriffe "*Gegenmacht*" und "*Mikropolitik*" (in enger Beziehung auch zum "Spiel"-Konzept bei CRO-

---

[131]  LUHMANN (1969) S. 167.

[132]  LUHMANN (1988b) S. 8f. Vgl. LUHMANN (1969) S. 168 ("Selektion von Verhaltensprämissen für einen anderen."), KIECHL (1985) S. 154f. (insbes. S. 159: "Die Soziologen verstehen Macht im allgemeinen als Mittel, um auf der Basis von negativen Sanktionen eine Beeinflussung auch gegen den Willen des Beinflussten vorzunehmen.").

ZIER/FRIEDBERG). Sinngemäß lassen sich dann vier analytische Ausprägungen der "Machtanwendung" als Steuerungsformen einer kommunikativen Intervention identifizieren:

- "*Zwang*" bzw. "*physische Gewalt*" als Grenzfall einer physisch-instrumentalen "*Selektionssubstitution*", mit der der Zwangausübende die Handlungen des Zwangunterworfenen so determiniert, als würde er sie selbst ausführen;

- "*Macht*" als fiktive direkte Steuerung über Ersetzen der spezifischen Kontextrationlität durch die Rationalität des "*Machtsystems*", mit dem Medium "*Anweisung*" bzw. "*Befehl*", dem Code "*Befolgung*" und dem Ersetzen der Kontextbedingungen durch "*Sanktionen*" (da ein Verlassen des "Machtsystems" i.d.R. nicht geduldet wird), unter "*Übernahme der Selektionsverantwortung*";

- "*Einfluß*" als indirekte Selbst- und Kontextsteuerung unter Überbetonung (und ggf. Sanktionsbewehrung) der Kontextintervention zur "*Steigerung der Wahrscheinlichkeit der Selektionsübernahme*" auf Kosten der Selbststeuerung; sowie

- "*Gegenmacht*" bzw. "*Mikropolitik*" als Versuch des "*Steuerungsentzuges*" gegenüber höheren Koordinationsebenen bzw. der Implementation alternativer Beeinflussung von Um- und Subsystemen durch "*Instrumentalisierung*" und "*Koalitionsbildung*".

Zum Beleg dieser Interpretation und Analyse des "Macht"-Phänomens erscheinen mehrere Schritte angemessen:

- "*Klassische Machtanwendung*"[133] als "Führung" oder "Steuerung" zur Durchsetzung bestimmter Orientierungen und Handlungen (Kapitel D.III.1.), spezifiziert in "*Macht und Wirtschaft*" als klassischer Ansatzpunkt der Führungs- oder Steuerungsanwendung (1.a.), "*Macht als sozialer Mechanismus*" als Reflektion der theoretischen Erfassung des Machtphänomens (1.b.), sowie "*Macht und Kommunikation*" als Bewertung der Identifikation von "Macht" als "symbolisch generalisiertes Kommunikationsmedium"[134] in Beziehung zum indirekten Integrations- und Steuerungsmodell (1.c.);

- "*Gegenmacht und Mikropolitik*"[135] als Steuerungsentzug und/oder informelle Subsystembildung zur Implemetation alternativer Orientierung (Kap. D.III.2.).

---

133 Vgl. KIECHL (1985) S. 235: "Die Tendenz der Aussagen [vieler Autoren] drückt aus, dass Macht im allgemeinen als Grundlage der Einflussnahme zum Zwecke der Zielerreichung des Machtausübenden verstanden wird."

134 Explizit ausgearbeitet bei PARSONS (1963), PARSONS (1980) inklusive deren Zusammenfassung bei JENSEN (1980), und vor allem LUHMANN (1988b).

135 Zu "Gegenmacht" vgl. LUHMANN (1988b) S. 107f.; zum Begriff der "Mikropolitik" siehe z.B. BOSETZKY (1977) S. 121, (1978) S. 220 ("Instrumentalisierung der Organisation durch ihre Mitglieder"), oder (1988) S. 27f., ORTMANN (1988) S. 18f. und KÜPPER/ORTMANN (1986) S.592.

Abb. 34: Machtanwendung als Steuerungsform

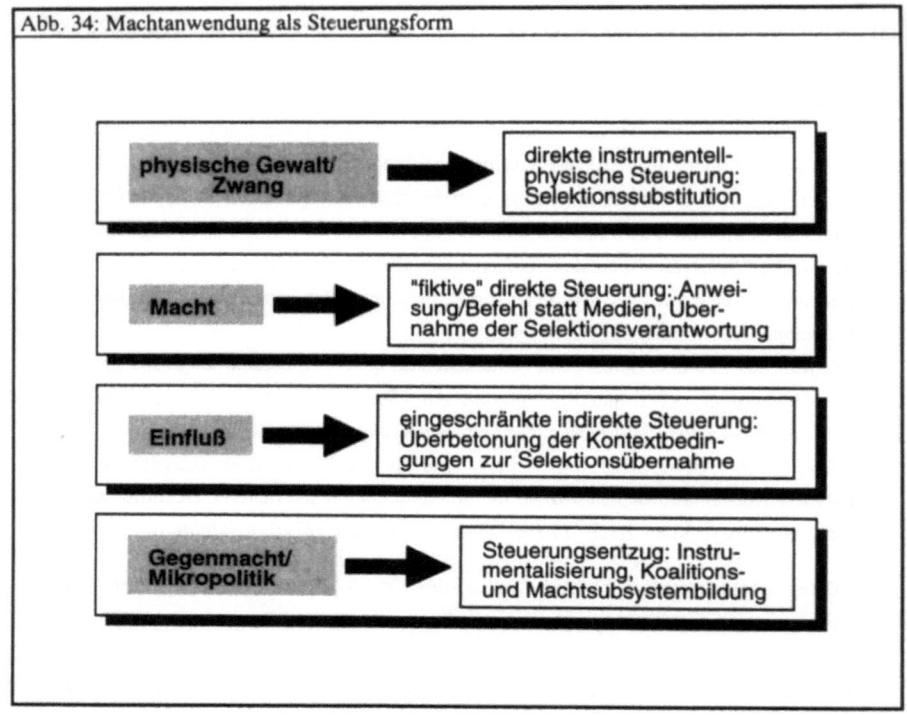

## 1. Macht als Fiktion direkter Steuerung

*"Macht"* zeigt sich ständig und in vielfacher Gestalt als soziales Phänomen in Beziehungen der Menschen zueinander.[136] Ansätze zu ihrer Erforschung in den Sozialwissenschaften bleiben (analog zur Systemtheorie) angesichts einer Vielzahl unterschiedlicher Perspektiven, Interpretationen, Definitionen und Erklärungsansätzen, die teilweise nicht mehr integrier- oder anschließbar erscheinen, hinter dem Anspruch einer befriedigenden Aufklärung des "Macht"-Phänomens zurück.[137] Nach KIECHL führe zusammen mit der Fülle der Literatur und den oft

---

[136] Vgl. z.B. GRUNWALD (1980) S. 92 ("Macht ist ein ubiquitäres, multidimensionales und soziales Phänomen") oder KIECHL (1985) S.1.

[137] Vgl. KIECHL (1985) S.1f. (der sich um eine Klassifikation verschiedenster Machtansätze in verschiedenen Wissenschaftszweigen bemüht), REBER (1980) S. VIII, KRÜGER (1974) S. 1ff. (zum Machtbegriff und seiner Erfassung), aber auch LUHMANN (1969) S. 149 oder CROZIER/FRIEDBERG (1979) S. 15.

unklaren und teilweise widersprüchlichen Aussagen bzw. Definitionen vor allem ein unacht-
samer und uneinheitlicher Alltagssprachgebrauch zu einer zwiespältigen, wenn nicht negativen Einstellung zu "Macht": "Macht" werde selten explizit erwähnt oder eingestanden.[138]
Dieses zwiespältige Verhältnis gelte vor allem für die *"Wirtschaft"* und insbesondere für die
*"Betriebswirtschaftslehre"*:[139]


a)  Wirtschaft und Macht

Die Betriebswirtschaftslehre sei (nach KIECHL) im Rahmen ihrer "Instrumente" immer explizit oder implizit mit Machtfragen umgegangen, so z.B. im Rahmen von "Management- oder
Sachfunktionen". Andererseits aber habe im *"legitimatorischen Rahmen der wirtschaftsliberalen Gleichgewichtstheorie"* als einer "herrschaftsfreien und machtneutralisierten Sphäre",
die kein Teilnehmer in seinem Sinne beeinflussen könne, eine "Ausklammerung" von Macht
stattgefunden.

> "Die Betriebswirtschaftslehre hat sich bereits relativ früh von diesem Modell [dem legitimatori-
> schen Rahmen der Gleichgewichtstheorie] distanziert, (...). Die Distanzierung verlief allerdings nur
> partiell und selektiv. (...) Machtbezüge wurden meist nur insofern von der Forschung thematisiert,
> als sie für die Effizienz der Unternehmensleitung bedeutsam erschienen. Dies geschah *explizit* und
> kritisch, soweit Machtphänomene als *Bedrohung für das Unternehmen* angesehen wurden, also
> etwa Knebelungsverträge, Staatseingriffe, unlauterer Wettbewerb. Die Thematisierung geschah
> dort mehr oder weniger stillschweigend, wo es um Fragen der *Machtausübung* ging, etwa in Rah-
> men der betriebswirtschaftlichen Organisationslehre".[140]

Erkennt man aus betriebswirtschaftlicher Sicht (in Abkehr von volkswirtschaftlichen Gleich-
gewichtstheorien) die *grundsätzliche Existenz systematischer Handlungsspielräume* der bzw.
in der Unternehmung als Voraussetzung für strategisches (bzw. orientiertes) Handeln an,[141] so
läßt sich im Anschluß an die Interpretation des wirtschaftsliberalen Gesellschaftsmodells als
Archetypus indirekter Steuerung auf systemtheoretischer Grundlage eine direkte Beziehung
zur Machtdiskussion als Gefährdung dieser Steuerungswirkung herstellen.

Die meisten Untersuchungen des Machtphänomens in der Wirtschaft unterscheiden zwei verschiedene Spielarten von "Macht" *um die "Unternehmung" als wirtschaftliches Aktionszentrum* (etwa in Analogie zur Betrachtung der "Unternehmung" als "Unterscheidung" nach
BAECKER und WEISS[142]), beziehbar auf die bei der Ausdifferenzierung von Kommunika-

---

138  Vgl. KIECHL (1985) S. 1f.

139  Siehe REBER (1980) S. VIII, KIECHL (1985) S. 2, KRÜGER (1974) S. 1 und REICHART (1989) S. 388.

140  BRAUN/SCHREYÖGG (1980) S. 31f. (H.i.O.); vgl. REBER (1980) S. VIIIf.

141  Vgl. SCHREYÖGG (1984) S. 5ff. ("Unternehmensstrategie und Wirtschaftstheorie") und STEINMANN/
     SCHREYÖGG (1990) S. 80f.

142  Vgl. WEISS (1995) S. 48ff. Dort beschreibt er die "Unternehmung" systemtheoretisch (nach BAECKER
     (1993) S. 59 und 30) als eine "Unterscheidung", auf deren "Außenseite" Gesellschaft, Wirtschaft oder

tionssystemen bereits angedachte Differenzierung von "Organisationen" und "gesellschaftlichen Teilsystemen":

(1) In der gesellschaftlich-teilsystemischen *Außenperspektive der Unternehmung* werden unter Berücksichtigung von "strategischer Unternehmenspolitik" und "Wettbewerbsstrategie" als indirekte Selbststeuerungsmechanismen *"Vermachtungsprozesse in der Wirtschaft"*[143] weniger kritisch beurteilt und lediglich über die Beeinträchtigung einer effizienten Markt- bzw. Wettbewerbssteuerung eingeführt:

> "Dort, wo Macht in der Wirtschaft zur Ausübung kommt, besteht die Chance, die eigenen Interessen ['Bedarfsbefriedigung', 'Ressourcenverbrauch', d. Verf.] gegen andere durchzusetzen, ohne sie dafür ökonomisch zu entschädigen ['Entgelte', 'Zahlungen', d. Verf.]; damit aber wird der überpersönlich (interessenneutrale) Charakter des Preissystems [des 'Marktes', d. Verf.] konterkariert und seine Allokationsfunktion [für die 'Wirtschaft', d. Verf.] beeinträchtigt."[144]

"Vermachtung" wird vor allem über Verhältnis von Unternehmung und Management zu seinen *"Bezugsgruppen"*, der strukturierten sozialen Umwelt, thematisiert; hier insbesondere im *"Stakeholder-Ansatz"* durch "Gruppen oder Individuen (...), die entweder aktiv Einfluß auf Entscheidungen des Unternehmers nehmen können oder passiv durch dessen Entscheidungen betroffen sind"[145], oder durch die Diskussion der *"Machtstellung von Großunternehmen"*[146].

(2) In *organisationaler Binnenperspektive* wird *"Macht in Organisationen"* bzw. *"in der Unternehmung"* als "Steuerung der Unternehmensprozesse" ("Management") bzw. als "Führung" thematisiert.[147]

Diese Unterscheidung erweist sich allerdings als dysfunktional für die hier vorzunehmende Betrachtung: das Prinzip indirekter Steuerung über soziale Systeme soll grundsätzlich unabhängig von einer inhaltlichen Systemdifferenzierung z.B. in "Wirtschaft" und "Unterneh-

---

Markt verortet werden, und deren "Innenseite" alles umfaßt, "was traditionell als Unternehmen im Sinne einer Organisation erwerbsorientierten produktiven Umgangs mit knappen Ressourcen verstanden wird" (BAECKER (1993) S. 26). Dort findet sich auch der Handlungsbegriff und seine Verbindung mit den wirtschaftlichen Akteuren.

143   Vgl. z.B. STEINMANN/SCHREYÖGG (1990) S. 78ff. ("Vermachtungsprozesse in der Wirtschaft").

144   STEINMANN/SCHREYÖGG (1990) S. 78.

145   STEINMANN/SCHREYÖGG (1990) S. 65; zu "Bezugsgruppen um das Unternehmen" ein Überblick ebd. S. 65f.

146   Vgl. z.B. explizit bei STEINMANN (1973) S. 468, STEINMANN (1982) S. 157ff., STEINMANN (1985) S. 230 und STEINMANN/SCHREYÖGG (1990) S. 78f.

147   Vgl. LUHMANN (1969) S. 160 ("Machtsysteme" als geschlossene Systeme). Siehe z.B. zu "Macht in Organisationen" CROZIER/FRIEDBERG (1979), PFEFFER (1981) oder MINTZBERG (1983); zu "Macht in der Unternehmung" z.B. bei KRÜGER (1974), insbes. S. 114ff., und (1980), insbes. S. 236f. (zur "Operationalisierung von Macht im Unternehmungsprozeß"). Zu "Macht und Management bzw. Führung" siehe z.B. "Führung als intendierter sozialer Einflußversuch" bei STEINMANN/SCHREYÖGG (1990) S. 400ff. oder den "Spielmacher"-Ansatz als "machtintegrierende Führungsethik" bei HOHL/ KNICKER (1987) und REICHART (1989).

mung" gelten. Für "Wirtschaft" und "Markt" wird indirekte marktwirtschaftliche Steuerung über "Liquidität" und "Rentabilität" ("Gewinn") allgemein anerkannt, wohingegen in "Unternehmung" ("Organisation") und "Management" direkte kybernetische Steuerungsvorstellungen und synoptisch-hierarchische "Führung" (zumindest im operativen Management) vorherrschen, die einen direkten Bezug zur Machtproblematik herstellen.

## b)  Macht als sozialer Mechanismus

Ein *Zusammenhang zwischen "Führung", "(kybernetischer) Steuerung" und "Macht"* ist offenkundig. KIECHL resümiert in einer vergleichenden Analyse verschiedenartiger "Macht"-Konzepte, "Macht" werde im allgemeinen als "Grundlage der Einflußnahme zum Zwecke der Zielerreichung des Machtausübenden" verstanden[148]. Diese Definition bezeugt ein genuines Verständnis von "Macht" als klassischem direkten Steuerungs- bzw., wenn personalisiert, als Führungsmechanismus.

Eine System- bzw. kommunikationstheoretische Interpretation *indirekter Steuerung* legt eine Deutung von *"Macht" als spezifischem Kommunikationsprozeß oder als steuerungswirksamer Kommunikationsform* nahe. Dies belegen verschiedene analytisch identifizierbare, aber interdependente Charakteristika: "Orientierungswirksamkeit", "Interpersonalität", "Sanktionsbewehrung" und "Potentialität", Abgrenzung von "physischer Gewalt" bzw. "Zwang" und "Institutionalisierung":

(1) *"Orientierungswirksamkeit"*: Bereits WEBER bezeichnet "Macht" als "Möglichkeit, den eigenen Willen anderen aufzuzwingen"[149]. Diese Einflußnahme erfolgt als Intervention über eine *"soziale Beziehung"*[150], die *"Kommunikation"* als gegenseitig aufeinanderbezogenes Handeln und Erleben voraussetzt. WEBER rechnet diesen Sachverhalt (unter dem Begriff der "Herrschaft" und abhängig von der "Geltung einer Ordnung") implizit als *"Selektionsübernahme"*: der "bekundete Wille" als orientierte Steuerungshandlung bzw. als kommunikativ vermittelte Selektionsofferte bzw. Orientierungsangebot des "Herrschenden", der einen "Beherrschten" beeinflussen (koordinieren bzw. steuern) will, muß vom Beherrschten erlebt, als Selektionsanschluß bzw. Orientierungsaktualisierung übernommen und das Handeln danach

---

148  Vgl. KIECHL (1985) S. 235. Eine ähnliche Konzeption findet sich bei MINTZBERG (1983) S. 4 ("simply as the capacity to effect (or affect) organizational outcomes") oder PARSONS (1980) S. 60 ("Macht einfach als die generalisierte Fähigkeit (...), Zwecke und Ziele in sozialen Beziehungen durchzusetzen.").

149  WEBER (1964) S. 692.

150  Vgl. BRAUN/SCHREYÖGG (1980) S. 22, CROZIER/FRIEDBERG (1979) S. 39 und PARSONS (1980) S. 70.

ausgerichtet werden.[151] LUHMANN definiert "Macht" explizit als *"Selektionstransfer"*, als "Selektion von Verhaltensprämissen für einen anderen"[152], die sich im Sinne des integrierten Bezugsrahmens in "kommunikative Setzung von Rationalitätskriterien, Entscheidungsprämissen oder Kontexten der Orientierung für andere" deuten läßt. Ursächlich-inhaltlich wird diese Orientierungsübernahme bei WEBER zunächst nicht weiter spezifiziert (im Unterschied zur Definition von "Herrschaft" über "Ordnung", unten als "Institutionalisierung", d.h. als kommunikativ anerkannte Systemreferenz. bezeichnet, und zur Konzeption "symbolisch generalisierter Kommunikations- und Steuerungsmedien").[153] Auf Unternehmensebene erfaßt KRÜGER "Macht" als "Katalysator für betriebliche Entscheidungsprozesse der Zielsetzung und der strategischen Zielerreichung" durch die "Träger der Unternehmung", als Form "sozialer Energie zur Gestaltung und Steuerung" (Komplexitätsbewältigung und -beherrschung).[154]

(2) *"Interpersonalität"*: Analog zur Voraussetzung einer sozialen Beziehung muß "Macht" immer über das erlebbare Handeln von Personen (bzw. erlebbarer kommunikativer Koordinationsmechanismen, z.b. Erwartungen) auf das Erleben von anderen Personen wirken. "Macht" ist als kommunikative Beziehung akteurbezogen und steht im interpersonalen Spannungsfeld von erlebter Interaktion (bzw. System) und Subjekt, d.h. von Kommunikation und Kognition.[155] So wird z.B. bei FRENCH/RAVEN "Macht" als "Einfluß eines *sozialen Agenten*, einer Person, aber auch Gruppe, Rolle oder Norm, zur Änderung der Orientierung bei Zielpersonen" definiert.[156] Der personale Charakter von "Macht" als kommunikativer Koordinations- bzw. Steuerungsmechanismus stellt den Bezug zu *"Führung"* als Vermittlung einer Handlungsorientierung bzw. eines Koordinationskontextes zwischen Akteuren her. So interpretiert ein Führungskonzept der Betriebswirtschaftslehre "Führung" als *"intendierten sozialen Einflußversuch"* und *"Führerschaft als Beeinflussungsprozeß"*,[157] mit deutlichen Anklängen

---

[151]  Vgl. WEBER (1956) S. 28: "Macht bedeutet jede Chance, innerhalb einer sozialen Beziehung den eigenen Willen auch gegen Widerstreben durchzusetzen, gleichviel, worauf diese Chance beruht."; in Abgrenzung zu "Herrschaft" die er über Befehl und Gehorsam unter verschiedensten Motiven der Fügsamkeit definiert (vgl. ebd. S. 28f., 122ff., WEBER (1964) S. 691ff.). Siehe KIESER/KUBICEK (1978) S. 89, PARSONS (1980) S. 60 ("Veränderungen im Handeln anderer sozialer Einheiten") u. 71f.

[152]  LUHMANN (1969) S. 168.

[153]  Vgl. WEBER (1956) S. 28f. ("Der Begriff 'Macht' ist soziologisch amorph.").

[154]  Vgl. KRÜGER (1974) S. 114ff.

[155]  Vgl. FRIEDBERG (1980) S. 125. Den expliziten Zusammenhang mit Kognition betont NEUBERGER (1980) S. 152: "Handlungen und Pläne von 'Machthabern' und 'Machtunterworfenen' sind Handlungen und Pläne von Individuen und aus deren Perspektive analysierbar (...) auf der Basis kognitiv motivationaler Ansätze". Auch MARTENS (1988) S. 200 bezeichnet "Macht" als abhängig von der Zurechnung zu Akteuren.

[156]  Vgl. FRENCH/RAVEN (1966) S. 150f., KIECHL (1985) S. 203ff.

[157]  Siehe STEINMANN/SCHREYÖGG (1990) S. 490ff. ("Führerschaft als Beeinflussungsprozeß" bzw. "Führung als intendierter sozialer Einflußversuch"), insbes. S. 490f.: Führungsverhalten als sozialer (Umwelt-) Einfluß, als auf Verhaltensbestimmung ausgerichtete Informationen. KRÜGER (1974) S. 119 dagegen bezeichnet aus kybernetischer Sicht "Systemhandhabung" (Gestaltung und Steuerung mittels "Macht") durch Mitglieder des Systems "Unternehmung" als "Führung".

an die von WILLKE formulierte "Intervention in autonome Systeme" unter "struktureller Koppelung".

(3) *"Sanktionsbewehrung"* und *"Potentialität"*: "Macht" wirkt als *"Potential"* bzw. als *"Möglichkeit"*[158], d.h. sie beruht auf dem Vermeiden möglicher (und möglich bleibender) sowie negativ bewerteter Alternativen; die negative Bewertung wird oftmals mit belastenden *"Sanktionen"* verstärkt. In dieser Wirkungsbedingung ist "Macht" explizit vom Erleben durch den Betroffenen abhängig, d.h. von der Perzeption der *"Machtgrundlagen"*, der geforderten Selektionserwartung sowie der Kognition und Bewertung der verschiedenen Handlungsalternativen in ihren Folgen.[159] Doch jede Realisierung der als Vermeidungsalternativen angedrohten "potentiellen" Folgen bzw. "Sanktionen" zerstört diese spezielle "Machtgrundlage" (so wird z.B. eine Drohung mit Kündigung durch die erfolgte Vertragsauflösung wirkungslos); "Macht" wirkt also hauptsächlich *kognitiv und kommunikativ über Antizipation bzw. Androhung* von Vermeidungsalternativen oder potentiellen Sanktionen.[160] In der "Sanktionsbewehrung" liegt auch der wesentliche Unterschied zu anderen Kommunikations- oder Koordinationsformen: "Macht" konstruiert jeweils ungünstigere Alternativen, im Gegensatz zu positiven Sanktionen, "Belohnungen" oder "Anreizen" (deren erwartungsabhängiger Entzug allerdings analoge Wirkung aufweist) und in Abgrenzung zu normaler funktional motivierter Kommunikation in frei anerkannter Koordination ("Integration").[161]

(4) *Abgrenzung von "physischer Gewalt"* bzw. *"Zwang"*: Durch Sanktionsbewehrung und Potentialität grenzt LUHMANN "Macht" von "Zwang" oder "physischer Gewalt", als (tendenzielle, da unter grundsätzlicher Autonomie und Kontingenz der Akteure) "Substitution fremden durch eigenes Handeln unter Übernahme der Selektions- und Entscheidungslast", ab.[162] Diese Abgrenzung beleuchtet den Unterschied indirekter, auf der Autonomie der Akteure basierender Steuerung als "Intervention über strukturelle Koppelung" gegenüber der kybernetischen Vorstellung direkter "kybernetisch-instrumentaler" Steuerung. "Zwang" ist auf

---

158 Vgl. LUHMANN (1969) S. 154f., LUHMANN (1988b) S. 22ff., BRAUN/SCHREYÖGG (1989) S. 25f., KRÜGER (1974) S. 4.

159 Vgl. LUHMANN (1969) S. 168, LUHMANN (1988b) S. 22f. ("hypothetische Kombination von Vermeidungsalternativen", "Möglichkeit einer konditionalen Verknüpfung"). Dagegen unterscheidet KRÜGER (1974) S. 12ff. neben *Sanktionsmacht*, positiver wie negativer, auch noch *"Informationsmacht"* als Verfügungsgewalt über Informationen; in diesem Zusammenhang etwa als Verfügungsgewalt über die Vermittlung alterierender Orientierungen und deren Alternativen zu sehen.

160 Vgl. LUHMANN (1969) S. 168: "Alle Macht hängt letztlich davon ab, daß der Rückgriff auf ihre Basis unterbleibt", und LUHMANN (1988b) S. 22f.: "Macht beruht mithin darauf, daß Möglichkeiten gegeben sind, deren Verwirklichung vermieden wird. (...) Sie [Macht] bricht zusammen, wenn es zur Verwirklichung der Vermeidungsalternativen kommt."

161 Vgl. LUHMANN (1988b) S. 23f., MARTENS (1988) S. 200 ("negative und drohende Sanktionen"), PARSONS (1980) S. 70, JENSEN (1980) S. 34.

162 Vgl. LUHMANN (1988b) S. 9.

der Grundlage eines integriert-systemtheoretischen Bezugsrahmens eigentlich nur als Grenzfall physisch-determinierender direkter Einwirkung ("physischer Gewalt") unter bloßem
Erleben denkbar; der autonome Akteur behält für das eigene Handeln immer die letzte Entscheidungsfreiheit und Kontingenz. "Direkte Intervention in (Akteure als) autopoietische
Systeme" ist, wie WILLKE begründet, nicht möglich; jeder Umweltkontakt muß über das
autonome und selbstreferentielle Erleben stattfinden. Die Abgrenzung von "Zwang" und
"physischer Gewalt" unterstreicht daher lediglich die Vorstellung von "Macht" als Kommunikationsform unter struktureller Koppelung.

(5) *Institutionalisierung*": Macht wirkt immer in einer sozialen Beziehung, einem Kommunikationszusammenhang oder Kontext zwischen dem Machtausübenden als "Kommunikator"
(bzw. "Sender") und dem Machtunterworfenen als "Rezipient" (bzw. "Empfänger"). Die kon-
textbezogene Vermittlung der Möglichkeit negativer Sanktionen bzw. Kontextänderungen
benötigt eine gewisse kommunikative Permanenz bis hin zu einer institutionellen Verfestigung; dieser Aspekt läßt einen Wirkungszusammenhang von "Macht" und Sozial- bzw.
Kommunikationssystem plausibel erscheinen. Schon WEBER bezieht seine Untersuchungen
zum "Macht"-Phänomen auf die Anerkennung oder Geltung einer "legitimen Ordnung" bzw.
"Organisation", die er *Herrschaft*" nennt und die auf einer strukturierten Personenzahl sowie
auf Integration der Mitglieder ("Minimum an Gehorchenwollen") basiert[163] und die sich
zweifellos als Kommunikationssystem bzw. als "Organisation" LUHMANNscher Definition
interpretieren läßt. PARSONS spricht vom "Konzept eines institutionalisierten Machtsystems"[164], und auch LUHMANN untersucht "Macht" überwiegend im Hinblick auf "*Organisationen*", in enger Verbindung mit (autonomer und kontingenter) Mitgliedschaft bzw.
Entscheidung und der durch sie bewirkten Festlegung von Kommunikationsbeziehungen
("Stellenbesetzungen") als programmatische, netzwerkartige und personale Selektionen, die
ein Sanktionspotential gewährleisten:[165]

> "Während die förmliche Organisationsmacht auf der Kompetenz zu dienstlichen Weisungen be-
> ruht, deren Anerkennung Bedingung der Mitgliedschaft ist und so durch Entlassung sanktioniert
> werden kann, hängt die faktische Macht in Organisationen weit mehr vom Einfluß auf Karrieren
> ab. Sie beruht also nicht so sehr auf der Disposition über Mitgliedschaften [Organisationsmacht],
> als vielmehr auf der Disposition über Stellenbesetzungen [Personalmacht] (...): Disposition über
> Kontingenz, über Ja und Nein in bezug auf begehrte Rollen, als Machtbasis."[166]

---

[163]  Vgl. WEBER (1956) S. 16ff. ("legitime Ordnung und ihrer Geltung"), S. 122ff. ("Typen der Herrschaft") u.
(1964), S. 703ff. ("Wesen, Voraussetzungen und Entfaltung der bürokratischen Herrschaft"), KIECHL
(1985) S.146f. und KIESER/KUBICEK (1978) S. 85f. bzw. S. 89ff.

[164]  Vgl. PARSONS (1980) S. 70f.

[165]  Vgl. LUHMANN (1988b) S. 98ff. ("Organisierte Macht"), LUHMANN (1988e) S. 176ff. und MARTENS
(1988) S. 200ff. (auch "gemeinsam definierte Situation" nach LUHMANN (1969) S. 168). PARSONS
(1980) S. 83 bezeichnet "Herrschaft" als "institutionellen Code", in dem die Verwendung von "Macht" als
Medium organisiert und legitimiert sei.

[166]  LUHMANN (1988b) S. 104f.

Dieser institutionalisierte Machtbegriff ist anschließbar an die Machtkonzeption von CRO-ZIER/FRIEDBERG über die "Kontrolle einer organisationalen Ungewißheitszone" als Spannungsfeld zwischen funktionalem Kontext (Kontingenzreduktion) und Freiheit (Kontingenz): Jede Struktur kollektiven Handelns stelle sich als "Machtsystem" dar.[167]

Die genannten Indizien legen eine Gleichsetzung von "Macht" und "Kommunikationsprozeß" nahe, der die Erfolgswahrscheinlichkeit einer Selektions- bzw. Orientierungsübernahme und einer positiven Anschlußselektion steigert: "Interpersonalität", "soziale Beziehung" und die kontextabhängige Vermittlung vermeidbarer negativer "Sanktionen" als Orientierungsangebot unter grundsätzlicher Beibehaltung von Kontingenz deuten auf "Kommunikation" und, angesichts erwarteter Reaktion des Machtunterworfenen, auf die Bildung eines "Kommunikationssystems" hin. *Antizipativ erlebbare und formalisierte "Macht" kann dann auch als "symbolisch generalisiertes Kommunikationsmedium" gesehen werden.*

## c) Macht als Kommunikationsmedium?

Eine explizite Definition von *"Macht" als symbolisch generalisiertem Steuerungs- oder Kommunikationsmedium* in systemischem bzw. organisationalem Rahmen geht auf die *"Medientheorien" von PARSONS und LUHMANN* zurück.[168] Nach PARSONS bedeutet *"Macht"* ein Kürzel, "das für einen umfangreichen Kommunikationszusammenhang steht, innerhalb dessen [Selektionen und, d. Verf.] Entscheidungen nach bestimmten Regeln und angesichts gewisser Asymmetrien im Verhältnis von Entscheidungsbefugnissen und Entscheidungsunterworfenheit transferiert werden"[169] und so "als generalisierte Fähigkeit zur Sicherung des Einhaltens bindender Verpflichtungen der Einheiten einer kollektiven Organisation"[170] dienen. Für LUHMANN ermöglicht es die *"symbolische Generalisierung"* von "Macht", "den Vorgang der Übertragung reduzierter Komplexität zum Teil von der Ebene expliziter Kommunikation auf die Ebene des komplementären Erwartens zu überführen und damit den zeitraubenden, schwerfälligen, durch Sprache grobfühligen Kommunikationsprozeß zu entlasten."[171] Beide Thesen beschränken den "Macht"-Begriff als symbolisch generalisiertes

---

167  Vgl. CROZIER/FRIEDBERG (1979) S. 14ff. und 39ff., insbes. S. 46ff. ("Macht und Organisation"), FRIEDBERG (1980) S. 125ff., 129ff., KÜPPER/ORTMANN (1986) S. 593f.

168  Vgl. MARTENS (1988) S. 188. Siehe PARSONS (1963), PARSONS (1980), JENSEN (1980) und LUHMANN (1988b), insbesondere S. 4ff. ("Macht als Kommunikationsmedium").

169  JENSEN (1980) S. 34. Im Gegensatz zu PARSONS (1980) S. 68, der "Macht" "analog zum Geld als zirkulierendes Medium" beschreibt, soll "Macht" hier lediglich als sanktionsbewehrte Kommunikationsform in Kommunikationssystemen bzw. Organisationen verstanden werden, ohne Tauschwert und Aufbewahrungsfunktion wie beim Medium "Geld" im gesellschaftlichen Teilsystem der "Wirtschaft".

170  PARSONS (1980) S. 70.

171  LUHMANN (1988b) S. 36.

Kommunikationsmedium auf den Bereich dargestellter und vermittelter, formalisiert erlebbarer Macht im Rahmen anerkannter und geltender Ordnungen (als Kommunikationssysteme bzw. Organisationen) zur Erleichterung bzw. Steigerung der Wahrscheinlichkeit von Selektions- bzw. Orientierungsanschlüssen (unabhängig von jeweils weiteren, der "Macht" zugerechneten Eigenschaften wie z.B. Null-Summen-Problem oder Summenkonstanzprinzip, Modalisierung oder hierarchisch-transitiver Ordnung)[172]. Die Grundlagen dieser sozusagen kontextkonformen medialen "Macht"-Anwendung ergeben sich aus der Struktur des Kommunikationssystems, d.h. aus der Regelung seiner Kommunikationsbeziehungen.

Der mediale "Macht"-Begriff kann kommunikative Steuerung direkt auf eine Deutung von *"Macht" als direkter Steuerungsform* zur fundamentalen Verfestigung von Kommunikationssystemen (und formalen Organisationen) bezogen werden. In dieser Form läßt sich "Macht" grundsätzlich z.B. von der spezifisch gesellschaftlich-teilsystemischen Steuerungsfunktion des Mediums "Geld" im Spannungsfeld von indirekter Selbst- und Kontextsteuerung (und dem dazu analog konstituierten "Macht"-Begriff bei PARSONS und LUHMANN) unterscheiden; *"Machtsteuerung"* strebt eine instrumentale Verfestigung der Kommunikationsbeziehungen durch sanktionsbewehrte Erwartungsanschlüsse nach der Vorstellung *"fiktiver"* (angesichts der Unmöglichkeit vollständiger physisch-kybernetischer Beherrschung über "Zwang" im Bereich sozialer Phänomene)[173] *direkter Steuerung* erreichen. In der kommunikativen, oft symbolisch gestützten Vermittlung antizipierbarer Machtwirkung, d.h. in der Erlebbarkeit möglicher und angedrohter Sanktionen bzw. Kontextveränderungen, wirkt "Macht" dann tatsächlich als "Medium", d.h. sie erleichtert und motiviert einen positiven Orientierungsanschluß im Sinne des Machtausübenden im Sinne fiktiver direkter Steuerungswirkung. Der Prozeß der Machtausübung selbst dagegen ist immer bloß kommunikativ und damit indirekt, d.h. er ist vom Erleben und von der Entscheidung des trotz allem autonomen und kontingenten Betroffenen in der strukturellen Koppelung abhängig.

---

[172]  Vgl. PARSONS (1980) S. 98ff., LUHMANN (1988b) S. 24ff. und 51ff.

[173]  Vgl. CROZIER/FRIEDBERG (1979) S. 16 (zur Unterscheidung von "kybernetischem Modell" als "nichtpolitischem" System gegenüber sozialen Systemen: "Es gibt keine völlig geregelten und kontrollierten sozialen Systeme.") und ORTMANN (1988) S. 16.

**Abb. 35: Macht als Versuch der Implementation direkter Steuerung über "Machtsysteme"**

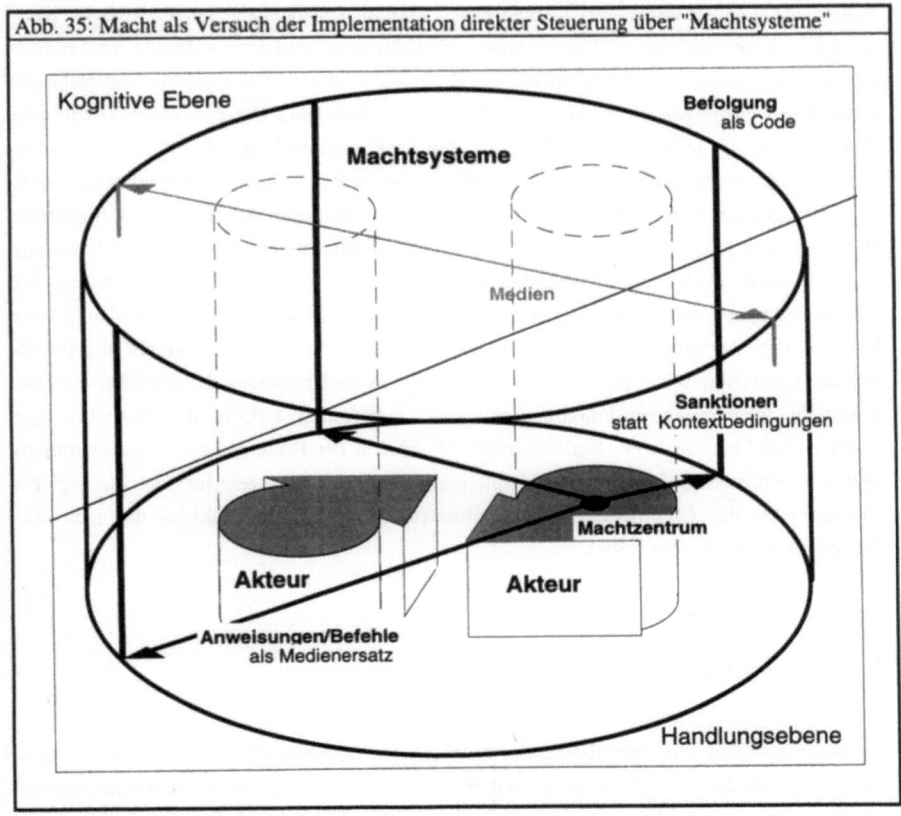

In Ergänzung zur Position PARSONS' und LUHMANNs wird "Macht" im systemtheoretisch-kommunikativen Steuerungsmodell des integrierten Bezugsrahmens als *Versuch* definiert, im Rahmen von Kommunikations(- bzw. Organisations-)systemen *indirekte Selbst- und Kontextsteuerung über Medien, Codes und Kontexte durch (fiktive) direkte Steuerung zu ersetzen*: Das Kommunikationsmedium des jeweiligen sozialen Systems wird durch das machtbezogene *Medium "Anweisung" bzw. "Befehl"* mit dem *Code "Befolgung"*, die jeweiligen *Kontextbedingungen* durch *"Sanktionen"* als antizipativ erlebbare und im allgemeinen als negativ empfundene Handlungsfolgen bis hinein in den materiellen oder physischen Bereich der Akteure ersetzt. Die "Machtsteuerung" wird häufig verbunden mit einer Erschwerung oder Verhinderung von Kontextänderungen bzw. Austritten aus dem sozialen Kontext. Der Begriff des "Befehlsnotstandes" ist dann aus der Kollision des Machtmediums "Anweisung" bzw. "Befehl" mit anderen Rationalitäten der Systemumwelt heraus zu verstehen.

Von Macht graduell abgegrenzt werden kann *"Einfluß"* (unabhängig von PARSONS' Konzeption von "Einfluß" oder "Wertbindung" als "Selektionsübernahme aufgrund innerer Einsicht in deren personale oder sachliche Begründung")[174] als *Überbetonung der systemspezifischen Kontextbedingungen unter grundsätzlicher Beibehaltung der indirekten Selbst- und Kontextsteuerung*, teilweise ebenfalls unter der Sanktionsbewehrung des Ausschlusses aus dem als günstiger bewerteten Kontext, die eine (kontingente) Annahme der erwarteten Selektion als wahrscheinlich erscheinen läßt. "Einfluß" bildet in dieser Definition einen fließenden Übergang von (fiktiver) direkter Machtsteuerung zu (übersteigerter) indirekter Steuerung durch Medien, Codes und Kontextbedingung, abhängig vom Grad der Bedeutung der Kontextbedingung und der jeweiligen Teilnahme. Für das *"operative Management"* und seine Funktion der "Koordination bzw. Steuerung" liefert diese Form des "Einflusses" die Grundlage zur Umsetzung seiner auf effizienter Produktion in der Umsetzung der getroffenen Strategieentscheidung zielenden Funktionsbedingung; manifestiert z.B. in der Definition von "Führerschaft" als "sozialem Einflußversuch"[175] oder in der Rolle des auf "verantwortungsvollen Machtgebrauch" orientierten "Spielmachers"[176] (wohingegen für das "strategische Management" der Orientierungs- und Selbststeuerungsaspekt im Rahmen der indirekten Steuerung betont werden sollte).

## 2. Mikropolitik als Degeneration indirekter Steuerung

Im Zusammenhang mit "organisationaler Macht" prägt LUHMANN den Begriff der *"Gegenmacht"*: Die Bildung von Selektionsketten überfordere sowohl die Informationsverarbeitungskapazität als auch die Kontrollmöglichkeiten des Machthabers ("Macht" als direkte Steuerung); diese Überforderung könne von anderen Organisationsmitgliedern als eigene (Gegen-) Machtquelle genutzt werden (z.B. durch Informations-, Mitarbeits-, Leistungs- oder Konsensvorbehalt). Durch zunehmende Reziprozität der Erwartungen verlagere sich "Macht" zu den Untergebenen; das Organisationssystem werde in der Folge umso weniger steuerbar, je komplexer es sei.[177] HOHL/KNICKER präzisieren dies für die betriebliche Praxis: "In der betrieb-

---

174   Vgl. PARSONS (1963), JENSEN (1980) S. 36ff. Eine Übersicht über die vier PARSONSschen Medien und ihre Implikationen liefert HABERMAS (1988a) S. 409, der "Macht" (neben "Geld") als erfolgs-, d.h. wirkungsorientiert, von verständigungsorientiertem/kommunikativem "Einfluß" bzw. "Wertbindung" abgrenzt .

175   Vgl. STEINMANN/SCHREYÖGG (1990) S.490ff.

176   Vgl. HOHL/KNICKER (1987) S. 83ff. Deren Machtdefinition deckt sich weitgehend mit oben formulierten Verständnis: spezielle Form der Einflußnahme zur Zielerreichung, interpersonale und wechselseitige Beziehung, abhängig von Personen und strukturellem Kontext.

177   Vgl. LUHMANN (1988b) S. 107ff. BOSETZKY (1988) S. 29 bezeichnet solche Art organisationaler Gegenmacht als "konspirative Autorität".

lichen Praxis besitzen nicht nur Manager, sondern auch Mitarbeiter (wenn auch nicht im gleichen Maße) Möglichkeiten zum Einsatz von Machtstrategien, die sie je nach individueller Disposition und strukturellem Kontext aktivieren können. Das Resultat ist ein Geflecht von Machtstrategien, die im Unternehmensalltag die Form von Spielen annehmen können."[178] "Gegenmacht" und daraus resultierende *autonome "Machtstrategien" der Akteure* werden so zum *Mittel des Steuerungsentzuges* gegenüber "Machthabern", aber auch gegenüber anderen Koordinationssystemen bzw. Steuerungskontexten[179].

Der *"Spiel"-Begriff* liefert die Verbindung zur Konstitution eigener, vom ursprünglichen Steuerungskontext weitgehend unabhängiger und oftmals informeller Steuerungs(sub-)systeme als *"Koalitionen"* ("Die Organisation ist eine Koalition bzw. eine Summe von Koalitionen politisch bzw. mikropolitisch agierender Personen"[180]). Die instrumentalisierende Bildung solcher (Sub-)Systeme zur Durchsetzung eigener Interessen in organisationalen Kontexten wird als *"Mikropolitik"*[181] bezeichnet:

> "Der 'Mikropolitiker', d.h. der mikropolitisch handelnde Mensch im kleinen Rahmen, benutzt seine Organisation [nur!, d. Verf.] zur Erreichung seiner persönlichen Ziele. Er hält sich nicht an die Vorgaben der formalen Organisation, begnügt sich nicht mit dem [systemkonstituierenden, d. Verf.] Machtpotential, das ihm die Hierarchie zugeteilt hat, sondern versucht, dieses Machtpotential durch das Eingehen von Koalitionen mit internen wie externen Personen und Gruppen und eine Reihe anderer Aktivitäten zu erhöhen. Mikropolitik wird damit verstanden 'als die Bemühung, die systemeigenen materiellen und menschlichen Ressourcen zur Erreichung persönlicher Ziele (...) zu verwenden sowie zur Sicherung und Verbesserung der eigenen Existenzbedingungen.[182]

Machtstrategien sind im Rahmen von "Mikropolitik" vor allem auf Verminderung der Einschränkungen der eigenen Handlungsmöglichkeiten durch Kontexte (Steuerung) und Koakteure ("Gegenmacht") bei gleichzeitiger Ausweitung der eigenen Steuerungs- und Einflußmöglichkeiten über alternative Kontextbildung ("Koalitionen") ausgerichtet: Mikropolitiker "suchen sich ein anderes System, das in ihrem eigenen bestimmte Interessen durchsetzen will, und werden dessen Agent."[183] *"Koalitionsbildung"* entspricht in diesem Sinne einer (aus der Sicht des Suprasystems wie von anderen nichtbeteiligten Akteuren) *ungeplanten oder infor-*

---

178  HOHL/KNICKER (1987) S. 87.

179  Vgl. BOSETZKY (1977) S 121 zum Zusammenhang von "Gegenmacht" und "Mikropolitik" in Organisationen: "Macht als Mittel, als die Möglichkeit, den eigenen Willen auch gegen Widerstand anderer durchzusetzen - so die generelle Definition von Max Weber - eröffnet Freiräume ermöglicht Selbstverwirklichung, schützt vor der Unterdrückung durch andere und verschafft Belohnungen."

180  KÜPPER/ORTMANN (1986) S. 592, vgl. BOSETZKY (1977) S. 122, (1988) S. 28 (ebd. S. 34: "mikropolitische Seilschaft").

181  Zum Begriff der "Mikropolitik" siehe KÜPPER/ORTMANN (1986) S. 591f., BOSETZKY (1977) S. 121 u. (1978) S. 220, ORTMANN (1988) S. 18f.

182  BOSETZKY (1978) S. 220 (H.i.O.); vgl. ebd. S. 219f. ("Die Instrumentalisierung einer Organisation durch ihre Mitglieder").

183  BOSETZKY (1977) S. 122.

*mellen System- bzw. Binnendifferenzierung* zur Relativierung des eigentlichen anerkannten Systemzwecks. Die "Koalition" wirkt dann strukturierend und handlungsleitend, wenn die *informellen Kontextbedingungen der "Koalition"*, z.b. "soziale Anerkennung", "persönliche Verbundenheit", "side-payments" oder "persönliche Vorteile", stärkere Bindungswirkung entfalten als die eigentlichen formalen Rationalitätskriterien des Suprasystems. In dieser Form kann das Konzept der "Mikropolitik" an eine Bildung und Instrumentalisierung *"informeller Gruppen"* als "an persönlichen Wünschen, Sympathiegefühlen oder konkreten Zielen orientierte Beziehungen" (nach STEINMANN/SCHREYÖGG)[184] angeschlossen werden. Deren Konstitution als "intermediäre Einheiten zwischen Organisation und Individuum" steht im grundsätzlichen Einklang mit der Sozialsystembildung des integriert-systemtheoretischen Bezugsrahmens als *emergente und desintegrative System- oder Binnendifferenzierung*.

Der Bestand bzw. die Funktion einer von "mikropolitischen Akteuren" und "Koalitionen" durchsetzten Organisation als Koordinations- und Steuerungsmechanismus ist dann insgesamt gefährdet, wenn die *Desintegration* so weit fortschreitet, daß die über die Organisation definierten Rationalitätskriterien (Medien, Codes und Kontextbedingungen) ihre Anerkennung bzw. Geltung als Abgrenzungs- bzw. Strukturierungskriterien und damit als sinnstiftende Orientierungsmechanismen verlieren. Eine Lösung dieser Problematik der Instrumentalisierung und Desintegration kann auf der individuellen Ebene nur eine *"Reflexion"* der Sinn- bzw. Funktionskriterien der jeweiligen Strukturierungen unter Neubestimmung der eigenen Identität, d.h. definitive Loslösung oder (Re- bzw. Neu-)Integration in den fokalen systemischen Handlungsverbund, bringen. Auf der intersubjektiven Ebene erleichtert eine ergänzende *kommunikative Verständigung* die selbstreferente Neubestimmung der Identität; sie validiert die aktuellen Orientierungen und Strukturierungen und aktualisiert die Rationalitätsbedingungen der bzw. die Koordinationskontexte insgesamt.

Die Grundthematik indirekter Steuerung im Spannungsfeld von Subjekt bzw. Akteur, System bzw. Kontext und Umwelt und das Anliegen einer "Entideologisierung" der Koordinations- bzw. Steuerungsrationalitäten im Rahmen eines integriert-systemtheoretischen Bezugsrahmens, der soziale Systeme als bloße kognitive und kommunikative Mechanismen zur Erfassung und Verarbeitung der Umwelt durch die autonomen Akteure beschreibt[185], erfordert eine grundsätzliche und tiefergehende Beachtung *der "Subjektivität", der "Relativität" und der "Normativität" des Verhältnisses von Erleben (des Subjektes), Komplexitätsreduktion (der Umwelt) und Abgrenzung bzw. Strukturierung (über Systeme)*, mit der sich die soziologische

---

184    Vgl. STEINMANN/SCHREYÖGG (1990) S. 453ff. ("Die Gruppe in der Organisation").

185    Vgl. etwa LUHMANN (1988d) S. 16: "Die Unterscheidung von System und Umwelt ist eine erkenntnisleitende Operation." Sie gestatte aber keinerlei Rückschlüsse auf Realität oder Nichtrealität der Umwelt.

Systemtheorie (in Verbindung mit Autopoiese und Radikalem Konstruktivismus) deutlich von unkritischen kybernetisch-technokratischen Theoriegebilden abgrenzt.

# E. UMWELTERFASSUNG UND KOORDINATION ZWISCHEN SELEKTION UND KRITISCHER KOMPENSATION

Abschnitt C. stand unter der Thematik der Funktion und Bedeutung "integrierter Systemtheorie" für die *kognitive Erfassung und kommunikative Verarbeitung der sozialen Umwelt durch die menschlichen Akteure*. Systembildung ermöglicht dem autonomen Akteur subjektive Orientierung durch Umweltstrukturierung, d.h. durch Abgrenzung, Schematisierung und Sinnordnung. Das dadurch entstehende Umweltmodell kann in Interaktion und Kommunikation, d.h. durch wechselseitig verschränktes Handeln und Erleben, intersubjektiv vermittelt, validiert und aktualisiert werden. Durch Verfestigung über (perzipierte) Erwartung und Entscheidung entwickeln sich multipersonale Kommunikationssysteme zu dauerhaften, teilweise formalisierten bzw. symbolisch generalisierten *Koordinations- bzw. Steuerungskontexten* (Abschnitt D.).

Bisher weitgehend außer acht gelassen wurde die Frage einer *"Validierung"*, als Hinterfragung der Genauigkeit der Repräsentation der Umwelt über Systeme und Modelle, sowohl der Qualität der Umwelterfassung bzw. des subjektiven Umweltmodells der jeweiligen Akteure wie der Effektivität der jeweiligen intersubjektiv konstruierten Koordinationskontexte gegenüber einer komplexen, nur selektiv faßbaren Umwelt. Analog zur Begründung "Strategischer Kontrolle" (Kap. B.IV.) als ständige Kompensation des Selektionsrisikos der Planung gegenüber der Ambiguität der Umwelt bedürfen auch die grundlegenden Abgrenzungen, Selektionen und Prämissen der kognitiven Umwelterfassung und der kommunikativen Umweltverarbeitung einer ständigen *"kritischen"* Überprüfung oder *"Kompensation"* auf ihre (weitere) Eignung oder Gültigkeit: Die Problematik der *Selektivität* der Umweltmodellbildung (Orientierung) sowie einer isolierten *Kontextrationalität* (Koordination bzw. Steuerung) innerhalb komplexer gesellschaftlicher Interdependenz (Umwelt) und sozialer Kontingenz (Akteur) müssen überwunden werden. Eine Lösung dieser Problematik bietet gleichsam einen Ansatz zur "Entideologisierung" von Modell-, Orientierungs- und Systemvorstellungen durch die Forderung nach "kritischem Denken bzw. Bewußtsein" und "kommunikativer Öffnung".

Die Problematik "kritischer Kompensation" kann grundsätzlich zerlegt werden in die *Notwendigkeit "kritischen Bewußtseins" im Rahmen einer "integrierten soziologischen Systemtheorie"* (Kap. E.I.) und in deren Anschlußstellen zu *Vorschlägen für einen kommunikativ-kompensierenden "Interessenausgleich"*, illustriert am *Spannungsfeld von unternehmerischer, wirtschaftlicher und gesellschaftlicher Rationalität* (Kap. E.II.).

# I. Systemtheorie als Theorie kritischer Vermittlung im Spannungsfeld von Akteur und Umwelt

Unter Wiederaufnahme des anfänglichen Gedankenganges der Modellbildung als selektivem Rekonstruktionsakt im Spannungsfeld von Radikalem Konstruktivismus und System/Umwelt-Theorie handelt es sich auch bei der (Re-)Formulierung eines integriert-systemtheoretischen Bezugsrahmens um ein "*Erkenntismodell*", dessen Erklärungsleistung immer auch reflexiv auf sich selbst angewendet werden muß: *Die soziologische Systemtheorie stellt als rekonstruierte Abbildung ein kommunizierbares Erklärungsmodell für die Erfassung und Verarbeitung der Umwelt durch die menschlichen Akteure dar.*[1] Dieses Modell ist in seiner reduzierten, abbildenden Komplexität selbstverständlich selbst nur "*selektiv*", d.h. aus der ihm zugewiesenen Erklärungsabsicht und den deshalb zugrundegelegten Prämissen und Gedankengebäuden heraus zu verstehen und steht grundsätzlich in Konkurrenz zu anderen Vorstellungen.

Diese "*Selektivität*" sowohl des systemtheoretischen Erklärungsmodells wie eines spezifischen Umweltmodells der Orientierung resultiert integriert-systemtheoretisch aus der "*Subjektivität*" des Erlebens und der rekonstruierenden Kognition sowie aus der "*Relativität*" der abgrenzenden Strukturierung unter Komplexitätsreduktion und findet ihren Ausdruck im Begriff der "*Normativität*", der hier als "bewußte und begründbare" Auswahl und Setzung Verwendung finden soll: individuell-kognitiv als Richtigkeitsvermutung für die eigene subjektive Orientierung, intersubjektiv-kommunikativ als Anerkennung bestimmter Umweltstrukturierungen. In diesem Sinne lassen sich in Übereinstimmung mit LORENZEN[2] "Normen" bzw. "Normensysteme" als intersubjektiv anerkannte "Maximen", und "Maximen" als subjektive Deutungsschemata oder Orientierungen bezeichnen.

Im allgemeinen Verständnis wird "Systemtheorie" vorwiegend als "*deskriptives*" Instrument der Erfassung und Darstellung verstanden. Diesem Verständnis schließt sich die hier vertretene Argumentation insofern an, da sie "Systemtheorie" als Grundlage und Mittel einer kognitiv-verstehbaren Strukturierung und kommunikativ-vermittelbaren Abbildung der Umwelt zum Zwecke des Verstehens und Erklärens ansieht. Sie ist aber in der ständigen Aufforderung, die (re-)konstruierten subjektiven und relativen Grenzen, die eigenen Umweltperspektive und damit verbunden die eigene Identität kritisch zu prüfen und infragezustellen, "*präskriptiv*" oder handlungsleitend. "*Kritisch*" ist im Rahmen dieser Arbeit in einer basalen

---

[1]    In etwa analog zur Beschreibung einer "konstruktivistischen Sozialtheorie" bei HEJL (1991) S. 304: "Sie gibt nicht vor, ein Abbild 'der' sozialen Wirklichkeit anzustreben oder gar anzubieten. Was sie vielmehr intendiert, ist der Vorschlag spezifischer Beiträge zum sozialen Prozeß der Erzeugung von Realitätskonstrukten."

[2]    Vgl. LORENZEN (1978) S. 26f., 30.

Bedeutung als "gefährlich" und "bedenklich" im Sinne von "die Adäquanz und Verwertbarkeit beeinträchtigend" zu verstehen und bedeutet deshalb präskriptiv soviel wie "genau zu prüfen" oder "streng zu beurteilen". Das Attribut weist die (soziologische) "Systemtheorie" als Theorie aus, die explizite inhaltlich-normative Setzungen und Vorschriften hervorhebt und hinterfragen will und darin geprägt ist vom ständigen impliziten Verweis auf die unausweichliche "Subjektivität", "Relativität" und "Normativität" der Erkenntnis[3]: vom ständigen "kritischen Bewußtsein"

- der Abhängigkeit der Umweltperzeption und Orientierung des *autopoietisch geschlossenen Akteurs* von seinem *selbstreferentiellen* Bewußtsein und seinem dadurch bedingt *autonomen, d.h. strikt beobachterabhängigen Erleben,* in der konstruktivistischen Grundproblematik der beobachterabhängiger (Re-)Konstruktion der Umwelt;

- der nicht vollständigen Erfaßbarkeit und Unbeherrschbarkeit der *komplexen Umwelt,* die Ausdruck in den Begriffen der "*Komplexität*" und "*Kontingenz*" findet und deren Bewältigung als Komplexitätsreduktion und Kontingenzbeschränkung durch Systembildung, d.h. Sinnabgrenzung und Systemrationalität, erfolgen muß; sowie

- der dadurch bedingten "Normativität" der Umwelterfassung über selektive Systembildung, die durch *kritische "Vernunft"* (*intra*subjektiv-kognitiv) *und "Begründung"* (*inter*subjektiv-kommunikativ bzw. diskursiv) kompensiert werden muß.

Ein solches Verständnis von "Kritik" schafft die Basis, einen direkten Anschluß an Werner ULRICH zu wagen, der "*kritisches Denken" (oder "kritisches Bewußtsein") als generelle selbstreflektierende Öffnung gegenüber anderen Meinungen, Ansätzen oder Positionen* versteht.[4] Auch ein pragmatisch-kommunikatives Verständnis von "kritisch" als "im Dialog über vernünftige Argumentationsprozesse zu begründen" etwa im Sinne von LORENZEN[5] läßt sich dazu trotz seiner Beschränkung auf "sprachliche Kommunikation" und "Argumentation" im Postulat des "Vernunftprinzips" als "Überwindung der Subjektivität" in Beziehung setzen.

---

3    Vgl. W. ULRICH (1984) S. 327 (H.i.O.): "Als *kritisch-normativ* kann eine wissenschaftliche Disziplin bezeichnet werden, die den Standpunkt, von dem aus sie ihre Aussagen überprüft und begründet, auf seinen normativen Gehalt hin überprüft und transparent macht, anstatt ihn als objektiv misszuverstehen."

4    Vgl. FLOOD/ULRICH (1990) S. 10: "Being critical is not a quality of a certain position or approach; rather it is the quality of remaining self-reflective *with respect to* particular and all positions and approaches." (H.i.O.).

5    Vgl. z.B. LORENZEN (1978) S. 26ff. ("Eine Kritik und Reform der faktischen Normen ist die Aufgabe. Das Prinzip der Transsubjektivität [als zwangloses Miteinanderreden aller beteiligten Subjekte] ist das Kriterium dieser Kritik und Reform.") oder LORENZEN (1989) S. 28f.

Abb. 36: Systemtheorie als Theorie kritischen Bewußtseins

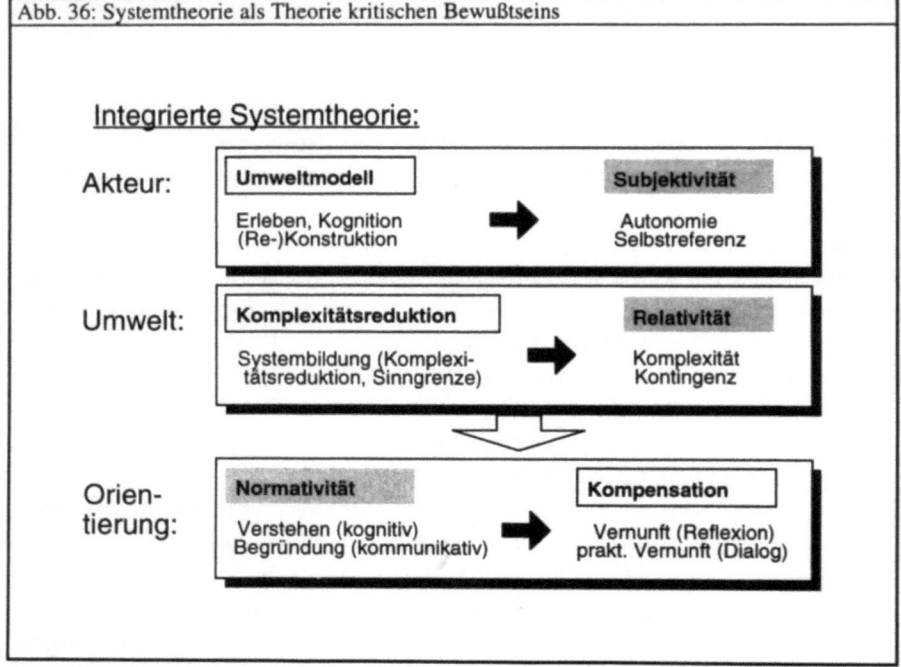

STEINMANN et al. sehen gerade in der Verwandtschaft der "Systemtheorie" mit techno-kratischen Modellvorstellungen[6] eine grundsätzliche Einschränkung der Verwendbarkeit des systemtheoretischen Paradigmas; dies trifft für die klassische "kybernetische Systemtheorie" ("systems science" bei ULRICH) sicherlich zu. Im Gegensatz dazu lautet eine Kernthese dieser Arbeit, *gerade die "(integrierte) soziologische Systemtheorie" betone im expliziten Denken in Abgrenzung und Selektivität ständig den "Blick über die Grenzen".*[7] Die integrierte

---

6    Vgl. SCHREYÖGG (1984) S. 271f. und insbesondere STEINMANN/SCHREYÖGG (1990) S. 115ff. Dort kritisieren sie das Primat der reinen Funktionsperspektive als "unhintergehbar" und damit als begrenzt gegenüber der verständigungsorientierten Handlungstheorie als Zugang zu Systemkritik und normativer Bewertung. Zur Kritik an Radikalem Konstruktivismus und Systemtheorie unter dem Vorwurf der "Beliebigkeit" vgl. ZERFASS/SCHERER (1995) S. 497ff.

7    Vgl. ULRICH (1993) S. 590: "The point is, indeed, that instrumental reason needs to be handled critically to provide useful orientation for action and that systems science [im Gegensatz zu 'systems thinking'] thus far has hardly developed the methodological competence required." Zum "Blick über die Grenzen" vgl. LUHMANN (1973) S. 175 ("Die Betrachtung eines Innen hat nur Sinn, wenn es ein Außen gibt. Dieses Außen muß im Systembegriff mitthematisiert werden, weil anders das Innen nicht verständlich gemacht werden kann."), SINGER (1976) S. 145 ("Wenn man aus einer Vielzahl von Möglichkeiten auswählt, wird gleichzeitig auf die nichtgewählten Möglichkeiten verwiesen, wobei letztere die Umwelt des Systems bilden"). Man beachte dazu auch die Aussagen bei LUHMANN (1988a) S. 249 bezüglich des Verhältnisses von "Umwelt" und "System": Die "Umwelt" werde als "systemrelativer" Sachverhalt erst durch das "Sy-

Systemtheorie (als "systems idea" oder "systems thinking" bei ULRICH) stellt explizit die "Subjektivität" und "Relativität" jeglichen Umweltbezuges in den Mittelpunkt ihres Denkansatzes, vor allem unter Einbeziehung von Autopoiese, Selbstreferenz und Autonomie sowie unter Trennung von subjektiv-kognitiver Sinnsetzung (Handlungssysteme als "Maximen") und intersubjektiv-kommunikativer Sinnvermittlung (Kommunikationssysteme als "Normensysteme"). In der Beschränkung auf die dem Akteur verfügbaren Wahrnehmungsorgane und Kognitionsmechanismen bedeutet "autopoietischer Umweltkontakt durch autonomes Erleben" immer selbstreferente "Subjektivität"; das aus der "Komplexität und Kontingenz der Umwelt" bedingte Postulat der Selektionsnotwendigkeit betont die "Relativität" jeglicher Umwelterfassung durch Unterscheidung, Abgrenzung und Selektion ("internes Außenweltmodell"). In diesem Sinne behandelt die (integrierte) Systemtheorie jegliche menschliche Umwelterfahrung als "kritisch".

Werner ULRICH wendet sich gegen künstliche Einschränkungen der Welterfassung im "Laborexperiment" und postuliert statt dessen eine *Rückkehr zum "eigentlichen kritisch-normativen Gehalt der Systemtheorie bzw. des Systemdenkens".*[8] Zur Darstellung und Beschreibung dieser kritisch-normativen Dimension der Systemtheorie konstruiert ULRICH sein Konzept der *"Kritischen Heuristik"* als *Verbindung zwischen "KANTschem Vernunftprinzip"* ("principle of reason") *und "Systemtheorie"* (eigentlich "Systemdenken" oder Systemvorstellung: "systems thinking" oder "systems idea") im Hinblick auf die *fundamentale Rolle von "Abgrenzungsentscheidungen"* (eigentlich "Abgrenzungsurteile": "boundary judgements") für die Erkenntnis bzw. das Verständnis der (Um-)Welt. In der Umwelterfassung der Akteure über komplexitätsreduzierende und strukturierende Abgrenzung liegt der entscheidende Bezug zum dieser Arbeit zugrundeliegenden Verständnis von integrierter Systemtheorie.

ULRICH unterscheidet grundlegend zwischen "Wissen" (als Verstehen oder Erkenntnis) und "Denken" (als Vernunft): *"Kritisch"* (oder nach ULRICH: der originäre kritische Gehalt der Systemtheorie) bedeute dabei das *Bewußtsein der Bedingtheit, der Subjektivität und der Ausschnitthaftigkeit des "Wissens", das in der "Normativität" der "Abgrenzungsentscheidung" begründet liege und über das im "Denken" ständig reflektiert werden müsse:* "Consequences of this critically normative systems thinking are, that the two knowledge-constitutive interests in instrumental control (positivism) and in mutual understanding (interpretativism) need to be

---

stem" konstruiert; d.h. erst durch die Vornahme einer Abgrenzung wird auch Nichtdazugehöriges erkenn- und beschreibbar.

8    Vgl. ULRICH (1993) S. 585 ("In science, Kant's holistic concept of rationality has [paradoxically] led to the ideal type of the controlled laboratory experiment, in which the inseparability of problems from their environments can at least temporarily be suspended. (...) The systems idea has been tamed and has become *'systems science'* or, at best, *'soft systems* thinking.' *The necessary breakthrough to the other, practically normative dimension of rationality has not yet been accomplished."* H.i.O.) und FLOOD/ULRICH (1990) S. 8.

complemented (and reflected upon) in terms of an emancipatory interest in enlightment and liberation of people from domination by people or machines, by false consciousness or by whatever conditions which prevent people from truly realizing their potential as individuals."[9] Im *"kritischen Reflexionsbedarf"* der Abgrenzungsentscheidungen und Umweltentwürfe, gründend im Begriff der "Umweltkomplexität" (als "Gesamtheit aller relevanten Bedingtheiten", "totality of all relevant conditions ') u.a. aufgrund ihrer Abhängigkeit von subjektiven "Vorurteilen" und intersubjektiven "Basisprämissen" sieht ULRICH den eigentlichen *"normativen Gehalt der Systemtheorie"*. Diese These entspricht weitestgehend der kompensierenden Funktion der "Strategischen Kontrolle" im "strategischen Managementprozeß", die das Selektionsrisiko einer gewählten Strategie durch *kritische Reflexion*, d.h. durch ständige strategische Wachsamkeit und kritisches Denken aller Mitarbeiter, sowie durch *offene Kommunikationsstrukturen und Argumentationskultur* ständig begrenzen soll[10] (vgl. Kap. B.IV.).

Erstes Indiz der Betonung "kritischer Selektivität" in der Umwelterfassung läßt sich anhand des *durch Autopoiese (des Organismus) und Selbstreferenz (des Bewußtseins) bedingten Umweltkontaktes des autonomen Akteurs* (siehe Kap. C.IV.2.) feststellen: Erleben als Beobachtung und Kognition erfolgt immer über die Konstruktion von *"Unterscheidungen"*. Und diese "Unterscheidungen" müssen unter *"Selbstreferenz"* verarbeitet werden: zum einen als Abhängigkeit der Wahrnehmung und Kognition von den eigenen Unterscheidungspotentialen, zum anderen unter Beschränktheit ("blinder Fleck") der eigenen Selbsterkenntnis auf den "Spiegel der anderen Akteure", als "Beobachtung eigenen Verhaltens am Verhalten anderer". Beide Erkenntnismechanismen, "Unterscheidung" als Konstruktion und "Selbstreferenz" als Kognition, sind interne Verarbeitungsvorgänge[11] des autonomen Akteurs und können deshalb unter *"Subjektivität"* (und "Normativität" angesichts des bewußten Setzens von als angemessen erachteten "Unterscheidungen") des Erlebens und der Orientierung (bzw. Erkenntnis) subsumiert werden.

---

9    FLOOD/ULRICH (1990) S. 7f. Zur Unterscheidung von "Wissen" (als systematisierendem "Verstehen") und "Denken" (als kompensierende "Vernunft") vgl. ULRICH (1983) S. 218, 229: "Fundamental for critical understanding of the systems idea is the Kantian *principle of reason*. The principle of reason in turn presupposes the distinction of knowing and thinking. Although we can never *know* the totality of all relevant conditions, we can and need to *think* it." (H.i.O.).

10   Vgl. z.B. SCHREYÖGG/STEINMANN (1985) S. 396ff., STEINMANN/SCHREYÖGG (1986) S. 747f.; explizit zur Planungsproblematik ULRICH (1984) S. 336.

11   Vgl. WEISS (1995) S. 41 ("Die Welt ist für jeden Beobachter nur insofern existent (Umwelt) als sie über Kognitionen (Unterscheidungen) Eingang in dessen Operationen findet. Das erfordert entsprechende Aktivitäten, aktive 'Konstruktionen'.").

# 1. Die Subjektivität des Umweltbezuges unter Autopoiese, Selbstreferenz und Autonomie

Einen grundsätzlichen Ansatzpunkt für die Erfassung der "Subjektivität" als kritischen Aspekt in der Systemtheorie stellt das insbesondere von LUHMANN und BAECKER ausgearbeitete *Konzept der "Selbstreferenz"* dar[12] (das im integriert-systemtheoretischen Bezugsrahmen allerdings auf den aus der "Autopoiese biologischer Systeme" nach MATURANA und VARELA (vgl. Kap. C.IV.2.) abgeleiteten "Autonomie"-Begriff für den Umweltkontakt des Akteurs bezogen wird). "Selbstreferenz" verbindet radikal-konstruktivistisches Gedankengut mit soziologischer Systemtheorie[13] in der Bedeutung von "Beobachtung" als sozialer Handlung und "Unterscheidung" als kognitiver Konstruktion für Erleben und Orientierung der Akteure.

*"Selbstreferenz"* wird im Sinne der Definition WILLKEs begriffen: "Die Umwelt bietet Möglichkeiten und setzt Restriktionen, welche je nur im Hinblick auf die Eigenarten der Operationsweise des Systems - also durch Selbstbezug - als solche erkennbar werden. (...) Selbstreferenz bei nichttrivialen Systemen bedeutet deshalb einen durch die Gesetzmäßigkeiten der autonomen Operationsweise bestimmten Umweltbezug."[14] Mit anderen Worten: Der autonome Akteur müsse in seiner Umwelterkenntnis seine "Subjektivität", d.h. die Abhängigkeit jeglichen Umweltbezuges vom eigenen Erleben, jeweils mitthematisieren und durch Selbstbezüglichkeit oder Rekursivität identifizieren. WEISS beschreibt in analoger Sicht zwei wesentliche Merkmale von Autopoiese und Selbstreferenz: die Integration der *"System/Umwelt-Differenz"* ("Identität und Differenz") und die dadurch ins Spiel kommende *"Selbstreferenz"* als Handhabung dieser Differenz über die "Identifikation des Selbst".[15] Grundbegriffe der "Selbstreferenz" seien "Unterscheidung" und "Reflexion".[16]

Demgemäß kann auch eine Untersuchung der kritischen Bedeutung der "Subjektivität" unter Selbstreferenz (neben der System/Umwelt-Problematik) in *"Unterscheidung"* als Grundlage des Erlebens bzw. der Orientierung (radikal-konstruktivistisch anklingend, Kap. 1.a) und

---

12   Zum Konzept der "Selbstreferenz" bei LUHMANN siehe vor allem LUHMANN (1988a), insb. S. 57ff. und S. 593ff, LUHMANN (1984a).

13   Vgl. WEISS (1995) S. 40: "Auf der Ebene der Reflexion [als ein Grundbegriff der 'Selbstreferenz', d. Verf.] lassen sich dann durchaus *systemtheoretische Überlegungen mit konstruktivistischen fruchtbar zusammenschließen* und Präzisierungen vornehmen." (H.v.V.).

14   WILLKE (1987) S. 175.

15   Vgl. WEISS (1995) S. 17f. "Selbstreferenz" wird bei WEISS ebd. als "laufende Reproduktion über Selbstkonstitution" bezeichnet.

16   Vgl. WEISS (1995) S. 38ff.

*"Selbstreferenz"* als Umweltkontakt bzw. -bezug des autopoietischen und autonomen Systems (systemtheoretisch ausformuliert, Kap. 1.b) gegliedert werden.

## a) "Unterscheidung" als Grundlage von Erleben und Orientierung

Nach LUHMANN besteht "Erleben" (bzw. "Erkennen") aus *"Beobachtung" und "Beschreibung"* (als kognitive Verarbeitung oder als kommunikative Vermittlung); beides ist basal abhängig vom Begriff der *"Unterscheidung"*.[17] Hier findet sich wiederum das grundlegende Spannungsfeld integriert-systemtheoretischer Umwelterfassung von Subjekt ("Erleben"/"Erkennen" als Umweltkontakt), Objekt ("Unterscheidung" als Abgrenzung) und Umwelt (als "komplexes Ganzes"), mit Fokus auf der *"Subjektivität" des Umweltbezuges als autonome Handhabung von "Unterscheidungen"*.

Die Bedeutung der "Unterscheidung" für die *Systemtheorie als "Erkenntnistheorie" zwischen Akteur und Umwelt* läßt sich aus einem Kernsatz LUHMANNs herauslesen: Systemtheorie insgesamt sei nichts anderes "als der Vorschlag einer bestimmten Unterscheidung, nämlich der von System und Umwelt"[18]. Man könne die *"System/Umwelt-Differenz"* sozusagen *als "Meta-Ebene der Konstitution von Unterscheidung"* bezeichnen, durch die sich jeweils andere Objekte in ihrem Verhältnis zur so ausgegrenzten Umwelt abgrenzen, erfassen und bezeichnen bzw. beschreiben ließen.[19] Dadurch werde es möglich, diesen Zusammenhang als Einheit, als "System" zu identifizieren; die konkrete Identifikation einer spezifischen Einheit sei aber immer abhängig von der jeweiligen *"Systemreferenz" als "Anwendung spezifischer Unterscheidungen"*.[20] Diese Funktion der "Unterscheidung" entspricht exakt der kognitiven

---

[17]  Vgl. LUHMANN (1988d) S. 14f: "Erkenntnis wird demnach durch Operationen des Beobachtens und des Aufzeichnens von Beobachtungen (Beschreiben) angefertigt. (...) Beobachten findet immer dann statt, wenn etwas unterschieden und, in Abhängigkeit von der Unterscheidung, bezeichnet wird."

[18]  LUHMANN (1988c) S. 296. Vgl. ebd. S. 293: "Man kann natürlich von anderen Unterscheidungen ausgehen, etwa der von gut und böse oder neuerdings der von Mann und Frau. Aber wenn man von einer anderen Unterscheidung ausgeht, konstruiert man andere Gegenstände, spricht über andere Sachverhalte, beobachtet andere Phänomene." Zum Bezug LUHMANNs auf die erkenntnistheoretische Position des "(Radikalen) Konstruktivismus" vgl. LUHMANN (1987) S. 311f.

[19]  Vgl. LUHMANN (1990b) S. 11 ("Unterscheidungen verstehen sich nicht von selbst. Sie müssen gemacht werden. Das heißt auch: sie können gewählt werden. Man macht die eine oder andere Unterscheidung, um etwas bezeichnen zu können. Jede Bezeichnung setzt eine Unterscheidung voraus - auch dann, wenn das, wovon sie etwas unterscheidet, gänzlich unbestimmt bleibt."), LUHMANN (1988c) S. 292 ("Für meine Zwecke genügte es, von einer Unterscheidung auszugehen, nämlich von der Unterscheidung von System und Umwelt (...) Danach befaßt sich die Systemtheorie nicht einfach mit Objekten, nämlich Systemen, im Unterschied zu anderen Objekten. Sie befaßt sich [auf einer Meta-Ebene, d. Verf.] mit der Welt, gesehen mit Hilfe einer spezifischen Differenz, nämlich der von System und Umwelt. Es wird also alles, was vorkommt, erfaßt; aber nur unter der Bedingung, daß man angibt, ob es jeweils System ist oder Umwelt.").

[20]  Vgl. LUHMANN (1988c) S. 292f. ("Es handelt sich um eine Welttheorie, die nichts, was es gibt, ausläßt, zugleich aber um die Anwendung einer ganz bestimmten Unterscheidung (im Unterschied zu unendlich

Umweltstrukturierung; sie kann aber ebenso zur Abgrenzung und Beschreibung eines interaktiven Kommunikationszusammenhanges oder einer bestimmten Gruppierung von Akteuren
angewendet werden. *Die Differenz von "System" und "Umwelt" wird explizit als basale Struktur der Beobachtung und Umwelterfassung bezeichnet*, aber auch als nicht mehr: "Man muß
zwar die Systemreferenz angeben, die man (als Beobachter) jeweils im Auge hat, und man
muß angeben, ob man jeweils das System oder dessen Umwelt meint. Aber weder ontologisch
noch analytisch ist das System wichtiger als die Umwelt ; denn beides ist das was es ist, nur
im Bezug auf das jeweils andere."[21]

Aus vielen verschiedenen und geordneten "Unterscheidungen" und dem dadurch erzeugten
(Um-)Weltbild ergibt sich die *Orientierung* des Beobachters als "Ordnung der Welt":

> "Betrachtet man einerseits Beobachtung als eine basale Operation der Handhabung von Unter-
> scheidungen und sieht man andererseits die Prozessierung von Differenzen als Form der Gewin-
> nung von Information, dann rückt *Differenzbildung oder Differenzierung* an einen archimedischen
> Punkt der Theoriearchitektur. Man macht die Operation der Diskriminierung und Bezeichnung
> (oder der Unterscheidung und Benennung; oder der Differenzbildung und -prozessierung) zum
> Angelpunkt des Prozesses, durch den Ordnung in die Welt kommt."[22]

Als basale "Struktur der Distinktion" schließt diese Sichtweise im wesentlichen an neuere
kommunikationswissenschaftliche und kognitionsbiologische Erkenntnisse an, die das Wesen
der menschlichen Kognition und Intelligenz in der Fähigkeit zur Unterscheidung, zur Strukturierung und Strukturerkennung begründet sehen; zu verweisen ist hier nochmals auf die
*"Schema-Theorie" der kognitiven Wahrnehmung* (siehe Kap. C.III.2.b). Sie definiert "Schemata" (analog zu kognitiven Handlungssystemen für soziale Phänomene) als abgegrenzte und
geordnete Bereiche der im Bewußtsein des Akteurs gespeicherten verarbeiteten Information;
die gesamte Orientierung besteht folglich als "kognitive Landkarte" aus einem Netz solcher
abgegrenzter Informationsbereiche.[23] Die "Schemata" werden nach der Distinktion
"dazugehörig/nichtdazugehörig" geordnet und entsprechen so der System/Umwelt-Differen-
zierung.

Für seine Konzeption der "Unterscheidung" beruft LUHMANN sich auf die *Logik von George
SPENCER BROWN*: "Sie beginnt mit der These, daß man eine Unterscheidung treffen muß,
um eine Bezeichnung zu ermöglichen. Irgend eine Unterscheidung genügt."[24] Auf die These,

---

vielen anderen Unterscheidungen), die dazu zwingt, jeweils genau anzugeben, von welcher Systemreferenz
man ausgeht und was, von einem bestimmten System aus gesehen, dessen Umwelt ist.") und LUHMANN
(1988a) S. 243 (H.i.O.: "Alles, was vorkommt [genauer gesagt: beobachtet wird; d. Verf.], ist *immer zugleich* zugehörig zu einem *System* (oder zu mehreren Systemen) und zugehörig *zur Umwelt anderer Systeme*.").

[21]   LUHMANN (1988a) S. 244.

[22]   WILLKE (1987d) S. 250 (H.i.O.).

[23]   Siehe die zusammengefaßte Darstellung bei SCHULZ (1994) S. 155f.

[24]   LUHMANN (1988c) S. 296.

daß "alles Erkennen [oder 'Erleben', d. Verf.] letztlich im Unterscheiden besteht", gründet sich
die Bedeutung dieser Logik für die Systemtheorie als Erkenntnistheorie, "und im Anschluß
daran entwickelt sich eine Terminologie, die Erkennen als Beobachten und Beschreiben [oder
'Kognition' und 'Kommunikation', d. Verf.] versteht und Beobachten bzw. Beschreiben als
Unterscheiden und Bezeichnen."[25] "Unterscheidung" und "Bezeichnung" finden ihren Ausdruck in der binär schematisierten Codierung der Kommunikationsmedien zur Systemzurechnung bzw. den Kontextbedingungen zur Systemteilnahme.

Die über autonomes Erleben und selbstreferentielle Handhabung von "Unterscheidungen" ge-
wonnene subjektive Orientierung bzw. Rekonstruktion der Umwelt steht jedoch nur dem
geschlossenen Bewußtsein des beobachtenden und verarbeitenden Akteurs zur Verfügung;
*individuelle Orientierungen können nur über intersubjektive Kommunikation als wechselseiti-*
*ges Handeln und Erleben in "struktureller Koppelung" vermittelt, aktualisiert und ange-*
*glichen werden.*[26] Beobachtung wie Kommunikation sind immer Handlungen personaler
Systeme bzw. Akteure aufgrund ihrer subjektiven Handlungsorientierung in sozialer bzw.
kommunikativer Auseinandersetzung mit anderen Akteuren, deren Erleben und deren Orientierungen.

Über Unterscheidung, Konstruktion und Distinktionspotentiale des Akteurs rückt der Begriff
der "Selbstreferenz" und damit die (systemtheoretische) Fassung des Akteurs als autopoietisches, eigentlich: autonomes personales System mit autopoietischem Organismus und
selbstreferentem Bewußtsein, und dessen subjektiv-kritische Bedeutung in den Blick.[27]

---

[25]     LUHMANN (1992a) S. 122f. Zur Logik von George SPENCER BROWN siehe SPENCER BROWN
(1979) oder SCHMIDT (1993) S. 105f.; vgl. LUHMANN (1988c) S. 296f., LUHMANN (1992a) S. 122ff.
u. 130ff. und BAECKER (1993) S. 21f. Zu "Erleben", "Beobachtung", "Kognition" und "Unterscheidung"
vgl. auch LUHMANN (1990b) S. 11f. ("Wir wollen eine Operation, die etwas unterscheidet, um es zu bezeichnen, Beobachtung nennen. Ohne Unterscheidung sind Beobachtungen nicht möglich."), LUHMANN
(1988a) S. 245 ("Beobachten ist nichts weiter als das Handhaben einer Distinktion wie zum Beispiel System
und Umwelt.") und LUHMANN (1985) S. 404f. (H.i.O.: *Beobachtung* erfordert zwingend die Voraussetzung eines *Differenzschemas*. Oft spricht man auch von Perspektiven oder von einer Dimension, in der
beobachtet wird. Beispiel bieten die System/Umwelt-Differenz [etc.]".).

[26]     Vgl. SCHMID/HAFERKAMP (1987) S. 12f.: "(...) von 'Beobachtung' insofern die Rede sein soll, als ein
System dazu befähigt ist, die Einheit einer Operation zu nutzen, die eine Unterscheidung verwendet, um die
eine oder andere Seite dieser Unterscheidung zu bezeichnen. Bei Anwendung dieser Operation auf sich
selbst entsteht das Phänomen der 'Selbstbeobachtung'. Jede Beobachtung in diesem reflexiven Sinn muß
indessen ihrerseits in Kommunikation eingespeist werden, um innerhalb eines sozialen [bzw. 'Kommunika-
tions-', d. Verf.] Systems operativ verwendbar zu sein; oder anders: Jedes soziale System beobachtet sich
und seine Umwelt ausschließlich mittels Kommunikation [als Verschränkung von Handeln und Erleben, d.
Verf.]. Beobachtungen psychischer Systeme sind innerhalb des sozialen Systems nicht operabel."

[27]     Vgl. SCHMIDT (1991) S. 12 ("Als grundlegend für die Entwicklung einer konstruktivistischen Erkenntnistheorie haben sich dabei vor allem die Prozesse der Selbstreferenz (...) erwiesen") und LUHMANN (1987)
S. 311 ("Die Theorie autopoietischer Systeme führt zwingend zu erkenntnistheoretischen Positionen, die
heute unter dem Titel 'Konstruktivismus' erörtert werden." Eine interessante Differenzierung von "Auto-

## b) Selbstreferenz als Umweltkontakt des autopoietischen Systems

Das Konzept der "Selbstreferenz" wird vor allem durch LUHMANN[28] über den Begriff der "*Referenz*" als (kognitive) "Operation der Unterscheidung und Bezeichnung" bzw. der "Handhabung einer Differenz" eingeführt.[29] "*Selbstreferenz*" bedeute dann die Fähigkeit, Beziehungen zu sich selbst herzustellen und diese gegenüber einer Umwelt zu differenzieren (als "Selbstbeobachtung und Selbstbeschreibung"): "In diesem Sinne operieren selbstreferentielle Systeme notwendigerweise im Selbstkontakt, und sie haben keine andere Form für Umweltkontakt als Selbstkontakt."[30] Allerdings versucht LUHMANN (im Gegensatz zu den Implikationen des integriert-systemtheoretischen Bezugsrahmens unter Bezug auf Autopoiese und Radikalen Konstruktivismus), "Selbstreferenz" von ihrer "klassischen" Verortung im Subjekt bzw. im menschlichen Bewußtsein auf soziale Systeme als "empirische bzw. reale Objekte" zu übertragen.[31]

Als "Handhabung der Differenz von System und Umwelt" unterscheidet LUHMANN "*Systemreferenz*" von "Selbstreferenz"; beide kämen als Anwendung dieser Differenz auf die eigene Identität im Begriff der "*Reflexion*" zur Einheit bzw. Überschneidung, der formal aber ebenfalls unter Selbstbeobachtung und -beschreibung falle.[32] "Reflexion" als Verbindung von Subjekt und System bzw. Umwelt wurde in seiner Bedeutung für das Problem der kritischen Thematisierung der eigenen Identität und subjektiven Orientierung bereits unter dem Aspekt der "Integration" und "Selbststeuerung" angedacht.

---

poiese" (als Zusammenspiel von Selbstproduktion, -erhaltung und -beobachtung) und "Selbstreferenz" (als Beziehung einer Einheit zu sich selbst) bei TEUBNER (1987a) S. 424ff.

28    Siehe z.B. LUHMANN (1988a) S. 593ff. ("Selbstreferenz und Rationalität").

29    Vgl. LUHMANN (1988a) S. 596f.

30    LUHMANN (1988a) S. 59. Vgl. ebd. S. 31f., S. 58 ("Der Begriff der Selbstreferenz bezeichnet die Einheit, die ein Element, ein Prozeß, ein System für sich selbst ist"), WEISS (1995) S. 17f., 22f. oder SCHIMANK (1987) S. 55 ("Selbstreferentialität bedeutet allgemein, daß ein System sich in seinem gesamten Erleben und Handeln stets primär auf sich selbst bezieht.").

31    Vgl. LUHMANN (1988a) S. 58 ("Dabei wird der Begriff der Selbstreferenz (Reflexion, Reflexivität) von seinem klassischen Standort im menschlichen Bewußtsein oder im Subjekt gelöst und auf Gegenstandsbereiche, nämlich auf reale Systeme als Gegenstand der Wissenschaft, übertragen."); verwertbarer auf S. 593f. ("Soziale Systeme sind zweifelsfrei selbstreferentielle Objekte", aber eben "Objekte" in einer "Differenz von Subjekt und Objekt"; diese Sichtweise relativiert LUHMANN als "bedeutende Tradition", die durch Nichtreduzierbarkeit des Sozialen auf individuelles Bewußtsein ergänzt werden müsse.) Siehe auch LUHMANN (1987) S. 309f., WEISS (1995) S. 27ff.

32    Vgl. LUHMANN (1988a) S. 596f. und 617f. ZERFASS/SCHERER (1995) S. 498 interpretieren "Reflexion" als "Beobachtung von Beobachtungen vom eigenen Standpunkt aus". MATURANA/VARELA (1987) S. 29 schreiben: "Die Reflexion ist ein Prozeß, in dem wir erkennen, wie wir erkennen, das heißt eine Handlung, bei der wir auf uns selbst zurückgreifen."

Die aus dem (neuro-)biologischen Konzept der "Autopoiese" abgeleitete "Selbstreferenz des Bewußtseins" im "erlebenden Subjekt"[33] (auch für Kommunikationszusammenhänge wechselseitigen Handelns und Erlebens) impliziert zwei wesentliche Sachverhalte:

-   "Erleben" (bzw. "Erkennen", als Beobachtung und Kognition) ist nur unter bewußtem Rückbezug auf die eigene "Identität" sowohl *in bezug auf die eigenen organischen "Wahrnehmungspotentiale" wie auch auf (Vor-)Orientierungen bzw. Wissen als Determinanten der eigenen "Wahrnehmungslogik"* möglich;[34]

-   "Selbstreferenz" bedeutet aber auch *beschränkte Fähigkeit zur "Selbsterkenntnis"*: "Der eigene Standpunkt ist ein blinder Fleck, den wir nur erkennen und überprüfen können, indem wir uns bewußt in kritische Distanz zu ihm begeben."[35] Die eigene "Selbstreferentialität" ist nur in der Auseinandersetzung mit anderen erfahr- und identifizierbar; *"kritische Distanz"* muß dabei im Sinne von "Reflexion der antizipierten bzw. erlebten Wirkung des eigenen Handelns im Erleben und Anschluß-Handeln anderer" verstanden werden.[36]

Orientierung und Erleben sind damit, neben der grundlegenden Prämisse einer "Erlebbarkeit" (Wahrnehmbarkeit und Unterscheidbarkeit) des Beobachtungsobjektes, unter "Selbstreferenz"

---

33  Vgl. WILLKE (1987) S. 122 ("Zugleich gilt, daß der Beobachter als Mensch ein autopoietisches psychisches System ist und ihm deshalb eine unmittelbare und unvermittelte Beobachtung fremder Systeme nicht möglich ist. (...) Festzuhalten ist also, daß die beobachtungsleitenden und informationsproduzierenden Differenzen durch den Beobachter definiert werden, nicht durch den 'Gegenstand' - und dies bei sich beobachtenden, interagierenden oder gar kommunizierenden Systeme natürlich wechselseitig. ") und KISS (1989) S. 102f ("Psychische Systeme sind selbstreferentielle Bewußtseinszusammenhänge" und "Sozialsysteme sind selbstreferentielle Kommunikationszusammenhänge").

34  Vgl. WILLKE (1987) S. 121f. Dort beschreibt er das Verhältnis von "(Radikalem) Konstruktivismus" und "Systemtheorie" über das Phänomen der "Beobachtung": *Die Logik der Beobachtung (...) ist nicht die Logik des beobachteten Phänomens, sondern die Logik des beobachtenden Systems und seiner kognitiven Struktur. (...) Der 'Gegenstand' der Beobachtung wird für den Beobachter dann zu einer beobachtbaren Einheit, wenn er ihn bezeichnen und beschreiben kann. (...) Aufgrund der beobachterabhängigen Rekonstruktion des Gegenstandes ist die Referenz der Beobachtung der Beobachter, also Selbstreferenz."* (H.i.O.).

35  ULRICH (1984) S. 327 (H.i.O.). BAECKER (1988) S. 331 schreibt dazu (H.i.O.): "Die Systemtheorie begreift jede Beschreibung [in Erleben und Kommunikation, d. Verf.] als das Produkt einer Interaktion zwischen zwei *black boxes*. Sowohl das beobachtende System als auch das beobachtete System sind black boxes und bleiben dies auch. Transparent wird nur die Beschreibung selbst, nicht der Beobachter und nicht der Gegenstand." Und: "Der Beobachter unterscheidet ein System von anderen in seiner Umwelt. Anhand dieser Differenzen beobachtet er das Verhalten des Systems und unterstellt ihm verschiedene Differenzen, die dieses Verhalten zu beschreiben vermögen. Aus der Beobachtung der Differenzen, die in den Operationen des Systems gesetzt und verwendet werden, kann er dann die Selbstreferenz des Systems zu erschließen suchen, deren Beobachtung ihm weitere Kenntnisse über die kognitive Struktur und das Distinktionspotential des Systems zu geben vermag."

36  Vgl. SCHMIDT (1993) S. 106: "Konstruktive Unterscheidungen bewähren sich nicht im direkten Vergleich mit der Umwelt. Vielmehr kontrolliert jedes beobachtende System seine Wirklichkeitsannahmen rekursiv durch Beobachtung seiner Beobachtungen auf ihre Anschließbarkeit und Konsistenz hin." Auch WILLKE (1987e) S. 336f. hält reine "Selbstreferenz" für nicht ausreichend und fordert eine Ergänzung durch Kombination von "Selbst-" und "Fremdreferenz".

.

in zweifacher Hinsicht "subjektiv": sie sind zum einen abhängig von der *"Subjektivität" des Beobachters*, d.h. den organischen Konstitutionsbedingungen (unter autopoietischer Geschlossenheit) und den kognitiven "Vorurteilen" (ULRICH) und "Logiken" (WILLKE) als "Distinktions- und Differenzierungsfähigkeit" (des selbstreferentiellen Bewußtseins), und zum anderen vom *beobachteten selbstreferentiellen Handeln und Erleben des Koakteurs und dessen "Subjektivität"*. Für soziale Beziehungen gilt dann: der Beobachter benötigt erlebtes Erleben anderer als Maßstab einer Beurteilung des eigenen Handelns, und dies in einer Situation klassischer "doppelter Kontingenz".

Als Metapher bietet sich der Vergleich mit einem *"Spiegel"*[37] an: der Mensch kann seine eigene Identität nur im Spiegel der anderen erkennen; was er erkennt, hängt (neben grundlegender physischer Beobachtbarkeit) sowohl vom eigenen organischen *Beobachtungspotential* (Sehen) und der kognitiven *Erlebnisfähigkeit* (Erkennen) ab wie von der *Beschaffenheit des Spiegels* (Klarheit usw.); bei schlechter Sicht oder in einem schlechten Spiegel sind nur begrenzte oder verzerrte Wahrnehmungen möglich. Die Bedeutung dieser Erkenntnis würde z.B. bei einer Übertragung auf *"Diskurs"* als "Mechanismus der Thematisierung und Identifikation der eigenen Identität gegenüber anderen" lauten, daß "Argumentationsprozesse" als gegenseitiges Handeln und Erleben zunächst subjektiv-selbstreferentiell nach Maßgabe des eigenen "Verstehenspotentials" verarbeitet werden, aber erst intersubjektiv über "Rückkoppelungen" als wiederholt-wechselseitig erlebtes Erleben, d.h. nach ihrer beobachteten Wirkung beim Rezipienten, als "verstanden" verifiziert und bezüglich ihrer Aussagekraft bewertet werden können.[38]

Die *Grenze*, die Autopoiese, Selbstreferenz und Autonomie zwischen subjektivem Akteur und sozialen Phänomenen (Systemen und Umwelt) ziehen und die nur durch Beobachtung bzw. Erleben zu überwinden ist, wird hier nochmals hervorgehoben; handelndes Einwirken über diese Grenze hinweg, das nicht "wahrgenommen" und "erlebt" (bzw. "erkannt") wird, löst im Bewußtsein keine Verarbeitungsprozesse aus und gewinnt damit keine orientierungswirksame Realität für den Akteur.[39] *Jeglicher Umweltbezug, d.h. jegliches Erleben bzw. jegliche Orientierung (bzw. Erkenntnis), ist explizit vom autonomen Beobachter abhängig und somit "subjektiv"*; es kann für die Orientierung der Akteure keine ontologisch-objektive, d.h. erleb-

---

37   Zur Verwendung dieser Metapher siehe MATURANA/VARELA (1987) S. 29f.

38   MAUL (1993) S. 723 bezeichnet in ähnlicher Interpretation "Strategie" als aus einer "rekursiven Abfolge von Wahrnehmungen, darauf bezogenen Handlungen und daraus resultierenden Reaktionen" bestehend.

39   Vgl. MAUL (1993) S. 722: "Es ist immer ein Beobachter, der entscheidet, was für ihn einen Unterschied macht und was nicht. Ein unterscheidungsloses, beobachterunabhängiges Wahrnehmen ist nach allen neurophysiologischen Erkenntnissen nicht möglich. Insofern ist die ganze Wirklichkeit von dem Beobachter, der sie wahrnimmt, konstruiert oder 'erfunden'."

nis- bzw. (über Erleben) kommunikationsunabhängige "Wahrheit" oder "Realität" geben.[40] *Aber die Qualität und Validität des Umweltbezuges, d.h. der Orientierung bzw. Erkenntnis, ist abhängig von Bewußtsein dieser "Subjektivität" und ihrer Überwindung durch "Reflexion" und "Kommunikation"* zur Identifikation der eigenen Identität und ihrer "Selbstreferenz".

Zur Problematik der "Selektivität" des Umweltbezuges tritt neben der Autonomie des Akteurs und seiner "Subjektivität" auch die *Komplexität (bzw. Kontingenz) der (sozialen) Umwelt*: Das Subjekt muß im Rahmen seiner Orientierung über System/Umwelt-Differenzierung, als basalem Mechanismus der Sozialsystembildung durch Sinnabgrenzung und Unterscheidung, eine *komplexitätsreduzierende Ordnung* schaffen. Die überkomplexe Umwelt kann aber nicht mehr erschöpfend über Systeme rekonstruiert werden; der Zwang zur Vereinfachung und Abstraktion führt zu *"relativen" Relevanzvermutungen* bezüglich Umwelt und Systemabgrenzung. Der Grad der Vereinfachung kann abgefedert werden durch Abstufung der Komplexitätsreduktionsschritte mittels *"System- oder Binnendifferenzierung"*, d.h. durch Abgrenzung jeweils suprasystemisch zusammengefaßter (Teil-)Systemebenen und -hierarchien, die zueinander in einem *"funktionalen" (im Sinne von "komplexitätsreduzierte Verarbeitbarkeit gewährleistendem") Verhältnis* stehen. Immer jedoch sind die Grenzen dieser Systeme *"Sinngrenzen"*, d.h. sie stehen zu subjektiver (Sinnsetzung bzw. -aktualisierung) oder intersubjektiver (Sinnvermittlung) Verfügung.[41] Komplexitätsreduktion über System/Umwelt- bzw. Systemdifferenzierung und Sinnabgrenzung bedeutet immer *"Relativität"* in bezug auf die gewählte Abgrenzungsstrategie und Sinnselektion (und "Normativität" in bezug auf deren Richtigkeitsvermutung bzw. Anerkennung).

## 2. Die Relativität der Umwelterfassung und -verarbeitung über Komplexitätsreduktion

Die Kernthese des integriert-systemtheoretischen Bezugsrahmens, die (Sozial-)Systembildung als Mittel der Umwelterfassung und -verarbeitung durch die Akteure gegenüber einer (über-)

---

[40]   Siehe die Kritik bei ZERFASS/SCHERER (1995) S. 497ff. und vgl. die Aussagen von SCHMIDT (1991) S. 31 ("Es gibt keine Gegenstände der Erkenntnis."), 36ff. ("Die Kriterien zur Bewertung neuer Orientierungssysteme liegen dabei ausschließlich im kognitiven Bereich; (...) kann das Streben nach absoluter Wahrheit nicht mehr (...) als Legitimation wissenschaftlicher Tätigkeit dienen.").

[41]   Vgl. LUHMANN (1971) S. 12: "Sinn ist eine bestimmte Strategie des selektiven Verhaltens unter der Bedingung hoher Komplexität. (...) Dabei ist bezeichnend, daß die Selektion einer spezifischen Sinnverwendung andere Möglichkeiten zwar vorläufig neutralisiert oder auch negiert, sie aber als Möglichkeiten nicht definitiv ausmerzt."

komplexen und kontingenten Umwelt versteht, *"relativiert" die Gültigkeit und Verwendbarkeit komplexitätsreduzierender Prämissen grundsätzlich.* Die kybernetisch-objektorientierte Vorstellung einer "Komplexitätsbeherrschung durch Systemgestaltung und -kontrolle" kann nur für eng umrissene Bereiche begrenzt-dimensionaler Problemlösung valide Erkenntnisse liefern.[42] Die soziale Komplexität der Umwelt (bzw. Kontingenz der Akteure) wird erlebt und muß verarbeitet werden; sie läßt sich aber nicht aufheben, einschränken oder beherrschen, wie das eine kybernetische Steuerungstheorie zumindest für gestaltete und kontrollierte Bereiche voraussetzt. Das grundsätzlich autonome, nur durch subjektive Orientierung bestimmte Handeln der Akteure begründet diesen Charakter der Nichtaufhebbarkeit.[43] Komplexität (bzw. Kontingenz) kann allenfalls durch kognitive Strukturierung im Erleben der Akteure "reduziert" und durch Kommunikation dieser Strukturierung über Erwartungen für das Anschlußhandeln "beschränkt", d.h. erleb- und verarbeitbar (entscheidbar) gestaltet, werden.

Für die Erfassung und Verarbeitung einer komplexen, multidimensionalen und kontingenten Umwelt über soziale Systeme kann deshalb allenfalls von der Möglichkeit einer Komplexitätsreduktion ausgegangen werden: "Ausgangspunkt ist die Idee, daß komplexe Probleme nicht in sozialen Systemen definiert werden, sondern umgekehrt das soziale System sich im Prozeß der Problemdefinition erst bildet."[44]

> "Das führt auf die allgemeine These, daß [soziale, d. Verf.] Systeme der Reduktion von Komplexität dienen, und zwar durch Stabilisierung einer Innen/Außen-Differenz. *Alles*, was über Systeme ausgesagt wird - Differenzierung in Teile, Hierarchiebildung, Grenzerhaltung, Differenzierung von Struktur und Prozeß, selektive Umweltentwürfe usw. -, läßt sich (...) funktional analysieren als Reduktion von Komplexität. (...) Die soziale Kontingenz sinnhaften Erlebens ist nichts anderes als ein Aspekt jener unermeßlichen Weltkomplexität, die durch Systembildung reduziert werden muß."[45]

Das *komplexitätsreduzierende Verhältnis von System und Umwelt*, genauer: die Auseinandersetzung des Akteurs mit seiner Umwelt über Systembildung, stellt in ihrer Betonung der *"Relativität" gegenüber nicht endgültig faßbarer Komplexität und Kontingenz* einen fundamentalen "kritischen" Aspekt einer "integrierten Systemtheorie" dar.

---

42  Vgl. CROZIER/FRIEDBERG (1979) S. 143: "Ein kybernetisches System ist grundsätzlich ein gebundenes System. (...) Das System ist deshalb gebunden, weil es sich über ein Repertoire von Lösungen oder 'Systemzuständen', die gewissermaßen in der Regelungsvorrichtung selbst oder im Regelungsparameter gespeichert sind, hinaus weder anpassen noch entwickeln kann, und weil es letztlich nur durch diese Kontrolle oder diesen Regelungsparameter existiert." Vgl. hierzu MALIK (1984) S. 44f. und insbesondere die Kritik am Feedback-Kontrollverständnis der klassischen Regelkreises z.B. bei SCHREYÖGG/STEINMANN (1985) S. 392f.

43  Vgl. WILLKE (1987) S. 18, CROZIER/FRIEDBERG (1979) S. 27 bzw. S. 170.

44  KNYPHAUSEN-AUFSESS (1995) S. 340. Ebd. S. 326f. verbindet er explizit das Komplexitätsproblem mit dem Beobachter dadurch, "daß Komplexität ein Beobachterphänomen ist. Der Beobachter hat nur eine beschränkte Komplexitätsverarbeitungskapazität und muß deshalb nach Wegen suchen, wie er trotzdem mit der Komplexität umgehen kann."

45  LUHMANN (1971) S. 11 (H.i.O.).

Kernpunkt einer "kritischen" Interpretation der Komplexitätsreduktion über Abgrenzung und Systembildung bietet die auf der Autonomie des Erlebens beruhende Kontingenz der Abgrenzungskriterien und ihrer Manifestation im "Sinn"-Begriff.[46] Die sinnhaft ausgegrenzte "Umwelt" bleibt dennoch als Bezugssystem für die Validierung der gewählten Abgrenzungen erhalten und muß angemessen rekonstruiert und verarbeitet werden; falsche oder inadäquate Abgrenzungsstrategien und unzulängliche Komplexitätsverarbeitung können das gesamte Umweltmodell und damit die soziale Identität des Akteurs in seiner rekonstruierten "Umwelt" beeinträchtigen, bis hin zur Gefährdung seiner physischen Existenz insgesamt.

Die Problematik der "Relativität" der Systemkonstruktion in der Auseinandersetzung mit der Umwelt über Sinnabgrenzung und Systembildung ("Selektivität") kann durch drei Teilaspekte beschrieben werden:
- *"System/Umwelt-Differenzierung"* als Mittel der *Komplexitätsreduktion* zur Umwelterfassung über Unterscheidung und Abgrenzung unter Bildung einer "Komplexitätsdifferenz", die einige Implikationen für den Begriff der "Umwelt" in sich birgt (Kap. 2.a);
- *"Sinnabgrenzung"* als "relative" *Selektionsstrategie* (Kap. 2.b);
- *"System- oder Binnendifferenzierung"* als Möglichkeit zur *adäquaten Steigerung der Komplexitätsverarbeitungskapazität* unter gleichzeitiger Steigerung der "Eigen- oder Binnenkomplexität" (Kap. 2.c).

## a)  System/Umwelt-Differenzierung als Mittel der Komplexitätsreduktion

(1) Das Verhältnis von "System" und "Umwelt", die *"System/Umwelt-Differenz"*, besitzt zentrale Bedeutung für einen "funktionalen" Theorieansatz mit der Bezugsebene "Umwelt":

> "Das zentrale Paradigma der neueren Systemtheorie heißt 'System und Umwelt'. Entsprechend beziehen sich der Funktionsbegriff und die funktionale Analyse nicht auf das 'System' (etwa im Sinne einer Erhaltungsmasse, einer zu bewirkenden Wirkung), sondern auf das Verhältnis von System und Umwelt. Der Letztbezug aller funktionalen Analysen liegt in der Differenz von System und Umwelt."[47]

"System/Umwelt-Differenz" muß allgemein als Synonym einer fundamentalen Unterscheidung und Abgrenzung zwischen einem Handlungszusammenhang als "System" und Nichtdazugehörigem als "Umwelt" gesehen werden. Durch solche Unterscheidungen und Abgrenzungen wird eine kognitiv-*erlebnisleitende* bzw. kommunikativ-*erlebbare Struktur* erzeugt, die durch die Orientierungswirkung der "System/Umwelt-Grenze" die Komplexität der Um-

---

46    Vgl. LUHMANN (1971) S. 12

47    LUHMANN (1988a) S. 242.

welt überschau- und verarbeitbar erscheinen läßt: "Eine Form muß der Umwelt erst abge-
wonnen werden, etwa dadurch, daß man in ihr Systeme identifiziert."[48]

Diese Bedeutung des Verhältnisses von "System" und "Umwelt" bezeichnet der Begriff der
"*Komplexitätsreduktion*" als die Vorstellung der "*Erzeugung und Erhaltung einer Komplexitätsdifferenz*" zwischen "System" und "Umwelt" (bzw. zwischen "Systemen"):

> "Systeme stabilisieren mithin eine Differenz zwischen sich und der Umwelt, zwischen Innen und
> Außen; sie bilden ein sinnhaftes, symbolisch vermitteltes Regulativ zwischen anfallender und
> jeweils verarbeitbarer Komplexität. (...) Systeme haben überhaupt nur ihren Sinn durch die Ab-
> grenzung von einer nicht-dazugehörigen Umwelt. Der Systembegriff (...) zielt auf eine sinnhaft
> strukturierte Transformation von Komplexitäten, auf die Auseinandersetzung des Systems mit
> seiner Umwelt."[49]

"Systembildung" läßt sich dann allgemein "als Ordnungsleistung des Systems im Verhältnis
zu seiner Umwelt verstehen"[50]. Als Kernzweck, -funktion oder -thema der Systembildung und
damit der Systemtheorie wird explizit "*Reduktion der Komplexität der Umwelt*"[51] zur erleb-
nisverarbeitenden Orientierung mittels sinnhafter Unterscheidung und sinngeleiteter Grenzziehung unter *Erzeugung bzw. Erhaltung einer "Komplexitätsdifferenz bzw. eines Komplexitätsgefälles zwischen Außen und Innen"*, d.h. zwischen "*Umwelt*" und "*System*", bezeichnet:[52]
Die übergroße Komplexität der Umwelt wird durch verschiedene Schemata oder Systeme
geringerer Komplexität selektiert, strukturiert und dadurch beobacht- und verarbeitbar gestaltet. Inhaltliche Anforderungen an Sinngehalte oder Ansprüche an die Schrittweite der Komplexitätsdifferenz bzw. die Neigung des Komplexitätsgefälles werden nicht spezifiziert; ein
erstes Indiz weitgehender "Relativität" in der Handhabung der "System/Umwelt-Differenz".

---

[48]   LUHMANN (1985) S. 428.

[49]   WILLKE (1987) S. 4f. Vgl. KISS (1986) S. 20f. ("Daraus resultiert die These, daß die Funktionsweise so-
       zialer Systeme nur durch vorrangige Beachtung umweltbedingter Reduktionsleistungen von Komplexität zu
       erklären ist.").

[50]   LUHMANN (1973) S. 175f.; vgl. ebd., STEINMANN/SCHREYÖGG (1990) S. 110 (H.i.O.: "Zwischen
       System und Umwelt besteht notwendigerweise immer ein *Komplexitätsgefälle*, die Grenze ist die Differenz.
       Die Systemleistung, der Nutzen der Systembildung, ist abstrakt gesprochen die *Reduktion* und nicht die
       Abbildung von Umweltkomplexität; durch Reduktion wird Orientierung in einer überwältigend komplexen
       Umwelt möglich.").

[51]   Vgl. LUHMANN (1971) S. 10f., LUHMANN (1973) S. 175ff., LUHMANN (1988a) S. 35 und WILLKE
       (1987) S. 4f. Siehe auch die Aussagen zur Bedeutung dieses Punktes für "Management" bzw. "Steuerung"
       bei SCHREYÖGG (1984) S. 248f., SCHREYÖGG/STEINMANN (1985) S. 398, STEINMANN/
       SCHREYÖGG (1986) S. 748 und STEINMANN/SCHREYÖGG (1990) S. 109f.

[52]   Vgl. LUHMANN (1975) S. 211: "Die Asymmetrie zwischen System und Umwelt läßt sich dann als Diffe-
       renz zweier Komplexitätsverhältnisse, nämlich als Komplexitätsgefälle begreifen. Die Komplexität der Um-
       welt ist größer als die Komplexität des Systems. Sie umfaßt mehr Elemente mit schärferer Selektion dessen,
       was als Umwelt-des-Systems strukturell relevant ist. Diese Differenz der Komplexitätsverhältnisse ist das
       Grundproblem der Systemtheorie, das letzte Bezugsproblem aller funktionalen Analysen." Siehe auch z.B.
       die kompakte Darstellung bei WEISS (1995) S. 19f.

Die Funktion der Systembildung als Form der Erlebnisverarbeitung wird im Zusammenhang mit der Idee des Radikalen Konstruktivismus nochmals verdeutlicht.[53] Konsequenz aus der Unterscheidungsabhängigkeit der Beobachtung bzw. des Erlebens vice versa ist, daß die *"Umwelt" prinzipiell als Konstruktionsleistung durch Sinnabgrenzung und Systembildung* angesehen werden muß. Deutlich formuliert dies RONGE mit dem Begriff der "Perspektive", der sich als "Orientierung" deuten läßt (allerdings bei RONGE ohne Unterscheidung zwischen Subjekt und System):

> "Was für das (jeweilige) System Umwelt ist, ergibt sich - auch das wird häufig mißverstanden - nicht objektiv, sondern seinerseits aus der selektiven Perspektive des (jeweiligen) Systems selbst. So gesehen, produziert das (jeweilige) System sich auch seine Umwelt, nämlich das, was es als Umwelt ansehen will und kann ('Umweltentwurf' als Systemleistung)."[54]

LUHMANN sieht die *"Umwelt"* selbst nicht als System: sie sei durch "offene Horizonte umgrenzt" und damit komplexer als jedes denkbare System (in der Umwelt); sie könne deswegen in ihrer abstrakten Gesamtheit auch kein System darstellen. Konkretisiert unter den Implikationen des integriert-systemtheoretischen Bezugsrahmens ist *"Umwelt" ein subjektabhängiger und systemrelativer Sachverhalt:* Da jedes Subjekt als Beobachter bzw. jedes fokale personale und soziale System als Basis selbstreferentieller Beobachtung nur sich selbst aus seiner "Umwelt" ausnimmt, ist diese "Umwelt" für jedes Subjekt bzw. System (wenn auch oft nur geringfügig) unterschiedlich.[55] Dies deckt sich mit der Erlebnisabhängigkeit der subjektiven Umwelterfassung; intersubjektive Umweltentwürfe können nur kommunikativ vermittelt und erlebend aktualisiert werden.

(2) Unter dem Gesichtspunkt von "Erleben unter Komplexitätsreduktion" bedeutet "Umwelt" immer auch *Selektion von als relevant erachteten "Umweltsegmenten"* auf verschiedenen Ebenen oder in Hierarchien, deren *"Teil-Umwelten"* für das fokale personale und soziale System den Charakter von abgegrenzten 'Supra- oder Umsystemen" oder "Systemen in der Umwelt" (mit dem analogen Kriterium sinnhafter Abgrenzung unter Relevanzgesichtspunkten) anneh-

---

[53]  Vgl. SCHMIDT (1994) S. 114, der beide Konzepte, den "Beobachter" (und damit den Radikalen Konstruktivismus) und die "Systemrelativität' (und damit die neuere Systemtheorie) zusammenführt im Verweis "darauf, daß Realität für Menschen stets und 'unhintergehbar' als kognostizierte Realität, d.h. als Erfahrungswirklichkeit oder Umwelt 'vorhanden' ist. Diese Umwelt wird über Wahrnehmung, Sensomotorik, Kognition, Gedächtnis und Emotion, über kommunikatives und nicht-kommunikatives Handeln informationell ('sinnhaft') von Menschen erzeugt und erhalten."

[54]  RONGE (1991) S. 606. Vgl. LUHMANN (1992a) S. 130, der hier, wie in den meisten seiner Thesen, nicht zwischen "handlungsfähigem personalem System" (erlebend und handelnd) und "handlungsorientierendem sozialem System" (kognitiv bzw. kommunikativ) unterscheidet; wir müssen uns die Abgrenzung, daß nur ein menschliches "Subjekt" bzw. ein "Akteur" beobachten bzw. unterscheiden kann, allenfalls orientiert über kommunikative Sinnvermittlung, implizit für alle Ausführungen LUHMANNs dazudenken.

[55]  Vgl. LUHMANN (1988a) S. 36f., 249 (" 'Die' Umwelt ist nur ein Negativkorrelat des Systems.") und KISS (1986) S. 20.

men.[56] Grundsätzlich gilt es daher zu unterscheiden zwischen der abstrakten "*Umwelt eines Systems*" und "(personalen und sozialen) *Systemen in dieser Umwelt*", die für fokale Systeme ebenfalls "Umwelt" darstellen und die selbst wiederum auf ihre eigene "Umwelt" hin orientiert sind.[57]

Deutlich wird der Sinn dieser Unterscheidung in bezug auf die Trennung zwischen kognitiven Handlungssystemen und interaktiven Kommunikationssystemen unter Einbezug handlungsfähiger personaler Systeme bzw. Akteure. LUHMANN bezieht sich implizit auf die Unterscheidung zwischen passivem Erleben fremden Handelns unter Rekonstruktion von dessen Orientierung einerseits ("Über fremde System/Umwelt-Beziehungen kann jedoch kein System ganz verfügen, es sei denn durch Destruktion."[58]) und wechselseitigem aktivem Handeln als erlebbare interaktive Kommunikationssystembildung ("Generell gesehen tangiert jede Systembildung die Umwelten vieler anderer Systeme; aber auch in der Umwelt eines jeden Systems können sich viele andere Systeme bilden, so daß die Umwelt immer komplexer als das (Bezugs-)System ist."[59]) andererseits. Dieser scheinbare Widerspruch zwischen beiden Aussagen läßt sich nur durch Trennung von "Erleben" (Kognition) und "Interaktion" (Kommunikation) auflösen: Verändert wird durch *erlebbare* interaktiv-kommunikative Systembildungen die *erlebte* kognitiv rekonstruierte "Umwelt"; andere Akteure und ihre sozialen Handlungsbeziehungen nehmen für den Beobachter die Qualität von unspezifizierter "Umwelt" bzw. von rekonstruierten "Systemen in der Umwelt" an. Unter diesem Gesichtspunkt kann interaktive bzw. kommunikative Systembildung die soziale Komplexität der "Umwelt" für den Beobachter auch *erhöhen*, statt sie zu reduzieren; interaktive Kontingenz muß deshalb über Mechanismen der Kontingenzbeschränkung, als Auszeichnung bestimmter Orientierungen und Kommunikationsanschlüsse über Erwartung, *koordinierend eingeschränkt* werden.

(3) Diese Dualität zwischen "Umwelt" und "Systemen der in der Umwelt" spiegelt auch ein differenzierte Komplexitätsbegriff als Beobachterphänomen wider: "*Komplexität*" beziehe sich als abstrakte Eigenschaft der "Umwelt" auf kognitives "Erleben", während "*Kontingenz*" verursacht werde durch die autonome Orientierung und Handlungsentscheidung der Akteure

---

56    Vgl. WILLKE (1987) S. 39 ("Z.B. sind in komplexen Gesellschaften zwischen Individuum und Gesamtsystem mehrere intermediäre Instanzen ausgebildet. Familie, Gemeinde, Region, Land oder Gruppe, Verein, Verband, Partei etc. Auf ein fokales System wirken in aller Regel daher mehrere 'Teilumwelten' in Form anderer Systeme ein, die sehr unterschiedliche Bedeutung haben können.").

57    Vgl. LUHMANN (1985) S. 428 ("Man muß (...) zunächst zwischen der *Umwelt des Systems* und *Systemen in der Umwelt* unterscheiden." H.i.O.), LUHMANN (1988a) S. 37.

58    LUHMANN (1988a) S. 37.

59    KISS (1986) S. 20 über LUHMANNs Umweltbegriff. LUHMANN (1988a) S. 243 selbst: "Jede Änderung eines Systems ist Änderung der Umwelt anderer Systeme; jeder Komplexitätszuwachs an einer Stelle vergrößert die Komplexität der Umwelt für alle anderen Systeme."

in der "Interaktions"-Situation und Kommunikationssystembildung[60]:

> "Komplexität charakterisiert ein Entscheidungsfeld, in dem ein bestimmtes System auf die Anforderungen seiner Umwelt(en) reagieren muß. (...) Kontingenz dagegen bezieht sich auf die dem System in einer bestimmten Situation selbst zur Verfügung stehenden Handlungsalternativen."[61]

"Aktive Kontingenz" bedeutet für das eigene Handeln Entscheidung unter Autonomie und muß unter Koordinationsaspekten beschränkt werden; "erlebte Kontingenz" verkörpert soziale Umweltkomplexität, die durch Handlungssystembildung reduziert und verarbeitet werden kann (z.B. durch das Zweck/Mittel-Schema als kausale Beobachterkategorie).

Zur Erfassung der "Kontingenz" in Kommunikationssystemen kann eine *Unterscheidung von* *"externer" und "interner" Umwelt* (bei WILLKE "Innenwelt" und "Außenwelt") getroffen werden. Zur *"Außenwelt"* gehören alle externen Relationen des Systems, d.h. alle nach den Sinnkriterien des fokalen Systems auszugrenzenden Akteure und Handlungen (auch unter suprasystemischen Zusammenhängen).[62] Zur *"Innenwelt"* oder *"inneren Umwelt"* zählt WILLKE die Relation zu (teil-)autonomen, aber integrierten Akteuren und (Sub-)Systemen, die durch die fokale (Supra-)Systembildung erfaßt oder koordiniert werden sollen.[63] Die "Innenwelt" gehört nach WILLKE *nicht* zum fokalen System, im Gegensatz zum *"internen Bereich"* eines Systems, der aus den zurechenbaren Handlungen der Akteure bzw. den kontextuell definierten Erwartungen ("Funktionen" bzw. "Aufgaben" und "Rollen") und Entscheidungen besteht, die die Zugehörigkeit zum Handlungs- bzw. Kommunikationszusammenhang begründen. Nach dem integriert-systemtheoretischen Bezugsrahmen umfassen Kommunikationssysteme die konkreten Akteure mit ihren kompletten Identitäten, d.h. ihren (teil-)autonomen Orientierungen, Entscheidungsfreiheiten, subsystemischen Sinnstrukturierungen und Fremdmitgliedschaften, als soziale "Kontingenz" bzw. "Eigenkomplexität"; JENSEN sieht diesen

---

60   Vgl. BAECKER (1993) S. 21, der analoge Betrachtungen zum "Unternehmen" als soziales System und seiner "Unterscheidung" als Aufforderung, die befolgt und beobachtet werden kann, anstellt.

61   WILLKE (1987) S. 20f. JENSEN (1978) S. 118 definiert diesen Zusammenhang über die "doppelte Kontingenz der Interaktion" nach PARSONS: "Das angestrebte Ergebnis hängt nicht nur, wie bei isolierten Verhaltenseinheiten, kontingent von der erfolgreichen Wahrnehmung und Manipulierung der Umwelt(objekte) durch die Handelnden ab, sondern es hängt auch von der Aktion oder Intervention eben jener Objekte im Verlauf des Handlungsgeschehens ab, weil die wichtigsten Objekte der Interaktion gleichfalls handelnde Aktoren sind."

62   Vgl. WILLKE (1987) S. 41.

63   Vgl. WILLKE (1987) S. 40 ("Die Innenwelt [oder gleichbedeutend: innere Umwelt] umfaßt die Relationen des Systems mit seinen Mitgliedern. Diese müssen untereinander abgestimmt werden, weil sie durch unterschiedliche eigene Umweltbezüge - etwa außersystemische Rollenverpflichtungen - divergente Orientierungen entwickeln."). Die Abstimmung zwischen "Außenwelt" und "Innenwelt" gilt als internes Problem ("Integrationsproblem"). Nach RONGE (1991) S. 606 besteht die Mehrdimensionalität der Umwelt "a) aus anderen sozialen Systemen, b) aus 'natürlichen' Gegebenheiten, c) aus den Individuen, die die systemspezifischen sozialen Handlungen/Kommunikationen produzieren." Dies entspricht etwa der "Außenwelt" anderer Akteure und sozialer (Neben- und Supra-)Systeme sowie der "Innenwelt" der Akteure und Subsysteme.

Sachverhalt im Konzept der "Interpenetration" berücksichtigt.[64] "Innenwelt" und "innerer Bereich" sind vor allem für "Integration" als Voraussetzung von Koordination und indirekter Steuerung (Kap. D.II.1.a) und "System- oder Binnendifferenzierung" zur Steigerung der Komplexitätsverarbeitungskapazität bedeutsam.

Von zentraler Bedeutung für die kritische Ausdeutung der "Relativität" des Verhältnisses von Akteur, System und Umwelt ist jedoch die Konstitution und Beschaffenheit der *"Systemgrenzen"*; in der Vermittlung zwischen autonomem Akteur und komplexer Umwelt müssen diese *kognitiv selektierte bzw. aktualisierte oder kommunikativ vermittelte "Sinngrenzen"* sein,[65] die damit gleichsam das Problem der "Rationalität" auf seinen system-"relativen" Anwendungszusammenhang (*"Systemrationalität"*) beschränken.[66]

## b)  Sinn und die Grenzziehung zur Umwelt

Einen ersten Ansatzpunkt für eine *"Grenzbeschreibung"* liefern zwei Thesen WILLKEs, die sich auf deren Funktion für Selektion und Kommunikation beziehen lassen:
-   "Der Sinn der Grenze liegt in der Begrenzung von Sinn"[67], unter Bezug auf Abgrenzung und Selektion unter Relevanzbeurteilung eindeutig auf Komplexitätsreduktion für das Erleben und die kognitive Strukturierung der Umwelt gerichtet.
-   "Der Sinn von Grenzen liegt in der Steigerung stabilisierbarer Unwahrscheinlichkeit"[68], bezogen auf Kontingenzbeschränkung und Handlungskoordination über Erwartung und Kontextbedingungen in Kommunikationssystemen.

Der Begriff der *"Grenze"* dürfe (nach LUHMANN) nicht totalitär im Sinne von "Abbruch" oder "Trennung" verstanden werden; "Grenzen" verwiesen als *"Einheit" einer Struktur* nach innen wie nach außen: "Grenzen sind nicht zu denken ohne ein 'dahinter', sie setzen also die Realität des Jenseits und die Möglichkeit des Überschreitens voraus. Sie haben deshalb nach allgemeinem Verständnis die Doppelfunktion der Trennung und Verbindung von System und

---

64  Vgl. JENSEN (1978) S. 122: "Durch das Konzept der 'Interpenetration' entstehen im Handlungssystem in den einander durchdringenden, ineinander verschränkten Subsystemen 'interne Außenwelten' - nichts anderes sind die Persönlichkeitssysteme innerhalb der Sozialsysteme: Umwelt und doch zugleich Innenwelt."

65  So beschreibt z.B. HARTFELDER (1984) S. 375f. "Sinn als Charakteristikum der Humanebene".

66  Vgl. LUHMANN (1973) S. 14f., STEINMANN/SCHREYÖGG (1990) S. 114f.

67  WILLKE (1987) S. 37 (ebd.: "Gegenüber einer komplexen Umwelt müssen Sozialsysteme ihre Aufmerksamkeit , ihre Zeit und Energie auf das systemrelativ Sinnvolle begrenzen." Vgl. STEINMANN/SCHREYÖGG (1990) S. 110.

68  WILLKE (1987) S. 42.

Umwelt."[69] *Soziologische "Systemgrenzen" stellen also lediglich ein Mittel der Umweltstruk-turierung und Orientierung unter Sinn- bzw. Relevanzabgrenzung dar, kein physisches Hindernis*: "Soziale Systeme sind *sinnhaft* identifizierte Systeme. Ihre Grenzen sind nicht physischer Natur (obgleich natürlich physische Grenzen, etwa solche territorialer Art, Sinngrenzen symbolisieren können), sondern Grenzen dessen, was in Sinnzusammenhängen relevant sein kann."[70] In dieser Verbindung mit *"Sinn"* als Schema der kognitiven und kommunikativen Verarbeitung der Umwelt ist der Begriff der *"Abgrenzung"* konstitutiv für Wesen, Notwendigkeit und Funktion der soziologischen Systemtheorie.[71]

LUHMANN konzipiert im Rahmen seiner System/Umwelt-Theorie explizit *"Sinn" als Grundbegriff der Systembildung und damit der (seiner) soziologischen Systemtheorie* (der Titel eines Aufsatzes von LUHMANN lautet: "Sinn als Grundbegriff der Soziologie").[72] "Sinn" verknüpfe als *"Selektionsstrategie"* Erleben, Komplexität und Umwelt:[73]

> "Die besondere Fähigkeit des Menschen, Komplexität und Kontingenz sachlich, zeitlich und sozial bewußt wahrzunehmen, erklärt die Entstehung von Sinn als Selektion. Sinn ist nach *Luhmann* Selektion: eine (intendierte) *Strategie selektiven Verhaltens*. (...) Sinn ist also eine für das Individuum nachvollziehbare Strategie der Erlebnisverarbeitung, die sich primär auf die Umwelt und nur sekundär auf Handlungssysteme richtet."[74]

---

[69]  LUHMANN (1988a) S. 52.

[70]  LUHMANN (1971) S. 12f., H.i.O. Vgl. LUHMANN (1988a) S. 265 (H.i.O.: "Die Besonderheit sozialer Systeme besteht darin, (...) daß die Differenz von Umwelt und System ausschließlich durch *Singrenzen* vermittelt wird."), S. 96 ("Auch die Umwelt ist für sie [psychische und soziale Systeme] in der Form von Sinn gegeben, und die Grenzen zur Umwelt sind Sinngrenzen, verweisen also zugleich nach innen und nach außen. Sinn überhaupt und Sinngrenzen insbesondere garantieren dann den unaufhebbaren Zusammenhang von System und Umwelt") und KISS (1986) S. 22 ("Die Abgrenzung zur Umwelt erfolgt nach Sinngrenzen - oder mit anderen Worten: Die Identität eines Systems läßt sich an einer - durch Verbindung am Sinn feststellbaren - Differenz zur Umwelt lokalisieren.").

[71]  Vgl. WEISS (1995) S. 19f. Systeme "schaffen" ihre Grenzen nicht selbst, sondern systemische Sinngrenzen dienen den Akteuren zur Erlebensverarbeitung als "regulative Sinnschemata", d.h. als kognitive oder kommunikative Strukturierungen.

[72]  Vgl. LUHMANN (1971a), GERHARDS ((1984) S. 24f. Auch KISS (1989) S. 90, 172 bezeichnet Sinn-Zusammenhänge als charakteristisches Merkmal des soziologischen Systembegriffes.

[73]  Vgl. LUHMANN (1973) S. 176 (Die "Reduktion der äußeren Weltkomplexität auf ein Format, das Erleben [Kognition, d. Verf.] und Handeln [Orientierung, d. Verf.] ermöglicht, wird bei allen menschlichen Systembildungen durch Sinn gesteuert. (...) Auch soziale Systeme sind Systeme, die Handlungen durch ihren Sinn (...) miteinander verbinden und gegen eine Umwelt anderer Möglichkeiten abgrenzen.") und LUHMANN (1971) S. 12 ("Durch sinnhafte Identifikationen ist es möglich, eine im einzelnen unübersehbare Fülle von Verweisungen auf andere Erlebnismöglichkeiten zusammenzufassen und zusammenzuhalten, Einheit in der Fülle des Möglichen zu schaffen und sich von da aus dann selektiv an einzelnen Aspekten des Verweisungszusammenhanges zu orientieren.").

[74]  KISS (1986) S. 10f., H.i.O. Vgl. LUHMANN (1981) S. 67ff., LUHMANN (1988a) S.93f. oder GERHARDS (1984) S. 24.

Zur Reduktion der Umweltkomplexität ermöglicht "Sinn" Erlebnisverarbeitung als "*Ordnungsform menschlichen Erlebens*", als selektives Orientierungsmuster in Form eines Verweisungszusammenhanges für das Erleben und Handeln.[75]

Zur Erklärung der *Genese von "Sinn"* herrschen unterschiedliche Vorstellungen. Über den subjektbezogenen Sinnbegriff (nach WEBER) schreibt KISS, "daß hier Sinn als eine Orientierung am fremden Verhalten gesehen und dessen 'Entstehung' einem Subjekt zugeschrieben wird"[76]; "Sinn" sei also immer subjektiv gemeinter "aktiv-orientierter Handlungssinn", der als Beobachterkategorie zum Verständnis fremder Handlungen passiv-orientierend über Handlungssysteme rekonstruiert werde ("*Sinnproduktion*"). Zugleich diene "Sinn" als kommunikatives Orientierungsangebot im Rahmen von Kommunikationssystemen ("*Sinnverwertung*").[77] WILLKE bezeichnet diese "Beziehung zwischen Sinn und System" als "eine doppelte: Systeme sind sinnkonstituierende und sinnkonstituierte Gebilde. Sie erzeugen kontinuierlich systemspezifischen Sinn [durch 'Integration' und 'Entscheidung' als kommunikatives Anschlußhandeln der autonomen Akteure, d. Verf.] und werden doch selbst erst durch die Ausbildung bestimmter abgegrenzter Sinnstrukturen [als 'Selektion' und 'Systembildung', d. Verf.] in Existenz gebracht."[78] Im Gegensatz dazu betrachtet LUHMANN (nach KISS) "*Sinn als Verweisungszusammenhang*" unabhängig von Subjekten ("psychischen Systemen") und Sozialsystemen, die er deshalb nicht als "sinnproduzierende", sondern nur als "sinnverwertende" Systeme bezeichnet;[79] die Konstitutionsbedingungen von "Sinn" bleiben bei LUHMANN weitgehend unreflektiert.

Integriert-systemtheoretisch wird "Sinn" zunächst vom Subjekt bzw. Akteur subjektiv gesetzt (Orientierung, Handeln) bzw. zugeschrieben (Erleben), d.h. im Gegensatz zu LUHMANN

---

75  Vgl. LUHMANN (1971a) S. 31ff. Dort definiert LUHMANN für diesen Kontext "Komplexität" als "daß es stets mehr Möglichkeiten des Erlebens und Handelns gibt, als aktualisiert werden können" und "Kontingenz" als "daß die im Horizont aktuellen Erlebens angezeigten Möglichkeiten weiteren Erlebens und Handelns nur Möglichkeiten sind, daher auch anders ausfallen können, als erwartet" (ebd. S. 32). Vgl. LUHMANN (1988a) S. 92ff., KISS (1986) S. 10f. und KISS (1989) S. 172f.

76  KISS (1989) S. 168

77  Vgl. WILLKE (1989) S. 44: "psychische Systeme verarbeiten den Sinn in Form von Gedanken und Vorstellungen; soziale Systeme dagegen prozessieren (...) Sinn in Form sprachlich-symbolisch vermittelter Kommunikation". Zum Verhältnis von "Handlung", "Beobachtung" und "Sinn" siehe auch WEISS (1995) S. 31f. (Handlung als "Beschreibungsstruktur", als "Sinnzumutung" an andere Akteure): "Dabei [in der Beobachtung eines Handelnden] werden je nach Perspektive unterschiedliche Rationalitäten, also Zweck-Mittel-Schemata zugrundegelegt, die dem jeweils beobachteten Handeln einen unterschiedlichen Sinn geben. (...) Überall da, wo man eine Vielheit von Beobachtern bzw. Auffassungsperspektiven unterstellen kann, wird man zur Erklärung des Systemhandelns mit einer an der individuellen Handlung eines Aktors ansetzenden Handlungstheorie Schwierigkeiten bekommen."

78  WILLKE (1987) S. 36. Vgl. GERHARDS (1984) S. 24: "Sinn und System stehen offensichtlich in einem wechselseitigen Bedingungsverhältnis."

79  Vgl. KISS (1989) S. 84f.

*wird "Sinn" also durch den Handelnden im Rahmen seiner Orientierung erzeugt bzw. durch den Beobachter im Rahmen seiner Wahrnehmungsverarbeitung rekonstruiert* (WEBERs beobachtungsrelativierte Rationalitäts- bzw. Sinnzuschreibung). Ein so im Erleben konstruierter Sinnzusammenhang von Handlungen, bei dem zugehörige Handlungen oder Operationen von nichtdazugehörigen abgegrenzt werden, wird als "Handlungssystem" bezeichnet: "unter System [wird] ein Netz [sinnvoll] zusammenhängender Operationen verstanden, die sich von *nicht*-dazugehörigen Operationen abgrenzen lassen."[80] *In der Kommunikation dient "Sinn" als Vermittlungsmechanismus, als Angebot, zur Erleichterung von Selektionsanschlüssen und Orientierungsaktualisierung* für intersubjektive Anerkennung bzw. Geltung von Koordinationskontexten.[81]

Für die integrierte Systemtheorie kann es *keine einfache "Sinnübertragung"* geben; "Sinnvermittlung" führt unter Erlebnisabhängigkeit nur zu *"Sinnaktualisierung bzw. -angleichung"*, da auch intersubjektiv hergestellter "Sinn" für jedes autonom erlebende Subjekt etwas anderes bedeutet. Im Gegensatz zu dieser Sichtweise steht die sogenannte *"pragmatische Sprachphilosophie"* z.B. von WITTGENSTEIN, LORENZEN, APEL und insbesondere HABERMAS, die *"Sinnübertragung" als transzendierende "Verständigung" durch an der Lebenswelt orientierte und sprachlich vermittelte Kommunikation* für möglich hält.[82] Sie versteht *"Sinn" als Mechanismus der sprachlichen Herstellung identischer Bedeutungen mit dem Ziel einer gemeinsamen Situationsdefinition.* Aus integriert-systemtheoretischer Perspektive verhindern die "Autopoiese", "Selbstreferenz" und "Autonomie" der Akteure und die Prinzipien "struktureller Koppelung" bzw. "Intervention in autonome Systeme" für Kommunikation eine direkte "Sinnübertragung" zwischen Subjekten; es gibt keinen direkten, erlebnis*un*abhängigen Kontakt zwischen Bewußtseinen.[83]

---

[80]   WILLKE (1987) S. 37f. (H.i.O.).

[81]   Vgl. WILLKE (1987) S. 30: "(...) im Anschluß an Max Weber [kann] die gemeinsame sinnhafte Orientierung wechselseitig verstehbaren Handelns als Grundbedingung eines systemischen Zusammenhanges von Interaktionen betrachtet werden. Nimmt man im Anschluß an Luhmann hinzu, daß Sinn eine selektive Beziehung zwischen System und Umwelt beinhaltet, dann *bezeichnet Sinn in allgemeiner Weise die Ordnungsform sozialen Handelns*: intersubjektiv geteilter Sinn grenzt systemspezifisch ab, was als sinnvoll und was als sinnlos zu gelten hat. (...) Für abgegrenzte, mehr oder weniger umfassende Sinnzusammenhänge haben Psychologie, Sozialpsychologie und Soziologie eine Reihe von Konzepten entwickelt, vor allem: *kognitive Struktur, Image, Rolle, Norm, Wert, Ideologie, Weltbild oder symbolische Codes wie Sprache, Recht, Moral, Wahrheit oder Geld, die sowohl bestimmte Handlungszusammenhänge strukturieren als auch Interaktionsprozesse steuern und dadurch zwischen die Vielfalt der Umweltereignissen und dem kontext- oder systemspezifisch Relevanten strukturelle und prozessuale Filter errichten".* ( H.v.V.).

[82]   Vgl. z.B. SCHNEIDER (1975), S. 91ff. ("Pragmatische Wende"), LORENZEN (1989) S. 31f. ("Sprachkritische Wende"), APEL 1982) S. 12ff. ("Transzendentalphilosophie" und "transzendentale Sprachpragmatik"), insbes. S. 17 ("transzendentale Reflexionsphilosophie", "postulierte Interpretationsgemeinschaft"), HABERMAS (1982) S. 174ff. ("Univeralpragmatik") oder KISS (1989) S. 148ff. ("Kommunikation als intersubjektive Verständigung").

[83]   Vgl. KISS (1989) S. 158, 175ff.

.

Zusammenfassend läßt sich formulieren, daß die Komplexität der Umwelt reduziert wird, indem durch *"Sinnselektion"* ein Handlungszusammenhang als System und damit zunächst eine kognitive Umweltstruktur hergestellt bzw. abgegrenzt wird, die über Kommunikation und kommunikative Systembildung durch *"Sinnvermittlung und -aktualisierung"* intersubjektiv koordiniertes Handeln ermöglicht.[84] Inhaltlich wird "Sinn" im Rahmen der Systemtheorie nicht weiter spezifiziert, er steht den Systemkonstituenten zur *selektiven Verfügung*, d.h. er ist deshalb grundsätzlich *kontingent*, *"relativ"* und angesichts bewußter und anerkannter Setzung auch *"normativ"*. Andererseits ist "Sinn" aber auch *"enttäuschungsanfällig"*, er kann *unzureichend reflektiert*, *interpretiert bzw. rekonstruiert*, aber auch *nicht (mehr) vermittelbar bzw. akzeptanzfähig* sein und braucht deshalb ständig "kritische Kompensation" seines Selektivitätscharakters. Diese "Relativität" des "Sinnbegriffs" wird durch die systemtheoretischen Kernbegriffe "Selektion" einer "Sinngrenze" vermittelt.

Ein dritter, unter die "kritische" Auslegung der "Relativität" der Systemtheorie aufzunehmender, Punkt ist die besonders unter Koordinations- und Steuerungsgesichtspunkten wichtige *"Adäquanz des Komplexitätsverarbeitungspotentials"*, die sich mit den Begriffen *"Binnendifferenzierung"* oder *"Eigenkomplexität"* im Spannungsfeld zwischen den Extremen zu großer Reduktionstufen bzw. zu starker Vereinfachung gegenüber der Systemumwelt (unter Gefährdung der Validität der Orientierung, oftmals zusammen mit der Tendenz zu direkter Steuerung) und nicht mehr erfaß- oder koordinierbarer Eigenkomplexität (unter Gefährdung fokalsystemischer Integration) bewegt. Diese Problematik liegt der Reorganisationsnotwendigkeit "verkrusteter" bürokratischer oder unternehmerischer Strukturen zugrunde (vgl. Kap. B.III.3. zur Vorstellung von "Business Reengineering")

## c) Systemdifferenzierung und Eigenkomplexität zur Steigerung des Komplexitätsverarbeitungspotentials

Die grundlegende Funktion der Systemtheorie, die erfaß- und verarbeitbare Komplexitätsreduktion in der Vermittlung zwischen Umwelt und Akteur, ist abhängig von einer gewissen *"Adäquanz des Komplexitätsverarbeitungspotentials"*[85], d.h. einer gewissen *Entsprechung der*

---

[84] Vgl. SINGER (1976) S. 145: "Systembildung ist Sinnselektion; die prinzipiell unendlich komplexe Umwelt wird im System auf eine überschaubare Zahl von Möglichkeiten gebracht (Umweltkomplexität wird reduziert) und in Erwartungszusammenhängen verfestigt, die für die Identität des Systems konstitutiv sind."), KISS (1986) S. 19, KISS (1989) S. 98 und GERHARDS (1984) S. 25.

[85] Vgl. STEINMANN/SCHREYÖGG (1990) S. 111: "Die Reduktion von Komplexität setzt ein hinreichendes Maß an Differenziertheit bezüglich des Problemfassungsvermögens voraus; die Relationen der Umwelt müssen durch das System mit weniger Relationen vereinfachend, aber dennoch effektiv rekonstruierbar sein; so paradox es klingen mag, aber Komplexität ist nur durch Komplexität (wenn auch geringerer Ord-

*Verarbeitungsmöglichkeiten des Beobachters, der selektiven Qualität der Umweltstruktu-rierung und der Komplexität der Umwelt.* Zu diesem Zweck erfolgt Systembildung nicht nur horizontal als "Systeme in der Umwelt", sondern auch *vertikal* als *"Systemdifferenzierung"*, als komplexe Abstufung und Verschachtelung verschiedenster Sozialsysteme ineinander auf verschiedenen, teils nichtlinearen Kontextebenen. Durch die Analyse und Integration ver-schiedener systemischer Handlungs- bzw. Kommunikationszusammenhänge zu Teilsystemen, d.h. (nach den Implikationen der integrierten Systemtheorie) zu "systemischen Gesamtheiten neuer funktionaler Sinnzusammenhänge und Teilnahmebedingungen in der Orientierung der autonomen Akteure", wird die Komplexität der Umwelt besser reduziert und in Orientierung und Handlung verarbeitbar;[86] gleichzeitig steigt jedoch die soziale *"Eigenkomplexität"* des ursprünglichen Suprasystems.

(1) LUHMANN versteht die *Theorie der "Systemdifferenzierung" (bzw. der "funktionalen Differenzierung"[87])* als "Wiederholung der System/Umweltdifferenzierung innerhalb sozialer Systeme". Durch die über "Systemdifferenzierung" erzielte Komplexitätssteigerung des Ge-samtsystems könne die erforderliche System- bzw. Strukturierungskomplexität der zu reduz-ierenden Umweltkomplexität angepaßt werden.[88] (Umwelt-)Komplexität könne nur durch (an-

---

nung) reduzierbar." Vgl. MAUL (1993) S. 729 (unter Verweis auf ASHBY's "Gesetz der erforderlichen Varietät"): "Nach Erkenntnissen der neueren Systemtheorie kann die Kontinuität und der Erfolg eines Unternehmens dadurch sichergestellt werden, daß es seine interne Komplexität mit seiner Umwelt in Ein-klang bringen kann."

[86]    STEINMANN/SCHREYÖGG (1990) S. 112 (H.i.O.): "Eine der zentralsten Strukturierungsformen ist die Bildung von speziell eingegrenzten Bereichen, d.h. von Subsystemen (Systemdifferenzierung). Die Bildung von *Subsystemen* bedeutet für die Gesamtsystemsteuerung eine sehr starke Entlastung; sie kann die Subsy-steme als eigenständige Leistungseinheiten betrachten, deren Funktionsabläufe sie nicht vollständig kennen und mitplanen muß." Das bedeutet nichts anderes als genuine "Komplexitätsreduktion durch Systembil-dung". Vgl. LUHMANN (1973) S. 270f.

[87]    Neben dem Begriff der "Systemdifferenzierung" erscheint auch oft der Begriff der "funktionalen Differen-zierung", z.B. bei SCHIMANK (1988) oder WILLKE (1987). Nach LUHMANN (1988a) S. 261 ist die "funktionale Differenzierung" nur ein Teilbereich möglicher interner Differenzierungsformen: "so vor allem die Differenzierung in gleiche Einheiten (Segmentierung), die Differenzierung Zentrum/Peripherie, die Differenzierung konform/abweichend (offiziell/inoffiziell, formal/informal), die hierarchische Differenzie-rung und die funktionale Differenzierung." Auch WILLKE (1987) S. 12f. grenzt ähnlich ab: *"Funktionale Differenzierung* heißt, daß das Ganze nicht mehr aus einer Vielzahl gleicher oder ähnlicher Einheiten wie Familien, Clans oder Gruppen (segmentäre Differenzierung) besteht, sondern aus einer Vielzahl unter-schiedlicher, spezialisierter Teile, die voneinander abhängen (biologisches Beispiel: der menschliche Orga-nismus)." (H.i.O.). Damit gelten vor allem "Zuordnung", "Spezialisierung" und "Interdependenz" als wesentliche Kennzeichen der "funktionalen Differenzierung", die sich insoweit im wesentlichen mit einer notwendigen Beschreibung der "Systemdifferenzierung" deckt.

[88]    Vgl. WILLKE (1987d) S. 251f. ("Systemdifferenzierung" ist "als Wiederholung der Differenz von System und Umwelt innerhalb von Systemen zu begreifen"; das bedeute "den Aufbau und die Regulierung interner Systemkomplexität in eine direkte Abhängigkeit bringen zu können mit Besonderheiten in der Struktur der Umweltkomplexität."), LUHMANN (1988a) S. 37f. ("Systemdifferenzierung ist nichts weiter als die Wie-derholung der Systembildung in Systemen. Innerhalb von Systemen kann es zur Ausbildung weiterer Sy-stem/Umwelt-Differenzen kommen. (...) Die System/Umwelt-Differenz wird also redupliziert, das Gesamt-system multipliziert sich selbst als Vielheit interner System/Umwelt-Differenzen."

.

gemessene Struktur-)Komplexität reduziert werden;[89] Komplexitätsreduktion müsse immer als gerade noch adäquate, aber erleb- und verarbeitbare *"Differenz von Komplexitäten"* begriffen werden, die von den Akteuren selektiv und kontingent konstruiert werde:

> "Man hat die unfaßbare Komplexität des Systems (bzw. seiner Umwelt), die entstünde, wenn man alles mit allem verknüpfen würde, von der bestimmt strukturierten Komplexität zu unterscheiden, die ihrerseits dann aber nur kontingent seligiert werden kann; und man hat die Umweltkomplexität (in beiden Formen) von der Systemkomplexität (in beiden Formen) zu unterscheiden, wobei die Systemkomplexität geringer ist und dies durch die Ausnutzung ihrer Kontingenz, also durch ihr Selektionsmuster wettmachen muß. In beiden Fällen ist die *Differenz* von zwei Komplexitäten das eigentlich Selektion erzwingende (und insofern: Form gebende) Prinzip; und wenn man nicht von Zuständen, sondern von Operationen spricht, ist beides *Reduktion von Komplexität*, nämlich Reduktion einer Komplexität durch eine andere."[90]

LUHMANN unterscheidet die *"naturgegebene Umweltkomplexität"* von einer *"selektiv strukturierten"* und damit *"konstruierten Systemkomplexität"*, die die größere Umweltkomplexität auffangen und "durch eigene Selektionsstrategien" bearbeitbar machen solle. Bezüglich des "Outputs" der Subsysteme, integriert-systemtheoretisch verstanden als orientiertes bzw. koordiniertes Handeln der Akteure, könnten *verschiedene "Systemreferenzen"* unterschieden werden: die Orientierungswirkung gegenüber dem umfassenden (Supra-)System als *"Funktion"* und gegenüber anderen Systemen in der Umwelt als *"Leistung"* (wohingegen die Ausrichtung bzw. Hinterfragung der eigenen Identität über *"Reflexion"* der "Sinn"-Kriterien des eigenen Umweltmodells erfolge).[91]

*"Eigen- oder Binnenkomplexität"* erzeugt die Steigerung des Verarbeitungspotentials externer Komplexität durch *"Nichtidentität der selektiven Orientierungen bzw. der Relevanz- oder Problemdefinitionen der ausdifferenzierten Sub- oder Teilsysteme"*: Jedes der Subsysteme übernehme ein bestimmtes Umweltsegment als spezifische "Teilumwelt" (eigentlich: als "System in der Umwelt) gemäß der vom Suprasystem festgelegten funktional-koordinierenden Umweltstrukturierung und stelle sein Komplexitätsverarbeitungspotential auf diese spezifische "Teilumwelt" ein.[92] Das Gesamtsystem kann durch Anschlußmöglichkeiten an

---

[89]  Vgl. KNYPHAUSEN-AUFSESS (1995) S. 333ff. ("Reduktion oder Produktion von Komplexität?").
WILLKE (1987) S. 17 konkretisiert den Begriff "komplexes System": "Nur wenn das System vielfältige und interdependente Handlungs- und Entscheidungsmöglichkeiten gegenüber den wahrgenommenen Umweltbedingungen hat, wollen wir von einem komplexen System sprechen." Auf. S. 27 begründet er "funktionale Binnendifferenzierung" als notwendig zur Konstruktion hinreichend komplexer "Umweltmodelle": "In dem Masse[sic!] als psychische und soziale Systeme komplex sind, d.h. aufgrund funktionaler Binnendifferenzierung und der Fähigkeit zum Aufbau innerer Modelle der Außenwelt (...) eine Eigenkomplexität entwickeln, sind sie in der Lage, die aus der Umwelt selegierten Daten mit systemeigenen Daten, Beziehungen und Möglichkeiten anzureichern, neu zu verknüpfen, kurz: aufzubereiten."

[90]  LUHMANN (1988a) S. 50 (H.i.O.).

[91]  Vgl. LUHMANN (1975) S. 198, SCHREYÖGG (1984) S. 250f., WILLKE (1987d) S. 264.

[92]  Vgl. LUHMANN (1988a) S. 264f., SCHREYÖGG/STEINMANN (1985) S. 399: "Ein der grundlegenden Einsichten der Systemtheorie besteht darin, daß zur Bewältigung von Umweltambiguität im System selbst ein gewisses Maß an Binnenkomlexität gebildet werden muß, d.h. es werden spezialisierte [und teilautonome] Subsysteme herausgebildet, die je spezifische Probleme der Umwelt lokalisieren und bearbeiten."

teilsystemische Vorselektionen einen größeren Umweltbereich erfassen und rekonstruieren und wird gleichzeitig sensibler für verschiedenartigere Umweltaspekte; sein Umweltspektrum erweitert sich.

(2) Der Begriff der "*(Teil-)Autonomie der Subsysteme*" bezeichnet die Erzeugung integrierter, aber grundsätzlich autonomer Selektionsleistungen und damit Orientierungen bzw. Rationalitäten (Funktionen, Themen oder Medien bzw. Codes), die (integriert-systemtheoretisch) zu unterschiedlichen Perspektiven und damit zu veränderten "Identitäten" der beteiligten Akteure führen:

> "Subsysteme bilden (auf der Basis einer internen System/Umwelt-Differenzierung) eine eigene Identität aus, die sich von der des Gesamtsystems unterscheidet. Sie verdanken ja ihre Existenz einer *eigenständigen Selektionsleistung*; allerdings einer Selektionsleistung, die von dem übergeordneten System nur dann toleriert wird, wenn sie das Subsystem befähigt, einen für das Gesamtsystem brauchbaren Output zu produzieren. Dies bedeutet, daß jedes Subsystem auch in einem bestimmten Maße eigene Zwecke und Orientierungen haben kann.
> Das Supersystem kann mehr Komplexität verarbeiten, wenn es intern zwar verbunden, aber gegeneinander verschobene Zweck- und Selektionsperspektiven zuläßt. Jedes Teilsystem übernimmt gewissermaßen einen Teil der Umweltkomplexität, es spezialisiert sich auf die eigene Problemdefinition der Bestandsbewahrung."[93]

Die "eigene Problemdefinition der Bestandsbewahrung" als "Identität" sozialer Konstrukte ist als Synonym für eigenständige orientierungswirksame *Systemrationalität* der (Sub-)Systeme zu verstehen.[94] Der eigenständige Output, die komprimierte Reduktions- bzw. Verarbeitungsleistung, ermöglicht Suprasystemen vereinfachte Selektionsanschlüsse, ohne die Selektion jeweils im einzelnen nachvollziehen zu müssen; dies allerdings nur unter Richtigkeitsvermutung und "kritischer" Kompensation bezüglich der Qualität der autonomen Funktionserfüllung bzw. der Leistung der Subsysteme.

"Eigenkomplexität" und "(Teil-)Autonomie" implizieren immer widersprüchliche und divergierende Orientierungen, die miteinander in *Konkurrenz* oder *Konflikt* stehen. Für den Fall des "funktional differenzierten Gesellschaftssystems" (als Beispiel eines ausdifferenzierten Sozial-

---

[93]   STEINMANN/SCHREYÖGG (1990) S. 113, H.i.O. Vgl. LUHMANN (1964) S. 73: "Differenzierte Systeme sind leistungsfähiger als undifferenzierte Systeme." und die Begründung der These ebd. auf S. 76: "Untersysteme können die Invarianz ihrer eigenen Grenzen im Gesamtsystem garantieren. Gewisse Zustände, Handlungsreihen, Geschehensverläufe werden durch sie gewährleistet und andere ausgeschlossen, ohne daß die übrigen Systemmitglieder sich darum kümmern müßten. Jedes Teilsystem kann einer besonderen Teilaufgabe nachgehen und dabei, ohne sich ihr exklusiv und rücksichtslos zu widmen, doch in hohem Maße indifferent bleiben gegen das, was andere tun. Es wird von einer umfassenden Verpflichtung auf alles, was im System geschieht, entlastet und steht nur noch in spezifischen Rollenbeziehungen mit begrenzten Rücksichtnahmen auf andere. So bildet es ein Zentrum für eigene Leistung dadurch, daß es andere Vorgänge im System als Umwelt betrachten kann, an welcher es sich selektiv und anpassend orientiert."

[94]   Vgl. WILLKE (1987d) S. 268: "Von Identität läßt sich demnach sprechen, wenn ein System seine Operationen unter selbstdefinierte und kontrollierte Kriterien der Selektivität bringt." Die Kriterien der "Identität" würden nicht extern determiniert, sondern folgten aus "der Eigengesetzlichkeit einer hyperzyklischen Geschlossenheit der Operationsweise des Systems".

systems) formuliert dies WILLKE so: "Das Auseinanderfallen der Gesellschaft in funktional spezialisierte Teilbereiche - die 'gesellschaftliche Arbeitsteilung' - führt (...) zur zunehmenden Ausbildung von Teilrationalitäten, widersprüchlichen Subsystemzielen, unterschiedlichen Binnenmoralen, spezifischen Indifferenzen und unterschiedlicher Steuerungsmedien. Für die Gesamtgesellschaft stellt diese Entwicklung in immer drängenderer Weise das Problem des Zusammenhangs der Ganzen, *die Frage der Integration hochdifferenzierter Gesellschaftssysteme*".[95] Diese Frage der "Integration" verweist wiederum auf das Problem der selektiven und kontingenten "Relativität" der Umweltstrukturierung über Systembildung, Sinnabgrenzung und Systemdifferenzierung gegenüber einer komplexen Umwelt und auf deren "Normativität", verstanden als Abhängigkeit der Strukturierung von (subjektiver) Richtigkeitsvermutung und (intersubjektiver) Anerkennung.

Die Vorstellung der "Subjektivität" des Umweltbezuges unter Autopoiese, Selbstreferenz und Autonomie sowie der "Relativität" der Umweltstrukturierung über Selektion, Abgrenzung und Systembildung zeigt den Bedarf an "kritischer Kompensation" im Verhältnis von Akteur, System und Umwelt. Eine explizite Versuch *"kritischer" Deutung der "Systemtheorie"*, verstanden als *"Systemvorstellung"* ("systems idea") *oder "Systemdenken"* ("critical systems thinking" oder "critical systems perspective", im Gegensatz zur kybernetisch-naturwissenschaftlichen "Systemwissenschaft" als "systems science")[96], liefert Werner ULRICH in Verbindung mit der Feststellung einer *"Normativität der Erkenntnis"*. Das auch von ULRICH identifizierte *Spannungsfeld der begrenzten "Erkenntnis"-Fähigkeit des Menschen und der Unvollständigkeit, Selektivität und Kontingenz seines "Wissens"* (angesichts der Überkomplexität der Umwelt) sowie die Vorstellung einer (kompensierenden) Bewußtmachung dieses Spannungsfeldes durch "Systemdenken" lassen einen Versuch des Anschlusses der Konzeptes von ULRICH an die Vorstellung einer "integrierter Systemtheorie" zwischen Akteur, System und Umwelt als möglich erscheinen.

## 3. Die Normativität der Erkenntnis und der Abgrenzungsentscheidung als kritischer Gehalt des "Systemdenkens" nach ULRICH

An das *KANTsche "Vernunftprinzip"* anknüpfend stellt ULRICH angesichts der begrenzten Erkenntnisfähigkeit des Menschen und der komplexen Kontingenz ("totality of conditions")

---

95   WILLKE (1987) S. 129 (H.i.O.).

96   Vgl. ULRICH (1983) S. 215f., 222f., FLOOD/ULRICH (1990) S. 7ff., ULRICH (1993) S. 583f.

seiner Umwelterfassung *den erkenntnisbeschreibenden unvollständigen und selektiven Begriffen "Verstehen"* ("understanding") bzw. *"Wissen"* ("knowledge") *die kritischen, kompensierenden Begriffe der "Vernunft"* ("reason") bzw. *des "Denkens"* ("thinking") *gegenüber.*

Diese aus dem *"Systemdenken"* als *Bewußtsein der Begrenztheit der Erkenntnisfähigkeit des Subjektes (gegenüber der komplexen Umwelt)* abgeleitete Kompensationsnotwendigkeit bezeichnet ULRICH als *"kritisch-normativen Gehalt der Systemdenkens"* ("critical intend of the systems idea" bzw. "critically normative systems thinking")[97]. Die reflexive ("reflected", "self-reflective") Kompensation durch kritisches "Denken" und "Vernunft" erfahre eine intersubjektiv-kommunikative Öffnung durch kommunikative *"Begründung"*, die von *"praktischer Vernunft"* als Begründungsideal in der Auseinandersetzung mit Betroffenen begleitet werden solle.[98] Den kritisch-kompensierenden Umgang mit unumgänglich auftretenden "Begründungsabbrüchen", von ULRICH als *"Abgrenzungsurteile oder -entscheidungen"* ("boundary judgements") bezeichnet, löst er im Konzept seiner "Kritischen Heuristik"[99].

Die Grundlagen eines Anschlusses von ULRICHs *kritischer Deutung des "Systemdenkens"* an eine "integrierte" soziologische Systemtheorie finden sich in den Vorstellungen von

- *"Erkenntnis"* als begrenzter Umwelterfassung (Erleben bzw. Orientierung) durch menschliche Subjekte, in direkter Beziehung zum Radikalen Konstruktivismus ("all reality is real to us only through our minds and all knowledge that we can have is perspective-bound and therefore selective"[100]),

- *"Systemdenken"* als kognitiver und selektiver Umweltstrukturierung durch Abgrenzung und Systembildung ("the crucial role of *boundary judgements* in defining some section of the real world as a (social) system"[101]) bis hin zu "Umweltentwürfen" oder "-modellen",

- *"Vernunft"* als "kritischem Prinzip" des "Wissens um die Begrenztheit des Verstehens" ("reason (...) helps us 'realize' the inevitable *lack* of totality in the knowledge of understanding"[102]) in Sinne eines Bewußtseins der Selektivität und Relativität der Umwelterfassung über Systembildung ("Reflexion") und

---

[97]    Vgl. FLOOD/ULRICH (1990) S. 8.

[98]    In diesem Zusammenhang spricht ULRICH (1984) S. 327 von "pragmatistischer Wende" und "kritisch-normativ", von "praktischer Vernunft" als "konvergierenden Wertmaßstäben" und "Verallgemeinerungs-fähigkeit" sowie von "argumentativer Verständigung" und "Begründung" (ebd. S. 329f.).

[99]    Vgl. ULRICH (1984) S. 333ff., ULRICH (1993) S. 594ff.

[100]   FLOOD/ULRICH (1990) S. 18. Hinweise findet sich auch bei ULRICH (1984) S. 327, über den "eigenen Standpunkt" als "unser blinder Fleck" und über "grundlegende Einsichten in die Natur 'wissenschaftlicher' Aussagen: "Die *Bedeutung* von Aussagen kann letztlich nur durch Bezugnahme auf (gedachtes [bzw. rekonstruiertes, d. Verf.] ) menschliches Handeln und Erleben erfasst werden", H.i.O.

[101]   ULRICH (1983) S. 215 (H.i.O.)

[102]   ULRICH (1983) S. 220 (H.i.O.).

- "*praktischer Vernunft*" als "Begründungsproblem" unter "kritisch-normativer" Kompensation der dabei notwendigerweise auftretenden Begründungsabbrüche als Umgang mit "Abgrenzungsurteilen" ("eine 'kritische Lösung' im hier vertretenen Sinne will durch Auflösung von Objektivitätsillusionen den kritisch-normativen Umgang mit uneinlösbaren Geltungsansprüchen sichern."[103] bzw. "The goal is *not* to secure an ideal speech situation in Habermas' terms but rather to deal critically (and practically) with the fact that such a situation is never given."[104]) zur "kritischen" (kognitiven und kommunikativen) Kompensation der "Unvollständigkeit" (Subjektivität), "Selektivität" (Relativität) und "Normativität" der "Erkenntnis", des subjektiven "Verstehens" (Erlebens) und "Wissens" (Orientierung) in den ihm zugrundeliegenden Vorurteilen, Abgrenzungsentscheidungen und Basisprämissen.

Als Bezugsrahmen beschreibt ULRICH *drei Ebenen der "menschlichen Welterkenntnis"*: die Ebene der notwendigen "*Vorstellungen*" ("ideas") etwa als Kognition, die Ebene der "*Kategorisierungen*" ("categories") etwa als Systembildung, und die Ebene der "*Umweltentwürfe*" über Modelldimensionen bzw. Abgrenzungsvariable ("social mapping or design", "mapping dimensions") als Orientierung oder Umweltmodell. Das "*KANTsche Vernunftprinzip*" verortet er auf der Ebene der (quasi-)transzendentalen "Vorstellungen", das "*Systemdenken*" dagegen auf der Ebene der "Kategorisierungen", auf der durch "Abgrenzungsentscheidungen" ("syntetic, relatively a priori boundary judgements") Ausschnitte der Umwelt als "(soziale) Systeme" erfaßt und betrachtet werden könnten. Das "KANTsche Problem" liege nun in der Rechtfertigung ("how we can justify") dieser Abgrenzungsurteile,[105] sowohl kognitiv wie kommunikativ. Wesentlich ist für ULRICH die Überlagerung der "Erkenntnis" durch "*Vernunft*", während "*Verstehen*" die reale Welt durch "Kategorisierung" von empirischen Beobachtungen über "soziale Systeme" zu rekonstruieren versuche. ULRICHs Referenz auf "*Perspektive*" oder "*Vorurteil*" stellt einen Bezug zu Radikalem Konstruktivismus oder Selbstreferenz her;[106] *ein zentrales Anliegen ULRICHs ist die "kritische Lösung" des Problems dieser "relativen" und "heuristischen" "Vorurteile" oder "Vororientierungen" ("a priori of experience", "a priori concepts") als Teil einer kritischen Lösung des Problems "praktischer Vernunft", zu dem das "Systemdenken" einen wichtigen Beitrag leisten könne. Im Unterschied zu KANTs "transzendentalem Ansatz" könnten "Vorurteile" keine "theoretische Gültigkeit", sondern allenfalls "kritischen Bedeutung im Kontext eines praktischen Diskurses über die normativen*

---

[103]    ULRICH (1984) S. 334.

[104]    ULRICH (1993) S. 591 (H.i.O.).

[105]    Vgl. ULRICH (1983) S. 215f.

[106]    Vgl. FLOOD/ULRICH (1990) S. 18: "Since we have no direct acess to reality, we cannot know reality in all its pristine clarity; all reality is real to us only through our minds and all knowledge we can have is perspective-bound and therefore selective. It is dependent on our world views, values, interests and so on."

Gültigkeitsansprüche von Umweltmodellen und -entwürfen" ("They cannot claim theoretical validity but only critical significance within the context of a practical discourse about normative validity claims of social maps and designs") beanspruchen.[107]

ULRICH "kritische Lösung" liegt im heuristischen Umgang mit *"Begründungsabbrüchen"* und *"Abgrenzungsentscheidungen"* (als Selektionen). Das Modell der "Kritischen Heuristik" zielt in diesem Sinne einerseits (Kap. 3.a) über die Begriffe der "Vernunft" und "Reflexion" auf den *kritisch-normativen Aspekt der Erkenntnisgewinnung* (als Erfassung der Umwelt), zum anderen (Kap. 3.b) über "praktische Vernunft" und "Verallgemeinerungsfähigkeit" auf die *kritisch-normative Problematik der "Begründung" und "Betroffenheit"* (als intersubjektive Vermittlung) *unter unvermeidlichen "Abgrenzungsentscheidungen".*

### a) KANTsches Vernunftprinzip und der kritisch-normative Gehalt des "Systemdenkens"

(1) Nach ULRICH bezeichne KANT in seiner "Transzendentalen Dialektik" *die Beschränkung des Zwecks der "Vernunft" auf "Verstehen" und dessen effektive Umsetzung* ("Reason has, therefore, as its sole object the understanding and its effective application.") als *"kritisches Anliegen"* seines Vernunftkonzeptes: "Thus, whenever we speak of reason (...) we merely refer to a perceived need for critical reflection on the conditioned nature of our understanding."[108] Um die Bedeutung und Validität des "Verstehens" kritisch zu beleuchten, brauche "Vernunft" den Maßstab der *Vorstellung ('idea') von der Einheit oder Gesamtheit der Bedingungen ('unity or totality of conditions')*", die für die menschliche Erfahrung und Kognition konstitutiv seien; diese "Vorstellungen von der Gesamtheit der Bedingungen" lassen sich möglicherweise integriert-systemtheoretisch mit "Bewußtsein der Kontingenz der selbstreferentiellen und selektiven Erfassung der komplexen Umwelt" übersetzen. Die kritische Bedeutung dieser Vorstellung liegt sozusagen in der Erfahrung der eigenen "Selbstreferenz" bei der Rekonstruktion der Umwelt: Da wir die komplexe Gesamtheit aller Kontingenzen unserer Umwelterfassung niemals vollständig erfassen können, ist eine Reflexion der Ausschnitthaftigkeit und Lückenhaftigkeit unseres "Verstehens" und "Wissens", d.h. die ständige Frage, welche Einflußgrößen wir nicht kennen, aus kritischer Sicht unausweichlich.[109]

---

[107] Vgl. ULRICH (1983) S. 216.

[108] Beide Zitate ULRICH (1983) S. 217f.

[109] Vgl. ULRICH (1983) S. 218: "Reason needs some ultimate standard to assess critically the meaning and validity of the empirical concepts (maps) of understanding. (...) in order to reflect on the partiality and deceptiveness of our knowledge, we must ask in what way it is conditioned by conditions we do not know."

*"Vernunft"* beziehe sich als kompensierendes "kritisches Denken" gegenüber "Verstehen" bzw. "Wissen" immer nur auf das *bewußte Bedürfnis einer "kritischen Reflexion" der bedingten, d.h. vereinfachenden und systematisierenden Natur des "Verstehens"* angesichts des begrenzten kognitiven Verarbeitungspotentials des Menschen. In integriert-systemtheoretischer Terminologie: Erleben bzw. Orientierung benötigen immer das kompensierende kritische Bewußtsein der unfaßbaren Umweltkomplexität, der unumgänglichen Komplexitätsreduktion und Abgrenzung für das Erfassen und Verarbeiten der Umwelt durch die Subjekt. Das "Vernunftprinzip" müsse als *"einschränkend" oder "regulativ"* (im Gegensatz zu "begründend" oder "konstitutiv") *kritisch* gesehen werden: es könne das bruchstückhafte "Wissen" über die bedingte Natur des "Verstehens" nur in dem Sinne vervollständigen, als es helfe, die Mängel in der Vollständigkeit, die "Selektivität" des Wissens bewußt zu machen.[110] Bezugnehmend auf die Terminologie der Konzeption "Strategischer Kontrolle" (Kap. B.IV.1.) läßt sich "Verstehen" als *"schließendes* Erfassen", "Vernunft" als *"öffnende, kompensierende* Reflexion" der bedingten Natur des "Verstehens" bezeichnen.

(2) Eine Verbindung zum "Systemdenken" erfolge über den *"Systembegriff"*: Wenn KANT (nach ULRICH) im Gegensatz zur "Gesamtheit der Bedingungen" (der "komplexen Kontingenz der Umwelterfassung") von "System" spreche, so meine er das *Ergebnis* einer Vernunftreflexion über die "systematische Einheit unseres Wissens" ("systematic unit of our knowledge"); KANTs "Systemkonzept" sei nur ein Synonym des kritischen Standards des "Vernunftprinzips", d.h. der Begrenztheit der Orientierung. "Systemdenken" bedeute demnach nichts anderes als die "Relativierung" eines bestimmten "Verstehens" bzw. "Wissens" (einer Orientierung) durch das Vernunftprinzip als Bewußtsein seiner begrenzten und selektiven Systematisierung, und darin liege seine "Normativität".[111] Durch dieses kritische Verständnis unterscheidet ULRICH (nach KANT) *"Systemdenken"* ("systems idea") von naturwissenschaftlich-funktionalistischer *"Systemwissenschaft"* ("systems science"), der der normative Gehalt jedes angewandten "Systemkonzeptes" völlig entgehe.[112]

---

Since we never *know* the totality of all conditions, such reflection is absolutely *unavoidable* from a critical point of view;" (H.i.O.).

110   Vgl. ULRICH (1983) S. 220 ("The principle of reason, then, must be understood as a *critical* one. (...) a *regulative* rather than a constitutive principle, 'regulative' meaning that it serves as a rule for critical reflection (...) Reason can 'complete' the fragmentary knowledge of the understanding only in the critical sense of making us conceive of the totality of conditions that such knowledge must presuppose. In this way reason (...) helps us 'realize' the inevitable *lack* of totality in the knowledge of understanding"; H.i.O.).

111   Vgl. ULRICH (1983) S. 222ff., insb. S. 229: "Whenever we refer to a certain section of the real world as a (problem-relevant) *'system',* we thereby imply the unknown totality of conditions behind the phenomenal reality that can become an object of our maps and designs." (H.i.O.).

112   Vgl. ULRICH (1983) S. 223: So verstehe "scientific" ein System als Satz von Variablen, die in einem bestimmten Kontext durch Instrumentalhandeln kontrolliert werden können; unter "systems science" rechnet

Der kritische Gehalt des "Systemdenkens" in seiner Beziehung zum "Vernunftprinzip" liegt im Bewußtsein der "Relativität" der Umweltmodelle oder -entwürfe angesichts der Kontingenz ("Subjektivität") der Umwelterfassung und der begrenzten "Normativität" jeglicher damit zusammenhängender Abgrenzungsentscheidung bzw. Selektion:

> "If we take the systems idea seriously for what it is, namely an unavoidable critical idea of reason, we must conclude that our maps and designs are deceptive to the extend that we do not critically reflect on the *whole systems judgements* that inevitably flow into them, i.e., our (reflected or unreflected) prejudgements about the relevant totality of conditions that we can never know as such. The fact that we never know 'the whole systems' (...) implies that we cannot know anything unless we reflect upon our ignorance of the totality of relevant conditions and the normative contend of the boundary judgements by which we separate the problem-relevant system from the whole (the 'environment')."[113]

ULRICH bezeichnet damit *"Systemdenken" als "unvermeidbar kritisches Vernunftprinzip"* ("unavoidable critical principle of reason"), da die aus Kategorisierungen oder Abgrenzungsentscheidungen resultierenden Umwelt(- oder Struktur-)entwürfe in dem Ausmaße unzulänglich sein würden, wie die Konstruktionsentscheidungen, die unausweichlich in die Systembildung mit einflössen, nicht kritisch hinterfragt ("reflektiert") würden. Diese Tatsache der "Kontingenz" und "Relativität" jeglicher Umwelterfassung über Systembildung läßt das Bewußtsein der *Unerfaßbarkeit und Komplexität der relevanten Einflußgrößen* ("ignorance of the totalitiy of relevant conditions") für Rekonstruktion und Systembildung und der daraus resultierenden *"Normativität" der Abgrenzungsentscheidung* ("normative content of the boundary judgement") klar hervortreten;[114] diese "Abgrenzungsentscheidung" entspricht der "Selektion nach Sinnkriterien" bei LUHMANN, managementtheoretisch gefaßt z.B. unter der Vorstellung einer "Konstruktion von Wirklichkeiten" bei PROBST bzw. "von Planungsproblemen" bei STEINMANN/ SCHREYÖGG (Kap. B.III.2.). Diese "Normativität" müsse in ihrer Begrenztheit kritisch kompensiert werden:

> "In conclusion, the systems idea, understood as an 'unavoidable' critical idea of reason, does *not* presuppose that we can know 'the whole system' (i.e., that we can reach comprehensiveness of our maps) but only that we undertake a critical conceptual effort to reflect on the inevitable *lack* of comprehensiveness in our maps, by conceiving of the unknown totality of conditions that might distort them."[115]

"Anti-holistische" Vorwürfe könnten deshalb zurückgewiesen werden: Weder verursache das "Systemdenken" die Defizite mangelnden Fassungsvermögens von Umweltmodellen oder -entwürfen, sie rücke diese lediglich ins Bewußtsein; noch führe eine Zurückweisung des kritischen Gehaltes des "Systemdenkens" zu plausibleren oder valideren Modellen oder Ent-

---

ULRICH auch die funktionalistischen Ansätze. Ebd. S. 226 kritisiert er, "systems science" thematisiere mehr formale Modellierungskriterien als den normativen Gehalt der Abgrenzung und Auswahl.

[113]   ULRICH (1983) S. 224 (H.i.O.).

[114]   Vgl. ULRICH (1983) S. 230: "In other words, it is because a lack of comprehensiveness is *'normal'* that we need to understand the systems idea as a *'norm'* that can give us critical distance to the normal." (H.i.O.).

[115]   ULRICH (1983) S. 224f. (H.i.O.).

würfen.[116] ULRICH bezeichnet *"Systemrationalität"* im Sinne dieser dem KANTschen "Vernunftprinzip" folgenden Argumentation als "Ideal einer kritisch-rationalen Orientierung angesichts begrenzten und unvollständigen Wissens und Verstehens".[117]


Begrenztes "Wissen" oder "Verstehen" (als Orientierung und Erleben) muß nicht nur grundlegend "monologisch" (kognitiv) durch "Vernunft" als Bewußtsein dieser Begrenztheit kompensiert werden; "Wissen" (bzw. Orientierung) zeichnet sich durch (potentielle) Handlungswirksamkeit auch als intersubjektiv bzw. interaktiv folgenreich aus. In der Auseinandersetzung mit "Betroffenen" stellt sich dann das Problem einer *kommunikativen Rechtfertigung bzw. "Begründung"* (als "Intersubjektivierung") einer spezifischen Orientierung bzw. eines Koordinationskontextes vor dem Hintergrund (potentieller) Auswirkungen auf die Umwelt, das durch *"praktische Vernunft"* als Problem der *"Verallgemeinerungsfähigkeit* (Allgemeinverbindlichkeit, Universalität) der dem Handeln zugrundeliegenden Wertmassstäbe[sic!] ('Normen')"[118] oder Orientierungen kritisch kompensiert werden muß. "Begründung" führt angesichts der Komplexität der Umwelt und der Unmöglichkeit ihrer vollständigen Erfassung notwendigerweise zu "Begründungsabbrüchen". Der Umgang mit diesen *"Begründungsabbrüchen" als "Abgrenzungsentscheidungen"* bedeutet sowohl kritische Kompensation der *Abgrenzung von "Betroffenheit"* als auch des *Anwendungszusammenhanges von "Begründungsleistungen"* durch "praktische Vernunft", in welcher Form auch immer ("idealer Dialog"/"Diskurs" oder "Kritische Heuristik").


## b) Die Normativität von Abgrenzungsentscheidungen und ihre Auswirkungen auf "Begründung" und "Betroffenheit"

ULRICH betrachtet das *Problem der Abgrenzungsentscheidung* ("boundary judgements", auch mit "Abgrenzungsurteile" über- und in Beziehung zu "Begründungsabbrüchen" gesetzt[119]) so-

---

116  Vgl. ULRICH (1983) S. 225: "The anti-holistic argument mistakenly assumes that the systems idea *causes* the difficulty of which it reminds us, the inevitable lack of comprehensiveness in our maps or designs. It seems to me that such an argument is no more intelligent than accusing the messenger who brings the bad news of having caused it. Killing the messenger, or rejecting the critical message of the systems idea, does not make our maps or designs any more objective helpful, but only deceptive." (H.i.O.).

117  Vgl. FLOOD/ULRICH (1990) S. 8: "(...) by systems rationality we mean an ideal that may orient applied inquiry toward a critically rational social practice *in the face of incomplete knowledge and understanding.*" (H.i.O.).

118  ULRICH (1984) S. 329 (H.i.O.).

119  Vgl. ULRICH (1984) S. 335 ("Begründungsabbrüche können und müssen als Abgrenzungsurteile verstanden werden, mittels derer der zu berücksichtigende Anwendungszusammenhang für praktische Zwecke abgegrenzt wird.").

wohl kognitiv (monologisch: "Durchdenken") wie auch kommunikativ (dialogisch: "Begründung") grundlegend für den kritischen Gehalt des "Systemdenkens".[120] ULRICH definiert *"Abgrenzungsentscheidungen"* als von *vorher getroffenen Prämissen* ("a priori assumptions") *abhängige Zuordnungsentscheidung* zu einem (unvollständigen und selektivem) "System" als Ausschnitt des Ganzen ("the whole") bzw. der Umwelt ("environment", "real world"):

> "Whenever we apply the systems concept to some section of the 'real world', we must make very strong a priori assumptions about what is to belong to the system in question and what is to belong to its 'environment'. We call such judgements *boundary judgements*."[121]

Der *"normative Gehalt"* der *"Abgrenzungsentscheidung"* (integriert-systemtheoretisch unter "Selektion nach Sinnkriterien" gerechnet) und damit des "Systemdenkens" liege in ihrem Bedarf an *"kritischer Reflexion"* der *zugrundeliegenden Konstruktionsentscheidung*: "all boundary judgements, and the systems maps or designs of which they are constitutive, have a normative content in need of critical reflection."[122]

ULRICHs Verweis auf die Bedeutung *subjektiver Prämissen* ("perspective", "standpoint", "preconception"), *Zwecke* ("purpose", "plan") *und Wertmaßstäbe* ("values") für die Bestimmung der "Systemgrenzen" und die Konstruktion von Umweltentwürfen im Spannungsfeld zwischen Subjekt ("inquirer"), System und Umwelt ("environment")[123] stellt Bezüge zum Konzept des Radikalen Konstruktivismus und zum Konzept der Selbstreferenz im integriert-systemtheoretischen Bezugsrahmen her. Abgrenzung und "Abgrenzungsentscheidung" besitzen fundamentale Bedeutung für Orientierung (subjektiv: "maps and designs") bzw. Koordination (intersubjektiv) sowie als Anschlußstelle für eine Auseinandersetzung mit kognitiven ("Reflexion") und kommunikativen Kompensationsmechanismen, z.B. "Diskursmodellen" nach LORENZEN oder HABERMAS, für die Abgrenzung von "Betroffenen" und "Sachverständigen" konstitutives Element ist.[124] Kritische Kompensation eines Konzeptes der "Abgrenzungsentscheidungen" (und damit des "Systemdenkens") muß explizit "dual" umgesetzt werden, d.h. als[125]

---

[120]  Vgl. ULRICH (1984) S. 337: "das *'monologische'* Durchdenken von Anwendungszusammenhängen durch die Beteiligten einerseits, die Betroffenen andererseits bedarf zwar der Ergänzung durch eine *'dialogische'* Konzeption der rationalen Planung (...), ist aber doch grundlegend." (H.i.O.).

[121]  ULRICH (1983) S. 225, H.i.O.

[122]  ULRICH (1983) S. 226.

[123]  Vgl. ULRICH (1983) S. 226: "It is not the reality 'out there' (...) that determines the boundary between the system and the environment, but rather the inquirer's standpoint, the purpose of his mapping effort, his personal preconception of the reality to be mapped and the values he associates with it. To paraphrase Kant, the inquirer determines the system boundaries 'according to his own plan'."

[124]  Vgl. dazu ULRICH (1984) S. 329ff. (Kap. "Der praktisch-philosophische Begründungsversuch/Modelle des praktischen Diskurses").

[125]  Vgl. ULRICH (1983) S. 226f ("The planner can thus only aim at a *critical solution to the problem of boundary judgements*, i.e., it is his responsibility *to secure the transparency of the boundary judgements on which he relies and to trace their possible normative consequences*; at the same time, he depends on some

- *"monologische"* Kompensation von "Erkenntnis" ("Wissen" und "Verstehen", als Erleben und Orientierung: "the planner", "his responsibility to secure the transparency of the boundary judgements on which he relies and to trace their possible normative consequences") durch *"Vernunft"* und *"Reflexion"*, und
- *"dialogische"* Kompensation von "Begründung" gegenüber "Betroffenen" (als kommunikative Vermittlung bzw. Rechtfertigung bestimmter Orientierungen) durch *"praktische Vernunft"* als "Verallgemeinerungsfähigkeit" ("practical discourse", to secure the social rationality") und deren Umsetzungsformen *"Diskurs"* (oder "Kritische Heuristik").

(1) Ausgangspunkt einer kommunikativ-kritischen Betrachtung der Abgrenzungsproblematik ist für ULRICH das *"Begründungsproblem"* gegenüber "Betroffenen" (insbesondere in der Managementlehre für "die (intendierte oder faktische) handlungsorientierende Funktion angewandt wissenschaftlicher Aussagen")[126], das integriert-systemtheoretisch als "kommunikative Validierung bestimmter Orientierungen oder Kontexte" zur Koordination außenwirksamen Handelns oder als "Steigerung der Integrationsfähigkeit" zur Akzeptanz bestimmter systemischer Organisationsformen durch die Akteure angenähert werden kann. ULRICH spricht hier von einer *"pragmatistischen Wende"* des Wissenschaftsverständnisses (die problemlos auf den allgemeinen Bereich der Umwelterkenntnis ausgedehnt werden kann), von einem "objektivistischen" hin zu einem "kritisch-normativen" Wissenschaftlichkeits- bzw. Erkenntnisbegriff. *"Kritisch-normativ"* bedeute vor allem *"Reflexion" (als Überprüfung und Transparentmachung) der normativen Grundlagen des eigenen Standpunktes,* d.h. der eigenen (Vor-) Orientierung oder Prämissen, von dem aus bestimmte Aussagen überprüft und begründet, d.h. für "Anwender" und "Betroffene" durchschaubar gemacht würden.[127] Diese "kritische Normativität" der Begründungsproblematik manifestiere sich als *"theoretisches"* Begründungsproblem des "Durchdenkens von Anwendungszusammenhängen" und der Rechtfertigung des "normativen Gehaltes der *praktischen* Wirkungen" der Umsetzung des Anwendungszusammenhanges ("context of application"); beide führten zur Frage nach der "Verallgemeinerungsfähigkeit" von Prämissen (integriert-systemtheoretisch: des Akzeptanzpotentials bzw. der Anschlußfähigkeit von Orientierungen bzw. Selektionen). Die Qualität, das "Ethos", des

---

kind of practical discourse with those affected to secure the social rationality (i.e. above all, the moral and democratic legitimacy) of his maps and designs." H.i.O.).

126  Vgl. ULRICH (1984) S. 326f.

127  Vgl. ULRICH (1984) S. 327: "Als *kritisch-normativ* kann eine wissenschaftliche Disziplin bezeichnet werden, die den Standpunkt, von dem aus sie ihre Aussagen überprüft und begründet, auf seinen normativen Gehalt hin mit überprüft und transparent macht, anstatt ihn als objektiv misszuverstehen oder doch so darzustellen. (...) Der eigene Standpunkt ist unser blinder Fleck, den wir nur erkennen können, indem wir uns bewusst in kritische Distanz zu ihm begeben. Doch ändert dies nichts an der Tatsache, dass jede angewandtwissenschaftliche Aussage einen Standpunkt voraussetzt, dessen normative Voraussetzungen und Folgen für den Anwender ebenso wie für den Betroffenen durchschaubar sein müssen." (H.i.O.).

Begründungspotentials zeige sich im *selbstkritischen Umgang mit theoretischen und praktischen Begründungsdefiziten.*[128]

Eine kritisch-kompensierende Lösung der Begründungsproblematik schreibt ULRICH der *"praktischen Vernunft"* zu als *"Begründungsideal"*, bei dem zu den Konstituenten der subjektiv-rationalen Handlungsorientierung, der "Wert-" bzw. "Sinn-" (Effektivitätskriterium) und der "Zweckrationalität" (Effizienzkriterium), noch die intersubjektiv-koordinative Frage nach der *"Verallgemeinerungsfähigkeit"* der dem Handeln zugrundeliegenden Erfahrungen, Wertmaßstäbe und Normen (integriert-systemtheoretisch etwa: der Anschluß- oder Integrationsfähigkeit) treten müsse:

> "Vernunft in diesem anspruchsvollen Sinne hat also sehr viel mit der *moralischen Idee* des Ver-Antwortens sowie mit der *demokratischen Idee* der Partizipation zu tun: beide verlangen die Billigung des fraglichen Handelns durch die Gesamtheit der Betroffenen, und in beiden ist daher auch die Idee der Universalisierung angelegt."[129]

Das Problem liege in der Operationalisierung dieses Ideals der "praktischen Vernunft" zwischen "Begründung" und kritischer Kompensation ihrer "Defizite" ("Begründungsabbrüche", "Abgrenzungsentscheidungen").

(2) Als Beispiele für Versuche der Operationalisierung von "Begründung" führt ULRICH die "bekannten" *"idealen Diskursmodelle der zeitgenössischen praktischen Philosophie"* von LORENZEN und HABERMAS an: Beide versuchten durch die *Konstruktion einer "Diskurs-* bzw. *Argumentationslogik"* über Rahmenbedingungen (man vergleiche den Bezug zu "Kontextbedingungen" der Teilnahme an Kommunikationssystemen) *"faktisch rationalen Konsens"* zu erzielen. ULRICH extrahiert als Rahmenbedingungen *"mögliche Beteiligung aller Betroffenen"* (als "Öffentlichkeit"), *"Chancengleichheit"* (als "Herrschaftsfreiheit") in bezug auf Information, Macht und Kommunikation und *"Willen zur Vernunft"* (als "rationale Motivation": "Argumentation" und "Transsubjektivitätsprinzip" als Verzicht auf nichtverallgemeinerungsfähige Subjektivität sowie "Unvoreingenommenheit").[130] Ergänzt werden diese Rahmen-

---

[128] Vgl. ULRICH (1984) S. 328f.: *"An der Frage, wie selbstkritisch angewandte Disziplinen mit dem theoretischen und praktischen Begründungsdefizit ihrer Aussagen umgehen, entscheidet sich ihre Wissenschaftlichkeit. (...)* Will sie [angewandte Wissenschaft] mehr als bloße Ideologie sein, d.h. ihre handlungsorientierende Funktion für die Praxis nicht einfach dogmatisch oder gar zynisch begründen, so muss sie sich dem Problem der praktischen Vernunft stellen." (H.i.O.). Zum Problem von "Werturteil" und "Rationalität" im Spannungsfeld von "Radikalem Konstruktivismus" und "Kritischem Rationalismus" siehe ABEL (1978) S. 162f. (die Forderung einer "intersubjektiven Überprüfung von Geltungsansprüchen"); zu "Wissenschaft und Werturteil" am Beispiele der Betriebswirtschaftslehre vgl. BRAUN (1978), insbes. S. 193 u. 199f.

[129] ULRICH (1984) S. 329 unter Verweis auf KANTs "kategorischen Imperativ". Vgl. ebd. S. 329f.; man vergleiche den Verantwortungsbegriff bei ULRICH mit dem Verantwortungsbegriff bei PROBST (1986), der Verantwortung über die subjektive wie intersubjektive Konstruktion von Wirklichkeiten (Konstruktivismus) und deren Bedeutung für die Handlungsorientierung einführt.

[130] Vgl. ULRICH (1984) S. 330f.

bedingungen bei ABEL als wesentliche *"Prämissen einer rationalen Normenbegründung"* (in Anlehnung an LORENZEN, APEL und HABERMAS)[131] durch

-   das *"Transsubjektivitätsprinzip"* als Aufforderung zur Überprüfung der eigenen Kommunikationsbeiträge auf ihre Subjektivität und Verallgemeinerungsfähigkeit, d.h. ihr Akzeptanzpotential (im Sinne "kritischen Reflexion der eigenen Orientierung"), und
-   die *"ideale Kommunikationsgemeinschaft"* mit ihren interaktiv-kommunikativen Bedingungen *"Unvoreingenommenheit"*, *"Nicht-Persuasivität"*, *"Sachkunde"* und *"Zwanglosigkeit"*.[132]

Beide Kriterienkataloge versuchen, jeweils selbst als zu begründende Dialog- bzw. Diskurs-"Norm" oder "normative Basis" bzw. als inhaltlich schwer faßbares "emanzipatorisches Ideal" einer Gestaltung von Kommunikationsprozessen praktisch-rationalen Konsens herzustellen. Die Begründungskraft dieser Modelle unterliegt deshalb essentiellen Grenzen: Sie könnten den Vorwurf des Dezisionismus hinsichtlich des Realisierungsgrades der Rahmenbedingungen, der Abgrenzung von Beteiligung bzw. Betroffenheit und der Auswahl dieser letztlich selbst als "Norm" zu begründenden Kriterienkataloge[133] angesichts der Unumgänglichkeit von "Argumentations-" oder "Begründungsabbrüchen" nicht endgültig entkräften: "In der Praxis beginnt und endet daher jede Argumentationskette mit Urteilen, deren rationale Begründung offenbleiben muss."[134] Zudem müssten diese Modelle in den Begriffen von "Motivation zur Vernunft" oder "Transsubjektivitätsprinzip" eine kommunikativ-rationale (Vor-)Orientierung des Subjektes voraussetzen, statt sie herzustellen.

(3) Die Voraussetzung einer praktischen Lösung des "Begründungsproblems" und damit einer Lösung des Problems der Umsetzung "praktischer Vernunft" sieht ULRICH im *"kritischen Umgang mit Begründungsabbrüchen"*. ULRICH plädiert für eine "kritische" Lösung, *die statt positiver Geltungsansprüche die "Vermeidung einer Objektivitätsillusion" bezüglich solcher Rechtfertigungsversuche anstrebe*, indem sie

-   die *Bedeutung und Unvermeidbarkeit von "Begründungsabbrüchen"* im Konzept der *"Abgrenzungsurteile"* hervorhebe,
-   *"Reflexionshilfen"* zur *"Identifikation dieser Begründungsabbrüche und ihres normativen Gehaltes"* sowie zum *kritischen Umgang mit der "Abgrenzung von Anwendungszu-*

---

131  Vgl. ABEL (1978) S. 163ff., LORENZEN (1974) S. 36ff., APEL (1973) S. 358ff. u. HABERMAS (1971) S. 101ff.

132  Vgl. BRAUN (1978) S. 196ff., STEINMANN/LÖHR (1994) S. 78f.

133  Vgl. STEINMANN/LÖHR (1994) S. 79; der normative Aspekt von Diskursmodellen wird dort als "formaler" Aspekt der "Normierung des Dialogs selber" beschrieben.

134  ULRICH (1984) S. 332 (H.i.O.). Vgl. in diesem Zusammenhang das "Münchhausen-Trilemma" bei ABEL (1978) S. 166f. in Anlehnung an ALBERT, das bei Begründungsprogrammen letztlich nur die Wahl sieht zwischen "infinitem Regreß", "logischem Zirkel" oder Abbruch des Verfahrens an einem bestimmten (willkürlichen) Punkt".

*sammenhängen"*, als "Apriori-Konzepte der praktischen Vernunft" gleichsam zu einer " 'monologischen' Antizipation apriorischer Geltungsansprüche von Abgrenzungsurteilen, welche nur 'dialogisch' im Lichte aposteriorischer (lebenspraktischer) Betroffenheit gerechtfertigt werden können"[135] und

-    *"Argumentationshilfen"* gegen *"dogmatischen oder zynischen Gebrauch von Begründungsabbrüchen durch Entscheidungsbeteiligte"* (d.h. von Entscheidungsträgern, Planern, Experten), als "kritisch-heuristischer Zugang zu einem praktikablem Diskursmodell", zur Verfügung stelle; ULRICH nennt diesen Ansatz *"Kritische Heuristik"* ("critical heuristics").[136]

Die Beziehung der Vorstellungen "Kritischer Heuristik" zu einer kritischen Interpretation des "Systemdenkens" ("systems thinking") bzw. der "Systemtheorie" ("systems-theoretically") als Notwendigkeit der kritischen Infragestellung eigener Orientierung ("Kompetenz", "Expertise") wie der Begründung bestimmter Strukturierungen ("Geltungsansprüche") wird deutlich, wenn man nach ULRICH "Begründungsabbrüche" ("deficits of justifications", "justification break-offs") nach ihren *"Anwendungszusammenhang"* ("context of application")[137] beurteilt und als *"Abgrenzungsentscheidungen"* ("boundary judgements", integriert-systemtheoretisch: "durch die Akteure zur Erfassung und Strukturierung ihrer beobachtbaren Umwelt über Systeme") interpretiert: *"Begründungsabbrüche können und müssen als Abgrenzungsurteile* [oder -entscheidungen, d. Verf.] *verstanden werden, mittels derer der zu berücksichtigende Anwendungszusammenhang* [als Struktur oder Kontext, d. Verf.] *für praktische Zwecke abgegrenzt wird."*[138]

Das Konzept der "Abgrenzungsurteile" stehe über das "Ideal ganzheitlicher Analyse und Gestaltung von Anwendungszusammenhängen" explizit dem "Systemdenkens" und damit dem Problem der *"Systemabgrenzung"* nahe:

---

135   ULRICH (1984) S. 340.

136   Vgl. ULRICH (1984) S. 334f., 337ff. ("Apriori-Konzepte der praktischen Vernunft")und 341ff. ("der polemische Gebrauch von Abgrenzungsurteilen").

137   Vgl. ULRICH (1993) S. 592 (H.i.O.): "As the *context of application* I designate that section of the natural (ecological) and societal world, which is to be considered as relevant when it comes to justifying a design's or a proposition's normative content, i.e. the value judgements flowing into it and the life-practical consequences it may have for those affected by its implementation".

138   ULRICH (1984) S. 335f. Vgl. ebd. S. 335ff. und ULRICH (1993) S. 594, unter explizitem Bezug auf "Systemtheorie" und "kritisch-normatives Systemdenken": "From a systems-theoretical viewpoint, *any* deficit of justification can, on principle, be equated with an insufficiently delimited context; for if we are willing to handel some relevant aspects as part of the application context but then, nevertheless, consider it insufficiently in our analysis or argumentation, we have in fact added it to the problem environment. Apart from such normal deficits of justification *within* a chain of argumentation (...) every chain of argumentation begins and ends with justification break-offs. Systems theoretically speaking, this rather trivial observation translates into a much more helpful formula: *Any deficit of justification implies a boundary judgement with respect to the relevant context of application, and vice versa."* (H.i.O.).

"Anstatt durch Bezugnahme auf das wissenschaftstheoretische Konzept des Anwendungszusammenhanges kann das Konzept der Abgrenzungsurteile auch anhand des *Systemdenkens* eingeführt
werden, da es dem Ideal ganzheitlicher Analyse und Gestaltung von Anwendungszusammenhängen
(verstanden als soziale Systeme) seit jeher nahesteht und daher auch mit dem Problem der Systemabgrenzung konfrontiert wird."[139]

Hier verbinden sich Vorstellungen des Radikalen Konstruktivismus mit kritischem "Systemdenken" und "Abgrenzung bzw. Strukturierung der Umwelt" für die Zwecke "praktischer
Begründung", sowohl durch die Selektivität der Umwelterfassung (Umweltstrukturierung) als
auch durch die abgrenzende (Re-)Konstruktion von Zusammenhängen (Systembildung); alle
setzen die "Normativität" einer "Abgrenzungsentscheidung" als bewußte und verantwortete
Setzung sowohl für Erkenntnis wie für Betroffenheit voraus.[140] Insofern kann die Konstruktion ULRICHs als anschließbar an den integrierten systemtheoretischen Bezugsrahmen
gelten; zudem stellt ULRICHs Behandlung der kritischen Kompensation von "Abgrenzungsurteilen" die explizite Verbindung von monologischer "Reflexion" und dialogischer "Begründung" gegenüber "Betroffenheit" durch Handlung und Entscheidung fest:

"Die identifizierten bzw. postulierten Abgrenzungsurteile bleiben also für ihre theoretische bzw.
praktische Geltung auf die diskursive Verständigung von Planungsbeteiligten und -betroffenen
(unter der Beachtung noch zu erläuternder Rationalitätsbedingungen) angewiesen. Sie dienen
gleichsam der 'monologischen' [oder kognitiven, d. Verf.] Antizipation apriorischer Geltungsansprüche von Abgrenzungsurteilen, welche nur 'dialogisch' [oder kommunikativ, d. Verf.] im
Lichte aposteriorischer (lebenspraktischer) Betroffenheit gerechtfertigt werden können."[141]

Damit richtet sich der Fokus der Betrachtung auf Vorstellungen der orientierungswirksamen
Kompensation kommunikativer Koordinationskontexte.

Die Wirkungsweise systemischer Orientierung und kontextueller Koordination bzw. indirekter
Steuerung stellt sich unter den Implikationen des integriert-systemtheoretischen Bezugsrah-

---

[139] ULRICH (1984) S. 336.

[140] Vgl. ULRICH (1984) S. 336: "Das Wissen über mögliche Wirkungen praktischen Handelns kann nie als
vollständig und gesichert werden. (...) Das daraus entstehende theoretische Begründungsdefizit wird in der
Praxis durch Werturteile 'übersprungen' (...) kann keine Planung in der Praxis *allen* faktisch oder potentiell
Betroffenen gleichermassen dienen und *alle* Wirkungen gleichermassen optimieren. Diese unvermeidliche
Selektivität in der Planung wurzelt wiederum in (expliziten oder impliziten) Abgrenzungsurteilen, welche
aus dem 'ganzen Anwendungszusammenhang' einzelne Sektoren herausgreifen und im Vergleich zu andern
bevorzugt behandeln." (H.i.O.). Und ebd. S. 337: "Das 'Problem definieren' heißt dann in erster Linie, jenen
Realitätsausschnitt gedanklich abzugrenzen, der Planungsobjekt sein soll. Indem wir dieses Planungsobjekt
als *System* bezeichnen, erinnern wir uns jederzeit daran, dass am Anfang aller Planung ein normativer Ent-
scheid über die gedanklichen *Systemgrenzen* liegt, welche das zu gestaltende bzw. zu verbessernde soziale
System von seiner Umwelt in vieler Hinsicht abgrenzen. Das 'Problem lösen' schließlich bedeutet, das definitorisch gestaltete System so neu zu gestalten, dass es einen erwünschten Zielzustand erreichen kann bzw.
bestimmte Leistungen (...) erbringen wird (...) Dass solche Systemgestaltung neben Wissen auch Wertungen
voraussetzt, ist offensichtlich (...) *Kein Experte kann alle Abgrenzungsurteile, die er bei der Anwendung
seiner Expertise voraussetzen muss, durch seine Expertise zureichend begründen.* Expertise schützt nicht
vor Werturteilen, sondern setzt sie voraus!" (H.i.O.).

[141] ULRICH (1984) S. 340.

mens (im Zusammenhang mit den Kap. D.II., D.III. und E.I.) in mehrfacher Hinsicht als gefährdet und "kritisch" dar:

- Indirekte Steuerung zwischen Autonomie und Kontext stellt die finale (Handlungs-)Entscheidung auch innerhalb des Koordinationskontextes grundsätzlich in den autonomen Verantwortungsbereich des Akteurs (Kap. D.II.); die Richtigkeit dieser Entscheidung bleibt damit für die Identität des Akteurs wie für Funktion des Kontextes insgesamt auch unter Beachtung der grundsätzlicher "Kontextrationalität" immer zunächst offen;

- "Macht" und "Mikropolitik"[142] der autonomen Akteure (Kap. D.III.) stellen die Funktionsbedingungen indirekter Koordination und Steuerung durch Degeneration des Kontextes insgesamt in Frage;

- Durch die in Selbstreferenz und Selektivität bedingte unvermeidliche "Subjektivität" des Erlebens und Kontingenz bzw. "Relativität" der Umwelterfassung der Akteure birgt die "Normativität" dieser Orientierungen bzw. Koordinationskontexte (Kap. E.I.) immer das Risiko der Inadäquanz des Umweltmodells bzw. seiner Strukturierung, das sich in Beeinträchtigung der bzw. Konflikt mit anderen Akteuren bis hin zur in einer Gefährdung der Identität oder Existenz der Akteure äußern kann.

Diese Gefährdungen im Umweltbezug der Akteure müssen "kritisch" kompensiert werden. Kap. E.II. obliegt deshalb die Darstellung verschiedener Kompensationsmechanismen und ihrer Bezüge zum integrierten Bezugsrahmen systemtheoretischer indirekter Steuerung.

---

142 Einen expliziten Zusammenhang von "Macht", "Verantwortung" und "Ethik" auf der Ebene des Akteurs ("Spielmacher") stellen z.B. HOHL/KNICHER (1987) S. 83f. ("Zur Ethik (...) zählt auch der verantwortungsvolle Umgang mit Macht.") mit ihrem "Spielmacher"-Ansatz her. Vgl. REICHART (1989) S. 393f.

## II.  Ansätze zur Lösung des Kompensationsproblems für Orientierung und Koordination

Im Rahmen des "indirekten Selbst- und Kontextsteuerungsmodells" nach WILLKE wurde bereits ein im Zusammenhang mit der systemtheoretischen Steuerungskonzeption stehender Kompensationsmechanismus bezeichnet: *"Reflexion" als Mechanismus der "Integration", der kognitiven Identitätsbestimmung zwischen "Selbst-" und "Fremdreferenz"*, (Kap. D.II.1.a) kompensiert als "Selbstthematisierung und -beschränkung" die Wirkungen der eigenen Identität auf Kontext bzw. Umwelt. Angesichts selektiver Orientierung und komplex vieler und vielfältiger (potentieller) Systemreferenzen und Kontexte mit den unterschiedlichsten Bestandsbedingungen und Rationalitäten in der komplexen sozialen Umwelt läßt sich dieser Kompensationsmechanismus kontextunabhängig auf eine "Bestimmung der Identität unter kritischer Hinterfragung der subjektiven Umweltperzeption" der Akteure ausdehnen. Zu diesem "monologischen" (im Gegensatz zu "dialogisch", z.b. bei STEINMANN/LÖHR[143]) Mechanismus der selbstbeschränkenden Identitätsbestimmung und Perzeptionsthematisierung muß angesichts der kritischen Beschränkungen subjektiv-relativer Umwelterfassung der "dialogische" Aspekt *kommunikativer Rechtfertigung der Umweltstrukturierungen und Orientierungserweiterung im Rahmen von begründungsorientierten "Diskursen" (oder "Verhandlungssystemen")* treten. Kompensation muß als *Steigerungsverhältnis aus verstehender "Vernunft" bzw. ihrer Umsetzung über "Reflexion" und aus begründendem "Dialog"/"Diskurs" bzw. deren Umsetzung über "Ethik" zur Steigerung der Qualität des Umweltbezuges der Akteure* bestehen.

Die meisten klassischen Ansätze einer qualifizierten Handlungskoordination setzen auf den Lösungsansatz *"Ethik"*, der für die widersprüchlichen und konfliktträchtigen Interessen, Erwartungen und Rationalitäten *friedlichen oder konsensuellen Ausgleich* ermöglichen soll. Eine Auswertung verschiedener etablierter Ethik-Konzepte zeigt Anschlußstellen zum integriert-systemtheoretischen Bezugsrahmen der Erfassung sozialen Handelns unter der Prämisse, daß Reflexion und Ethik *analoge Wirkungsabsichten* anstrebten, nämlich *kritische Kompensation selektiver Orientierung und kommunikativer Koordination in einer komplexen Umwelt*: *individuell-subjektiv* als Bewußtsein der eigenen Identität und des eigenen Umweltbezuges, *systemisch-kontextuell* als Integration in einen als relevant erachteten Koordinations- bzw. Steuerungskontext und *außenwirksam-kommunikativ* als Ziel einer "friedlichen Koor-

---

143    Vgl. z.B. STEINMANN/LÖHR (1988) S. 300 und 308.

dination (statt gewaltsamer Durchsetzung) menschlicher Handlungen"[144] bzw. "kommunikativ-ethischer 'Öffnung' des ökonomischen Rationalisierungsprozesses"[145].

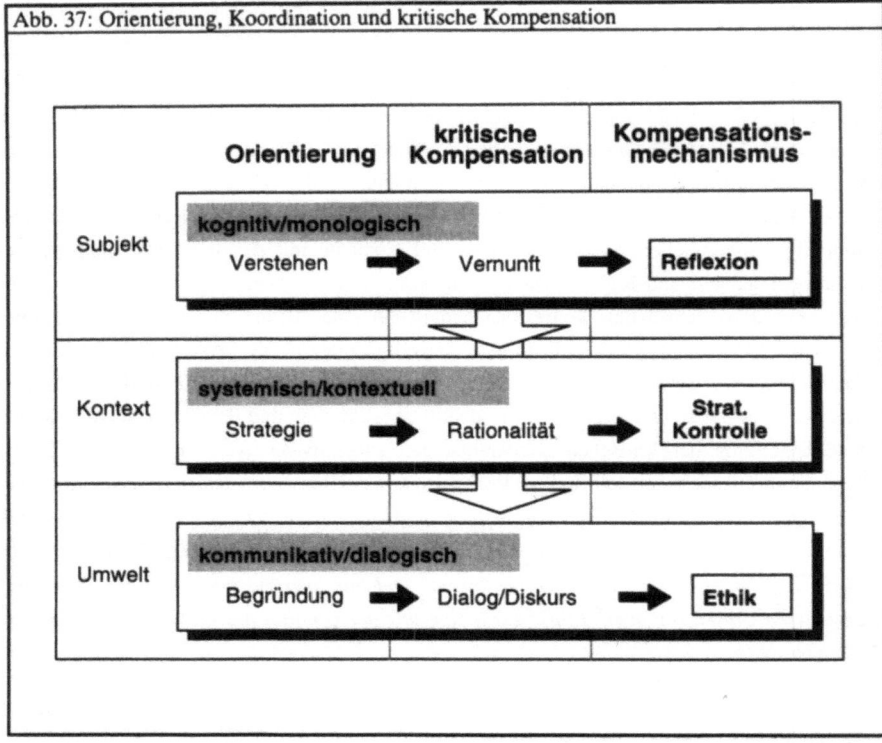

Abb. 37: Orientierung, Koordination und kritische Kompensation

Für eine Untersuchung der Kompensationsmechanismen und ihres Zusammenhanges bieten sich zwei Schritte an: die Suche nach Anschlußstellen von bzw. an ausformulierte Konzepte zur Lösung von Koordinations- oder Integrationsproblemen vorwiegend im wirtschaftlichen Bereich (Kap. F.I.) und ein resümierender Bezug unter Berücksichtigung der extrahierten Anschlußstellen auf das im Rahmen des indirekt-systemtheoretischen Steuerungsmodells bereits als Integrationsmechanismus präsentierten "Reflexionskonzept" (Kap. F.II.; vgl. Kap. D.II.1.).

---

[144]  STEINMANN/LÖHR (1989) S. 5.

[145]  Vgl. ULRICH (1990) S. 210.

1.   Ansätze zur Lösung des Kompensationsproblems im Bereich der Wirtschaft

Als Ansätze zur Lösung des Kompensationsproblems werden hier Problemdefinitionen unterschiedlicher und sich überlagernder oder konfligierender Handlungsorientierungen, Koordinationsrationalitäten oder Steuerungskontexte sowie die Versuche zu deren Überwindung durch zusätzliche "systemübergreifende" Orientierungs- oder Regelungsmechanismen bezeichnet. So begründet z.B. APEL "Diskursethik" als "*Verantwortungsethik*" über die

"Schwierigkeiten, die sich aus der Konfrontation - und der Notwendigkeit der selbst noch vernünftigen Vermittlung - zwischen verschiedenen *Rationalitätstypen* ergeben; genauer gesagt: zwischen verschiedenen Typen der *Handlungsrationalität* und auch zwischen allen Typen der Handlungsrationalität einerseits und der nicht auf Handlungsrationalität reduzierbaren *Systemrationalität* der Wirtschaft als eines komplexen Subsystems der Gesellschaft andererseits."[146]

Als Kernbegriffe dieser Zusatzmechanismen finden explizit die Begriffe "Verantwortung", "Moral" oder "Ethik" Verwendung, deren Abgrenzungen untereinander wenig einheitlich vorgenommen wird.[147] *Die integriert-systemtheoretische Argumentation stellt den Begriff der "Verantwortung" (unter Ablehnung einer rein dialogischen Vereinnahmung dieses Begriffes) eindeutig in den Bereich der subjektiven Orientierung (der Kognition bzw. des "Verstehens") des individuellen Akteurs.*

Der Begriff der "*Ethik*" bezeichne seit Aristoteles die "wissenschaftliche Untersuchung des moralisch oder sittlich richtigen Handelns" (DYLLIK)[148]. Zur Unterscheidung von "Moral" und "Ethik" grenzen STEINMANN/LÖHR "*Moral*" als "faktisch *geltende* Normen eines *abgegrenzten* Kulturkreises" von "*Ethik*", als "methodisch diszipliniertes *Nachdenken über* diese faktisch geltenden Moralen" bzw. als "methodische Reflexion", ab.[149] "Moral" läßt sich als "geltende Normen" in Beziehung setzen zu "erkannter und anerkannter Orientierung, Strukturierung und Rationalität" des integriert-systemtheoretischen Bezugsrahmens; "Ethik" bezeichnet dann sowohl kognitive "Reflexion" ("Nachdenken") zur kritischen Hinterfragung wie auch kommunikativen "Diskurs" ("methodisch diszipliniert") zur "vermittelnden Rechtfertigung von Orientierungen und Strukturierungen" und zur öffnenden Erweiterung des Umweltbezuges für "ein ständig zu verbesserndes Wissen um die erwartbaren Folgen und Nebenfolgen der zu begründenden Normen"[150].

---

146   APEL (1990) S. 121 (H.i.O.). Vgl. z.B. STEINMANN/LÖHR (1994) S. 94, 97f., STEINMANN/ZERFASS (1993) Sp. 1114 ("Der Freiheit korrespondiert nämlich eine Verantwortung (...)").

147   Vgl. z.B. APEL (1990) 122f. ("Diskursethik als Verantwortungsethik").

148   DYLLIK (1989) S. 191.

149   Zur Differenzierung von "Ethik" und "Moral" siehe STEINMANN/LÖHR (1989) S. 5f. STEINMANN/ LÖHR (1994) S.8ff., DYLLIK (1989) S. 186ff. oder STEINVORTH (1991).

150   APEL (1990) S. 123. Vgl. DYLLIK (1989) S. 192, der "Moral" als "doppeldeutig" bezeichnet: einerseits in einer Gemeinschaft anerkannte "Handlungsmuster und Verhaltensgrundsätze", andererseits ("Sittlichkeit")

Unter Erwartung einer gewissen Anschließbarkeit an den integriert-systemtheoretischen Bezugsrahmen bieten sich vor allem drei Kompensationskonzepte einer näheren Untersuchung an: die *Idee der "gesellschaftlichen Verantwortung der Unternehmensführung"* des Davoser Manifests[151] als monologisches Verantwortungsideal (Kap. 1.a), *kommunikative "Unternehmensethik"* als "Republikanisches Programm" einer dialogischen Vernunftethik nach STEINMANN/LÖHR[152] (Kap. 1.b) und *kommunikativ-reflexive "Wirtschaftsethik"* als kritische Reflexion der normativen Voraussetzung vernünftigen Wirtschaftens nach ULRICH[153] (Kap. 1.c.), denen im Sinne dieser Arbeit gemein ist, daß sie versuchen, kontextspezifische, hier insbesondere ökonomische, Rationalitäten zu transzendieren.

## a) Die Idee der "Gesellschaftlichen Verantwortung der Unternehmensführung"

Ein Vorschlag, der auf den ersten Blick an den integrierten Bezugsrahmen systemischer bzw. kontextueller Vermittlung ("Wirtschaft", "Unternehmung") der Umwelt ("Gesellschaft") für die Akteure ("Unternehmensführung", "Manager") anschließbar erscheint, ist die *"Idee der Gesellschaftlichen Verantwortung der Unternehmensführung"*. Sie geht auf das vom "Dritten Europäischen Management-Symposium" ausgearbeitete "Davoser Manifest" aus dem Jahre 1974 zurück und versucht, die Rolle der Unternehmensführung bzw. die Rationalität unternehmerischen Handelns als "Moralkodex für Manager"[154] im Sinne einer "gesellschaftlichen Verantwortung" neu zu definieren und zu präzisieren.[155] Obgleich STEINMANN/LÖHR diese "monologische" Idee als "Scheinantwort", "pseudo-normative Leerformel", als "elitär konzipiert (...) und prinzipiell auf einen gesellschaftlichen Interessenausgleich auf der Grundlage (zufälliger) individueller Wertentscheidungen einzelner Manager"[156] abstellend ablehnen[157],

---

als uneingeschränkte "Verbindlichkeit" des menschlichen Verhaltens zur Umwelt (Mitmenschen, Natur) und sich selbst (Reflexion).

[151] Siehe dazu z.B. STEINMANN (1973), STEINMANN (1985), STEINMANN/GERUM (1985) S. 238ff. oder STEINMANN/SCHREYÖGG (1990) S. 93f.; vgl. auch DYLLIK (1989) S. 86ff.

[152] Vgl. z.B. STEINMANN/LÖHR (1993).

[153] Vgl. z.B. ULRICH (1990).

[154] STEINMANN/GERUM (1985) S. 238.

[155] Vgl. STEINMANN (1985) S. 223.

[156] STEINMANN/LÖHR (1989) S. 12.

[157] Vgl. STEINMANN (1973) S. 470 ("pseudo-normative Leerformel"), S. 488ff. ("Infragestellung der Grundlagen des marktwirtschaftlich-kapitalistischen Wirtschaftssystems" durch "Eingeständnis unkontrollierter Macht", "Aufhebung der Trennung von Staat und Gesellschaft" und "Kompromiß statt Interessenausgleich"), STEINMANN (1985) S. 225 ("individualistischen Ansatz"), STEINMANN/ SCHREYÖGG (1990) S. 93ff. und DYLLIK (1989) S. 108f.

muß dieser Ansatz insbesondere angesichts der *"Autonomie" der handelnden Akteure* und der *"Systemrelativität" von Orientierung und Umwelterfassung* neu bewertet werden.

Die Ursachen dieser Idee verortet DYLLIK im *unbefriedigenden gesellschaftlich-funktionalen Leistungsverhalten von Unternehmungen*: "Die Unternehmen wurden angeklagt, lediglich darauf zu achten, dass ihre wirtschaftliche Leistungsfähigkeit hoch und erhalten bleibe, während gleichzeitig zunehmende externe Kosten in Form unerwünschter gesellschaftlicher Nebenwirkungen anfielen, die der Um- und Mitwelt überbürdet würden."[158] In diesem Sinne harmoniert die Idee "gesellschaftlicher Verantwortung" mit der Vorstellung einer Einbettung des handelnden "Managers" als Akteur in verschiedenste gesellschaftliche Handlungszusammenhänge bzw. Kontexte. Unternehmerische Aktivitäten haben als außenwirksame Handlungen angesichts von Komplexität und Interdependenz immer Nebenwirkungen ("Externe Effekte") auf andere (Teil-)Systeme der Gesellschaft bzw. der Umwelt (DYLLIK: "Um- und Mitwelt"). *"Gesellschaftliche Verantwortung"* bedeutet eine Thematisierung der eigenen (insbesondere unternehmerischen) "Identität" der Manager und ihrer Handlungsverantwortung unter Transzendierung wirtschaftlicher Rationalität und Orientierungserweiterung hin auf die Belange anderer, insbesondere gesellschaftlicher, Akteure und Umsysteme: "Reflexion" als "Selbstbeschränkung der Wirkung der eigenen 'Identität', hier insbesondere des entscheidbaren unternehmerischen Handelns, auf andere".[159]

*Drei Forderungen* werden (nach STEINMANN) in der "Idee der Gesellschaftlichen Verantwortung der Unternehmensführung" für einen gesellschaftlichen Interessenausgleich gegen das Management von Großunternehmungen erhoben:[160]
-   Beachtung der Interessen *aller* "Bezugsgruppen" der Unternehmung, d.h. aller potentiell relevanten Umsysteme und Akteure in der Umwelt,
-   Ausgleich *widerstreitender* Interessen der "Bezugsgruppen", d.h. Vereinbarung verschiedener divergierender Kontextrationalitäten über den "wirtschaftlichen Kontext" hinaus, und

---

[158] DYLLIK (1989) S. 87. Man vergleiche diese Bezüge mit einer Formulierung von Unternehmensethik unter Berücksichtigung öffentlichen Interesses bei STEINMANN/LÖHR (1993) S. 4 bzw. bei STEINMANN/ SCHREYÖGG (1990) S. 96.

[159] STEINMANN/GERUM (1985) S. 238 bezeichnen dies als Postulat einer "berufliche Aufgabe der Unternehmensführung", "Kunden, Mitarbeitern, Geldgebern und der Gesellschaft zu dienen".

[160] Vgl. STEINMANN (1973) S. 467f., eine ausführliche Darstellung bei STEINMANN/SCHREYÖGG (1990) S. 94. Der Begriff der "Bezugsgruppen" der Unternehmung geht zurück auf den "Stakeholder"-Ansatz von FREEMAN; "stakeholder" sind "Interessenträger" (Gruppen oder Individuen), die aktiven Einfluß auf Entscheidungen der Unternehmung nehmen ("Handeln") oder passiv von Entscheidungen betroffen sind ("Erleben") und deshalb bei der Wahrnehmung von Managementaufgaben als potentiell relevant berücksichtigt werden müssen (vgl. STEINMANN/SCHREYÖGG (1990) S. 65f.).

- Sicherung der langfristigen Existenz der Unternehmung durch *ausreichenden Gewinn*, d.h. Sicherstellung der weiteren funktionalen Verortung und Einbindung der "Unternehmung" in den indirekten Steuerungskontext der "Wirtschaft".

DYLLIK spricht hier von "gesellschaftlichen Anliegen", "Interessen von Anspruchsgruppen" und "zu akzeptierenden Lenkungssystemen".[161] Mit diesen drei Forderungen werden die *drei grundlegenden kritischen Kompensationsbedürfnisse der Umwelterfassung und Kontextkoordinierung* angesichts der Autonomie der Orientierung und der Begrenztheit des Umweltbezuges umrissen: *"Reflexion"* als Thematisierung und Bestimmung der eigenen Identität und ihres Umweltbezuges als Identifikation und Abgrenzung jeweils betroffener bzw. relevanter "Bezugsgruppen" in der Umwelt (subjektiv-kognitiv), Sicherung einer weiteren Teilnahme am Koordinationskontext durch *"Strategische Kontrolle"* (systemisch-kontextuell) und Auseinandersetzung und Ausgleich mit anderen Akteuren, Orientierungen und Kontextrationalitäten in der Umwelt über *"Diskurse"* (umweltbezogen-kommunikativ).

Die Wirkungsweise dieser Forderungen als "regulative Idee" oder "Spielregeln"[162] können im Sinne indirekter Selbst- und Kontextsteuerung als gesellschaftliche *"Integration"* (des unternehmerischen Handelns) unter *"Fremdreferenz"* (als *Identifikation und Berücksichtigung* der Interessen erkannter Bezugsgruppen, funktionaler Steuerungskontexte und gesellschaftlicher Anliegen), *"Selbstreferenz"* (als *Identifikationsfähigkeit* gegenüber gesellschaftlichen Umwelt) und *"Reflexion"* (*Thematisierung* der eigenen gesellschaftlichen Sensibilität und Offenheit sowie *Prüfung* der Wirkungen eigenen Handelns auf andere) unter weiterer *selbststeuernder* Teilnahme am wirtschaftlichen *Steuerungskontext* (Erwirtschaftung ausreichender Liquidität bzw. Gewinns). Dieser Punkt der "weiteren Teilnahme am wirtschaftlichen Steuerungskontext" beschränkt in seiner berechtigten Priorität für die aus der "Gesellschaft" speziell über die "Wirtschaft" mit spezifischen Funktionsanforderungen und -rationalitäten ("Bedürfnisbefriedigung", "Ressourcenallokation", "Güter- bzw. Leistungserstellung"; vgl. Abb. 33) funktional ausdifferenzierte "Unternehmung" die Möglichkeiten einer "Re-Integration" in den gesamtgesellschaftlichen Zusammenhang auch für die zwar autonom, aber zunächst im unternehmerischen Kontext handelnden Manager.[163] Eine so verstandene Interpretation kann mit STEINMANN/SCHREYÖGG "in der gesellschaftlichen Verantwortung des Manage-

---

[161]  Vgl. DYLLIK (1989) S. 91.

[162]  Vgl. DYLLIK (1989) S. 114. Ein für die Reflexionsthematik sehr interessanter und dem Verantwortungskonzept ähnlicher Gedankengang der inhaltlichen Kompensation bietet sich in STEINVORTHs Konzeption zweier materialer, d.h. inhaltlich bestimmter und trotzdem allgemeingültiger Moralprinzipien, dem "Verletzungsverbot" und dem "Hilfegebot" zur Einordnung und Rechtfertigung außenwirksamen Handelns (vgl. STEINVORTH (1991) S. 4). Beide sind hier aber inhaltlich nicht wesentlich hilfreich.

[163]  Vgl. die Forderung "systematischer Rückbindung der Privatautonomie an die öffentliche Sache (res publica)" bei STEINMANN/LÖHR (1995) S. 143f. ("Deshalb besteht der verantwortungsvolle Gebrauch der unternehmerischen Freiheit im Grundsatz darin, bei *jeder Entscheidung* nochmals eine Reflexion auf das öffentliche Interesse vorzunehmen."; H.i.O.)

ments (...) eine *Ergänzung* der Koordinationsfunktion des Preissystems im Hinblick auf inneren sozialen Frieden"[164] zwischen "Freiheit und Einheit" als "Autonomie und Kontext" sehen.

Über die Kritik einer rein "monologischen" Kompensation hin zur Betonung *"dialogischer Verständigung mit Betroffenen"* formulieren STEINMANN und LÖHR ein Konzept von "Unternehmensethik" als "republikanische Handlungsorientierung" zur situativen Begrenzung des Gewinnprinzips[165], die (analog zur kognitiven Kompensation des "Verstehens" durch "Vernunft", Kap. E.I.3.a) *als kommunikative Kompensation der wirtschaftlichen "Begründung" unternehmerischer Handlungen durch "Diskurs"* interpretiert werden kann.

## b) "Unternehmensethik" als diskursive Kompensation der konfliktträchtigen Auswirkungen des Gewinnprinzips

Das Konzept einer *"diskursiven Unternehmensethik"* von STEINMANN und LÖHR[166] stellt als formales Ethikkonzept auf der Ebene der "Unternehmung" eine "Verfahrensethik"[167] zur *"normativen Orientierung und friedlichen Koordination ökonomischer Handlungsvollzüge"*[168] dar: Die Koordination unternehmerischen Handelns erfolge im *Spannungsfeld von Freiheit und Einheit* ("Autonomie und Kontext") über Formalziele der Koordination ("Kontextbedingungen") bei gleichzeitiger "Freistellung ihrer inhaltlichen Umsetzung" ("Selbststeuerung"), d.h. der konkreten Orientierung ("Strategie") und des Handelns ("Entscheidung"), das jedoch immer dem gesellschaftlichen Oberziel "Frieden" ("der höchste Ausdruck des öffentlichen Interesses ist der Frieden, verstanden als allgemeiner, freier Konsens aller Betroffenen"[169]) als höchster Umweltnorm verhaftet bleiben müsse ("Kompensation").[170] So interpretiert läßt sich dieser Ansatz problemlos an das Spannungsfeld der indirekten Selbst- und

---

164  STEINMANN/SCHREYÖGG (1990) S. 93 (H.i.O.).

165  Vgl. STEINMANN/SCHREYÖGG (1990) S. 92ff. ("Unternehmensethik ist letztlich die dialogische Wendung einer Vorläuferidee"). Zum Begriff des "republikanischen Konzeptes" siehe STEINMANN/ LÖHR (1993) S. 4, STEINMANN/LÖHR (1994) S. 121 und STEINMANN/SCHREYÖGG (1990) S. 96.

166  Siehe zum Thema "Unternehmensethik" STEINMANN/LÖHR (1987), (1988), (1989) S. 10ff. ("Ein Begriff von Unternehmensethik"), LÖHR (1991), STEINMANN/LÖHR (1993), STEINMANN/ZERFASS (1993), STEINMANN/LÖHR (1994) und (1995).

167  Zur Unterscheidung "formaler" bzw. "Verfahrensethik" von anderen "Ethik"-Kategorien vgl. DYLLIK (1989) S. 212ff.

168  Vgl. STEINMANN/LÖHR (1989) S. 5f.

169  STEINMANN/LÖHR (1995) S. 144, vgl. STEINMANN/ZERFASS (1993) Sp.1113 (jeweils unter Verweis auf LORENZEN).

170  Vgl. STEINMANN/LÖHR (1994) S. 97ff., STEINMANN/SCHREYÖGG (1990) S. 85.

Kontextsteuerung zwischen "Autonomie" und "Kontext", explizit bezeichnet als "dezentralisiertes ökonomisches System der Geld- und Wettbewerbswirtschaft"[171], anschließen.

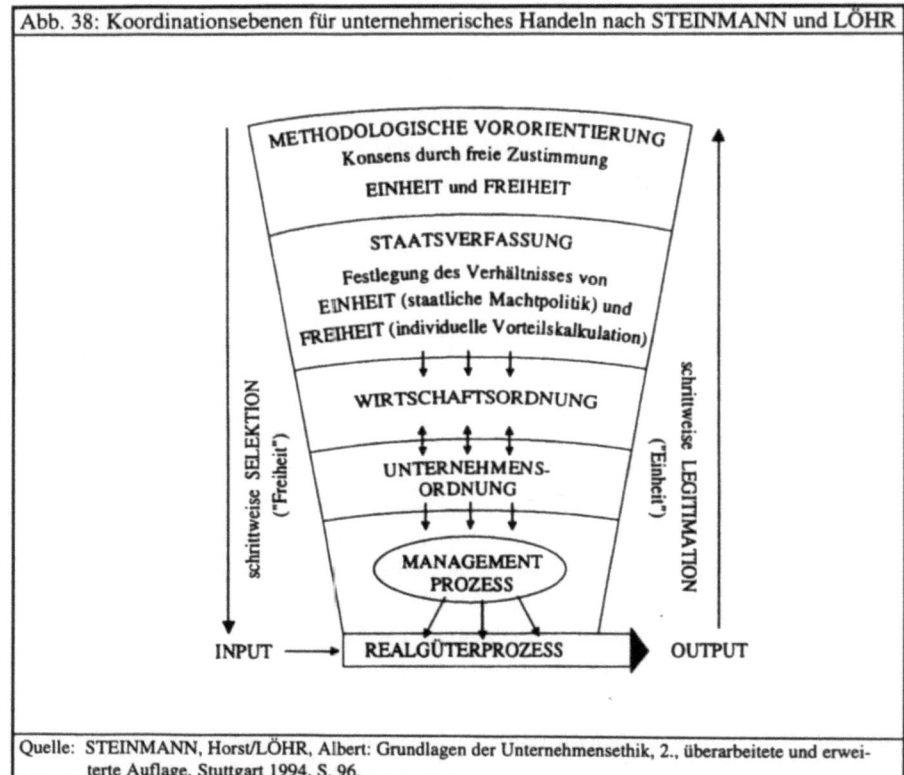

Abb. 38: Koordinationsebenen für unternehmerisches Handeln nach STEINMANN und LÖHR

Quelle: STEINMANN, Horst/LÖHR, Albert: Grundlagen der Unternehmensethik, 2., überarbeitete und erweiterte Auflage, Stuttgart 1994, S. 96.

Neben einer Vielzahl von praktischen Anlässen zur Feststellung "ethischer Defizite"[172] begründen STEINMANN/LÖHR die grundlegende Notwendigkeit einer "Unternehmensethik" über die Existenz "*systematischer inhaltlicher Handlungsspielräume*" ("Kontingenzen") auf Unternehmensebene bei gleichzeitigen "*systematischen Steuerungsdefiziten*" der formalen Steuerungsmechanismen "Markt" (und "Recht"): Die Legitimation wirtschaftlichen Handelns müsse als "*zweistufiges Rechtfertigungsproblem*" erfolgen:[173]

---

[171]  Vgl. z.B. STEINMANN/LÖHR (1988) S. 314.

[172]  Vgl. z.B. STEINMANN/LÖHR (1987) S. 5f., STEINMANN/LÖHR (1988) S. 299, STEINMANN/ LÖHR (1989) S. 4, LÖHR (1991) S. 9ff.

[173]  Vgl. STEINMANN/LÖHR (1989) S. 7ff., (1994) S. 104ff., STEINMANN/ZERFASS (1993) Sp. 1113ff.

- Auf der *Ebene der "Wirtschaft"* erfolge die Legitimation der Wirtschaftsordnung als marktwirtschaftliche Koordination über *"Gewinnsteuerung"* (als indirektes Formalziel der Orientierung) durch eine *"Wirtschaftsethik"*. Die Umstellung der Koordination von individueller Kommunikation auf die sprachfreien Koordinationsmechanismen "Geld"/"Zahlung" (der "Wirtschaft") und "Preis"/"Transfer" (des "Marktes") gelte durch den Effizienzgewinn bei der Ressourcenallokation als gerechtfertigt; "Unternehmensethik" erfolge als "Handlungsorientierung in der gegebenen, konkreten historischen Situation der Geld- und Wettbewerbswirtschaft".[174]

- Auf der *"Unternehmens- oder einzelwirtschaftlichen Ebene"* verblieben in der marktwirtschaftlichen Wirtschaftsordnung den "Unternehmen" *systematische Handlungsspielräume"* ("Strategien") zur Umsetzung der indirekten und dezentralen Steuerungsmechanismen der "Wirtschaft" und des "Marktes", d.h. zur Verfolgung des "Gewinnzieles"; die Legitimation unternehmerischen Handelns erfolge über die "ethische Reflektion" der gewählten Strategie und der situativer Legitimation ihrer konfliktrelevanten Auswirkungen durch *"Unternehmensethik"*.

Diese "zweistufige Legitimationsproblematik" wird von STEINMANN/LÖHR zu einem mehrstufigen Modell korrektiver ethischer Legitimationsbedarfe als *"Konzept der republikanischen Handlungsorientierung der Unternehmung"* ausformuliert.[175] Die Zweistufigkeit dieses "Legitimations-" oder "Kompensationsproblems" läßt sich generell für alle Kontexte verallgemeinern: Neben der *Rechtfertigung der grundsätzlichen Sinn- bzw. Funktionskriterien eines Kontextes* muß auch die *autonome Umsetzung der Rationalität dieses Kontextes in Handlung in ihrer kontextübergreifenden Wirkung, ihren "Externen Effekten" auf die Umwelt, d.h. auf (potentiell) betroffene Koakteure und -kontexte, geprüft und legitimiert werden.*

---

174 Vgl. STEINMANN/LÖHR (1988) S. 314 (ebd.: "darüberhinaus wird unterstellt, daß eine Dezentralisierung des ökonomischen Systems mit eigenverantwortlicher Steuerung der Unternehmung gegenüber einer Zentralverwaltungswirtschaft vorzuziehen ist"), STEINMANN/GERUM (1985) S. 243, STEINMANN/LÖHR (1993) S. 5f.

175 Siehe STEINMANN/LÖHR (1994) S. 122, STEINMANN/LÖHR (1995) S. 158.

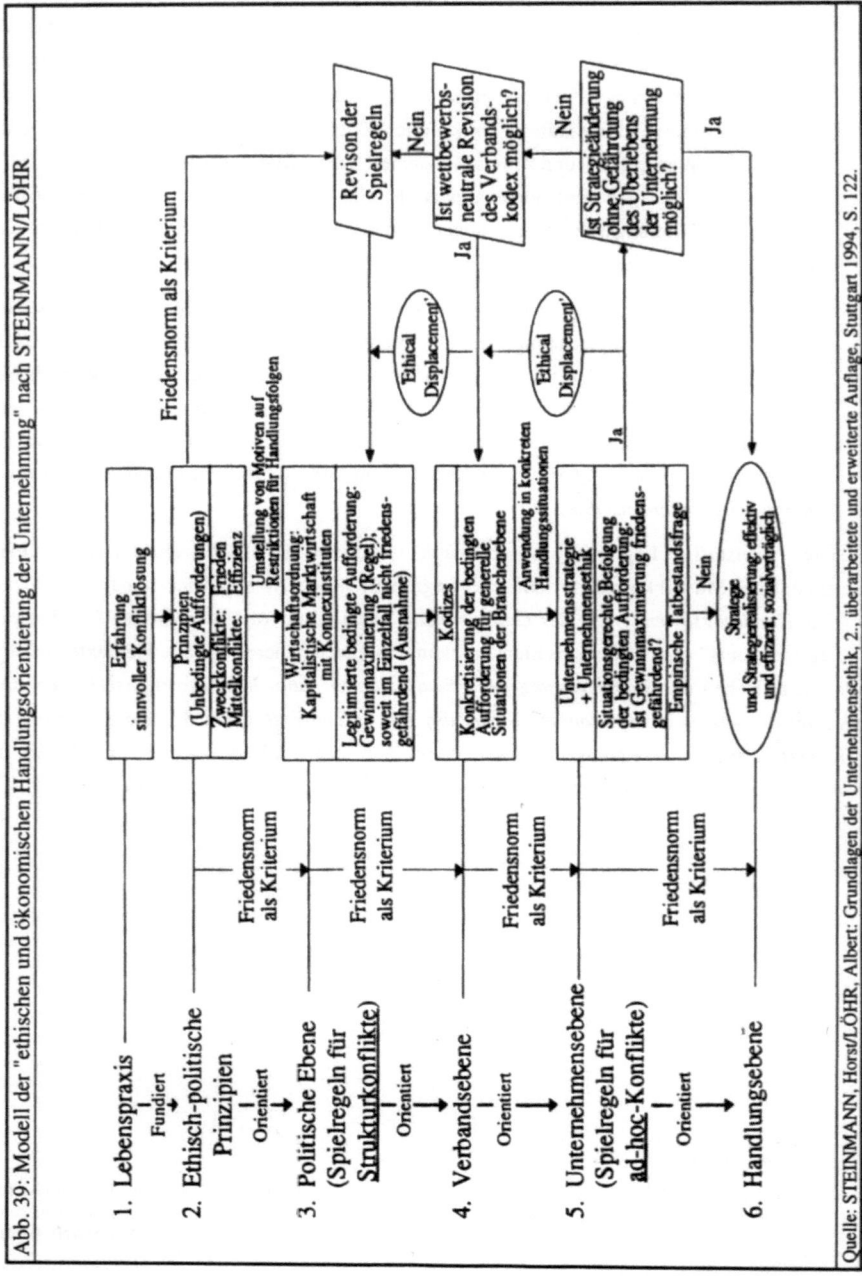

Abb. 39: Modell der "ethischen und ökonomischen Handlungsorientierung der Unternehmung" nach STEINMANN/LÖHR

Quelle: STEINMANN, Horst/LÖHR, Albert: Grundlagen der Unternehmensethik, 2., überarbeitete und erweiterte Auflage, Stuttgart 1994, S. 122.

Konkreter Ansatzpunkt der Kompensationsfunktion dieser "Unternehmensethik" ist ihre "*Korrektivfunktion*" zur situativen Begrenzung der "konfliktrelevanten Auswirkungen des Gewinnprinzipes bei der Steuerung der Unternehmensaktivitäten";[176] die Unternehmung wird dabei ebenso wie andere Wirtschaftsteilnehmer als eigenständiges "*ethisches Aktionszentrum*" im (markt-)wirtschaftlichen Handlungszusammenhang begriffen.[177] Der integriert-systemtheoretische Bezugsrahmen kann der "Unternehmung" als sozialem System bzw. Koordinationskontext, d.h. als bloßem "funktional koordinierendem Aktionszusammenhang bestimmter Akteure", ethische Qualität allerdings nur in ihrer Orientierungswirksamkeit für die handelnden Akteure zubilligen.

Als "*Unternehmensethik*" bezeichnen STEINMANN/LÖHR "ethische Reflexionen über die konfliktrelevanten Auswirkungen des Gewinnzieles durch die konkrete Unternehmenssteuerung":

> "Unternehmensethik umfaßt alle durch dialogische Verständigung mit den Betroffenen begründeten bzw. begründbaren materialen und prozessualen Normen, die von einer Unternehmung zum Zwecke der Selbstbindung verbindlich in Kraft gesetzt werden, um die konfliktrelevanten Auswirkungen des Gewinnzieles bei der konkreten Steuerung der Unternehmensaktivitäten zu begrenzen."[178]

Unter Bezug auf den integriert-systemtheoretischen Bezugsrahmen bedeutet dies: Kompensation der konfliktrelevanten Auswirkungen der in der Unternehmung intendierten autonomen (Gewinnerzielungs-)*Strategie*[179] im Rahmen der unternehmerischen kontextuellen Rationalitätskriterien "Güter- und Leistungserstellung" (als Funktion der "Unternehmung"), "Rentabilität" (als Kontextbedingung des "Marktes") und "Liquidität" (der "Wirtschaft") auf die "(externe und interne) Umwelt" der Unternehmung.

Die *Umsetzung* des Konzeptes der "Unternehmensethik" von STEINMANN, LÖHR et al. orientiert sich im wesentlichen an "*Konstruktivistischer Philosophie der Erlanger Schule*"[180] (insbesondere LORENZENs) und an "Sprachpragmatik"[181], d.h. konkret am Ideal des "herr-

---

[176] STEINMANN/SCHREYÖGG (1990)S. 95; Dies wird von ULRICH (1990) S. 181f. als "Korrektive Wirtschaftsethik" bzw. "als Korrektiv des Ökonomieversagens" bezeichnet, die systemische "Sachrationalität" situativ durch ethisch-politische "Gegenrationalität" zu korrigieren suche.

[177] Vgl. STEINMANN/LÖHR (1987) S. 1, (1994) S. 7.

[178] STEINMANN/LÖHR (1989) S. 10; vgl. STEINMANN/LÖHR (1994) S. 106, STEINMANN/ZERFASS (1993) Sp. 1117.

[179] Vgl. STEINMANN/LÖHR (1994) S. 106: "Die Unternehmensethik zielt auf die Entwicklung konsensfähiger Strategien des Unternehmens ab."

[180] Vgl. z.B. STEINMANN/LÖHR (1988) S. 311, STEINMANN/LÖHR (1989) S.5

[181] Vgl. zu "transzendentale Sprachpragmatik zur Frage ethischer Normierung" z.B. APEL (1982) S. 11f. ("Man wird (...) nicht mehr (...) davon ausgehen können, daß die transzendentale Reflexion auf die Erkenntnisbedingungen - sei es auf die Bedingungen der Naturerkenntnis, sei es auf die Bedingungen der Spacherkenntnis - gleichsam hinter die Sprache zurückgehen könnte. Genauer gesagt: man wird davon ausgehen müssen, daß die transzendentale Frage in zweifacher Weise auf Sprache zurückführt: erstens, indem sie die

schaftsfreien Diskurs" (HABERMAS) oder der "idealen Kommunikationsgemeinschaft" (APEL),[182] Ihren Kern stellen *sieben Begriffsmerkmale* dar: "Normenformulierung", "Vernunft bzw. Begründung" und "Dialogprinzip" als allgemeine Merkmale einer "kommunikativen Dialog- bzw. Diskursethik"; "Gewinnprinzip", "Selbstverpflichtung", "Strategie-" und "Managementbezug" als spezifische Merkmale der "Unternehmensethik" als konkreter Umsetzung dieses kommunikativen Konzeptes.[183]

(1) *"Entwicklung von Normen"*: "(Unternehmens-)Ethik" fordere die Entwicklung von *"ethischen Normen"* (STEINMANN et al. differenzieren nach *"materialen bzw. materiellen* Normen" wie z.b. Handlungsmaximen oder Verhaltenskodizes und *"prozessualen bzw. formalen* Normen" als organisatorischen Regelungen, Institutionen (z.B. "Ethik-Beauftragte", "Ethik-Kommissionen") oder Formvorschriften (z.B. "Unternehmensdialog", dialogische Konzepte der "Publik Relations") zur Generierung, Durchsetzung und Kontrolle der "materialen Normen") als Handlungsaufforderungen, die jedoch die Handlung bzw. Entscheidung an sich freistellten. Sie wirkt damit selbst als "Kontext" (etwa "System ethischer Orientierung") in Sinne indirekter Selbst- und Kontextsteuerung. Hier bieten sich Verweise auf die Notwendigkeit einer *öffnenden Kompensationsfunktion* (analog zur Konzeption "Strategischer Kontrolle" (Kap. B.IV.1.) oder zum "kritisch-normativen Gehalt des Systemdenkens" (Kap. E.I., insb. E.I.3.) bezüglich Selektion und Abgrenzung); "Ethik" bzw. "Diskurs" muß auf "ethische Normen*rechtfertigung*" als Rechtfertigung spezifischer Rationalitäten und Orientierungen unter kommunikativer Öffnung gegenüber der Umwelt beschränkt werden: "Der Diskursethik, mithin auch der kommunikativen Unternehmensethik, bleibt nur die bescheidene Rolle eines kritischen Regulativs, d.h. sie kann ethische Rationalitäts- und Verbindlichkeitsansprüche nur unablässig kritisch hinterfragen, nie jedoch im konkreten Fall positiv begründen"[184]; jede "schließende" normativ-inhaltliche Verfestigung des "Diskurses" beeinträchtigt diese "ungerichtete" kritische Kompensationsfunktion bzw. ist selbst kompensationsbedürftig. STEINMANN/LÖHR sind sich dieser Problematik bewußt:

"Diese kommunikative Konzeption berücksichtigt zugleich, daß über eine Unternehmensethik keine invariant fixierten inhaltlichen Normen postuliert werden dürfen, sondern diese auf formal-

---

sprachlich-kommunikativen Bedingungen intersubjektiv gültiger empirischer Erkenntnis berücksichtigen muß, und zweitens insofern, als die erkenntniskritische Reflexion selbst Sprache als ihr intersubjektives Medium voraussetzt.") bzw. S. 13 ('Sprache (einschließlich sprachlicher Kommunikation!) [zählt] auch zu den transzendentalen Bedingungen der Möglichkeit intersubjektiv gültiger Erkenntnis").

[182]  Vgl. STEINMANN/LÖHR (1988) S. 310.

[183]  Vgl. STEINMANN/LÖHR (1994) S. 4ff. u. 106ff. (dort auf. S. 120 sinnvollerweise unterteilt in Merkmale einer "Dialogethik" (Normen, Vernunft, Dialog) und "Unternehmensethik" als angewandte Ethik (Gewinnprinzip, Strategiebezug, Selbstverpflichtung, Management), zusammengefaßt), STEINMANN/ LÖHR (1989) S. 10ff. und STEINMANN/ZERFASS (1993) Sp. 1117ff.

[184]  ULRICH (1989) S. 193. Vgl. ebd. ('Ihr rationaler Begründungsanspruch [der kommunikativen Ethik] erstreckt sich in eigener Kompetenz allein auf das (Kant'sche) Verallgemeinerungs- und Universalisierungsprinzip" als implizierte, unausweichliche "Grundnorm ethischer Vernunft") und ebd. S. 189ff.

prozessualer Grundlage entsprechend den jeweiligen situativen Bedingungen modifizierbar sein müssen. (...) Der Dialog der Unternehmensethik muß mit anderen Worten in die Zeit hinein *offen* sein, die inhaltliche Normierung darf nicht zum Dogma gerinnen."[185]

(2) *"Vernunft"* bzw. *"Begründung"*: Friedliche Handlungskoordination solle durch "vernünftige", d.h. mit "guten" Gründen argumentativ verteidigbare, "begründbare" Handlungsorientierungen erreicht werden, wobei die Zwecke des eigenen Handelns selbst bestimmt würden ("nicht-dogmatisch"). Dieser grundsätzliche Ansatz einer "kommunikativen Dialog- bzw. Diskursethik" läßt sich unter Trennung zwischen *kognitiv-monologischer "Vernunft"* der *"Reflexion"*[186] und *"praktischer Vernunft"* der *kommunikativ-dialogischen "Begründung"*, deren Verbindung im *"Transsubjektivitätsprinzip"* liegt,[187] an den integriert-systemtheoretischen Bezugsrahmen anschließen. Dieser geht von der zu vermittelnden bzw. "zu begründenden" Intersubjektivierung subjektiv verankerter Handlungsorientierungen ("Verstehen") aus, deren "Selektivität" ("Subjektivität", "Relativität" und "Normativität") bezüglich einer komplexen Umwelt sowohl kognitiv ("Reflexion") wie kommunikativ ("Diskurs) kompensiert werden muß. Die Akzeptanz der Vermittlung bzw. "Begründung" obliegt der freien und kontingenten Entscheidung ("Konsens") der autonomen Akteure.

(3) *"Dialog"* als *"argumentative Verständigung zwischen Betroffenen"*: Im Ethikkonzept von STEINMANN, LÖHR et al. dient "Dialog" bzw. "Diskurs" unter einem lebenspraktischen "Friedens"-Ziel und Orientierung an argumentativer "praktischer Vernunft" als formal-prozessuales Mittel der Begründung von Handlungsnormen über freie Zustimmung im *"Konsens"*. Die Operationalisierung "praktischer Vernunft" (nach LORENZEN, APEL und HABERMAS) solle nach den Regeln *"unvoreingenommener, zwangloser, nicht-persuasiver und sachkundiger argumentativer Verständigung aller Beteiligten und Betroffenen"* in freiem *"Konsens"* erfolgen: "Eine inhaltliche (materiale) Norm kann vielmehr erst dann als begründet gelten, wenn die Betroffenen selbst ihre Anliegen zur Sprache gebracht und sich in einem friedensstiftenden freien Konsens geeinigt haben."[188]

Durch den kritischen Gehalt des "Systemdenkens" und die Implikationen des integriert-systemtheoretischen Bezugsrahmens ergeben sich einige Problematisierungen gegenüber diesem Aspekt der *Begründung durch eine "ideale Konstruktionsvorschrift"*, die sich durch ihren

---

185  STEINMANN/LÖHR (1988) S. 308 (H.i.O.).

186  Vgl. ULRICH (1989) S. 183f., der sich für seine "Wirtschaftsethik" auf KANTs "Selbstkritik der menschlichen Vernunft" beruft.

187  Zum "Transsubjektivitätsprinzip" und seiner Beziehung zu "praktischer Vernunft" und individueller "Vernunft" siehe APEL (1973) S. 358ff., LORENZEN (1978) S. 25, ABEL (1978) S. 163ff., HABERMAS (1971) S. 101ff. ("Universalpragmatik", "Intersubjektivität"), ULRICH (1984) S. 330ff. (insb. S. 332) und ULRICH (1989) S. 183f., 193f.

188  STEINMANN/LÖHR (1989) S. 12.

eigenen "selektiven" ("Konstruktion") und "normativen" Charakter ("Vorschrift") selbst als formaler und kompensationsbedürftiger "Kontext" betrachten läßt:

- Durch die grundsätzliche Abhängigkeit der kommunikativen "Begründung" von der Perzeption, dem Erleben und der Orientierung der autonomen Akteure wird diese generell als selektive "Information" erzeugt und selektiv "verstanden" bzw. verarbeitet; die Abhängigkeit von dieser unvermeidlichen "doppelten Selbstreferenz" der Akteure wird nicht automatisch im "idealen Diskurs" aufgehoben, sondern muß zusätzlich kognitiv und kommunikativ kompensiert werden. Insofern *verbleibt immer eine Differenz von "(reflexiver und praktischer) Vernunft" und "Argumentation" bzw. "Dialog".*

- Der Katalog an notwendigen "formalen Vorschriften bzw. Bedingungen" des "idealen Diskurses" kann als *System von "Abgrenzungen"* gesehen werden. Diese sind sowohl an sich wie auch in bezug auf die Qualität ihres jeweiligen Realisierungsgrades "relativ" und damit selbst als "Abgrenzungsentscheidung" (bzw. "Begründungsabbruch" im Sinne UL-RICHs, Kap. E.I.3.b), auch interpretierbar als "Kontextbedingung" der "formalen Argumentation", generell rechtfertigungspflichtig. Dieser "infinite Regreß" muß durch die expliziten kognitiven und kommunikativen Kompensationsmechanismen der öffnenden "(reflexiven und praktischen) Vernunft" überwunden werden. Auch "Frieden" als "lebenspraktische Obernorm" muß, als "bloße" Codierung des gesellschaftlichen Mediums "Handlung" gesehen, generell situativ gerechtfertigt bzw. bezüglich seiner weiteren Gültigkeit kompensiert werden.

- Begreift man "kommunikative Dialog- bzw. Diskursethik" nach dem integriert-systemtheoretischen Bezugsrahmen *als Mechanismus "indirekter Selbst- und Kontextsteuerung"*, so kann konkret argumentiert werden, daß auch die Anforderung an eine "formale Ethik-Steuerung", alle konfliktrelevanten Auswirkungen oder Steuerungsdefizite bestimmter Orientierungen oder Steuerungsmechanismen (z.B. "Markt" und "Recht") über "Diskurse" rechtzeitig und vollständig zu erfassen und abzuarbeiten, angesichts von Komplexität und Kontingenz der Umwelt nicht realistisch sind (man vergleiche die Kritik von STEINMANN und SCHREYÖGG am Paradigma der "plandeterminierten Unternehmensführung", Kap. B.II.3. und B.IV.1.). Auch "Diskurse" erzeugen eine selektive Orientierung und Ordnung, die weder material-inhaltlich noch formal-prozessual "schließend" geregelt werden kann und immer selbst kompensationsbedürftig bleibt. Analog zur "Strategischen Überwachung" ist diese kritische Kompensation immer vom öffnenden "kritischen Bewußtsein bzw. Denken" (siehe Kap. B.IV.3.) oder "(reflexiver und praktischer) Vernunft" (siehe Kap. E.I.3.) der autonomen Akteure abhängig.

STEINMANN/LÖHR sprechen angesichts praktischer (zeitlicher, sachlicher, räumlicher und personeller) Beschränkungen und Herstellungsmängel dieser "idealen Norm" von *"fiktivem Dialog"* unter Antizipation der Argumente Betroffener und von einer "Ergänzung" durch eine "*kommunikativ transformierte Verantwortungsethik*",[189] als bewußtem und notwendigem "monologischem Verstoß" gegen die "Orientierung an dialogethischen Konstruktionsregeln".

Im Bezug auf den integrierten systemtheoretischen Bezugsrahmen kann die These formuliert werden, *es handele sich bei "Dialog" bzw. "Diskurs" selbst um einen "Koordinationskontext"*, *etwa vom Typ "gesellschaftliche Verhandlungssysteme" mit der Funktion "Interessenausgleich", dem Medium "Begründung", dem Code "Konsens/Dissens" und der Kontextbedingung "Argumentation"*. Das "Dialog- bzw. Diskurssystem" ist in seiner "Selektivität" und "Normativität" selbst sowohl von *kognitiver* Kompensation ("*Vernunft*") als "*Reflexion*" der jeweiligen autonomen Teilnehmer[190] bezüglich der Validität ihres diskursiven Interessenausgleichspotentials, von *kontextueller* Kompensation ("Rationalität") als "*Kontrolle*" der Qualität von Argumentationsbeiträgen und von *kommunikativer* Kompensation als "*öffnender*", d.h. ungerichteter Sensibilität[191] gegenüber nicht bisher erkannten und orientierungswirksam verarbeiteten Koakteuren und -rationalitäten in der Umwelt abhängig.

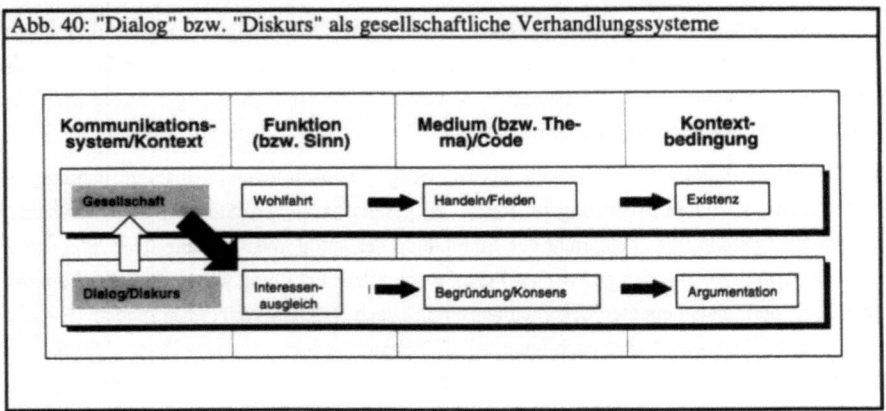

Abb. 40: "Dialog" bzw. "Diskurs" als gesellschaftliche Verhandlungssysteme

Die übrigen vier Begriffsmerkmale STEINMANNs et al. lassen sich in ihrem *Bezug auf "dezentrale Geld- und Marktwirtschaft"* mit dem systemtheoretischen Modell der "indirekten Selbst- und Kontextsteuerung" vereinbaren:

---

189   Vgl. STEINMANN/LÖHR (1994) S. 86ff.

190   Vgl. ULRICH (1990) S. 202f., unter Aufnahme eines Einwandes von MERAN: "Diskursethik" setze das ethische Prinzip der "Argumentationsgegenseitigkeit" und der "verständigungsorientierten Einstellung" der Gesprächspartner, das sie begründen wolle, schon voraus: "Vernunftethik setzt ein grundlegendes Interesse an Vernunft bei den Handlungssubjekten und insofern ihre Qualität als *moralische Subjekte* immer schon voraus" (H.i.O.), verstanden als "deontologischen Minimalethos".

191   Zu vergleichen mit den Thesen von STEINMANN und SCHREYÖGG zur "Strategischen Überwachung", vgl. SCHREYÖGG/STEINMANN (1985) S. 403ff. und STEINMANN/SCHREYÖGG (1986) S. 749ff.

(4) *"Gewinnprinzip"*: "Die Unternehmensethik fordert eine *situationsgerechte Anwendung des Gewinnprinzips*. (...) Die Orientierung am Gewinnprinzip ist durch die Rechtfertigung der Marktwirtschaft *im allgemeinen* bereits legitim."[192] Unter der aus Effizienzgründen gerechtfertigten dezentralen und indirekten Steuerungswirkung des "Marktsystems" ("effiziente Ressourcenallokation") im "Wirtschaftssystem" ("Bedürfnisbefriedigung") solle "Unternehmensethik" als *"Konflikt-"* oder *"Korrektivethik"*[193] dann ein eigenständiges Steuerungspotential entfalten, wenn die strategische Befolgung des Gewinnprinzips im konkreten Einzelfall zu ethisch bedenklichen Auswirkungen führe oder führen könne: als *klassischer kritischer Kompensationsmechanismus der indirekten Kontextsteuerung*. Die Ausgrenzung von Handlungen, die *"auch"* funktional für die Gewinnerzielung seien,[194] durch STEINMANN/LÖHR ist im Hinblick auf eine fokale Korrektiv- bzw. Kompensationsfunktion bezüglich des Gewinnprinzips nachvollziehbar, erscheint aber als Ausdruck normativer Schließung des Ethikbegriffes überflüssig. "Ethik" muß die Risiken der Gewinnsteuerung *"ständig"*, *"apriori"* und vor allem *"offen"* gegenüber bisher nicht erkannten Wirkungen bzw. Handlungsfolgen kompensieren und muß deshalb bei jeder strategischen Gewinnerzielungsmaßnahme *inhärent mitgedacht* werden. "Gewinn" als Steuerungsrationalität und deren "unternehmensethische" Kompensation schließen sich in der Orientierungswirkung nicht aus (analog zu "Planung" und "Strategischer Kontrolle"); sie sind unabhängig bezüglich ihrer Zielrichtung ("Kontext" versus "Umwelt").

(5) *"Selbstverpflichtung"*: Ethik solle als freiwillige "kritisch-loyale Selbstverpflichtung"[195] (im Gegensatz bzw. in Ergänzung zu "Recht" als gesellschaftlichem Steuerungsmechanismus) verstanden werden; dies entspricht der Einbindung der autonomen Akteure über *Integration und Selbststeuerung* in den gesellschaftlichen Kontext zur Erfüllung wirtschaftlicher Funktionen. Darüberhinaus bedeute "Unternehmensethik" nach STEINMANN et al. neben "Anwendung" und "Ergänzung" aber auch potentiellen "Verstoß" gegen geltendes Recht; "Ethik" tritt gleichsam auch in kompensatorisches Verhältnis zum "Rechtssystem" als weiterem gesellschaftlich koordinierendem Teilsystem neben der "Wirtschaft".

(6) *"Strategie- bzw. Sachzielbezug"*: Betrachtet man im Sinne einer systemtheoretischen Kontexthierarchie "Leistungserstellung als schon gerechtfertigter Sinn eines Unternehmens in Marktwirtschaften"[196], so wird offensichtlich, daß Ansatzpunkt einer "Unternehmensethik"

---

[192]  STEINMANN/ZERFASS (1993) Sp. 1119.

[193]  Vgl. STEINMANN/LÖHR (1989) S. 13, ULRICH (1990) S. 181f.

[194]  Vgl. STEINMANN/LÖHR (1994) S. 109f.

[195]  Vgl. STEINMANN/LÖHR (1994) S. 114ff.

[196]  STEINMANN/WURCHE (1993) Sp. 1123.

die unternehmensinternen Handlungsrationalitäten *"Strategie"* und *"Effektivität"* als Medium bzw. Code des Kontextes *"Strategisches Management"* bzw.

(7) die als *"Implementation"* bzw. als *"Produktion"* unter *"Effizienz"* bezeichneten Maßnahmen der Strategierealisierung im Kontext *"operatives Management"* (als "Steuerungs-" bzw. "Führungsethik") sein müssen. Die Anbindung an Sachziel- ("Strategie") und Mittelwahlen ("operatives Management") auf Unternehmensebene soll die Beschränkung der Betrachtung auf die fokale wirtschaftliche Kontextebene und den inhaltlich offenen Kompensationscharakter betonen: "daß es bei einer Unternehmensethik nicht um die Verfolgung nichtökonomischer gesellschaftlicher Ziele (z.B. Kindergartenbau, Spenden für karitative Zwecke) gehen kann."[197] Diese alternative gesellschaftliche Koordination obliegt anderen nichtökonomischen Teilsystemen bzw. Kontexten (z.B. dem "Bildungs-" oder dem "Sozialsystem") mit anderen Rationalitäten und muß klar von der kompensatorischen Verantwortung für eine wirtschaftliche Orientierung bzw. für wirtschaftlich orientiertes Handeln getrennt werden.

Zusammenfassend lassen sich die Vorzüge der Konzeption einer "Unternehmensethik" nach STEINMANN, LÖHR et al. vor allem an
- der Notwendigkeit intersystemisch-kommunikativer "öffnender" Kompensation der kontextspezifischen Steuerungsrationalitäten durch Verweis auf mögliche "Externe Effekte" oder "Betroffenheiten" anderer in der Systemumwelt aufzeigen. Diese lassen sich integriert-systemtheoretisch allerdings nicht nur unter Berufung auf "Steuerungsdefizite", sondern unter dem systematischen Aspekt der "subjektiven, "relativen" und "normativen" Begrenztheit der Umwelterfassung und ihrer Strukturierung durch Koordinationskontexte begründen.
- Die Verortung des Kompensationsmechanismus "Ethik" im "Dilemma zwischen Anpassung und Widerspruch"[198] bzw. unter "Versöhnung von Freiheit und Einheit"[199] erfolgt analog zum Spannungsfeld der indirekten Selbst- und Kontextsteuerung zwischen *"Autonomie" (Subjekt bzw. Akteur), "Kontext" (System) und "Komplexität" (Umwelt)* als "autonome Handlungsorientierung an koordinierenden Abgrenzungen und Strukturierungen" und deren "kritischer Hinterfragung".
Insoweit kann der Position von STEINMANN/LÖHR bezüglich der "Unmöglichkeit einer systemtheoretischen Fundierbarkeit von Unternehmensethik" zumindest unter dem Gesichtspunkt einer Anschließbarkeit an den integriert-systemtheoretischen Bezugsrahmen widersprochen werden:[200] Die Überbetonung von Kontextrationalitäten als "(System- bzw. Hand-

---

197  STEINMANN/ZERFASS (1993) Sp. 1120.

198  STEINMANN/LÖHR (1989) S. 14.

199  STEINMANN/LÖHR (1995) S. 143.

200  Vgl. STEINMANN/LÖHR (1984) S. 52ff., (1994) S. 225ff.

lungs-)Imperative", wie sie der klassischen soziologischen Systemtheorie zugeschrieben wird, wäre für die Existenz "handlungsfähiger" Sozialsysteme unter Umständen gerechtfertigt. Für *"handlungsorientierende"* bzw. *"koordinierende" Kontexte als Handlungs- bzw. Interaktionszusammenhänge autonom handelnder Akteure* muß sie zurückgewiesen werden; die kontingenten Akteure sind in der Lage, ihre eigene "Identität" auf eine (begrenzte) Pluralität verschiedener interdependenter und divergierender "Kontextrationalitäten" in der komplexen Umwelt einzustellen und deren spezifische Sinnkriterien sowie deren Auswirkungen in Orientierung und Handlungen mitzureflektieren.

Ein weiteres Modell der kritischen Kompensation ökonomischer Rationalität läßt Anschlußstellen zu einem integriert-systemtheoretischen Bezugsrahmen vermuten: das Modell einer *"Wirtschaftsethik als kritische Grundlagenreflexion"* nach Peter ULRICH, das (im Gegensatz zum "einzelwirtschaftlichen" Ansatz von STEINMANN und LÖHR) im "Basisbereich der betriebswirtschaftlichen Rationalitätskonzeption"[201] ansetzt (und von STEINMANN/LÖHR als "fundamentalkritisch"[202] bezeichnet wird). Anhand dieses Ansatzes läßt sich besonders das (Ergänzungs-)Verhältnis von kognitiver "Vernunft" und kommunikativem "Diskurs" im Hinblick auf die Kompensation systemischer bzw. kontextueller Rationalitäten präzisieren.

## c)   "Wirtschaftsethik" als kritische Reflexion ökonomischer Rationalität

ULRICH kritisiert den Ansatz von STEINMANN et al. unter dem Vorwurf *"ungenügender kritischer Reflexion"*: Ihre Unternehmensethik komme gleichsam *"von oben"*, unter grundsätzlicher Rechtfertigung des Gewinnzieles und der betriebswirtschaftlichen Rationalität, der sie aber im Konfliktfalle ethische Rationalität als "Gegen- oder Obernorm mit *Autoritätsanspruch"* entgegensetzten. Es müsse statt dessen "um eine *bessere Ökonomie*, nicht bloß um die ethisch-moralische Domestizierung einer eigensinnig gewordenen ökonomischen Sachlogik, deren lebenspraktische Gesamtwirkungen zunehmend unvernünftig sind"[203] gehen. "(Unternehmens-)Ethik" müsse deshalb als *"kritisch-ethische Grundlagenreflexion"* der gesamten systemspezifischen (wirtschaftlichen) Rationalitätsvoraussetzungen verstanden werden und könne nicht auf ein "betriebswirtschaftliches Führungsinstrument" verkürzt

---

[201]   Vgl. ULRICH (1989) S. 183.

[202]   Vgl. STEINMANN/LÖHR (1994) S. 123.

[203]   ULRICH (1989) S. 183 (H.i.O.). Vgl. ULRICH (1990) S. 180 ("Es geht, kürzer ausgedrückt, um die *verlorene ökonomische Vernunft aus dem Blickwinkel der Lebenswelt.*", H.i.O.); zur Auseinandersetzung mit dem Konzept von STEINMANN et al. vgl. ULRICH (1989) S. 181ff. und STEINMANN/ LÖHR (1994) S. 123ff.

werden. Bei STEINMANN et al. handle es sich statt eigentlicher "vernunftethischer" Legitimation um bloße Akzeptanzsicherung für bestimmte strategische Entscheidungen.[204]

Dieser Kritik ist vor dem Hintergrund des integriert-systemtheoretischen Bezugsrahmens und des indirekten Steuerungsmodells ambivalent zu beurteilen: Das Konzept einer "Unternehmensethik" bezieht sich analog zur Konzeption von STEINMANN et al. auf die Ebene der "Unternehmung" und ihre autonome "Strategie" als externe Steuerung unter Umsetzung des kontextuellen "Gewinnprinzips". *Andere "Kontexte" müssen unabhängig davon bezüglich der jeweiligen kontextspezifischen Funktion, Rationalität und Steuerungswirkung legitimiert werden*; ULRICH unterliegt hier der Gefahr einer Kontextvermischung zwischen "Wirtschaft", "Unternehmung" und "Management".[205] Der Vorwurf einer bloßen "systembezogenen und funktionalen Binnenmoral"[206] ist zurückzuweisen: Jedes Funktionssystem leistet seinen Sinnbeitrag zu Orientierung und Koordination nur im Hinblick auf die eigene Funktion und Rationalität, die seinen Handlungszusammenhang konstituiert und begründet;[207] kritisches systemübergreifendes Denken muß immer durch den handelnden Akteur *im Spannungsfeld von Orientierung (Kontext) und Reflexion (Vernunft)*, oder "Freiheit und Einheit" (STEINMANN/LÖHR), erfolgen.[208]

Die Kompensationsfunktion von "Ethik" muß sich aber im Gegensatz zur "schließenden" Begründung einer spezifischen Kontextrationalität (z.B. der "ökonomischen") auch auf *"öffnende", kontextüberschreitende Kompensation* der Begründung von Handlungsfolgen vor dem Hintergrund systemspezifischer Normen gegenüber der Umwelt erstrecken; sie läuft sonst Gefahr, selbst kompensationsbedürftig zu bleiben. ULRICH vermischt die Frage der *Begründung von "Kontexten" und ihren spezifischen Funktionen und Rationalitäten* (die durch ihren sinnorientierten bzw. funktionalen Koordinationszweck durch Ausdifferenzierung und Konstitution des Kontextes bereits grundsätzlich legitimiert werden können)[209] als *"Grundlagenreflexion"*[210] mit einer konzeptionell am einzelnen Akteur und seiner Einzelhandlung an-

---

[204]  Vgl. ULRICH (1989) S. 190ff.

[205]  Diese Ebenentrennung greift ULRICH (1990) S. 192 allerdings für die Rekonstruktion "funktionaler Wirtschaftsethik" selbst auf, indem er die Legitimation der konstitutionellen Voraussetzungen der Wirtschaft auf gesellschaftlicher Ebene verortet.

[206]  Vgl. ULRICH (1990) S. 184f.

[207]  Vgl. die Entgegnung bei STEINMANN/LÖHR (1994) S. 124, die dort den Effizienzgewinn der Komplexitätsreduktion durch Umstellung auf kommunikative Steuerungsmechanismen beschreiben.

[208]  Vgl. WIELAND (1990) S. 169.

[209]  ULRICH (1989) S. 183 räumt dies selbst ein als "ethische Qualität des Werteschaffens, der Wertschöpfung".

[210]  Vgl. WIELAND (1990) S. 170: "Die Nützlichkeit der Nutzenvorstellung ist selbst Gegenstand der Reflexion."

setzenden, *kontextübergreifenden und umweltbezogenen kritischen "Vernunft"-Kompensation der Auswirkungen dieser spezifischen Kontextrationalität.* Angesichts der "Subjektivität" des Erlebens und der "Relativität" der komplexitätsreduzierenden Umwelterfassung muß "Vernunft"-Kompensation kognitiv, als "Reflexion" der eigenen Identität und ihrer Wirkungen auf die Umwelt, kontextuell als "Kontrolle" der Integration in diesen Kontext und kommunikativ, als "praktischer Diskurs" der Auswirkungen der zugrundegelegten Orientierung bzw. Rationalität gegenüber einer komplexen Umwelt erfolgen.

ULRICHs Konzept kann im wesentlichen über *drei Thesen als "Umriß einer grundlagen-kritischen Wirtschaftsethik"*[211] rekonstruiert werden, mit denen er versucht, "das teleologische Element der ökonomischen Rationalität mit dem unverzichtbaren deontologischen Element ethisch-praktischer Vernunft methodisch zu vermitteln"[212], und die in Bezug zur Thematik kognitiver und kommunikativer Kompensation stehen:

(1) *"Kommunikative* Ethik" wird von ULRICH als *methodische Brücke zwischen "ökonomi-scher Rationalität" (Kontext) und der Vernunftidee der KANTschen "Verallgemeinerungs-fähigkeit" (Subjekt),* d.h. als kritisches Regulativ ökonomischer Effizienzurteile, verstanden:

> "Die Idee rationaler zwischenmenschlicher Kommunikation und Konsensfindung birgt nämlich notwendigerweise einen deontologischen Kern in sich: die wechselseitige Anerkennung der Gesprächspartner als mündige Subjekte und die Einsicht in den humanen Eigenwert einer gewalt-freien, konsensuellen Interessenabstimmung und Konfliktlösung. (...) Das aber ist der deontologi-sche Kern der kommunikativen Ethik (Diskursethik); diese kann als sprachpragmatisch transfor-mierte Form der deontologischen Ethik Kants begriffen werden."[213]

Der *prinzipiellen Abhängigkeit der kommunikativen "Ethik" vom deontologischen Kern sub-jektiver "Vernunft",* als "apriorische Überprüfung und Selbstverpflichtung des autonomen Handelns auf Sozial- oder Umweltverträglichkeit", ist aus der Perspektive des integriert-sy-stemtheoretischen Bezugsrahmens grundsätzlich zuzustimmen. Doch die bloße Verortung kommunikativer Kompensation zwischen Kontext ("ökonomische Rationalität") und Subjekt ("Vernunft") muß über den "Kontext" hinaus auf den Bezugspunkt der *komplexen "Umwelt"* erweitert und auf alle drei Aspekte ("Subjektivität" des Erlebens, "Relativität" der Komplexi-tätsreduktion und "Normativität" der Abgrenzung bzw. Strukturierung) bezogen werden: Neben der kognitiven "Reflexion" der eigenen "Identität" soll kommunikativer "Diskurs" und "Dialog" die faktische Orientierung durch "Kontexte" transzendieren im Sinne einer *kommuni-kativen Orientierungserweiterung.* Rationalitäts- bzw. Kontext- (systemisch), Vernunft- (sub-jektiv) und Diskurskompensation (kommunikativ) stehen in einem *Ergänzungsverhältnis.*

---

[211]  Vgl. ULRICH (1990) S. 199ff. ("Umrisse einer grundlagenkritischen Wirtschaftsethik").

[212]  ULRICH (1990) S. 199f.

[213]  ULRICH (1990) S. 202. Vgl. ebd. S. 204. "Weniger akademisch ausgedrückt geht es (...) um die praktische Leitidee der *Sozialverträglichkeit* ökonomischen Handelns." (H.i.O.).

(2) Der "*subjektive*" Aspekt der "kritischen Vernunft" wird bei ULRICH als "*kritische Selbst-reflexion*" der Präferenzen, d.h. der Orientierung der Individuen, aufgenommen:

> "Die Wirtschaftsethik findet einen kritischen Anschluß an die ökonomischen Interessen [Teilnahme am Kontext der 'Wirtschaft', d. Verf.] der Menschen, indem sie diese auf ihre kritische Kompetenz als mündige Bürger [autonome Akteure, d. Verf.] anspricht und sie zur Reflexion ihrer *wohl-verstandenen Interessen* [faktischen 'Orientierungen', d. Verf.] 'motiviert' (...) Ein kritischer Umgang mit dem Normenbegründungsproblem einer *Vernunftethik* bedeutet somit die Selbstreflexion jeder ethisch-praktischen Rationalitätsperspektive [als 'Orientierung' bzw. Teilnahme am jeweiligen 'Kontext', d. Verf.] hinsichtlich ihrer eigenen unausweichlichen normativen Voraussetzungen."[214]

ULRICH sieht "Kritische Vernunft", als "Reflexion der normativen Voraussetzungen von Orientierungen" (bzw. als "Selbstkritik der menschlichen Vernunft" nach KANT), als Voraussetzung für (kommunikative) Begründung. "*Kritische Kompensation*" wird vor allem durch die *individuelle "(kognitiv-)kritische Vernunftkompensation"* im KANTschen Sinne geleistet, d.h. als ständiges kritisches und öffnendes Bewußtsein der Begrenztheit der eigenen Orientierung und Reflektion der normativen Bedingungen von Sinnkriterien und Kontextrationalitäten durch die *autonomen Akteure* und ihre Handlungsverantwortung. Im Spannungsfeld von "Autonomie" und "Kontext" ist dann ein Durchgriff ethischer Reflexion und Legitimation von individueller Handlungsorientierung über "Management" und "Unternehmung" bis hin zu "Markt", "Wirtschaft" und "Gesellschaft" je nach Handlungsbezug möglich.[215]

(3) Dem Punkt eines *Ergänzungsverhältnisses* der kommunikativen Kompensation entspricht ULRICHs These einer "lebensweltlichen Erweiterung" im Sinne "*kommunikativ-ethischer Öffnung*" gegenüber der "*Umwelt*":

> "Wirtschaftsethik (...) holt das systemdynamisch allzu verselbständigte ökonomische Kalkül [als Kontextrationalität, d. Verf.] in die offene politisch-ökonomische Kommunikation unter mündigen Wirtschaftsbürgern [autonomen Wirtschaftsteilnehmern, d. Verf.] zurück."[216]

In dieser "regulativen Idee" gegenüber der Umwelt bzw. dem "gesellschaftlichen Kontext" stecken Bezüge zur "Korrektivfunktion" von STEINMANN et al.; die Kompensation wird aber nur auf die Validierung spezifischer "funktionaler Kontextrationalitäten" (Sinn) und nicht auf das Verhältnis von Orientierung und Handlung zur "komplexen Umwelt" (Betroffene) bezogen.

---

214   ULRICH (1990) S. 206.

215   Vgl. WIELAND (1990) S. 169f.: "Individuen sind (...) keineswegs gezwungen, Systemimperative zu exe-kutieren. (...) Sie verfügen über Freiheitsgrade, die sich herleiten aus der Tatsache, dass ihnen, im Gegensatz zum System, der ökonomische, ethische und ästhetische Rationalitätscode zugänglich ist (...), dass es in der Regel keine Systemlogik gibt, die nur eine Handlungsalternative zulässt, sondern äquifinale Lösungen möglich sind."; Systeme bestehen aus Individuen, "die zu multirationaler und polykontexturaler Aufklärung und Konditionierung der je unterschiedlichen Rationalisierungsansprüche fähig sind."

216   ULRICH (1990) S. 209.

Diese interpretierende Rekonstruktion dreier Ansätze zur Lösung des Kompensationsproblems gegenüber selektiver Orientierung und Strukturierung können nun zusammenfassend nach dem integriert-systemtheoretischen Bezugsrahmen und dem indirekten Steuerungsmodell als *Modell "integrierter kritischer Kompensation" zwischen Subjekt (Vernunft: "Reflexion"), Kontext (Rationalität: "Strategische Kontrolle") und Umwelt (Diskurs: "Ethik")* formuliert werden.

## 2. "Reflexion", "Strategische Kontrolle" und "Ethik" als Mechanismen kritischer Kompensation und Umweltöffnung

Mit der Bestandsaufnahme des vorigen Kapitels läßt sich ein *Zusammenhang der Kompensationsmechanismen "Reflexion" und "Ethik"* formulieren und durch den im Rahmen des "strategischen Managements" bereits thematisierten (Kap. B.IV.1.) Begriff der *"Strategischen Kontrolle" ergänzen.* Die drei Konzepte unterscheiden sich hinsichtlich ihres Ansatzpunktes in integriert-systemtheoretischen Bezugsrahmen: an der Begrenztheit des Erlebens, der Orientierung und des Umweltbezuges des autonomen Akteurs ("Reflexion"), an spezifischen Koordinationskontexten der indirekten Steuerung und ihren spezifischen Rationalitäten für Integration und Selbststeuerung ("Strategische Kontrolle") und an der Umwelt und ihrer nur selektiv erfaß und verarbeitbaren Komplexität ("Ethik").[217]

Als Ergebnis eines Verständnisses von "Systemtheorie" als kritische Vermittlung zwischen Akteur und Umwelt kann die *Notwendigkeit kritischer Kompensation der "subjektiven", "relativen" und "normativen" Umwelterfassung und Orientierung angesichts von Selbstreferenz (Akteur), Sinnabgrenzung (System bzw. Kontext) und Komplexitätsreduktion (Umwelt)* begründet werden. Kritische Kompensation muß deshalb bezogen auf alle drei Aspekte erfolgen als:

- *subjektiv-kognitive "Reflexion"* der Thematisierung und Bestimmung der eigenen Identität und der Begrenztheit des eigenen Umweltbezuges über "Verstehen" und "Wissen" als (integrative) Selbstbeschränkung der eigenen Wirkung auf die Umwelt über *"Vernunft"*;
- *systemisch-kontextuelle "Strategische Kontrolle"* der effektivitätsorientierten Verarbeitung der spezifischen Kontext-*"Rationalität"* im Rahmen der gewählten Strategie;
- *intersubjektiv-kommunikative "Ethik"* einer diskursiven Orientierungserweiterung über den öffnenden Mechanismus eines *"Dialogs"* bzw. *"Diskurses"* gegenüber der kom-

---

[217] Vgl. ULRICH (1990) S. 198f., der in seiner Kritik an einer funktionalen Wirtschaftsethik auf eine "lebensweltliche Perspektive" verweist. Dort spricht er auch von einer "Konfusion strategischer und kommunikativ-ethischer Rationalität".

plexen, nicht abschließend zu erfassenden Umwelt mit ihren kontingenten Akteuren und multiplen sozialen Strukturierungen.

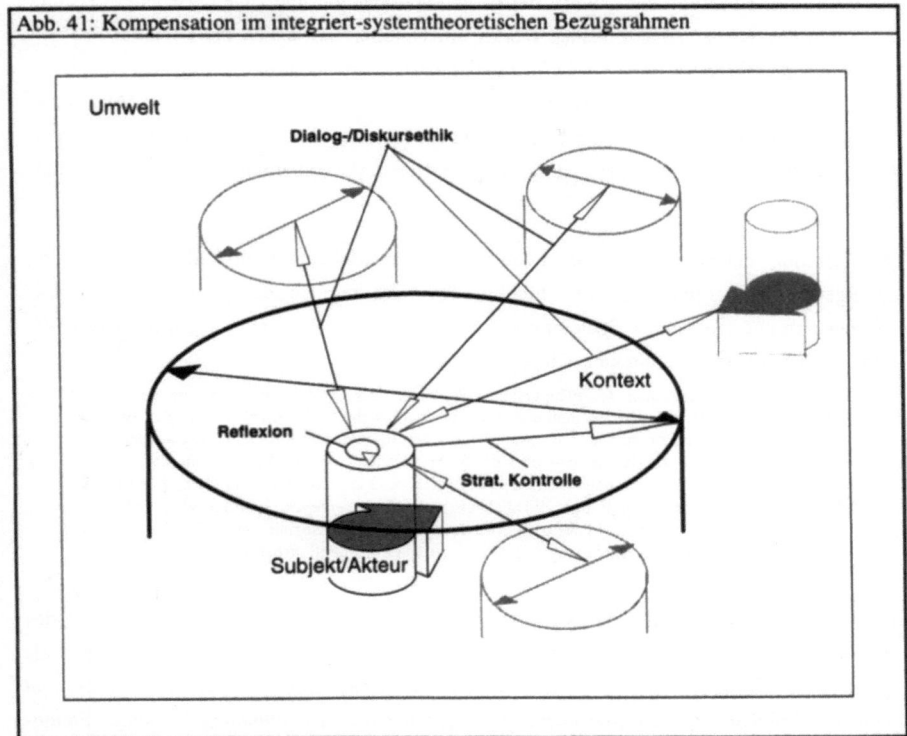

Abb. 41: Kompensation im integriert-systemtheoretischen Bezugsrahmen

In kommunikativer Interpretation erstreckt sich "Reflexion" auf *"fiktiven Dialog"* über die eigene Identität und ihre Wirkungen, "Strategische Kontrolle" auf *"kritische Beobachtung"* der Gültigkeit bzw. Rationalität einer spezifischen Handlungsorientierung, und "Ethik" auf *"kommunikative Verständigung"* in Diskursen zur Orientierungserweiterung und zum Ausgleich bisher unberücksichtigter Nebenwirkungen der eigenen Handlungen; analog zum anfangs formulierten Zusammenhang von Erleben, Orientierung (Kognition) und Koordination (Kommunikation).

Illustriert werden kann dieses *"dreifache Ergänzungsverhältnis"* am profanen Beispiel der Selektivität der *Kaufentscheidung des "Güterkaufs"*; diese muß dreifach kompensiert werden:
-     als kritische Prüfung der persönlichen Lebenssituation, der Dringlichkeit des Bedarfs bzw. der Bedürfnisbefriedigung, der eigenen Nutzen- bzw. Anwendungsvorstellung des

Gutes sowie der potentiellen Aus- bzw. Nebenwirkungen der Kaufentscheidung und der Nutzung des Gutes auf Mitmenschen und Umwelt (Identität, subjektiver Umweltbezug und Integration: Reflexion);

- als kritische Prüfung der Qualität der Erfüllung erwarteter und zugeschriebener Leistung durch das Wirtschaftsgut, seines Wertes, im Hinblick auf seinen Preis (Rationalität im Anwendungs- sowie im Wirtschaftskontext: Strategische Kontrolle);

- und als kritische Legitimation bzw. Diskussion potentieller und aktueller Aus- bzw. Nebenwirkungen der Kaufentscheidung und der Nutzung des Gutes auf Mitmenschen und Umwelt in der Auseinandersetzung mit Betroffenen (Orientierungserweiterung: Diskursethik).

(1) "*Reflexion*" entspricht in etwa dem von WILLKE entwickelten Begriff als Thematisierung der eigenen Identität unter selbstreferentiellem Umweltbezug; sie setzt am *Verhältnis Subjekt - Umwelt* an und wirkt unter Steuerungsgesichtspunkten vor allem als *Integrationsmechanismus*, als Voraussetzung indirekter Selbststeuerung:

> "Die besondere Bedeutung der Fähigkeit zur Reflexion (als Bewußtsein einer von gewählten Kriterien abhängigen Identität) kommt erst zum Vorschein, wenn Reflexion als Modus der Systemsteuerung in Kontrast zu anderen Steuerungsformen gesetzt wird (...) Reflexion zielt auf jene besonders schwierige Form des Lernens oder der Selbsterziehung, welche Veränderung der systemeigenen Prozesse, Prioritäten und Positionen [von Erleben, Orientierung und Handeln, d. Verf.] im Hinblick auf angezielte zukünftige Wirklichkeiten *eines die eigenen Identität übergreifenden Zusammenhanges* verlangt. (...) Dies trifft etwa auf Mitglieder des Sozialsystems Familie, auf Abteilungen des Systems Unternehmung (...) ebenso zu wie auf Funktionsbereiche des Systems Gesellschaft."[218]

In dieser Konzeption zielt "Reflexion" auf die Selbstthematisierung der Selbstreferenz des Erlebens bzw. Erkennens und damit der Orientierung der Akteure; sie wird verstanden als "*autonomes Einstellen der eigenen Identität auf die Umwelt (Selbstkontrolle) und Selbstbeschränkung der eigenen Handlungsmöglichkeiten (Selbstbindung)*"[219] unter Fremd- und Selbstreferenz. "Reflexion" soll ungerichtet gegenüber der eigenen Identität sein, sowohl als *Bewußtsein der eigenen Selbstreferenz*, als *Bereitschaft zur Integration in einen Kontext* und seine Rationalität, wie auch als *Bewußtsein der Komplexität der Umwelt* und ihrer begrenzt-selektiven Verarbeitung.[220] Unter den Voraussetzungen des integriert-systemtheoretischen Bezugsrahmens, insbesondere unter der Bedeutung von Autonomie und Kommunikation (als struktureller Koppelung), kann "*Reflexivität" als Vorbedingung und Voraussetzung*

---

[218]  WILLKE (1989) S. 124f.

[219]  Vgl. WILLKE (1987) S. 153ff., (1989) S. 121ff., WIELAND (1990) S. 170 ("als Akt individueller und kollektiver Selbstbindung, als eine Möglichkeit der vernünftigen Wahl von Handlungsbeschränkungen.").

[220]  Vgl. WIELAND (1990) S. 169, WILLKE (1989) S. 124 ("Eine Beziehung zu sich selbst herzustellen mit dem Ziel, sich selbst als funktionsspezifisches Teil eines vernetzten Ganzen zu begreifen, dies verlangt voraussetzungsvolle Einsichten in Relationen und Relativitäten, die an ein Verstehen der Funktions- und Entwicklungsbedingungen anderer betroffener Systeme gebunden sind.").

*von kommunikativer "Ethik"* angesehen werden: als Bereitschaft des autonomen Akteurs zu offenem Erleben und zu verständigungsorientiertem Handeln.[221]

(2) Kommunikative *"Ethik"* kann in dieser Interpretation verstanden werden *als kommunikative Kompensation der Auswirkungen der Befolgung bestimmter Kontextrationalitäten auf die Umwelt unter genereller Öffnung gegenüber einer Vermittlung alternativer Umweltperspektiven bzw. Orientierungen mit anderen Wirkungszusammenhängen* im *Spannungsfeld von Kontext und komplexer Umwelt* (bzw. deren Kontextstrukturierung). WILLKE definiert in dieser Weise *"systemischen Diskurse"* als "sozietale Verhandlungssysteme zur Aufhebung divergierender Rationalitäten und Interessen"[222] (deren Verwandtschaft zu "formalem Dialog/ Diskurs" in Kap. E.II.1.b beschrieben wurde). Vor seiner "autopoietischen Wende" postulierte auch LUHMANN eine *Verbindung von "Reflexion"* (als "Formen der Selbstrationalisierung und Selbstabstraktion" bzw. als "Strategien des Selbstbewußtseins") *und "Ethik"* (als "Rechnen mit mehrfachen Systemreferenzen") *als "Koordination von bewußten Systeminteressen der Person und der Sozialsysteme"*,[223] im Sinne indirekter Selbst- und Kontextsteuerung. Nach Entwicklung seiner Medientheorie wendet er sich von diesen Begriffen ab, allerdings ohne alternative Lösungen des Problembestandes der intersystemischen Kompensation anzubieten: Funktional ausdifferenzierte soziale Systeme könnten (unter autopoietischer bzw. selbstreferentieller Geschlossenheit) nur nach ihren spezifischen "Medien" (z.B. "Geld" für die "Wirtschaft") und "Codes" beurteilt werden, ohne Rationalitätsurteile für andere Systeme bzw. für die Umwelt zu begründen; allerdings auch ohne eine Irrelevanz anderer Werte zu unterstellen.[224] Statt dessen müsse eine *"mehrwertige Logik"* eine Beschreibung der "Gesellschaft" (als "abgegrenzte Umwelt") liefern. Wie dies geschehen solle, verschweigt LUHMANN. In diese Funktion der kommunikativen Vermittlung einer "mehrwertigen Logik" bezüglich der Umwelterfassung und -verarbeitung setzen wir eine systemtranszendierende kommunikative *"Diskursethik"* analog zu STEINMANN/LÖHR, verstanden als *öffnende kommunikative Orientierungserweiterung bzw. -aktualisierung über ungerichtete argumentative Begründungsleistungen.* "Diskursethik" wird somit als *nachgeschaltetes*, aber gleichwichtiges *kommunikatives Korrektiv für Orientierung und Koordination* angesichts der Subjektivität des Erlebens, der Überkomplexität der Umwelt und der Begrenztheit aller Strukturierungsversuche konzipiert.

---

221 Vgl. ULRICH (1990) S, 202ff.

222 Vgl. WILLKE (1987) S. 76f. und WILLKE (1989) S. 135ff.

223 Vgl. LUHMANN (1964) S. 26; dort explizit der Begriff "Ethik".

224 Vgl. LUHMANN (1988a) S. 599, 645f. und LUHMANN (1988) S. 42, 84ff. (unter explizitem Bezug auf Ethik oder gesellschaftliche Verantwortung der Wirtschaft). Siehe auch die in bezug auf LUHMANNs Medientheorie geltende Kritik von STEINMANN/LÖHR (1987) S. 52f o. (1994) S. 226f., die integriert-systemtheoretisch durch Rückgriff auf den autonomen Akteur und seine Reflexion überwunden wird.

(3) *"Strategische Kontrolle"* erfüllt (intra-)systemisch, auf die Rationalität spezifischer Kontexte bezogen (z.b. für das soziale System "Unternehmung" und seine "strategische" Orientierung im Kontext des "Marktes" und der "Wirtschaft") eine Kompensationsfunktion im *Spannungsfeld von Subjekt und System bzw. Kontext*, nämlich die Sicherstellung bzw. Korrektur der Einhaltung der kontextuellen Rationalitätskriterien und damit der Effektivität der unternehmerischen Handlungsorientierung "Strategie" in der autonomen Selbststeuerung. Einen Zusammenhang von "Ethik" und "Strategischer Kontrolle" bzw. insbesondere kompensierender "Strategischer Überwachung" konstatieren bereits STEINMANN/LÖHR als "Schnittstelle, wo sich strategisches Management und Unternehmensethik in ihren organisatorischen Anforderungen treffen können".[225]. "Strategische Wachsamkeit", "offene Argumentationskultur", "Initiative", "Verantwortungsbewußtsein", "Mitdenken" etc. (vgl. Kap. B.IV.2.b) kommen sowohl den Anforderungen zur Umsetzung kritischer "Reflexion" wie kommunikativer "Unternehmensethik" entgegen, als "Vereinbarkeit von technischer und praktischer Vernunft auf der Ebene ihrer organisatorischen [d.h. 'systemtheoretischen', d. Verf.] Voraussetzungen"[226]. Allerdings liegt die kompensatorische Zielrichtung der "Strategischen Kontrolle" im Verhältnis von Subjekt und spezifischem Kontext, d.h. der Validierung der kontextspezifischen Rationalität einer selektierten (Handlungs-)Strategie.

Die Erfordernis kritischer Kompensation, sei es durch "Reflexion", "Strategische Kontrolle" oder "Diskursethik" kann damit (in dieser Interpretation) *auch nach dem integriert-systemtheoretischen Bezugsrahmen in Spannungsfeld von autonomem Akteur bzw. Subjekt, sozialem System bzw. steuerndem Kontext und komplexer Umwelt abgeleitet und begründet* werden. Umwelterkenntnis und Koordination bzw. indirekte Steuerung bedürfen angesichts des begrenzten und selektiven Umweltbezuges der Akteure grundsätzlich der kompensierenden Hinterfragung, Überwachung, Ergänzung und Weiterentwicklung für eine tragfähige und friedliche Koexistenz unter Komplexität und Interdependenz.

---

[225]   Vgl. STEINMANN/LÖHR (1987) S. 34ff. ("Zum Verhältnis von ökonomischer Rationalität und Unternehmensethik auf einzelwirtschaftlicher Ebene").

[226]   STEINMANN/LÖHR (1987) S. 36.

# F.  ZUSAMMENFASSUNG

Die Intention der Arbeit lag in der Begründung bzw. im Nachweis der Brauchbarkeit einer reformulierten soziologischen Systemtheorie als Mittel der *Erklärung und Untersuchung von auf sozialem Handeln und seinen Bestimmungsgrößen "Erleben", "Orientierung" und "Koordination" beruhender indirekter Steuerung* mit Fokus auf der Betrachtung wirtschaftlicher Aspekte. "Orientierung" wurde dazu als Grundlage indirekter Steuerung *im Spannungsfeld von Subjekt bzw. Akteur* (Neurobiologie, Kognitionstheorie, Radikaler Konstruktivismus, Handlungstheorie), *System bzw. Kontext* (soziologische Systemtheorie, Kommunikationstheorie) *und Umwelt* (System/Umwelt-Theorie)[1] verankert.

Befunde der betriebswirtschaftlichen (und ergänzender sozialwissenschaftlicher) Theorie zur Erklärung von allgemeiner wie systemtheoretischer "Steuerung" erwiesen sich in bezug auf Begrifflichkeit und Aussagewert vielfältig, aber oft abstrakt, inkonsequent, unklar und untereinander inkommensurabel[2]. Deshalb wurde versucht, aus geeigneten, in Auseinandersetzung mit oder Verbindung zur soziologischen Systemtheorie stehenden sozialwissenschaftlichen Ansätzen einen *"integrierten systemtheoretischen Bezugsrahmen"* zu (re-)konstruieren, der es erlaubt, das *Verhältnis von Subjekt, Systembildung und Umwelterfassung (Erleben, Orientierung und Koordination)* über die *Konzeption eines sozialen Zusammenhangs autonomer Akteure, kognitiver Handlungssysteme und interaktiver Kommunikationssysteme* zu analysieren, zu beschreiben und zu untersuchen. Systemtheoretische Aberrationen der Konzeption "physischer", "autopoietisch geschlossener" oder "evolutionärer" ("organischer") Sozialsystembildung wurden eindeutig zurückgewiesen. *"Soziale Systeme" müssen als im Erleben autonomer Akteure kognitiv (re-)konstruierte Handlungszusammenhänge subjektiver Orientierung* bzw. als *intersubjektive Koordinationsmechanismen interaktiver Kommunikationszusammenhänge des wiederholten gegenseitig aufeinanderbezogenen Handelns und Erlebens* verstanden werden.

Integriert-systemtheoretische "Steuerung" kann im *Spannungsfeld von Autonomie (der Akteure) und (koordinierendem) Kontext* nur als *"indirekte Selbst- und Kontextsteuerung"* über die *Rationalitätskriterien "Medien", "Codes" und "Kontextbedingungen"* konzipiert werden; ein daraus abgeleitetes "indirektes Integrations- und Steuerungsmodell" wurde in seinen kon-

---

[1]  So schlägt z.B. LUHMANN (1988d) S. 10 explizit vor, "die Unterscheidung von 'Subjekt' und 'Objekt' zu ersetzen durch die Unterscheidung von 'System' und 'Umwelt' "; wir setzen integriert-systemtheoretisch "Objekt" gleich "System" und ergänzen beide Unterscheidungen gegenseitig.

[2]  Zum Begriff der "Inkommensurabilität" vgl. STEINMANN/SCHERER (1994) S.1ff., SCHERER (1995) S. 1ff.

kreten Ausprägungen für den gesellschaftlichen Teilbereich der "Wirtschaft" und dessen subsystemische Kontexte beschrieben. Erkenntnisgewinne ergaben sich aus dieser *integriert-systemtheoretischen Fassung wirtschaftlicher Vorgänge und Organisationsformen*:

- einer Interpretation von "Wirtschaft" und "Markt" als Archetypus einer indirekten und dezentralen, d.h. "integriert-systemtheoretischen" Steuerungsform im gesellschaftlichen Kontext;
- der Beschreibung von "Wirtschaft" (gesellschaftliches Teilsystem), "Markt" (Verhandlungssystem) und "Unternehmung" (Organisation) als "Kommunikationssysteme" bzw. "Kontexte" sowie der medientheoretischen Interpretation bzw. Einordnung kontextspezifischer Rationalitätskriterien als "Medien", "Codes" und "Kontextbedingungen" (z.B. "Geld"/"Zahlung"/"Liquidität", "Preis"/"Kauf"/"Rentabilität", oder "Produktion"/"Absatz"/"Entgelt" bzw. "Strategie"/"Effektivität"/"Erfolgspotential") und ihrer Steuerungswirksamkeit (unter Ablehnung von falschem Determinismus und "Systemimperativen" der Abstraktion vom grundsätzlich autonomen und kontingenten Akteur); und
- einer Fassung der Phänomene "Macht" (als Versuch bzw. Fiktion der Implementation direkter Steuerung) und "Mikropolitik" (als Steuerungsentzug) unter der Problematik der Degeneration indirekter Selbst- und Kontextsteuerung durch die autonomen Akteure.

Ziel der Arbeit war auch ein Beitrag zur Beschreibung des Umweltbezuges und der Konstitution einer Orientierung, eines Weltbildes vor allem im Hinblick auf die *Frage einer "Normativität" in Radikalem Konstruktivismus und Systemtheorie* bezüglich einer "Verabschiedung des objektiven Wahrheitsbegriffs" oder scheinbarer "Beliebigkeitspostulate".[3] Die Nichtexistenz einer "ontologisch-objektiven" oder "objektiv erfaßbaren" Wahrheit oder Richtigkeit muß nicht gleichzeitig allgemeine Beliebigkeit oder Wertneutralität bedeuten, sondern stellt vielmehr die Bedeutung der *"Selektivität" der Orientierung* und ihrer "Subjektivität" (des Erlebens), "Relativität" (der Komplexitätsreduktion) und "Normativität" (der abgrenzenden Strukturierung) für einen verantwortlichen Umgang mit ihr im Spannungsfeld von Subjekt, System und Umwelt heraus. "Systemisches Denken" (ULRICH) bzw. "integrierte Systemtheorie" muß demgegenüber explizit als *"kritisch-normativ" im Sinne grundlegender Thematisierung bewußt selektiver Setzung von (Orientierungs-)Abgrenzungen und funktionaler Anerkennung von (Koordinations-)Normen unter gleichzeitiger Begründung der Notwendigkeit "kritischer Kompensation" als öffnende "reflexive" (kognitive), "strategische" (kontextuelle) und "diskursiv-ethische" (kommunikativ-umweltorientierte) Hinterfragung, Überprüfung und Revision der eigenen Orientierungen, Entscheidungen und Handlungen* verstanden werden. In diesem Sinne soll die Arbeit helfen, "Dogmatismen" und "fundamentale" Verabsolutierung bestimmter Orientierungen oder Steuerungskontexte zu überwinden.

---

[3]    Als Beispiel dieser Vorwürfe vgl. ZERFASS/SCHERER (1995) S. 496ff. mit ihrer "Kritik des sozialtechnologischen Ansatzes".

In diesem Sinne konzipiert und begründet die integriert-systemtheoretische Argumentation kritische Kompensation der "Subjektivität" des Erlebens unter *Selbstreferenz* (Subjekt), der "Relativität" der Orientierung unter *Komplexitätsreduktion* (Umwelt) und der "Normativität" der *Systembildung unter Abgrenzung und Strukturierung* (System) über die *Verbindung von Autopoiese, Radikalem Konstruktivismus, soziologischer Systemtheorie und Kommunikationstheorie.* Eine kritische Kompensation der *"Identität"* der autonomen Akteure und ihres Umweltbezuges erfolgt (subjektiv-kognitiv) über "Reflexion"; die Überwachung des Spannungsfeldes von kontextueller *"Rationalität"* und autonomer *"Strategie"* ihrer Orientierung in einem spezifischen Koordinations- bzw. Steuerungskontext obliegt der (systemisch-kontextuellen) "Strategischen Kontrolle". Externe Wirkungen von Identität und Kontextrationalität müssen über (kommunikativ-umweltoffene) "Diskursethik" in der Auseinandersetzung mit *"Betroffenen"* ausgeglichen werden, unter dem Versuch eines Brückenschlages zu Sprachpragmatik und Erlanger Konstruktivismus.

Angesichts der Vielfalt und Komplexität des Sujets wie der Theoriebildungen auf sozialwissenschaftlichem und betriebswirtschaftlichem Gebiet (deren (Un-)Vereinbarkeit derzeit unter dem Stichwort der "Inkommensurabilität" diskutiert wird), mußte apriori bewußt sein bzw. wurde im Verlaufe der Arbeit begründet, daß *der (re-)konstruierte integriert-systemtheoretische Bezugsrahmen dieser Arbeit kein abschließendes und begrifflich erschöpfendes "Welt-" oder "Erkenntnismodell" liefern kann.* Die Konstrukteur erhofft vielmehr, aus seiner spezifischen Intention heraus Denkanstöße zu einer Um- bzw. Neuinterpretation von als "technokratisch" bzw. "sozialtechnologisch" verrufenen systemtheoretischen Theorieansätzen hin zu ihren kritischen Wurzeln und Gehalten zu vermitteln, Ansätze zu einer weitergehenden Vertiefung der hier angedachten und formulierten Vorstellungen und Begrifflichkeiten mit adäquateren Detaillierungsgraden zu ermöglichen und der sozialwissenschaftlichen Theorie zwischen Kognitions-, Handlungs-, System- und Kommunikationstheorie (und ihren verschiedenen Verzweigungen) so einen neuen integrativen Baustein hinzuzufügen.

# LITERATURVERZEICHNIS

ABEL, Bodo (1978): Betriebswirtschaftslehre und praktische Vernunft, in: STEINMANN, H. (Hrsg.): Betriebswirtschaftslehre als normative Handlungswissenschaft: Zur Bedeutung der konstruktiven Wissenschaftstheorie für die Betriebswirtschaftslehre, Wiesbaden 1978, S. 161-191.

ACKERMAN, Charles/PARSONS, Talcott (1976): Der Begriff "Sozialsystem" als theoretisches Instrument, in: PARSONS, Talcott: Zur Theorie sozialer Systeme, herausgegeben und eingeleitet von Stefan Jensen, Opladen 1976, S. 69-84.

ACKOFF, R./EMERY, F. (1975): Zielbewusste Systeme, Frankfurt New York 1975.

AHRENS, R./SCHERER, H./ZERFASS, A. (Hrsg.): Integriertes Kommunikationsmanagement - Konzeptionelle Grundlagen und praktische Erfahrungen, Frankfurt a.M. 1995.

APEL, Karl-Otto: Transformationen der Philosophie II, Frankfurt a.M. 1973.

APEL, Karl-Otto (1973): Das Apriori der Kommunikationsgemeinschaft und die Grundlagen der Ethik, in: APEL, Karl-Otto: Transformationen der Philosophie II, Frankfurt a.M. 1973, S. 358-435.

APEL, K.-O. (Hrsg.): Sprachpragmatik und Philosophie. Frankfurt a.M. 1982 (suhrkamp taschenbuch wissenschaft 375).

APEL, Karl-Otto (1982): Sprechakttheorie und transzendentale Sprachpragmatik zur Frage ethischer Normen, in: APEL, K.-O. (Hrsg.): Sprachpragmatik und Philosophie. Frankfurt a.M. 1982 (suhrkamp taschenbuch wissenschaft 375), S. 10-173.

APEL, Karl-Otto (1990): Diskursethik als Verantwortungsethik und das Problem der ökonomischen Rationalität, in: BIERVERT, B./HELD, M./WIELAND, J. (Hrsg.): Sozialphilosophische Grundlagen des Handelns, Frankfurt a.M. 1990, S. 121-154.

BAECKER, D./MARKOWITZ, J./STICHWEH, R./TYRELL, H./WILLKE, H. (Hrsg.): Theorie als Passion: Niklas Luhmann zum 60. Geburtstag, Frankfurt a.M. 1987.

BAECKER, Dirk (1987): Das Gedächtnis der Wirtschaft, in: BAECKER, D./MARKOWITZ, J./STICHWEH, R./TYRELL, H./WILLKE, H. (Hrsg.): Theorie als Passion: Niklas Luhmann zum 60. Geburtstag, Frankfurt a.M. 1987, S. 519-546.

BAECKER, Dirk (1987a): Die Beobachtung der Politik durch die Wirtschaft, in: GLAGOW, M./WILLKE, H. (Hrsg.): Dezentrale Gesellschaftssteuerung: Probleme der Integration polyzentrischer Gesellschaft, Pfaffenweiler 1987, S. 65-73.

BAECKER, Dirk (1987b): Steuerung im Markt: Zur These paradoxer Systemkonstitution am Beispiel einer Analyse der Wirtschaft, in: GLAGOW, M./WILLKE, H. (Hrsg.): Dezentrale Gesellschaftssteuerung: Probleme der Integration polyzentrischer Gesellschaft, Pfaffenweiler 1987, S. 136-154.

BAECKER, Dirk (1988): Information und Risiko in der Marktwirtschaft, Frankfurt a.M. 1988.

BAECKER, Dirk (1993): Die Form des Unternehmens, Frankfurt a.M. 1993.

BAECKER, Dirk (1993a): System, Systemtheorie: 1. Soziologisch, in: ENDERLE, G./ HOMANN, K./HONECKER, M./KERBER, W./STEINMANN, H. (Hrsg.): Lexikon der Wirtschaftsethik, Freiburg, Basel, Wien 1993, Sp. 1055-1060.

BEA, F.X./DICHTL, E./SCHWEITZER, M. (Hrsg.): Allgemeine Betriebswirtschaftslehre, Band 1, 3., überarbeitete Auflage, Stuttgart, New York 1985.

BECKER, Albrecht/KÜPPER, Willi/ORTMANN, Günther (1988): Revisionen der Rationalität, in: KÜPPER, W./ORTMANN, G. (Hrsg.): Mikropolitik: Rationalität, Macht und Spiele in Organisationen, Opladen 1988, S. 89-113.

BENTELE, G./RÜHL, M. (Hrsg.): Theorien öffentlicher Kommunikation: Problemfelder, Positionen, Perspektiven, München 1993.

BENTELE, Günter (1993): Wie wirklich ist die Medienwelt? Einige Anmerkungen zum Konstruktivismus und Realismus in der Kommunikationswissenschaft, in: BENTELE, G./RÜHL, M. (Hrsg.): Theorien öffentlicher Kommunikation: Problemfelder, Positionen, Perspektiven, München 1993, S. 152-171.

BERGER, Johannes (1987): Autopoiesis: Wie "systemisch" ist die Theorie sozialer Systeme? in: HAFERKAMP, H./SCHMID, M. (Hrsg.): Sinn, Kommunikation und soziale Differenzierung: Beiträge zu Luhmanns Theorie sozialer Systeme, Frankfurt a.M. 1987, S. 129-152.

BIERVERT, B./HELD, M./WIELAND, J. (Hrsg.): Sozialphilosophische Grundlagen des Handelns, Frankfurt a.M. 1990.

BOSETZKY, Horst (1977): Machiavellismus, Machtkumulation und Mikropolitik, zfo 46 (1977), S. 121-125.

BOSETZKY, Horst (1978): Interne Machtverteilung und Chancen von organisatorischen Änderungen, zfo 47 (1978) 4, S. 219-227.

BOSETZKY, Horst (1988): Mikropolitik, Machiavellismus und Machtkumulation, in: KÜPPER, W./ORTMANN, G. (Hrsg.): Mikropolitik: Rationalität, Macht und Spiele in Organisationen, Opladen 1988, S. 27-37.

BOSETZKY, Horst/HEINRICH, Peter (1980): Mensch und Organisation: Aspekte bürokratischer Sozialisation: Eine praxisorientierte Einführung in die Soziologie und Sozialpsychologie der Verwaltung, Köln 1980.

BRAUN, Wolfram (1978): Wissenschaft und Werturteil: Zu einigen Mißverständnissen einer normativ kritischen Betriebswirtschaftslehre, in: STEINMANN, H. (Hrsg.): Betriebswirtschaftslehre als normative Handlungswissenschaft: Zur Bedeutung der konstruktiven Wissenschaftstheorie für die Betriebswirtschaftslehre, Wiesbaden 1978, S. 193-201.

BRAUN, Wolfram/SCHREYÖGG, Georg (1980): Macht und Argumentation: Zu den wissenschaftstheoretischen Grundlagen des Machtbegriffs und zu seiner Verwendung in der Betriebswirtschaftslehre, in: REBER, G. (Hrsg.): Macht in Organisationen, Stuttgart 1980, S. 19-36.

BÜHL, Walter L. (1987): Grenzen der Autopoiesis, Kölner Zeitschrift für Soziologie und Sozialpsychologie 39 (1987), S. 225-254.

BÜHLER, W./HOFMANN, M./MALINSKY, A.H./REBER, G./PERNSTEINER, A.W. (Hrsg.): Die ganzheitlich-verstehende Betrachtung der sozialen Leistungsordnung: Ein Beitrag zur Ganzheitsforschung und -lehre, Wien, New York 1985.

BYRNE, John A. (1993): The Virtual Corporation, BUSINESS WEEK (1993) 8, S. 36-41.

CARTWRIGHT, D. (ed.): Studies in Social Power, Ann Arbor 1959, Reprinted 1966.

CORSTEN, H. (Hrsg.): Lexikon der Betriebswirtschaftslehre, München, Wien 1992.

CROZIER, Michel/FRIEDBERG, Erhard (1979): Macht und Organisation: Die Zwänge kollektiven Handelns, Königstein/Ts. 1979.

DACHLER, Peter H./DYLLIK, Thomas (1988): "Machen" und "Kultivieren": Zwei Grundperspektiven der Führung, Die Unternehmung 42 (1988) 4, S. 283-295.

DYLLIK, Thomas (1989): Management der Umweltbeziehungen: Öffentliche Auseinandersetzungen als Herausforderungen, Wiesbaden 1989.

EICHMANN, Rainer (1989): Diskurs gesellschaftlicher Teilsysteme: Zur Abstimmung von Bildungssystem und Beschäftigungssystem, Wiesbaden 1989.

ENDERLE, G./HOMANN, K./HONECKER, M./KERBER, W./STEINMANN, H. (Hrsg.): Lexikon der Wirtschaftsethik, Freiburg, Basel, Wien 1993.

ENDRUWEIT, Günter (1994): Handlungsorientierungen, in: FUCHS-HEINRITZ, W./ LAUTMANN, R./RAMMSTEDT, O./WIENOLD, H. (Hrsg.): Lexikon zur Soziologie, 3., völlig neu bearbeitete und erweiterte Auflage, Opladen 1994, S. 266.

ESSER, Hartmut (1985): Soziale Differenzierung als ungeplante Folge absichtsvollen Handelns: Der Fall der ethnischen Segmentation, Zeitschrift für Soziologie 14 (1985) 6, 435-449.

ESSER, Hartmut (1994): Kommunikation und "Handlung", in: RUSCH, G./SCHMIDT, S.J. (Hrsg.): Konstruktivismus und Sozialtheorie, DELFIN 1993, Frankfurt a.M. 1994, S. 172-204.


FISCHER, H.R. (Hrsg.): Autopoiesis: Eine Theorie im Brennpunkt der Kritik, 1. Aufl. Heidelberg 1991.

FISCHER, Hans Rudi (1991): Murphys Geist oder die glücklich abhanden gekommene Welt: Zur Einführung in die Theorie autopoietischer Systeme, in: FISCHER, H.R. (Hrsg.): Autopoiesis: Eine Theorie im Brennpunkt der Kritik, 1. Aufl., Heidelberg 1991, S. 9-37.

FISCHER, Hans Rudi (1991a): Information, Kommunikation und Sprache: Fragen eines Beobachters, in: FISCHER, H.R. (Hrsg.): Autopoiesis: Eine Theorie im Brennpunkt der Kritik, 1. Aufl., Heidelberg 1991, S. 67-97.

FLOOD, Robert L./ULRICH, Werner (1990): Testament to Conversations on Critical Systems Thinking Between Two Systems Practitioners, Systems Practice 3 (1990) 1, S. 7-29.

FORUM FÜR PHILOSOPHIE BAD HOMBURG (Hrsg.): Zeiterfahrung und Personalität, Frankfurt a.M. 1992 (Suhrkamp Taschenbuch Wissenschaft 986).

FREDRICKSON, J. (ed.): Perspectives on Strategic Management, New York 1990.

FRENCH, John R.P./RAVEN, Bertram and Jr. (1966): The Bases of Social Power, in: CARTWRIGHT, D. (ed.): Studies in Social Power, Ann Arbor 1959, Reprinted 1966, S. 150-167.

FRIEDBERG, Erhard (1980): Macht und Organisation, in: REBER, G. (Hrsg.): Macht in Organisationen, Stuttgart 1980, S. 123-134.

FRIEDBERG, Erhard (1988): Zur Politologie von Organisationen, in: KÜPPER, W./ ORTMANN, G. (Hrsg.): Mikropolitik. Rationalität, Macht und Spiele in Organisationen, Opladen 1988, S. 39-52.

FUCHS-HEINRITZ, W./LAUTMANN, R./RAMMSTEDT, O./WIENOLD, H. (Hrsg.): Lexikon zur Soziologie, herausgegeben von Werner Fuchs-Heinritz, Rüdiger Lautmann, Otthein Rammstedt, Hanns Wienold, 3., völlig neu bearbeitete und erweiterte Auflage, Opladen 1994.


GÄLWEILER, Alois (1981): Strategische Unternehmensplanung, in: STEINMANN, H. (Hrsg.): Planung und Kontrolle: Probleme der strategischen Unternehmensführung, München 1981, S. 84-101.

GERHARDS, Jürgen (1984): Wahrheit und Ideologie: Eine kritische Einführung in die Systemtheorie von Niklas Luhmann, Köln 1984.

GIEGEL, Hans-Joachim (1987): Interpenetration und reflexive Bestimmung des Verhältnisses von psychischem und sozialem System, in: HAFERKAMP, H./SCHMID, M. (Hrsg.): Sinn, Kommunikation und soziale Differenzierung: Beiträge zu Luhmanns Theorie sozialer Systeme, Frankfurt a.M. 1987, S. 212-244.

GLAGOW, M./WILLKE, H. (Hrsg.): Dezentrale Gesellschaftssteuerung: Probleme der Integration polyzentrischer Gesellschaft, Pfaffenweiler 1987.

GOTSCH, Wilfried (1987): "Soziale Steuerung" - Zum fehlenden Konzept einer Debatte, in GLAGOW, G./WILLKE, H. (Hrsg.): Dezentrale Gesellschaftssteuerung: Probleme der Integration polyzentrischer Gesellschaft, Pfaffenweiler 1987, S. 27-44.

GRIESE, Joachim (1992): Auswirkungen globaler Informations- und Kommunikationssysteme auf die Organisation weltweit tätiger Unternehmen, in: STAEHLE, W.H./ CONRAD, P. (Hrsg.): Managementforschung 2, Berlin, New York 1992, S. 163-175.

GROOTHUIS, Ulrich: Wie eine Zitrone, WirtschaftsWoche (1993) 51, S. 52-60.

GRUNWALD, Wolfgang (1980): Macht als Persönlichkeitsdisposition: Theoretische, methodologische und empirische Aspekte, in: REBER, G. (Hrsg.): Macht in Organisationen, Stuttgart 1980, S. 91-121.


HABERMAS, Jürgen (1971): Vorbereitende Bemerkungen zu einer Theorie der kommunikativen Kompetenz, in: HABERMAS, J./LUHMANN, N.: Theorie der Gesellschaft oder Sozialtechnologie - Was leistet die Systemforschung?, Theorie-Diskussion, Frankfurt a.M. 1971, S. 101-141.

HABERMAS, Jürgen (1971a): Theorie der Gesellschaft oder Sozialtechnologie? Eine Auseinandersetzung mit Niklas Luhmann, in: HABERMAS, J./LUHMANN, N.: Theorie der Gesellschaft oder Sozialtechnologie - Was leistet die Systemforschung?, Theorie-Diskussion, Frankfurt a.M. 1971, S. 142-290.

HABERMAS, Jürgen (1982): Was heißt Universalpragmatik?, in: APEL, K.-O. (Hrsg.): Sprachpragmatik und Philosophie. Frankfurt a.M. 1982 (suhrkamp taschenbuch wissenschaft 375), S. 174-272.

HABERMAS, Jürgen (1988): Theorie des kommunikativen Handelns, Band I: Handlungsrationalität und gesellschaftliche Rationalisierung, Frankfurt a.M. 1981 (edition suhrkamp 1502, Neue Folge Band 502, Erste Auflage 1988).

HABERMAS, Jürgen (1988a): Theorie des kommunikativen Handelns, Band II: Zur Kritik der funktionalistischen Vernunft, Frankfurt a.M. 1981 (edition suhrkamp 1502, Neue Folge Band 502, Erste Auflage 1988).

HABERMAS, J./LUHMANN, N.: Theorie der Gesellschaft oder Sozialtechnologie - Was leistet die Systemforschung?, Theorie-Diskussion, Frankfurt a.M. 1971.

HAFERKAMP, Hans (1985): Mead und das Problem gemeinsamen Wissens, Zeitschrift für Soziologie 14 (1985) 3, S. 175-187.

HAFERKAMP, Hans (1987): Autopoietisches soziales System oder konstruktives soziales Handeln? Zur Ankunft der Handlungstheorie und zur Abweisung empirischer Forschung in Niklas Luhmanns Systemtheorie, in: HAFERKAMP, H./SCHMID, M. (Hrsg.): Sinn, Kommunikation und soziale Differenzierung: Beiträge zu Luhmanns Theorie sozialer Systeme, Frankfurt a.M. 1987, S. 51-88.

HAFERKAMP, H./SCHMID, M. (Hrsg.): Sinn, Kommunikation und soziale Differenzierung: Beiträge zu Luhmanns Theorie sozialer Systeme, Frankfurt a.M. 1987.

HAMMER, Michael (1990): Reengineering Work: Don't Automate, Obliterate. HARVARD BUSINESS REVIEW (1990) July-August, S. 104-112.

HAMMER, Michael/CHAMPY, James (1994): Business Reengineering: Die Radikalkur für das Unternehmen, Frankfurt a.M., New York 1994.

HARTFELDER, Dieter (1984): Management als Sinnvermittlung? Die Unternehmung 38 (1984) 4, S. 373-395.

HASSELBERG, Frank (1989): Strategische Kontrolle im Rahmen strategischer Unternehmensführung, Frankfurt a.M., Bern, New York, Paris 1989.

HAX, Arnoldo C./MAILUF, Nicolas S. (1988): Strategisches Management: Ein integriertes Konzept aus dem MIT, Frankfurt a.M., New York 1988.

HEJL, Peter M. (1991): Konstruktion der sozialen Konstruktion: Grundlinien einer konstruktivistischen Sozialtheorie, in: SCHMIDT, S.J. (Hrsg.): Der Diskurs des radikalen Konstruktivismus, 4. Aufl., Frankfurt a.M. 1991, S. 303-339.

HELLE, Horst J. (1991): Symbolische Interaktion, in: REINHOLD, G. (Hrsg.): Soziologie-Lexikon, München, Wien 1991, S. 601-605.

HIRSCHMAN, Albert O. (1970): Exit, Voice and Loyalty: Responses to Decline in Firms, Organizations and States, Cambridge, Mass. 1970.

HOFER, Charles W./SCHENDEL, Dan (1978): Strategy Formulation: Analytical Concepts, St. Paul, New York, Los Angeles, San Francisco 1978.

HOHL, Eberhard K./KNICKER, Theo (1987): Die Führungskraft als Spielmacher, HARVARD manager (1987) 3, S. 83-90.

JANICH, Peter (1992): Die methodische Ordnung von Konstruktionen. Der Radikale Konstruktivismus aus der Sicht des Erlanger Konstruktivismus, in: SCHMIDT, S.J. (Hrsg.): Kognition und Gesellschaft: Der Diskurs des radikalen Konstruktivismus 2, Frankfurt a.M. 1992, S. 24-41.

JANICH, Peter (1992a): Einmaligkeit und Wiederholbarkeit: Ein erkenntnistheoretischer Versuch über die Zeit, in: FORUM FÜR PHILOSOPHIE BAD HOMBURG (Hrsg.): Zeiterfahrung und Personalität, Frankfurt a.M. 1992 (Suhrkamp Taschenbuch Wissenschaft 986), S. 247-263.

JENSEN, Stefan (1976): Einleitung, in: PARSONS, Talcott: Zur Theorie sozialer Systeme, herausgeben und eingeleitet von Stefan Jensen, Opladen 1976, S. 9-67.

JENSEN, Stefan (1978): Interpenetration - Zum Verhältnis personaler und sozialer Systeme?, Zeitschrift für Soziologie 7 (1978) 2, S. 116-129.

JENSEN, Stefan (1980): Einleitung, in: PARSONS, Talcott: Zur Theorie sozialer Interaktionsmedien, herausgegeben und eingeleitet von Stefan Jensen, Opladen 1980, S. 7-55.

JENSEN, Stefan (1984). Aspekte der Medien-Theorie: Welche Funktion haben die Medien in Handlungssystemen?, Zeitschrift für Soziologie 13 (1984) 2, S. 145-164.

JIRASEK, Johann/MAI, Diethard (1972): Kybernetisches Denken in der Betriebswirtschaft: Zur Nutzanwendung der Kybernetik in der Praxis der Unternehmensführung, Berlin 1972.

JOAS, Hans (1989): Praktische Intersubjektivität: Die Entwicklung des Werkes von George Herbert Mead, Frankfurt a.M. 1989 (Suhrkamp-Taschenbuch Wissenschaft: 765).

JOAS, Hans (1991): Handlungstheorie, in: REINHOLD, G. (Hrsg.): Soziologie-Lexikon, München, Wien 1991, S. 228-230.

KASUGA, Junichi (1987): Die Beobachtung des Marktes: asymmetrische Strukturen und generalisierte Erwartungen, in: BAECKER, D./MARKOWITZ, J./STICHWEH, R./ TYRELL, H./ WILLKE, H. (Hrsg.): Theorie als Passion: Niklas Luhmann zum 60. Geburtstag, Frankfurt a.M. 1987, S. 547-569.

KATZ, Robert L. (1974): Skills of an effective administrator, Harvard Business Review (1974) September-October, S. 90-102

KEPPLINGER, Hans Mathias (1993): Erkenntnistheorie und Forschungspraxis des Konstruktivismus, in: BENTELE, G./RÜHL, M. (Hrsg.): Theorien öffentlicher Kommunikation: Problemfelder, Positionen, Perspektiven, München 1993, S. 118-125.

KIECHL, Rolf (1985): Macht im kooperativen Führungsstil, Bern, Stuttgart 1985.

KIESER, Alfred/KUBICEK, Herbert (1978): Organisationstheorien I, 1. Aufl., Stuttgart, Berlin, Köln, Mainz 1978 (Urban-TB Bd. 514).

KIRSCH, Werner (1992): Kommunikatives Handeln, Autopoiese, Rationalität: Sondierungen zu einer evolutionären Führungslehre, München 1992.

KIRSCH, W./PICOT, A. (Hrsg.): Die Betriebswirtschaftslehre im Spannungsfeld von Generalisierung und Spezialisierung: Edmund Heinen zum 70. Geburtstag, Wiesbaden 1989.

KISS, Gabor (1986): Grundzüge und Entwicklung der Luhmannschen Systemtheorie, Stuttgart 1986.

KISS, Gabor (1989): Evolution soziologischer Grundbegriffe: Zum Wandel ihrer Semantik, Stuttgart 1989.

KLAUS, Peter (1987): Durch den Strategie-Theorien-Dschungel... - Zu einem Strategischen Management Paradigma? DBW 47 (1987) 1, S. 50-68.

KLEIN, Stefan (1994): Virtuelle Organisation, WiSt (1994) 6, S. 309-311.

KLIMA, Rolf (1994): Kognition, in: FUCHS-HEINRITZ, W./LAUTMANN, R./RAMMSTEDT, O./ WIENOLD, H. (Hrsg.): Lexikon zur Soziologie, 3., völlig neu bearbeitete und erweiterte Auflage, Opladen 1994, S. 342.

KLIMA, Rolf (1994a): Orientierung, in: FUCHS-HEINRITZ, W./LAUTMANN, R./RAMMSTEDT, O./WIENOLD, H. (Hrsg.): Lexikon zur Soziologie, 3., völlig neu bearbeitete und erweiterte Auflage, Opladen 1994, S. 482.

KLIMA, Rolf (1994b): Wahrnehmung, in: FUCHS-HEINRITZ, W./LAUTMANN, R./RAMM-STEDT, O./WIENOLD, H. (Hrsg.): Lexikon zur Soziologie, 3., völlig neu bearbeitete und erweiterte Auflage, Opladen 1994, S. 731.

KNYPHAUSEN, Dodo zu (1991): Selbstorganisation und Führung: Systemtheoretische Beiträge zu einer evolutionären Führungskonzeption, Die Unternehmung 45 (1991) 1, S. 47-63.

KNYPHAUSEN-AUFSESS, Dodo zu (1995): Theorie der strategischen Unternehmensführung: state of the art und neue Perspektiven, Wiesbaden 1995.

KOONTZ, Harold/WEIHRICH, Heinz (1988): Management, Ninth Edition. McGraw-Hill Inc. 1988.

KORNWACHS, Klaus (1993): System, Systemtheorie, in: ENDERLE, G./HOMANN, K./HON-ECKER, M./KERBER, W./STEINMANN, H. (Hrsg.): Lexikon der Wirtschaftsethik, Freiburg, Basel, Wien 1993, Spalten 1060-1066.

KRIPPENDORFF, Klaus (1993): Schritte zu einer konstruktivistischen Erkenntnistheorie der Massenkommunikation, in: BENTELE, G./RÜHL, M. (Hrsg.): Theorien öffentlicher Kommunikation: Problemfelder, Positionen, Perspektiven, München 1993 S. 19-51.

KRÜGER, Wilfried (1974): Macht in der Unternehmung: Elemente und Strukturen, Stuttgart 1974.

KRÜGER, Wilfried (1980): Unternehmungsprozeß und Operationalisierung von Macht, in: REBER, G. (Hrsg.): Macht in Organisationen, Stuttgart 1980, S. 223-244.

KÜNZLER, Jan (1986): Talcott Parsons' Theorie der symbolisch generalisierten Medien in ihrem Verhältnis zu Sprache und Kommunikation, Zeitschrift für Soziologie 15 (1986) 6, S. 422-437.

KÜNZLER, Jan (1987): Grundlagenprobleme der Theorie symbolisch generalisierter Kommunikationsmedien bei Niklas Luhmann, Zeitschrift für Soziologie 16 (1987) 5, S. 317-333.

KÜPPER, Willi/ORTMANN, Günther (1986): Mikropolitik in Organisationen, DBW 5 (1986) 5, S. 590-602.

KÜPPER, W./ORTMANN, G. (Hrsg.): Mikropolitik: Rationalität, Macht und Spiele in Organisationen, Opladen 1988.

KÜPPER, Willi/ORTMANN, Günther (1988): Vorwort: Mikropolitik - Das Handeln der Akteure und die Zwänge der Systeme, in: KÜPPER, W./ORTMANN, G. (Hrsg.): Mikropolitik: Rationalität, Macht und Spiele in Organisationen, Opladen 1988, S. 7-9.

LANDRY, Maurice (1995): A Note on the Concept of "Problem", Organization Studies 16 (1995) 2, S. 315-343.

LAUTMANN, Rüdiger (1994): Koordination, in: FUCHS-HEINRITZ, W./LAUTMANN, R./RAMMSTEDT, O./WIENOLD, H. (Hrsg.): Lexikon zur Soziologie, 3., völlig neu bearbeitete und erweiterte Auflage, Opladen 1994, S. 371.

LENZ, Hansrudi/ZUNDEL, Stefan (1989): Zum Begriff der Unternehmensethik: Entgegnungen zu einem Beitrag von H. Steinmann und A. Löhr, zfbf 41 (1989) 4, S. 318-328.

LIPP, Wolfgang (1987): Autopoiesis biologisch, Autopoiesis soziologisch: Wohin führt Luhmanns Paradigmenwechsel? Kölner Zeitschrift für Soziologie und Sozialpsychologie 39 (1987), S. 452-470.

LÖHR, Albert (1991): Unternehmensethik und Betriebswirtschaftslehre: Untersuchungen zur theoretischen Stützung der Unternehmenspraxis, Stuttgart 1991.

LORENZEN, Paul (1974): Konstruktive Wissenschaftstheorie, Frankfurt a.M. 1974.

LORENZEN, Paul (1978): Konstruktive Wissenschaftstheorie und Praxis, in: STEINMANN, H. (Hrsg.): Betriebswirtschaftslehre als normative Handlungswissenschaft: Zur Bedeutung der konstruktiven Wissenschaftstheorie für die Betriebswirtschaftslehre, Wiesbaden 1978, S. 13-31.

LORENZEN, Paul (1989): Philosophische Fundierungsprobleme einer Wirtschafts- und Unternehmensethik, in: STEINMANN, H./LÖHR, A. (Hrsg.): Unternehmensethik, Stuttgart 1989, S. 25-57.

LUEKEN, Geert-Lueke (1992): Inkommensurabilität als Problem rationalen Argumentierens, Stuttgart-Bad Cannstadt 1992.

LUHMANN, Niklas (1964): Funktionen und Folgen formaler Organisation, Berlin 1964.

LUHMANN, Niklas (1969): Klassische Theorie der Macht: Kritik ihrer Prämissen, Zeitschrift für Politik 16 (1969) 2, S. 149-170.

LUHMANN, Niklas (1970): Soziologische Aufklärung: Aufsätze zur Theorie sozialer Systeme, Opladen 1970.

LUHMANN, Niklas (1971): Moderne Systemtheorien als Form gesamtgesellschaftlicher Analyse, in: HABERMAS, J./LUHMANN, N.: Theorie der Gesellschaft oder Sozialtechnologie - Was leistet die Systemforschung?, Theorie-Diskussion, Frankfurt a.M. 1971, S. 7-24.

LUHMANN, Niklas (1971a): Sinn als Grundbegriff der Soziologie, in: HABERMAS, J./LUHMANN, N.: Theorie der Gesellschaft oder Sozialtechnologie - Was leistet die Systemforschung?, Theorie-Diskussion, Frankfurt a.M. 1971, S. 25-71.

LUHMANN, Niklas (1971b): Systemtheoretische Argumentationen: Eine Entgegnung auf Jürgen Habermas, in: HABERMAS, J./LUHMANN, N.: Theorie der Gesellschaft oder Sozialtechnologie - Was leistet die Systemforschung?, Theorie-Diskussion, Frankfurt a.M. 1971, S. 291-405.

LUHMANN, Niklas (1973): Zweckbegriff und Systemrationalität: Über die Funktion von Zwecken in sozialen Systemen, Frankfurt a.M. 1973 (Suhrkamp Taschenbuch Wissenschaft 12).

LUHMANN, Niklas (1975): Soziologische Aufklärung, Band 2: Aufsätze zur Theorie der Gesellschaft, Opladen 1975.

LUHMANN, Niklas (1977): Interpenetration - Zum Verhältnis personaler und sozialer Systeme, Zeitschrift für Soziologie 6 (1977) 1, S. 62-76.

LUHMANN, Niklas (1978): Organisation und Entscheidung, Opladen 1978 (Rheinisch-Westfälische Akademie der Wissenschaften Vorträge G 232).

LUHMANN, Niklas (1978a): Diskussion: Interpenetration bei Parsons, Zeitschrift für Soziologie 7 (1978) 3, S. 273-298.

LUHMANN, Niklas (1981): Soziologische Aufklärung, Band 3: Soziales System, Gesellschaft, Organisation, Opladen 1981.

LUHMANN, Niklas (1984): Soziologische Aspekte des Entscheidungsverhaltens, DBW 44 (1984) 4, S. 591-603.

LUHMANN, Niklas (1984a): Die Wirtschaft der Gesellschaft als autopoietisches System, Zeitschrift für Soziologie 13 (1984) 4, S. 308-327.

LUHMANN, Niklas (1985): Die Autopoiesis des Bewußtseins, Soziale Welt 36 (1985) 4, S. 402-446.

LUHMANN, Niklas (1987): Autopoiesis als soziologischer Begriff, in: HAFERKAMP, H./ SCHMID, M. (Hrsg.): Sinn, Kommunikation und soziale Differenzierung: Beiträge zu Luhmanns Theorie sozialer Systeme, Frankfurt a.M. 1987, S. 307-324.

LUHMANN, Niklas (1988): Die Wirtschaft der Gesellschaft, Frankfurt a.M. 1988.

LUHMANN, Niklas (1988a): Soziale Systeme: Grundriß einer allgemeinen Theorie, 2. Auflage, Frankfurt a.M. 1988 (Suhrkamp Taschenbuch Wissenschaft 666).

LUHMANN, Niklas (1988b): Macht, 2., durchges. Aufl., Stuttgart 1988.

LUHMANN, Niklas (1988c): Neuere Entwicklungen in der Systemtheorie, Merkur 42 (1988), S. 292-300.

LUHMANN, Niklas (1988d): Erkenntnis als Konstruktion, Bern 1988.

LUHMANN, Niklas (1988e): Organisation, in: KÜPPER, W./ORTMANN, G. (Hrsg.): Mikropolitik: Rationalität, Macht und Spiele in Organisationen, Opladen 1988, S. 165-185.

LUHMANN, Niklas (1988f): Wer sagt das? Eine Replik, DELFIN 5 (1988) XII, S. 90-91.

LUHMANN, Niklas (1990): Soziologische Aufklärung, Band 5: Konstruktivistische Perspektiven, Opladen 1990.

LUHMANN, Niklas (1990a): Die Wissenschaft der Gesellschaft, Frankfurt a.M. 1990.

LUHMANN, Niklas (1990b): Anfang und Ende: Probleme einer Unterscheidung, in: LUHMANN, N./ SCHORR, K.E. (Hrsg.): Zwischen Anfang und Ende: Fragen an die Pädagogik, 1. Aufl., Frankfurt a.M. 1990, S. 11-23.

LUHMANN, Niklas (1992): Wer kennt Wil Martens? Eine Anmerkung zum Problem der Emergenz sozialer Systeme, Kölner Zeitschrift für Soziologie und Sozialpsychologie 44 (1992) 1, S. 139-142.

LUHMANN, Niklas (1992a): Sthenographie, in: LUHMANN, N./MATURANA, H./ NAMIKI, M./ REDDER, V./VARELA, F. (Hrsg.): Beobachter: Konvergenz der Erkenntnistheorien? 2. Auflage, München 1992, S. 119-137.

LUHMANN, N./MATURANA, H./NAMIKI, M./REDDER, V./VARELA, F. (Hrsg.): Beobachter: Konvergenz der Erkenntnistheorien? 2. Auflage, München 1992.

LUHMANN, N./SCHORR, K.E. (Hrsg.): Zwischen Anfang und Ende: Fragen an die Pädagogik, 1. Aufl., Frankfurt a.M. 1990.

MALIK, Fredemund (1982): Evolutionäres Management, Die Unternehmung 36 (1982) 2, S. 91-112.

MALIK, Fredemund (1984): Strategie des Managements komplexer Systeme: Ein Beitrag zur Management-Kybernetik evolutionärer Systeme, Bern, Stuttgart 1984.

MALIK, Fredemund/PROBST, Gilbert (1981): Evolutionäres Management, Die Unternehmung 35 (1981) 2, S. 121-140.

MARTENS, Wil (1988): Organisation, Macht und Kritik, in: KÜPPER, W./ORTMANN, G. (Hrsg.): Mikropolitik: Rationalität, Macht und Spiele in Organisationen, Opladen 1988, S. 187-215.

MARTENS, Wil (1989): Entwurf einer Kommunikationstheorie der Unternehmung: Akzeptanz, Geld und Macht in Wirtschaftsorganisationen, Frankfurt a.M., New York 1989.

MARTENS, Wil (1991): Die Autopoiesis sozialer Systeme, Kölner Zeitschrift für Soziologie und Sozialpsychologie 43 (1991) 4, S. 625-646.

MARTENS, Will (1992): Die partielle Überschneidung autopoietischer Systeme - Eine Erwiderung, in: Kölner Zeitschrift für Soziologie und Sozialpsychologie 44 (1992) 1, S. 143-145.

MATURANA Humberto R. (1982): Erkennen: Die Organisation und Verkörperung von Wirklichkeit. Ausgewählte Arbeiten zur biologischen Epistemologie, Braunschweig, Wiesbaden 1982.

MATURANA, Humberto R. (1991): Kognition, in: SCHMIDT, S.J. (Hrsg.): Der Diskurs des radikalen Konstruktivismus, 4. Aufl., Frankfurt a.M. 1991, S. 89-118.

MATURANA, Humberto R. (1991a): The Origin of the Theory of Autopoietic Systems, in: FISCHER, H.R. (Hrsg.): Autopoiesis: Eine Theorie im Brennpunkt der Kritik, 1. Aufl., Heidelberg 1991, S. 121-123.

MATURANA, Humberto/VARELA, Francisco J. (1987): Der Baum der Erkenntnis: Die biologischen Wurzeln des menschlichen Erkennens, 3. Auflage, Bern, München, Wien 1987.

MAUL, Christian (1993). Der Beitrag der Systemtheorie zum strategischen Führungsverhalten in komplexen Situationen, ZfB 63 (1993) 7, S. 715-740.

MERTEN, Klaus (1993): Die Entbehrlichkeit des Kommunikationsbegriffes - Oder: Systemische Konstruktion von Kommunikation, in: BENTELE, G./RÜHL, M. (Hrsg.): Theorien öffentlicher Kommunikation: Problemfelder, Positionen, Perspektiven, München 1993, S. 188-201.

MERTEN, Klaus (1993a): Kommentar zu Klaus Krippendorff, in: BENTELE, G./RÜHL, M. (Hrsg.): Theorien öffentlicher Kommunikation: Problemfelder, Positionen, Perspektiven, München 1993, S. 52-55.

MERTENS, Peter (1994): Virtuelle Unternehmen, WIRTSCHAFTSINFORMATIK 36 (1994) 2, S. 169-172.

MEY, Harald E./KLIMA, Rolf (1994): Wahrnehmung, soziale, in: FUCHS-HEINRITZ, W./LAUTMANN, R./RAMMSTEDT, O./WIENOLD, H. (Hrsg.): Lexikon zur Soziologie, 3., völlig neu bearbeitete und erweiterte Auflage, Opladen 1994, S. 731-732.

MEYER, Thomas (1989): Fundamentalismus: Aufstand gegen die Moderne, Reinbek bei Hamburg 1989.

MEYER, Manfred (1986): Operations Research - Systemforschung: Eine Einführung in die praktische Bedeutung, 2., überarbeitete Auflage, Stuttgart 1986.

MINDER, Karin Ilona (1994): Die Autonomie der Unternehmung: Eine interdisziplinäre Konzeption für die Unternehmungs-Umwelt-Beziehung, Bern, Stuttgart, Wien 1994.

MINTZBERG, Henry (1983): Power in and around organizations, Englewood Cliffs, N.J. 1983.

MINTZBERG, Henry (1990): Strategy Formation: Schools of Thought, in: FREDRICKSON, J. (Hrsg.): Perspectives on Strategic Management, New York 1990, S. 105-235.

MINTZBERG, Henry (1994): The Fall and Rise of Strategic Planning, HARVARD BUSINESS REVIEW 72 (1994) 1, S. 107-114.

MÜLLER-MERBACH, Heiner (1994): Kybernetik als methodischer Rahmen ganzheitlicher Leitung: Gestalten und Lenken von Sozialsystemen, in: SCHIEMENZ, B. (Hrsg.): Interaktion: Modellierung, Kommunikation und Lenkung in komplexen Organisationen. Berlin 1994, S. 181-203.

NEISSER, Ulric (1976): Cognition and Reality: Principles and Implications of Cognitiv Psychology, San Francisco 1976.

NEUBERGER, Oswald (1980): Führung und Macht: Entwurf einer "Alltagstheorie der Führung", in: REBER, G. (Hrsg.): Macht in Organisationen, Stuttgart 1980, S.151-179.

NEUBERGER, Oswald (1988): Spiele in Organisationen, Organisationen als Spiele, in: KÜPPER, W./ORTMANN, G. (Hrsg.): Mikropolitik: Rationalität, Macht und Spiele in Organisationen, Opladen 1988, S. 53-86.

NEUMANN, Manfred (1983): Theoretische Volkswirtschaftslehre I: Makroökonomische Theorie: Beschäftigung, Inflation und Zahlungsbilanz, 2., völlig neubarb. Aufl. 1983.

NOELLE-NEUMANN, E./SCHULZ, W./WILKE, J. (Hrsg.): Fischer Lexikon Publizistik/Massenkommunikation, aktualisierte, vollständig überarbeitete Neuausgabe, Frankfurt a.M. 1994.

OLBRICH, Thomas J. (1994): Das Modell der "Virtuellen Unternehmen" als unternehmensinterne Organisations- und unternehmensexterne Kooperationsform, Information Management (1994) 4, S. 28-36.

ORTMANN, Günther (1988): Macht, Spiel, Konsens, in: KÜPPER, W./ORTMANN, G. (Hrsg.): Mikropolitik: Rationalität, Macht und Spiele in Organisationen, Opladen 1988, S. 13-26.

ORTMANN, Günther (1988a): Handlung, System, Mikropolitik, in: KÜPPER, W./ORTMANN, G. (Hrsg.): Mikropolitik: Rationalität, Macht und Spiele in Organisationen, Opladen 1988, S. 217-225.

PARSONS, Talcott (1963): On the Concept of Influence. Public Opinion Quarterly (1963) XXVII, S. 37-82.

PARSONS, Talcott: Zur Theorie sozialer Systeme, herausgegeben und eingeleitet von Stefan Jensen, Opladen 1976.

PARSONS, Talcott (1976): Der Begriff der Gesellschaft: Seine Elemente und ihre Verknüpfungen, in: PARSONS, T.: Zur Theorie sozialer Systeme, herausgegeben und eingeleitet von Stefan Jensen, Opladen 1976, S. 121-160.

PARSONS, Talcott (1976a): Grundzüge des Sozialsystems, in: PARSONS, T.: Zur Theorie sozialer Systeme, herausgegeben und eingeleitet von Stefan Jensen, Opladen 1976, S. 161-273.

PARSONS, Talcott (1976b): Zur Allgemeinen Theorie in der Soziologie, in: PARSONS, T.: Zur Theorie sozialer Systeme, herausgegeben und eingeleitet von Stefan Jensen, Opladen 1976, S. 85-120.

PARSONS, Talcott: Zur Theorie sozialer Interaktionsmedien, herausgegeben und eingeleitet von Stefan Jensen, Opladen 1980.

PARSONS, Talcott (1980): Über den Begriff der "Macht", in: PARSONS, Talcott: Zur Theorie sozialer Interaktionsmedien, herausgegeben und eingeleitet von Stefan Jensen, Opladen 1980, S. 57-137.

PFEFFER, Jeffrey (1981). Power in Organizations, Cambridge, Mass. 1981.

PFEIFFER, Werner/WEISS, Enno (1994): Lean Management: Grundlagen der Führung und Organisation lernender Unternehmen, 2., überarbeitete und erweiterte Aufl., Berlin 1994.

PORTER, Michael E. (1988): Wettbewerbsstrategie (Competitive Strategy): Methoden zur Analyse von Branchen und Konkurrenten, 5. Aufl., Frankfurt a.M., New York 1988.

PORTER, Michael E. (1989): Wettbewerbsvorteile (Competitive Advantage): Spitzenleistungen erreichen und behaupten, Frankfurt a.M., New York Sonderausgabe 1989.

PRIDDAT, Birger P. (1987): Am Zahlungsstrom. Betrachtungen vom Ufer. Über N. Luhmanns "Wirtschaft der Gesellschaft als autopoietisches System". Diskussionsbeiträge und Berichte Nr. 48 aus dem Institut für Politische Wissenschaft, Universität Hamburg, Hamburg 1987.

PROBST, Gilbert J.B. (1986): Management als Konstruktion von Wirklichkeiten - die Konsequenz "Verantwortung", DELFIN (1986) VII, S. 60-64.

PROBST, Gilbert J. (1993): Variationen zum Thema Management-Philosophie, in: Die Unternehmung 37 (1993) 4, S. 322-332.

RAFFÉE, Hans (1989): Gegenstand, Methoden und Konzepte der Betriebswirtschaftslehre, in: BITZ, M./DELLMANN, K./DOMSCH, M./EGNER, H. (Hrsg.): Vahlens Kompendium der Betriebswirtschaftslehre, 2., überarb. u. erw. Aufl., München 1989, S. 1-46.

REBER, G. (Hrsg.): Macht in Organisationen, Stuttgart 1980.

REBER, Gerhard (1980): Vorwort des Herausgebers. In REBER, G. (Hrsg.): Macht in Organisationen. Stuttgart 1980, S. V-X.

REIBNITZ, Ute von (1989) : Szenario-Planung, in: SZYPERSKI, N. (Hrsg.): Handwörterbuch der Planung, Stuttgart 1989, Sp. 1980-1996.

REICHART, Ludwig (1989): Führungsethik in der Unternehmenskultur, in: STEINMANN, H./ LÖHR, A. (Hrsg.): Unternehmensethik, Stuttgart 1989, S. 383.396.

REINHOLD, G. (Hrsg.): Soziologie-Lexikon, hrsg. von Gerd Reinhold, München, Wien 1991.

RICHARDS, John/GLASERSFELD, Ernst von (1991): Die Kontrolle von Wahrnehmung und die Konstruktion von Realität: Erkenntnistheoretische Aspekte des Rückkoppelungs-Kontroll-Systems, in: SCHMIDT, S.J. (Hrsg.): Der Diskurs des radikalen Konstruktivismus, 4. Aufl., Frankfurt a.M. 1991, S. 192-228.

RONGE, Volker (1991): Systemtheorie, in: REINHOLD, G. (Hrsg.): Soziologie-Lexikon, München, Wien 1991, S. 605-608.

RUSCH, G./SCHMIDT, S.J. (Hrsg.): Konstruktivismus und Sozialtheorie, DELFIN 1993, Frankfurt a.M. 1994.

SANDNER, Karl (1982): Evolutionäres Management: Voraussetzungen und Konsequenzen eines Ansatzes zur Steuerung sozialer Systeme, Die Unternehmung 36 (1982) 2, S. 77-89.

SANDNER, Karl (1982a): Zur Reduktion von Management auf Kybernetik, Eine Duplik zu Gilbert Probst, Thomas Dyllik und Fredemund Malik, Die Unternehmung 36 (1982) 2, S. 113-122.

SCHANZ, Günter (1990): Wissenschaftsprogramme der Betriebswirtschaftslehre, in: BEA, F.X./ DICHTL, E./SCHWEITZER, M. (Hrsg.): Allgemeine Betriebswirtschaftslehre, Bd. 1 Grundfragen, 5., neubearb. Aufl., Stuttgart, New York 1990, S. 55-137.

SCHENK, Michael (1994): Kommunikationstheorien, in: NOELLE-NEUMANN, E./ SCHULZ, W./ WILKE, J. (Hrsg.): Fischer Lexikon Publizistik/Massenkommunikation, aktualisierte, vollständig überarbeitete Neuausgabe, Frankfurt a.M. 1994, S. 171-184.

SCHERER, Andreas G. (1995): Pluralismus im Strategischen Management: Der Beitrag der Teilnehmerperspektive zur Lösung von Inkommensurabilitätsproblemen in Forschung und Praxis, Wiesbaden 1995.

SCHIEMENZ, Bernd (1992): Systemtheorie, in: CORSTEN, H. (Hrsg.): Lexikon der Betriebswirtschaftslehre, München, Wien 1992, S. 831-835.

SCHIEMENZ, B. (Hrsg.): Interaktion: Modellierung, Kommunikation und Lenkung in komplexen Organisationen. Berlin 1994.

SCHIEMENZ, Bernd (1994): Kybernetik und Systemtheorie als Hilfen zur Lösung komplexer Probleme - Zugleich eine Einführung in den Tagungsband, in: SCHIEMENZ, B. (Hrsg.): Interaktion: Modellierung, Kommunikation und Lenkung in komplexen Organisationen. Berlin 1994, S. 9-29.

SCHIMANK, Uwe (1985): Der mangelnde Akteurbezug systemtheoretischer Erklärungen gesellschaftlicher Differenzierung - Ein Diskussionsvorschlag, Zeitschrift für Soziologie 14 (1985) 6, S. 421-434.

SCHIMANK, Uwe (1985a): Funktionale Differenzierung und reflexiver Subjektivismus: Zum Entsprechungsverhältnis von Gesellschafts- und Identitätsform, Soziale Welt 36 (1985) 4, S. 447-465.

SCHIMANK, Uwe (1987): Evolution, Selbstreferenz und Steuerung komplexer Organisationssysteme, in: GLAGOW, M./WILLKE, H. (Hrsg.): Dezentrale Gesellschaftssteuerung: Probleme der Integration polyzentrischer Gesellschaft, Pfaffenweiler 1987, S. 45-64.

SCHIMANK, Uwe (1988): Gesellschaftliche Teilsysteme als Akteurfiktionen, Kölner Zeitschrift für Soziologie und Sozialpsychologie 40 (1988), S. 619-639.

SCHMID, Michael (1987): Autopoiesis und soziales System: Eine Standortbestimmung, in: HAFERKAMP, H./SCHMID, M. (Hrsg.): Sinn, Kommunikation und soziale Differenzierung: Beiträge zu Luhmanns Theorie sozialer Systeme, Frankfurt a.M. 1987, S. 25-50.

SCHMID, Michael/HAFERKAMP, Hans (1987): Einleitung, in: HAFERKAMP, H./SCHMID, M. (Hrsg.): Sinn, Kommunikation und soziale Differenzierung: Beiträge zu Luhmanns Theorie sozialer Systeme, Frankfurt a.M. 1987, S. 7-21.

SCHMID, Thomas: Illusion des Steuerbaren: N. Luhmann: "Wirtschaft der Gesellschaft", FAZ 15.11.1988, S. 29.

SCHMIDT, S. J. (Hrsg.): Der Diskurs des radikalen Konstruktivismus, 4. Aufl., Frankfurt a.M. 1991.

SCHMIDT, Siegfried J. (1991): Der Radikale Konstruktivismus: Ein neues Paradigma im interdisziplinären Diskurs, in: SCHMIDT, S. J. (Hrsg.): Der Diskurs des radikalen Konstruktivismus, 4. Aufl., Frankfurt a.M. 1991, S. 11-88.

SCHMIDT, S. J. (Hrsg.): Kognition und Gesellschaft: Der Diskurs des radikalen Konstruktivismus 2, Frankfurt a.M. 1992.

SCHMIDT, Siegfried J. (1992): Radikaler Konstruktivismus: Forschungsperspektiven für die 90er Jahre, in: SCHMIDT, S. J. (Hrsg.): Kognition und Gesellschaft: Der Diskurs des radikalen Konstruktivismus 2, Frankfurt a.M. 1992, S. 7-23.

SCHMIDT, Siegfried J. (1993): Kommunikation - Kognition - Wirklichkeit, in: BENTELE, G./RÜHL, M. (Hrsg.): Theorien öffentlicher Kommunikation: Problemfelder, Positionen, Perspektiven, München 1993, S. 105-117.

SCHMIDT, Siegfried J. (1994): Kognitive Autonomie und soziale Orientierung: konstruktivistische Bemerkungen zum Zusammenhang von Kognition, Kommunikation, Medien und Kultur, Frankfurt a.M. 1994 (Suhrkamp-Taschenbuch Wissenschaft, 1128).

SCHNEIDER, Hans Julius (1975): Pragmatik als Basis für Semantik und Syntax, Frankfurt a.M. 1975.

SCHREYÖGG, Georg (1981): Zielsetzung und Planung - Normative Aspekte der Unternehmensplanung, in: STEINMANN, H. (Hrsg.): Planung und Kontrolle: Probleme der strategischen Unternehmensführung, München 1981, S. 105-132.

SCHREYÖGG, Georg (1984): Unternehmensstrategie: Grundfragen einer Theorie strategischer Unternehmensführung, Berlin, New York 1984.

SCHREYÖGG, Georg (1987): Verschlüsselte Botschaften: Neue Perspektiven einer strategischen Personalführung, zfo (1987) 3, S. 151-158.

SCHREYÖGG, Georg (1991): Wo und warum die Systemtheorie in der Managementlehre einen Unterschied macht. Unveröffentlichtes Referat anläßlich der Tagung der Kommission "Organisation" in Berlin am 4./5. April 1991.

SCHREYÖGG, Georg (1992): Zur Logik der strategischen Unternehmensführung, management review 3 (1992), S. 199-121.

SCHREYÖGG, Georg/STEINMANN, Horst (1985): Strategische Kontrolle, zfbf 37 (1985) 5, S. 391-410.

SCHREYÖGG, Georg/STEINMANN, Horst (1986): Zur Praxis strategischer Kontrolle: Ergebnisse einer explorativen Studie, ZfB 56 (1986) 1, S. 40-50.

SCHREYÖGG, Georg/STEINMANN, Horst (1987): Strategic Control: A New Perspective, Academy of Management Review 12 (1987) 1, S. 91-103.

SCHULZ, Winfried (1994): Kommunikationsprozeß, in: NOELLE-NEUMANN, E./ SCHULZ, W./ WILKE, J. (Hrsg.): Fischer Lexikon Publizistik/ Massenkommunikation, aktualisierte, vollständig überarbeitete Neuausgabe, Frankfurt a.M. 1994, S. 140-171.

SEIDEL, Eberhard (1992): Führung, in: CORSTEN, H. (Hrsg.): Lexikon der Betriebswirtschaftslehre, München, Wien 1992, S. 258-262.

SHRIVASTAVA, Paul (1986): Is Strategic Management Ideological? Journal of Management (1986) 12, S. 363-377.

SIEGER, Heiner: Radikalkur statt Nulldiät, FOCUS (1993) 43, S. 208-212.

SIMONS, Robert (1995): Kontrolle bei selbständig handelnden Mitarbeitern, HARVARD BUSINESS manager (1995) 3, S. 98-105.

SIMONS, Robert (1995a): Levers of Control - How Managers Use Innovative Control Systems to Drive Strategic Renewal, Boston/Mass. 1995.

SINGER, Gerwulf (1976): Person, Kommunikation und soziales System: Paradigmata soziologischer Theoriebildung, Wien, Köln, Graz 1976.

SMIRCICH, Linda/STUBBART, Charles (1985): Strategic Management in an Enacted World, Academy of Management Review, 10 (1985) 4, S. 724-736.

SPENCER BROWN, George (1979): Laws of Form, New York 1979.

STAEHLE, W.H./CONRAD, P. (Hrsg.): Managementforschung 2, Berlin, New York 1992.

STEINMANN, Horst (1973): Zur Lehre von der "Gesellschaftlichen Verantwortung der Unternehmensführung" - Zugleich eine Kritik des Davoser Manifests, WiSt (1973) 10, S. 467-473.

STEINMANN, H. (Hrsg.): Betriebswirtschaftslehre als normative Handlungswissenschaft: Zur Bedeutung der konstruktiven Wissenschaftstheorie für die Betriebswirtschaftslehre, Wiesbaden 1978.

STEINMANN, Horst (1978): Die Betriebswirtschaftslehre als normative Handlungswissenschaft, in: STEINMANN, H. (Hrsg.): Betriebswirtschaftslehre als normative Handlungswissenschaft: Zur Bedeutung der konstruktiven Wissenschaftstheorie für die Betriebswirtschaftslehre, Wiesbaden 1978, S. 73-102.

STEINMANN, H. (Hrsg.): Planung und Kontrolle: Probleme der strategischen Unternehmensführung, München 1981.

STEINMANN, Horst (1981): Einführung: Der Management-Prozeß und seine Problemschwerpunkte, in: STEINMANN, H. (Hrsg.): Planung und Kontrolle: Probleme der strategischen Unternehmensführung, München 1981, S. 1-19.

STEINMANN, Horst (1982): Das Großunternehmen im Interessenkonflikt, Stuttgart 1969 (Studienausgabe 1982).

STEINMANN, Horst (1985): Zum Element des Politischen in der Unternehmung - Eine Argumentationsskizze, in: BÜHLER, W./HOFMANN, M./MALINSKY, A.H./ REBER, G./PERNSTEINER, A.W. (Hrsg.): Die ganzheitlich-verstehende Betrachtung der sozialen Leistungsordnung: Ein Beitrag zur Ganzheitsforschung und -lehre, Wien, New York 1985, S. 223-242.

STEINMANN, Horst/GERUM, Elmar (1985): Unternehmensordnung, in: BEA, F.X./ DICHTL, E./ SCHWEITZER, M. (Hrsg.): Allgemeine Betriebswirtschaftslehre, Band 1, 3., überarb. Aufl., Stuttgart, New York 1985, S. 164-251.

STEINMANN, Horst/HASSELBERG, Frank (1988): Der strategische Managementprozeß - Vorüberlegungen für eine Neuorientierung, ZfB 58 (1988) 12, S. 1308-1322.

STEINMANN, Horst/HASSELBERG, Frank (1989): Der strategische Managementprozeß und die entscheidungsorientierte Betriebswirtschaftslehre, in: KIRSCH, W./PICOT, A. (Hrsg.): Die Betriebswirtschaftslehre im Spannungsfeld von Generalisierung und Spezialisierung: Edmund Heinen zum 70. Geburtstag, Wiesbaden 1989, S. 200-212.

STEINMANN, Horst/KLAUS, Hans (1986): Einführung in die betriebswirtschaftliche Führungslehre: Der Managementprozeß (Planung, Organisation, Leitung, Personalführung, Kontrolle), Lehrstuhl für Allgemeine Betriebswirtschaftslehre und Unternehmensführung der Universität Erlangen-Nürnberg, Nürnberg 1986.

STEINMANN, Horst/KUSTERMANN, Brigitte (1996): Unternehmensführung als Steuerungslehre - Auf dem Weg zu einem neuen Steuerungsparadigma, 2., verbesserte Auflage, Lehrstuhl für Allgemeine Betriebswirtschaftslehre und Unternehmensführung der Universität Erlangen-Nürnberg (Diskussionsbeitrag Nr. 87), Nürnberg 1996.

STEINMANN, Horst/LÖHR, Albert (1987): Unternehmensethik: Begriff, Problembestände und Begründungsleistungen, Lehrstuhl für Allgemeine Betriebswirtschaftslehre und Unternehmensführung der Universität Erlangen-Nürnberg (Diskussionsbeiträge Heft 25), Nürnberg 1987.

STEINMANN, Horst/LÖHR, Albert (1988): Unternehmensethik - eine "realistische Idee": Versuch einer Begriffsbestimmung anhand eines praktischen Falles, zfbf 40 (1988) 4, S. 299-317.

STEINMANN, H./LÖHR, A. (Hrsg.): Unternehmensethik, Stuttgart 1989.

STEINMANN, Horst/LÖHR, Albert (1989): Einleitung: Grundfragen und Problembestände einer Unternehmensethik, in: STEINMANN, H./LÖHR, A. (Hrsg.): Unternehmensethik, Stuttgart 1989, S. 3-21.

STEINMANN, Horst/LÖHR, Albert (1993): Unternehmensethik - ein republikanisches Programm in der Kritik, Lehrstuhl für Allgemeine Betriebswirtschaftslehre und Unternehmensführung der Universität Erlangen-Nürnberg (Diskussionsbeitrag Nr. 78), Nürnberg 1993.

STEINMANN, Horst/LÖHR, Albert (1994): Grundlagen der Unternehmensethik, 2., überarbeitete und erweiterte Auflage, Stuttgart 1994.

STEINMANN, Horst/LÖHR, Albert (1995): Unternehmensethik als Ordnungselement in der Marktwirtschaft, zfbf 47 (1995) 2, S. 143-174.

STEINMANN, Horst/SCHERER, Andreas G. (1992): Wissenschaftstheorie, in: CORSTEN, H. (Hrsg.): Lexikon der Betriebswirtschaftslehre, München, Wien 1992, S. 940-946.

STEINMANN, Horst/SCHERER, Andreas G. (1994): Zur Inkommensurabilität betriebswirtschaftlicher Theorien, Lehrstuhl für Allgemeine Betriebswirtschaftslehre und Unternehmensführung der Universität Erlangen-Nürnberg (Diskussionsbeitrag Nr. 79), Nürnberg 1994.

STEINMANN, Horst/SCHREYÖGG, Georg (1986): Zur organisatorischen Umsetzung der strategischen Kontrolle, zfbf 38 (1986) 9, S. 747-765.

STEINMANN, Horst/SCHREYÖGG, Georg (1990): Management: Grundlagen der Unternehmensführung, Konzepte, Funktionen, Praxisfälle, Wiesbaden 1990.

STEINMANN, Horst/SCHREYÖGG, Georg (1993): Management: Grundlagen der Unternehmensführung, Konzepte - Funktionen - Fallstudien, 3., überarbeitete und erweiterte Aufl., Wiesbaden 1993.

STEINMANN, Horst/SCHREYÖGG, Georg/THIEM, Jürgen (1989): Strategische Personalführung - Inhaltliche Ansatzpunkte und Überlegungen zu einem konzeptionellen Bezugsrahmen, Lehrstuhl für Allgemeine Betriebswirtschaftslehre und Unternehmensführung der Universität Erlangen-Nürnberg (Diskussionsbeiträge Heft 49), Nürnberg 1989.

STEINMANN, Horst/WALTER, Martin (1989): Der Managementprozeß, Lehrstuhl für Allgemeine Betriebswirtschaftslehre und Unternehmensführung der Universität Erlangen-Nürnberg (Diskussionsbeiträge Heft 51), Nürnberg 1989.

STEINMANN, Horst/WURCHE, Sven (1993): Unternehmensführung, in: ENDERLE, G./HOMANN, K./HONECKER, M./KERBER, W./STEINMANN, H. (Hrsg.): Lexikon der Wirtschaftsethik, Freiburg, Basel, Wien 1993, Spalten 1122-1132.

STEINMANN, Horst/ZERFASS, Ansgar (1993): Unternehmensethik, in: ENDERLE, G./HOMANN, K./HONECKER, M./KERBER, W./STEINMANN, H. (Hrsg.): Lexikon der Wirtschaftsethik, Freiburg, Basel, Wien 1993, Spalten 1113-1122.

STEINMANN, Horst/ZERFASS, Ansgar (1993a): Privates Unternehmertum und öffentliches Interesse, in: WAGNER, G. R. (Hrsg.): Betriebswirtschaft und Umweltschutz, Sonderdruck, Stuttgart 1993, S. 3-26.

STEINMANN, Horst/ZERFASS, Ansgar (1995): Management der integrierten Unternehmenskommunikation: Konzeptionelle Grundlagen und strategische Implikationen, in: AHRENS, R./ SCHERER, H./ZERFAß, A. (Hrsg.): Integriertes Kommunikationsmanagement - Konzeptionelle Grundlagen und praktische Erfahrungen, Frankfurt a.M. 1995, S. 11-50.

STEINMANN, Horst/ZERFASS, Ansgar/AHRENS, Rupert (1995): Consultants' Roles and Responsibilities: Lessons From Public Relations in Germany, in: WELTZIEN HOIVIK, H.V./ FOLLESDAL, A. (eds.): Ethics and Consultancy: European Perspectives, Dordrecht, Boston, London 1995, S. 163-177.

STEINVORTH, Ulrich (1991): Gibt es spezifische Unternehmerrechte und Unternehmerpflichten? Vortrag, gehalten im Rahmen der Vortragsreihe Unternehmensethik am 15. Januar 1991, Lehrstuhl für Allgemeine Betriebswirtschaftslehre und Unternehmensführung der Universität Erlangen-Nürnberg (Diskussionsbeiträge Heft 61), Nürnberg 1991.

STICHWEH, Rudolf (1987): Die Autopoiesis der Wissenschaft, in: BAECKER, D./MARKOWITZ, J./STICHWEH, R./TYRELL, H./WILLKE, H. (Hrsg.): Theorie als Passion: Niklas Luhmann zum 60. Geburtstag, Frankfurt a.M. 1987, S. 447-481.

STÜDEMANN, Klaus (1992): Betriebswirtschaftslehre, in: CORSTEN, H. (Hrsg.): Lexikon der Betriebswirtschaftslehre, München, Wien 1992, S. 117-121.

SZYPERSKI, N. (Hrsg.): Handwörterbuch der Planung, Stuttgart 1989.

SZYPERSKI, Norbert/KLEIN, Stefan (1993): Informationslogistik und virtuelle Organisationen: Die Wechselwirkung von Informationslogistik und Netzwerkmodellen der Unternehmung, DBW 53 (1993) 2, S. 187-208.

SZYPERSKI, Norbert/KLEIN, Stefan (1993a): Neue Herausforderungen an das Management, OFFICE MANAGEMENT (1993) 11, S. 32-37.

TEUBNER, Gunther (1987): Hyperzyklus in Recht und Organisation: Zum Verhältnis von Selbstbeobachtung, Selbstkonstitution und Autopoiese, in: HAFERKAMP, H./SCHMID, M. (Hrsg.): Sinn, Kommunikation und soziale Differenzierung: Beiträge zu Luhmanns Theorie sozialer Systeme, Frankfurt a.M. 1987, S. 89-128.

TEUBNER, Gunther (1987a): Episodenverknüpfung: Zur Steigerung von Selbstreferenz im Recht, in: BAECKER, D./MARKOWITZ, J./STICHWEH, R./TYRELL, H./ WILLKE, H. (Hrsg.): Theorie als Passion: Niklas Luhmann zum 60. Geburtstag, Frankfurt a.M. 1987, S. 423-446.

THIEME, Frank (1991): Handeln (in soziologischem Sinne), in: REINHOLD, G. (Hrsg.): Soziologie-Lexikon, hrsg. von Gerd Reinhold, München, Wien 1991, S. 225-227.

TÜRK, Klaus (1989): Literaturbesprechungen: Dirk Baecker, Information und Risiko in der Marktwirtschaft, in Kölner Zeitschrift für Soziologie und Sozialpsychologie 41 (1989) 4, S. 766-768.

ULRICH, Hans (1968): Die Unternehmung als produktives soziales System: Grundlagen der allgemeinen Unternehmungslehre, Bern, Stuttgart 1965.

ULRICH, Hans/PROBST, Gilbert J.B. (1988): Anleitung zum ganzheitlichen Denken und Handeln: Ein Brevier für Führungskräfte, Bern, Stuttgart 1988.

ULRICH, Peter (1989): Unternehmensethik - Führungsinstrument oder Grundlagenreflexion?, in: STEINMANN, H./LÖHR, A. (Hrsg.): Unternehmensethik, Stuttgart 1989, S. 179-200.

ULRICH, P. (Hrsg.): Auf der Suche nach einer modernen Wirtschaftsethik: Lernschritte zu einer reflexiven Ökonomie, Bern, Stuttgart 1990.

ULRICH, Peter (1990): Wirtschaftsethik auf der Suche nach der verlorenen ökonomischen Vernunft, in: ULRICH, P. (Hrsg.): Auf der Suche nach einer modernen Wirtschaftsethik: Lernschritte zu einer reflexiven Ökonomie, Bern, Stuttgart 1990, S. 179-226.

ULRICH, Werner (1983): Critical Heuristics of Social Planning: A New Approach to Practical Philosophy, Bern, Stuttgart 1983.

ULRICH, Werner (1984): Management oder die Kunst, Entscheidungen zu treffen, die andere betreffen: Zum Begründungsproblem der Managementlehre als angewandte Wissenschaft, Die Unternehmung 38 (1984) 4, S. 326-346.

ULRICH, Werner (1993): Some Difficulties of Ecological Thinking, Considered from a Critical Systems Perspective: a Plea for Critical Holism, Systems Practice 6 (1993) 6, S. 583-611.

VARELA, Francisco J. (1991): Autonomie und Autopoiese, in: SCHMIDT, S.J. (Hrsg.): Der Diskurs des radikalen Konstruktivismus, 4. Aufl., Frankfurt a.M. 1991, S. 119-132.

WAGNER, G. R. (Hrsg.): Betriebswirtschaft und Umweltschutz, Stuttgart 1993.

WEBER, Johannes (1985): Unternehmensidentität und unternehmenspolitische Rahmenplanung, München 1985.

WEBER, Max (1956): Wirtschaft und Gesellschaft: Grundriss einer verstehenden Soziologie, 4., neu herausgegebene Auflage, besorgt von Johannes Winckelmann, 1. Halbband, Tübingen 1956.

WEBER, Max (1964): Wirtschaft und Gesellschaft: Grundriss einer verstehenden Soziologie, Studienausgabe, herausgegeben von Johannes Winckelmann, Zweiter Halbband, Köln, Berlin 1964.

WEISS, Enno (1995): Zeitorientiertes Management technologischer Innovationen: Konzeption einer Technologiesteuerung auf Basis der Theorie autopoietischer Systeme. Unveröffentlichte Habilitationsschrift, eingereicht bei der Wirtschafts- und Sozialwissenschaftlichen Fakultät der Universität Erlangen-Nürnberg, Nürnberg 1995 (unveröffentlicht).

WELTZIEN, Hoivik, H.v./FOLLESDAL, A. (eds.): Ethics and Consultancy: European Perspectives, Dordrecht, Boston, London 1995.

WIELAND, Josef (1988): Die Wirtschaft als autopoietisches System - Einige eher kritische Überlegungen, DELFIN 5 (1988) X, S. 18-29.

WIELAND, Josef (1988a): Eine Replik zweiter Ordnung, DELFIN 5 (1988) XII, S. 92.

WIELAND, Josef (1990): Wirtschaftsethik als Selbstreflexion der Ökonomie, in: ULRICH, P. (Hrsg.): Auf der Suche nach einer modernen Wirtschaftsethik: Lernschritte zu einer reflexiven Ökonomie, Bern, Stuttgart 1990, S. 147-177.

WILLKE, Helmut (1978): Systemtheorie und Handlungstheorie - Bemerkungen zum Verhältnis von Aggregation und Emergenz, Zeitschrift für Soziologie 7 (1978) 4, S. 380-389.

WILLKE, Helmut (1987): Systemtheorie: Eine Einführung in die Grundprobleme, 2., erweiterte Auflage, Stuttgart, New York 1987.

WILLKE, Helmut (1987a): Einleitung, in: GLAGOW, M./WILLKE, H. (Hrsg.): Dezentrale Gesellschaftssteuerung: Probleme der Integration polyzentrischer Gesellschaft, Pfaffenweiler 1987, S. 1-2.

WILLKE, Helmut (1987b): Kontextsteuerung durch Recht? Zur Steuerungsfunktion des Rechts in polyzentrischer Gesellschaft, in: GLAGOW, M./WILLKE, H. (Hrsg.): Dezentrale Gesellschaftssteuerung: Probleme der Integration polyzentrischer Gesellschaft, Pfaffenweiler 1987, S. 3-26.

WILLKE, Helmut (1987c): Kontextsteuerung und Re-Integration der Ökonomie - Zum Einbau gesellschaftlicher Kriterien in ökonomische Rationalität, in: GLAGOW, M./ WILLKE, H. (Hrsg.): Dezentrale Gesellschaftssteuerung: Probleme der Integration polyzentrischer Gesellschaft, Pfaffenweiler 1987, S. 155-172.

WILLKE, Helmut (1987d): Differenzierung und Integration in Luhmanns Theorie sozialer Systeme, in: HAFERKAMP, H./SCHMID, M. (Hrsg.): Sinn, Kommunikation und soziale Differenzierung: Beiträge zu Luhmanns Theorie sozialer Systeme, Frankfurt a.M. 1987, S. 247-274.

WILLKE, Helmut (1987e): Strategien der Intervention in autonome Systeme, in: BAECKER, D./ MARKOWITZ, J./STICHWEH, R./TYRELL, H./WILLKE, H. (Hrsg.): Theorie als Passion: Niklas Luhmann zum 60. Geburtstag, Frankfurt a.M. 1987, S. 333-361.

WILLKE, Helmut (1989): Systemtheorie entwickelter Gesellschaften: Dynamik und Riskanz moderner gesellschaftlicher Selbstorganisation, Weinheim, München 1989.

WOMACK, James P./JONES, Daniel T./ROOS, Daniel (1994): Die zweite Revolution in der Autoindustrie: Konsequenzen aus der weltweiten Studie aus dem Massachusetts Institute of Technology, 8., durchges. Aufl., Frankfurt a.M., New York 1994.


ZERFASS, Ansgar (1995): Unternehmensführung und Öffentlichkeitsarbeit: Grundlegung einer Theorie der Unternehmenskommunikation und Public Relations, Unveröffentlichte Dissertation, eingereicht an der Wirtschafts- und Sozialwissenschaftlichen Fakultät der Universität Erlangen-Nürnberg 1995.

ZERFASS, Ansgar/SCHERER, Andreas G. (1993): Die Irrwege der Imagekonstrukteure: Ein Plädoyer gegen die sozialtechnologische Verkürzung der Public Relations-Forschung, Lehrstuhl für Allgemeine Betriebswirtschaftslehre und Unternehmensführung der Universität Erlangen-Nürnberg (Diskussionsbeitrag Nr. 77), Nürnberg 1993.

ZERFASS, Ansgar/SCHERER, Andreas G. (1995): Unternehmensführung und Öffentlichkeitsarbeit: Überlegungen zur wissenschaftstheoretischen Grundlegung der Public Relations-Forschung, DBW 55 (1995) 4, S. 493-512.

ZIEMKE, Axel/STÖBER, Konrad (1992): System und Subjekt, in: SCHMIDT, S.J. (Hrsg.): Kognition und Gesellschaft: Der Diskurs des radikalen Konstruktivismus 2, Frankfurt a.M. 1992, S. 42-75.

# DUV DeutscherUniversitätsVerlag
GABLER·VIEWEG·WESTDEUTSCHER VERLAG

## Aus unserem Programm

Marela Bone-Winkel
**Politische Prozesse in der Strategischen Unternehmensplanung**
1997. XX, 280 Seiten, Broschur DM 98,-/ ÖS 715,-/ SFr 89,-
GABLER EDITION WISSENSCHAFT
ISBN 3-8244-6451-9
Die Einbeziehung politischer Perspektiven in die Unternehmenspla-
nung eröffnet Möglichkeiten für die Beschreibung strategischer
Prozesse und die Entwicklung von Steuerungsmöglichkeiten.

Achim Brosziewski
**Unternehmerisches Handeln in moderner Gesellschaft**
Eine wissenssoziologische Untersuchung
1997. X, 188 Seiten, 2 Abb., Broschur DM 42,-/ ÖS 307,-/ SFr 39,-
DUV Sozialwissenschaft
ISBN 3-8244-4211-6
Anhand historischen und aktuellen Materials zeigt Achim Brosziewski
die sozialen Regeln auf, die in den modernen Kontexten der persön-
lichen Orientierung am unternehmerischen Erfolg auferlegt werden.

Michael A. Deeken
**Organisationsveränderungen und das Konzept der Mobilisierung**
Theoretische Aussagen und praktische Erkenntnisse aus einer
Fallstudie im Bankensektor
1997. XXIII, 284 Seiten, Broschur DM 98,-/ ÖS 715,-/ SFr 89,-
GABLER EDITION WISSENSCHAFT
ISBN 3-8244-6487-X
Anhand einer Fallstudie im Bankensektor diskutiert der Autor, wie
Organisationsentwürfe in Wirklichkeit umgesetzt werden können.

Ulrike Fink-Heuberger
**Die Zerbrechlichkeit sozialer Strukturen**
Von einer Soziologie des Alltags zu einer interpretativen
Wirtschaftssoziologie
1997. XI, 257 Seiten, Broschur DM 56,-/ ÖS 409,-/ SFr 51,-
DUV Sozialwissenschaft
ISBN 3-8244-4207-8
Die Autorin untersucht das Stabilitätsrisiko gesellschaftlicher Ord-
nung. Der Schlüssel zur Bestimmung dieses Problems liegt in den
mikrosoziologischen Fragilitätserscheinungen der Alltagswelt.

**DUV** **Deutscher Universitäts Verlag**
GABLER · VIEWEG · WESTDEUTSCHER VERLAG

Gerhard Hesch
**Das Menschenbild neuer Organisationsformen**
Mitarbeiter und Manager im Unternehmen der Zukunft
1997. XV, 200 Seiten, Broschur DM 89,-/ ÖS 650,-/ SFr 81,-
GABLER EDITION WISSENSCHAFT
ISBN 3-8244-6499-3
Der Autor analysiert den Einfluß von Menschenbildern auf die betriebliche Praxis, leitet aus den Anforderungen das Menschenbild neuer Organisationsformen ab und stellt die Barrieren gegen die Umsetzung dar.

Frank Linde
**Virtualisierung von Unternehmen**
Wettbewerbspolitische Implikationen
1997. XV, 247 Seiten, Broschur DM 98,-/ ÖS 715,-/ SFr 89,-
GABLER EDITION WISSENSCHAFT
ISBN 3-8244-6528-0
Der Autor geht der Frage nach, ob Virtualisierung das Ende jeglicher wirtschaftlicher Ordnung bedeutet. Um handlungsfähig zu bleiben, muß sich die Wettbewerbspolitik künftig an einem modifizierten Konzept der Wettbewerbsfreiheit ausrichten.

Martin Strübing
**Die interkulturelle Problematik deutsch-französischer Unternehmenskooperationen**
1997. XIII, 300 Seiten, 63 Abb., Br.DM 98,-/ ÖS 715,-/ SFr 89,-
DUV Wirtschaftswissenschaft
ISBN 3-8244-0356-0
Trotz des gemeinsamen Marktes und dem Plan einer Europäischen Wirtschafts- und Währungsunion bestehen in den Mitgliedstaaten der EU noch enorme Unterschiede in der Wirtschaftskultur.

*Die Bücher erhalten Sie in Ihrer Buchhandlung!*
*Unser Verlagsverzeichnis können Sie anfordern bei:*

**Deutscher Universitäts-Verlag**
**Postfach 30 09 44**
**51338 Leverkusen**